William T. Preyer

Die Seele des Kindes

William T. Preyer

Die Seele des Kindes

ISBN/EAN: 9783743361249

Hergestellt in Europa, USA, Kanada, Australien, Japan

Cover: Foto ©Suzi / pixelio.de

Manufactured and distributed by brebook publishing software (www.brebook.com)

William T. Preyer

Die Seele des Kindes

DIE SEELE DES KINDES.

BEOBACHTUNGEN

ÜBER DIE

GEISTIGE ENTWICKLUNG DES MENSCHEN

IN DEN ERSTEN LEBENSJAHREN

VON

W. PREYER.

VIERTE AUFLAGE.

LEIPZIG.
TH. GRIEBEN'S VERLAG (L. FERNAU).
1895.

DEUTSCHLANDS

KINDER-FREUNDEN

UND

-FREUNDINNEN

GEWIDMET

VOM VERFASSER

Vorrede.

Als ich mir die Aufgabe stellte, das Kind vor der Geburt und in der ersten Zeit nach derselben physiologisch zu untersuchen, um über den Ursprung der einzelnen Lebensvorgänge Aufschluss zu erhalten, erkannte ich bald, dass eine Theilung des Werkes seiner Förderung zuträglich sei. Denn im Ei ist das Leben ein so wesentlich anderes, als ausserhalb desselben, dass eine Trennung in der Arbeit dem Forscher, in der Darstellung ihrer Ergebnisse ᵈᵉᵐ Leser eine Erleichterung sein musste. Ich habe daher das ᵇen vor der Geburt für sich behandelt.[1])

Die Lebenserscheinungen des Menschen in der ersten Zeit seines selbständigen Daseins in der Welt sind wiederum so verwickelt und verschiedenartig, dass auch hier eine Theilung sich bald als zweckmässig erwies. Ich schied die körperliche Entwicklung des neugeborenen und ganz jungen Kindes von seiner geistigen Entwicklung und versuchte diese letztere in dem vorliegenden Buche zu beschreiben.

Ein Vorläufer des Werkes ist ein im wissenschaftlichen Verein zu Berlin am 3. Januar 1880 gehaltener Vortrag „Psychogenesis". Dieser Entwurf hat zu neuen Beobachtungen mehrfach angeregt.

Gerade die chronologische Untersuchung der geistigen Fortschritte im ersten und zweiten Lebensjahre bietet zwar Schwierigkeiten dar wegen der täglichen Registrirung von Erfahrungen, welche nur in der Kinderstube gewonnen werden können; ich habe jedoch ein Tagebuch durchgeführt von der Geburt meines Sohnes an bis zum Ende seines dritten Lebensjahres. Da ich mit zwei unerheblichen Unterbrechungen fast täglich mindestens dreimal, Morgens,

---

[1]) Specielle Physiologie des Embryo. Untersuchungen über die Lebenserscheinungen vor der Geburt. Von W. Preyer. Mit 9 lithographirten Tafeln und Holzschnitten im Text. Leipzig 1885. (XIV u. 662 S.)

Mittags und Abends, mich mit dem Kinde beschäftigte und es
vor den üblichen Dressuren möglichst schützte, so fand ich auch
fast täglich irgend eine psychogenetische Thatsache zu verzeichnen.
Der wesentliche Inhalt dieses Diariums ist in das vorliegende Buch
übergegangen.

Zwar entwickelt sich ein Kind schnell, ein anderes langsam,
die grössten individuellen Verschiedenheiten kommen sogar bei den
Kindern derselben Eltern vor, aber die Verschiedenheiten beziehen
sich viel mehr auf die Zeiten und Grade, als auf die Reihenfolge
des Auftretens der einzelnen Entwicklungsmomente. Und diese
selbst sind bei allen die gleichen.

Darauf kommt es zunächst an.

So wünschenswerth es ist, über die geistige Entwicklung vieler
Säuglinge, über ihre Sinnesthätigkeit und ihre Bewegungen, zumal
das Sprechenlernen, Thatsachen statistisch zu sammeln, die genauere
täglich wiederholte Beobachtung eines gesunden, weder auffallend
schnell, noch auffallend langsam ohne Geschwister sich entwickeln-
den Kindes erschien zum Mindesten ebenso wünschenswerth. Ich
habe aber viele als zuverlässig erkannte Erfahrungen Anderer an
anderen gesunden Kindern mit berücksichtigt und viele selbst miteinander verglichen.

Mit einer Beschreibung des allmählichen Hervortretens der
Gehirnthätigkeit beim Kinde, mit der sorgfältigsten Beobachtung
seiner geistigen Vervollkommnung ist indessen nur ein Anfang
gemacht. Die Seelen-Entwicklung muss ebenso wie die Formen-
Entwicklung weit über den Ursprung des individuellen Wesens
hinaus zurückdatirt werden. Wenn das Neugeborene eine Reihe
von Organen mit auf die Welt bringt, welche nach langer Zeit
erst ihre Thätigkeiten beginnen und bis dahin völlig unnütz sind,
wie zum Beispiel die Lunge vor der Geburt, so kann man
auf die Frage, welchen Ursachen solche Organe und ihre Functionen ihr Dasein verdanken, nur antworten: der Erblichkeit.
Hiermit ist freilich nichts erklärt, aber so dunkel der Begriff sein
mag, für das Verständniss ist schon durch die Thatsache viel gewonnen, dass einige Functionen sich vererben, andere nicht. Nur
ein Theil wird durch Erfahrung erworben. Die Frage nach dem
Ererben und dem Erwerben einer Gehirnfunction, auf welche für
die Entwicklungsgeschichte der Seele des Kindes alles ankommt,
muss in jedem Einzelfall beantwortet werden, wenn man im Laby-
rinthe der Erscheinungen und Meinungen sich nicht verirren will.

Vor allem muss darüber Klarheit herrschen, dass die geistigen Grundfunctionen, welche erst nach der Geburt hervortreten, nicht erst nach der Geburt neu entstehen. Wären sie nämlich vor derselben schlechterdings nicht vorhanden, dann wäre unerfindlich, woher sie kommen. Der Inhalt des zu einer steinharten Eismasse festgefrorenen, befruchteten Hühnereies empfindet nicht, aber nach dem Aufthauen und dreiwöchentlichen Erwärmen hat eben jener Inhalt, in ein lebendes Hühnchen verwandelt, Empfindung. Wäre ihm das Vermögen zu empfinden, so wie gewisse äussere Bedingungen verwirklicht sind, nicht eigen, dann müsste jenes Vermögen erst während des Brütens entstehen aus empfindungsunfähigem Stoff, das heisst: es müssten die materiellen Theilchen nicht allein sich anders ordnen, durch ihre Verbindung und Trennung andere chemische Eigenschaften erhalten, wie es der Fall ist, nicht nur ihre davon theils abhängigen, theils unabhängigen physischen Eigenthümlichkeiten, ihre Elasticität, ihren Aggregatzustand usw. ändern, wie es gleichfalls geschieht, sondern auch ganz neue Eigenschaften erhalten, welche weder chemisch noch physisch vorher auch nur angedeutet, nicht annehmbar und angebbar waren. Denn weder die Chemie noch die Physik kann den Stoffen, welche das Ei zusammensetzen, andere als chemische und physische Eigenschaften beilegen. Ist aber die Erwärmung und Luftaufnahme, die Verdunstung und Kohlensäure-Abgabe in der Brütezeit normal abgelaufen, dann sind jene neuen geistigen Eigenschaften, und zwar ohne die Möglichkeit der Nachahmung — im Brütofen — vorhanden. Und dieselben sind ähnlich denen, welche die das Ei erzeugenden Wesen hatten. Man muss deshalb zugeben, dass von den letzteren Stoffe in das Ei übergingen, welche, ausser den bekannten, chemisch und physisch erforschbaren Eigenschaften, noch latente, nicht chemisch und physisch erkennbare, psychische, also physiologische Eigenschaften in sich trugen: potentiell, so dass Erwärmung, Lüftung usw. zu ihrer Entfaltung nothwendig sind. Dieselben Bedingungen erfordert die Entfaltung der Gewebe und Organe des Embryo, welche gleichfalls in dem Eiweiss, Zucker und Fett, in dem Wasser und in den Salzen des Eies nicht enthalten sind, deren Anlagen zu den von der Chemie und Physik betrachteten Eigenschaften der Materie nicht gehören, und welche denen der Ei-Erzeuger gleichen.

Also einigen Theilen des Ei-Inhalts kommen unzweifelhaft geistige Eigenschaften potentiell zu, wenigstens Empfindungsvermögen. Und diese Theile müssen zugleich diejenigen sein, aus welchen die Keimblätter, die Grundlage des Embryo, entstehen, also zellige Gebilde mit einer selbständigen Beweglichkeit, denen ebensowenig wie irgendwelchem anderen lebenden Protoplasma ein Unterscheidungsvermögen abgesprochen werden darf. Sie wachsen und bewegen sich durch Aussenden und Einziehen von Scheinfüssen, nehmen Nahrung in sich auf, bedürfen des Sauerstoffs, vermehren sich durch Theilung, verhalten sich überhaupt wie Amöben oder andere einfache lebende Wesen. Die Meinung, dass diesen eine gewisse, freilich unbestimmte psychische Anlage, ein dunkles Empfinden zukommt, kann nicht widerlegt werden.

Alles spricht zu Gunsten einer Continuität des Vermögens zu empfinden. Es entsteht nicht jedesmal auf's Neue im Menschen aus empfindungsunfähigem Material, sondern wird als erbliche Eigenschaft der Eitheile in diesen differenzirt und durch Reize von aussen zur Bethätigung gebracht, in dem gegen letztere geschützten Embryo kaum merklich, im Neugeborenen deutlich.

Die Seele des ebengeborenen Kindes gleicht also nicht der unbeschriebenen Tafel, auf welche die Sinne erst ihre Eindrücke aufschreiben, so dass aus diesen die Gesammtheit des geistigen Inhaltes unseres Lebens durch mannigfaltige Wechselwirkungen entstände, sondern die Tafel ist schon vor der Geburt beschrieben mit vielen unleserlichen, auch unkenntlichen und unsichtbaren Zeichen, den Spuren der Inschriften unzähliger sinnlicher Eindrücke längst vergangener Generationen. So verwischt und undeutlich sind diese Reste, dass man die Seelentafel freilich für unbeschrieben ansehen konnte, so lange man ihre Veränderungen in der allerersten Jugend nicht untersuchte. Je aufmerksamer aber das Kind beobachtet wird, um so leichter lesbar wird die anfangs unverständliche Schrift, welche es mit auf die Welt bringt. Man erkennt dann, welch ein Capital von den Ahnen jeder Einzelne ererbt hat, wieviel durch die Sinneseindrücke nicht erzeugt wird, und wie falsch es ist, zu meinen, der Mensch lerne fühlen, wollen, denken nur durch seine Sinne. Die Erblichkeit ist mindestens ebenso wichtig wie die eigene Thätigkeit in der Psychogenesis. Hier ist kein Mensch ein blosser Emporkömmling, der durch eigene Erfahrung allein seine Seele zur Entwicklung brächte; vielmehr muss jeder durch sie die ererbten Anlagen, die Reste der Erfahrungen und Thätigkeiten seiner Ahnen, wiederbeleben und ausbilden. Ohne Sinnesthätigkeit giebt es freilich keine Seelenthätigkeit, aber ohne ererbte Anlagen auch keine.

Es ist schwer, die Geheimschrift der Seele des Kindes zu erkennen und zu entziffern. Gerade darin besteht eine Hauptaufgabe dieses Werkes.

Aber das geistige Leben des Menschen ist in seiner ersten Entwicklung so verborgen, dass Viele zusammen arbeiten müssen, um es zu entschleiern; der Einzelne kann nur wenig davon übersehen.

Das seelische Werden gleicht einem Strome, in den niemand zweimal hineinsteigt. Wie dieser entspringt es aus dunkler Tiefe als klarer Quell unerforschlich; spärlich nur rieselt das Wasser anfangs zu Tage und sammelt sich langsam im Stillen zum murmelnden Bache. Bald schlagen jedoch mit zunehmender Bewegung kleine Wellen an die Ufer. Der Grund ist nicht mehr deutlich zu sehen. Weiterhin ergiessen sich schäumende Tobel in das noch helle aber unruhige Gewässer, welches nur harte Felsen bändigen. Der Eigensinn bricht sich am Widerstande der Welt. Hat sich endlich der Sturzbach seine Bahn im Gebirge siegreich erkämpft, sich an seine Umgebung angepasst, dann eilt er bald glänzend und glatt, bald mächtig brausend dahin, als wenn er, dem stürmischen Knaben gleich, weite Ziele erreichen und doch sich an das Herz der Mutter schmiegen wollte, die Hochfluth des sprudelnden Lebens zu mildern.

Spiegelnd, ruhig, kraftvoll Segen spendend und belebend wird er zuletzt selbst Herrscher und geht auf in dem Ocean, dem er einst entstieg.

Auf dem ganzen Wege von der Quelle bis zur Mündung sieht der Beschauer das Fliessen, sieht er das Vorher und Nachher; er weiss, dass es dieselben Elemente sind, welche abwärts strömen, aber auch, dass manche sich mit neuen vereinigen und verwandeln und viele sich verflüchtigen, während der Fluss immer derselbe ist.

So auch die Seele. Von der Geburt bis zum Tode hört ihr Wellenspiel nicht auf: neue Eindrücke vermischen sich mit alten, viele werden vergessen und verwandelt, doch die Persönlichkeit bleibt bis zuletzt, und ehe das Ich zur Erkenntniss gekommen, wohin eigentlich das rastlose Vorwärtseilen führt, ist dieses zu Ende.

So drängen sich dem Beobachter des Kindes, dem Physiologen und Philosophen, dem Lehrer und Erzieher, dem Arzt und Psychologen, dem Menschenfreunde und Seelsorger, vor allen aber der

liebenden Mutter, die höchsten Fragen von selbst auf in der heiteren
Form des lächelnden rosigen Kindergesichtes. Was es beseelt,
ist freilich undurchdringlich wie das grosse Geheimniss des Wer-
dens und Vergehens überhaupt.

Nichtsdestoweniger kann nach der im letzten Jahrzehnt immer
reichlicher und zugleich kritischer fortgesetzten Sammlung von Beobachtungen an sehr vielen ungleich veranlagten Kindern die ontogenetische Psychologie schon als begründet angesehen werden, obwohl ihr Ziel, eine empirische Geschichte der Vernunft, noch in
weiter Ferne liegt.

Immer mehr bricht sich auch die Erkenntniss Bahn, dass die
Psychogenesis die nothwendige Grundlage der Pädagogik bildet.
Ohne das Studium der Seelenentwicklung des kleinen Kindes kann
die Erziehung und Unterrichtskunst in der That auf festem Boden
nicht begründet werden.

Aber an sich ist dieses Buch nicht pädagogisch, so viele dem
Erzieher und Lehrer wichtige Thatsachen es auch berührt, sondern
es ist physiologisch und psychologisch. Frei von den Lehrmeinungen
selbst der grössten Pädagogen kann es zum Aufbau einer von mir
seit einem Vierteljahrhundert erstrebten physiologischen Pädagogik,
welche sich am kürzesten in die Worte „Zuerst Natur ohne Dressur,
dann Cultur" kleiden lässt, besser mithelfen, als wenn es das
Lehren lehrte.

Die Kunst das kleine Kind werden zu lassen ist viel
schwerer, als die es vorzeitig zu dressiren.

Übrigens steht, unabhängig von jeder praktischen Anwendung
dieser Kinderseelenkunde, die Verwerthung derselben für die Theorie, für die Sprachforschung und die empirische Psychologie, vielleicht zunächst, zu erwarten.

Forschungsreisenden sei die Vergleichung des Verhaltens der
kleinen Kinder uncivilisirter Völker mit dem der Deutschen, wie
ich sie in diesem Buche beschrieben habe, besonders empfohlen.
Die Cultur breitet sich immer mehr und immer schneller aus, so
dass es in einer nicht fernen Zukunft schon recht schwer sein wird,
ein Europäischen Einflüssen völlig entzogenes Kind zu finden.

Gerade die Menschwerdung eines solchen ist nicht allein an
sich von grossem Interesse, sondern auch deshalb, weil sie lehren
kann, inwiefern die Kinder der Culturvölker in den ersten Lebensjahren verweichlicht und durch Dressur in der natürlichen Ent-

faltung ihrer körperlichen und geistigen Anlagen benachtheiligt werden.

Aber auch ausgedehnte Beobachtungen und Versuche an ganz jungen Thieren von der Art, wie ich sie anstellte, ohne bis jetzt in Deutschland darin Nachfolger gefunden zu haben, sind in hohem Grade wünschenswerth, um endlich der vergleichenden und genetischen Psychologie, als Wissenschaft und Erkenntnissquelle, zu ihrem Rechte zu verhelfen.

Wiesbaden, im Juni 1895.

W. Preyer.

INHALT.

ERSTER THEIL.

VON DER ENTWICKLUNG DER SINNE.

———————

VON DER ENTWICKLUNG DER SINNE.

Die Grundbedingung aller geistigen Entwicklung ist die Sinnesthätigkeit. Ohne sie kann kein psychogenetischer Vorgang gedacht werden. Jede Sinnesthätigkeit ist vierfach. Zuerst findet eine Nervenerregung statt, dann tritt die Empfindung auf, und erst wenn diese zeitlich und räumlich bestimmt worden, hat man eine Wahrnehmung. Kommt zu der Wahrnehmung die Ursache hinzu, dann wird aus ihr die Vorstellung.

Es ist von grosser Wichtigkeit für das Verständniss des seelischen Geschehens beim erwachsenen, willkürlich handelnden und selbständig denkenden verantwortlichen Menschen zu wissen, wie es sich mit jenen Stufen der Sinnesthätigkeit beim Neugeborenen und beim nicht willkürlich handelnden, nicht denkenden, nicht verantwortlichen Säugling verhält.

Ich habe daher, mit besonderer Rücksicht auf die hervorragende Betheiligung des Gesichtssinnes an der geistigen Ausbildung des Kindes in der ersten Zeit, viele Beobachtungen angestellt über die allmähliche Vervollkommnung der Sinne zu Anfang des Lebens und beginne mit ihrer Beschreibung.

I. Das Sehen.

Meine Beobachtungen über die Ausbildung des Sehvermögens in den ersten Jahren beziehen sich auf die Licht-Empfindlichkeit, die Unterscheidung der Farben, die Augenlid-Bewegungen, die Augen-Bewegungen, die Blick-Richtung, das Sehen in die Nähe und in die Ferne, die Deutung des Gesehenen. Daran schliessen sich Angaben über das Sehen blind geborener, erst durch eine Operation sehend gewordener Kinder und über das Sehen neugeborener Thiere.

1*

Die Licht-Empfindlichkeit.

Die Licht-Empfindlichkeit meines fünf Minuten nach der Geburt in der Dämmerung gegen das Fenster gehaltenen Kindes war nicht gross. Denn es machte die Augen auf und zu, abwechselnd das eine und das andere, so dass die Lidspalte sich bis auf etwa fünf Millimeter erweiterte. Bald darauf sah ich im Zwielicht beide Augen weit offen. Es wurde dabei die Stirn gerunzelt.

Lange vor Ablauf des ersten Tages wurde der Gesichtsausdruck des mit dem Antlitz gegen das Fenster gewendeten Kindes plötzlich ein anderer, als ich mit der Hand seine Augen beschattete. Also machte das Dämmerlicht unzweifelhaft schon einen Eindruck. Das beschattete Gesicht sah weniger befriedigt aus.

Am zweiten Tage schliessen sich die Augen bei Annäherung der Kerzenflamme schnell, am neunten wird ausserdem der Kopf von der Flamme energisch abgewendet, wenn sie gleich nach dem Erwachen nahe gebracht worden. Die Augen werden fest zugekniffen. Als aber am darauffolgenden Tage dem im Bade befindlichen Kinde eine Kerzenflamme' in einer Entfernung von einem Meter vorgehalten wurde, blieben die Augen weit offen. Die Empfindlichkeit für Licht ist also beim Erwachen so viel grösser, als kurze Zeit nachher, dass derselbe Reiz das eine Mal abgewehrt, dass andere Mal ertragen wird.

Auch am elften Tage ertrug das Kind die in einer Entfernung von nur einem halben Meter vor ihm brennende Kerze ruhig, unausgesetzt mit weit offenen Augen starrend, wie auch nachher einen glänzenden Gardinenhalter, wenn er nur in die Richtung des Starrens gebracht wurde. Wendete ich das Kind ab, so schrie es, wendete ich es wieder dem Lichte zu, dann hörte das Schreien auf. Zur Controle hielt ich an demselben Tage das Kind einmal gleich nach dem Erwachen, ein anderes Mal, nachdem es wach im Dunkeln verweilt hatte, ebenso nahe vor die brennende Kerze. In beiden Fällen kniff es die Augen zu. ⌈Die Lichtempfindlichkeit der Netzhaut nimmt also schon so früh im Dunkeln bis zur Lichtscheu zu und wird bei Tage schnell abgestumpft.⌉

Dass mässig helles Tageslicht gesucht wird, beweist das häufige Wenden des Kopfes nach dem Fenster, wenn ich das Kind von demselben abwendete. Dieses Drehen des Kopfes trat am sechsten Tage regelmässig ein; am siebenten wiederholte es sich oftmals, und jedesmal, wenn das Antlitz dem Fenster zugewendet war, erhielt es unverkennbar den Ausdruck der Befriedigung.

Dass Säuglinge, wenn Licht auf das Gesicht fällt, während sie schlafen, plötzlich die Augen fester zukneifen, ohne zu erwachen, habe ich wiederholt gesehen und zwar vom zehnten Tage an. Manche werden dadurch geweckt und unruhig.

Bei meinem Kinde fand ich ferner die Pupillen im gewöhnlichen Tageslicht meist enger als bei Erwachsenen, jedenfalls unter zwei Millimeter im Durchmesser, und das Verkleinern der Lidspalte beim Anblick einer beleuchteten Schneefläche oder einer hellen Sommerwolke während der ganzen Beobachtungszeit gleichfalls häufiger und anhaltender, als bei Erwachsenen.

Hellglänzende Gegenstände bewirken, wenn sie im Gesichtsfelde erscheinen, vom zweiten Monat an oft lautes Jubeln. Aber andere stark gefärbte Objecte erregen gleichfalls leicht die Aufmerksamkeit des Säuglings. Im zehnten Monat freut er sich, wenn Abends die Lampe angezündet wird, lacht über das Licht und greift nach der hellen Glocke.

Von Beobachtungen Anderer über die Licht-Empfindlichkeit menschlicher Neugeborener sind folgende hervorzuheben:

Reife eben geborene Kinder schliessen die Augen rasch und krampfhaft, wenn helles Licht einfällt.

Auch einzelne, um zwei Monate zu früh geborene Kinder unterscheiden an ihrem zweiten Lebenstage Hell und Dunkel.

In den ersten Stunden schon verengt sich die Pupille, wenn helles, erweitert sie sich, wenn weniger helles Licht einfällt.

Wird das eine Auge des Neugeborenen geschlossen, während das andere offen bleibt, so erweitert sich die Pupille des letzteren.

Im Dunkeln schlafende zwei- bis viertägige Säuglinge schliessen die Lider fest, erwachen sogar und fahren zusammen, wenn ein helles Kerzenlicht den Augen sehr nahe kommt.

Diesen Angaben von Kussmaul, die ich, bis auf die zweite, bestätigen kann, fügt Genzmer hinzu, dass die plötzlich von hellem Licht getroffenen Augen der Neugeborenen eine Convergenzbewegung machen und empfindliche Säuglinge sogar durch plötzliche grelle Beleuchtung oder durch schnell wechselndes blendendes Licht zu allgemeiner Unruhe und zum Schreien gebracht werden, was ich bestätigen kann. Ausserdem sah letzterer das abwechselnde Schliessen und Öffnen der Augen, welches hell beleuchtete Säuglinge öfters zeigen, auch bei einem zwei Tage alten schlafenden Kinde. Dagegen sah ich niemals ein reifes normales neugeborenes Kind blendend helles Licht mit offenen Augen ruhig ertragen. Vielleicht handelt es sich bei der vereinzelten Behauptung des Gegentheils um angeborene Blindheit oder abnorme Unterempfindlichkeit der Netzhaut. Ein reifes neugeborenes Kind, welches ohne Gehirn zur Welt kam und mehrere Tage lebte, veränderte seine Pupillen nicht im Geringsten, als ich directes Sonnenlicht auf seine beiden Augen fallen liess.

Aus der Gesammtheit der vorliegenden Angaben folgt, dass normal beim reifen menschlichen Neugeborenen entweder unmittelbar oder wenige Minuten, höchstens Stunden, nach der Geburt die Licht-Empfindlichkeit vorhanden ist: Hell und Dunkel wird unterschieden; ferner ist der Reflexbogen vom Sehnerven auf den Oculomotorius, besonders seine pupillen-verengernden Fasern, bereits da; hier liegt also ein angeborener Reflex vor, und zwar ein doppelseitiger, da beide Pupillen sich verengern, wenn nur in eine Licht einfällt; sodann ist die Lichtscheu im Anfang nach dem Erwachen und nach einem Aufenthalt im Dunkeln gross; bald jedoch wird Dämmerlicht gesucht, bewirkt also keinesfalls Unlust; endlich erregen nach einigen Tagen gewöhnliches Tageslicht, glänzende und stark leuchtende Gegenstände Lust, die Lichtscheu nimmt ab und der Kopf wird der Lichtquelle öfter zugewendet.

Die Unterscheidung der Farben.

Wann ein Kind im Stande ist, die Grundfarben Roth, Gelb, Grün, Blau zu unterscheiden, lässt sich schwer bestimmen. Zuerst wird sicherlich nur der Unterschied von Hell und Dunkel empfunden, und auch dieser nur unvollkommen, zumal (nach Flechsig) der Sehstreifen beim reifen Kinde, anfangs noch grau, erst drei bis vier Tage nach der Geburt sein Nervenmark und damit seine bleibende Färbung erhält. Aber auch dann geht die Sonderung der gleichzeitigen hellen und dunkeln Eindrücke im Grosshirn jedenfalls noch langsam vor sich.

Der erste Gegenstand, welcher wegen seiner Farbe auf meinen Knaben einen Eindruck machte, war wahrscheinlich ein rosafarbener Vorhang; hell von der Sonne beleuchtet, doch nicht blendend hell, hing er unbewegt einen Fuss vor dem Gesichte des Kindes am 23. Tage. Es gab lachend Laute des Wohlgefallens von sich. Da die glatte, ruhende, helle, farbige Fläche allein das ganze Gesichtsfeld einnahm, musste sie entweder wegen ihrer Helligkeit oder wegen ihrer Farbe die Quelle der Lust sein. Am Abend desselben Tages erregte die Kerzenflamme in einer Entfernung von ungefähr einem Meter ganz ähnliche Lustäusserungen, als sie vor die in's Leere starrenden Augen gebracht worden war, und am 42. Tage der Anblick bewegter farbiger Quasten; aber dabei war die Bewegung auch lusterregend.

Als ich in der 85. Woche die ersten systematischen Prüfungen mit gleichgestalteten ungleichfarbigen Spielmarken vornahm, liess sich noch keine Spur einer Farbenunterscheidung erkennen, wenn sie auch ohne Zweifel schon da war. So verschieden die Schalleindrücke „roth“, „gelb“, „grün“, „blau“ sind — diese wurden sicher unterschieden — und so genau das Kind die Bedeutung

von „gieb" kannte, es war nicht im Stande, die richtigen farbigen
Spielmarken zu geben, nicht einmal, wenn nur „rothe" und „grüne"
verlangt wurden. Man darf jedoch daraus nicht auf ein Unvermögen des Auges, die eine Farbe von der anderen zu unterscheiden, schliessen, denn hierbei kommt wesentlich in Betracht
die Schwierigkeit, den gehörten Schall „roth", „grün" mit der zugehörigen Farbenempfindung, auch wenn sie schon da ist, zu verbinden.

Es muss schon lange vor dem siebenten Vierteljahr ausser
der verschiedenen Helligkeit (Weiss, Grau, Schwarz) auch die
Qualität einiger Farben erkannt worden sein; denn die Freude
über grelle Farben war deutlich. Doch kann man bei kleinen
Kindern, auch wenn sie schon zu sprechen angefangen haben, nicht
ohne eingehende Prüfungen feststellen, welche Farben sie unterscheiden und richtig benennen.

Um nun zu ermitteln, wie in dieser Beziehung die einzelnen
Farben sich verhalten, habe ich vom Ende des zweiten Lebensjahres an viele hundert Farbenprüfungen mit meinem Kinde vorgenommen, wochenlang täglich in der Frühe, dann wieder nach
wochenlangen Pausen in anderer Weise fast täglich. Zu allen
Prüfungen dienten die Farbenovale der Magnus'schen „Tafel zur
Erziehung des Farbensinnes" (1879).

Erste Methode. Nachdem wiederholt die beiden Namen „roth"
und „grün" mit Vorlegung der entsprechenden Farben vorgesagt worden
waren, und nun beim Vorlegen nur der zwei Farben gefragt worden:
„Wo ist Roth?" „Wo ist Grün?" immer abwechselnd, erfolgte nach
gänzlich resultatlosen Versuchen in der 86. und 87. Woche und nach einer
Pause von 22 Wochen, am 758. Lebenstage, 11 Mal eine richtige,
6 Mal eine falsche Antwort; am folgenden Tage waren die Antworten
7 Mal richtig, 5 Mal falsch, am darauffolgenden 9 Mal richtig, 5 Mal
falsch. Schon hieraus ergiebt sich mit Wahrscheinlichkeit, dass die
beiden Farben, sei es der Qualität nach, sei es nur der Helligkeit
nach, unterschieden, weil oft mit den richtigen Namen verbunden
wurden. Zu meiner Überraschung aber waren bereits am 763. Tage
die Antworten 15 Mal richtig und nur 1 Mal falsch und am folgenden
Tage 10 Mal richtig und kein Mal falsch. Das Kind hatte also die
Zusammengehörigkeit der Schalleindrücke „roth" und „grün" mit
zwei verschiedenen Lichteindrücken fest erfasst. Denn bei solchem
Zahlenverhältniss ist der Zufall ausgeschlossen.

Ich prüfte weiter. Es wurde zum Roth und Grün Gelb hinzugefügt und jede der drei Farben auf die Frage, wo sie sei, wenn
alle drei nebeneinander lagen, einmal richtig gezeigt. Dann trat
Unlust ein, welche bei einem so jungen Kinde sehr oft die Farbenprüfungen unmöglich macht. Bei der Wiederholung war es unauf-
merksam und verwechselte die drei Farben miteinander. Am folgenden

Tage, dem 765., wurde namentlich Grün mit Gelb verwechselt. Die Antworten waren an fünf Tagen der 110. Woche:

	Roth	Grün	Gelb
Richtig	26	24	23
Falsch	10	7	5.

Zusammen 73 richtige, 22 falsche Fälle.

Nun wurde als vierte Farbe Blau hinzugefügt. Die Antworten waren bei acht Prüfungen in der Zeit vom Ende der 110. bis zum Anfang der 112. Woche:

	Roth	Grün	Gelb	Blau
Richtig	32	31	34	27
Falsch	14	8	2	12.

Zusammen 124 richtige, 36 falsche Fälle.

Häufig, besonders nach der Frage: „Wo ist Blau?" besann sich das Kind lange, betrachtete die vier Farben aufmerksam und gab mir dann die Farbe rasch. Deutlich ergiebt sich, dass die Sicherheit im Erkennen für Gelb grösser ist, als für die anderen Farben. Gelb erscheint als die am leichtesten zu unterscheidende und daher auch am leichtesten zu behaltende Farbe. Ich stellte noch mehr solche Prüfungen an, aus denen die Bevorzugung des Gelb hervorging. Dann wurde als fünfte Farbe Violett, der leichteren Aussprache wegen „lila" genannt, hinzugefügt und das Verfahren geändert.

Zweite Methode. Ich legte dem Kinde die Farben einzeln vor und fragte: „Was ist das?" Es antwortete dann *rroot* = roth, *delp*, *depp*, *gelp* = gelb, *rhin*, *ihn* = grün, *balau* = blau und *lilla*, Die Antworten waren in der 112. Woche bei vier Prüfungen:

	Roth	Gelb	Grün	Blau	Violett
Richtig	10	9	9	5	11
Falsch	2	0	1	7	1.

Zusammen 44 richtige, 11 falsche Fälle.

Auch hier steht Gelb obenan. Blau nimmt die letzte Stelle ein. Es wurde besonders mit Grün und Violett verwechselt. War die Aufmerksamkeit mangelhaft, dann brach ich ab.

Hierauf wurden die Prüfungen nach beiden Methoden zugleich fortgesetzt. Dieselben erwiesen sich aber als sehr zeitraubend. Das Kind interessirt sich manchmal nicht für die Farben. Bisweilen will es die Farbe, die es kennt, schalkhaft nicht nennen und die verlangte nicht zeigen oder geben. Andere Male holt es von selbst das Kästchen, welches die farbigen Ovale enthält, und sagt *wawa* = Farbe, eine Lection erwartend. Die Versuche mit ungetheilter Aufmerksamkeit sind aber nicht zahlreich. Grau kommt hinzu.

Fünf Prüfungen in der 112. und 113. Woche ergaben folgende Antworten:

	Roth	Gelb	Grün	Blau	Violett	Grau
Richtig	16	22	14	10	18	10
Falsch	3	1	5	15	1	2.

Zusammen 90 richtige, 27 falsche Fälle.

Gelb behauptet den Vorrang. Blau wird am schlechtesten beurtheilt. Bemerkenswerth ist, dass in dieser Reihe, wie in der vorigen, Violett öfter als Grün richtig benannt wird.

Dritte Methode. Ich liess nun, wie vom Farbenblinden, wiederholt die gleichfarbigen ungleich hellen Farbenovale zusammenlegen. Nach vielem Hin- und Herfahren gelang es für Gelb, Roth, Rosa, Grün, Violett, jedoch nur höchst unvollkommen. Die Ausdrücke „hell" und „dunkel" vor den Farbennamen konnte sich das Kind nicht aneignen. Es wurden deshalb, wie bisher, die satten und weniger gesättigten, die hellen und dunkeln Farben mit dem gemeinsamen Prädicat der Qualität allein bezeichnet. Vier Prüfungen nach den drei Methoden in der Zeit von der 114. bis 116. Lebenswoche ergaben:

	Roth	Gelb	Grün	Blau	Violett	Grau	Braun	Rosa	Schwarz
Richtig	15	13	4	3	11	6	4	1	2
Falsch	1	0	7	10	2	0	0	2	0.

Zusammen 59 richtige, 22 falsche Fälle.

Blau wurde namentlich mit Violett verwechselt, auch mit Grün. Alle sehr blassen Farben wurden mit Grau, alle dunkeln mit Schwarz verwechselt. Die Reihenfolge, in welcher die Farben richtig benannt wurden, ist nunmehr diese: am besten Gelb, dann Roth, hierauf Violett, dann erst Grün und zuletzt Blau.

Ich legte an anderen Tagen dem Kinde, wie früher, eine einzelne Farbe vor mit der Frage, was sie sei (zweite Methode), und notirte, wenn nicht gleich die erste Antwort richtig war, dieselbe unter „falsch". Die Farben heissen jetzt *rott, delp, drün, blau, lila, grau, swarz, rosa, braun.*

Bei vier Prüfungen in der 114. und 115. Woche waren die Antworten:

	Roth	Gelb	Grün	Blau	Violett	Grau	Braun	Rosa	Schwarz
Richtig	13	11	7	5	10	1	4	3	4
Falsch	0	0	9	13	3	3	1	3	0.

Zusammen 58 richtige, 32 falsche Fälle.

Für die fünf ersten Farben ergiebt sich hieraus dieselbe Reihenfolge, wie oben. Blau und Grün sind ganz unsicher, Blau wird mit *drün* und *lila* bezeichnet, Grün mit *grau*, und öfter werden beide gar nicht benannt, während Gelb, Roth und Schwarz schnell richtig angegeben werden.

Vierte Methode. Nun liess ich das Kind, ohne eine Farbe zu nennen und ohne zu fragen, aus dem Kasten mit den Farbenovalen beliebig eines nach dem anderen herausnehmen und mir benennen und geben. Beim ersten Versuche griff es auf's Gerathewohl, beim zweiten suchte es seine Lieblingsfarbe Gelb. Zwei Prüfungen in der 115. Woche:

	Roth	Gelb	Grün	Blau	Violett	Grau	Braun	Rosa	Schwarz
Richtig	6	8	1	0	4	1	0	3	2
Falsch	0	0	2	5	1	5	1	2	0.

Zusammen 25 richtige, 16 falsche Fälle.

Das Resultat ist dasselbe wie oben. Roth, Gelb und Schwarz werden allein sicher erkannt.

Ich prüfte nun zwei Monate lang nicht. Das Kind befand sich den grössten Theil des Tages über im Freien mit den Eltern auf Reisen, meist in der Umgebung des Garda-Sees. In der 121. Woche war die Unsicherheit im Gebrauche der Farbennamen wieder grösser als vorher; Blau wurde trotz eindringlichster Ermahnungen kaum einmal richtig bezeichnet. Die Wiederaufnahme der Prüfungen nach der Heimkehr gab ein schlechtes Resultat. Ich nahm die Farbentäfelchen in die Hand und fragte (zweite Methode). Sogleich beim ersten Fragen wurde zwar Gelb 3 Mal richtig, kein Mal falsch, Roth aber 2 Mal falsch und kein Mal richtig benannt. Ich erhielt bei den vier ersten Prüfungen mit allen Farben seit der Pause, in der 124. Woche, folgende Antworten:

	Roth	Gelb	Grün	Blau	Violett	Grau	Braun	Rosa	Schwarz	Orange
Richtig	17	22	0	0	9	0	4	3	3	0
Falsch	0	0	18	13	4	5	3	4	0	2.

Zusammen 58 richtige, 49 falsche Fälle.

Hierbei zeigt sich noch deutlicher als bisher, dass Roth und Gelb schon sicherer wieder erkannt und benannt werden, als Grün und Blau. Es war aber Manches vergessen worden. Am 866. Tage waren die Verwechslungen: Rosa, Grau und Blassgrün, ferner Braun und Grau, dann Grün und Schwarz, endlich Blau und Violett. Bei den folgenden Versuchen nahm das Kind die Farbenovale aus dem Kasten und gab sie mir, ohne die geringste Anleitung die Namen dazu sagend (vierte Methode). Fünf Prüfungen aus der 124. und 125. Woche:

	Roth	Gelb	Grün	Blau	Violett	Grau	Rosa	Braun	Schwarz	Orange
Richtig	29	16	0	0	14	0	14	7	0	0
Falsch	1	0	4	6	0	8	5	2	2	6.

Zusammen 80 richtige, 34 falsche Fälle.

Roth und Gelb werden eifrig hervorgesucht und fast jedesmal richtig benannt, Blau und Grün gemieden und jedesmal falsch (namentlich als *lila, swarz*) bezeichnet. Ich entfernte nun alle rothen und gelben Farben aus der Sammlung und liess das Kind von den übrigen mir, soviele es ohne Abspannung vermochte, geben und benennen. Seit Roth und Gelb fehlen, zeigt es aber von vornherein ein geringeres Interesse, sagt auch bei „Grün" *papa sagn.* Immer hatte es sonst einen Namen für die Farbe, die es nahm. War er falsch, so wurde er jedesmal von mir, oft vom Kinde selbst, corrigirt, jedoch unter „falsch" eingetragen, wenn die erste Antwort falsch war. In dieser immer streng eingehaltenen Weise kamen bei sechs Prüfungen in der 125. und 126. Woche folgende Urtheile zu Papier:

	Grün	Blau	Violett	Grau	Rosa	Braun	Schwarz	Orange
Richtig	2	6	20	0	19	15	7	11
Falsch	19	20	3	6	6	0	2	7.

Zusammen 80 richtige, 63 falsche Fälle.

Die helleren Farben wurden zuerst herausgesucht. Das Kind verwechselt: Orange (*oroos*) mit Gelb, Blau mit Violett, Grün mit Grau, Schwarz mit Braun.

Ich versuchte wiederholt, das Kind zum Zusammenlegen der ihm gleich erscheinenden Farben zu bewegen (dritte Methode). Es misslang vollständig. Dann verlangte ich die einzelnen Farben, sie nennend (erste Methode). Auch dieses Verfahren gab schlechte Resultate (am 879. Tag). Endlich nahm ich die einzelnen Farben und fragte: „Was ist das?" (zweite Methode). Die Antworten waren bei vier Prüfungen in der 126., 127. und 128. Woche:

	Roth	Gelb	Grün	Blau	Violett	Grau	Rosa	Braun	Schwarz	Orange
Richtig	11	11	1	1	12	6	11	10	6	6
Falsch	(1)	0	14	11	1	1	2	0	1	2 u. (1).

Zusammen 75 richtige, 34 falsche Fälle.

Für Grün und Blau, die, wenn hell mit Grau, wenn dunkel mit Schwarz verwechselt werden, ist wahrscheinlich eine geringere Empfindlichkeit, sicher ein geringeres Interesse vorhanden. Blau wird noch *lila* genannt. Es ist übrigens sehr schwer, die Aufmerksamkeit anhaltend den Farben zuzuwenden. Das Kind, obwohl es nur früh morgens geprüft wurde, sucht jetzt nach anderen Mitteln, sich zu vergnügen. Es verspricht sich dann und wann (diese Fehler sind eingeklammert). Doch wurde am 898. Tage jede Farbe richtig benannt, allerdings Grün und Blau erst nach einigem Hin- und Herrathen. Das Kind nahm die Farben und gab sie mir, sie benennend, bei sechs Prüfungen in der 129., 135., 136., 137., 138. Woche (vierte Methode). Die Antworten waren:

	Roth	Gelb	Grün	Blau	Violett	Grau	Rosa	Braun	Schwarz	Orange
Richtig	27	27	2	2	15	5	10	14	5	12
Falsch	1	0	14	13	2	1	3	0	1	3.

Zusammen 119 richtige, 38 falsche Fälle.

Verwechslungen wie bisher. Neu ist nur die Bezeichnung *garnix* für Grün und Blau. Auch werden jetzt öfter unbekannte Farben *grin* genannt, so das Blau. In einem Strauss von gelben Rosen wurden diese als *gelb*, die Blätter hartnäckig als *garnix* bezeichnet; ebenso sehr weissliche Farben, deren Qualität aber auch farbentüchtigen Erwachsenen bei mässiger Beleuchtung sofort kenntlich ist. Merkwürdig war am 934. Tage die Äusserung, als Grün und Blau vorgelegt wurden: *grin blau kann e nicht, grosse mann kann grin blau,* was bedeuten sollte (wie aus ähnlichen Äusserungen hervorging): „Ich kann Grün und Blau nicht richtig angeben, ein Erwachsener kann es." Grün wurde meist für Grau, sehr selten (fragend) für Roth erklärt, Blau *lila* genannt. In der 131. und 134. Woche fragte ich in drei Prüfungen nach den Farben, die ich selbst vorlegte (zweite Methode); in der 138. und 139. Woche, gleichfalls bei drei Prüfungen, nahm das Kind sie zum Theil von selbst, zum Theil legte ich sie vor (vierte und zweite Methode). Die Antworten waren:

	Roth	Gelb	Grün	Blau	Violett	Grau	Rosa	Braun	Schwarz	Orange
Richtig	14	24	4	0	9	5	9	11	7	10
Falsch	1	0	13	15	5	0	2	1	1	1.

Zusammen 93 richtige, 39 falsche Fälle.

Hierauf beginnt endlich die richtige Benennung des Grün, während Blau noch nicht so oft correct bezeichnet wird. Das Kind nahm von selbst die Farben und benannte sie (vierte Methode) bei drei Prüfungen in der 139., 141. und 146. Woche folgendermaassen:

	Roth	Gelb	Grün	Blau	Violett	Grau	Rosa	Braun	Schwarz	Orange
Richtig	19	12	2	2	6	1	3	10	3	8
Falsch	2	0	2	11	1	2	0	0	0	1.

Zusammen 66 richtige, 19 falsche Fälle.

Das zweimal falsch benannte Roth war dunkel. Grün wurde nun stets von Blättern und Wiesen richtig ausgesagt und schon vor Vollendung des dritten Lebensjahres auch Blau fast jedesmal richtig bezeichnet, wenn die Aufmerksamkeit nicht abgelenkt war.

Bezüglich der Reihenfolge, in der die Farben bis zum 34. Monat richtig benannt wurden, ergiebt sich im Ganzen folgendes:

	Urtheile		Procentisch	
	richtig	falsch	richtig	falsch
I. Gelb	232	8	96,7	3,3
II. Braun	79	8	90,8	9,2
III. Roth	235	36	86,7	13,3
IV. Violett	139	24	85,3	14,7
V. Schwarz	39	7	84,8	15,2
VI. Rosa	76	29	72,1	27,6
VII. Orange	47	23	67,1	32,9
VIII. Grau	35	33	51,5	48,5
IX. Grün	101	123	45,0	55,0
X. Blau	61	151	28,8	71,2
	1044	442	70,3	29,7

Von den vier Hauptfarben werden also Gelb und Roth viel früher richtig benannt, als Grün und Blau, und zwar zuerst Gelb — Braun ist lichtschwaches Gelb — dann Roth. Violett, welches viel öfter richtig benannt wurde, als Grün und Blau, enthält das früh wohlbekannte Roth und kann dem Kinde als ein schmutziges Roth oder als Dunkelroth erschienen sein. Es ist wahrscheinlich, dass Blau und Grünblau zuerst nicht blau und grünblau, sondern grau und in ihren dunkeln Schattirungen schwarz empfunden wurden. Dass Grün jeder Art erst sehr spät richtig benannt wird, kann zum Theil auf einer Anfangs stärkeren Absorption des Lichtes durch das Blut der Netzhautgefässe beruhen. Wenn auch die Stelle des deutlichsten Sehens frei von Blutgefässen ist, so haben doch die warmen Farben, welche ungeschwächt die Netzhaut in grosser Ausdehnung erreichen, schon darum einen Vorzug vor Grün und Blau, die mit Grau am häufigsten verwechselt wurden.

Noch im vierten Jahre wurde in der Morgendämmerung Blau öfter als Grau bezeichnet, wenn es mir bereits deutlich blau erschien. Das Kind wunderte sich wiederholt darüber, dass seine hellblauen Strümpfe über Nacht grau geworden seien. Sehr dunkles Grün wurde noch nach Jahren für schwarz gehalten.

Grau wurde ohne Zweifel neben Weiss und Schwarz lange vor der ersten Farben-Unterscheidung richtig erkannt, aber deshalb oft falsch benannt, weil eben wahrscheinlich Grün und Blau wie Grau empfunden wurden. Die richtige Benennung wurde vor dem Ende des dritten Jahres Regel, während Gelb schon fast ein Jahr früher beinahe jedesmal richtig benannt wurde. Ihm kommt das Pigment des gelben Flecks am meisten zu statten. Das Roth kann auch dadurch bevorzugt sein, dass es bei geschlossenen Augen im Tageslicht die einzige Farbe im Gesichtsfeld ist, wie Schwarz vor dem Einschlafen im Dunkeln. Der Säugling hält im wachen Zustande die Augen viel mehr geschlossen als der Erwachsene.

Im Ganzen wird man hiernach mein Kind im zweiten Jahre und in der ersten Hälfte des dritten Jahres noch als unterempfindlich gegen die kalten Farben bezeichnen müssen, womit Beobachtungen an anderen Kindern übereinstimmen. Wenigstens wird von Vielen Gelb zuerst und Blau zuletzt richtig benannt, wie mir auch von anderen Beobachtern mitgetheilt worden ist. Alle Kinder bevorzugen zuerst die weisslichen Farben ohne Rücksicht auf die Qualität.

Man kann die Unfähigkeit meines zweijährigen Kindes, Blau und Grün richtig zu benennen, darum nicht einzig auf sein etwaiges Unvermögen beziehen, die gehörten, ihm ganz geläufigen Namen „Blau" und „Grün" mit den etwa schon deutlichen Empfindungen in fester Verbindung zu behalten, weil „Gelb" und „Roth" schon viele Monate früher richtig gebraucht werden. Wären Grün und Blau ebenso deutlich wie Gelb und Roth in der Empfindung, dann läge also nicht der mindeste Grund vor, sie unrichtig zu benennen. Das Kind weiss eben noch nicht, was Grün und Blau bedeutet, wenn es schon Gelb und Roth kennt. Es weiss auch noch nicht, was „Grün" bedeutet, wenn es in der 109. und 112. Woche seines Lebens „Roth" und „Grün" scheinbar richtig unterscheidet. Grün ist ihm dann nur etwas, was nicht roth ist. Dasselbe gilt ohne Zweifel auch für andere Kinder, welche sich im Alter von anderthalb Jahren der Wörter „roth" und „grün" bedienen.

Noch muss hervorgehoben werden, dass mein Kind zu Anfang seines dritten Lebensjahres sich im Halbdunkel der Dämmerung mit auffallender Sicherheit und Schnelligkeit bewegte und zurecht-

fand, also Hell und Dunkel gut unterschied, und zu Anfang seines
vierten Jahres alle Farben, ausser den sehr dunkeln oder ganz
blassen, namentlich die verschiedensten grünen und blauen Töne,
richtig bezeichnete zum Erstaunen derer, welche den hier beschriebenen „Farbenstunden" dann und wann beigewohnt und die
vielen Fehler miterlebt hatten.

Andere Kinder mit gesunden Augen sind gleichfalls im Alter
von drei Jahren vollkommen sicher im Benennen der Farben, in
dem von zwei Jahren noch sehr unklar. Für die Unterscheidung
der Farben haben die meisten dann noch kein Verständniss. Indessen hängt das Herbeiführen desselben sehr von der Methode,
die man anwendet, ab, wie aus meinen obigen Versuchen hervorgeht, und auch von der Anzahl der Prüfungen und der Länge der
Pausen.

Mark Baldwin (1893) hat diese wichtigen Factoren nicht beachtet, als er ein Kind in seinem neunten Monat, aus Entfernungen
von 9 bis 15 Zoll nach verschiedenfarbigen Papierstreifen greifen
liess in der irrigen Meinung, nach den „anziehendsten" Farben als
bekannten würde am häufigsten gegriffen. Nach Zeitungspapier griff
das Kind öfter als nach irgend einer Farbe und als nach weissem
Papier. Das Neue zieht es an, nicht das Bekannte. Binet (1890)
experimentirte u. a. nach meiner ersten Methode, fand aber nicht,
dass Gelb so bevorzugt wurde wie von meinem Kinde. Dagegen
bestätigte Uhthoff (1891) bei einem bis zu seinem siebenten Jahre
blinden Knaben meine Befunde, besonders den, dass zuerst Gelb
sicher unterschieden und wiedererkannt wird, was ich für das Normale
halte. Ferner unterschied das von Milicent Washburne Shinn (1893)
vorzüglich sorgfältig beobachtete Kind zu Ende des zweiten Lebensjahres fast alle Farben so sicher wie mein Kind zu Ende des dritten.
Garbini endlich fand (1894), dass die Farben in der Reihenfolge
Roth, Grün, Gelb, Orange, Blau, Violett erkannt werden und zwar
Roth und Grün zwischen dem 16. und 24. Monat. Indessen kann
auch hier „grün" == „nicht roth" gewesen sein.

Jedenfalls ist die Ausbildung des Farbenunterscheidungsver-
mögens, wenn auch individuell verschieden, in erster Linie von der
Übung abhängig, und die häufigen Mängel desselben bei Erwachsenen
sind ohne Zweifel meistens auf die Vernachlässigung der Farben-
gymnastik in der Kindheit zurückzuführen.

Die Augenlid-Bewegungen.

Das Offenhalten des Auges ist in den ersten Lebenstagen selten
von längerer Dauer. Neugeborene halten die Augen mehr geschlossen als offen. Und wenn das Lid gehoben wird, tritt meistens
eine sonderbare Asymmetrie ein. Ein Auge bleibt offen, während
das andere geschlossen ist. Das abwechselnde Schliessen und

Öffnen sah ich häufig vom ersten bis elften Tage, dann seltener. Jedoch hatte mein Kind schon vor Ablauf der ersten 24 Stunden im Zwielicht einmal beide Augen zugleich weit offen. Die Regel war für den ersten Monat, wenn beide Augen zugleich offen waren, dass sie nicht gleich weit offen waren, was noch am 31. Tage auffiel. Auch hatte um diese Zeit das zeitweise Offenhalten nur eines Auges nicht aufgehört. Dazu kommt, dass selbst beim Schliessen beider Augen die Bewegungen des linken und rechten oberen Lides oft nicht gleichzeitig geschahen.

Andere merkwürdige atypische Lidbewegungen sah ich bei der Hebung und Senkung des Blicks einseitig und beidseitig. Es wurden manchmal, und zwar in der fünften Woche, bei abwärts gerichtetem Blicke die Lider gehoben, so dass über der Hornhaut die weisse Sclera sichtbar war: eine Bewegung, welche schwerlich ein Erwachsener nachmacht und welche dem Gesicht einen fast besorgnisserregenden Ausdruck verleiht. Doch folgte lange vor dem dritten Monat beim Senken des Blickes constant das Lid der Pupille nach. Wenn umgekehrt das auf dem Rücken liegende Kind den Blick stirnwärts richtete, wobei sich übrigens die Stirn nicht im Geringsten runzelte, wurde nicht jedesmal das Lid gehoben, sondern es bedeckte oft die Iris bis dicht an die Pupille, bisweilen auch die letztere ein wenig, und dieses sah ich noch in der achten Woche wiederholt.

Das „Verdrehen der Augen" kranker Kinder, wobei die Pupillen nach oben, die oberen Augenlider nach unten gehen, so dass nur die weisse Sclera in der Lidspalte sichtbar bleibt, ist eine Steigerung dieser physiologischen Atypie, welche auch bei Hysterischen vorkommt. Sogar gegen Ende des ersten Vierteljahrs sah ich, dass beim Heben des Blickes des auf dem Arm aufrecht getragenen Kindes nach einer hochstehenden Lampe das Augenlid nicht völlig gehoben, vielmehr auch hierbei die Pupille vom Lidrand tangential erreicht wurde. In dieser Zeit runzelte sich die Stirn, welche doch in den ersten Tagen, wie bei Affen, oftmals in horizontalen Falten erschien, entweder noch gar nicht, oder sehr wenig und ausnahmsweise beim Heben des Blicks. Erst vom 98. Tage an wurde von meinem Knaben beim Aufwärtsblicken die Stirn gerunzelt, wenn auch schwächer, als von Erwachsenen, und sogar noch im achten Monat nicht jedesmal, vom Ende des neunten an aber regelmässig. Diese Mitbewegung ist also erworben, offenbar weil sie beim Sehen nach oben das Sehfeld erweitert, ohne ein Rückwärtsneigen des Kopfes zu benöthigen. Man kann sich durch blosse Willenskraft das horizontale Stirnrunzeln vollständig abgewöhnen, wofür ich selbst ein Beispiel bin.

Die Hebung des unteren Augenlides für sich, welche nicht

oft vorkommt und jedem Gesichte einen unkindlichen Ausdruck
verleiht, sah ich im ersten Lebensjahre überhaupt nicht bei weit
offenem Auge eintreten.

Das Heben des oberen Lides bei Senkung des Blicks sahen in
den ersten Lebenstagen bis zum zehnten auch Raehlmann und
Witkowski, welche zugleich mit Recht hervorheben, dass die zwangs-
mässige Abhängigkeit von Lidhebung und Erhebung der Hornhaut
beim Kinde zu Anfang noch nicht existirt. Der Lidheber-Muskel
kann sich zugleich mit dem unteren geraden Augenmuskel, der obere
gerade Augenmuskel sich ohne den Lidheber zusammenziehen, später
nicht mehr. Es muss also innerhalb des Oculomotoriusgebietes
anfangs eine Unabhängigkeit der einzelnen Nervenzweige voneinander
bestehen, welche später verloren geht. Die Miterregung des zum
Lidheber gehenden Zweiges bei Erregung des zum Blickheber (*Rectus
superior*) gehenden Zweiges des oberen Astes des Oculomotorius ist
demnach eine erworbene, welche von jedem einzelnen Menschen auf's
Neue durch ihren Nutzen für das Sehen erlernt wird. Ebenso wird
unseren Beobachtungen zufolge die anfangs häufige, völlig unnütze
Erregung des Lidheberzweiges bei Erregung des zum Blicksenker
(*Rectus inferior*) gehenden Zweiges des unteren Astes des Oculomotorius später so consequent unterlassen, dass Erwachsene kaum
noch im Stande sind, gleichzeitig den Lidheber und Blicksenker
zusammenzuziehen, d. h. bei weit offenem Auge den Blick zu senken.
Somit sind die betrachteten Bewegungen des oberen Augenlides nach
oben beim Aufwärtsblicken, nach unten beim Abwärtsblicken dem
Menschen nicht angeboren.

Dagegen ist der Lidschluss bei starkem Lichteindruck, ebenso
wie die im Lichte eintretende Pupillenverengerung, angeboren.
Hierbei handelt es sich aber um Reflexe von Sehnerven einerseits
auf den Orbiculariszweig des Facialis, andererseits auf den Iriszweig des Oculomotorius. Nicht Mitbewegungen, sondern reine
Reflexe liegen hier vor.

Das schnelle Schliessen des Auges durch einen Lidschlag mit
unmittelbar folgendem Öffnen desselben, welches als Augenzwinkern bezeichnet wird, kommt bekanntlich bei Neugeborenen
und ganz jungen Säuglingen nicht vor. Die Thatsache steht fest,
dass sie die schnelle Annäherung der Hand oder des Kopfes oder
der brennenden Kerze oder des Fingers gegen das Auge ertragen,
ohne das Lid zu bewegen, während im späteren Leben jeder dann,
wie nach einer Berührung, selbst wenn eine Glasscheibe sich vor
dem Gesichte befindet, beim ersten Anprall das Auge einen
Moment schliesst oder gar zurückfährt, es sei denn, dass eine besondere Übung in der Beherrschung dieser Reflexbewegung beim
Manne zu ihrer willkürlichen Hemmung führt.

Ich habe den Zeitpunkt, wann das erste Zwinkern als Symptom des Erschreckens über einen beliebigen plötzlichen Eindruck

und als Ausdruck der Überraschung über einen neuen Gesichts-
Eindruck eintritt, für mein Kind bestimmt, und Folgendes gefunden:

Ich fuhr mit der flachen Hand schnell gegen das Gesicht des
mit offenen Augen ruhig daliegenden Säuglings, ohne dass er im
Geringsten darauf reagirte, am 6., am 8., am 11., am 12., am 22.,
am 25., am 50., am 55. Tage. In dieser Zeit hatte die leiseste
Berührung der Wimpern, der Lidränder, der Bindehaut oder der
Hornhaut sofortigen Lidschluss zur Folge. Nur geschah das Senken
des Lides nach solchen Berührungen bis zum zwölften Tage entschieden langsamer, als bei Erwachsenen. Am 57. und 58. Tage
bemerkte ich, dass zum ersten Male das Zwinkern eintrat, als ich
meinen Kopf schnell dem Gesichte des Kindes näherte; bei öfterer
Wiederholung des Versuchs aber blieben beide Augen offen. Am
60. Tage ist das schnelle gleichzeitige Zu- und Aufmachen beider
Augen bei schneller Annäherung an das Gesicht, gerade wie beim
plötzlichen lauten Schall, schon regelmässig. Oft fährt das Kind
dann schnell mit beiden Armen in die Luft empor, gleichviel ob es
liegt oder gehalten wird. Dieses ist namentlich noch in der 14. Woche
der Fall. Zu der Zeit war aber noch nichts von einem Zurückfahren mit dem Kopf oder dem Oberkörper bei schneller Annäherung
meines Gesichts an das seinige zu bemerken, während das Zwinkern
nun jedesmal prompt eintrat, auch bei mehrmaliger Wiederholung
der Annäherung schnell nacheinander. Dasselbe in der 15. und
16. Woche.

Andere Kinder schliessen, anderen Beobachtern zufolge, in der
14., selbst 16. Woche die Augen noch nicht, wenn man mit dem
Finger auf sie losfährt, als wollte man hineinstossen. Der Unterschied beruht ohne Zweifel darauf, dass der Finger eine zu kleine
und nicht genügend helle Fläche im Sehfelde einnimmt im Vergleiche zur flachen Hand und zum Gesicht. Für die „angreifende
Hand" fand O. Soltmann die siebente und achte Woche als ersten
Termin des Lidschlages, womit meine Beobachtungen eher übereinstimmen. [Diese müssten an mehreren Kindern mit einer kleinen
Windlaterne wiederholt werden, um zu ermitteln, ob nicht bei
grosser Helligkeit eines kleinen Objects das erste Zwinkern früher
eintritt.

Erst nach dem ersten Vierteljahre machte ich die Beobachtung,
dass die Augen geschlossen wurden, wenn im Bade Wasser an
die Hornhaut oder nur an die Wimpern kam, während in der
ersten Zeit die Benetzung der Augen, auch wenn sie wiederholt
wurde, durchaus keinen Lidschluss bewirkte. Wahrscheinlich sind
es derartige Erfahrungen — unangenehme Empfindungen nach Berührung der exponirten Augentheile — welche zuerst in der neunten
Woche den Lidschluss schon bei rascher Annäherung eines grossen
Gegenstandes an das Auge ohne Berührung desselben zur Folge

hatten. Denn die blosse schnelle Annäherung ist unangenehm.
Übrigens blieb das Zwinkern über einen starken unerwarteten
Eindruck, nachdem es einmal eingetreten war, als erworbene Reflex-
bewegung, die bei jedem derartigen Anlass wiederkehrte, bestehen.
Es trat namentlich nach Anblasen ungemein schnell (in der 25.
Woche) ein. Das Kind starrte mit fragendem Blick nach der
Richtung, von welcher der Luftzug herkam, nachdem es ihn mit
den Augenlidern beantwortet hatte.

Zur Erklärung dieses Reflexes ist es nicht zulässig anzunehmen, dass die Vorstellung einer Gefahr erst gebildet sein müsse,
um das Schliessen der Augen zu bewirken, wie Manche meinen.
Dann läge hier kein reiner Reflex vor, sondern eine Gewohnheit.
Es ist aber die Zeit für das Zustandekommen der Vorstellung
mit dem Willensimpuls, das Lid zu senken, zu kurz, und ein
Kind von neun Wochen hat noch nicht die Vorstellung einer Gefahr. Es weiss nicht, dass mit der plötzlichen Veränderung
der Vertheilung von Hell und Dunkel im Gesichtsfeld, beim Annähern der Hand, eine Gefahr für es selbst verbunden sein kann,
und zwinkert ganz ebenso bei einem plötzlichen Schall, sogar am
25. Lebenstage. Hätte es die Vorstellung der Gefahr, dann müsste
es mit dem Kopf oder Oberkörper bei schneller Annäherung meiner
Hand oder meines Kopfes zurückfahren, wie es später geschieht.
Man müsste also noch die Hülfshypothese hinzunehmen, dass eine
von den Ahnen im späteren Leben gemachte Erfahrung zu einer
Gewohnheit führte, die dann bei den Nachkommen schon frühzeitig
als erbliche Gewohnheit unvollständig aufträte.

Diese Darwin'sche Auffassung ist entbehrlich, weil allein schon
das unangenehme Gefühl, welches mit jedem unerwarteten
plötzlichen starken Sinneseindruck verbunden ist, ausreicht,
den Lidschluss herbeizuführen. Denn so lange das Kind die
schnellen Veränderungen im mässig hellen Sehfeld nicht sondert,
kann ihm aus denselben auch kein unangenehmes Gefühl erwachsen.
Ist es aber so weit entwickelt, dass es rasche erhebliche Änderungen
merkt, dann wird es auch das unangenehme Gefühl haben und erschrecken. Die nächste Folge davon ist Abwehr des Widrigen,
das heisst zunächst Lidschluss. Hierdurch wird das Schliessen
der Augen bei plötzlichen Lichteindrücken dem Zukneifen derselben
bei grosser Helligkeit in den ersten Tagen nahe gebracht, und der
Unterschied ist nur noch zu erklären, dass anfangs das Auge
länger geschlossen bleibt, denn Neugeborene zwinkern nicht. Dieser
nur quantitative Unterschied ist wahrscheinlich bedingt durch eine
geringere Fortpflanzungs-Geschwindigkeit der Nervenerregung, die
grössere Reflexzeit und besonders die grössere Intensität und
längere Dauer des Reizes. Blendendes Licht bewirkt auch bei

Erwachsenen ein nachhaltigeres und unangenehmeres Gefühl, als schnelle Annäherung der fremden Hand. Der Blitz hat einen momentanen Lidschluss, eine von der Sonne stark beleuchtete Schneefläche Schliessen der Augen und Blinzeln, sogar Zukneifen derselben, zur Folge.

Die Verkleinerung und Verschliessung der Lidspalte beim Zukneifen ist durch Contraction des Augenschliessmuskels (*Musculus orbicularis*) im Ganzen bedingt, wogegen die Senkung des oberen Augenlides beim Zwinkern durch die Contraction der Lidmuskeln (*Musculi palpebrales*) allein herbeigeführt wird und das Blinzeln im eigentlichen Sinne beim Anblick eines blendend hellen Gegenstandes durch die Zusammenziehung der äusseren Theile des Orbicularmuskels (nämlich des Orbital- und Malar-Muskels) zu Stande kommt. Alle diese Orbicularfasern werden vom Antlitznerven (*Nervus facialis*) als ihrem einzigen Bewegungsnerven versorgt. Da der Reflex vom Sehnerven aus schon am ersten Lebenstage vollkommen ist, sofern helles Licht Zukneifen der Augen bewirkt, so muss der Reflexbogen vom Sehnerven auf diesen Ast des Facialis, wie der auf den Iriszweig des Oculomotorius, beim Menschen angeboren sein.

Auch das schnelle Schliessen und Öffnen des Auges beim Überraschtsein wird verständlich, wenn man nicht die Vorstellung der Gefahr, welche dem Kinde noch fremd ist, voraussetzt, sondern bedenkt, dass jede Überraschung, selbst die freudige, durch das ihr anhaftende Unerwartete, den plötzlichen Sinneseindruck, im ersten Augenblicke dem Erschrecken verwandt ist. Die plötzliche Gefahr ist nur ein besonderer Fall. Auch bei Erwachsenen bewirkt ein unerwarteter Knall jedesmal den Lidschlag.

Am 25. Tage fixirte mein Kind zum ersten Male das Gesicht seiner Wärterin, dann das meinige und das seiner Mutter. Als ich nun nickte, machte es die Augen weiter auf, und es erfolgte ein mehrmaliger Lidschlag. Dasselbe trat ein, als ich zum ersten Male mit tiefer Stimme zu ihm sprach, was an dem genannten Tage geschah: ein Überraschungs-Reflex.

Zu Ende des siebenten Monats machte das Kind beim schnellen Ausbreiten und Zusammenklappen eines grünen Fächers mit dem Ausdruck des grössten Erstaunens jedesmal die Augen schnell zu und auf, bis ich das Experiment sehr oft hintereinander ihm vorgemacht hatte. Aber auch dann blieb das maasslose Erstaunen über das Verschwinden und Wiederkehren der grossen runden Fläche bestehen. Es war kenntlich an der Bewegungslosigkeit — nach vorhergegangener Unruhe — und Spannung des Blicks. Auch bei anderen neuen, besonders rhythmischen Bewegungen wird (wie beim Hören neuer Geräusche) ein Lidschlag bemerkt, worauf der Mund offen bleibt und die Augen weit offen sind, ohne dass jedoch (im achten Monat) die Brauen sich heben.

2*

Aber nicht nur Erstaunen, auch starkes Begehren ist mit maximalem Offenhalten der Augen verbunden. Als ich in der 34. Woche dem Säugling die Milch wegnahm, sah er sie starr an und riss die Augen, die einen unbeschreiblich verlangenden Ausdruck annahmen, weit auf. Dazu wurden Laute des Begehrens oft mit geschlossenen Lippen unvollkommen geäussert, eine Gewohnheit, welche im zweiten Jahre geradeso bestehen blieb. Auch waren die Augen, wenn starkes Begehren, Überraschtsein oder Freude das Kind beherrschte, merklich glänzender als sonst, was wohl durch die Erregung des Absonderungsnerven der Thränendrüse bei der psychischen Erregung eher, als durch Compression der Drüse durch gesteigerte Blutzufuhr zu erklären sein wird.

Von mehr Belang für die Psychogenesis ist die von mir an allen Säuglingen constatirte Thatsache, dass starkes Lustgefühl durch weit offene Augen sich kund giebt, Unlustgefühl durch Schliessen und Zukneifen der Augen. In Bezug auf ersteres fiel mir auf, dass beim Anlegen an die Mutterbrust, ja schon unmittelbar vor dem Anlegen, oftmals die Augen förmlich aufgerissen wurden, und dass sie fast regelmässig zu Beginn des Saugens weit offen blieben. Es wurde am 3., am 16., am 21. Tage in steigendem Maasse bemerkt. Aber auch im warmen Bade von 35⁰ C. wurden in den ersten drei Wochen die Augen weit geöffnet, und, ohne dass das Kind lachte, erhielt eben durch das Erweitern der Lidspalte das Gesicht einen anmuthigen Ausdruck. Das erst am 23. Tage eintretende hörbare und sichtbare Lachen ist nur eine Steigerung dieses Ausdrucks der Lust, bei dem „die Augen lachen". Dass auch gewisse milde Lichteindrücke ein weites Öffnen der Augen zur Folge haben können, wurde vom ersten Tage an oft bemerkt.

Bei einem anderen Kinde, welches unmittelbar nach dem Austritt des Kopfes schrie, führte ich drei Minuten später einen Finger in die Mundhöhle ein und drückte auf die Zunge. Sofort hörte alles Schreien auf, lebhaftes Saugen begann und der Gesichtsausdruck wurde plötzlich umgewandelt! Das noch nicht vollständig geborene Kind schien Angenehmes zu empfinden und während des Saugens am Finger wurden die Augen weit geöffnet. Sogar ein ohne Grosshirn geborenes Kind, welches einige Tage lebte, öffnete beim Saugen die sonst geschlossenen Augen etwa zwei Millimeter weit.

Alle diese Wahrnehmungen sprechen dafür, dass Lust durch weit offene Augen ausgedrückt wird, sowie dieselben das Tageslicht ertragen, in der Dämmerung und bei mässiger Beleuchtung vom Augenblick der Geburt an.

Ebenso sicher ist es, dass Unlust durch Schliessen der Augen kundgegeben wird. Schon beim ersten Schreien sind·

meistens die Augen zugekniffen, und später pflegt alles Schreien
wegen unangenehmer Gefühle mit einem Zukneifen der Augen
oder einer Verengerung der Lidspalte zusammen zu gehen. Auch
ohne Schrei und ohne jede Lautäusserung ist Zukneifen der Augen,
oft mit Abwendung des Kopfes, zum Beispiel im dritten und vierten
Vierteljahr beim Anziehen und Befühlen der Zähne, unzweifelhaftes
Zeichen des Unbehagens.

Also erfolgt der Lidschluss bei allen plötzlichen starken
Sinneseindrücken, weil sie Unlustgefühle nach sich ziehen, und bei
Lustgefühlen werden die Augen geöffnet. Wiederholt sich jene
angeborene Ausdrucksbewegung oft, so geschieht sie mit immer
grösserer Geschwindigkeit und wird schliesslich bei allen plötzlichen genügend starken neuen Eindrücken Reflexbewegung, welche
sofort eintritt, ehe noch Lust- und Unlust-Gefühle sich ausbilden
können.

Auch der schon erwähnte erbliche Reflex vom Trigeminus auf
den Orbicularast des Facialis, dessen Vorhandensein durch den
Lidschluss nach Berührung der Augenwimperhaare, der Bindehaut
des Auges oder der Hornhaut am ersten Tage sich kundgiebt,
kann sehr wohl eine Abwehr von Unangenehmem und eine Ausdrucksbewegung der Unlust sein, da jede, selbst die leiseste Berührung der nervenreichen exponirten Augentheile unerwartet und
unangenehm ist. Die entsprechende Reflexbahn wird mit anfangs
geringerer Geschwindigkeit durchlaufen, weil dann noch das Unlustgefühl wahrscheinlich sich zwischen den centripetalen und centrifugalen Process einschiebt, abgesehen von geringerer Fortpflanzungsgeschwindigkeit der Nervenerregung. Später wird dann
maschinenmässig ohne vorheriges Unlustgefühl der reflectorische
Lidschluss nach der Berührung eintreten, und zwar mit dem Scheine
höchst zweckmässiger Abwehrüberlegung: „Ich schliesse das Auge,
weil es geschädigt werden könnte", in Wahrheit aber ohne Überlegung, reflectorisch.

Der Unterschied dieses erblichen Trigeminus-Facialis-Reflexes
von dem erblichen Opticus-Iris-Reflex zeigt deutlich den Unterschied
zwischen altererbten (paläophyletischen) Reflexen und erblichen
Reflexen jüngeren Datums (neophyletischen Reflexen). Denn die
Adaptation der Pupille an die Helligkeit, welche sofort und ausnahmslos bei Neugeborenen und bei lidlosen Thieren eintritt, muss
in einer früheren Zeit erworben sein, als der Lidschluss nach Berührung des Auges, schon weil dieser bei Neugeborenen nicht so
schnell eintritt. Aber das Neugeborene kneift die Augen zu, wenn
blendend helles Licht einfällt und überhaupt wenn es Unlust empfindet,
wie der misshandelte Frosch. Aus diesem Zukneifen hat sich wahrscheinlich der rasche kurz dauernde Lidschluss (Opticus-Facialis-
Reflex) differenzirt, welcher allen plötzlichen Sinneseindrücken folgt

und in der gegenwärtigen Generation noch als ein erworbener, sogar durch den Willen hemmbarer Reflex den beiden anderen erblichen reflectorischen Abwehrbewegungen gegenübersteht.

Die Augen-Bewegungen.

Von grossem Interesse für die Entstehungsgeschichte der Raumwahrnehmungen sind die Augenbewegungen der Neugeborenen und Säuglinge. Die streitenden Parteien, Nativisten und Empiristen, berufen sich zur Stütze ihrer Theoreme ausdrücklich auf das unerfahrene Kind. Jene behaupten, ein angeborener Mechanismus lasse vom Anfang an coordinirte, associirte Augenbewegungen beim Neugeborenen zu Stande kommen, diese, die Augenbewegungen Neugeborener seien asymmetrisch und uncoordinirt, es werde die zweckmässige Verwendung der Augenmuskeln erst durch die Erfahrung erlernt und dann erst ein Sehen mit zwei Augen, wie beim Erwachsenen, möglich durch Association der Bewegungen beider Augen beim Fixiren.

Meine Beobachtungen zeigen, dass bezüglich des rein Thatsächlichen beide Parteien Recht haben. Einige Neugeborene bewegen wirklich schon am ersten Tage öfters die Augen associativ coordinirt, andere nicht. Ich sah in einigen Fällen bei demselben Kinde beides, fand aber bei keinem ausschliesslich coordinirte Bewegungen. Bei einem hirnlosen Neugeborenen, das mehrere Tage lebte, bewegte sich das linke Auge gar nicht, das rechte machte zuckende Seitenwendungen.

Mein Kind wendete vor Ablauf des ersten Lebenstages beide Augen gleichzeitig nach rechts, dann nach links, oftmals hin und her mit ruhendem Kopf, dann wieder indem es den Kopf gleichsinnig bewegte. Während der ganzen Zeit war das Gesicht im Zwielicht dem Fenster zugewendet. Ja sogar fünf Minuten nach der Geburt, als ich im Dämmerlicht das Kind gegen das Fenster hielt, fand eine associirte Augenbewegung statt. Und gerade als ich anfing, neu geborene Kinder zu beobachten, traf es sich, dass ich ein Kind 35 Minuten nach der Geburt (am 4. Januar 1869) die Augen nur in demselben Sinne sich bewegen sah, wie ein Erwachsener es zu thun pflegt.

Auch Donders und Hering haben bei Neugeborenen solche Augenbewegungen wahrgenommen. Die Beobachtung erfordert nur Geduld, weil Neugeborene die ersten 24 Stunden meist schlafend zuzubringen pflegen, und wenn sie wach sind, viel schreien, wobei gleichfalls die Augen nicht offen bleiben.

Wollte man es bei solchen Wahrnehmungen bewenden lassen, so würde man zu falschen Resultaten kommen. Genauere und gehäufte Beobachtungen der Augenbewegungen des Kindes, besonders während der ersten sechs Tage, lehrte mich, dass die gleichzeitige Wendung beider Augen nach rechts oder links nicht genau symmetrisch coordinirt, wie beim Erwachsenen, ist. Wiederholt sah ich bei einem zehn Stunden alten und bei einem sechs Tage alten Kinde, deren Augen weit offen waren, lauter associirte Augenbewegungen, welche bei genauerer Betrachtung sich als nicht vollkommen gleichsinnig zu erkennen gaben. Im Ganzen habe ich gefunden, dass bei Neugeborenen sehr oft das eine Auge sich unabhängig vom anderen bewegt und die Kopfdrehungen im entgegengesetzten Sinne wie die Augenbewegungen stattfinden. Man erkennt deutlich das Unbeabsichtigte beider Bewegungen, und das Zusammentreffen beider ist zu Anfang des Lebens zufällig. Auch das am ersten Tage constatirte Wenden beider Augen nach links und rechts erhält hierdurch den Anschein, zufällig zu sein, indem unter allen möglichen Augenbewegungen auch diese eintreten.

Wie die übrigen Muskeln des Körpers und des Gesichts vom ganz jungen Säugling zwecklos contrahirt werden, so auch die Augenmuskeln. Daher sieht man, ohne dass von Sehen, ja sogar von Lichtempfindungen bei gesenkten Lidern die Rede sein kann, allerlei ungeordnete Augenbewegungen die Grimassen, das Stirnrunzeln, die Lippenbewegungen begleiten, während das Kind nicht schreit und ruhig daliegt. Mitunter schläft es mit halb offenen Augen ein, was an der regelmässigen Athmung und Gliederruhe erkannt wird; dann sieht man gleichfalls mannigfaltige zwecklose Augenbewegungen. Unter denen, welche im wachen Zustande auffallen, sind starke Convergenzbewegungen hervorzuheben. Das Kind sieht aus wie ein schielendes Kind. Aber zu Beginn der dritten Lebenswoche ist die maximale Convergenz und das Schielen bei weitem nicht mehr so häufig, wie in der ersten, die Atypie der Augenbewegungen noch deutlich. Schœler sah in den ersten Tagen, bis zum vierten, nur uncoordinirte Augenbewegungen und bis zum zehnten noch keine völlig regelrechte Fixation. Am 31. Tage wurde Schielen von mir bei meinem Kinde als selten, am 46. als sehr selten notirt, am 48. und 50. desgleichen, wie überhaupt atypische Augenbewegungen vom 55. Tage an als sehr selten; bis in die zehnte Woche kamen sie aber vor, wenn das Kind wach war. Während des Schlafes freilich bewegte es sehr lange, noch am 60. Tage, die Augen oft lebhaft asymmetrisch, auch die Lider beiderseits, die Augen halb öffnend, ohne Unterbrechung des Schnarchens. Als das Alter von drei Monaten erreicht war, kamen ungeordnete Augenbewegungen nicht mehr zur Beobachtung. Das schlafende Kind habe ich jedoch dann daraufhin nur ab und zu betrachtet und im neunten Monat eine sporadische geringe Atypie bemerkt.

Diese Consolidirung des Augenmuskelmechanismus bedingt aber keineswegs das Aufhören unnützer coordinirter Augenbewegungen, wie mehrere Erfahrungen darthun.

So wurde fast regelmässig der Blick in der 23. Woche stirnwärts gerichtet von einem Kinde, das von einem juckenden Eczem am Kopfe geplagt den Kopf hin und her pendeln liess, was damals beim Festhalten seiner Hände geschah, falls irgend etwas, und sei es nur ein Kissen, den Kopf berührte.

Leicht convergirten bei meinem Knaben die Augen im neunten Monat ohne angebbare Ursache wie auf drei bis fünf Centimeter vor die Nase gehaltene Gegenstände.

Im zehnten Monat schien die Convergenz der Blicklinien gestört; ein sehr unbedeutendes Schielen nach Innen war eingetreten, aber es schwand nach wenigen Wochen, nachdem ich längeren Aufenthalt im Freien angeordnet hatte. Das Sehen in die Ferne wurde dadurch begünstigt und die Augenbewegungen blieben von da an normal. Die Leichtigkeit, mit der (noch im 20. Monat) Convergenz auf meinen an die Nasenspitze des Kindes gehaltenen Finger eintrat, ist bemerkenswerth, ebenso dass anfangs solche ungewöhnliche Convergenzstellungen mit relativ sehr weiter Pupille zusammen vorkommen, was beim Erwachsenen nicht der Fall ist.

Alle diese Beobachtungen sprechen durchweg zu Gunsten der Annahme, dass der bewusste Sehact von entscheidendem Einflusse auf die Regulirung der Augenbewegungen ist, dass erst nach der Sonderung der Lichteindrücke in der Sehsphäre den drei Augenmuskel-Nerven beider Augen harmonische, centromotorische Impulse zugehen, und dass anfangs, solange nur das Lichtempfindungsvermögen, aber noch nicht das Sehvermögen sich bethätigt, die Augenbewegungen nicht associirt und nicht geordnet sind. Selbst wenn sie symmetrisch gefunden werden, kann daraus angesichts der grossen Zahl atypischer Augenbewegungen nicht auf einen präformirten fertigen, sogleich bei der Geburt functionsfähigen bilateral-symmetrischen Nervenmechanismus geschlossen werden, wie er etwa beim Saugen existirt. Denn brächte der Mensch einen solchen Mechanismus (wie das Hühnchen und andere Thiere) fertig mit auf die Welt, wie sollte er dann dazu kommen, so viele atypische zwecklose Augenbewegungen auszuführen, ehe er sich permanent jenes Mechanismus bedient? [Selbstverständlich hat dessen Ausbildung durch erbliche Anlage eine gewisse Bevorzugung, sofern die Nerven und Muskeln in diejenigen combinirten Erregungszustände am leichtesten gerathen, in welche sie im Laufe unzähliger Generationen bei den Sehübungen früher gerathen sind.]

Die allgemeine Regel ist, dass aus concurrirenden ungeordneten Muskelbewegungen allmählich coordinirte werden. So auch hier für die Augenmuskeln. Und nachdem die coordinirten Augen-

bewegungen sich beim Sehen bewährt haben, findet nach und nach
eine Ausscheidung der überflüssigen, eine Bevorzugung der zum
deutlichen Sehen mit beiden Augen brauchbaren statt. Gerade
so werden die ungeordneten Bewegungen der Beine zur Zeit des
Gehenlernens immer seltener und von den geordneten die brauch-
barsten schliesslich beibehalten, welche mit dem Minimum von Anstrengung am meisten leisten.

Es ist auffallend, dass dennoch Vertreter der nativistischen
Auffassung die Befunde an Neugeborenen für sich geltend machen,
zum Beispiel die folgenden von Raehlmann und Witkowski:

„Was die Art der Augenbewegungen bei Neugeborenen angeht,
so sind dieselben in einiger Beziehung denen im Schlafe ähnlich, in
vieler Beziehung aber unähnlich. Ähnlich sind sie insofern, als sie
oft vollkommen incoordinirt, bisweilen, wenn auch seltener,
einseitig sind, unähnlich insofern, als sie meist viel rascher erfolgen
und in der grössten Mehrzahl beiderseitig und oft coordinirt zu sein
scheinen. Schon bei der ersten spontan erfolgenden Öffnung der
Lidspalte, unmittelbar nach der Geburt, sahen wir anscheinend
coordinirte Seitenbewegungen, die aber nach Excursion und Intensität
den Charakter des Atypischen trugen. Die Augen bewegten sich
minutenlang unaufhörlich hin und her in colossalen Excursionen, wie
sie bei geregeltem Sehacte später nicht mehr vorkommen. Dazwischen sahen wir dann freilich plötzlich gänzlich vom Principe
der Association abweichende, incoordinirte Bewegungen eintreten.“

Hiermit stimmen meine Beobachtungen vollkommen überein.
Aber auch was jene Beobachter von den Augenbewegungen schlafender Kinder (denen die Lider emporgehoben wurden, ohne dass
sie erwachten) berichten, stimmt in vielen Einzelheiten damit und
mit Schœlers Angaben überein:

„Was nun die Form solcher Bewegungen angeht, so finden wir
zunächst associirte, das heisst beiderseitig und scheinbar coordinirt
erfolgende Seitenwendungen. Dieselben sind im Schlafe selten; aber
sie scheinen doch vorzukommen, jedenfalls kann man mit Bestimmtheit sagen, dass incoordinirte Augenbewegungen die häufigsten sind.
Wir sehen z. B. beide Augen sich langsam nach rechts bewegen,
die scheinbar associirte Seitenbewegung ist aber auf beiden Seiten
nicht gleich ausgiebig, sondern bald auf dem einen, bald auf dem
anderen Auge abweichend stark, so dass abwechselnd Convergenzen
und Divergenzen eingeleitet werden.

Häufig sind ferner gänzlich abnorme total entgegengesetzte Bewegungen beider Augen; das eine Auge bewegt sich langsam nach
rechts, das andere nach links, oder das rechte Auge nach oben
rechts, während das linke nach oben links sich bewegt. Endlich
kommen Höhenabweichungen beider Augen in der Weise vor, dass,
während sich zum Beispiel das rechte Auge nach links und etwas
nach unten, das linke Auge sich nach links und zugleich etwas

nach oben wendet. Die merkwürdigste Beobachtung aber ist die,
dass vollkommen einseitige Bewegungen vorkommen. Während zum
Beispiel das rechte Auge den Beobachter zu fixiren scheint, sieht
man das linke sich zur Seite bewegen."

Obgleich alle diese Beobachtungen sich auf die Augen Schlafender beziehen, sind sie nach meinen Wahrnehmungen sämmtlich
vollkommen zutreffend für wache Säuglinge der ersten Tage.

Die Blick-Richtung.

Die Fähigkeit, einen hellen Gegenstand zu fixiren, fehlt dem
Neugeborenen gänzlich, weil es noch nicht im Stande ist, willkürlich die Augenmuskeln zu bewegen, jede Fixation aber ein Willensact ist. Dagegen ist die Fähigkeit, den Kopf reflectorisch nach
einem festen hellen Object zu wenden, so dass dieses auf der Netzhaut zur Abbildung gelangen kann, oft schon am ersten Lebenstage
vorhanden. Auch sieht man bei dem mit offenen Augen ruhig
daliegenden Neugeborenen den „Blick" scheinbar auf die Kerze
gerichtet, welche man ihm passend vorhält. In Wahrheit starrt
aber der ganz junge Säugling bewegungslos mit stupidem Gesichtsausdruck in's Leere und scheint nur den Gegenstand, welchen man
ihm in die Gesichtslinie bringt, zu fixiren. Denn das Starren mit
unveränderter Augenstellung hört nicht auf, wenn das Object entfernt wird. Der Blick folgt dem bewegten Object noch nicht
und auch der Kopf noch nicht. Doch bewegen sich am siebenten
Tage die Augen unabhängig von den Kopfdrehungen und convergiren stark.

Es ist zwar von Kussmaul beobachtet worden, dass einzelne
zu früh geborene Kinder am zweiten Lebenstage Abends in der
Dämmerung den vom Fenster abgewendeten Kopf bei veränderter
Lage wiederholt dem Fenster und Lichte zuwandten, und ich bemerkte dasselbe beim reifen Kinde regelmässig am sechsten Tage,
aber hierbei handelt es sich nicht um ein Folgen des Blickes. Das
scheinbar gesuchte Object ruht und ist nicht erkannte Empfindungs-
ursache. Vielmehr liegt hier nur die Erfahrung vor: die und die
Körperlage oder Kopfstellung ist mit einem angenehmen, durch
den Lichtreiz hervorgerufenen Gemeingefühl verbunden, sie wird
also bevorzugt und eine andere, bei der Schatten auf das Gesicht
fällt, vermieden. Gerade so wird der Kopf nach der warmen glatten
Mutterbrust gewendet und Abwendung von ihr vermieden, auch im
Dunkeln.

Demnach darf die bei einigen Kindern schon in den ersten
Tagen wahrgenommene Wendung des Kopfes gegen ruhendes mässig
helles Licht durchaus nicht als eine willkürliche Richtung des Blicks

aufgefasst werden. Anfangs ist bei offenen Augen nur ein Starren vorhanden und auch am neunten Tage die Abwendung vom blendenden Licht kein Zeichen von Erkenntniss der Richtung, sondern ein Abwehr-Reflex.

Ich stimme auch hier mit Raehlmann und Witkowski überein, wenn sie berichten, dass sie bis zum zehnten Tage niemals eigentliche Fixationsbewegungen gesehen haben.

„Es mag gelegentlich vorkommen, dass bei einer bestimmten Ortsveränderung der Kerzenflamme, oder bei den Augenbewegungen des Kindes das Auge zufällig für die Kerzenflamme eingestellt wird, das heisst ein Bild auf dem gelben Fleck entsteht, aber dieses anscheinend zweckmässige Stellungsverhältniss zwischen Auge und Gegenstand ist ein rein zufälliges und beruht ganz sicher auf keiner bewussten Fixation."

Wenn Darwin sagt, am neunten Tage seien die Augen auf die Kerze gerichtet gewesen, so bedeutet das nur, dass die letztere in die Starrlinie gestellt wurde, fügt er aber hinzu, bis zum 45. Tage habe nichts so die Augen zu fesseln geschienen, so muss gerade die kritische Periode des Beginnes der Fixation unbeachtet geblieben sein.

Die zweite Stufe kennzeichnet sich durch Wendung des Kopfes von einer ruhenden ausgedehnten hellen Fläche im Gesichtsfeld auf eine andere. Am elften Tage hielt mein Kind den Blick länger als eine Minute starr auf mein Gesicht gerichtet und wendete den Kopf nach dem Licht hin, welches daneben im Sehfeld erschien.

In dieser Zeit und später bemerkt man auch, dass der Säugling vorzugsweise nach oben, nach der weissen Zimmerdecke starrt. Aber das daraus sich entwickelnde Blicken nach oben, durch welches der menschliche Säugling, wie Einige meinen, sich wesentlich vom Thiere unterscheiden soll, hängt ohne Zweifel von seiner horizontalen Lage auf den Armen der Mutter oder Amme ab. Wenn der Säugling niemals so getragen würde, dann würde er gewiss nicht oft nach oben sehen.

Die dritte Stufe ist mit dem Verfolgen des bewegten hellen Gegenstandes erreicht und durch das associative Bewegen der Augen bei ruhendem Kopfe charakterisirt.

Es war an seinem 23. Lebenstage, als mein Kind, welches nach der ruhig ein Meter weit vor ihm brennenden Kerze starrte, sowie ich sie nach links bewegte, beide Augen auch nach links wendete, und nach rechts, als das Licht darauf nach rechts bewegt wurde. Sobald ich die brennende Kerze emporhob, richteten sich ohne Kopfbewegung beide Augen nach oben dem Lichte nach. Hierbei erhielt das Gesicht plötzlich einen auffallend intelligenten,

bisher nicht beobachteten Ausdruck. Beim seitlichen Bewegen des
Lichtes wurde öfters der Kopf mit den Augen gleichsinnig bewegt,
meistens aber folgten die Augen allein. Immer musste die Bewegung der Kerze eine sehr langsame sein, sonst wurde sie nicht
mehr verfolgt.

Gewiss zwanzig Mal wiederholte ich an dem Tage das Experiment, dessen Erfolg mich überraschte, da andere Kinder erst
nach vielen Monaten dem bewegten Lichte mit den Augen folgen
sollen. Ich hatte freilich von der Geburt an fast täglich den
Versuch angestellt und dadurch mag eine frühere Auslösung des
Convergenzmechanismus bedingt worden sein. Wahrscheinlich
achteten frühere Beobachter nicht frühzeitig genug auf dieses „Erwachen des Verstandes".

Zwei und sieben Tage nach dem 23. gab mir mein Kind mit
der langsam bewegten Kerze oder mit meiner Hand allein dasselbe
Resultat. Sowie die Bewegung langsam genug ist, folgt es mit
dem Blick und bewegt bald die Augen allein, bald den Kopf und
die Augen zusammen in demselben Sinne. Jedesmal wenn die
Augen sich beide mit dem Lichte bewegen, erhält das Gesicht
wieder den befriedigten intelligenten Ausdruck, den es vor dem
23. Tage nicht hatte. An diesem begann auch das active Blicken,
im Gegensatz zum Starren. Die vorgehaltene Hand, die Kerzenflamme, Menschenköpfe wurden, wenn sie in das Sehfeld gelangten,
angeblickt, man kann noch nicht sagen „fixirt", da mit diesem
Wort zugleich der Begriff des willkürlichen Deutlichsehens sich
verbindet. Aber von jetzt an wurde der Blick vom Kinde täglich
auf die genannten hellen Flächen im Gesichtsfeld gerichtet ohne
künstlichen Anlass.

Während durch solche Beobachtungen der Übergang vom
Starren zum Blicken sich ziemlich genau feststellen liess, war der
vom Blicken zum Betrachten und Fixiren nicht so scharf abgegrenzt.

In der fünften Woche wurde der Christbaum mit seinen vielen
Lichtern freudig angeblickt, in der siebenten Woche verfolgte das
Kind eine getragene Lampe, eine glänzende goldene Kette, die
Kopfbewegungen seiner Mutter mit viel grösserer Geschwindigkeit
und Präcision mit beiden Augen als früher. Beim anhaltenden
Anblicken eines ganz nahen Gesichtes wird in bemerkenswerther
Weise der Mund gespitzt, wie es bei grosser Anspannung der Auf-
merksamkeit auch bei Erwachsenen öfters gesehen wird.

Schon eine Woche früher, am 39. Tage, konnte durch die
schwingende Bewegung von Quasten dicht vor dem Gesichte des
Kindes in diesem der Ausdruck des Vergnügens und lautes Jubeln
hervorgerufen werden. Es traf sich auch, dass das Kind, wenn es
sich in seinem Bette lebhaft bewegt und dadurch unabsichtlich
Erschütterungen desselben bewirkt hatte, plötzlich still hielt und

lachte, als die blauen Quasten über seinem Gesichte in Folge der Erschütterungen in Schwingungen geriethen.

In den folgenden Wochen wurden manchmal vergoldete Bilderrahmen, die durch den Lampenreflex stark glänzten, minutenlang angeschaut und der Blick entsprechend gehoben. · Solche starke Lichteindrücke bewirkten, ebenso wie die schwingenden Gegenstände, Heiterkeit. Am 62. Tage blickte das Kind während fast einer halben Stunde nach einer schwingenden Ampel mit ununterbrochenen Lustäusserungen. Die Augen folgten jedoch in diesem Falle den einzelnen Pendelschwingungen nicht genau. Sie bewegten sich zwar öfters gleichzeitig beide nach links, beide nach rechts, aber nicht in demselben Tempo wie die Ampel. Das Vergnügen gab sich durch Bewegungen der Arme, durch Laute, wie sie nur das angenehm erregte Kind hören lässt, und das Interesse durch unverwandtes Hinblicken kund.

Tags zuvor hatte das Kind minutenlang das freundliche Antlitz seiner Mutter angeblickt und dann gejubelt. Es war wie wenn es zum ersten Male die eigene Mutter entdeckt hätte. Auch das Gesicht des Vaters, welches jederzeit auf das unzufriedene Kind eine beruhigende Wirkung ausübte, wurde ihm vor der zehnten Woche ein Anlass zur Heiterkeit.

Alle diese Thatsachen sprechen dafür, dass die ruhenden und bewegten Netzhautbilder unterschieden werden, wenn auch ein deutliches Sehen und die Accommodation noch fehlen.

Hierauf wird die vierte Stufe erreicht, welche durch das von nun an bleibend bethätigte Vermögen, die Augen nach dem Objecte zu richten, sich auszeichnet. Links-rechts, oben-unten, wird unterschieden und von diesem Vermögen sehr bald der ausgedehnteste Gebrauch gemacht. Denn nun sucht das Kind mit den Augen, wenn es wach und wohl ist, unermüdlich nach neuen Objecten.

Dieses Suchen, zunächst der Versuch, den Blick in eine bestimmte Richtung zu bringen und ihn in dieser festzuhalten, geht bis in das erste Vierteljahr zurück.

Als ich am 81. Tage, etwa einen Meter vom Kinde entfernt, durch Reiben mit dem nassen Finger einem Trinkglase hohe, dem Säugling neue Töne entlockte, wendete derselbe sogleich den Kopf, traf aber mit dem Blick nicht die Richtung, suchte sie, und als sie gefunden war, hielt er sie fest.

Von der Zeit an folgte der lebhaftere Blick viel genauer als früher, auch ohne Kopfbewegungen, der nicht schnell bewegten ausgestreckten Hand. Wenn sie aber sehr schnell bewegt wurde, folgte das Auge gar nicht (13. Woche). Am liebsten schien das Kind mit den Augen zu folgen, wenn jemand im Zimmer hin und her ging, indem es dabei den Kopf um mehr als 90° drehte und aufmerksam nachblickte (14. Woche).

Am 101. Tage wurde ein Pendel, welches gerade 40 ganze

Schwingungen in der Minute machte, zum ersten Male mit Sicherheit, und zwar maschinenartig gleichmässig, mit dem Blicke verfolgt. Hierdurch ist bewie:en, dass für die Seitenwendung des Auges nun kaum noch $^3/_5$ Secunde erforderlich ist. Doch werden einstweilen so schnelle Bewegungen nicht bevorzugt. Als in der 16. Woche der Säugling eine Eisenbahnfahrt mitmachte, richtete er den Blick nicht auf die vor dem Fenster rasch vorübergehenden Bilder, sondern anhaltend und aufmerksam auf die Wand und Decke des Wagens und nach der Ankunft auf die neuen festen Gegenstände in dem Zimmer, in das er gebracht wurde. Das lange Anblicken der Decke mit zurückgelehntem Kopf, vielen Säuglingen eigen, trat besonders in dieser Zeit und in der 19. Woche hervor. Doch wird auch die Verfolgung rasch bewegter Objecte immer leichter. Bin ich mit dem Kinde beschäftigt gewesen und stehe ich dann rasch auf, um das Zimmer zu verlassen, so wendet es jedesmal schnell den Kopf genau nach mir hin und sieht mir mit grossen, man könnte fast sagen, mit nachdenklich fragenden Augen nach (im fünften Monat). Aber erst in der 29. Woche sah ich das Kind unzweifelhaft deutlich dem vorbeifliegenden Sperling nachblicken, den es natürlich nicht kannte.

Sehr viel länger dauerte es, bevor den zu Boden geworfenen Spielsachen, welche zur Unterhaltung gedient hatten, nachgeblickt wurde. Da es sich hierbei um eine, von jedem einzelnen Menschen auf's Neue gemachte Entdeckung handelt, dass nämlich die Körper schwer sind und fallen, wenn sie nicht unterstützt werden, so richtete ich hierauf besonders meine Aufmerksamkeit und stelle einige darüber an meinem Kinde gemachte Beobachtungen zusammen:

30. Woche. Sehr häufig lässt das Kind kurze Zeit in der Hand gehaltene Gegenstände zu Boden fallen, hat ihnen aber bis jetzt nicht ein einziges Mal nachgeblickt.

31. Woche. Sieht oder hört der Säugling etwas fallen, so wendet er mitunter den Blick in die Richtung, wo es geschehen.

33. Woche. Das Herabfallen und Herabfallen-Lassen eines Gegenstandes macht keinen Eindruck, obwohl langsam herabbewegte Gegenstände vorzüglich genau mit dem Blick beider Augen verfolgt werden.

34. Woche. Das Kind sieht nur selten dem Gegenstande nach, der ihm aus der Hand fällt.

36. Woche. Die zu Boden geworfenen Objecte verfolgt es mit dem Blick immer noch nicht regelmässig oder mit Aufmerksamkeit, während es, was es nur von langsam bewegten Dingen mit dem Blick festhalten kann, mit dem grössten Interesse lange fixirt, sogar Tabakrauch.

43. Woche. Auf den Boden geworfenen Gegenständen sieht das Kind manchmal offenbar verwundert nach.

47. Woche. Das Kind wirft allerlei Gegenstände, welche man ihm in die Hände giebt, nachdem es sich einige Augenblicke mit

ihnen beschäftigt hat, auf den Boden und sieht ihnen häufig nach, Einmal warf es achtmal hintereinander ein Buch zu Boden mit gespannter Aufmerksamkeit, die besonders an dem Vorschieben der Lippen erkannt wurde.

63. 65. Woche. Sehr oft wirft das Kind Gegenstände, die ihm missfallen oder mit denen es eine Zeit lang gespielt hat, zu Boden und sieht ihnen meistens nach.

78. Woche. Das Wegwerfen der Spielsachen selten; es ist dem Kinde abgewöhnt worden.

124. Woche. Das Ballwerfen bereitet von allen Spielen weitaus das grösste Vergnügen und der Blick folgt dem Ball vorzüglich genau.

Die Erkenntniss, dass die Körper schwer sind, fällt hiernach bei meinem Kinde in die 43. Woche, in der zum ersten Male das Fallen des vorher von der eigenen Hand gehaltenen Objectes Staunen erregt.

Andere Kinder verhalten sich anders. Darwin bemerkte, dass ein Kind im achten Monat einen nur mässig schnell schwingenden Gegenstand nicht ordentlich mit dem Blicke verfolgen konnte, dagegen mit 32 Tagen seiner Mutter Brust in drei bis vier Zoll Entfernung wahrnahm, da es, ohne sie zu berühren, den Mund spitzte und die Augen „fixirt“ wurden, ebenso wie am 49. Tage bei einem hellen farbigen Quasten, welcher Aufhören der Armbewegungen bewirkte, als er im Gesichtsfeld erschien.

Das Sehen in die Nähe und in die Ferne.

Die Annäherung einer Kerzenflamme oder eines glänzenden Metalls an das Gesicht des Säuglings, welcher seine Augen nicht bewegt, hat in den ersten zwei bis sechs Wochen Convergenz der Blicklinien, auch Schielen zur Folge. Diese Convergenzstellung scheint mit einer Anspannung des Accommodationsmuskels verbunden zu sein, wie Genzmer durch Beobachtung der Linsenbildchen ermittelte. Er betrachtete ein Auge, während das andere abwechselnd grell beleuchtet und beschattet wurde, und schliesst, dass ein vorgebildeter Zusammenhang zwischen Convergenzstellung und Accommodationsspannung besteht. In der That ist diese Vermuthung sehr wahrscheinlich. Denn dass der Reflexbogen vom Sehnerven auf den Oculomotorius schon vor der Geburt fertig präexistirt, ist durch die Verengerung der Pupille bei Beleuchtung des Auges unmittelbar nach der Geburt bewiesen. Nun ist aber der zuletztgenannte Nerv, durch dessen Erregung die Pupille sich verengt, auch der Accommodationsnerv, welcher den Ciliarmuskel beim Sehen naher Gegenstände anspannt, und zugleich der Nerv, welcher den inneren geraden Augenmuskel, also den Convergenz-

muskel versorgt. Beim Annähern eines hellen Gegenstandes an
das Auge wird demnach allein durch reflectorische Erregung des
Oculomotorius von der Netzhaut aus zugleich die ganze Adaptations-,
Accommodations- und Convergenz-Maschinerie in Thätigkeit gesetzt.
Pupillenverengerung, Linsenverdickung und Blicken - nach - innen
treten zusammen ein, wenn dem Säugling ein Licht genähert wird,
ohne dass die geringste Willkür darin erblickt werden darf.

Durch das Zusammentreffen dieser drei Veränderungen mit dem
Auftreten der Empfindung des Hellen wird jedenfalls das Sehen
eingeleitet. Mag auch das Muskelgefühl vom Ciliar- und Conver-
genz-Muskel noch so undeutlich sein, es wird sich, je öfter ein
lichtstarkes Object dem Auge nahe rückt, um so merklicher der
Lichtempfindung zugesellen. Die Pupillen-Verengerung tritt übrigens bei Neugeborenen noch nicht ausnahmslos bei der Convergenz ein.

Aber weder sind mit dem Obigen die Bedingungen für das Zustandekommen eines scharfen Netzhautbildes gegeben, noch
würde, wenn dasselbe entstände, das Object als eine begrenzte
Fläche deutlich gesehen werden können.

Denn bezüglich des ersteren Punktes leuchtet ein, dass nur selten
die Flamme oder ein anderes helles Object gerade in die deutliche
Sehweite des kindlichen Auges gelangen wird. Am frühesten scheint
der Säugling das Gesicht seiner Mutter oder Amme deutlich zu
erkennen, welches hell ist, sich bewegt, sich am öftesten auf seine
Netzhaut abbildet und ihr zugleich so nahe sich befindet, dass es
am häufigsten in deutliche Sehweite gelangt. Hierdurch wird
also der Unterschied des verwaschenen Netzhautbildes zu ferner
und zu naher Objecte von scharfen Netzhautbildern dem Kinde
aufgedrängt. Es müssen die Zerstreuungskreise sich weniger geltend machen, wenn das mässighelle Object in einem gewissen geringen Abstande vom Auge sich befindet; in allen anderen Abständen
treten sie hervor.

Bezüglich des zweiten Punktes ist gewiss, dass in den ersten
Tagen oder Wochen, auch wenn einmal die Zerstreuungsbilder
gänzlich fehlen sollten, doch die Gestalt des Objects nicht deutlich
gesehen werden kann, sondern nur das Helle deutlich empfunden
wird. Alle Erfahrungen an blindgeborenen Menschen, welche nach
Jahren mit Erfolg operirt wurden, sprechen dafür. Und wenn auch
das Sehenlernen solcher ein anderes als das Sehenlernen normaler
Säuglinge ist, weil durch die lange Ruhe der centralen Sehsinn-
organe eine theils schnellere, theils langsamere functionelle Ausbildung derselben bedingt wird, so lässt sich doch kein durch-
greifender wesentlicher Unterschied beider Entwicklungen des
Sehacts statuiren, wenn die Operation noch im Kindesalter aus-

geführt wird. Selbst die durch Greifen und Tasten erworbenen räumlichen Erfahrungen können beim ersten Accommodationsversuch des spät sehend gewordenen Blindgeborenen nicht unmittelbar verwerthet werden. Von ihm, wie vom Säugling, werden unter den unzähligen Netzhautbildern diejenigen mittlerer Helligkeit und diejenigen, deren Zerstreuungskreise ein Minimum ausmachen, vor allen anderen bevorzugt werden müssen. Denn die grossen Helligkeiten bewirken Unlust, wie jede zu starke Nervenerregung, und die Dunkelheit bedingt eine schwächere Nervenerregung als mässige Helligkeit, erscheint also weniger geeignet, die optische Aufmerksamkeit zu wecken. Von den Bildern mittlerer Lichtstärke wird dasjenige, welches scharf begrenzt ist, darum vor allen anderen beachtet, weil es sich von allen anderen, eben durch seine scharfen Conturen, unterscheidet, die Orientirung besser zu Stande kommen und sich besser wiedererkennen lässt. Also müssen in der Concurrenz aller Netzhautbilder untereinander die helleren und schärferen bevorzugt werden. Sie müssen sich den Kindern zuerst und am nachhaltigsten einprägen. Es müssen daher die anderen vernachlässigt werden. Hierdurch ist die Accommodationsthätigkeit in Gang gebracht. Ungleich weit vom Auge abstehende Gegenstände können nacheinander fixirt werden.

Jedoch bleibt der Schritt von dem reflectorischen Accommodiren, bei Annäherung des Objectes an das ruhende Auge, zu dem gewollten beim Anblicken zweier ungleich weit entfernter Objecte, räthselhaft. Wahrscheinlich wird er erst auf Grund eines logischen Processes gethan, nachdem das Kind sich selbst oder wenigstens seinen Kopf und seine Arme zu dem Gegenstande hinbewegt hat. Dann erst wird die Erkenntniss aufdämmern, dass es sich dem Gegenstande nicht zu nähern braucht, um ihn deutlich zu sehen.

Vor der Ausbildung der Willkür kann aber diese Erfahrung nicht verwerthet werden. Denn Fixiren heisst willkürlich einen leuchtenden Punkt auf der Stelle des deutlichen Sehens deutlich zur Abbildung bringen. Das Kind, welches zum ersten Male die Kerzenflamme anstarrt, hat keine Willkür, bei ihm ist daher ein Fixiren nicht möglich. Es starrt nur durch die neue Empfindung gebannt. Die binoculare Fixation muss aber noch lange nach den ersten willkürlichen Accommodationsacten ungenau sein, weil dann noch atypische Augenbewegungen häufig vorkommen. Ein Fixiren im eigentlichen Sinne findet keinesfalls vor dem Tage statt, an welchem zum ersten Male das bewegte Object willkürlich mit dem Blick verfolgt wird, also nicht vor dem Ablauf des dritten Monats (nach den Beobachtungen von mir und von Cuignet).

Aber noch lange nach diesem Wendepunkt bleibt die Wahrnehmung ungleich weit vom Auge entfernter Gegenstände, sowie

die Schätzung der Distanzen, mangelhaft. Wie langsam die dritte
Dimension des Raumes in der Wahrnehmung trotz täglicher
Übung sich festsetzt, geht aus folgenden an meinem später sehr
scharf sehenden Knaben gemachten Beobachtungen hervor.

In der neunten Woche wurde bereits der Accommodationsapparat in Thätigkeit gesetzt; wenigstens schloss ich es daraus, dass
bei unbewegtem Kopf und Auge und gleichbleibender Beleuchtung
im guten Tageslicht die Pupillen sich mehrmals abwechselnd erweiterten und verengerten, wenn mein Gesicht in demselben Abstand
von dem des Kindes blieb. Offenbar experimentirte hier das letztere,
indem es die Augen stärker und schwächer convergiren, das Gesicht
vor ihnen deutlich und weniger deutlich werden liess.

17. Woche. Zufällig ergriffene Gegenstände werden gegen die
Augen bewegt. Oft greift das Kind nach Objecten, welche um
seine doppelte Armlänge von ihm abstehen und zwar nach einem
und demselben mehrmals nacheinander.

18. Woche. Das Zu-kurz-greifen sehr häufig.

27. bis 30. Woche. Betrachtet das Kind einen Fremden in
der Nähe, so nimmt das Gesicht den Ausdruck des grössten Erstaunens an; Mund und Augen sind weit offen, alle Muskeln plötzlich in Ruhe in gerade der zuletzt innegehabten Stellung. Es muss
also das neue Netzhautbild schon ganz deutlich sein, dass es so
leicht von anderen Netzhautbildern menschlicher Gesichter unterschieden wird, das heisst die Accommodation ist längst perfect.

44. Woche. Neue Gegenstände werden nicht mehr, wie früher,
an die Augen und in den Mund geführt, wenigstens nur selten,
dagegen aufmerksam mit zugespitztem Munde betrachtet und
betastet.

47. Woche. Spielen mit einem lange fixirten einzelnen, selbst
auf dem Teppich gefundenen Frauenhaar.

51. Woche. Sägende Männer in mehr als 30 Meter Entfernung
erregen dem aufmerksam hinsehenden Kinde Vergnügen. Es kann
also in die Ferne wie in die Nähe scharf sehen. Aber dass das
deutlich Gesehene ungleich weit ist, hat es noch nicht begriffen.

58. Woche. Nach einer Lampe in der Decke eines Eisenbahn-
wagens, in welchem das Kind einige Stunden verweilte, griff es mit
grosser Ausdauer immer wieder und wieder, sich damit ausserordentlich belustigend.

68. Woche. Noch wird sehr oft zu kurz gegriffen, auch zuviel
nach links oder rechts, zu hoch und zu tief.

96. Woche. Ich warf, am Fenster im zweiten Stock stehend,
dem unten im Garten befindlichen Kinde ein Stück Papier zu. Es
hob dasselbe auf, betrachtete es und hielt es mir lange mit empor-
gehaltenen Armen entgegen, sein Verlangen äussernd, dass ich es
nehmen sollte, ein schlagender Beweis dafür, wie wenig die Entfernung erkannt wird.

108. Woche. Beim Betrachten kleiner photographischer Bild-
nisse einiger dem Kinde bekannter Persönlichkeiten erkennt es ohne

Weiteres, wen sie vorstellen, muss also sehr gut das Gesehene im Gedächtniss behalten und leicht accommodiren können, da nur bei scharfen Netzhautbildern die oft geringfügigen Verschiedenheiten menschlicher Physiognomien, an welchen man sie erkennt, wahrgenommen werden.

113. Woche. Die im Bilderbuch dargestellten dem Kinde bekannten Hausgeräthe werden in drei Zoll und in drei Fuss Entfernung (des Buches vom Auge) gleich gut erkannt.

Aus derartigen Beobachtungen geht hervor, dass die Accommodation vollkommen ist, lange bevor die Distanzen-Wahrnehmung beginnt. Das Kind ist im Stande, sehr ungleich weit vom Auge entfernte Gegenstände nacheinander vollkommen deutlich zu sehen, ohne zu wissen, wie ungleich ihr Abstand ist, sogar ohne überhaupt von ihrem ungleichen Abstande zu wissen. Es lernt ihn erst später, wahrscheinlich durch Fortbewegung des Körpers zum gesehenen Object hin, kennen und durch das vergebliche Bemühen Fernliegendes zu ergreifen.

Doch ist für alle Kinder ohne Zweifel die richtige Distanzenschätzung zuerst gerade beim Greifen hergestellt, weil dabei die Erfahrung häufig, nämlich die Anzahl der Versuche gross und die Abwechslung der Muskelgefühle beim Tasten mannigfaltig ist. Beim Darreichen dagegen wird die Entfernung viel später richtig taxirt, weil es an Erfahrungen anfangs fehlt. Geben lernt jedes Kind sehr viel später als Nehmen.

Jedenfalls vollzieht sich die Orientirung des Kindes im Raum, auch nachdem es accommodiren kann, langsamer, als bei Thieren. Das Hühnchen schätzt die Entfernung des zu pickenden Körnchens nach wenigen Stunden richtig. Der Mensch muss erst auf Umwegen, durch viele Einzelerfahrungen, die dritte Raumdimension erschliessen, manche Thiere dagegen erben einen Nervenmechanismus, der dieselbe gar nicht als etwas zu Erlernendes erscheinen lässt. Beim Menschen ist rechts und links, oben und unten durch die Arme und Beine, sowie diese voneinander unterschieden werden, gegeben, nicht aber vorn-hinten, weil das Kind sich hinten nicht sieht und nicht betastet. Zur Erkenntniss der Tiefendimension sind eben mehr Bewegungen des Körpers und der Glieder erforderlich, daher sie erst später erworben wird. Das Augenmaass wird überhaupt bei allen Kindern äusserst langsam ausgebildet und ist noch im dritten Jahre selbst beim Vergleichen ergriffener Gegenstände ganz und gar mangelhaft.

Die viel erörterte Frage, ob das Kind diejenigen Gegenstände, welche es zuerst deutlich, aber noch nicht als in ungleichem Abstande vom Auge befindlich sieht, in seinem Auge oder ausser-

3*

halb desselben zu haben meint, beantwortet John Stuart Mill
(1859) im Sinne der Berkeley'schen Theorie der Raumwahr-
nehmung, indem er sagt, dass ein Blindgeborener, der plötzlich
das Sehvermögen erhält, anfangs keine Vorstellung von drinnen
und draussen habe und nur der Farben, nicht der Gegenstände,
sich bewusst sein werde. Erst nachdem er durch seinen Tastsinn
mit den letzteren bekannt geworden sei, und Zeit gehabt habe, die
Objecte mit den Farben zu verknüpfen, würde er beginnen, Körper
zu sehen.

Wie richtig diese Auffassung ist, zeigen alle älteren und
neueren Berichte der Augenärzte über das Sehenlernen operirter
blindgeborener Kinder. Für sogleich lichtempfindliche Neugeborene
gilt dasselbe; denn wenn immerzu zwei verschiedenen Sinnesgebieten zugehörige Eindrücke in der Erfahrung zusammen vorkommen, dann erschliesst man aus dem Vorhandensein des einen
den anderen. Die Erkenntniss des „Draussen" *(outness)* wird dadurch viel früher geweckt und befestigt, als die ungleicher Entfernung der Objecte vom Auge. „In dem Alter, in welchem ein
Kind zuerst lernt, dass eine Verminderung der Helligkeit und
scheinbaren Grösse Zunahme des Abstandes vom Auge mit sich
führt, sind seine Vorstellungen über greifbare Ausdehnung und
Grösse nicht schwach und undeutlich, sondern frisch und lebhaft."
Anfangs ist aber weder die Distanzenwahrnehmung, noch die Tast-
perception vorhanden. Erstere fehlt sogar noch gänzlich, wenn
letztere schon eine relativ hohe Stufe erreicht hat. Denn die Erfahrungen an Blindgeborenen, welche später sehen lernten, zeigen,
dass einige derartige Patienten meinten, die gesehenen Gegenstände
berührten das Auge, wie die gefühlten die Haut. Hierzu bemerkt
Mill richtig, dass die Objecte die Augen berührten, sei nur eine
Voraussetzung gewesen, welche die Patienten machten, weil sie
dieselben mit den Augen wahrnahmen. Den Tast-Erfahrungen
zufolge war Perception eines Gegenstandes und Berührung desselben unlösbar in der Vorstellung verknüpft. Der Operirte wird
aber gewiss nicht sagen, dass alle Gegenstände seine Augen zu berühren scheinen, wenn ihm einige weiter entfernt als andere erscheinen. Solche Fälle beweisen also vollständig, dass Kinder
anfangs unfähig sind, die Dinge in ungleichen Entfernungen von
sich zu sehen. Dadurch aber, dass sie eifrig mittelst des Tastsinns
die Gesichtseindrücke beurtheilen lernen, müssen sie auch über
Entfernungen urtheilen lernen. —

　　Noch eine Frage gehört hierher:

　　Sind neugeborene Kinder häufiger kurzsichtig oder weitsichtig?

　　Jäger meinte (1861), dass in der ersten Zeit die Einstellung
für kleinere Entfernungen überwiege, beim entwickelteren Kinde die

für grössere (in den ersten Lebensjahren). Ely dagegen hält (1880) die Emmetropie, Kurzsichtigkeit und Weitsichtigkeit sämmtlich für angeboren mit Überwiegen des letzteren Zustandes. Königstein erklärt, das kindliche Auge sei wahrscheinlich ausschliesslich weitsichtig (1881). Jedenfalls ist angeborene Kurzsichtigkeit, die bestehen bleibt, nach Horner und H. Cohn ausserordentlich selten.

Ich sah die Augen meines Kindes an seinem zwölften Lebenstage sehr stark leuchten; beide Pupillen wurden dunkelroth, als ich eine Kerzenflamme seitlich hinter meinen Kopf stellte. Dieses Augenleuchten spricht für eine Weitsichtigkeit zu der Zeit. Keinenfalls kann das Auge für die Nähe eingestellt gewesen sein. Später wurde und blieb der Knabe emmetropisch.

Ob ein Kind in den ersten Jahren seines Lebens nur nahe Gegenstände deutlich sieht oder auch entferntere, kann nicht ohne Einfluss auf seine ganze geistige Entwicklung sein, doch fehlt es noch an Anhaltspunkten zur Beurtheilung dieses Einflusses. Dass schon in der ersten Zeit alles vermieden werden muss, was Kurzsichtigkeit herbeiführen kann, ist selbstverständlich. Namentlich finde ich, dass eine anhaltende Beschäftigung kleiner Kinder mit feiner Arbeit, wie Papierstechen, Fädenlegen und -durchziehen auf die Augen nachtheilig wirkt. Das anhaltende angestrengte Nahesehen ist für kleine Kinder selbst bei der besten Beleuchtung schädlich. Vor allem muss angespanntes Nahesehen Abends bei Lampenlicht verboten werden, sonst wird der Accommodationsapparat zu früh einseitig geübt, die Kurzsichtigkeit begünstigt, der Kopf zu warm, die Blutbewegung in demselben, und damit die Ernährung des Gehirns, erschwert.

Die Deutung des Gesehenen.

Manche meinen mit Sigismund, der Säugling sehe, wenn er überhaupt schon einzelnes Sichtbare unterscheide, „alle Körper wie auf einer Fläche aufgemalt", er habe noch keine Vorstellung von etwas draussen, ausser seinem Auge befindlichem, jedenfalls noch keine Ahnung, dass sich etwas zu ihm heranbewegt, sein Sehen scheine zu dieser Zeit nur ein dumpfes Empfinden des Hellen und Dunkeln zu sein, der Finger erscheine ihm nur als dunkler Fleck im hellen Sehfelde und rage nicht relief-artig aus der Tafel des Bildes hervor.

Hiergegen ist geltend zu machen, so sehr ich der Auffassung für das Neugeborene und die ersten Tage des Lebens beistimme, dass im zweiten Vierteljahr, für welches sie auch gelten soll, schon mehr als ein bloss dumpfes Empfinden des Hellen und Dunkeln vorhanden sein muss, denn erstlich tritt die Convergenz der Blicklinien viel früher auf, so dass die Aufmerksamkeit auf

einzelne Stellen des Gesichtsfeldes gerichtet wird; zweitens folgt
der Blick beider Augen bewegten Objecten viel früher, wenn auch
noch nicht willkürlich; drittens wird durch laute Äusserungen des
Vergnügens und des Missvergnügens über einzelne vor das Gesicht
gehaltene Gegenstände früh bekundet, dass die räumliche Abgrenzung der farbigen oder dunkeln und hellen wechselnden Felder
der Sehtafel entdeckt ist.

Indessen es dauert geraume Zeit, bevor das Kind die farbigen,
hellen und dunkeln, grossen und kleinen, verschwindenden und
wiedererscheinenden Mosaikfelder deuten, verstehen und verwerthen kann, ehe es namentlich die Durchsichtigkeit und den
Glanz, Spiegelung und Schatten nicht mehr wunderbar findet.
Hierin weicht das Sehenlernen des gesunden Säuglings ab von
dem des operirten Blindgeborenen, welcher viel schneller, wegen
seiner reicheren Tasterfahrungen, das Gesichtsfeld interpretiren
lernt.

Einige von meinen Beobachtungen über die Deutung der
häufigeren Netzhauteindrücke des Kindes zu verschiedenen Zeiten
seien zur Erläuterung hier zusammengestellt.

6. Monat. Wenn ich dem Kinde freundlich zunicke (nicht wenn
Fremde es ansprechen), lacht es mit unverkennbaren Zeichen des
Vergnügens, die Arme auf und ab bewegend. Es betrachtete dann
einmal mein Spiegelbild, wurde sehr aufmerksam und drehte sich
plötzlich wieder nach mir um, als wenn es das Spiegelbild mit dem
Original zu vergleichen im Begriff stände, oder von der Verdoppelung des Gesichts sich überzeugen wollte.

7. Monat. Ein fremdes ihm nahes Gesicht starrt der Säugling
mit unbewegten Augen eine volle Minute lang und länger mit dem
Ausdruck des höchsten Erstaunens an, deutet es also sogleich als
fremd.

8. Monat. Das grösste Interesse erregen Saug-, Wein- und
Wasser-Flaschen. Sie werden anhaltend fixirt, es wird nach ihnen
verlangt, und sie werden in zwei bis drei Meter Abstand schon
erkannt. Das Interesse erklärt sich aus dem Umstande, dass nun
das Kind seine Nahrung aus der Saugflasche erhält, die es täglich
mehrmals anfasst und in der Nähe sieht. Daher erkennt es ihm
ähnliche Objecte im Gesichtsfeld leichter, als andere (ausser menschlichen Gesichtern).

9. Monat. In demselben Grade wie Flaschen, die der Saugflasche ähneln, werden Dosen, welche den Kindermehlbüchsen gleichen,
fixirt und mit ausgestreckten Armen und weit aufgerissenen Augen
verlangt. Immer mehr giebt aber das Kind sein Interesse an
anderen Dingen und Vorgängen in seiner Nähe zu erkennen, wendet
namentlich rasch den Kopf zur Thür, wenn sie eben geöffnet oder
geschlossen wird, und betrachtet aufmerksam neue, erfasste und
bewegte Gegenstände länger als früher.

10. Monat. Gesichtseindrücke, welche mit der Nahrung zusammenhängen, werden durchweg am schnellsten und sichersten richtig gedeutet. Mit zugespitztem Munde, mit weit offenen, glänzenden, gierigen Augen verfolgt das Kind die Bereitung seiner Nahrung.

11. Monat. Wenn es wach ist, bleibt es kaum einige Augenblicke ruhig, namentlich bewegt es die Augen hin und her, desgleichen den Kopf, indem es jeden Ankömmling und Vorübergehenden zu fixiren sucht.

Wird durch diese Thatsachen bezüglich einzelner Gesichtseindrücke ein frühes optisches Erkenntnissvermögen dargethan, indem Gesichter, helle und grosse bewegte Körper bald von anderen Theilen des Sehfeldes unterschieden und leicht wieder erkannt werden, so zeigen die folgenden, wie wenig neue Eindrücke richtig gedeutet werden können.

15. Monat. Das Kind griff wiederholt zu kurz nach der Kerzenflamme, und als es ihr nahe genug war, in die Flamme; später nie wieder.

16. Monat. Im Bade griff das Kind nach den vom Kopfe aus dem ausgepressten Schwamm herabfliessenden Wasserstrahlen, als wenn es Bindfäden wären. Es suchte sie mit den Fingern zierlich zu fassen und schien verwundert, dass es nicht glückte.

17. Monat. Das Kind griff zu verschiedenen Malen meist lachend nach einer ein paar Fuss entfernten Tabakrauchwolke, beugte die Finger und strengte sich an, den Rauch, der nachher zwischen ihm und einer Lampe schwebte, zu erfassen. Also von Entfernung und Körperlichkeit der Objecte sind selbst jetzt nur unvollkommene Vorstellungen gebildet.

18. Monat. Beim unerwarteten Anblick eines grossen, schwarz gekleideten Mannes wird das Kind plötzlich still, starrt ihn etwa eine Minute lang an, flüchtet sich zum Vater und fixirt die hohe Gestalt regungslos. Sogleich nachdem er sich entfernt hatte, sagte es *atta* und war ausgelassen lustig und laut wie vorher. Hier hatte ein unvermutheter Gesichtseindruck offenbar Angst erweckt, ohne nachweisbaren Grund, denn der Mann, dessen Erscheinen das Kind nicht zu deuten wusste, war freundlich gegen dasselbe. Erst nach Vollendung des zweiten Lebensjahres machten schwarzgekleidete Fremde nicht mehr so leicht einen Eindruck auf das Kind.

24. Monat. Mit grosser Aufmerksamkeit betrachtet das Kind Thiere, die sich bewegen, auch die langsam fortkriechende Schnecke und den trägen Käfer. Diese leicht mit dem Blick zu verfolgenden Objecte erscheinen, dem fragenden Gesichtsausdruck nach zu urtheilen, völlig unverständlich. Das Kind geht auffallend zart, fast scheu mit ihnen um.

In dieser Zeit ist das Verständniss für Handlungen und für den Gebrauch von allerlei Geräthen weiter ausgebildet, als das Vermögen, Abbildungen zu interpretiren, obwohl die unerschöpfliche Phantasie beim Spielen sich schon längst in mannigfaltiger

Weise bethätigt. Sigismund's Kind deutete zu Ende des zweiten Jahres eine Kreislinie als Teller und hatte im 21. Monat den Schatten seines Vaters, vor dem es sich anfangs fürchtete, als „Bild" erkannt, indem es freudig darauf deutend ausrief *Papa!* Viel später noch nannte mein Knabe das mit Bleistift auf Papier gezeichnete Viereck *Fenster*, das Dreieck *Dach*, den Kreis *Ring*, vier Punkte *Vögelchen.*

Erst nach dem dritten Jahre tritt die Fähigkeit hervor, selbst durch Linien auf Papier oder durch Ausschneiden bekannte Gegenstände kenntlich herzustellen. Vorher will das Kind „schreiben" *(raiwe)*, das heisst zeichnen, meint auch durch allerlei Striche eine Locomotive, ein Pferd, einen Löffel, einen Teller, eine Flasche abzubilden, es gelingt ihm aber nicht ohne Unterstützung. Der Wille zu zeichnen ist oft im vierten Vierteljahr schon ausgesprochen. Ein gewöhnliches Kind kann aber vor dem Ende des dritten Jahres nicht einmal eine annähernd kreisförmige, in sich zurücklaufende Linie zeichnen oder aus Papier schneiden.

Der von meinem Knaben mit auffallender Consequenz im 30. Monat fast täglich wiederholte Wunsch *Locopotiwe raiben* („Locomotive schreiben") ist durch das häufige Sehen von Locomotiven entstanden. Diese nahmen in ungewöhnlichem Maasse im dritten Jahre das Interesse des Kindes in Anspruch, offenbar weil grössere Veränderungen im Gesichtsfelde sehr früh die Aufmerksamkeit wachrufen wegen der grossen Zahl erregter Sehnervenfasern mit Wechsel von Hell und Dunkel. Auf dem Lande ist die Locomotive eines der grössten beweglichen Objecte. Sie bewegt sich auch schneller als Pferde. Es erscheint daher natürlich, dass diese häufig wahrgenommene Massenbewegung vor allen anderen interessant wurde, wie an der See das Dampfschiff.

Übrigens habe ich nicht ermitteln können, wie die kleinen Kinder sich derartige Bewegungen vorstellen. Mehrere hielten die Locomotive für müde, wenn sie stille stand, für durstig, wenn ihr Kessel mit Wasser gefüllt wurde, für einen Ofen, wenn sie geheizt wurde. Manche fürchteten sich vor jeder nahen Dampfmaschine, so lange sie geräuschvoll arbeitete, ohne sie zu kennen.

Das Sehen operirter Blindgeborener.

Wenn man das Sehenlernen der normalen Neugeborenen und Säuglinge mit dem der Blindgeborenen, die erst später nach einer Operation sehen lernten, vergleicht, so ist zu bedenken, dass diese meistens nur ein Auge benutzen konnten, und durch die lange Ruhe der Netzhaut und die Entfernung der Krystalllinse, sowie durch die zahlreichen Tast-Erfahrungen wesentliche Unterschiede gesetzt sind. Trotzdem erscheint die Art, wie in beiden Fällen sehen gelernt, das Auge geübt und die Verknüpfung von Sehen und Tasten erworben wird, übereinstimmend. Namentlich der Franz'sche Fall (1841) zeigt deutlich, wie gross die Übereinstimmungen sind.

Die älteren Fälle von Home, Ware, Wardrop genügen schon zur Widerlegung einiger abenteuerlicher Behauptungen, zum Beispiel der, dass alle Neugeborenen die Gegenstände umgekehrt sehen sollen, wie sogar Buffon meinte. Dass mein Knabe, als ich ihn im fünften Jahre gewöhnliche Ziffern schreiben liess, die ich vorzeichnete, zu meiner Überraschung die meisten — am längsten die 1 und die 4 — stets in Spiegelschrift, letztere oft auch umgekehrt, nachbildete, die 5 dagegen stets richtig, beruht nicht auf einem Mangel des Sehens, sondern auf unvollkommener Umsetzung der Gesichtsvorstellung in die zum Schreiben erforderliche Bewegungsvorstellung. Andere Knaben verhalten sich ebenso. Die Unterscheidung des „Rechts" und „Links" hat mir selbst in der Kindheit noch jetzt deutlich erinnerliche Schwierigkeiten bereitet.

Merkwürdiger Weise nahm, trotz Chesselden's gegentheiliger Angabe über den von ihm an beiden Augen operirten Blindgeborenen vom Jahre 1728, Buffon 1749 ferner an, dass das Einfachsehen mit zwei Augen, also auch die Vernachlässigung der Doppelbilder, zu Anfang des Lebens noch nicht stattfinde. Johannes Müller spricht sich (1826) in demselben Sinne aus. Da aber in den ersten zwei bis drei Wochen nach der Geburt vom Menschen, im Gegensatz zu vielen Thieren, noch gar nichts deutlich gesehen werden kann, so ist es nicht statthaft, zu behaupten, dass alles doppelt gesehen werden müsse. Alles wird vielmehr weder einfach noch doppelt gesehen, da der ganz junge Säugling noch keine Grenzen, also keine Formen wahrnimmt, sondern nur Lichteindrücke erhält, gerade wie der operirte, total Blindgeborene in der ersten Zeit nach der Operation.

Schopenhauer hat bereits im Jahre 1816 diese Wahrheit divinatorisch erkannt. Seine Worte lauten:

„Könnte Jemand, der vor einer schönen weiten Aussicht steht, auf einen Augenblick alles Verstandes beraubt werden, so würde ihm von der ganzen Aussicht nichts übrig bleiben, als die Empfindung einer sehr mannigfaltigen Reaction seiner Retina, welche gleichsam der rohe Stoff ist, aus welchem vorhin sein Verstand jene Anschauung schuf."

Das neugeborene Kind hat noch keinen Verstand und kann darum anfangs noch nicht sehen, sondern nur Licht empfinden.

Ich erblicke eine Bestätigung dieser von mir durch die Beobachtung des Verhaltens ganz junger Säuglinge gewonnenen An-

sicht in einem Bericht, welchen Muybridge gab. Er photographirte
in der Wildniss in Nordamerika einen Indianer und zeigte ihm
das wohlgelungene Bild, war aber nicht wenig überrascht, als derselbe fragte, was denn die Schmutzflecken (sein eigenes Lichtbild)
bedeuten sollten. Sonst konnte er sehr gut sehen.

Hierdurch und durch die Erfahrungen an operirten Blindgeborenen ist direct bewiesen, dass zuerst Helligkeiten und Farben
verschieden empfunden und dann erst Formen richtig oder unrichtig
wahrgenommen werden. Beim normalen Menschenkinde muss es
sich in den ersten Wochen geradeso verhalten. Schon das zweijährige Culturkind übertrifft aber den Wilden in der Deutung des
gesehenen Bildes (S. 34 *e*).

Nach der Unterscheidung der Lichtempfindungen sind es zunächst Begrenzungen der hellen Flächen, dann Gestalten und zuletzt
deren Abstände, welche deutlich erkannt werden.

Wie? Das lehren ebenfalls die Berichte über die Blindgeborenen, welche sehend gemacht wurden, wenn man sie nur richtig
versteht.

Ware schliesst aus seinen Beobachtungen (1801):

„Wenn Kinder in Folge von Linsentrübungen blind geboren
werden, so sind sie niemals so vollständig des Gesichts beraubt,
dass sie nicht Farben erkennen könnten; und obwohl sie die Gestalt eines Gegenstandes nicht sehen und seine Farbe nur, wenn er
in geringem Abstande von dem Auge sich befindet, erkennen, so
vermögen sie doch anzugeben, ob innerhalb jener Strecke er ihnen
genähert oder von ihnen entfernt wird. In Folge dieser Fähigkeit
während des Blindseins können solche Kinder, sowie sie zu sehen
vermögen, die Entfernung und sogar die Umrisse solcher scharf begrenzter Gegenstände einigermaassen beurtheilen, mit deren Farbe
sie vorher bekannt waren."

Diese Schlussfolgerungen sind zwar richtig, bedürfen aber
näherer Begründung. Dass die Entfernung sogleich, wenn auch
unvollkommen geschätzt wird, ist klar, aber wie kann „rund" und
„eckig" unterschieden werden, wenn nur Farben und grobe Differenzen ihrer Intensität und Sättigung erkannt werden? Ware giebt
keine Auskunft, sondern meint, es könnten dadurch, dass die Farben
stärker erscheinen, die vorher mangelhaften Vorstellungen über
Entfernungen gekräftigt und erweitert werden, so dass sie sogar
eine Kenntniss gäben von der Begrenzung und Gestalt solcher
Dinge, mit deren Farbe die Patienten vorher bekannt waren. Dieses
Kräftigen der Vorstellungen über Entfernung kann jedoch nicht
unmittelbar zur Unterscheidung der Begrenzung der Gegenstände
führen und ist selbst hypothetisch, da zunächst nach der Operation
durch den enormen Unterschied der Lichtstärke eine Unsicherheit
im Urtheilen zu erwarten wäre. Eine solche gab sich in beiden

Fällen nur in geringem Grade zu erkennen, weil schon vorher hinreichende Erfahrungen mit dem Auge vorlagen. Diese fehlten aber, wie mehrmals angegeben ist, gänzlich mit Rücksicht auf Begrenzung und Gestalt der Gegenstände.

Hier kommt etwas anderes zu Hülfe. Offenbar sieht ein Auge, welches nur Farben unterscheidet, diese Farben stets begrenzt, und sähe es auch nur eine Farbe, welche das ganze Gesichtsfeld einnimmt, es ist doch immer ein begrenztes Feld. Aber es kann das farbige Feld klein und gross sein und diese Verschiedenheit schon vor der Operation gemerkt werden. Ist der lebhaft gefärbte Gegenstand schmal und lang, so wird der Patient schon vor der Operation ihn anders sehen, als wenn er bei gleicher Farbe breit und kurz ist. Und sei es auch nur, dass er merkt, nicht das ganze Gesichtsfeld sei farbig. Ist letzteres der Fall, so fehlt es natürlich gänzlich an Ecken; ist dagegen nicht das ganze Gesichtsfeld von dem farbigen Gegenstande angefüllt, so ist es — wenn auch noch so verwaschen — getheilt und die Theilungslinien, die undeutlichen Begrenzungen der Gegenstände, deren Farbe erkannt wird, können entweder der natürlichen Begrenzung des ganzen Gesichtsfeldes ähnlich, somit „rund", oder ihnen unähnlich, das heisst „eckig" sein. Wird nun plötzlich das Hinderniss beseitigt, so wird der Patient (selbst wenn er vorher eckig und rund mit dem Auge nicht unterschied) doch erkennen müssen, was von den vorgehaltenen Gegenständen in seinen Begrenzungen dem bisherigen Gesichtsfeld gleicht, das heisst rund ist, und was nicht; denn die runde Begrenzung seines Gesichtsfeldes ist ihm bekannt. Durch das Gefühl aber hatte der Knabe gelernt, dass, was nicht rund war, eckig war. So würde er, selbst wenn er nur bei Erfüllung des ganzen Gesichtsfeldes Farben erkennen konnte, was nicht berichtet ist, doch nur auf Grund seiner Erfahrungen vor der Operation bald nach derselben die Umrisse einiger Gegenstände errathen können. Ein Errathen war es, wie man an der Verwechslung von Messer und Löffel, von Krug und Becken sieht, jedesmal. Der Knabe muss gedacht haben: „Wie wäre es, wenn ich es fühlte?" Und da er schon vor der Operation oft bemerkt hatte, dass was dieselbe oder eine ähnliche Begrenzung wie sein Gesichtsfeld hatte, rund war, so konnte er nach derselben rund und nicht-rund wohl unterscheiden, was dagegen ein total Blindgeborener, der von seinem Gesichtsfeld gar nichts weiss, weil er nie eines gehabt hat, nicht kann, aber genau in der eben beschriebenen Weise durch seine Erfahrungen mit dem Auge allein nach der Operation erlernt, erlernen muss.

In Bezug auf diesen wichtigen Punkt sind die beiden Ware'schen Fälle nicht so werthvoll, wie der Franz'sche und der Chesselden'sche, weil der eine Knabe bis zu seinem siebenten Jahre hinreichend

Gelegenheit hatte, verschiedene Farben nach Qualität und Lichtstärke unterscheiden zu lernen und weil er die Begrenzung seines
Gesichtsfeldes kennen musste und jedenfalls sehr häufige Versuche,
Gestalten und Entfernungen mit dem Auge zu errathen, durch das
Gefühl corrigiren und bestätigen konnte; auch ist unbekannt, ob er
vor oder gleich nach der Geburt oder, was am wahrscheinlichsten
ist, erst einige Monate nach derselben erblindete. Dasselbe gilt von
dem anderen Ware'schen Knaben. Aber bezüglich der von mir hier
aufgestellten Theorie sind gerade die Ware'schen Fälle besonders
lehrreich.

Für das Verständniss der übrigen Fortschritte im Sehenlernen
des normalen Säuglings sind alle Berichte über operirte Blindgeborene werthvoll, besonders der von Uhthoff (1891), dessen sieben-
jähriger, mit Erfolg operirter Patient keinen Gegenstand durch das
Gesicht allein erkannte, den er nicht durch einen anderen Sinn
kennen gelernt hatte. In dem von Grafé (1892) konnte zwar vor
der Operation keine Farbe unterschieden werden, die Beobachtungen
wurden aber unter ungünstigen Verhältnissen gemacht.

Nachdem die berühmte von Molyneux an Locke gerichtete
Frage, ob ein intelligenter Blindgeborener unmittelbar nach der
Operation im Stande sei, eine Kugel von einem Würfel allein mittelst des Auges zu unterscheiden, verneint worden war, beruhigte
man sich dabei, dass er die Unterscheidung mittelst des Tastsinnes
erlerne, später also, beim Sehen verschiedener Formen nur durch
die Tast-Erinnerung die Wahrnehmung der Verschiedenheit zu
Stande komme.

In Wahrheit aber werden sehr viele Formen einzig und allein
durch das Auge als verschieden erkannt, ohne die Möglichkeit,
einen anderen Sinn zu Hülfe zu nehmen. Einsinnige optische Erscheinungen, die, wie der Regenbogen, nicht getastet, nicht gehört werden
können, sind schon früh dem Kinde deutlich. Ohne zu tasten,
durch Augen- und Kopf-Bewegungen, Änderungen der Körperlage,
der Stellung und Haltung, durch Übung im Accommodiren und
Beobachtung der Helligkeitsunterschiede beim Hin- und Hergetragen-
werden würde selbst ein Kind, das gar nicht tasten könnte, die verschiedenen Formen der Dinge durch Sehen allein geradeso gut wie
die Gestalt des Regenbogens erkennen lernen.

Die von Molyneux richtig vorhergesagte Thatsache, dass operirte
Blindgeborene mittelst des Auges allein die Gestalt einer Kugel
von der eines Würfels nicht unterscheiden können, muss also dahin
ergänzt werden, dass operirte Blindgeborene wie normal sehende
Kinder mittelst des Auges allein ohne directe Vermittlung des
Tastsinns jene Gestaltverschiedenheit erlernen können, indem die
Einordnung der Netzhauterregungen in Raum und Zeit durch den
Verstand vollkommen unabhängig von allen Eindrücken anderer

Sinnesgebiete möglich und in unzähligen Fällen wirklich ist, geradeso wie die Erlernung der Gestaltunterschiede durch den Tastsinn allein bei blindgeborenen Kindern, welche niemals sehen lernen.

Dieses letztere Unterscheidungsvermögen kann durch Übung eine die höchsten Leistungen Vollsinniger weit übertreffende Feinheit erreichen, wovon ich mich an einem im zweiten Lebensjahre total erblindeten Mädchen überzeugte. Dasselbe verband in seinem 26. Jahre mit den Worten „Licht, Farbe, Dunkelheit" keinen Sinn und im Traume sah es niemals seine Angehörigen, sondern hörte und fühlte sie nur. Aber in diesem Falle war der Tastsinn enorm verfeinert, so dass z. B. das Gepräge der im Verkehr stark abgenutzten Münzen richtig erkannt wurde.

Das Sehen neugeborener Thiere.

Erstaunlich ist die Vollkommenheit des Sehens bei den ganz jungen unerfahrenen Hühnchen im Vergleiche zu menschlichen Neugeborenen. Werden ihnen einige Tage lang die Augen ohne Verletzung geschlossen gehalten, so verfolgen sie oft zwei Minuten nach Abnahme des Verbandes die Bewegungen kriechender Insecten mit der ganzen Präcision alter Hühner. Binnen 2 bis 15 Minuten picken sie nach irgend einem Gegenstand, mit einer fast unfehlbaren Genauigkeit die Entfernung beurtheilend. War das Object jenseits der Pickweite, dann laufen sie auf es zu und treffen es sozusagen jedesmal, indem sie es niemals um mehr als Haaresbreite fehlen, auch dann, wenn die Körnchen, nach denen gepickt wurde, nicht grösser als der kleinste Punkt des i sind. Das Ergreifen im Augenblick des Pickens ist eine schwierigere Operation. Obgleich zuweilen beim ersten Versuch ein Insect mit dem Schnabel erfasst und verschluckt wird, picken sie meistens fünf- oder sechsmal und heben die Bröckchen einmal oder zweimal, ehe es gelingt, sie als erste Nahrung zu verschlucken. So berichtet Spalding-Douglas.

Seine Angaben gelten nach meinen Beobachtungen auch für nicht verhüllte, im Dunkeln gehaltene eintägige Hühnchen, welche ohne Mutter und Gefährten im Brütofen oder auf dem Tisch sich sogleich zurechtfinden. Nur kann ich die Unfehlbarkeit nicht zugeben. Die Fehldistanz bei den Pickversuchen erreicht bei meinen Hühnchen sogar zwei Millimeter. Die Versuche, das Object zu fassen und die Schluckversuche misslingen oft. Dabei kommt aber in Betracht, dass auch erwachsene Hühner nicht unfehlbar sicher picken, erfassen oder schlucken. Die Sicherheit ist freilich im Ganzen bewunderungswürdig gleich zu Anfang. Auch eine eintägige Ente schnappte nach einer Fliege, welche gerade vorbeiflog, und erhaschte sie; ein Truthahn von nur $1^{1/2}$ Tagen richtete nach der Manier der Alten seines Geschlechtes den Schnabel aufmerksam bedächtig auf Fliegen und andere kleine Insecten, wie der treffliche englische Forscher wahrnahm. C. Lloyd Morgan (1894) hat indessen in Betreff der Fehler beim Picken u. s. w. meine Beobachtungen denen des letzteren gegenüber bestätigt. Ich habe auch nie ein Hühnchen nach Objecten von der Kleinheit des kleinsten i-Punktes picken gesehen.

Viele neugeborene Säugethiere haben gleichfalls schon in den ersten Lebensstunden die Fähigkeit, nicht nur den Kopf, sondern auch den Körper nach einem Gesichtseindruck in Bewegung zu setzen, z. B. die jungen Schweine.

Spalding verband zwei eben geborenen Ferkeln die Augen. Das eine wurde sogleich zur Mutter gebracht: es fand bald die Zitzen und begann zu saugen; sechs Stunden später wurde das andere in einer kleinen Entfernung von dem Mutterthier hingesetzt. Es erreichte dasselbe in einer halben Minute nach einem etwas unsteten Umhergehen. Nach einer weiteren halben Minute fand es die Zitze. In beiden Fällen war also der Geruch und das Getast, in letzterem wahrscheinlich auch das Gehör, für die Richtung der Bewegung maassgebend. Es ist aber nicht ausdrücklich angegeben, ob das Mutterthier seine Stimme hören liess. Am folgenden Tage zeigte es sich, dass das eine der beiden Jungen, die bei der Mutter gelassen worden waren, die Bandage nicht mehr hatte. Das andere war vollkommen unvermögend zu sehen, ging umher und stiess gegen Gegenstände an. Am Nachmittage wurde die Binde entfernt. Es lief nun herum, als wenn es vorher hätte sehen können und plötzlich sein Sehvermögen verloren hätte. Nach zehn Minuten war es aber kaum von einem anderen Jungen zu unterscheiden, das ohne Unterbrechung sich des Augengebrauchs erfreute. Auf einen Stuhl gesetzt, sah es, dass die Höhe Überlegung (*considering*) erforderte, kniete nieder und sprang hinab. Nach weiteren zehn Minuten wurde dieses Thier mit einem anderen zusammen 20 Fuss weit vom Stall hingesetzt. Beide erreichten ihre Mutter nach fünf Minuten in demselben Augenblick.

Wenn hierbei Geruch und Gehör nicht ausgeschlossen, Nachahmung und Nachfolge des ununterbrochen sehfähigen Thieres seitens des erst seit 20 Minuten sehfähigen möglich sind, so kann doch die merkwürdige Thatsache des Hinabspringens vom Stuhle, nach vorherigem Niederknieen, nur auf einem Sehact beruhen. Der Process der Distanzenschätzung in dem Gehirn des noch nicht zweitägigen, bis vor zehn Minuten nicht sehenden Thieres vor dem Hinabspringen mag noch so unvollkommen sein, er beweist, dass schon so früh die dritte Raumdimension durch das Auge, als das Resultat von Netzhauteindrücken, zum Bewusstsein

kommt, anderenfalls hätte das Thier nicht vor dem Sprunge niederknieen können. Da es nun bis dahin keine Gesichtswahrnehmungen und in den zehn Minuten keine, die es zum Springen
veranlassten, hatte, so muss die Verbindung von Netzhauterregung,
Distanzenschätzung, Muskelbewegung zum Knieen und darauffolgendem Springen ererbt sein. Denn eine solche Erfindungsgabe, die Initiative zu so überraschend zweckmässigem Verfahren
aus selbständiger Überlegung wird Niemand einem so jungen, bis
vor zehn Minuten blind gewesenen Schweinchen zuschreiben. Es
springt, weil seine Vorfahren es unzählige Male auch gethan haben
ohne lange zu warten oder genau zu taxiren. Ein menschlicher
Säugling erfreut sich dieser Association von Netzhauterregung und
coordinirter Muskelbewegung nicht. Er fällt, sich unzweckmässig
bewegend, vom Stuhl. Das junge wie das alte Meerschweinchen
dagegen springt nicht und fällt nicht, sondern es lässt sich fallen.

Knieen und Sehen können am ersten Lebenstage, ohne Vorbild, ohne Anleitung und doch schnell und höchst zweckmässig
auch die Zicklein. Ich habe sie in dieser Weise saugen gesehen,
ehe die 22. Lebensstunde erreicht war. Sie schreiten etwas unbeholfen auf das Mutterthier zu, schnüffeln am Euter derselben,
knieen nieder und saugen unter fortwährendem Schwanzwedeln und
mit stossenden Kopfbewegungen.

Beim Menschen sind so viel mehr Associationen des Sehens
mit coordinirten Muskelbewegungen der Möglichkeit nach, als
beim Thiere im Augenblick der Geburt vorhanden, dass alle nur
erst durch längeres Wachsthum nach der Geburt sich ausbilden
können.

Erst in der vierten Woche finden sich markhaltige Nervenfasern und ausgebildete Ganglienzellen im Grosshirn des Menschen
(nach S. Fuchs 1883), und um dieselbe Zeit sind erst die Grosshirnwindungen, den Untersuchungen von Sernoff zufolge, entwickelt. Also wächst nicht allein das menschliche Gehirn nach
der Geburt weiter, sondern es differenzirt sich erst nach der Geburt, indem es erst im zweiten Lebensmonat seine charakteristischen
morphologischen Merkmale erhält.

Wie das motorische Rindenfeld der Arme durch weiter fort-
geschrittene Entwicklung sich früh von dem der erst später vom
Willen gehörig beherrschten Beine unterscheidet, so müssen die
mit dem Sehnerven in Verbindung tretenden Rindengebiete früher
zur Ausbildung kommen, als etwa die zur articulirten Sprache benöthigten, und in dem einen Fall langsam, in dem anderen schnell
wachsen.

Ausserdem sind die markhaltigen Nervenfasern (nach Sokolow)
weniger markhaltig beim Neugeborenen, besonders die der Hirn-

nerven, von denen die reinen Bewegungsnerven am meisten, die
reinen Sinnesnerven am wenigsten entwickelt zur Welt kommen.
Ehe aber diese ausgebildet sind, kann die Grosshirnrinde, namentlich die Sehsphäre und Hörsphäre, können die die Muskelbewegungen mit den Sinneseindrücken verknüpfenden höheren Centren
natürlich nicht zur vollen Ausbildung kommen.

Vor der Geburt schon so verwickelte Associationsmechanismen
auszubilden geht darum nicht an, weil zu viele andere erbliche,
angelegte Mechanismen mit ihnen concurriren. Potentiell sind alle
da, aber es hängt von der Erfahrung, also der Reizung von aussen,
dem mehr oder weniger oft wiederholten Betreten der einzelnen
Associationsbahnen im Gehirn und Rückenmark ab, welche schliesslich am leichtesten in Thätigkeit gerathen. Mit anderen Worten,
das Kind lernt viel mehr als das Thier.

Der Vorzug des Thieres, welches seine Netzhauterregungen
sogleich durch Springen oder Picken verwerthet, ist demnach nur
scheinbar, denn es fehlt ihm die Anlage, viele andere Verwerthungen
zu erlernen. Die einseitige Verwerthung muss man als einen erblichen logischen Process auffassen, das heisst als instinctiv; indem
das Thier einseitig, aber reifer geboren wird, als der Mensch, ist
es unbewusst zu der Leistung früher im Stande, welche dieser erst
spät durch eigene Erfahrung erlernt und nur bewusst vollbringt.

Dasselbe gilt für die Association von Sehen und Tasten,
Sehen und Greifen und andere Associationen.

Doch ist nicht zu leugnen, dass auch beim Menschen die Erwerbung derartiger verwickelter Combinationen von Bewegungen
der Augen- und Arm-Muskeln nach gewissen Sinneseindrücken
durch erbliche Anlage wesentlich unterstützt wird. Die Muskelbewegungen gerathen in die erforderlichen Geleise ohne Nachahmung um so schneller, je mehr sie den gewohnten Combinationen
im Leben des Stammes entsprechen, und dieser Satz gilt in erster
Linie für die Bewegungen der Augenmuskeln, ohne welche die
jungen Hühnchen und Schwimmvögel innerhalb weniger Tage zu
Grunde gehen würden.

II. Das Hören.

Meine Beobachtungen über die allmähliche Ausbildung des Hörvermögens in der ersten Kindheit beziehen sich auf die normalerweise nur kurz dauernde Taubheit neugeborener Kinder und die ersten Schall-Empfindungen und -Wahrnehmungen des Säuglings. Daran schliessen sich einige Angaben über das Hören neugeborener Thiere.

Die Taubheit Neugeborener.

Alle Kinder sind unmittelbar nach der Geburt taub, weil die Luft in der Paukenhöhle vor dem Luftathmen fehlt.

Mehrere Forscher haben eine gelbliche Flüssigkeit, andere eine eigenthümliche gelatinöse Masse im fötalen Mittelohr gefunden. Gellé meint, letztere rühre her von einer starken ödematösen Infiltration der Schleimhaut jenes Raumes und werde gleich nach der Geburt mittelst der Athembewegungen durch Luft ersetzt, nachdem sie bereits kurz vor der Geburt verflüssigt worden. Er fand bei einem Kätzchen eine halbe Stunde nach der Geburt beide Trommelhöhlen mit Luft gefüllt und keine Spur mehr vom gelatinösen Magma. Das Thier hatte geschrieen und seine Lungen enthielten viel Luft. Die Frage, inwiefern Gallertgewebe, Hyperämie und Schwellung der Trommelhöhlenschleimhaut, eine subepitheliale Schicht derselben vor dem ersten Athemzuge die Paukenhöhle ausfüllen, ist noch nicht endgültig beantwortet. Auch hat für den Menschen der Zeitpunkt, nach wieviel Athemzügen die Ohrtrompete durchgängig ist, sich bisher nicht ermitteln lassen. Wahrscheinlich ist die Einleitung der Athmung allein nicht ausreichend, die Entleerung der Paukenhöhlen und ihre Füllung mit Luft zu bewerkstelligen, vielmehr wird dafür wesentlich sein wiederholtes Schlucken und Athmen, und wenige Athemzüge genügen, wie Lesser constatirte, nicht, den flüssigen Inhalt der fötalen Paukenhöhle durch Luft zu ersetzen. Erst nach mehrstündigem Luftathmen ist Luft neben der Flüssigkeit im Mittelohr nachweisbar, jedoch fand er die Schnelligkeit, mit der jene der Luft Platz macht, nicht in einem constanten Verhältniss zur Dauer des extrauterinen

Lebens. Da Lesser 42 menschliche Neugeborene untersuchte, so ist seinen, auch praktisch wichtigen Befunden ein grösserer Werth beizulegen, als vereinzelten Erfahrungen Anderer. Namentlich ist bemerkenswerth, dass bei zu früh geborenen Kindern der fötale Zustand des Mittelohres mehr als 20 Stunden nach der Geburt bestehen bleiben kann. Solche Kinder werden demnach etwas länger als ausgetragene taub sein müssen.

Übrigens ist die alte Ansicht von Scheel (1798), derzufolge das Fruchtwasser durch die Eustachische Röhre vor der Geburt gerade so in das Mittelohr gelangt, wie nach der Geburt die Luft, nämlich durch Schlucken, nicht unwahrscheinlich. Und wenn von ihm bereits bemerkt wurde, dass durch das Verbleiben von etwas Fruchtwasser in der Paukenhöhle während der ersten Tage nach der Geburt starker Schall weniger schädlich auf das Gehörorgan wirken werde, als bei sofortiger Luftfüllung, so kann man ihm nur zustimmen. Ansammlung von Flüssigkeit im Mittelohr macht auch Erwachsene schwerhörig. Schon 1797 fand Herholdt, dass beim Fötus die Paukenhöhle ganz mit Schleim und Fruchtwasser angefüllt ist, welches durch den Eustachischen Canal eintritt und erneuert wird.

„So befindet sich die übrige Fruchtwassermenge und die in der Paukenhöhle im Gleichgewicht, und das Trommelfell wird von allen Seiten gleichmässig gedrückt oder nicht gedrückt. Dadurch wird die Paukenhöhle während des fötalen Wachsthums von den Hindernissen, welche die gehörige Ausbildung hemmen könnten, befreit und das zarte Trommelfell vor Insulten geschützt. Nach der Geburt fliesst das Wasser durch denselben Canal langsam aus und die atmosphärische Luft nimmt seine Stelle ein. Dann erst können die Gehörorgane fungiren, obzwar weniger vollkommen, bis ihre Ausbildung vollständig geworden und die Kopfknochen fest und in gegenseitiger Verbindung sind. Die älteren Mediciner, welche dieses nicht wussten, träumten von einer ererbten oder angeborenen Luft."

Hiermit stehen die Untersuchungen von W. Moldenhauer und von Tröltsch (1880) im Einklang. Letzterem zufolge schrumpft die polsterartig das Lumen der Paukenhöhle fast ganz beim Fötus ausfüllende hyperplastische Schleimhaut oft schon vor der Geburt zusammen und kann sogar der Schleimpolster intrauterin verschwinden, es muss dann Fruchtwasser an seine Stelle treten.

Ausser dem Luftmangel in der Paukenhöhle kommt für die Taubheit des eben geborenen Menschen als Ursache der Verschluss des äusseren Gehörganges in Betracht, welcher nicht durch epitheliale Verklebung, sondern vollständige Aneinanderlagerung der Wandungen des Gehörganges (nach Urbantschitsch) bewirkt ist. Auch viele Säugethiere sind unmittelbar nach der Geburt aus diesem Grunde taub oder schwerhörig.

Ist also beim neugeborenen Menschen die Trommelhöhle bereits mit Luft gefüllt, so wird noch durch den nicht so schnell schwindenden Verschluss oder die Enge des äusseren Gehörganges eine temporäre Taubheit bedingt sein können. Die Verschiedenheit der Beobachtungsergebnisse, denen zufolge ein- bis dreitägige Säuglinge zum Theil auf Schallreize deutlich reagiren, zum Theil sie gänzlich ignoriren, erscheint verständlich, wenn lediglich die ungleiche Geschwindigkeit, mit der Tuba und Gehörgang für Luft durchgängig werden, in Betracht genommen und von allen anderen möglichen Hindernissen im inneren Ohr, im Hörnerven und Gehirn abgesehen wird. Dagegen muss ich mit Bestimmtheit die Angaben für falsch erklären, denen zufolge normalerweise sogar drei bis vier Monate alte Kinder ein sehr geringes Hörvermögen besitzen sollen, und es schwer falle, eine entschiedene Meinung abzugeben, ob überhaupt solche Kinder hören oder nicht (J. Böke). Meine Beobachtungen lassen darüber keinen Zweifel, dass lange vor dem dritten Monat normalerweise die menschliche Stimme gehört wird, und zwar reagiren reife normale Kinder vor dem Ablaufe der ersten Lebenswoche in unverkennbarer Weise auf starke Schallreize.

Die länger anhaltende Schwerhörigkeit ist jedenfalls von grossem Nutzen für den Säugling, da sie der Häufung von Reflexbewegungen, und damit der Neigung zu Krämpfen, entgegensteht.

Findet aber keinerlei Bewegung rechtzeitig geborener Kinder nach der vierten Woche statt, wenn hinter ihnen ein starker Schall ertönt, dann ist der Verdacht, das Kind werde taubstumm bleiben, nahegelegt.

Die ersten Schall-Empfindungen und -Wahrnehmungen.

Wieviel Stunden, Tage oder Wochen frühestens nach der Geburt die ersten Schallempfindungen auftreten, ist darum nicht leicht zu bestimmen, weil ein untrügliches Zeichen für eine stattgehabte Schallempfindung fehlt. Die Augenlidbewegungen, das Stirnrunzeln, Zusammenfahren, Emporheben der Arme und Schreien, Bewegungen, die der Säugling bei plötzlichen starken Schallreizen zeigt, treten beim Erschrecken über jeden beliebigen starken Eindruck ein, während schwache Geräusche und leise Töne unbeachtet bleiben. Das Umdrehen des Kopfes nach der unsichtbaren Schallquelle kommt erst später zu Stande.

Auch ist bei häufig wiederholten Versuchen die Hörfähigkeit der Neugeborenen zu prüfen, eine Steigerung derselben durch Übung, und wenn sie schnell aufeinanderfolgen, eine vorübergehende Abstumpfung nicht zu verkennen.

Kussmaul konnte vor den Ohren wacher Neugeborener in den ersten Tagen die stärksten disharmonischen Geräusche machen, ohne dass sie darauf reagirten. Feldbausch (1859) sah aber schlafende

Kinder im Alter von mehr als drei Tagen zusammenfahren, wenn er bei sonstiger Stille stark in die Hände klatschte. Champney's Kind reagirte dagegen vor der vierten Woche auf kein noch so starkes Geräusch, wenn Erschütterungen des Zimmers oder Bettes fehlten, auch nicht auf Händeklatschen. Wurde eine Thür zugeschlagen, so fuhr es zusammen geradeso wie gleich nach der Geburt, als die Wagschale, in der es lag, plötzlich aufschlug. Mit 14 Tagen wendete dieses Kind angeblich die Augen nach der Mutter, wenn diese ihm zusprach; da es aber dann noch nicht bei lauten Geräuschen zuckte, wenn Erschütterungen fehlten, so kann jenes Wenden dem Gefühl der Wärme beim Anhauchen des Gesichtes zugeschrieben werden. Denn nur wenn der Mutter Antlitz ihm zugekehrt war, trat die Bewegung ein — vermuthlich mehr eine Kopfwendung als eine Augenbewegung.

Genzmer stellte zuerst messende Versuche an (1873). Er ermittelte die grössten Entfernungen, in welchen Säuglinge beim Anschlagen einer kleinen Glocke, das immer gleichmässig mit einem eisernen Stäbchen geschah, mit den Augenlidern deutlich zuckten. Es ergab sich, dass fast alle Kinder, vom ersten oder höchstens zweiten Lebenstage an, auf Schalleindrücke reagiren, ihr Gehörsinn aber, ziemlich unabhängig von dem Grade der Reife, anfangs ungleich ist und innerhalb der ersten Wochen sich verfeinert.

Als durchschnittliche Entfernung, in welcher das Anschlagen der Glocke gehört wurde, ergaben sich 8 bis 10 Zoll, doch schwanken die Zahlen zwischen 1 und 20. In einem Falle, bei einem sehr lebhaften Kinde, war die Distanz am ersten Tage 8, am sechsten 18, am 24. Tage 24 Zoll; bei einem phlegmatischen Kinde waren die Gehörreflexe am 1. Tage inconstant, am 8. traten sie bei 5, am 24. bei 11 Zoll Abstand der Glocke ein. Man sieht aus diesen Zahlen, wie ungleich der Fortschritt ist. Da aber schwerlich der Schall in jedem Versuch genau dieselbe Stärke hatte, das Zucken mit den Augenlidern nicht ausschliesslich durch Schallreize bewirkt und nicht jeder Schallreiz mit Zucken der Augenlider beantwortet wird, so ist diese ganze, auf nur etwa 30 Beobachtungen an 15 Kindern beschränkte Versuchsreihe unsicher.

Moldenhauer bediente sich zur Hörprüfung des Spielzeugs *Cri-cri,* welches einen starken kurzdauernden unangenehmen Schall mit unharmonischen hohen Obertönen giebt. Dieser Schall bleibt sich nach vielen Versuchen fast gleich und kann ganz dicht am Ohr ohne andere Reizung hervorgerufen werden. Als Hauptergebniss stellte sich heraus, dass mit ganz wenigen Ausnahmen die Kinder sofort beim ersten Versuch auf den Schallreiz deutlich antworteten. Es war aber die Stärke der Reaction bei verschiedenen Individuen und bei denselben Individuen an verschiedenen Tagen ausserordentlich ungleich. Geprüft wurden 50 Kinder. Davon waren 6 bis 12 Stunden alt nur 10 (diese reagirten sämmtlich), und 12 bis 24 Stunden alt nur 7, alle anderen älter. Als schwächste Reaction diente deutliches Zucken der Augenlider, auch ohne Unterbrechung des Schlafes, als stärkere Stirnrunzeln. Dann folgten Kopfbewegungen, meist einmalige kurze Drehungen des Kopfes, endlich Zusammenfahren, wobei Kopf, Arme, Oberkörper heftig zuckten, Schlafende erwachten und schrieen.

Die Reflexe traten nach Ablauf des zweiten Tages deutlicher und schneller ein, als an den beiden ersten Tagen.

Bei schnell aufeinander folgenden Versuchen wurde eine Abstumpfung bis zur völligen Reactionslosigkeit sehr häufig constatirt.

Tief schlafende und saugende Kinder reagirten weniger deutlich als wache oder solche im Halbschlaf.

Die meisten Kinder, auch drei bis vier Wochen zu früh geborene, antworteten also in den ersten Tagen auf starke Schalleindrücke mit Reflexen im Facialisgebiet.

Es wurde aber das Verhalten der Ebengeborenen in den ersten fünf Lebensstunden nicht untersucht. Die vier jüngsten, welche reagirten, waren sechs Stunden alt, wie mir der Verfasser brieflich mittheilte. Die Taubheit wurde in einigen wenigen (4 von 50) Fällen auch nach mehr als 24 Stunden festgestellt, also wird meine Beobachtung, dass unmittelbar nach der Geburt keine Reaction auf Schalleindrücke erfolgt, durch diese Befunde nicht modificirt. Ich sah sogar ein zehnstündiges starkes Kind nicht im Geringsten, ein sechstägiges sehr schwach auf das *Cri-cri* reagiren.

Ferner fand Moldenhauer, dass von den vier Kindern, welche nach mehr als 24 Stunden zum ersten Male geprüft wurden und nicht reagirten, drei bei späteren, in derselben Stunde oder am anderen Tage wiederholten Versuchen nachträglich deutlich reagirten. Ein Kind von drei Tagen reagirte auch beim zweiten Versuche nicht.

Wurde die oben erwähnte Glocke bei gut hörenden (wahrscheinlich mehr als zwei Tage alten) Kindern von Genzmer sehr nahe am Ohre leise angeschlagen, so wendeten sie bisweilen den Kopf nach derselben Seite; waren sie mit Saugen beschäftigt, so unterbrachen sie ihre Thätigkeit. Sehr heftiges Anschlagen der Glocke machte sie unruhig. Ich habe gleichfalls bemerkt, dass Säuglinge durch starke Schallreize, gerade wie neugeborene Thiere, in grosse Unruhe versetzt werden können; so bewirkt der schrille Pfiff einer nahen Locomotive leicht anhaltende lebhafte Bewegungen und heftiges Schreien des vorher ganz ruhigen Kindes. Nicht jeder Säugling reagirt freilich so stark und keiner in der ersten Lebensstunde. Aber bei einem neun Tage alten Kinde glaubt Moldenhauer bestimmt das Wenden nach der Schallquelle hin beobachtet zu haben.

Den individuellen Verschiedenheiten wird indess gewöhnlich ein zu grosser Spielraum gelassen. Wenn einige Kinder schon am ersten Tage, andere nach drei, wieder andere erst nach acht Wochen bei lauten Geräuschen zusammenfahren sollen, so liegt es nahe die letzteren Angaben auf ungenaue Beobachtung zu schieben, falls sie nicht für Schwerhörige oder Frühgeborene allein gelten oder zu tiefe Klänge und ungeeignete Geräusche zur Prüfung verwendet wurden.

Wenn eine vorsichtig auf den Kopf gesetzte erwärmte tönende Stimmgabel keine andere Reaction hervorriefe, als die ebenso aufgesetzte ruhende Gabel, so würde man auf eine Betheiligung des inneren Ohres bei der Taubheit des Ebengeborenen schliessen dürfen. Moldenhauer erhielt jedoch mit Stimmgabeln wegen der Empfindlichkeit der Kopfhaut kein bestimmtes Resultat. Poli (1893) konnte auch nicht sicher die Reaction auf die Berührung von der auf einen Stimmgabelton unterscheiden, fand aber dass reife Neugeborene schon innerhalb der ersten fünf Stunden auf Stimmgabeltöne in der Luft reagiren, und zwar mit dem Lidschlag, und auf höhere Töne früher als auf tiefe. Ein Tamtam hatte die Antwort in einem Fall zwar nicht sogleich, aber zehn Minuten nach der Geburt zur Folge, das hohe a eines Pfeifchens bei demselben Kinde fünf Minuten später.

Ein sehr starkes neugeborenes Kind, fast $4^{1}/_{4}$ Kilo schwer, reagirte auf keinerlei Schall, als ich es eine halbe Stunde nach der Geburt prüfte. So verhalten sich alle Ebengeborenen, die ich prüfte. Durch noch so starkes Händeklatschen dicht am Ohr, Pfeifen, Anschreien wurden sie innerhalb der ersten halben Stunde nicht zum Schreien gebracht. Neugeborene schreien aber, wenn man sie anbläst, an die Schläfe sanft drückt oder auf die Schenkel schlägt, nachdem sie zu athmen angefangen haben. Dabei ist die Zeit von der Berührung bis zum Schrei merklich länger als später.

Ich sah mein Kind in der 21. Lebensstunde nach dem Anrufen mit beiden Armen symmetrisch zucken, was aber vielleicht auf Anhauchen zu beziehen ist, denn Händeklatschen, Pfeifen, Sprechen hatte keinen Erfolg, und am zweiten und dritten Tage liess sich keine Reaction auf Schallreize herbeiführen. Nicht vor der ersten Hälfte des vierten Tages gewann ich die Überzeugung. dass mein Kind nicht mehr taub sei. Denn Händeklatschen oder Pfeifen dicht neben ihm hatte dann plötzliches Aufschlagen der halbgeschlossenen Augen zur Folge, wenn es satt und warm, allem Anschein nach behaglich, dalag. Da dieser Erfolg bei öfterer Wiederholung am vierten Tage jedesmal eintrat, am dritten Tage jedoch keinmal, so ist nicht zu bezweifeln, dass in diesem Falle am vierten

Tage der Schall vermittelst des Trommelfells empfunden wurde, vorher aber nicht. Auch traf es sich erst am vierten Tage, und zwar mehrmals, dass das schreiende Kind, sowie ich dicht neben ihm zu pfeifen begann, mit Schreien inne hielt. Diese Beobachtung wurde aber auch an zwei- und dreitägigen Säuglingen gemacht. Am elften und zwölften Tage bemerkte ich, dass mein Kind schon durch den Klang meiner Stimme sich jedesmal beruhigte. Dieselbe rief eine Art Spannung im Gesichtsausdruck hervor, welche aber nicht zu beschreiben ist.

Von nun an entwickelte sich der Gehörsinn schnell, wie die folgenden Beobachtungen zeigen.

Am 25. Tage erfolgte mehrmaliger Lidschlag, als ich mit leiser Stimme dicht vor dem Kinde ihm zusprach. Am folgenden Tage fuhr es plötzlich zusammen, als eine Schüssel, die es nicht sehen konnte, in seiner Nähe geräuschvoll zugedeckt wurde. Es erschrickt also schon auf unerwartete starke Schallreize. Am 30. Tage war dieses Erschrecken noch stärker ausgeprägt. Ich stand vor dem ruhig daliegenden Kinde, wurde gerufen und sagte, ohne meine Stellung zu ändern, laut: „Ja!" Unmittelbar darauf warf es beide Arme schnell hoch empor und zuckte mit dem Oberkörper zusammen, während zugleich die bis dahin Befriedigung ausdrückende Physiognomie sehr ernst wurde. Dasselbe Schauspiel trat bald darauf nach dem Zuschlagen einer Thür ein.

In der fünften Woche hat die Schallempfindlichkeit so zugenommen, dass sogar der Schlaf selten bei Tage eintritt, wenn man im Zimmer umhergeht oder spricht, während noch am siebenten Tage starkes Anrufen das schlafende Kind nicht weckte. Auch bezeugen die schnellen Drehungen des Kopfes, wenn jemand sich ungesehen an das Bett des Kindes setzt, sowie das Zusammenfahren bei mässigen Geräuschen, die gesteigerte Empfänglichkeit.

In der sechsten Woche bemerkte ich dieses Zusammenfahren nach ganz geringfügigen Geräuschen auch beim schlafenden Kinde, ohne dass es erwachte. Um diese Zeit wurde es bereits, wenn es schrie, durch das Singen seiner Mutter sofort beruhigt. Das erste Mal machte das Kind dabei die Augen weit auf, offenbar ein Symptom des Erstaunens über die neuen Klangempfindungen. Am darauffolgenden Tage blickte es seine Mutter, welche es abermals durch Singen beruhigte, mit weit offenen Augen an, so dass ich bereits die Vermuthung hatte, es habe die empfundenen Töne mit dem gesehenen Oval des Antlitzes in Verbindung gebracht. Bei älteren Kindern (von vier Monaten) ist es zweifellos der Fall, wenn sie lachen und aufjauchzen, sobald die Mutter ihnen etwas vorsingt.

In der siebenten Woche war das Erschrecken durch lauten Schall noch stärker als vorher. Während des Schlafes fielen einmal Schlüssel zu Boden. Sogleich fuhren beide Arme rasch empor und blieben über zwei Minuten lang mit gespreizten Fingern parallel aufrecht in der sonderbaren Stellung, ohne dass das Kind erwachte.

Die Stellung erinnerte an das Ausbreiten der Flügel eines erschreckten Vogels.

Für Töne, vielleicht auch Melodien, scheint bereits eine grössere Empfänglichkeit vorhanden zu sein, denn den Ausdruck höchster Befriedigung gewahrt man im Gesichte des Kindes, wenn seine Mutter es durch leise gesungene Wiegenlieder beruhigt. Auch ist bemerkenswerth, dass, selbst wenn es vor Hunger schreit, ein leiser Sing-Sang eine Pause im Schreien und Aufmerken zur Folge hat. Sprechen bewirkt dieses keineswegs jedesmal.

In der achten Woche hörte der Säugling zum ersten Male Musik und zwar Clavierspielen. Er bekundete durch eine ungewöhnliche Spannung im Auge und lebhafte Bewegungen der Arme und Beine bei jedem Forte, sowie durch Lachen seine Befriedigung über die neue Empfindung. Die höheren und leiseren Töne machten keinen solchen Eindruck. Diese Freude über Musik gab sich jedesmal in den folgenden Monaten in ähnlicher Weise zu erkennen, woraus folgt, dass mehr als ein Jahr vor dem ersten unvollkommenen Sprechversuch die Unterscheidung der Klänge und Geräusche vorhanden ist.

In der neunten Woche erregte der Klang einer Repetiruhr, welcher früher auf das Kind nicht den geringsten Eindruck gemacht hatte, dessen Aufmerksamkeit. Aber der Kopf wurde noch nicht sicher nach der Schallquelle gewendet, während er der bewegten Hand genau folgte. Bei jedem plötzlichen Schrei, Ruf, Ton, Händeklatschen erfolgt schnelles Schliessen und Öffnen der Augen, und sehr oft werden dabei die Arme gleichzeitig rasch emporgehoben. Dasselbe im vierten Monat. Im siebenten und achten überwiegt der Lidschluss. Das Aufheben der Arme ist schon selten geworden.

In der elften Woche bemerkte ich zum ersten Male, was Andere erst im zweiten Vierteljahr, Einige aber auch früher wahrnahmen, dass das Kind den Kopf in der Richtung des gehörten Schalles bewegte. Ich klopfte hinter ihm gegen einen Spiegel. Sofort wendete es den Kopf um nach der Schallquelle hin. Überhaupt ist in dieser Zeit die Leichtigkeit auffallend, mit der einzelne Töne, Tonleitern, Accorde die Aufmerksamkeit des Säuglings auf sich ziehen, so dass auch die grösste Unruhe jedesmal aufhört und mit Spannung im Auge gelauscht wird, wenn sie erklingen.

In der zwölften Woche war die Wendung des Kopfes nach dem tönenden Körper rasch, auch wenn der Blick nicht gleich in die richtige Richtung fiel. Als dieselbe gefunden war, lauschte das Kind offenbar mit grosser Aufmerksamkeit.

In der 16. Woche geschieht das Umdrehen des Kopfes nach einem Schall hin mit der Sicherheit einer Reflexbewegung. Früher wurden entferntere Schallquellen, eine Drehorgel unten im Garten, die Stimme eines am anderen Zimmerende laut Redenden gar nicht beachtet, jetzt haben beide lebhafte Kopfbewegungen und einen veränderten, nicht unbefriedigten Gesichtsausdruck zur Folge.

Das erste vom Kinde selbst künstlich hervorgebrachte Geräusch, welches ihm augenscheinliches Vergnügen verursachte und darum oft wiederholt wurde, war das Zerknittern von Papier (besonders in der 19. Woche). In der 21. Woche ward es behufs photographischer Aufnahme durch Schlagen auf ein Tam-tam bewegungslos, so fesselte das neue Geräusch die Aufmerksamkeit, indem zugleich der Blick starr auf die Metallplatte gerichtet blieb. Überhaupt war im fünften Monat das Gehör derartig verfeinert, dass das Kind beim Milchsaugen seine Thätigkeit fast jedesmal unterbrach und sich umwendete, wenn in seiner Nähe ein nicht gar zu leises Geräusch entstand.

Nach einem halben Jahre hielt der Säugling den Blick oft Minuten lang unverwandt und mit offenem Munde auf mein Gesicht gerichtet, wenn ich ihm einzelne Töne vorsang. Er jubelt über Militärmusik.

Im achten Monat findet das meist einmalige Augenzwinkern nicht allein bei jedem lauten plötzlichen, sondern auch bei jedem neuen Schalleindruck statt, so wenn jemand Thierstimmen nachahmt. Er ist nicht mehr nur Ausdruck des Erschreckens, sondern auch des Erstaunens. Beim Erschrecken ist an die Stelle des Armaufhebens ein Zusammenfahren des ganzen Körpers und ein Zucken mit Armen und Beinen zugleich getreten, welches übrigens schon im zweiten Monat beobachtet wurde. Das schnelle Schliessen und Öffnen der Augen bleibt unverändert bestehen.

Im neunten Monat trat, als das Kind mehr als zwölfmal nacheinander den Deckel einer grossen Caraffe zuschlug, so dass jedesmal ein lauter Schlag gehört wurde, jedesmal dieses Augenzwinkern und Zusammenfahren des ganzen Körpers ein, während der Gesichtsausdruck von grosser Aufmerksamkeit zeugte. Hier waren also die Reflexbewegungen nicht Ausdruck von Schreck. Denn das Kind selbst wiederholte begierig das Zuschlagen des Deckels jedesmal, nachdem ich ihn gehoben hatte. Der combinirte Tast- und Gesichts-Eindruck überwog an Interesse die Begleiterscheinung des Schalles, dessen Intensität aber so gross war, dass nebenbei die Reflexbewegungen eintraten wie beim Erschrecken. Während des Schlafes sah ich in dieser Zeit nach Schalleindrücken, welche kein Erwachen zur Folge hatten, oft lebhafte Bewegungen der Hände: ein Rest des früheren reflectorischen Armaufhebens. Nicht nur, wenn es meine Stimme hört, ohne mich zu sehen, wendet das Kind seinen Kopf um, sondern (auch im zehnten Monat) bei jedem neuen lauten Geräusch, namentlich beim Donnern. So ist auch das Wenden des Kopfes in der ersten und zweiten Woche, wenn ein lauter Schall ertönt, nicht ein Richten desselben gegen die Schallquelle hin (S. 53), sondern reflectorisch.

Während des Zahnens ist übrigens die Erregbarkeit für akustische Reize merklich erhöht. Ein lautes Wort hat dann schon Augenzwinkern, Erschrecken, schnelleres Athmen, Schreien, Weinen zur Folge.

Im elften und zwölften Monat lässt sich das schreiende Kind noch geradeso wie im ersten durch ein entschiedenes „Sch" meistens nach wenigen Augenblicken beruhigen. Kein anderer Laut, auch das scharfe „ss" und „pst" nicht, hat eine solche Wirkung, wohl aber jedes, auch falsches Singen. In diese Zeit — auf den 319. Tag — fällt ein merkwürdiges akustisches Experiment, welches für den grossen intellectuellen Fortschritt Zeugniss ablegt. Das Kind schlug mehrmals mit einem Löffel auf einen Teller. Dabei geschah es zufällig, dass es mit der freien Hand den Teller berührte; der Schall wurde gedämpft und dieser Unterschied frappirte das Kind. Es nahm nun den Löffel in die andere Hand, schlug damit auf den Teller, dämpfte wieder u. s. w. Abends Wiederholung des Versuches mit gleichem Erfolge. Offenbar war die Causalitäts-Function stark hervorgetreten, da sie das Experiment wachrief. Die Ursache der Dämpfung mit der Hand, lag sie an der Hand oder am Teller? Die andere Hand wirkte geradeso dämpfend, also an der einen Hand haftete die Ursache nicht. So ungefähr muss das Kind seinen Schalleindruck sich gedeutet haben und zwar zu einer Zeit, in der es noch nicht ein einziges Wort der späteren Sprache kannte.

Im zwölften Monat pflegte das Kind fast jeden Morgen das geräuschvolle Auflegen von Kohlen in den Ofen A zu beobachten. Am 363. Tage geschah es im Nebenzimmer am Ofen B. Sofort sah das Kind nach der Richtung des Schalles, da es jedoch nichts entdeckte, drehte es den Kopf fast um 180° und betrachtete fragend den Ofen A (der schon früher versorgt worden war). Hierdurch ist gleichfalls die logische Thätigkeit in ihrer Anwendung auf Schallwahrnehmungen bewiesen, und zwar vor dem Sprechen-können. Solche Experimente wurden von Zeit zu Zeit auch nach demselben aus freien Stücken ausgeführt. Im 30. Monat hält das Kind beim Essen zufällig eine Hand an sein Ohr, während ein Kessel mit siedendem Wasser vor ihm steht. Sofort wird es aufmerksam, merkt die Abnahme der Schallstärke, nimmt die Hand fort, hört mit offenem Munde und dem Ausdrucke des Erstaunens lautlos die Veränderung des Schalles, hält fünf- bis sechsmal die Hand an das Ohr und constatirt jedesmal die Thatsache auf's Neue, wie ein Experimentator, bis ihm der Zusammenhang der Schalländerung mit der Handbewegung nicht mehr wunderbar vorkommt, weil es ihn eben oft wahrnahm.

Übrigens ist eine der frühesten Schallwahrnehmungen, bei welchen die Causalität sich geltend machte, die oben (S. 29) erwähnte vom 81. Lebenstage.

Nach Ablauf des ersten Lebensjahres schlägt das Kind mit den Händen auf die Claviertasten und sieht sich dabei von Zeit zu Zeit um, als wenn es sich überzeugen wollte, dass man ihm zuhört. Über einen Canarienvogel freut es sich, indem es denselben anlacht, wenn er sich bewegt, und lautlos zuhört, wenn er singt, dann wieder lacht. Überhaupt ist in den folgenden Monaten Lachen über neue Geräusche, wie Gurgeln, Räuspern häufig (15. Monat). Sogar der Donner machte das Kind lachen.

Eine Lieblingsbeschäftigung bestand darin, eine Taschenuhr an das Ohr zu halten und auf das Tiktak zu achten (16. bis 24. Monat). Bisweilen wurde aber die Uhr auch hinter die Ohrmuschel und an die Wange gehalten. Hielt ich sie oben auf den Kopf, so wurde das Ticken doch gehört (19. Monat), wie aus der aufmerksamen Miene zu entnehmen. Die Schallleitung durch die Knochen ist wahrscheinlich seit dem zweiten Monat hergestellt.

Die schon im ersten Vierteljahr hervortretende Freude an der Musik steigerte sich deutlich im zweiten und dritten. Es dauerte aber bis in das siebente Vierteljahr, ehe das Kind, welches durch Anhören der verschiedenartigsten Musik zu lebhaften Bewegungen veranlasst wurde, diese Bewegungen taktmässig ausführte. Es tanzte zwar, aber in seiner Weise arhythmisch (21. Monat). Etwas später schlug es selbst leidlich correct den Takt mit den Armen oder einem Arme und versuchte dabei, ein gesungenes Lied nachzusingen (24. Monat), was aber nur unvollkommen gelang. Spielen mit Pfeifen und Trommeln machte zu der Zeit kaum grösseres Vergnügen, als das Anschlagen einzelner Tasten des Claviers und zwar mit beiden Händchen gleichzeitig. Aber es war trotz vieler Bemühungen unmöglich, dem Kinde die richtige Benennung auch nur der drei Töne $\overline{c}, \overline{d}, \overline{e}$ beizubringen (Ende des dritten Jahres), so scharf im Übrigen das Gehör für Geräusche und Vocale war.

Ein anderes Kind hingegen, ein Mädchen, konnte bereits im neunten Monat jeden Ton, der ihm auf dem Clavier angegeben wurde, richtig nachsingen und schien Dissonanzen unangenehm zu empfinden. Dieses Kind und zwei von seinen Geschwistern konnten eher singen als sprechen, und zwar richtig vorgesungene Melodien. Tonhöhe, Tonstärke und Klangfarbe werden von solchen musikalischen Kindern, welche (im achten Monat) jeder Musik mit gespannter Aufmerksamkeit zuhören, leicht wiedergegeben.

Stumpf berichtet in seiner „Tonpsychologie" von seinem Sohne, dass er im 14. Monat der Scala in der vorgesungenen Richtung nachsang, und zwar die gleiche Anzahl Töne, nicht selten sogar die gleichnamigen, nur in die zweigestrichene Octave transponirten Töne.

Demselben Beobachter zufolge begann das Kind des Componisten Dvorák in Prag, „als es erst ein Jahr alt war, der Wärterin den Fatinitza-Marsch nachzusingen. Nach $1^1/_2$ Jahren sang es nach Aussage seines Vaters Lied-Melodien mit Clavierbegleitung. Dabei war es zur Aussprache des Textes noch völlig unfähig und substituirte demselben etliche Silben aus seinem kleinen Sprachschatz."

Jedenfalls kommt richtiges Singen bei Kindern, die noch nicht sprechen können, häufig vor. Wahrscheinlich ist ihr musikalisches

Gehör ererbt. Kussmaul und Kast haben bereits hervorgehoben,
dass auch Erwachsene nach völligem Verlust des Sprechvermögens
Töne richtig unterscheiden und „Lieder ohne Worte" richtig singen
können. Sie gleichen darin dem noch alalischen Kinde mit musi-
kalischem Gehör und liefern den Beweis dafür, dass im Gehirn
das Singcentrum ebenso wie das Tonwahrnehmungscentrum sich
unabhängig vom Sprechcentrum und Wortklangcentrum ausbildet,
was ich schon aus dem Singen der Thiere abgeleitet hatte.

Im ganzen Verlauf des dritten Jahres war es nicht leicht, mein
Kind durch Schalleindrücke allein zu wecken. Es schlief oft ein,
wenn in seiner Nähe gelärmt wurde, und doch liess seine Hörschärfe im wachen Zustande nichts zu wünschen übrig. Selbst die
Erkennung der Schallrichtung war, obwohl mangelhaft, doch früher
vorhanden als in anderen Fällen.

Darwin berichtet, dass eines von seinen scharfhörigen Kindern
im Alter von mehr als 17 Wochen nicht leicht die Richtung, aus
der ein Schall kam, erkannte, so dass es den Blick dahin wendete,
Vierordt, dass etwa im vierten Monat das Kind beginne, den Kopf
nach der Schallquelle hinzudrehen. So auch R. Demme, welcher
fand, dass unter etwa 100 Kindern nur zwei im Alter von 3 und
$3^1/_2$ Monaten die Stimmen ihrer Eltern von denen Anderer unterschieden, sie beim Anrufen mit lebhafteren Bewegungen und Freuden-
lauten beantwortend, alle anderen erst in viel späterer Zeit.

Individuelle Verschiedenheiten, theils erbliche, theils durch
Übung und Dressur mit Nachahmung erworbene, sind auf diesem
Gebiete sehr gross. Der wahre Musiker kommt schon mit der
Anlage des musikalischen Gehörs zur Welt, das sich sehr früh
zeigt, das unmusikalische Kind mit Clavierstunden zu quälen, ist
unverantwortlich.

Das Hören neugeborener Thiere.

Noch nicht zwölf Stunden alte Meerschweinchen geben, wie
ich fand, durch Bewegungen der Ohrmuscheln unzweideutig zu erkennen, dass sie alle hohen Töne hören von 1000 bis 41000
Doppelschwingungen in der Secunde. Denn es wurden jedesmal,
wenn ich, den Thierchen selbst unsichtbar, in geräuschloser Umgebung eine meiner vierzig kleinen Stimmgabeln jenes Intervalls
anstrich (vom dreigestrichenen c bis zum achtgestrichenen e), unmittelbar darauf die Ohrmuscheln gleichzeitig bewegt, entweder
niedergedrückt oder nur gefaltet. Bei starken Tönen fuhren die
Thiere jedesmal zusammen. Mit einer solchen maschinenmässigen
Sicherheit tritt diese von mir auch an jungen Fledermäusen beobachtete Reflexbewegung, die Contraction der Ohrmuscheln, ein,

dass ich keine andere, die Pupillenverengerung durch Licht etwa ausgenommen, bezüglich der Präcision ihr an die Seite zu stellen wüsste. Bei erwachsenen Meerschweinchen und Fledermäusen ist der Gehörreflex gleichfalls für alle jene Gabeltöne leicht zu constatiren, aber bisweilen, zumal nach häufiger Wiederholung des Versuchs, sehr schwach. In der ersten halben Stunde nach der Geburt fehlt er gänzlich. Also sind die neugeborenen Meerschweinchen anfangs taub.

Dagegen liess sich leicht feststellen, dass alle gesunden Meerschweinchen, auch mehrere Tage zu früh geborene, eine Stunde nach der Geburt, auf die mannigfaltigsten lauten und leisen Geräusche, durch eine Zuckung des ganzen Körpers, manchmal sogar anfangs durch einen Sprung und Bewegungen, die wie Fluchtversuche aussahen, antworteten. Dieses Verhalten kann nur auf Erblichkeit beruhen.

Der Reflexbogen vom Hörnerven auf die Bewegungsnerven ist von den Vorfahren so oft benutzt worden, wenn in Augenblicken der Gefahr ein Geräusch die Flucht rathsam machte, dass die Vertreter der gegenwärtigen Generation, ohne noch von Gefahr zu wissen, schon beim ersten besten Geräusch zucken. Selbst beim menschlichen, erst wenige Tage alten Säugling kann das Zusammenfahren nach plötzlichem Schall ein Rest dieser Schreckhaftigkeit sein und für erwachsene Menschen und Pferde dasselbe gelten. Der erste Lidschlag nach plötzlichen geräuschlosen Gesichtseindrücken dagegen ist anders zu erklären (S. 28), weil dabei die Fluchtbewegungen, das Zusammenfahren und die Zurückziehung des Kopfes anfangs noch fehlen.

Für geringe Schallintensitäten sind die neugeborenen Meerschweinchen besonders empfindlich. Sie erkennen durch das Gehör ihre Mutter am ersten Lebenstage, auch wenn diese nur ganz leise und abgebrochen schnurrt, dagegen nach vier bis fünf Tagen noch nicht durch das Gesicht, wie ich (1878) ermittelte. Da ferner die Stimme des Mutterthieres und die der Geschwister die geradlinige Fortbewegung zur Schallquelle, zu der Mutter oder den Geschwistern zur Folge hat, wenn man eine Trennung der Familienmitglieder bewerkstelligt, so wird auch am ersten Tage die Richtung, aus welcher der Schall kommt, wahrgenommen.

Dasselbe gilt für neugeborene Schweine. Denn Spalding beobachtete, dass sie in einem Alter von nur wenigen Minuten, wenn sie in eine Entfernung von mehreren Fuss von dem Mutterthier gebracht werden, durch das Grunzen derselben geleitet, den Rückweg bald finden, indem ihr Quieken durch jenes beantwortet wird. Das Mutterthier erhob sich in einem Falle in weniger als 1½ Stunden nach dem Wurf und ging fort, um zu fressen; die Jungen gingen umher und versuchten allerlei zu sich zu nehmen, folgten ihrer Mutter und sogen, während diese stehend Nahrung zu sich nahm. Eins der Jungen ward unmittelbar nach seiner Geburt in einen Sack gebracht und im Dunkeln gehalten, bis es sieben Stunden alt war. Hierauf wurde es ausserhalb des Stalles, zehn Fuss von der Stelle hingesetzt, wo im Inneren desselben die Sau verborgen lag. Das Junge „erkannte" bald das leise Grunzen seiner Mutter und bemühte sich, längs der Aussenwand, über oder unter den untersten Balken zu gelangen. Nach fünf Minuten glückte es ihm, unter demselben sich durchzuzwängen, obwohl dieses nur an wenigen Stellen möglich war. Eben durchgeschlüpft begab es sich ohne Pause in den Stall zur Mutter und benahm sich sogleich wie die übrigen Jungen. Dass bei dem eifrigen Suchen die durch das Grunzen bedingte Schallempfindung dem erst seit fünf Minuten dem Lichte ausgesetzten Thiere für die einzuschlagende Richtung bestimmend war, ist nicht zu bezweifeln. Doch scheint der Geruch nicht ausgeschlossen gewesen zu sein.

Zu den gleich anfangs gut hörenden Thieren ist auch das eben aus dem Ei geschlüpfte Hühnchen zu rechnen. Denn es folgt bald nach dem Verlassen der Eischale, sowie es laufen kann, dem Glucken der Henne und antwortet schon vorher im Ei nach dem Beginne der Schalensprengung mit Piepen auf ähnliche Schalleindrücke.

Wenn es einen Tag oder zwei Tage im Finstern bleibt, nachdem es im Brütofen sich entwickelt hat, dann dem Tageslicht ausgesetzt wird, neun bis zehn Fuss von einem Kasten entfernt, in welchem eine Bruthenne verborgen ist, so wird es, nach minutenlangem Piepen, geradeswegs sich zum Kasten hinbegeben, dem Ruf der Henne folgend, die es nie gesehen und nie zuvor gehört hat. Dieses geschieht sogar mit Überwindung von Hemmnissen im Grase und auf unebenem Boden, wenn die Thierchen noch nicht einmal im Stande sind, auf den Füssen zu stehen. Auch des Sehvermögens vom Anfang an beraubte Hühnchen folgen blindlings dem Rufe der Henne, wenn sie ihr bis auf fünf oder sechs Fuss genähert werden. Spalding, welcher diese beiden Versuche anstellte, machte ferner die Hühnchen, ehe sie die Eischale verlassen hatten, mittelst mehrfach aufgeklebten Gummipapiers schwerhörig, öffnete ihnen nach zwei bis drei Tagen wieder die Ohren, setzte sie innerhalb Lockweite der Henne, die durch eine Holzplatte von ihnen getrennt war, in Freiheit und sah nun, wie sie sich einige Male umdrehten und dann geradeswegs dahin liefen, von wo der erste jemals von ihnen deutlich gehörte Schall kam. Ihnen konnte diese erste Schallempfindung also nicht bedeutungslos sein. Sie ward sofort zur Wahrnehmung und die ererbte Erinnerung machte sich psychomotorisch geltend. So meint Spalding. Aber es ist fraglich, ob die Hühnchen mit verklebten Ohren wirklich recht schwerhörig waren und nicht vor der Verklebung der Ohren die Stimme der Henne gehört hatten. Das

Hühnchen piept schon, ehe die Schale einen Sprung hat, wie ich
sehr oft wahrnahm, wird also vor dem Ausschlüpfen jedenfalls seine
eigene Stimme und unter natürlichen Brutverhältnissen die der
Henne gehört haben. Bei meinen Versuchen waren diese Fehler-
quellen ganz ausgeschlossen, da ich die Hühnchen im Dunkeln in
einem stillen Raum auskriechen liess, nämlich in dem Brütofen, in
dem die Eier ausgebrütet wurden.

Ich habe aber bei 30 unversehrten Hühnchen vom ersten bis
dritten Tage (seit dem Ausschlüpfen) constatiren können, dass sie,
wenn einige Male das Futter mit Klopfen gegen Holz hingesetzt
worden war, jedesmal, wenn ich in der Nähe klopfte, zum grossen
Theil dahin liefen, wo das Geräusch entstand, ohne dass Futter
da war. Also hatten sie bereits die Schallrichtung erkannt und
etwas gelernt oder wenigstens den bestimmten Schall mit dem Futter
associirt. Denn bei anderen Geräuschen verliessen sie ihren Platz
nicht, namentlich nicht beim Pfeifen und nicht beim Glucken der
Henne, die sie allerdings im Ei nie gehört hatten; sie horchten
aber gespannt auf das Glucken, als ich der Reihe nach mehrere
Gluckhennen ihnen unsichtbar in ihre Nähe brachte, und fuhren zusammen bei einem Knall, ohne sich von der Stelle zu bewegen.

Jedenfalls ist das Gehör eben ausgeschlüpfter Hühnchen und
vieler neugeborener Säugethiere dem des eben geborenen Menschenkindes und Säuglings enorm überlegen, sowohl hinsichtlich der
Unterscheidung von Tonhöhen und Schallstärken, als auch hinsichtlich der Erkennung von Schallarten und Schallrichtungen und
vielleicht Schallzeiten.

Der normalgeborene Mensch hört anfangs nichts, dann nur
einzelnes undeutlich, dann vieles undeutlich, und ganz allmählich
erst in der Masse des undeutlich Gehörten einzelnes deutlich, schliesslich vieles deutlich und zwar unterscheidet er starke hohe Töne
eher, als tiefe. Jede Mutter verliert viele tausend Worte, die sie
ihrem Kinde zuspricht, zuflüstert, zusingt, ohne dass dieses nur ein
einziges davon hört, und viele tausend Worte sagte sie ihm, ehe
es eines versteht. Aber wenn sie es nicht thäte, würde das Kind
sehr viel später und schwieriger sprechen lernen, abgesehen davon,
dass ihr selbst das reinste Glück, die Mutterfreude, getrübt, ja fast
zerstört werden würde.

III. Das Fühlen.

Meine Beobachtungen über den Gefühlsinn des Neugeborenen und des Säuglings beziehen sich hauptsächlich auf die Berührungs-Empfindlichkeit, die ersten Tast-Wahrnehmungen und die Temperatur-Empfindlichkeit.

Die Berührungs-Empfindlichkeit Neugeborener.

Dass Neugeborene gegen schmerzerregende Eingriffe weniger empfindlich sind, als Erwachsene, ist bekannt. Es wäre aber irrig, daraus auf eine Anästhesie oder Analgesie zu schliessen. Denn, abgesehen von anomalen Fällen, namentlich von scheintodten Neugeborenen, kann man eben geborenen Kindern und Thieren, sowie sie zum ersten Male still und ruhig geworden sind, sofort wieder Schreilaute und Bewegungen entlocken, wenn man die Haut kneipt oder etwa den Oberschenkel schlägt. Ich habe mich bei ausgetragenen Kindern einige Minuten nach der Geburt auf das Bestimmteste davon überzeugt, zugleich aber davon, dass die Schmerzäusserungen bei Weitem die Intensität und Dauer nicht haben wie bei älteren Kindern. In dieser Beziehung steht das Neugeborene wieder dem Ungeborenen nahe. Es unterscheidet sich jedoch von ihm insofern, als gleich nach dem Beginn der Lungenathmung jede Art von Hautreizung stärkere Reflexe bewirkt. Mit einem Schlage kommt die Reflexmaschinerie in Gang, wenn zum ersten Male Luft geathmet wird. Es war gleichsam die Uhr schon vorher aufgezogen, aber das Pendel geräth in regelmässiges Schwingen erst durch die Luftathmung. Vorher kam es nur in Pausen und immer nur nach schwachen Impulsen in temporäre Oscillationen. Durch die Geburt wird das centrale Nervensystem buchstäblich erst geweckt. Und es ist kein Grund vorhanden gegen die Annahme, dass die ersten Berührungen, der Druck beim Geborenwerden, Schmerz verursachen. Ich habe zweimal ein Kind, dessen Kopf allein erst geboren war, schreien gehört, und der Gesichtsausdruck

in diesem halbgeborenen Zustande war der der höchsten Unlust.
Die Compression des Rumpfes und die unmittelbar vorhergegangene
Compression des Schädels hatten den intrauterinen Schlaf unter-
brochen.

Dass die unsanfte Berührung beim Geborenwerden in der That
der reifen Frucht Schmerz im eigentlichen Sinne des Wortes verursachen kann, ist höchst wahrscheinlich, weil sie in derselben
Lage Lust empfinden kann. Denn als ich einem schreienden Kinde,
dessen Kopf allein erst geboren war, ein Elfenbeinstiftchen oder
einen Finger in den Mund steckte, fing es an zu saugen. riss die
Augen auf und schien der Physiognomie nach „auf das Angenehmste
berührt zu sein" (vgl. S. 20).

Da beim Erwachsenen die Empfindlichkeit der Haut und der
Schleimhäute sehr verschieden ist, je nach der Anzahl der Nervenendigungen der geprüften Hautstelle, so hat es ein besonderes
Interesse zu wissen, ob solche Unterschiede in der Berührungs-
empfindlichkeit bereits beim Neugeborenen deutlich sind. Kussmaul,
dessen Versuche vom Jahre 1859 Genzmer 1873 wiederholte und
ergänzte, hat zuerst diese Frage experimentell untersucht. Er fand
mehrere Thatsachen, aus welchen sich die Erblichkeit gewisser
Unterschiede ableiten lässt. Ich stelle die Ergebnisse der beiden
Beobachter mit den meinigen zusammen:

Zunge. Kitzeln des Rückens der Zungenspitze mit einem glatten
Glasstab bewirkt Saugbewegungen, indem die Zungenränder sich
aufwärts zu beiden Seiten des Stabes um diesen legen und die
Lippen sich rüsselförmig vorstrecken. Zugleich tritt die Mimik ein,
welche die Empfindung „süss" kennzeichnet. Bei Berührung des
mittleren Zungenrückens erfolgt Zukneifen der Augen, Hebung der
Nasenflügel und Mundwinkel, kein Saugen. Beim Kitzeln der
Zungenwurzel und des Gaumens: Würgen, Mundaufsperren, Hervor-
strecken der Zunge, Hebung des Kehlkopfs, stärkere Speichel-
absonderung, Mimik des Bitteren, dem Ausdruck des Ekelgefühls bei
Erwachsenen entsprechend.

Diese Verschiedenheiten der Reflexbewegungen, je nachdem das
Stäbchen die Zungen-Spitze, -Mitte oder -Wurzel kitzelt, lassen sich
aber nicht in jedem einzelnen Falle constatiren. So treten auf Berührung der Zungenmitte nicht jedesmal Bewegungen ein. Ich habe
öfters neugeborenen Kindern beim Einführen eines Stäbchens überhaupt keinerlei Bewegungen entlocken können. Meistens verhalten
sie sich jedoch gerade wie eben geborene Kaninchen und Meerschweinchen in dieser Beziehung, indem sie an dem Stäbchen saugen,
wenn es vorn, es ausstossen, wenn es hinten in die Mundhöhle
dringt. Ist ein Säugling satt, so saugt er überhaupt nicht, und
wenn er ermüdet ist, unregelmässig und ohne Energie. Aber die
an nüchternen Neugeborenen gewonnenen Resultate lassen darüber
keinen Zweifel bestehen, dass schon vor der Geburt die beiden

Bahnen von den Gefühls-Nerven der Zunge zum Ursprung des Bewegungsnerven der Zunge und von da in dessen Enden in der
Zunge ausgebildet und gangbar sind. Die Empfindlichkeit des
Zungenrückens von der Spitze bis zur Wurzel, sowie des Gaumens,
für Berührungen ist, abgesehen von der Geschmacksempfindlichkeit,
angeboren und schon anfangs gross. Dass beim Saugen an dem
Stäbchen auch Schluckbewegungen eintreten, ist eine weitere Folge
dieser schon beim Verschlucken des Fruchtwassers vor der Geburt
etablirten Gangbarkeit der Reflexbahn. Niemand wird aber das
Auftreten der Empfindungen „bitter" und „süss" annehmen bei der
blossen Berührung der Zunge, weil dieselben bei Erwachsenen dann
nicht auftreten. Vielmehr ist die Mimik des Süssen die mit dem
angenehmen durch Saugen gegebenen Gefühl verbundene Mimik der
Befriedigung, und die des Bitteren die mit dem unangenehmen durch
Würgen kundgegebenen Gefühl verbundene Mimik der Unlust.

Lippen. Die Empfindlichkeit der Lippen ist sogleich nach der
Geburt gross, denn auch geringfügige Berührungen derselben mit
einem Federbart haben (am sechsten Tage) ein Zusammenfahren oder
Saugbewegungen zur Folge, vorausgesetzt, dass die Neugeborenen
wach und hungrig sind. Besonders Streicheln der Lippen mit dem
Finger bewirkt leicht Saugen.

Ich habe jedoch diese Saugbewegungen nicht jedesmal bei eben
geborenen reifen Kindern und Thieren eintreten gesehen. Es fehlt
hier die maschinenmässige Sicherheit der Reflexbewegung, wahrscheinlich weil die Ebengeborenen nicht in jedem Falle Hunger
haben. Die Lage des menschlichen Fötus bringt es mit sich, dass
lange vor der Geburt leicht durch die Hände Berührungen der
Lippen zu Stande kommen, und das Verschlucken des Fruchtwassers
setzt eine Strömung desselben über die Lippenränder, also eine
häufige Erregung der Nervenenden in den Lippen vor der Geburt
voraus.

Die Reflex-Empfindlichkeit der Oberlippe auch ausserhalb des
rothen Saumes, welche am ersten Tage auffällt, fand ich auch in
der siebenten Woche, da ihre Berührung lebhaftes Mienenspiel bewirkte, merklich grösser als bei Erwachsenen.

Nasenschleimhaut. Reizung der Nasenschleimhaut bewirkt
bei reifen Neugeborenen starke Reflexe. Die Dämpfe der Essigsäure
und des Ammoniaks veranlassen heftiges Niesen oder Stirnrunzeln
oder Blinzeln; auch wird wohl mit den Händen im Gesicht gewischt.
Kitzeln der inneren Fläche des Nasenflügels hat Bewegungen der
Augenlider zur Folge, stärker und früher auf der gekitzelten Seite,
als auf der anderen. Ist die Reizung intensiver, so bewegt das Kind
den Kopf und fährt mit den Händen nach dem Gesicht. Einige
Tage alte Kinder wischen am Gesicht. Auch tritt bisweilen Thränenabsonderung ein, was um so bemerkenswerther ist, als Kinder sonst
in den ersten Lebenstagen keine Thränen vergiessen.

Die reflectorische Erregung des Thränen-Nerven von den Nervenenden in der Nasenschleimhaut aus ist demnach auffallend früh

möglich. Hier liegt überdies ein Fall vor von angeborener reflectorischer Drüsenthätigkeit innerhalb des Gebietes eines und desselben Nerven. Denn die centripetalen und die centrifugalen (secretorischen) Fasern, welche zur Thränendrüse gehen, gehören dem fünften Hirnnerven an.

Die grosse Empfindlichkeit der Nasenschleimhaut für Berührungen ist übrigens erst in den letzten Wochen vor der Geburt vorhanden, da im siebenten Monat geborene Kinder nur zweifelhafte Antwortbewegungen machen sollen. Doch ist diese Empfindlichkeit bei einem im achten Monat geborenen Kinde gerade so gross wie bei dem ausgetragenen gefunden worden. Sie ist eine rein erbliche Eigenthümlichkeit. Da intrauterin kaum ein Anlass zu einer Erregung der Innenfläche der Nasenöffnung gegeben ist, muss dieser Reflexbogen von den Nasalzweigen des Trigeminus auf den Antlitznerven ein sehr fester sein.

Dasselbe gilt von den Reflexbahnen, welche von den Trigeminusendigungen in der Nasenschleimhaut zu den spinalen Motoren gehen, indem nach leiser Berührung der Nasenschleimhaut schon früh ein förmliches Schütteln von mir beobachtet wurde. Im fünften Vierteljahr berührte eines Tages mein Knabe mit einem faserigen Bändchen zufällig seine Nasenscheidewand. Gleich darauf verzog er das Gesicht (Facialis-Erregung), schrie nicht, aber schüttelte sich, den Rumpf seitlich heftig hin- und herwerfend, als wenn das allerdings sehr unangenehme Gefühl des Kitzels an jener Stelle abgeschüttelt werden sollte.

Bindehaut und Hornhaut des Auges und Augenlid. Berührung der Conjunctiva, des Cornearandes oder eines Wimperhaares hat bei Neugeborenen Lidschluss zur Folge. Welche von diesen Theilen die empfindlichsten sind, ist streitig. Kussmaul hält die Cilien dafür, Genzmer aber konnte dieselben bei einigen Kindern mehrmals berühren, ohne dass Lidschluss erfolgte, während derselbe bei Hornhautberührung in keinem Falle ausblieb und meistens auch nach Berührung der Conjunctiva beidseitig eintrat. Bedenkt man, dass bei Erwachsenen die Wimpern berührt werden können, ohne dass auch nur die Neigung zum Lidschluss eintritt, die Bindehaut und der Hornhautrand dagegen nicht, so wird man in diesem Falle Kussmaul nicht beipflichten können. Ich finde auch bei neugeborenen Meerschweinchen und eben ausgeschlüpften Hühnchen die Hornhautperipherie empfindlicher für Berührung, als die Cilien oder die Lider und deren Ränder. In allen drei Fällen tritt aber gleich nach der Geburt Lidschluss ein, am schnellsten nach Berührung der Hornhaut selbst.

Auch das Anblasen des Gesichtes neugeborener Kinder durch ein Röhrchen bewirkt Lidschluss, aber nur dann, wenn die Hornhaut oder Bindehaut oder die Wimpern getroffen wurden, und zwar schliesst sich das Auge der angehauchten Seite fester und schneller, als das andere.

Aus meinen Versuchen an reifen Hühnchen und Meerschwein-

chen geht hervor, dass der Lidschluss unmittelbar nach dem Eintritt
in die Welt nicht ganz so prompt erfolgt, wie später. Jedoch ist
der Zeitraum, innerhalb dessen die Reflexträgheit ohne zeitmessende
Vorrichtungen erkannt werden kann, sehr kurz, indem beim Hühnchen
schon wenige Stunden nach dem Ausschlüpfen die Nickhaut schnell
vorgeschoben wurde, wenn ich den Augenwinkel berührte.

Beim Säugling von acht Tagen schliesst sich das Auge, wenn
ich das obere Augenlid ohne Berührung der Cilien berühre; noch
bei dem von elf Tagen ist der Lidschluss nach Berührung der
Bindehaut merklich langsamer, als beim Erwachsenen (s. Seite 17 a).
Am 50. und 55. Tage bewirkt schon die leiseste Berührung einer
Augenwimper sogleich Lidschluss. Im Gegensatz zu dieser Empfindlichkeit steht aber die (S. 17 e erwähnte) Thatsache, dass das Kind
in den ersten Lebenswochen im Bade selbst dann die Augen offen
hält, wenn lauwarmes Wasser die Hornhaut benetzt. In der
17. Woche wurden die Augen geschlossen, wenn nur ein Tropfen
Wasser die Wimpern berührte. Das Offenbleiben der Augen trotz
der Benetzung längere Zeit früher, welches mir jedesmal auf's Neue
auffiel, wegen der grossen Empfindlichkeit der Hornhaut gegen den
berührenden Finger, lässt vermuthen, dass schon vor der Geburt
die Augen durch Bespülung mit Fruchtwasser an die Berührung
mit Flüssigkeit gewöhnt, also bisweilen aufgemacht wurden. Der
Hühnerembryo öffnet mehrere Tage vor dem Ausschlüpfen, wie ich
wahrnahm, die Augen.

Im Ganzen ergiebt sich, dass zwar dieser Reflexbogen vom
Trigeminus auf den Facialis schon vor der Geburt functionsfähig
ist, indem die reflectorische Schliessung des Auges nach Berührung
sofort beim Geborenwerden, auch bei vorzeitig geborenen Thieren,
eintritt, also altererbt ist, aber Benetzung mit Wasser nicht, .wie
beim Erwachsenen, der trockenen Berührung als Reflexreiz gleichkommt, Anblasen dagegen auch den ganz jungen wie den halb-
jährigen Säugling zu energischem Lidschluss, sogar zum Niesen veranlasst. Beim Anblasen werden mehr Hautnervenendigungen erregt
und dadurch wird der Reiz stärker.

Nase. Bei der Berührung der Nasenspitze kneift das neugeborene Kind beide Augen zu, bei der eines Nasenflügels meist
nur das Auge der gereizten Seite, nach stärkerer Reizung beide
Augen, während der Kopf dann etwas zurückgebogen wird: Angeborene Reflexe mit dem Charakter der Abwehr.

Handsohle. Legt man einem Neugeborenen einen Finger in
die Hohlhand, so umklammert es ihn. Ein Schnellen des Fingers
gegen die Hand hat ein Zurückziehen derselben, auch wohl eine
Bewegung des anderen Armes zur Folge. Die Empfindlichkeit der
Handsohle finde ich aber geringer, als die der Gesichtshaut, da unsanfte Berührungen der Hand oft ohne Reflexbewegungen stattfinden
können.

Fusssohle. Berührung der Fusssohle eines Neugeborenen bewirkt Spreizen der Zehen, Klopfen gegen die Fusssohle eine Dorsal-

flexion des Fusses, eine Flexion des Knies und Flexion des Hüft-
gelenkes. Wenn der Reiz ein stärkerer war, schliessen sich hieran
meist die gleichen Bewegungen in derselben Reihenfolge am anderen
Bein. Nadelstiche bewirken bei Neugeborenen am leichtesten von
der Fusssohle aus Schmerzreflexe, nämlich Unruhe und Schreien,
aber die Zeit, welche von der ersten Berührung bis zum Beginn der
Bewegung vergeht, die Reflexzeit, ist länger als bei Erwachsenen
und beträgt bis zu zwei Secunden.

Die Haut am Unterarm und Unterschenkel hat beim Neugeborenen eine unternormale Empfindlichkeit für Berührungen, die
der Schulter, der Brust, des Bauches, Rückens, Oberschenkels
ebenfalls und zwar eine noch geringere.

Wird das neugeborene Kind nicht nur berührt, sondern mit
der Hand geschlagen, so treten allgemeine Bewegungen, oft Schreien
und anhaltende Unruhe ein, was dafür spricht, dass die stärkere
Berührungsempfindung schmerzhaft geworden ist. Doch reagiren
(nach Genzmer) Frühgeborene während der ersten Tage auf mässige
Nadelstiche gar nicht, reife Neugeborene zwar unmittelbar nach
der Geburt sehr schwach oder gar nicht, aber nach dem ersten
oder zweiten Tage deutlich. Hieraus ergiebt sich wieder die Abhängigkeit der Reizstärke von der Zahl der getroffenen Nervenenden. Der Schlag trifft viele, der Stich wenige Hautnerven-Enden.
Ein ohne Gehirn geborenes Kind reagirte gerade wie ein normales
auf Stiche mit einer stumpfen Nadel nicht, aber regelmässig auf
stärkere ausgedehnte Hautreize. Als ich es auf den Rücken schlug,
bewegte es die Arme. Übrigens nimmt die Empfindlichkeit für
Nadelstiche, welche bei überreifen Neugeborenen vom Anfang an
grösser ist, schon während der ersten Woche normalerweise merklich zu.

Ich fand bei meinem Knaben die Empfindlichkeit der verschiedenen Hautregionen innerhalb der ersten 24 Stunden nicht
so ungleich wie später, aber auffallend gross. Denn das Kind
reagirte durch Bewegungen auf die unbedeutendsten Berührungen
seines Gesichts.

Namentlich stellte sich am zweiten und dritten Tage ein Zusammenfahren mit den Armen schon bei nicht unsanften Berührungen
ein. Am siebenten Tage wird das Kind durch starke Schallreize
nicht, wohl aber durch Berührung des Gesichtes geweckt; am 41. Tage,
als ich das Kind auf meinen Armen hatte einschlafen lassen, legte
ich es auf ein Tuch und zog dann letzteres langsam fort. Schon
beim ersten Ziehen wurden beide Arme gleichzeitig schnell nach
dem Kopf hinbewegt und wieder zurück, ohne dass das Kind erwachte. Hierbei handelt es sich nicht um eine localisirte Berührung,
sondern eine allgemeine schwache Erschütterung, welche dieselbe
Reflexbewegung hervorrief, wie eine Berührung und ein Schall.

Auch in der 14. Woche hatte eine plötzliche Berührung des schlafenden Kindes schnelles Emporfahren beider Arme zur Folge.

Hiernach ist die Reflexerregbarkeit für locale tactile Reize in den ersten Wochen unzweifelhaft grösser als später. Im zweiten Lebensjahre fand ich dieselbe bedeutend abgestumpft.

Noch sei hier zweier sonderbar empfindlicher Hautregionen des Säuglings gedacht. Im zweiten Vierteljahr zeigte es sich, dass die grösste Unruhe, das lauteste Schreien, der verdriesslichste Gesichtsausdruck des sich hin- und herwälzenden Kindes fast augenblicklich schwanden, wenn ich den kleinen Finger in den Gehörgang einführte. Das Auge nahm dann einen eigenthümlichen Ausdruck von Spannung an. Wenn diese plötzliche Änderung nicht auch beim schreienden Kinde jedesmal eingetreten wäre, könnte man eher an eine akustische, als an eine tactile Erregung denken. Oder sollte die durch das Verschliessen des Ohres bedingte Abnahme der Stärke seiner Schreilaute die Aufmerksamkeit erregen? Dann erscheint das Ruhigwerden des nicht schreienden, im Bade zappelnden Kindes unverständlich.

Übrigens versagte das Experiment nach Ablauf des ersten Halbjahres fast jedesmal, dann stets, und Andere fanden, dass nicht alle Neugeborenen sich beim Kitzeln des äusseren Gehörganges ruhig verhielten, vielmehr einige mit den Händen in das Gesicht und nicht an das Ohr fuhren (Kroner).

Wie empfindlich die trockene Stirnhaut gegen Nässe ist, zeigen häufig die Reflexbewegungen der Säuglinge bei dem kirchlichen Taufact.

Einmal sah ich, wie der 38 Tage alte Täufling, welcher sich während der ganzen Handlung ziemlich ruhig verhielt, als zum ersten Male das lauwarme Wasser ihm auf die Stirn getröpfelt wurde, mit beiden Armen gleichzeitig eine schnelle Bewegung nach dem Kopfe zu machte, ohne zu schreien. Bei der zweiten Benetzung unmittelbar darauf fand eine ähnliche, fast wie eine Abwehr aussehende Zuckung statt, und bei dem dritten Beträpfeln nieste das Kind.

Hiernach ist in der sechsten Woche die Reflexerregbarkeit der Gesichtsoberfläche für das Nasse grösser, als beim Erwachsenen, dem zwar Bespritzen, nicht aber das hier vorgenommene Benetzen mit einigen Tropfen lauwarmen Wassers Reflexe abnöthigt.

Schwierig erscheint aber die genaue Bestimmung des Zeitpunktes, wann die durch die obigen Thatsachen dargethane grosse Reflexerregbarkeit für Berührungen soweit abgenommen hat, dass ein dem Normalzustand Erwachsener entsprechender Erregbarkeitsgrad erreicht wird. Abgesehen von erblichen individuellen Ungleichheiten und den im frühen Säuglingsalter häufigen krankhaften Steigerungen der Reflexe zu Krämpfen, ist die Zeit der beginnenden Reflexhemmung nicht weniger, als die Abnutzung der Nervenbahnen durch häufige Wiederholung der Erregungen für die schliessliche Abnahme der Berührungsempfindlichkeit vom grössten Belang. In der ersten Zeit und vor der Geburt sind die nervösen Bahnen noch nicht so leicht passirbar, wie nach mehrmaliger Reflexreizung, daher die grösseren Reflexzeiten. Es geht aus zahlreichen von mir an ungeborenen, von Soltmann an neugeborenen und ganz jungen Thieren angestellten Versuchen hervor, dass die Empfindlichkeit der Hautnerven, wenn man sie nach der Leichtigkeit des Eintritts der Reflexe nach schwacher Erregung abschätzt, in stetigem Zunehmen begriffen ist bis zu einem Zeitpunkt, den man als den beginnender Reflexhemmung bezeichnen kann. Es ist aber dabei zu beachten, dass, während die centralen Bahnen durch häufige Benutzung immer leichter (und bis zu einer gewissen Grenze schneller) passirt werden, die peripheren Enden der Hautnerven durch die unvermeidlichen Reize des Berührens, der Nässe, der Kälte, abgestumpft werden müssen nachdem die Reflexthätigkeit ihren Höhepunkt erreicht hat. Denn die vielen starken Erregungen der Haut des Säuglings müssen die Erregbarkeit der Hautnerven herabsetzen. Was also an centraler Erregbarkeit (Gehirn- und Rückenmarks-Thätigkeit) gewonnen wird, geht an peripherer verloren, und es ist wahrscheinlich die Ursache der geringeren Schmerzempfindlichkeit Neugeborener centraler Natur, weil in der langen Ruhe vor der Geburt die Hautnervenenden sehr erregbar geworden sein können, während das Gehirn kaum thätig war und sich erst nach der Geburt feiner differenzirt.

Die ersten Tast-Wahrnehmungen.

Von der Berührungs-Empfindung zur Tast-Wahrnehmung ist ein grosser Schritt. Zu dem ursprünglichen Empfindungsbewusstsein kommt das Nacheinander und damit das Zeitbewusstsein, dann das Nebeneinander der Berührungsempfindungen und damit das Ortsbewusstsein, schliesslich das Bewusstsein des ursächlichen Zusammenhangs zweier oder mehrerer zeitlich und räumlich bewusst gewordener Berührungen und damit die Vorstellung des berührten Körpers.

Wenn das neugeborene Kind geschlagen wird, so hat es eine Empfindung, denn es schreit, aber es weiss nichts von dem Orte, wo es geschlagen wurde, und von der Ursache des Schlages. Wird es nach einer Pause wieder geschlagen, dann ist der Empfindung die Möglichkeit einer Erinnerung, somit eines zeitlichen Unterschiedes gegeben. Wenn der Schlag in gleicher Weise öfters verschiedene

Hautstellen trifft, dann werden dem Kinde auch räumliche Unterschiede, ausser den blossen Schmerzempfindungen, allmählich zum Bewusstsein kommen, indem es jedesmal andere Nervenendigungen, andere Nervenfasern sind, welche durch den Schlag erregt werden. Wiederholt sich der Schlag mit Pausen der Schmerzlosigkeit, so wird nach und nach, freilich erst spät, die schlagende Hand als Ursache des Schmerzes abgestossen oder ihr ausgewichen. Ist dagegen die Berührungsempfindung lusterregend, dann wird sie begehrt. In beiden Fällen müssen Bewegungen ausgeführt werden und diese führen wieder zu neuen Berührungsempfindungen und Bewegungsempfindungen, welche psychogenetisch noch wichtiger sein können.

So ist jedenfalls die bei den ersten geglückten Greifversuchen eintretende Tastempfindung an den Fingerspitzen dem Kinde sehr interessant, sonst würde es nicht nach dem Greifen und Anfassen die eigenen Finger anhaltend und aufmerksam betrachten, sogar (in der 23. Woche) dann, wenn bei dem Umherfahren mit den Händen zufällig die eine Hand die andere erfasst. Hier ist die Unterscheidung der wechselseitigen Berührung zweier Hautstellen des eigenen Körpers von der einer Hautstelle und eines fremden Gegenstandes ein grosser Schritt auf dem Wege zur Erkenntniss des Ich.

Die früheste zeitliche Verknüpfung einer Berührungsempfindung mit einer anderen ist wahrscheinlich die durch das Saugen gegebene. Kommt die Brustwarze zwischen die Lippen, so folgt auf diese Tastempfindung die Empfindung des Nassen (der Milch) im Munde (zu welcher sich die neue Empfindung des Süssen gesellt). Hiermit ist die erste Tastwahrnehmung gegeben. Das Neugeborene macht eine seiner ersten Erfahrungen, die nämlich, dass auf eine gewisse Berührung der Lippen eine angenehme Empfindung im Munde folgt. Daher wird die Berührung der Lippen begehrt. Jede ähnliche sanfte Berührung der Lippen ist angenehm. Wie wenig fest aber das örtliche Moment mit dem zeitlichen verbunden ist, geht daraus hervor, dass Neugeborene bisweilen, nach dem „Suchen" an der Brust, neben der Brustwarze die Brusthaut in den Mund nehmen und lange daran saugen. Und wie spät die causale Verknüpfung der Lippenberührung seitens der Brustwarze mit der Empfindung des süssen Flüssigen im Munde beim Milchsaugen befestigt ist, folgt aus der Thatsache, dass der Säugling die Gewohnheit, an den eigenen Fingern und fremden Objecten zu saugen, viele Monate beibehält.

Hieraus ergiebt sich zugleich, wieviel leichter und stärker die zeitliche Aufeinanderfolge zweier Empfindungen sich einprägt, als die räumliche und als die causale Verknüpfung. Denn der erste Saugact nach der ersten Lippenberührung hat unzählige andere Saugbewegungen zur Folge. Weil er eine angenehme Empfindung

(des Süssen) nach sich zog, bleibt er im Gedächtniss. Die erste
ursächliche Verbindung der räumlich bestimmten Lippen-Warzen-
Berührung mit dem süssen Milchgeschmack, die erste Fühl-Schmeck-
Association, tritt nicht allein später, also schwerer, auf, sondern
wird auch leichter vergessen, sonst würde nach der Einsicht, dass
nur auf Saugen an der wohl unterschiedenen Brust und an der
Saugflasche die begehrte angenehme Empfindung des Süssen und
das Einströmen der Milch eintritt, nicht die Fortsetzung des unnützen Saugens an jedem saugbaren, in den Mund eingeführten
Gegenstande, auch an den Fingern so sehr lange regelmässig stattfinden, wenn das Hungergefühl beginnt. So angenehm dem Kinde
das Saugen an den Fingern sein mag, der Hunger wird durch
dasselbe nicht vermindert, der süsse Geschmack nicht herbeigeführt.
Doch saugt es hartnäckig weiter, als wenn auch den Fingern sich
werde Milch entlocken lassen. Die Unsichtbarkeit der Milch in
der Brust mag dazu beitragen, den Irrthum zu erhalten, doch
werden Brustkinder schwerlich das unnütze Saugen an allerlei
Objecten noch länger fortsetzen, als solche, die ausschliesslich durch-
sichtigen Flaschen die Milch entnehmen. Denn diesen wird durch
den Kautschuk (Zulp) das Saugen gewöhnlich erleichtert.

Um so befremdlicher erscheint die Gewohnheit des unnützen
Saugens, als der Säugling bereits sehr früh auf diesem Gebiete
durch unzweideutige Bewegungen eine Art Verstandesthätigkeit beweist, nämlich durch Aufreissen der Augen beim Anblick der
Mutterbrust. Oft wird sogar das Saugen an der leeren Ammenbrust so lange fortgesetzt, dass die Eltern jene Leerheit erst an
der Abmagerung des Säuglings merken.

Man erkennt aus solchen Thatsachen, wie stark der phylo-
genetisch jedenfalls sehr alte Saug-Instinct mit den zugehörigen
Tastempfindungen und Lippenmuskelgefühlen sein muss, und kann
sagen, das Saugen geschehe mit Leidenschaft sinnlos bis zur Erschöpfung. Allerdings ist es der Lebenserhalter des kleinen Kindes.

Die Temperatur-Empfindlichkeit.

Ob die plötzliche Abkühlung des Kindes unmittelbar nach der
Geburt, welche mehrere Grade erreichen kann, schon eine Kälteempfindung veranlasst, ist für die reifen neugeborenen wie für
die frühgeborenen Kinder, auch wenn sie zittern, fraglich. Denn
wenn auch sicherlich Unlust mit der Wärmeentziehung verbunden
ist, so fehlt doch in diesem besonderen Falle die Möglichkeit, die
Temperaturen zu vergleichen. Vor der Geburt beträgt die constante Temperatur der Frucht etwas mehr, als die der Mutter. Vom
ersten Augenblick der vollendeten Geburt an beginnt eine allge-

meine und wahrscheinlich ziemlich gleichmässige Abkühlung, weil
die das Ebengeborene umgebende Luft nur eine Temperatur hat
und das Kind an allen Punkten seiner Oberfläche nass ist, somit
die Verdunstung die ganze Haut abkühlen muss. Nun wird zwar
der grosse Unterschied der Hauttemperatur vor und nach dem
Geborensein theils indirect durch Gefässverengerung, theils direct
durch periphere Nervenerregung merkbar werden können, aber zunächst nur als Unlustgefühl. Sowie das warme Bad, in welches
das Ebengeborene getaucht zu werden pflegt, die Haut nahezu auf
die monatelang constant gehaltene Temperatur vor der Geburt
zurückbringt, verschwindet die vorher nie dagewesene Erregung der
wärmeempfindenden Nerven und die Verengerung der Hautcapillaren,
damit auch das Unlustgefühl, und die erste angenehme Empfindung
behaglicher Wärme ist gegeben, überhaupt die erste angenehme
Empfindung für die meisten seit der Geburt. Sie ist durch den
Gegensatz zur Abkühlung angenehm, wie schon die veränderte
Physiognomie des Neugeborenen im Bade von 36^0 C. zeigt im
Vergleiche zu der des erst eben geborenen Kindes. Ausserdem
sah ich, beim zweiten Bad, dass die trockenen Finger gespreizt
wurden, was also nicht durch die Nässe bedingt worden sein kann.
Schon am siebenten Tage war der Ausdruck der Lust bei weit
offenen Augen unmittelbar nach dem Bade ein anderer. Kein sinnlicher
Eindruck irgend welcher Art ist im Stande, zu dieser Zeit einen
solchen Ausdruck der Befriedigung hervorzurufen. Aber zu der
Empfindung der Wärme kommt dabei die Befreiung von den oft
mit einem unangenehmen Hautreiz verbundenen Tüchern hinzu.

Jedenfalls sind nach dem ersten Bade das Wärmegefühl und
das Kältegefühl, welche beide vor der Geburt, und ohne Zweifel
unmittelbar nach derselben, als solche nicht unterschieden werden
konnten, deutlich.

Es ist auch die starke Wirkung der plötzlichen allgemeinen
Abkühlung auf die Hautnerven durch Eintauchen des Ebengeborenen
in eiskaltes Wasser, welche zur Wiederbelebung der scheintodt geborenen Kinder verwerthet worden ist, mit Unlust verbunden, wenn
die Erstickungsgefahr beseitigt worden. Hat die Athmung begonnen, so wirkt dieser starke Reiz auffallend schon dadurch, dass
das Wimmern sich in Geschrei verwandelt. Dieses Schreien ist
dasselbe, wie das nach einem kräftigen Schlage. Nach meinen
Erfahrungen an neugeborenen Thieren, welche nach elektrischer
Hautreizung und anderen starken Hautreizen heftig schreien, muss
ich jenes Schreien für eine Schmerzäusserung halten, aber nicht
folgt daraus, dass bereits die Abkühlung des Ebengeborenen eine
Kälteempfindung bewirkt. Diese wird erst durch den Contrast,
erst wenn die Möglichkeit eines Vergleiches vorliegt, also nach

dem ersten warmen Bade auftreten können. Die erste Abkühlung
bewirkt nur ein Unlustgefühl.

Über die locale Erwärmung und Abkühlung liegen Erfahrungen von Genzmer vor.

Er prüfte etwa 20 Kinder, indem er mit einem eiskalten Eisen-
stäbchen verschiedene Punkte der Hautoberfläche berührte. Jedesmal traten lebhafte Reflexbewegungen ein. Da aber hierbei die
Ausschliessung eines Berührungsreizes nicht erzielt wurde, so sind
seine weiteren Versuche, Anfeuchten und dann Anblasen einzelner
Hautbezirke, etwas werthvoller. Derartige Reizung der Fusssohle
hatte Zurückziehen des Fusses, der Hohlhand Schliessen, dann
Zurückziehen der Hand zur Folge. Der Kopf wurde bei Abkühlung
der Wange zur Seite gewendet. Leider ist aber nichts über das
Alter der Kinder angegeben. In solchen Fällen ist das Alter nach
Stunden zu zählen und bei Anstellung neuer Versuche das an sich
schon als Reflexreiz wirkende Anblasen zu vermeiden und vor Allem
die Temperatur der Haut vorher zu bestimmen.

Kleine Kinder haben sehr häufig kalte Hände und Füsse,
ohne dass sie darüber klagen. Es ist möglicherweise hierdurch
allein schon eine für manche Kältereize geringere, für gewisse
Wärmereize grössere Reflexempfindlichkeit bedingt.

Dass auch ganz junge Säuglinge unruhig werden und leicht
schreien, wenn sie an irgend einem Theil mit kaltem Wasser benetzt werden, ist bekannt. Diese Abneigung gegen locale Wärmeentziehung bleibt die ersten Lebensjahre hindurch bestehen, bis
endlich (im dritten Jahr) die Erkenntniss, dass eine Waschung mit
kaltem Wasser erquickt, die Furcht vor der Kälte überwindet.

Wie empfindlich übrigens einzelne Kinder bezüglich der Unterscheidung von Kälte und Wärme im völlig gesunden Zustande sind,
zeigte sich mir bei dem Versuche, das tägliche Bad nach und nach
kälter zu verordnen. Bis zu $32\frac{1}{2}^0$ C. oder 26^0 R. konnte das
Wasser abgekühlt werden, ohne die Lust zu mindern, weiter nicht.
Jedesmal wenn Wasser von nahe $31\frac{1}{4}^0$ C. oder weniger als 25^0 R.
verwendet wurde, schrie mein Kind ununterbrochen, bis wärmeres
Wasser hinzugefügt worden war. Vermuthlich war also die Hauttemperatur sehr nahe 32^0 C. Als aber das Kind $2\frac{1}{2}$ Jahr alt war,
lachte und jubelte es im Wasser von der Temperatur des Zimmers,
also in dem kalten Bad, das es früher weinen machte, und weigerte
sich im vierten Jahre, ein warmes Bad von 36^0 C. zu nehmen. Im
siebenten Monat wurde es beim Einlegen in Wasser von 34 bis
35^0 C. jedesmal blass, erhielt aber innerhalb zwei Minuten seine
gewöhnliche Farbe wieder. Es handelt sich hierbei nicht um directe
Verengerung der Hautcapillaren durch rasche Wärmeentziehung,
sondern um eine vasomotorische Reflex-Wirkung, weil gerade die
Haut des nicht eingetauchten Gesichtes zumeist erblasste; und dieses
geschah noch in einem Alter von mehr als zwei Jahren.

Auch die Empfindlichkeit der Mundschleimhaut, der Zunge,
der Lippen, ist für Kälte und Wärme bei vielen Säuglingen schon
in den ersten Tagen erstaunlich gross. Wenn die Saugflasche nur
sehr wenig über Blutwärme hat, wird sie, oft unter heftigem
Schreien, verweigert, und wenn sie um einige Grad kälter als die
der Mutterbrust durch Saugen entnommene Milch ist, gleichfalls,
daher bei Versuchen zur Prüfung der Geschmacks-Empfindlichkeit
Neugeborener die zu verwendenden Flüssigkeiten genau 37 ° C.
haben müssen. Jedoch lernen die Säuglinge leicht Wasser und
Milch von der Temperatur ihres Wohnzimmers trinken, wenn man
ihnen das Getränk nicht anders zur Hungerzeit reicht.

Die Empfindlichkeit der Lippen für Temperaturunterschiede
der Flüssigkeiten ist jedenfalls durch die constante Temperatur des
Fruchtwassers vor der Geburt und der Muttermilch nach derselben
mitbedingt.

Die Verschiedenheit des Temperatur-Neutralpunktes der Mundschleimhaut oder Zunge und der äusseren Haut (etwa der Hand)
beim Erwachsenen, welche 5 bis 6 ° C. beträgt, während sie vor
der Geburt Null ist, kann überhaupt in den ersten Lebenstagen
sich schwerlich herstellen. Mundschleimhaut und Zunge behalten
zeitlebens fast denselben Neutralpunkt, welchen sie vor der Geburt
hatten, während die äussere Haut erst nach und nach ihre verschiedenen Neutralpunkte vermuthlich durch ungleiche Abkühlung
erhält.

Dass das ungeborene Säugethier und der Vogel im Ei einen
Wärme-regulirenden Nervenmechanismus nicht besitzen, ein solcher
auch nicht plötzlich im Augenblick der Geburt entstehen und in
Action treten kann, vielmehr längere Zeit zu seiner Ausbildung
nach der Geburt bedarf, geht aus meinen Untersuchungen über die
Eigenwärme des Fötus mit Sicherheit hervor (1885). Daraus folgt
aber, dass der Mensch zu Anfang seines Lebens einen ganz anderen
Temperatur-Sinn haben muss, als später. Das neugeborene Kind
tritt aus warmem Wasser in kühle Luft, wird künstlich erwärmt
und vor Abkühlung geschützt und lernt erst nach und nach Wärme
und Kälte unterscheiden.

IV. Das Schmecken.

Meine Beobachtungen über den Geschmacksinn beziehen sich hauptsächlich auf die Frage, ob Neugeborene eine Geschmacksempfindlichkeit haben, welche sogleich die Unterscheidung verschiedener Geschmacksarten ermöglicht, sodann auf die Vergleichung der bereits als verschieden erkannten Geschmackseindrücke. Daran schliessen sich einige Angaben über das Schmecken neugeborener Thiere.

Die Geschmacks-Empfindlichkeit Neugeborener.

An mimischen Reflexbewegungen von derselben Art wie bei Erwachsenen erkennt man, dass Neugeborene, auch ein bis zwei Monate zu früh geborene, auf schmeckende, mittelst eines Pinsels in den Mund gebrachte Stoffe reagiren. Kussmaul prüfte in dieser Weise bei mehr als zwanzig Neugeborenen den Geschmacksinn, und zwar verwendete er Rohrzucker, Chinin, Kochsalz und Weinsäure dazu. Genzmer wiederholte diese Versuche an 25 Kindern, von denen er die meisten sogleich nach der Geburt und nach drei bis sechs Tagen, einige bis zur sechsten Woche beobachtete. Der erstgenannte fand, dass das Salz, das Chinin und die Säure von ihm als Ausdruck des Missbehagens gedeutete Grimassen hervorriefen, aber mit individuell sehr ungleicher Ausprägung. Der Zucker dagegen bewirkt Saugbewegungen. Die zu schmeckenden Flüssigkeiten waren sämmtlich erwärmt, so dass Reactionen auf dieselben nicht einem Kältegefühl im Munde zugeschrieben werden dürfen.

Da die Säure die Schleimhaut angriff, so konnte sie ausser dem sauren Geschmack Schmerz erregen; jedoch schrieen die Kinder nicht, und nach Betupfung der Zungenränder mit einem Weinsäurekrystall traten die Grimassen bei zwei Neugeborenen augenblicklich ein, während der Krystall, auf die Mitte des Zungenrückens gebracht, geraume Zeit keine Änderung der Physiognomie bewirkte, bis die Lösung zu den für das Saure empfindlichen

Zungenrändern gedrungen war. Es ist also der saure Geschmack und nicht eine schmerzerregende Nebenwirkung der Säure, welche das saure Gesicht hervorruft, somit ein gewisses Unterscheidungsvermögen für Geschmacksempfindungen sogleich nach der Geburt schon thätig, ehe noch irgend etwas ausser dem Fruchtwasser vor der Geburt verschluckt wurde.

Die psychogenetische Wichtigkeit dieser Thatsache erfordert eine nähere Beleuchtung der ihr zu Grunde liegenden Beobachtungen.

Es steht fest, dass zuweilen die Neugeborenen auf Zucker mit dem mimischen Ausdruck des Bitteren antworten. Man könnte also meinen, die Empfindungen würden nicht unterschieden und bald mit dieser, bald mit jener Reflexbewegung regellos beantwortet. Aber die Umstände, unter denen der Reflex eintritt, sind nicht regellos.

„Einige verzogen beim erstmaligen Einbringen der Zuckerlösung das Gesicht, während sie die folgenden Portionen mit Wohlbehagen zu sich nahmen. Es schien nicht die Geschmacksempfindung an sich, sondern ein anderes psychisches Moment, die Überraschung durch die plötzliche Einwirkung auf den empfindenden Nerven, Schuld daran zu sein. Eines der Kinder fuhr sogar geradezu erschreckt zusammen, als es die ungewohnte Flüssigkeit (die erwärmt war) so plötzlich zu kosten bekam. Hatten Kinder auf Chinin stark reagirt, so verzogen sie gewöhnlich noch ein oder mehrere Male hintereinander das Gesicht, wenn man nun Zuckerlösung einbrachte, jedoch mit abnehmender Lebhaftigkeit, bis endlich wieder ein behagliches Saugen und Schlucken an die Stelle trat. Dieses stimmt mit den Erfahrungen überein, die jeder Erwachsene an sich selbst macht, dass nämlich ein sehr bitterer oder ekelhafter Geschmack sich nicht sofort durch einen süssen verdrängen lässt, sondern bei jeder neuen Erregung des Geschmacksinnes durch differente Schmeckstoffe mit abnehmender Lebhaftigkeit wiederkehrt." (Kussmaul.)

Ich habe mein Kind am ersten Tage seines Lebens den auf die Brustwarze gebrachten gepulverten Rohrzucker ablecken gesehen, während es sonst nichts leckte, also erschien nur das Süsse begehrenswerth. Am zweiten Tage aber leckte es nach der Muttermilch gerade wie nach dem Zucker mit einem ruhigen, behaglichen Gesichtsausdruck. Als dieses Kind später salzige Stoffe und gemischte Nahrung erhielt, war bei jeder neuen Geschmacksempfindung das erste, was auffiel, der Ausdruck der Überraschung: und noch im sechsten Vierteljahr, ja bisweilen im vierten Jahr, schüttelte sich dasselbe förmlich, schloss die Augen und verzog das Gesicht in der wunderlichsten Weise, wenn es eine neue Speise kostete, die ihm aber trotz der Grimassen angenehm war, denn es verlangte oft genug unmittelbar darauf nach derselben und nahm sie dann bald mit dem Ausdruck der Befriedigung. Andererseits war es oft leicht, dem Kinde, nachdem es sprechen gelernt hatte, wie einem hypnotisirten Erwachsenen, einzureden, eine säuerliche oder überhaupt wenig schmackhafte Speise, die es anfangs ablehnte, sei wohlschmeckend, so dass es dann mehr davon verlangte. Man muss von Anfang an streng unterscheiden einerseits den Ausdruck der Unlust über die plötzliche neue Empfindung und den erst nach diesem auftretenden Ausdruck der Befriedigung über den Wohlgeschmack, andererseits den Ausdruck der Unlust über den bitteren, den salzigen, den sauren Geschmack, und den der Befriedigung über den süssen.

Sogar ein ohne Gehirn geborenes Kind gab nach Betupfen der Zunge mit Glycerin eine Art Befriedigung zu erkennen, da es den Mund spitzte und die Zunge ein wenig vorschob und dann zurückzog, um sie wieder ein wenig vorzuschieben und so fort. Als aber Essig auf die Zunge gepinselt wurde, riss es den Mund auf und die Zunge wurde wiederholt weit hervorgestreckt (O. Küstner), eine Abwehrbewegung. Diesem auch von mir untersuchten und in diesem Buche wiederholt erwähnten Anencephalus fehlten (O. Binswanger zufolge) die Brücke, die Hirnschenkel, die Vierhügel und der Rückentheil des Mittelhirns völlig, alle Theile des Grosshirnmantels (ausser kleinen Resten der vorderen Pole beider Stirnlappen) und der ganze Stammtheil der Hemisphären.

Es geht aus allen diesen Beobachtungen hervor, dass Neugeborene die stark voneinander abweichenden Geschmacksreize süss, salzig, sauer und bitter unterscheiden und die Geschmacksreflexe ohne Betheiligung des Grosshirns zu Stande kommen.

Nun antworten aber einzelne normale Neugeborene auf verdünnte ($\frac{1}{4}$- bis 1-procentige) Chininlösung und verdünnte Essigsäure geradeso mit Saugbewegungen wie auf Zuckerlösung (Genzmer und Kroner).

In einem Falle sogar sog ein Kind am ersten Tage, wie in der sechsten Woche, an einer fünfprocentigen Chininlösung, ohne Zeichen von Missfallen zu geben (Kussmaul's Lösung war vierprocentig). Wurde die Lösung concentrirter gemacht, so verzog es, wie die anderen schon bei geringerer Stärke (jenseit 1%) zu thun pflegten, kläglich das Gesicht, begann zu schreien und machte den Eindruck, als wenn nun das Widerliche des Geschmacks ihm merklich geworden wäre. (Genzmer).

Da auch sonst grosse individuelle Verschiedenheiten der Geschmacksempfindlichkeit bei Neugeborenen, eine erhebliche Abstumpfung derselben beim Experimentiren und nur bei einzelnen in der ersten Woche eine Verfeinerung des Geschmacks für Intensitätsunterschiede constatirt wurden, so drängt sich die Annahme auf, dass bei den verdünnten Lösungen die Geschmackseindrücke vielen Kindern zu schwach waren, um angenehm oder unangenehm

gefunden zu werden, zumal Neugeborene noch nicht im Stande
sind, das zu Schmeckende mit dem Zungenrücken gegen den harten
Gaumen zu drücken, wodurch die Vertheilung auf die Papillen mit
den Nervenendorganen begünstigt wird. Bei diesen verdünnten
Lösungen bleibt also nur die Wirkung auf den Saugmechanismus
übrig, wie nach Berührung der Zunge mit dem Finger. Man
braucht nicht einmal die Hypothese hinzuzunehmen, dass ein schwach
bitterer oder saurer Geschmack für einzelne Neugeborene angenehm
sei, um es begreiflich zu finden, dass auf schwach Bitteres und
Saures nicht mit denselben lebhaften Reflexbewegungen geantwortet
wird, wie auf starke Reize, sondern mit Saugen. Im Allgemeinen
verziehen Neugeborene nach Einführung einer drei- bis fünf-pro-
centigen Chininlösung das Gesicht; sie kneifen die Augen zu, der
Schlund wird krampfhaft zusammengezogen, der Mund weit geöffnet und die Flüssigkeit mit dem sonst nur sehr spärlich, in
diesem Falle reichlich abgesonderten Mundschleim ausgestossen.
Der „bittere" Gesichtsausdruck ist also ein ganz anderer schon
am ersten Lebenstage, als der „süsse". Er ist aber auch wie bei
Erwachsenen von dem „sauren" verschieden, indem bei den Würgbewegungen die Mundwinkel stark nach oben und zur Seite gezogen werden, so nach Genzmer beim Einflössen stärkerer Essigsäure
(die übrigens wegen des Geruchs zu solchen Versuchen ungeeignet
ist). Die stärksten Lösungen bewirkten ausserdem bei seinen Versuchen meistens Unruhe und Schreien; Zucker dagegen wird, wenn
er in nicht zu geringer Menge wirkt, mit Befriedigung von allen
Neugeborenen geschmeckt, nachdem die erste Überraschung vorüber ist. Darüber herrscht kein Zweifel.

Da also sehr saure und sehr bittere Stoffe bei Neugeborenen
verschiedene Reflexbewegungen unter sonst gleichen Umständen
hervorrufen und sehr süsse ganz andere, so werden diese diversen
Geschmacksqualitäten unterschieden.

Die Thatsache, dass schwach bittere und schwach saure Lösungen in ähnlicher Weise wie schwach süsse mit Saugbewegungen
ohne Zeichen von Unbehagen von einigen genommen werden, erklärt
sich durch die geringe Empfindlichkeit der Zunge für Intensitäten.
Die durch die schmeckenden Stoffe bedingten Berührungs-Empfindungen, welche für sich schon Saugbewegungen auslösen, über-
täuben dann die schwachen Geschmacksempfindungen. Für die
einen ist aber schwach schmeckend, was den anderen stark schmeckt.
Manchen Kindern war schon einprocentige Essigsäure zu stark,
während sie an zweiprocentiger Chininlösung noch sogen, bei anderen umgekehrt. Auch diese Thatsache steht im Einklang mit
dem obigen Satze.

Die Verbindung bestimmter mimischer Muskelcontractionen

mit bestimmten Geschmacksempfindungen ist eine auffallend feste,
sie ist angeboren und erblich. Auch sind nach zuverlässigen Angaben um zwei Monate zu früh geborene Kinder kaum weniger
empfindlich gegen die genannten Geschmacksreize gefunden worden,
als reife.

Hiermit ist die oft ausgesprochene Meinung widerlegt, dass
das Neugeborene nur im Allgemeinen eine Geschmacksempfindung
habe und die qualitativen Verschiedenheiten des Schmeckens ihm
erst durch die Gewöhnung an dieselben merklich würden. Wenn
jede beliebige mässige Reizung der Geschmacksnerven als einfachen
Reflex Saugbewegungen bewirkte, beliebige starke Reizung derselben
dagegen ebenfalls als einfachen Reflex Würgen, so müsste auch
der intensivste süsse Geschmack nur als mässiger Reiz angesehen
werden, und es wäre die vorhin als richtig erkannte Thatsache unverständlich, dass unter sonst gleichen Umständen die Mimik bei
Bitter eine andere, als bei Sauer und als bei Süss ist, wenn die
entsprechenden Geschmacksreize stark genug sind.

Vergleichung der Geschmacks-Eindrücke.

Der Geschmacksinn scheint unter allen Sinnen zuerst deutliche
Wahrnehmungen zu liefern, an welche sich die Erinnerung unmittelbar anknüpft, wie schon Sigismund hervorhob. Der Geschmacks-
eindruck der gewohnten Milch haftet fest, so dass eine Vergleichung mit fremder stattfinden kann. Von diesem Vergleichungs-
vermögen macht das Kind bald Gebrauch, denn während der
ganzen Säuglingszeit, und noch länger, wird der Geschmack des
Süssen allen anderen Geschmacksqualitäten bei weitem vorgezogen,
und diese letzteren werden mit Zeichen des Abscheus empfunden,
wenn sie stark sind, und zwar vom ersten Tage an.

Es ist nicht richtig, dass erst zu Ende des ersten Monats, wie
behauptet worden ist, der Säugling anfange, den Arzneien zu wider-
streben, indem er vom Herben, Bitteren, Salzigen, Sauren dann erst
unangenehm berührt werde, während er anfangs jede Flüssigkeit,
etwa Camillenthee und Rhabarbertinctur, ebenso willig wie Milch
nehme und noch nicht wähle. Wenn der Camillenthee und die
Rhabarbertinctur gezuckert und nicht kalt oder heiss sind, nimmt
er sie zu sich, aber nicht-süsse, stark schmeckende, kalte oder
heisse Flüssigkeiten so anhaltend wie Milch nicht. Die Mundhöhle
ist schon dem Neugeborenen viel mehr als blosses Saugorgan.
Wenn auch die Nahrung durch Muskelbewegung noch nicht so
mit Speichel vermischt und mit der Mundschleimhaut in Berührung
gebracht wird, wie später, so wird sie doch geschmeckt und ihre
Temperatur gemerkt.

Ich fand sogar die Geschmacksempfindlichkeit für Intensitäten
sehr bald erheblich gesteigert. So nahm mein Kind am zweiten
Tage ohne Zögern mit Wasser verdünnte Kuhmilch, die es am
vierten Tage hartnäckig verweigerte. Es musste die geringere Süssig-
keit mit der der Muttermilch verglichen haben. Eine sehr kleine
Menge Rohrzucker genügte aber, die Saugflasche annehmbar zu
machen. Es brauchten nur einige Körnchen auf die Mündung derselben applicirt zu werden.

Da nun schlecht schmeckenden Arzneimitteln gewöhnlich irgend
ein Corrigens, namentlich Zucker zugesetzt wird, so ist es nicht
zu verwundern, dass Säuglinge sie häufig sogleich unterschiedslos
nehmen. Sind sie sehr süss (etwa auf 100 Zucker 1 Calomel), so
nimmt sie auch das halbjährige und das ältere Kind gern, das
jüngere bedarf so grosser Zusätze nicht, weil es eben noch nicht
so fein unterscheidet.

Jeder neue Geschmack hat bei dem mehr als ein halbes Jahr
alten Säugling ein Mienenspiel zur Folge, welches zunächst auf
Erstaunen schliessen lässt, sodann entweder auf ein Begehren nach
mehr oder auf Abscheu. Sehr häufig aber wird, was von Nahrungs-
mitteln anfangs begehrenswerth war, nach der zweiten Probe unter
Abwendung des Kopfes ausgestossen, und (S. 79) was anfangs zu
Ausdrücken der Unlust führte, unmittelbar nachher verlangt. Hier
kommen jedenfalls fünf verschiedene Punkte in Betracht: 1) der
Reiz des Neuen, 2) die Geschmacks-Empfindung, 3) die Berührungs-
Empfindung, 4) die Temperatur-Empfindung im Munde, 5) die
Geruchs-Empfindung. Alle fünf können gleichsinnig wirken, sie
können sich aber auch gegenseitig beeinträchtigen, so dass das
Kind nicht weiss, ob ihm das Neue schmeckt oder nicht. Wo
nur der Geschmack zweier gleichartiger Eindrücke verschieden
ist, wie beim Süssen und Salzigen, weiss das halbjährige Kind
sofort sicher zu unterscheiden.

Wie weit die Vergleichung der nach der Entwöhnung unterschiedenen Geschmacks-Empfindungen geht, zeigen für mein Kind
folgende Beobachtungen:

In der 22. Woche sollte die Brust nur noch nachts gestattet
werden. Aber nach fünf Nächten weigerte sich bereits das Kind,
die Brust zu nehmen, wie bisher, ohne Zweifel weil in den letzten
Tagen der gekochten verdünnten Kuhmilch soviel Rohrzucker zugesetzt wurde, dass sie süsser schmeckte als die Frauenmilch.

Ende der 23. Woche erhielt das Kind eine neue Amme, deren
Milch es begierig nahm. Letztere und verdünnte gezuckerte Kuhmilch, sowie Fleischbrühe mit Eidotter wurden dann ziemlich gleich
gern genommen, auch in Kuhmilch zertheiltes Eigelb.

Von der 27. Woche an keine Ammenmilch mehr. Gekochte
vierfach verdünnte Kuhmilch mit wenig Ei erscheint schmackhaft.

Haferschleim mit Eidotter wurde einmal genommen, dann nicht mehr, Leguminose nach einer einzigen Probe verweigert.

Vom achten Monat an erhielt das Kind monatelang fast ausschliesslich Nestle's Kindermehl, das ihm am meisten zusagte. Es jubelte über den Wohlgeschmack und zwar viel lauter und anhaltender, als über den irgend eines der bisher versuchten Nahrungsmittel. Einem Erwachsenen würde es wegen der Gleichförmigkeit des Geschmackes schwerlich möglich sein, so lange Zeit täglich mehrmals weiter nichts als dieses Kindermehl zu sich zu nehmen. Dasselbe gilt für die vortreffliche Mellin'sche Kindernahrung.

Mit grossem Erstaunen — über den neuen Geschmack — nahm das Kind im neunten Monat mit Rohrzucker vermischten Eidotter. Es trinkt gern Wasser und saugt mit Lust an einem Stück Weissbrod. Dabei ist aber das Saugen ohne Zweifel mehr lusterregend, als der Geschmack.

Im elften Monat nimmt das Kind schwach salzig schmeckende Fleischbrühe mit Ei ohne Lust. Es verschmäht gekochte abgerahmte Kuhmilch ohne Zucker hartnäckig, nimmt aber trockenen Zwieback gern.

Im zwölften Monat ist das Kind bezüglich des Geschmacks seiner Nahrungsmittel sehr wählerisch und weigert sich, Mehlspeisen, ausser dem Kindermehl und Zwieback, zu nehmen. Alles Bittere wurde auch in den nun folgenden zwei Jahren verabscheut, schwach Salziges nicht mehr.

Die Idiosynkrasie, viele Speisen (auch im vierten Jahre und später) nicht nehmen zu können, ging so weit, dass schon der Anblick einiger derselben (der gelben Rüben und Erbsen) lebhafte Äusserungen des Abscheues, sogar Würgbewegungen hervorrief, eine Erscheinung, welche viele Kinder darbieten und welche auf ein weit entwickeltes Geschmacks- und Geruchs-Unterscheidungsvermögen schliessen lässt.

In praktischer Beziehung halte ich als Regel fest, so sehr es den Vorurtheilen einer traditionellen Erziehungsmethode widerspricht, dass in keinem Falle ein kleines Kind gezwungen werden soll, eine Nahrung zu geniessen, deren Geschmack ihm zuwider ist. Irgend welchen Nutzen solcher Strenge für das Kind wüsste ich nicht anzugeben, wohl aber kann sie, auch wenn nicht bald nach der Mahlzeit Erbrechen erfolgt, nachtheilige Wirkungen auf die Ernährung und auf die Charakterbildung haben.

Die Weigerung des kleinen Kindes, einzelne Speisen zu sich zu nehmen, ist durchaus nicht eine Unart. Weigert sich doch der Säugling gleich anfangs mit Recht, saure Milch zu trinken, und zur kritischen Zeit der Entwöhnung ist es nicht das Kind, welches Strafe verdient, weil es die gesalzenen oder ihm schwer verdaulichen Nahrungsmittel verweigert, sondern die Wärterin, die sie ihm aufnöthigt. Erst durch solchen Zwang bildet sich allzu oft

ein Widerwille gegen einige Speisen, ein Eigensinn überhaupt aus.
Dieser wird dann als Unart später vergeblich bekämpft. Lässt man
aber anfangs den Geschmack des Kindes frei gewähren, es stets
vor dem Zuviel, noch mehr aber vor dem Zuwenig schützend, dann
gewöhnt es sich von selbst an die Ernährung der Angehörigen.
Dabei ist nicht zu übersehen, dass diese letztere schon eine gewisse
Abstumpfung des Geruchs und des Geschmacks voraussetzt, die
das Kind erst im Laufe von Jahren erwirbt.

Das Schmecken neugeborener Thiere.

Bei neugeborenen Thieren ist neben der Gleichgültigkeit gegen
qualitativ ungleich und schwach schmeckende Lösungen eine entschiedene Bevorzugung einzelner Schmeckstoffe sicher und das
Geschmacksgedächtniss am ersten Tage entwickelt.

Versuche mit kleinen Meerschweinchen, die nur acht bis sech-
zehn Stunden alt und seit zwei Stunden von der Mutter getrennt
waren, ergaben mir durchweg, dass concentrirte wässerige Lösungen
von Weinsäure, von Soda, von Glycerin, in Glasröhrchen in den
Mund eingeführt, ebenso begierig oder eifrig wie Kuhmilch und
Wasser mittelst energischer Saugbewegungen verschluckt werden.
Aber auch das leere Röhrchen bewirkte, mit dem Ende auf die
Zunge gelegt, eben solches Saugen. Also können die Versuche, in
dieser Weise angestellt, nicht viel Sicheres ergeben.

Da die Berührung, als Reflexreiz zum Saugen bei hungrigen
Neugeborenen, etwaige gleichzeitige Geschmacksreize überwiegt,
gesättigte Neugeborene aber überhaupt nicht regelmässig saugen,
so ist ein anderes Kriterium, wenigstens für die Erkennung einer
angenehmen Geschmacksempfindung, von besonderem Werthe, nämlich das Lecken, welches auch beim neugeborenen Menschen als
sicheres Zeichen des Wohlgefallens am Süssen gelten muss. Denn
er leckt den Zucker, aber nicht den Weinsäurekrystall anhaltend.

Ein noch nicht siebzehn Stunden altes sehr kräftiges Meer-
schweinchen setzte ich nebst je einem Stücke Thymol, Kampher und
Kandiszucker in einen Glaskasten. Es lief umher und hielt sich am
längsten beim Zucker auf, nagte eine Kante an und begann hierauf
sehr eifrig den Zucker zu lecken. Ich sah deutlich, wie es die
Zunge vorstreckte und gegen die glatte Fläche des Krystalls strich.
Nachdem es minutenlang anscheinend mit grossem Behagen diese
Operation fortgesetzt hatte, nahm ich es fort, verschloss ihm beide
Augen und wiederholte den Versuch nach 24 Stunden. Zu meinem
Erstaunen unterschied auch jetzt das Thier den Zucker, obwohl es
das Thymol und den Kampher nicht berührt hatte und nicht sehen
konnte, ohne Zweifel vermittelst des Geruchs. Das Glas und das
Holz wurden nicht beleckt, aber der Zucker geradeso wie vorher

und wie nach dem wieder gestatteten Gebrauch der Augen. Andere Meerschweinchen sah ich am ersten Tage eine solche Entschiedenheit des Geschmacks nicht bekunden. Aber der eine Fall beweist, dass das Süsse am ersten Tage unterschieden, begehrt und angenehm gefunden wird.

Auch das eben ausgeschlüpfte Hühnchen unterscheidet verschiedene Nahrungsmittel am Geschmack.

Denn wenn ich ihm gekochtes Eierweiss, gekochten Eidotter und Hirse vorsetzte, pickte es nacheinander an allen dreien, wie nach den Eierschalenstückchen, den Sandkörnchen, den Flecken und Ritzen des Holzbodens, jedoch nur am Eigelb oft und eifrig. Als ich das letztere fortgenommen und eine Stunde nach der ersten Probe wieder hingesetzt hatte, sprang es gerades Wegs darauf zu und nahm davon, während es bei jener Probe nur einmal das Eierweiss gekostet und nur ein Hirsekorn verschluckt hatte, das Übrige nach wie vor hartnäckig verschmähend.

Diese Bevorzugung des Eigelbs beruht demnach auf Geschmacksunterscheidung und Geschmacksgedächtniss.

Also unterscheiden neugeborene Thiere Geschmacksqualitäten, ohne andere Geschmackseindrücke, als die des im Ei verschluckten Fruchtwassers gehabt zu haben.

Diese merkwürdige Fähigkeit kann nur auf ererbter Erinnerung beruhen: auf einem Geschmacks-Instinct.

Weitere Experimente darüber, namentlich am neugeborenen Menschen, sind dringend wünschenswerth, um die allmähliche Zunahme der Empfindlichkeit für Concentrationsunterschiede und die für angenehme und unangenehme Geschmacksempfindungen charakteristischen Reflexe im Einzelnen besser als bisher zu ermitteln. Ausschliesslich chemisch reine, geruchlose, stark schmeckende Stoffe sind in genau abgestuften Mengen zu solchen Experimenten zu verwenden, und zwar am besten, in lauwarmem destillirten Wasser aufgelöst, für Süss: Glycerin, Rohrzucker und Milchzucker, für Bitter: Chininsulphat, für Salzig: Kochsalz, für Sauer: Weinsäure und Milchsäure, für Laugenhaft: Soda.

V. Das Riechen.

Meine Beobachtungen über das Riechvermögen beziehen sich zunächst auf den Nachweis seiner Existenz beim neugeborenen Menschen, dann die Unterscheidung der Geruchseindrücke beim Säugling. Hieran schliessen sich einige Angaben über das Riechen neugeborener Thiere.

Das Riechvermögen Neugeborener.

Das Kind kann schon in den ersten Tagen durch stark riechende Stoffe zu mimischen Bewegungen veranlasst werden.

Kussmaul hat ermittelt, dass schlafende Neugeborene, wenn die Düfte der *Asa foetida* oder des sehr übelriechenden Dippel'schen Öles ihnen in die Nase steigen, häufig die Augenlider fester zusammenkneifen, das Gesicht verziehen, unruhig werden, den Kopf und die Arme bewegen, erwachen und nach Entfernung des Riechmittels wieder einschlafen. Genzmer bemerkte, dass gut entwickelte lebhafte Neugeborene durch starke Geruchseindrücke zum Schreien gebracht werden. Er verwendete die übelriechende *Aqua foetida antihysterica*, welche mit einem Pinsel auf den oberen Rand der Oberlippe wachenden wie schlafenden Kindern gestrichen wurde. Die Säuglinge machten, wenn wenig Flüssigkeit aufgetragen war, Saugbewegungen, wenn mehr, Würgbewegungen; auch wurden die Augen zugekniffen und das Gesicht verzogen, wie nach starken Geschmacks-Eindrücken. Seit wieviel Stunden die Kinder geboren waren, ist nicht angegeben.

Bei diesen Beobachtungen ist die Empfindung des Nassen übersehen worden, und beide Forscher haben nicht bedacht, dass durch ihre Versuche keineswegs eine ausschliessliche Erregung der Riechnerven herbeigeführt wurde. Vielmehr spricht der Mangel an entscheidenden Ergebnissen des ersteren, wenn er wache Säuglinge vornahm, und der Umstand, dass nur starke Reizmittel wirksam gefunden wurden, sowie das Auftreten von starken Reflexbewegungen, mehr für eine Erregung der Gefühlsnerven (des Trigeminus), als eine solche des Riechnerven (des Olfactorius). Freilich sind die Prüfungen mit *Asa foetida* wohl nur auf letzteren zu beziehen. Auch einen Monat zu früh Geborene reagiren auf Riechstoffe in der obigen Weise.

Doch tritt bei allen Neugeborenen, deren Geruchsinn man prüft, sehr schnell eine Abstumpfung für alle Gerüche ein, eine vorübergehende Anosmie.

Der Beweis für das Riechvermögen des Neugeborenen ist erbracht, wenn seine Mutter oder Amme auf eine Brust eine kleine Menge einer stark riechenden Substanz bringt, die nicht schmeckt, oder wenn man solche flüchtige Stoffe, wie Petroleum, Weingeist, Kölnisches Wasser, *Asa foetida*, in kleinen Mengen aussen an eine Saugflasche oder auf ein Warzenhütchen bringt und das Kind sich dann weigert, an der riechenden Brust oder Flasche zu saugen, während es die unveränderten Milchquellen nicht verweigert. Denn bei schwachen Gerüchen dieser Art ist eine merkliche Miterregung der Nasalfasern des Trigeminus nicht annehmbar. Derartige Versuche sind leicht auszuführen.

Ein 18 Stunden altes Mädchen verschmähte hartnäckig die Brust, an deren Warze ein wenig Petroleum oder Bernsteinöl angebracht war, nahm aber gern die andere; wirkte der Riechstoff ein, während es mit Saugen beschäftigt war, so liess es allmählich die Brustwarze los und schrie (Kroner).

Solche Experimente wären an mehreren jüngeren Kindern zu wiederholen. Denn die Beobachtung, dass Säuglinge in den ersten Tagen die Mutterbrust verschmähen, welche zufällig einen fremden Geruch erhalten hat, wurde nicht an Ebengeborenen angestellt. Auch die Thatsache, dass manche Neugeborene, nachdem sie einmal die Milch ihrer Mutter gekostet, sich lange trotz Hunger und Durst weigern, etwas anderes zu sich zu nehmen, ist nicht beweisend, denn es handelt sich dabei nicht ausschliesslich um Geruchsempfindungen, sondern auch um Berührungsempfindungen, und wiederum nicht um Ebengeborene.

Dagegen sprechen einige Beobachtungen wie die obigen von mir und von Kroner entschieden dafür, dass eine Viertelstunde nach der Geburt und wenige Stunden oder Tage nach derselben das normale Kind riechen kann. Denn es rümpft die Nase und verzieht das Gesicht beim Darbieten des Dippel'schen Öls und des Bernsteinöls, und „mehrere Stunden alte Kinder werden allgemein unruhig, kneifen die Augenlider fest zusammen, sperren den Mund auf, strecken die Zunge heraus."

Bei allen derartigen Experimenten über den Geruchsinn Neugeborener muss dafür gesorgt werden, dass die Nasenhöhle vollkommen durchgängig für die Luft sei. Das Kind muss bei geschlossenem Munde ohne Anstrengung athmen. Die Anfüllung der Nasenhöhle mit Fruchtwasser schliesst das Zustandekommen einer Geruchsempfindung vor der Geburt aus. Sogleich nach Beginn der Luftathmung aber wird diese Flüssigkeit durch Luft verdrängt,

und es ist, wenigstens für einige Neugeborene, gewiss, dass dann
die Riechschleimhaut keiner längeren Erholung an der Luft bedarf,
ehe die Riechzellen eine Geruchsempfindung vermitteln können,
da sogleich nach Einathmung riechbarer Gase eine Reaction erfolgt. In diesen Fällen ist die Reflexbahn vom Riechnerven aus
schon vor der Geburt fertig ausgebildet, also angeboren und erblich.

Die Unterscheidung der Geruchs-Eindrücke.

Nachdem einmal der Geruchsinn des Neugeborenen erweckt
ist, bleibt er dem Säugling von entscheidender Bedeutung bei der
Wahl seiner Nahrung und zwar vom Anfang an.

Nicht erst, wie manche meinen, nach vier Wochen oder vom
zweiten Monat an, sondern schon in den ersten Tagen sind Geruchsempfindungen da, und die durch sie bedingten Lust- und Unlust-
Gefühle nehmen von Tag zu Tag an Intensität zu. Kinder von
wenigen Wochen lehnen mitunter die Brust einer Amme ab, deren
Haut unangenehm riecht, und schreien schon, wenn sie ihnen die
Brust nähert. Dass Kinder im Dunkeln den mit Milch oder Brei
gefüllten Löffel schon sehr früh riechen, ist gewiss, und die Abneigung vieler Säuglinge in der ersten Woche, nachdem sie Frauenmilch erhalten haben, Kuhmilch zu nehmen, muss mehr auf den
Geruch, als den Geschmack bezogen werden, da sie mitunter, ohne
zu kosten, die nahe gebrachte Milch ablehnen. Es käme auf den
Versuch an, in einem solchen Falle dem Kinde die Nase zuzuhalten
und die Augen zu verbinden, ob es dann nicht willig die neue
Nahrung nehmen würde. Jedenfalls betheiligt sich wesentlich bei
der Nahrungsaufnahme der Geruchsinn des älteren Säuglings; er
bildet sein Gedächtniss so früh wie der Geschmacksinn das
seinige aus.

Ob aber der Säugling seine schlafende Mutter Nachts am
Geruch erkennt, was bei Thieren der Fall ist, muss dahingestellt
bleiben. Mir ist es wahrscheinlich, dass er sie nicht erkennt, wenn
er sie nicht sieht, nicht hört und nicht fühlt.

Auch dass beim Aufsuchen der Brustwarze seitens des nur
angelegten, sonst nicht unterstützten Säuglings der Geruchsinn
betheiligt sei, wie bei Thieren, ist mir nach eigenen Beobachtungen
im Entbindungshause unwahrscheinlich. Denn die Kinder fahren
zwar (oft auffallend hastig und gewaltsam) mit dem ganzen Kopfe
an der Brust hin und her (wie junge Lämmer, Zicklein, Kälber,
Fohlen) mit offenem Munde und intermittirenden Unterkiefer-
bewegungen, aber erst am achten Lebenstage sah ich dieses
Tatonniren bei meinem Kinde, und dass der Geruchsinn dabei

mitwirkt, ist sehr unwahrscheinlich, denn es sog oft an falscher Stelle, wie andere Neugeborene.

Später, lange nach der Entwöhnung, ist der Geruchsinn unstreitig das am wenigsten verwerthete Mittel zur Erkenntniss der Dinge. Geruchseindrücke werden regelmässig mit Geschmackseindrücken verwechselt. Folgende Notizen über das Verhalten meines Knaben zeigen, wie spät bei ihm deutliche Geruchswahrnehmungen hervortraten.

Im 15. Monat machten frisch gemahlener Kaffee und Kölnisches Wasser, welche er im dritten Jahre beide sehr gern zu riechen pflegte, gar keinen Eindruck, oder nur einen schwachen. Sie wurden nicht begehrt, es wurden auch keine abwehrenden Bewegungen gemacht, wenn man sie dem Kinde bei geschlossenem Munde unter die Nase hielt.

Ende desselben Monats machte aber Kölnisches Wasser unter die Nase gehalten das Kind lachen. Es freute sich über den Geruch wie über irgend einen anderen neuen angenehmen Sinneseindruck.

Im 16. Monat verhielt es sich dem Rosenölgeruch gegenüber geradeso.

Im 17. Monat zeigte sich aber immer noch in unzweideutiger Weise das Unvermögen, Geruch und Geschmack zu trennen. Denn jedesmal, wenn ich das Kind etwas riechen lassen wollte, indem ich zum Beispiel eine Hyacinthe oder eine Essenz ihm vor die Nase hielt, ohne die Lippen zu berühren, machte es den Mund auf, nahm sogar die wohlriechende Blume in den Mund, meinte also, da es früher nur beim Schmecken (der Milch) angenehme Geruchsempfindungen hatte, es müsse jetzt, da es roch, auch schmecken: ein in psychogenetischer Beziehung wichtiger Beweis für die Unabhängigkeit der Empfindung von der Kenntniss des Empfindungsorganes und für die Abhängigkeit der logischen Processe von den vorhergegangenen Empfindungs-Associationen.

Im 18. Monat führte das Kind die Gegenstände, welche es riechen sollte und wollte, nicht mehr regelmässig an den Mund, hatte also die Trennung des Geruchs vom Geschmack erkannt. Gab ich ihm eine Rose mit den Worten: „Riech einmal!" dann führte es die Blume an die Nase mit geschlossenem Munde und athmete den Duft durch die Nase ein, freilich erst nach häufigem Ausathmen gegen dieselbe.

Lange Zeit wurde unter „Riechen" Ausathmen verstanden, wahrscheinlich weil die Wärterin, um den Geruch zu kennzeichnen, jedesmal in der üblichen thörichten Weise ein Niesen fingirt hatte. Es kam jedoch später noch bisweilen das Öffnen des Mundes vor, wenn das Kind etwas riechen sollte. Eigentliches Schnopern, Einziehen der Luft in der Absicht zu riechen, kam nicht zu Stande.

Da bei den Kindern Übungen im Riechen überhaupt nicht angestellt zu werden pflegen, der Säugling fast immer säuerlich nach halbverdauter Milch riecht und wenig Gelegenheit hat, anderes als Milch und seine sowie seiner Ernährerin Ausdünstung zu riechen, so ist die späte Entwicklung des Riechens, als eines bewussten Actes, nicht auffallend. Die Wichtigkeit dieser Function für die Prüfung der Luft und Nahrung und für die Reinlichkeit, also für die Erhaltung der Gesundheit überhaupt, wird bedauerlicherweise meistens unterschätzt. Übrigens findet man bekanntlich bei vielen Erwachsenen, wahrscheinlich den meisten, eine grosse Unklarheit darüber, ob sie eine Geruchsempfindung oder eine Geschmacksempfindung oder beides haben. Das Culturkind wächst in dieser Beziehung gemeiniglich ohne Unterweisung heran, obwohl es sehr nützlich wäre, ihm frühzeitig die verschiedenen Geruchsarten mit bestimmten Ausdrücken verbunden einzuprägen, wie es bei den Farben und Tönen zu geschehen pflegt.

Das Riechen neugeborener Thiere.

Schon einige Stunden nach der Geburt sind viele Säugethiere im Stande, verschiedene Geruchseindrücke zu unterscheiden.

Namentlich an neugeborenen Meerschweinchen, von denen keines älter als 17 Stunden war, konnte ich diese Thatsache feststellen. Denn wenn ich übelriechende Stoffe, wie *Asa foetida*, in nicht zu kleinen Mengen auf den Boden einer horizontalen Glasflasche mit weiter Mündung brachte, in welche das Beobachtungsthier hineinkroch, so wischte und rieb sich dasselbe wiederholt mit den Vorderfüssen die Nase. Ferner wendeten sich die Thierchen, nachdem ihnen einige Secunden lang concentrirte Propionsäure oder Carbolsäure oder Ammoniakwasser vorgehalten worden war, mit einer schnellen seitlichen Kopfbewegung ab. Häufig niesten sie dabei mit einem eigenen Geräusch. Der Geruch des Kamphers scheint hingegen den jungen Meerschweinchen nicht unangenehm zu sein. Denn sie verweilen lange in einem mit Kampherstücken halb angefüllten Glase, das sie leicht verlassen könnten, ohne jene abwehrenden Bewegungen auszuführen. Dasselbe gilt für Benzoë-Harz. Freilich kommt hierbei die schnelle Abstumpfung gegen Gerüche in Betracht.

Ich prüfte noch viele riechende Substanzen in dieser Weise, besonders Thymol, Alkohol, Äthyläther, Chloroform, Blausäure, Nicotin. Gegen letztere verhielten sich die Meerschweinchen am ersten Tage nicht so decidirt wie gegen die ersterwähnten, wahrscheinlich weil die Verdünnung, um Vergiftungen zu vermeiden, zu gross war. Soviel steht jedoch fest:

Neugeborene Thiere unterscheiden wenige Stunden nach der Geburt angenehme und unangenehme Gerüche. Die Eindrücke müssen nur stark genug sein. Wer gesehen hat, wie sie, nur einen halben Tag alt, sich gegen *Asa foetida* und gegen Kampher verhalten, wird nicht zweifeln, dass jene ihnen Unlust verursacht, dieses nicht. Auch Tabakrauch ist ihnen widerwärtig und bewirkt, gegen das Gesicht geblasen, schon vor Ablauf des ersten Lebenstages Schliessen der Augen und Zurückziehen des Kopfes, also zweckmässige Abwehr-Reflexe.

Man ist zwar nicht berechtigt, anzunehmen, dass eben geborene Säugethiere die erwähnten Riechstoffe allein mittelst ihrer Riechnerven percipiren, denn das Niesen, das Wischen der Nase mit den Vorderfüssen, der Lidschluss, das Abwenden und Zurückziehen des Kopfes von stark riechenden Substanzen, die auffallende Gleichgültigkeit gegen weniger intensiv, jedoch immer noch deutlich riechende Stoffe, sprechen bei den Experimenten an eintägigen Thieren für eine Reizung der Nasalzweige des Trigeminus. Durch andere Thatsachen ist aber bewiesen, dass Säugethiere (Hunde, Kaninchen, Katzen) schon nach den ersten Athemzügen wirklich riechen können.

Ganz jungen noch blinden Hündchen durchschnitt Biffi die Riechlappen. Die Verwundung wurde gut ertragen und das Lecken der Mutter beförderte die Heilung. So operirte Thiere konnten nun, so lange sie blind waren, die Zitzen der Mutter nicht mehr finden. Sie krochen am Bauche derselben hin und her, indem sie überall zu saugen versuchten. Meistens musste man ihnen den Mund öffnen und die Zitze hineinstecken. Gesunde blinde Hündchen dagegen finden die Zitzen sogleich, als wenn sie dieselben sähen.

Hiernach ist nicht zu bezweifeln, dass beim Aufsuchen der Milchquelle der Geruch die blinden Jungen leitet, denn tasten konnten sie nach wie vor. Man wird also schliessen müssen, dass der Riechnerv auch bei anderen eben geborenen Säugethieren erregbar ist.

Diese Folgerung hat von Gudden bestätigt, welcher fand, dass bei ein- bis zweitägigen Kaninchen Verschliessung einer Nasenöffnung oder Entfernen einer Gehirn-Hemisphäre eine geringere Entwicklung des Riechnerven, des Riechbulbus und des *Tractus olfactorius* derselben Seite nach sich zieht. Bei Fortnahme des einen *Bulbus* verschwindet der *Tractus* fast ganz. Nach Entfernung beider Riechkolben, wobei die Verwundung relativ unbedeutend war, gingen die Thierchen, des Geruchsinns gänzlich beraubt, in Folge mangelhafter Ernährung bald zu Grunde, indem sie sich „an der Alten und ihren Zitzen, trotz der Erhaltung der Nachhilfe von Seiten der *Nervi trigemini*, nicht mehr gut zurechtfanden." Also wie bei einfacher Durchschneidung beider Riechnerven. Wurden dagegen die Riechorgane unversehrt gelassen und den Neugeborenen beide Augen fortgenommen, sowie beide Ohren verschlossen, so entwickelte sich der Geruchsinn in sehr hohem Grade, indem sich die Riechkolben über das gewöhnliche Maass nachweisbar vergrösserten;

ähnlich wie die Ohrmuscheln eines Kaninchens, dem beide Augen
bald nach der Geburt fortgenommen worden waren, eine starke Entwicklung erhielten und das Gehör sich über die Norm verfeinerte.

Aus diesen Versuchen ergiebt sich die Abhängigkeit der
Organentwicklung von äusserer Reizung und die Macht der
physiologischen Concurrenz, insbesondere aber, dass Kaninchen
schon sehr bald nach der Geburt riechen können und von diesem
Vermögen ausgiebigen Gebrauch beim Aufsuchen der Zitze machen.
Sonst wäre unverständlich, wie sie nach Zerstörung allein der
Riechnerven die Zitze nicht mehr finden und verhungern.

Ferner hat Spalding beobachtet, dass vier noch blinde dreitägige Kätzchen, als er seine Hand, die soeben einen Hund ge-
streichelt hatte, ihnen nahe brachte, in ergötzlicher Weise zu fauchen
begannen. Er schliesst daraus, dass die Katze, noch ehe sie ihn
sehen kann, den Erbfeind verabscheut. Hier ist die Thatsache
hervorzuheben, dass am dritten Tage die Katze einen fein entwickelten Geruchsinn besitzt.

Es ist aber zugleich durch diese Beobachtung und viele andere,
namentlich das Stehen junger Hühnerhunde, bewiesen, dass die
Erinnerung an gewisse Geruchseindrücke sich vererbt. Beim Menschen
kommen solche Geruchs-Instincte wahrscheinlich nicht mehr
vor (es sei denn bei der Geschlechtsunterscheidung). Für ihn spielt
überhaupt der Geruchsinn eine viel weniger ausgesprochene psychogenetische Rolle, als bei Thieren, welche ihn im Erkennen und
Unterscheiden von Gerüchen früh weit übertreffen und ihr Leben-
lang mit Geruchswahrnehmungen sich viel mehr befassen.

Hiermit hängt die stammesgeschichtliche Entwicklung der für
alle höhere Seelenthätigkeit nothwendigen Grosshirnrinde eng zusammen, welche, wie namentlich Edinger (1894) nachwies, erst bei
den Amphibien, deutlicher bei den Reptilien, mit der Ausbildung
der Riechrinde beginnt. Der genannte Forscher erklärt mit Recht,
dass das höhere Denken in der Thierreihe mit der Verwerthung von
Geruchswahrnehmungen beginnt, und findet, „dass die Riechrinde
bei allen Säugethieren, welche wohlausgebildete Riechnerven haben,
eine ganz enorme Entwicklung besitzt, welche bei einigen — Jagd-
hund, Katze — wohl $1/_3$ der ganzen Hirnmasse erreicht. Umgekehrt
fehlt den im Wasser lebenden Säugethieren die Riechrinde fast ganz.
Diese Thiere haben aber auch nur verkümmerte Riechnerven. Auch
die Affen und der Mensch besitzen nur verkümmerte Riechnerven.
Dem entsprechend ist bei ihnen die Riechrinde viel geringer ausgebildet, als bei den anderen Thieren. Bei den Säugern erst finden
wir auch Verbindungen aus der Riechrinde nach den anderen
Theilen der Gehirnrinde, Associationsbahnen. Alle anderen Sinnes-
apparate werden erst später, als der Geruchsapparat mit dem Rindengebiete verbunden."

VI. Die Gemeingefühle.

Meine Beobachtungen über die Gemeingefühle des Kindes betreffen seine Lustgefühle und seine Unlustgefühle. Diese knüpfen sich anfangs zumeist an den Hunger, jene an die Sättigung. Das Ermüdungsgefühl dagegen tritt bei kleinen Kindern sehr zurück.

Lustgefühle.

In dem ersten Vierteljahr sind die Lustgefühle nicht mannigfaltig. Ausser durch die Stillung des Hungers mit dem dabei immer wiederkehrenden Genuss des Saugens und des süssen Geschmackes, kommt im ersten Monat, und zwar vom ersten Tage an, durch das warme Bad ein Lustgefühl zu Stande. Weniger intensiv aber constant ist die Befriedigung über mässig helle Lichteindrücke und etwas später die über langsam vor den Augen bewegte Objecte. Das Vergnügen über beides nimmt stetig zu, ist aber nicht so gross wie das gleichfalls schon in den ersten Wochen hervortretende Lustgefühl beim Entkleidetwerden. In Deutschland werden oft die ganz jungen Säuglinge viel zu fest eingewickelt. Die natürliche Ruhehaltung ist die Beugung der Glieder (wie vor der Geburt), nicht die Streckung. Die Befreiung von den Tüchern hat lebhafte Bewegungen, besonders alternirende Streckungen der Beine und sichtliches Wohlbehagen regelmässig zur Folge. Auch wird durch das Trocknen und Reinigen dem Säugling grosse Befriedigung verursacht.

Akustische Eindrücke bewirken im zweiten Monat regelmässig Lustgefühle: Singen, Clavierspielen und allerlei Klänge haben theils Beruhigung des unzufriedenen, theils lebhafte Freudenäusserungen des behaglich daliegenden oder gehaltenen Kindes zur Folge. Dasselbe gilt von dem Zusprechen seitens der Angehörigen. Das grosse helle Oval des Gesichtes, welches sich dicht vor den Augen des Kindes bewegt, spricht, singt und lacht, erregt durch seine Eigenthümlichkeit, da es von allen anderen optischen Eindrücken verschieden ist, die Aufmerksamkeit und Heiterkeit früh, doch erkennt schwerlich vor dem dritten Monat das Menschenkind seine Mutter sicher.

Im vierten Monat kommt die Lust am Greifen nach allen möglichen Gegenständen allmählich zum Vorschein, wird im fünften deutlich und nimmt noch zu im sechsten Monat. Das Jubeln beim Hinausgetragenwerden in dieser Zeit wird wahrscheinlich mehr durch die Veränderung, die grössere Helligkeit und die frischere Luft, als durch den Anblick der Bäume und Häuser verursacht. Das eigene Spiegelbild wurde in einem Falle mit unzweideutigen Zeichen der Lust im siebenten Monat betrachtet; Thiere und Uhren erregen meistens erst später die Heiterkeit des Kindes.

Eine neue Art von Lustgefühlen, in welche sich schon etwas Intellectuelles einmischt, tritt hervor, wenn das Kind anfängt, selbst irgend eine Veränderung, besonders der Form, durch eigene Thätigkeit zu bewirken, so dass es nach und nach Kenntniss von der eigenen Kraft erhält. Nicht allein die Wirkungen der Stimme, namentlich des Schreiens und der ersten selbst hervorgebrachten Laute, sondern auch die ersten Spiele gehören hierher. Zuerst war es, und zwar schon im fünften Monat, das Zerknittern eines Papierbogens, welches von meinem Knaben mit augenscheinlichem Behagen vorgenommen und wiederholt wurde. Zerreissen und Zusammenballen von Zeitungen bereitete ihm von da an bis in das dritte Jahr grosses Vergnügen. Ähnlich erheiternd wirkte das lange fortgesetzte Hin- und Herzerren eines Handschuhs (vom fünften Monate an bis in das vierte Jahr von Zeit zu Zeit geübt), desgleichen von derselben Zeit an Zupfen an Barthaaren, dann sehr lange fortgesetztes Klingeln mittelst einer kleinen Glocke. Später waren es die Fortbewegungen des eigenen Körpers (beim Marschirenlassen) und rein intellectuelle Unterhaltungen, die erheiterten: Aus- und Einpacken, Schneiden mit der Scheere, in-Büchern-blättern, Bilder-betrachten. Zuletzt kam die erfinderische, ausschmückende und doch genügsame Phantasie, welche unförmliche Holzstücke belebt, Baumblätter in schmackhafte Speisen verwandelt.

Im Ganzen aber zeigt sich für alle Kinder in der ersten Zeit ihres Lebens, dass viel mehr Heiterkeit durch Beseitigung von Zuständen der Unlust, als durch Schaffung von positiven Lustzuständen entsteht. Hunger, Durst, Nässe, Kälte, Einwicklungen werden beseitigt, dadurch entstehen Lustgefühle, welche theils stärker, theils nicht schwächer sind, als die durch mildes Licht, bewegte Quasten, lauwarmes Baden, Gesang und die Freundlichkeit der Eltern bedingten. Erst im zweiten Vierteljahr kommen ganz neue heitere Bilder hinzu bei den ersten geglückten Greifversuchen. Aber auch dann noch führt die Hülflosigkeit und damit wahrscheinlich ein Gefühl von Unfreiheit oder von Abhängigkeit zu häufiger Enttäuschung, sofern das Begehrte nur zum Theil erreichbar erscheint.

Die erste Periode des menschlichen Lebens gehört zu den am wenigsten angenehmen, da sowohl die Anzahl der Genüsse als auch die Genussfähigkeit eine geringe ist und die Unlustgefühle überwiegen, bis der Schlaf sie unterbricht.

Die Äusserungen des Lustgefühls sind anfangs nicht verschiedenartig, vom ersten Tage an aber das Offensein der Augen und bald darauf der lebhafte Glanz derselben, also eine geringe Erregung des Absonderungs-Nerven der Thränendrüse, Zeichen von Vergnügtsein.

Die Stimme ist in den ersten Tagen eine ganz andere, wenn Lustgefühle geäussert werden, als wenn das Kind hungert, und zwar sind die hohen Krählaute, als sicheres Zeichen der Freude, im vierten Monat von mir beobachtet worden. Sie wurden immer in demselben Sinne, auch im vierten Jahre, verwendet.

Gegen Ende des ersten Jahres kam als Lustäusserung bei meinem Kinde ein eigenthümliches Grunzen zum Vorschein. Es trat namentlich dann auf, wenn das Kind etwas Angenehmes erwartete, und wurde oft mit einer Action der Bauchpresse verbunden. Ein wahres Drängen mit starkem Ausathmen oder jenem Grunzen mit geschlossenem Munde war monatelang unzweifelhafte Lustäusserung. Eine Erklärung für diese Eigenthümlichkeit zu finden, ist nicht geglückt.

Allgemein findet man bei Säuglingen Extremitäten-Bewegungen als Zeichen von Lustgefühlen: Streckungen und Beugungen, Adductionen und Abductionen der Arme und Beine (besonders im Bade und wenn Clavier gespielt wurde schon im zweiten Monat ausgeprägt) vervielfältigen sich später und verbinden sich mit sehr lautem Jauchzen im dritten Vierteljahr. Das sogenannte Strampeln beobachtet man nach Entfernung der Kleider häufig, wenn der satte Säugling im warmen trockenen Bette bei mässiger Beleuchtung sich, ohne durch neue Eindrücke erregt zu sein, wohl fühlt.

Auch sah ich schon im sechsten Monat das rasche bilateral-symmetrische Auf- und Ab-Bewegen der Arme (nicht der Beine) als Lustäusserung mit Lachen verbunden, wenn man dem Säugling nur freundlich zunickte. Das Zusammenschlagen der Hände und Lachen vor Freude, etwa über das Anzünden einer Lampe, tritt erst später ein (im neunten Monat). Das laute Lachen ist aber dann nicht mehr jedesmal eine Freuden-Äusserung. Denn vom Ende des ersten Halbjahres an lachte mein Kind sehr oft.

wenn man es anlachte, und vom Ende des ersten Jahres an fast
jedesmal, wenn in seiner Nähe gelacht wurde, rein imitativ und
ohne zu wissen, warum. Krähte es zwischendurch mit starker
Anwendung der Bauchpresse, dann allerdings hatte es irgend einen
besonderen Grund, erfreut zu sein. Wenn es aber (im zweiten
Monat) nach Kitzeln der Fusssohle lacht, dann ist das Lachen
reflectorisch. Das absichtliche Lachen vor Vergnügen über die
Wiederholung eines angenehmen Spieles, eines Accordes (im fünften
Vierteljahr) ist selbst für das geübte Ohr schwer von dem reflectorischen Lachen zu unterscheiden, aber die Physiognomie des das
Antlitz seiner Mutter betrachtenden lächelnden Kindes unterscheidet
sich (durch die Blick-Richtung) schon im dritten Monat von der
des gedankenlos lächelnden satten Kindes leicht. In beiden Fällen
ist das Lächeln ein Zeichen von Lust, im ersteren aber in Folge
eines speciellen Gefühls, im letzteren nur eines Gemeingefühls.

Der Zusammenhang aller dieser Muskelactionen mit den der
Freude zugrundeliegenden nervösen Processen ist räthselhaft. Das
Schreien vor Schmerz und das Lachen sind modificirte Ausathmungen und nicht der geringste Anhalt ist dem Verhältniss des
Athmungsapparates zum Sensorium zur Erklärung jener Äusserungen
entgegengesetzter Emotionen zu entnehmen. Die Bewegungslust
kleiner Kinder und junger Thiere, als Freudensymptom, und das
hysterische Umspringen vom Schreiweinen zum Lachen im Augenblick bei dreijährigen Kindern, welches nicht krankhaft ist, mindert
die Schwierigkeit eines physiologischen Erklärungsversuches nicht.
Es gilt wahrscheinlich für kleine Kinder allgemein, dass j e d e s
s t a r k e G e f ü h l e i n e m o t o r i s c h e E n t l a d u n g n a c h s i c h z i e h t.
Ist es doch auch für ältere Kinder ungemein schwer, eine eben erlebte
grosse Freude durch irgend eine Miene oder den Glanz der Augen
oder eine gesteigerte Lebhaftigkeit nicht zu verrathen und beim
Hören von Tanzmusik, beim Anblick lustig im Freien sich er-
gehender Kinder gar keine Bewegung zu machen.

Darum ist für die geistige Entwicklung des Kindes nichts
förderlicher, als Heiterkeit seiner Umgebung. Es findet diese
leichter im Freien, im Sonnenschein und in der Gesellschaft gleich-
alteriger Genossen, als allein im künstlich beleuchteten, geheizten
Zimmer, mögen ihm da noch so viele Spiele zur Verfügung stehen.
Die Angst vieler Mütter, ihre Kinder schon von der allerersten
Jugend an im Freien zu- lassen, ist ein Rest überlieferter Ammen-
bequemlichkeit. Die Folgen treten allzu oft in der Schwäche des
älteren Kindes zu Tage.

Unlustgefühle.

Im ersten Lebenshalbjahr sind die Unlustgefühle häufiger, als später. Selbst bei der sorgfältigsten Pflege, Ventilation, Regulirung der Luft- und Bad-Temperatur, Controle der Milch oder der Milch-Surrogate, und in der freundlichsten Umgebung wird es nicht oft einem Menschenkinde beschieden sein, ganz gesund zu bleiben ohne einen Tag des Leidens. Schon die Geburt kann für das Kind schmerzerregende Eingriffe mit sich bringen. Die Zahl der Kinderkrankheiten ist gross und in keinem Lebensalter die Sterblichkeit annähernd so gross wie im ersten Jahr. Durch diese Neigung zu erkranken, welche der hülflose, wehrlose, unerfahrene Säugling zeigt, müssen ihm viele Unlustgefühle entstehen, denn nur der gesunde Organismus kann ungetrübte Lust empfinden.

Hier ist aber nicht von den zahlreichen, durch Krankheit und durch Heilungsversuche verursachten, oft schwer zu deutenden Unlustgefühlen die Rede, sondern nur von denen, welche dem völlig gesunden Kinde nicht erspart werden können, selbst unter den günstigsten Umständen nicht. Dahin gehören Hunger- und Durstgefühl, Unbehagen in Folge von unbequemer Lage, Haltung, Stellung, von Kälte, Nässe, von übelriechender Luft, dann die Unlust, welche durch das zu feste Einwickeln entsteht, der Schmerz beim Zahnen, die unangenehmen Folgen des „Geiferns" und des Saugens an Gegenständen, welche sich dazu nicht eignen, später des Versagens lebhaft begehrter Dinge, und bei vielen Kindern schon vor Ablauf des ersten Vierteljahrs das Alleinsein.

Die Behauptung, das ganz junge Kind sei nicht fähig, wahres Schmerzgefühl zu haben, ist unrichtig. Denn wer sich freuen kann, muss auch leiden können, sonst könnte er sich nicht freuen. Und dass schon das Neugeborene Lust empfindet beim Saugen an einer vollen gesunden Brust, bezweifelt niemand. Es sind auch die äusseren Merkmale des Unlustgefühls beim Säugling für jeden fleissigen Beobachter unzweideutig.

Vor allem ist das Schreien charakteristisch: durchdringend und anhaltend beim Schmerz, ein Wimmern in unbequemer Lage, ununterbrochen und sehr laut im kalten Bade, durch häufige Pausen unterbrochen beim Hungern, plötzlich zu unerwarteter Intensität anwachsend und gleich wieder abnehmend, wenn etwas begehrt und nicht gewährt wird. Unarticulirte Laute kommen als Unlustäusserungen bald hinzu.

Achzen und Stöhnen kann der Säugling nicht, er schreit nur, und in den ersten Tagen auch das nicht einmal nach manchen für ältere Kinder schmerzhaften, auf kleine Hautstellen beschränkten Eingriffen, z. B. Nadelstichen, Abkühlen mit Eis, Zunähen von

Wunden. Er verhält sich dabei oft ganz ruhig. Alle Neugeborene
reagiren überhaupt auch auf die stärksten Eindrücke merklich
langsamer mit Schreien als ältere Säuglinge.

Ein zweites Zeichen ist das Zukneifen der Augen, welches
bei Erwachsenen oft noch in derselben Weise vorkommt. Im ersten
Jahre schliesst das Kind die Augen regelmässig, wenn es durch
Schreien ein starkes Unlustgefühl kundgiebt. Oft schliesst es (im
neunten Monat) ohne zu schreien, die Augen, mit gerunzelter
Stirn, wenn es etwas Unangenehmes erleiden muss, wenn es ange-
kleidet wird, oder wenn man zur Zeit des Zahnens den Finger in
den Mund einführt, um das Hervortreten eines Zahnes zu fühlen.

Ein ferneres Unlustsymptom ist Abwendung des Kopfes,
das ich gleichfalls unter den eben genannten Umständen ohne
Schreien im ersten wie im neunten Monat wahrnahm.

Der empfindlichste Indicator für die Stimmung ist die Gestalt
des Mundes, indem schon das geringste Unlustgefühl mit Sicherheit sogleich durch Herabziehen der Mundwinkel geäussert
wird. Aber diese Änderung der kindlichen Physiognomie, welche
bis in das vierte Jahr hinein in jedem einzelnen Falle immer deutlicher hervortritt, bildet sich nicht so früh aus wie die drei vor-
genannten Unlustäusserungen.

Bei meinem Kinde wurde vor der 18. Woche keinmal diese
Action des Mundwinkeldepressors wahrgenommen. In und vor der
23. Woche aber wurde nach barschem Anfahren das strenge Gesicht
des Sprechers einen Augenblick angestarrt, dann beiderseits der
Mundwinkel nach unten gezogen. Hierauf fing erst das klägliche
Schreien, mit Hervortreten der Nasolabialfalte an, welches aber nach-
liess, sowie die bis dahin ernste Miene vor dem Kinde sich in eine
freundliche verwandelte. Gleich darauf war die frühere Heiterkeit
wieder da. Darwin sah schon früher, von etwa der sechsten Woche
an bis zum dritten Monat, diese Mundform.

Hiernach fällt das erste Auftreten dieses eigenthümlichen
Unlustzeichens bei einigen in das erste Vierteljahr, bei anderen in
die erste Hälfte des zweiten Vierteljahrs. Von da an wird jede
Verdriesslichkeit, und nur diese, durch dasselbe angekündigt, namentlich ausgesprochen vom sechsten Monat an. Vom achten
Monat an bis gegen das Ende des dritten Jahres kommt beim
heftigen Schreien noch eine besondere Form der Mundöffnung
hinzu. Dieselbe wird nämlich viereckig, mitunter fast ein Quadrat,
das sich sogleich als ein sicheres Symptom höchsten Unlustgefühls
darstellt, wie auch Darwin hervorhebt.

Trotz aller dieser Zeichen vorhandener Unlustgefühle ist es im
ersten Jahre oft ungemein schwierig herauszufinden, welche Ursachen denselben zu Grunde liegen.

Weshalb weint das vier Monate alte Mädchen, wenn seine Mutter mit einem grossen Hut auf dem Kopf sich ihm nähert? Wahrscheinlich mischt sich dabei die Furcht mit dem Erstaunen über das Fremdartige, wie bei Thieren.

Ich hatte einst ein tüchtiges Pferd, welches mich wohl kannte, aber scheute und etwas zu zittern begann, als ich abstieg und mich (um einen Vogel ungesehen zu schiessen) auf den Boden niederkauerte. Es hatte Furcht vor der neuen Erscheinung. In der nie gesehenen Stellung war ihm sein Herr ein fremdes Wesen geworden. So wird auch das Kind an Persönlichkeiten, deren Bild es sich eingeprägt hat, eine Veränderung als solche oft nicht verstehen und sich fürchten. Kinder können sich von Händen, die sie gern küssen, mit Abscheu abwenden, wenn dieselben mit schwarzen Handschuhen bekleidet sind, und allein durch den Anblick einer schwarzgekleideten Gestalt, die ihnen wohlbekannt ist, zum Weinen gebracht werden. Erst im 19. Monat war mein Kind Fremden gegenüber nicht mehr zurückhaltend und liess sich bisweilen herbei, ihnen auf Verlangen die Hand zu geben, wenn sie nur nicht ganz schwarz gekleidet waren.

Bei manchen Kindern können Unlustgefühle auch in einer für Erwachsene geradezu komischen Weise zu Stande kommen, namentlich durch Mitleid. Als man aus Papier allerlei thierische und menschliche Gestalten zur Belustigung meines Kindes mit der Schere ausschnitt, konnte es weinen, wenn eine solche Papierfigur durch rasches Schneiden in Gefahr kam, einen Arm oder Fuss zu verlieren (27. Monat). Von einem kleinen Mädchen wurde mir dasselbe berichtet.

Wenn der satte, warme trockene Säugling, den man für völlig gesund zu erklären berechtigt ist, dennoch schreit, die Augen zukneift, die Mundwinkel herabzieht und sich nicht beruhigen lässt, so kann man nicht leicht eine äussere Ursache seiner Unlust angeben. Es muss also eine innere, unbekannte sein. Einmal liess ich mein Kind von drei Monaten in solcher Verfassung immerzu schreien. Es dauerte nicht ganz zwanzig Minuten, bis es einschlief. Nach mehreren Stunden erwachte es munter. Oft spricht sich in solchen Fällen nicht blosse Laune, sondern ein unüberwindlicher Trieb zu schreien aus, welcher nicht krankhaft genannt werden kann. Bei einigen Kindern giebt sich Schläfrigkeit, Übermüdung, auch nach dem Saugen, durch Schrei-Weinen zu erkennen, besonders wenn irgend etwas das Einschlafen verhindert. Das Schreien, welches die Bewegung des Blutes im ganzen Körper begünstigt, ersetzt auch bei eingewickelten Kindern die mangelnde Bewegung der Glieder. Wenn es aber durch falsche Erziehung in der ersten Lebenszeit zur übeln Gewohnheit geworden, kann es schlimme Folgen haben; durch zu langes Schreien kann z. B. ein Bruch entstehen. Daher muss übertriebenes Schreien ohne Nachsicht durch Beseitigung der es veranlassenden Umstände oder Herbeiführung starker Unlustgefühle unterbrochen werden.

Die Benetzung des Gesichtes mit kaltem Wasser und ähnliche Überraschungen bringen Schreikinder oft plötzlich zum Schweigen. Ausser durch Schrei-Weinen, kann ein Zustand von Missvergnügen durch geringen Glanz der Augen, träge Bewegungen, Erlöschen des Mienenspiels, blasse Gesichtsfarbe sich kundgeben. Doch pflegt in diesen Fällen irgend eine, wenn auch noch so unbedeutende Störung der Gesundheit die Ursache zu sein, gerade wie bei den Orangs und Schimpanses. Ich muss für den Säugling wie für das entwöhnte und das ältere Kind, sogar für Erwachsene, welche das natürliche Mienenspiel nicht verkünstelt oder durch Selbstbeherrschung verdeckt haben, auch in diesem Falle die Herabziehung der Mundwinkel als das empfindlichste Reagens bezeichnen, welches sogar im Schlafe nicht versagt, indem es nach dem Einschlafen bei Unwohlsein fortbesteht und dem Gesichte einen jammervollen, mitleiderregenden Ausdruck verleiht. Man kann, ohne sonst irgend einen Theil des Gesichtes zu sehen, allein am Mundwinkel erkennen, ob heitere oder trübe Stimmung vorherrscht.

Das Hungergefühl.

Bald nach der Geburt machen sich Hunger und Durst geltend. Sie werden daran erkannt, dass, nach Einführung saugbarer Gegenstände in den Mund, Saugbewegungen eintreten, während der gesättigte Säugling nicht anhaltend saugt.

Dauert das Hunger- und Durstgefühl länger, dann schreit das Kind und wird unruhig. Jedesmal aber schwindet die Unruhe in den ersten Lebenstagen zeitweilig, wenn Saugbares in den Mund gelangt, und sei es nur der Zipfel eines Kissens oder ein Finger, so dass die Annahme gerechtfertigt ist, die mit dem Hunger verbundene Unlust werde durch die mit dem Saugen verbundene Lust verdrängt. Doch lässt sich, wie Genzmer bemerkte, bei manchen Säuglingen schon eine Woche nach der Geburt das Hungergefühl nicht so leicht wie anfangs wegtäuschen. Schon so früh ist also eine nützliche Erfahrung gemacht worden. In den ersten Tagen saugt fast jedes hungrige Kind an den eigenen Fingern. Dann beginnt wieder das Schreien. Es ist vom Anfang an ein anderes, als das Schreien vor Schmerz, und wird nicht so lange wie dieses ununterbrochen fortgesetzt, vielmehr schreien hungernde, sehr kleine Kinder in kurzen und langen Pausen. Auch hat die Stimme einen anderen Klang; der Schmerzschrei ist höher als der Schrei vor Hunger. Vom Schreien beim Befriedigt-sein ist der letztere gleichfalls leicht in den ersten Tagen zu unterscheiden. Wenn das Kind vor Hunger schreit, sind die Augen meistens zugekniffen, schreit es vor Freude, dann sind sie offen. Ferner pflegte mein Kind beim Schreien vor Hunger die Zunge zurückzuziehen und zu verbreitern, was von anderen Schrei-Arten in dem Maasse nicht gilt (deutlich noch in der 29. Woche).

Die Reflex-Erregbarkeit des Säuglings ist während des Hungerzustandes namentlich für Berührungen gesteigert, am meisten an den Lippen und Wangen.

Ein sicheres Zeichen des Hungerzustandes oder des durch ihn entstandenen lebhaften Begehrens ist ferner das Aufreissen der Augen bei Annäherung an die Brust, welches in den ersten Lebenswochen regelmässig eintritt, aber nicht vor dem ersten Anlegen. Also ist dazu Erfahrung nöthig.

Auch habe ich nur das hungrige Kind unmittelbar vor dem Beginn des Saugens an der Brust die eigenthümlichen wackelnden Kopfbewegungen machen gesehen, welche ebenso eintreten, wenn dem ein- bis zweimonatlichen Säugling ein Saughütchen an die Lippen gebracht wird, aber schwächer werden und aufhören, wenn man öfter den Kautschuk aus dem Munde entfernt, und wieder einführt, als wenn ihre Nutzlosigkeit gemerkt würde. Während diese Bewegungen bald schwinden, steigert sich die thierische Gier nach Nahrung im ersten Jahr. Beim Leeren der Saugflasche werden die Augen weit aufgemacht und kein Blick von ihr gewendet (im sechsten und siebenten Monat). Ist das halbjährige Kind sehr hungrig, so wendet es Kopf und Blick energisch und anhaltend der ihm in kleiner wie in grosser Entfernung vorgehaltenen Milchflasche zu und schreit sogleich heftig, wenn man mit derselben das Zimmer verlässt. Dagegen öffnet es gierig den Mund, wenn man sich mit der Saugflasche nähert. Diese und alles, was mit ihr zusammenhängt, hat im dritten Vierteljahr weitaus das grösste Interesse für den Säugling, der mit glänzenden Augen die Arme danach ausstreckt. wenn er nicht satt ist.

Vom fünften Monat an gelang es jedoch die Aufmerksamkeit während des Saugens durch neue Geräusche und Bewegungen vorübergehend von der Nahrungsaufnahme abzulenken, und im vierten Vierteljahr war diese letztere nicht mehr so hastig wie vorher, der Hunger beherrschte nicht mehr so sehr alle anderen Gefühle. Dieser Fortschritt ist, abgesehen von der unter normalen Verhältnissen immer ohne Zögern bewilligten Stillung des Hungers, auch durch die Zunahme des in der einzelnen Mahlzeit aufgenommenen Nährmaterials bedingt. Je kleiner der Magen, um so öfter wird er leer. Je mehr er fassen kann, um so länger wird. da es an Nahrung nicht fehlt, die Stillung des Hungers vorhalten.

Bei gesunden Neugeborenen fasst der Magen (nach Beneke)
nur 35 bis 43 Cubikcentimeter, nach zwei Wochen 153 bis 160,
nach zwei Jahren 740 C. (abgesehen von grossen individuellen Abweichungen). So werden die Pausen zwischen den Mahlzeiten nach
und nach länger und diese seltener, und es bleibt mehr Zeit für
den Säugling, seine Aufmerksamkeit anderen Dingen als der Nahrung
zuzuwenden, da er, je älter er wird, auch um so weniger schläft
und um so weniger rasch seine Nahrung verbraucht. In der zehnten
Woche dreimal wach und hungrig sein in einer Nacht ist wenig;
in der 15. Woche dauern die Nahrungspausen bei Tage drei bis
vier Stunden gegen zwei Stunden zu Anfang des Lebens; und in
der 18. Woche kommen zehn- bis elfstündige Nächte ohne alle
Nahrungsaufnahme vor.

Freilich verhalten sich die Säuglinge sehr ungleich in dieser
Beziehung. Doch gilt für alle, dass sie anfangs öfters hungrig sind,
als im zweiten und vollends im dritten Vierteljahr. Wenn man
sich zuviel mit dem Kinde beschäftigt, zu viele neue Sinneseindrücke
einwirken lässt, seine Aufmerksamkeit zu sehr anspannt, dann tritt
zur Unzeit Hunger und Schreien ein, mag auch die Heiterkeit un-
getrübt gewesen sein. Dieses plötzliche Verdriesslich- und Hungrig-
werden habe ich oft (von der sechsten Woche an) beobachtet. Es
wurde aber später (im achten und neunten Monat) das Verlangen
nach Nahrung immer weniger durch Schreien kundgegeben und oft
durch ein eigenthümliches, mit Kehlkopfbewegungen verbundenes Girren bei fest geschlossenem Munde geäussert. Dieses hatte auch für den,
welcher seine Bedeutung nicht kannte, den Charakter des Verlangens,
scheint aber nicht bei vielen Kindern vorzukommen. Sein Ursprung
ist ganz dunkel. Nur das hungrige Kind liess den sonderbaren
Laut hören, wenn es die Nahrung sah, die es, etwa weil sie zu warm
oder nicht warm genug war, nicht sogleich zu sich nehmen durfte.

Trotzdem das Hungergefühl von allen Gefühlen weitaus das
stärkste ist, kann es in den ersten Wochen keine willkürliche Bewegung zu Stande bringen.

Ich beobachtete ein Kind, welches am vierten und sechsten Tage
hartnäckig trotz siebenstündiger Nahrungsentziehung sich weigerte,
die linke Brust zu nehmen, während es die rechte jederzeit gern
nahm und auch die linke genug Milch lieferte; nur war deren
Mamille nicht so bequem zum Saugen. Aber selbst mit dem be-
quemen Saughütchen wurde sie oft, auch am 19. Tage noch consequent, verweigert. Dagegen sog das Kind an der Haut neben der
Warze, schrie dann und schlief schliesslich, von der unnützen Anstrengung ermüdet, ein. Offenbar ist in diesem Falle der Hunger
gross, aber die Einsicht, wie leicht er zu stillen wäre, nicht vorhanden, weil beim ersten Versuch, links zu saugen, die Erfahrung
gemacht wurde, dass sich da nicht so leicht saugen liess, wie rechts.
Dass diese Unterscheidung bereits am vierten Lebenstage gemacht

werden konnte, ist ebenso merkwürdig, wie die Consequenz, mit welcher sie, nachdem die grösste Bequemlichkeit erzielt ward, bei allen folgenden Versuchen als noch bestehend von dem Säugling festgehalten wurde.

Das Sättigungsgefühl.

In jeder Beziehung den Äusserungen des Hunger- und Durst-Gefühls entgegengesetzt sind die des Sättigungsgefühls beim Säugling. Dieselbe Nahrung und Nahrungsquelle, welche vorher mit der grössten Begierde verlangt wurde, wird jetzt verabscheut. Wenn das Kind an der Brust genug gesogen hat, dann stösst es förmlich die Warze mit den Lippen fort (in der dritten bis fünften Woche). Ebenso stösst das Kind das Mundstück der Saugflasche aus, wenn es genug gesogen hat (in der vierten Woche). Noch im siebenten Monat sah ich deutlich, dass mit der Zunge das Mundstück energisch ausgestossen ward. Der Kopf wurde schon viel früher nach reichlichem Saugen seitab gewendet. Diese Bewegungen sind als sichere Zeichen des eingetretenen Sättigungsgefühls anzusehen. Es kommen früh noch andere hinzu.

Schon am zehnten Tage, als das satte Kind eingeschlafen war, sah ich seinen Mund die Gestalt eines lächelnden Mundes annehmen, wodurch das Antlitz den Ausdruck grosser Befriedigung erhielt. Später wurde dasselbe oftmals wahrgenommen. In der vierten Woche kamen zwischen das Ende der Milchaufnahme und den Beginn des Schlafes noch andere Zeichen der höchsten Befriedigung hinzu: Lachen, Augen-aufmachen, dann -halb-schliessen, unarticulirte Laute, denen jeder, auch der das Kind nicht sah, die Befriedigung anmerkte. In den ersten Monaten sind, wie noch im achten, die Lustäusserungen am ausgesprochensten, wenn das Sättigungsgefühl eingetreten ist. Die Beseitigung des Hungers bewirkt das grösste Vergnügen, die Verstärkung des Hungergefühls und des von ihm noch nicht getrennten Durstgefühls die grösste Unlust für den gesunden Säugling.

Doch habe ich in keinem Falle die Überzeugung gewinnen können, dass der Säugling schon fähig sei, Ekel zu fühlen. Weder Übersättigung noch Erbrechen, weder die grösste Unreinlichkeit noch der widerlichste Fäulnissgeruch rufen beim Kinde in der ersten Zeit die mit dem Ekelgefühl verbundene Physiognomie hervor. Der Widerwille gegen bittere Stoffe kann ohne jenes Gefühl sich äussern, während die betreffenden Abwehrreflexe beim Erwachsenen sich mit ihm zu verbinden pflegen.

Das Ermüdungsgefühl.

Trotz der Schlafsucht des Säuglings könnte es zweifelhaft erscheinen, ob derselbe leicht ermüdet, weil er sich scheinbar nur wenig geistig und körperlich anstrengt. Eine nähere Überlegung zeigt aber, dass mehrere Ermüdungsursachen sogleich nach der Geburt sich geltend machen müssen, ein Ermüdungsgefühl schon bald nach derselben eintreten kann und die physiologische Schlafsucht des Säuglings damit zusammenhängt.

Zum Wachsein sind Reize, Erregungen von sensorischen Nerven, erforderlich. Sind nun, wie vor der Geburt, wenige Reize vorhanden, dann wird das Gegentheil des Wachseins, der Schlaf, anhaltend und fest sein. Steigt nach der Geburt die Nervenerregbarkeit und die Anzahl der Reize schon durch die Öffnung der Augen und Ohren und die Hautnerventhätigkeit, dann wird der Schlaf unterbrochen. Je länger diese Unterbrechung dauert, um so mehr müssen sich die Producte der Thätigkeit einerseits der centralen und peripheren Theile der Sinnesorgane, andererseits der Muskeln, welche sich im wachen Zustande stärker und öfter zusammenziehen, als im Schlafe, anhäufen. Diese Ermüdungsstoffe verhindern, wie ich (1876) darthat, anhaltendes Wachsein, weil sie den zur Thätigkeit erforderlichen Sauerstoff dem Blute entziehen, um sich selbst damit zu verbinden, so dass sie oxydirt und schliesslich ausgeschieden werden.

Beim Neugeborenen und Säugling, deren Muskeln an und für sich wenig leistungsfähig sind und den Muskeln ermüdeter Erwachsener sich ähnlich verhalten, wie Soltmann nachwies, sind es namentlich zwei Actionen, welche starke Muskelanstrengung bedingen: Schreien und Saugen. Das Schreien des hungrigen Säuglings ist ein schnell Ermüdung herbeiführendes Zeichen von Wachsein. Denn lässt man ihn ausschreien, so schläft er meistens bald ein, auch ohne Nahrung erhalten zu haben. Das Saugen an einer wenig Milch enthaltenden Brust ist gleichfalls ermüdend. Wiederholt sah ich innerhalb des ersten Vierteljahres während solchen Saugens an der unzureichenden Ammenbrust den Schlaf eintreten, und häufig das Saugen durch längere Pausen unterbrochen werden, auch wenn das Kind hungrig sein musste.

Dazu kommt die Ermüdung der Sinnesorgane. Nachdem die ersten Wochen vorüber sind und die Richtung der Aufmerksamkeit auf etwas Anderes als die Milch beginnen kann, wirken mannigfaltige Licht- und Schall-Eindrücke, neben den vom Anfang an starken tactilen und thermischen Hautreizen, schnell ermüdend auf den Säugling, zumal wenn die Angehörigen sich zuviel mit ihm beschäftigen. So hatte bei meinem Knaben das Anhören des

Clavierspiels in der achten Woche einen ununterbrochenen sechs-
stündigen Schlaf zur Folge, während bis dahin der Schlaf nicht ein
einziges Mal so lange gedauert hatte.

Aber die durch Schreien, Saugen und vielerlei Sinneseindrücke
herbeigeführte Ermüdung reicht allein schwerlich aus, die kurze
Dauer der wachen Perioden im ersten Halbjahr zu erklären, auch
dann nicht, wenn man den Extremitäten-Bewegungen und der von
den Athmungsmuskeln geleisteten Arbeit einen noch so grossen
Spielraum gewährt. Es muss noch eine schlafmachende Ursache
hinzukommen, da von den beiden ersten Lebensjahren der grössere
Theil verschlafen wird. Wahrscheinlich ist es die wegen geringerer
Blutmenge und geringerer Energie des Athmungsprocesses relativ
geringere Sauerstoffzufuhr, welche hier in Betracht kommt, sowie
die Benöthigung des Sauerstoffs zum Wachsthum, so dass einerseits weniger Arbeit geleistet und weniger Wärme producirt, andererseits weniger Sauerstoff zur Erhaltung des Stoffwechsels im
Gehirn beim Wachsein erübrigt werden kann. Es kommt aber
auch die Beschaffenheit der Nahrung, welche normalerweise in der
Zeit des Viel-Schlafens einförmig nur aus Milch besteht, hinzu.

Die Milch und die Molken üben in grossen Mengen auch auf
Erwachsene eine ermüdende Wirkung aus. Sie enthalten Milchzucker, welcher im Magen Milchsäure liefert. Diese verbindet sich
im Darm mit Alkali, und so müssen nach jeder Nahrungsaufnahme
beim Säugling relativ grössere Mengen von Lactaten, als beim Erwachsenen, in das Blut gelangen. Dieselben werden oxydirt, können
dadurch dem Gehirn den zum Wachsein erforderlichen Sauerstoff
zum grossen Theil entziehen, und darum vielleicht schläft der Säugling regelmässig nicht lange nach jeder reichlichen Milchaufnahme
ein. Auch kann die Milch Ermüdungsstoffe aus dem Blute der
Mutter enthalten. Endlich kann der fast ununterbrochene, kaum
länger als zwei Stunden ganz ruhende Act der Milchverdauung durch
Ansammlung von Blut in den Gefässen der Verdauungsorgane dem
Gehirn zeitweilig grössere Blutmengen entziehen.

Hiermit steht die Erfahrung im Einklang, dass im ersten
Vierteljahr die Dauer der Schlafzeit zwischen zwei Mahlzeiten viel
kürzer ist, als im zweiten, und sich immer mehr verlängert. Anfangs ist die Verdauungszeit wegen der Kleinheit des Magens
kürzer als später. Ich fand den Schlaf des Säuglings um so fester
und anhaltender, je concentrirter die Milch unter sonst gleichen
Umständen war. Reichliche gute Muttermilch hat festeren und
längeren Schlaf zur Folge, als gewässerte Kuhmilch und spärliche
Ammenmilch. Aber auch bei ausschliesslicher Darreichung jener
ist in den ersten Wochen die Schlafdauer kürzer, das Aufwachen
häufiger, als später, die gesammte Schlafzeit jedoch länger. Das
häufige Aufwachen wird nämlich ausser durch Hunger, durch die

in der ersten Zeit grössere Unreinlichkeit, durch Nässe, also Hautreizung, begünstigt.

Die Notizen, welche ich über die Schlafdauer meines Knaben
niederschrieb, zeigen deutlich die Abnahme der Schlafdauer im
Ganzen und die Zunahme der Dauer des zusammenhängenden
Schlafes vom ersten Tage an bis an das Ende des dritten Jahres.
Ich hebe folgende Einzelheiten heraus:

Im ersten Monat dauerte der Schlaf ohne Unterbrechung nicht
oft länger als zwei Stunden; von 24 Stunden wurden trotzdem
wenigstens 16, meistens viel mehr verschlafen.

Im zweiten Monat kam oft ein dreistündiger, selten ein fünf-
bis sechsstündiger Schlaf vor.

Im dritten Monat schläft das Kind oft vier, manchmal fünf
Stunden hintereinander, ohne wach zu werden.

Im vierten Monat dauert der Schlaf oft fünf bis sechs Stunden,
die Nahrungspause drei und vier Stunden (gegen zwei Stunden früher).
Einmal währte der Schlaf neun Stunden.

Im sechsten Monat sechs- bis achtstündiger Schlaf nicht selten.

Im achten Monat unruhige Nächte (wegen des Zahnens).

Im 13. Monat in der Regel 14 Stunden Schlaf täglich in
mehreren Abtheilungen.

Im 17. Monat begann erst das Durchschlafen: zehn Stunden
ohne Unterbrechung.

Im 20. Monat wurde es zur Gewohnheit und das Schlafen bei
Tage auf zwei Stunden reducirt.

Vom 37. Monat an dauerte der nächtliche Schlaf regelmässig
elf bis zwölf Stunden jahrelang, und der Schlaf bei Tage war nicht
mehr erforderlich.

Vom vierten Jahre an überwiegt erst die Zeit des Wachseins,
die Schläfrigkeit tritt nicht mehr so schnell ein. Die Bemerkung
swer (= schwer) beim Gehen, statt „müde", welche im dritten
Jahre oft gemacht wurde, kommt nicht mehr vor, und wenn auch
das Ermüdungsgefühl sich bisweilen geltend macht, so tritt nicht
mehr unmittelbar darauf Schläfrigkeit und Schlaf ein. Für das
„unermüdliche" Springen und Laufen älterer Kinder ist jedenfalls
die mannigfaltige Nahrung im Gegensatz zur früheren Milchkost
mitbestimmend, hauptsächlich aber die gesteigerte Leistungsfähigkeit
des Athmungsapparates, des Blutes, der Muskeln und Nerven. Der
Schlaf wird ruhiger, indem Träume nicht mehr so oft mit Bewegungen und Rufen verbunden vorkommen.

Ich halte es für wichtig, bei kleinen Kindern den Schlaf nicht
— etwa um ihnen Milch zu geben — künstlich zu unterbrechen
und auch grössere nicht zu wecken. Durch Wecken wird leicht
ein wahrer Angstzustand mit Zittern und Krämpfen bei völlig gesunden Kindern herbeigeführt und anhaltende Verstimmung erzeugt.
Ein Nutzen des Weckens für das Kind ist mir nicht bekannt. Es

muss um so mehr vermieden werden, als damit fast jedesmal ein Erschrecken desselben verbunden ist, alles Erschrecken aber unbedingt schädlich wirkt, sei es nun barsches Anfahren, sei es die Drohung mit dem „schwarzen Mann" oder hinterlistiges, scherzhaft sein sollendes Fangen, Begiessen und dergleichen. Ältere Kinder pflegen jüngeren durch solche Streiche gern ihre Überlegenheit zu zeigen, aber auch ungebildete Wärterinnen greifen nicht selten zu ähnlichen Mitteln. Sie erwecken dadurch die Furchtsamkeit, welche durch Grauen erregende thörichte Märchen leicht gesteigert werden kann und dann früh zu einer krankhaften Reizbarkeit führt.

VII. Die Gemüthsbewegungen.

Von den Gemüthsbewegungen oder Emotionen des kleinen Kindes habe ich nur zwei, die Furcht und das Erstaunen, zum Gegenstande vervielfältigter Beobachtung gemacht.

Die Furcht.

Wann ein Säugling zum ersten Male Furcht verräth, hängt wesentlich von seiner Behandlung ab, sofern die Vermeidung schmerzerregender Eingriffe die durch Unkenntniss der Furcht ausgezeichnete Periode verlängert, dagegen die Häufung derselben sie abkürzt.

Es giebt aber eine erbliche Furchtsamkeit, welche sich äussert, sowie sich die Gelegenheit bietet. Wie kommt es, dass viele Kinder sich vor Hunden, Schweinen und Katzen, ehe sie deren gefährliche Eigenschaften kennen, fürchten? Der Donner macht manche Kinder schreien; aus welchem Grunde?

Wenn hier undeutliche Vorstellungen einer Gefahr, Erinnerungen an Schmerzen nach einem geräuschvollen Fall oder an Erschütterungen bei lautem Poltern mitwirken können — mein Kind schrie im zweiten Lebensjahre fast jedesmal angstvoll, wenn schwere Möbel verrückt wurden —, so sind doch bei den Äusserungen der Furcht unerfahrener Thiere derartige Factoren ausgeschlossen.

Eine Henne mit ihrer ersten Brut von etwa einer Woche wurde (von Spalding) erschreckt durch das Auffliegenlassen eines jungen Falken. In einem Augenblick waren sämmtliche Hühnchen im Grase und Gebüsch versteckt, und als der Raubvogel zwölf Ellen von ihrer Sitzstelle entfernt den Boden berührte, stürzte die Henne sich auf ihn und würde ihn ohne Zweifel getödtet haben. Ich habe diesen Versuch wiederholt. Ein junger sehr lebhafter Thurmfalke, so gross wie ein Haushahn, wurde, von mir an den Flügeln gehalten, 33 im Brütofen ausgebrüteten und im geschlossenen Raum ohne Umgang mit anderen Hühnern aufgezogenen 24 bis 25 Tage alten Hühnchen genähert. Sie schienen ihn anfangs nicht zu bemerken. Sowie sie aber seine Stimme hörten, wurden sie alle aufmerksam und still und bewegten sich wenig. Jetzt liess ich den Falken los: sofort stoben die Hühnchen nach allen Richtungen auseinander und versteckten sich. Sie hatten seinesgleichen zuvor nie gesehen und eine Mutter konnte ihn nicht ihren Sprösslingen geschildert haben. Als ich aber nach einer langen Pause eine Haustaube über die 33 Hühnchen hinwegfliegen liess, erschraken sie geradeso, stoben auseinander und versteckten sich. Beim erstmaligen Anblick eines Huhnes, das seine Stimme laut hören liess, erschraken sie dagegen nicht im Mindesten. Es kann also der Erbfeind durch angeborene Erinnerung gekannt sein. Doch sind die Versuche, wegen des Controlversuchs mit der Taube, nur für das Vorhandensein der Angst im Allgemeinen, nicht der Angst vor dem „Erbfeind", beweiskräftig.

Als ich eine junge Katze in einen Kasten setzte, in welchem sich 18 noch nicht vier Stunden alte und 2 etwa zwanzig Stunden alte Hühnchen befanden, machte keines auch nur die geringste Fluchtbewegung; ja selbst nachdem die Katze, welche ein Hühnchen gebissen hatte, fortgenommen und nachher wieder zu den 20 Hühnchen in den Kasten gesetzt worden war, entstand keine Bewegung unter diesen; das gebissene Thierchen wendete sich nicht einmal ab. Dasselbe trug sich am dritten Tage zu.

Ähnlich wie die Hühnchen verhielt sich ein zehn Tage alter Truthahn, als er zum ersten Male die Stimme des Falken, und zwar in nächster Nähe hörte; er schoss wie ein Pfeil in einen Winkel, wo er zusammengekauert regungslos und stumm zehn Minuten lang furchtgebannt blieb (Spalding). Die Hühnchen sollen auch den Bienen gegenüber unzweideutige Zeichen von Furcht zu erkennen geben, obgleich sie nicht gestochen werden. Sie bringen also die Furchtsamkeit mit aus dem Ei, als erbliche Eigenschaft. Gegen diese Folgerung könnte man geltend machen, dass jeder plötzliche starke Sinneseindruck dieselben Symptome hervorruft wie der Furcht erregende. Das Verhalten der unerfahrenen Hühnchen war dasselbe, als die stumme Taube plötzlich erschien, wie vorher bei der Annäherung des schreienden Falken. Als ich jedoch letzteren in eine grosse Schaar emsig pickender Hühner hineinfahren liess, ertönte sogleich der Warnungsruf des Hahnes, und als der Falke gegen ein Huhn sich richtete, entflohen sie alle bis auf eines, welches sich gegen den Raubvogel zum Angriff rüstete. Dasselbe that unmittelbar darauf eine Pfauhenne.

Hieraus erkennt man, dass Feigheit und Muth bei denselben Thierarten sehr ungleich vertheilt sind. Erbliche Furchtsamkeit und Tapferkeit sind durch diese Versuche nachgewiesen.

Ähnlich muss es sich mit dem Menschenkinde verhalten, welches sich vor allerlei ungefährlichen und vor wirklich gefährlichen Dingen fürchtet, ehe es die Gefahr selbst kennt und ehe es von der Furchtsamkeit der Mutter angesteckt sein kann. Die Behauptung, das Kind, dem dieselbe nicht anerzogen sei, kenne

keine Furcht, ist falsch. Der Muth und die Furchtsamkeit der
Mutter sind zwar von ausserordentlichem Einfluss auf das Kind,
sofern gewiss muthige Mütter muthige Kinder, furchtsame furchtsame haben durch Nachahmung, aber es giebt so viele Fälle von
Furchtsamkeit und von Muth des Kindes, ohne derartigen Anlass,
dass man, wie bei den Thieren, ein erbliches Moment mit in An-
schlag bringen muss.

So bemerkte Champneys, dass sein Knabe, als er etwa neun
Monate alt war, zum ersten Male Zeichen von Furcht erkennen
liess, indem er bei einem ungewöhnlichen Geräusch an einer entfernten Stelle im Zimmer aufmerksam wurde, die Augen weit öffnete
und dann anfing zu schreiweinen. Etwa einen Monat später gab
man diesem Kinde ein Spielzeug, das beim Drücken quiekte. Es
schrie sogleich und jedesmal wieder, wenn man es ihm anbot. Aber
nach einiger Zeit gewöhnte es sich an das Quieken, freute sich dann
darüber und rief es selbst hervor.

Unter den Beobachtungen, welche ich an meinem, im vierten
Jahre nicht besonders furchtsamen, vielmehr gegen zwei und drei
ältere Kinder zugleich sich wehrenden Knaben machte, sind einige
unzweifelhaft nicht auf Nachahmung zurückführbar, so die Furcht
vor kleinen Thieren, wenn sie nahe sind.

Im neunten Monat bemerkte ich zum ersten Male das Schreiweinen, Sich-Abwenden und -Zurückziehen vor Furcht, als ein kleiner
Hund die Wärterin, welche mein Kind auf dem Arm trug, anbellte.
Nach gerade einhundert Tagen dasselbe. Ebenso im 17. Monat. Im
zehnten Vierteljahr ist noch immer die Furcht vor jedem Hunde
auffallend, obwohl das Kind nie von einem solchen gebissen worden
ist, auch, soviel sich feststellen liess, niemals gesehen hat, dass ein
Hund ein Kind gebissen hätte. Noch im 33. Monat tritt Schreiweinen bei Annäherung selbst des kleinsten, wenige Wochen alten
Hundes ein. Doch wurde bald nach dieser Zeit die Scheu allmählich
überwunden und einmal sogar von dem Kinde von selbst ein Apfel
dem Hunde, welcher ihn ihm weggenommen hatte, in meiner Gegenwart sehr tapfer aus den Zähnen geholt.

Wie wenig die spät überwundene Furcht vor Hunden anerzogen wird, geht aus dem Verhalten des Kindes anderen kleinen
Thieren gegenüber hervor.

Um ihm ein Vergnügen zu bereiten, wurden ihm (im 27. Monat)
eine Anzahl junger Schweine gezeigt. Schon der Anblick machte
ernst. Als die possirlichen Thiere aber anfingen, an den Zitzen des
ruhig daliegenden Mutterthieres zu saugen, da begann das Schreiweinen, Sichfesthalten und Abwenden vor Furcht. Das Kind meinte,
wie sich bald herausstellte, die saugenden Ferkel bissen die Mutter.
Dass es selbst darüber in einen wahren Angstzustand gerieth, jedesmal wenn es denselben nahegebracht wurde, ist um so befremdlicher,
als sie alle in einem Stall mit hoher fester Umfriedigung ein-

geschlossen waren. So stark wurde diese Furcht im Laufe des vierten und fünften Jahres bei meinem Kinde, dass es einige Male Nachts aufschrie und sich einbildete, ein Schwein wolle es beissen. Es schien das Thier zu sehen, als wenn es wirklich da gewesen wäre, und liess sich selbst nach heller Beleuchtung seines Bettes von der Abwesenheit desselben nicht überzeugen. Die Erklärung, welche Heyfelder für ähnliche Fälle versucht, mag für einige zutreffen; er meint, wenn die Kinder im Einschlafen aufschreien und sich von einem Hunde gebissen glauben, so veranlasse ein plötzlicher Ruck am Bein oder Arm ein Gefühl, aus dem die Phantasie das Thier construire. Wenn aber das ganz ruhig schlafende Kind plötzlich aufschreit „Geh weg! Schwein!" auch ohne zu erwachen, muss man wohl ein Auftauchen des Traumbildes ohne äusseren Ruck annehmen.

Ebenso merkwürdig wie diese Thierfurcht ist die Furcht zu fallen bei den ersten Gehversuchen. Obgleich mein Kind niemals, soweit sich feststellen liess, bis dahin gefallen war, wagte es im 14. Monat, als es allein noch nicht gehen konnte, nicht, ohne Halt einen Schritt zu thun, und wurde ängstlich, wenn es nicht gehalten ward. Gestossen hatte sich das Kind vorher wiederholt, aber hier schrie es vor Furcht zu fallen, ohne die Erfahrung des Stossens beim Fallen gemacht zu haben.

Im 16 Monat fürchtete es sich, zu meiner Überraschung, da ich es zu erfreuen gedachte, als ich mit dem Finger an einem Trinkglase hohe Töne hervorrief, wie früher einmal (S. 29). Seine Angst, damals (im dritten Monat) nicht vorhanden, liess sich nun bis zum Weinen steigern, während das Klingen der Gläser beim Anschlagen mit Jubel begrüsst ward. Ob wegen Unkenntniss der Ursache der ungewöhnliche Ton unheimlich erschien? Aber dasselbe Kind lachte über den Donner und Blitz (im 18. und 19. Monat), ein anderes sogar im 35. Monat, dabei die Zickzackbewegung geschickt mit der Hand nachahmend.

Im 21. Monat zeigte mein Kind alle Zeichen der Furcht, wenn seine Wärterin es dicht am Meere auf dem Arm trug. Es fing dann an zu wimmern und klammerte sich mit beiden Händen fester an, selbst dann, wenn bei Windstille und Ebbe nur ganz geringer Wellenschlag vorhanden war. Woher die Furcht vor dem Meere, welches das Kind nicht kennt? Die Wasser des Eiderkanals, der Saale, des Rheines fürchtete es nicht im Geringsten in demselben Jahre. Die Grösse des Meeres konnte aber allein nicht Furcht erregen, da die Angstsymptome nur ganz dicht am Wasser sich zeigten; also vorher gehörtes Brausen? Ich möchte trotz der Heiterkeit, welche der Donner erregte, hier das überwältigend grosse brausende Unbekannte als den Erreger der Furcht bezeichnen, weil die drei Factoren in der Nähe und zusammen stärker wirken, als einzeln und in der Ferne.

Auch die Furcht vor Maschinen, vor schwarzen Gestalten (im 17. Monat), sowie die Furcht vor einer tiefen Stimme, vor maskirten Gesichtern, vor fremden Gesichtern (im sechsten und siebenten Monat), selbst wenn sie freundlich sind, ist nicht anerzogen und vermuthlich eine Angst vor dem Unbekannten. Sie spricht sich dadurch aus, dass der Säugling beim Anblick Fremder oder beim Hören der fremdartigen Laute schreit, was in den ersten drei Monaten nicht vorkommt. Dagegen lässt sich leicht die im zweiten Jahre hervortretende erworbene Furcht vor Strafe von der natürlichen Angst unterscheiden. Das Kind, welches einem ihm wohlbekannten Verbot zum ersten Male zuwiderhandelt, schreit nicht, zittert nicht, klammert sich nicht fester an, kauert sich nicht zusammen, sondern sucht zu entfliehen. Die Furcht, gezüchtigt zu werden, ist, so oft sie auch, viele Generationen hindurch, in derselben Weise, in demselben Alter hervortritt, immer auf's Neue erworben. Einen Beweis dafür finde ich darin, dass mein Kind sich nicht im Geringsten im Dunkeln fürchtet, ohne Zweifel weil es niemals durch Einsperren in einen dunkeln Raum gestraft worden ist.

Wie sich beim Kinde die einzelnen Angstsymptome ausbilden, namentlich das charakteristische Zittern, ist unbekannt. Von kleinen Kindern behaupten manche, dass sie nie zittern. Ebengeborene und vierjährige Kinder können aber, wie ich selbst wahrnahm, zittern. Ein ganz gesundes, schweres, noch nicht eine Viertelstunde altes Kind zitterte fast ununterbrochen, bald stärker, bald schwächer, während ich es beobachtete, obwohl es im Zimmer (im Entbindungshaus) behaglich warm war. Es hatte bereits ein warmes Bad erhalten. Manche Ebengeborene zittern freilich nicht.

Viele Thiere, neugeborene Hunde, Mäuse, Kaninchen, Meerschweinchen und Hühner, welche ich in dieser Beziehung oft beobachtet habe, zittern im warmen Lager. Aber sie fürchten sich anfangs vor dem Ergreifen mit der Hand nicht im Geringsten. Das Verhalten des im Brütofen ausschlüpfenden Hühnchens ist in den ersten Lebenstagen ein ganz anderes, als in den folgenden; man hat dann oft die grösste Mühe, es zu fangen. Anfangs läuft es nicht fort, so gut es auch zu laufen versteht, später jedesmal. Hühnerhunde sind desgleichen zu Anfang ihres Lebens, auch nachdem sie sehen können, völlig furchtlos dem Menschen gegenüber. Nachdem sie aber einmal die Peitsche kennen gelernt haben, zeigen sie, Dachshunde in einzelnen Fällen sogar auffallenderweise, wie Romanes berichtet, ohne nachweislich jemals gezüchtigt worden zu sein, Furcht vor dem Menschen in der ausgeprägtesten Weise. Wie sich dabei erbliche Anlage mit der eigenen Erfahrung combinirt, lässt sich nicht angeben. Dass aber die Furcht vor dem Menschen nicht ursprünglich ist, sondern durch ihn selbst erst vielen Thieren gemeinsam eingeimpft wurde, folgt aus dem Verhalten solcher Thiere, welche in der von Menschen nicht besuchten Wildniss nicht im Geringsten scheu sind, während ihre Artgenossen, wo gejagt wird, mit der grössten Vorsicht, wenn sie Menschen wittern, sich verstecken oder entfliehen, ohne verfolgt worden zu sein. Die Odinshühner (*Phalaropus*) fürchten sich im unbewohnten Innern Islands gar nicht vor dem Menschen, an den bewohnten Küsten sind sie nichts weniger als zahm.

So ist es auch beim Menschen einerseits die Unkenntniss der Gefahr, andererseits die Gewöhnung an dieselbe, welche furchtlos macht.

Das Erstaunen.

Es ist schwierig, den Zeitpunkt zu bestimmen, wann ein Mensch zum ersten Male in seinem Leben erstaunt. Die Überraschung, welche sich durch eine Reflexbewegung mit den Armen kundgiebt, und zwar in der ersten Woche, nach einem starken plötzlichen Geräusch, ist wesentlich verschieden vom Erstaunen. Auch die grosse Concentration der Aufmerksamkeit, welche der Säugling den eigenen Fingern zuwendet, nachdem er seine Tast- und Greif-Versuche im vierten Monat begonnen hat, ist verschieden von der Überwältigung durch einen neuen Eindruck im Zustande höchsten Erstaunens. Aber gerade in dieser Zeit konnte ich mehrmals das Erstaunen des Säuglings von jener Anspannung unterscheiden. Als das Kind im Eisenbahnwagen sich befand und ich plötzlich, nach einer kurzen Trennung, in denselben einstieg, so dass es sogleich mein Gesicht sah und meine Stimme hörte, fixirte es mich über eine Minute lang mit offenem Munde (herabgesunkenem Unterkiefer), mit weit offenen, unbewegten Augen und auch sonst völlig regungslos das typische Bild des Erstaunens zeigend (in der 22. Woche).

Geradeso starrte es in der sechsten Woche (S. 55e) seine Mutter und im sechsten Monat länger als eine Minute einen Fremden, der plötzlich in das Zimmer trat, unbewegt, mit offenem Munde an. Im achten und neunten Monat schienen diese Symptome noch mehr ausgeprägt zu sein und traten bei neuen optischen und akustischen Eindrücken, nicht bei neuen Gerüchen und Geschmacks-Eindrücken, in auffallender Übereinstimmung nicht selten hervor; so erstaunte das Kind in der 31. Woche über das Zusammenklappen eines Fächers, in der 34. über nachgeahmte Thierstimmen, in der 44. über ein fremdes Gesicht in der Nähe, in der 52. über einen neuen Klang. in der 58. über eine Laterne (nach dem Erwachen).

Dabei entsinne ich mich nicht, ein Heben der Augenbrauen wahrgenommen zu haben. Es kann aber vielleicht, weil es in dieser frühen Zeit nur unbedeutend war, übersehen worden sein. Manchmal wurde beim Öffnen des Mundes ein *a* gehört. Die Stellung des erstaunten Kindes war in jedem Falle diejenige, welche es gerade im Augenblick vor dem neuen Eindruck inne hatte. Dieselbe wurde mit weit aufgerissenen Augen und weit offenem Munde beibehalten. Wenn aber kein so grosses Erstaunen eintrat, dann bezeichnete ein Lidschlag, oder eine Reihe von Lidschlägen die Verwunderung; die Augen waren zwar weit offen, nicht aber der Mund.

Überhaupt traten gegen Ende des zweiten Jahres die Symptome des grössten Erstaunens viel seltener als vorher auf, namentlich das Herabsinken des Unterkiefers. Es gehörte also dann mehr dazu, um die ganze Aufmerksamkeit einem einzigen Sinnes-Eindruck so gewaltsam zuzuwenden, dass nicht einmal der Unterkiefer gehoben bleiben konnte. Das Kind war zu oft erstaunt gewesen und hatte sich an die einst neuen Eindrücke gewöhnt.

Das Verhalten des erstaunten Kindes ist völlig ursprünglich, nicht durch Nachahmung oder Dressur erworben, da es in der beschriebenen Weise spätestens im fünften Monat erstaunt. Seine Bewegungslosigkeit ist die Folge des starken plötzlichen neuen Eindrucks und gleicht der durch Aufhebung des Willens verursachten Schreckstarre der Thiere (Kataplexie).

Doch können einzelne Thiere, ohne so zu erschrecken, dass sie ihren Willen gänzlich verlieren, über neue Eindrücke erstaunen. Ich habe es wiederholt gesehen, wie ein Hühnerhund bewegungslos vor der gefensterten Ofenthür stehen blieb, nachdem Feuer angezündet worden war, die Flammen starr betrachtend und auf das blasende Geräusch und das Knistern lauschend. Der Hund war erstaunt wie ein Kind am Ofenfeuer, das es noch nicht kennt. Eine dem Menschen allein eigene Emotion ist das Erstaunen jedenfalls nicht.

Auch die Mischung von Furcht und Erstaunen kommt bei Thieren geradeso vor wie bei Kindern, dann nämlich, wenn etwas ganz neues Unbegreifliches geschieht. Romanes theilt folgende Beobachtungen mit zum Beweise, dass Thiere Begriffe bilden. Ich benutze sie als Beweise dafür, dass Furcht und Erstaunen sich mischen, wenn die Einsicht in den Zusammenhang von neuen Wahrnehmungen mit alten fehlt.

Ein Hund fürchtete den Donner und gerieth in Angst, als eines Tages ein donnerartiges Getöse im Hause durch Ausschütten von Äpfeln auf den Dachboden entstand. Sowie er aber hinaufgeführt worden war und gesehen hatte, was den Lärm verursachte, war er wieder munter wie gewöhnlich. Ähnlich verhalten sich leicht scheuende Pferde, sofern sie Angst zeigen, nur so lange die Ursache eines Geräusches ihnen unbekannt bleibt.

Ein anderer Hund pflegte trockene Knochen umherzuschleudern. Als nun eines Tages Romanes einen langen dünnen Faden an einen Knochen befestigt und diesen, während der Hund damit spielte, abseits stehend langsam wegzuziehen begonnen hatte, verwandelte sich das ganze Benehmen des Hundes. Er stürzte hinweg und beobachtete erschrocken, wie der Knochen sich von selbst zu bewegen schien.

Derselbe Hund wurde durch Seifenblasen am Fussboden erschreckt, berührte aber eine mit der Pfote, und als sie verschwand, lief er fort, offenbar entsetzt über das unbegreifliche Verschwinden der grossen Kugel.

In diesen Fällen erzeugt gerade wie in den obigen Beispielen die Unkenntniss Furcht, die Neuheit der Eindrücke Erstaunen. Im ersten war die Furcht zuerst und schwand mit dem Erstaunen über die erkannte Ursache, im zweiten waren beide zugleich, im dritten war zuerst Erstaunen, dann Furcht wegen mangelnder Einsicht vorhanden.

Wollte man die drei Experimente mit kleinen Kindern anstellen, dann würde man gewiss viele finden, welche sich ähnlich wie die Hunde verhalten. Nur würde das richtige Alter nicht leicht zu ermitteln sein. Ein Kind (v. Taube) erstaunte im höchsten Grade, als es in seiner 29. Lebenswoche zum ersten Male sah, wie eine Seifenblase bei der Berührung platzte. Es fuhr sogar zusammen, wunderte sich aber bei der Wiederholung des Experimentes nicht mehr.

VIII. Die Entwicklung der Sinne im Allgemeinen.

Es ist sehr schwer für den entwickelten Menschen, sich in den Zustand eines Kindes zurückversetzt zu denken, welches noch keine oder nur undeutliche Erfahrungen gemacht hat, weil jede einzelne Erfahrung im Gehirn nach Überwindung der ersten Wachsthums-epochen ohne Zweifel eine organische Veränderung, gleichsam eine Narbe, zurücklässt, so dass der vorherige, von individuellen Ein-drücken noch unberührte, nur mit den Malen der Erfahrungen ver-gangener Generationen behaftete Zustand des Sensorium beim Neu-geborenen sich nicht ohne Zuhülfenahme der Phantasie reconstruiren lässt. Denn der geistige Zustand jedes Menschen ist so sehr das Product seiner Erlebnisse, dass er ihn ohne diese sich nicht vorzu-stellen vermag.

Doch lässt sich auf Grund der bis hierher zusammengestellten Thatsachen Einiges als sicher, Anderes als wahrscheinlich hinstellen.

Bezüglich der Sinne kann man es als sicher bezeichnen, dass vor der Geburt keine Lichtempfindung, kein Phosphen durch Druck oder Zerrung des Sehnerven oder der Netzhaut stattfindet, und doch wird unmittelbar nach der Geburt Hell und Dunkel unter-schieden. Sicherlich findet vor der Geburt keine Geruchsempfindung statt, und doch können Neugeborene in der ersten Lebensstunde auf stark riechende Stoffe reagiren. Hören kann kein Mensch vor seiner Geburt, aber in der ersten Stunde nach derselben sind in einzelnen Fällen Reflexbewegungen nach starken Schalleindrücken constatirt worden. Eine Geschmacksempfindung im eigentlichen Sinne des Wortes hat schwerlich das Kind vor der Geburt, aber sogleich nach derselben verhält es sich gegen stark bittere Stoffe anders, als gegen süsse. So bleibt nur der Gefühlssinn als ein schon im Fötalzustande wahrscheinlich thätiger übrig. Aber der ungeborene Mensch ist nicht in der Lage, Wärme von Kälte zu unterscheiden. Es sind also schliesslich, wenn nicht Gemeingefühle zu Stande kommen können, nur Berührungsempfindungen, die der Mensch erlebt haben kann, ehe er in die Welt eintritt.

Sehen im eigentlichen Sinne kann das Menschenkind in den ersten Wochen nicht. Anfangs unterscheidet es nur **Hell** und **Dunkel** und erkennt den Wechsel beider sogleich nur, wenn ein grosser Theil des Gesichtsfeldes erleuchtet oder beschattet wird. Ist aber das Helle sehr viel lichtstärker als die Umgebung, wie die Kerzenflamme im dunkeln Zimmer, dann wird es schon in der ersten Woche als hell empfunden, auch wenn es klein ist.

Die Unterscheidung der **Farben** ist in den ersten Monaten höchst unvollkommen und vielleicht auf die Erkennung der ungleichen Lichtstärke beschränkt. Benannt werden zuerst richtig Gelb und Roth und die Helligkeitsempfindungen Weiss und Schwarz, dagegen die kalten Farben meistens erst später. Wahrscheinlich empfindet noch das einjährige Kind Grün und Blau nicht so verschieden voneinander, wie später. Schwerlich wird ein Kind vor Ablauf des zweiten Jahres die genannten vier Grundfarben jedesmal richtig benennen, dagegen im vierten Jahre jedes normale Culturkind, auch ohne besondere Erziehung des Farbensinnes, sie besser als die Mischfarben erkennen und benennen.

Der schnelle Lidschlag nach rascher Annäherung gegen das Gesicht fehlt in den ersten Wochen und ist eine Reflexbewegung mit dem Charakter der Abwehr, welche erst entsteht, nachdem ein unangenehmes Gefühl in Folge der raschen, früher nicht bemerkten **Veränderung im Gesichtsfeld** sich hat ausbilden können. Daher ist das schnelle Auf- und Zumachen des Auges vom Ende des zweiten Monats an ein Zeichen vervollkommneten Sehens, nämlich ein Zeichen der **Wahrnehmung rascher Bewegungen.** Fast allgemein gilt ausserdem, dass bei angenehmen Eindrücken und Zuständen von der Stunde der Geburt an die Augen weiter geöffnet sind, als bei unangenehmen.

Die **Augenbewegungen** neugeborener Menschen sind nicht coordinirt und nicht associirt, sondern in den ersten Tagen überwiegend atypisch, wobei es aber oft geschieht, dass unter den mannigfaltigen ungeordneten Augenbewegungen auch gleichzeitige Wendungen beider Augen nach links, nach rechts, nach oben oder nach unten vorkommen. Diese ursprünglich seltenen Augenbewegungen sind aber nicht ganz symmetrisch. Sie werden bald häufiger und ganz symmetrisch und verdrängen, weil sie deutlicheres Sehen befördern, die atypischen Bewegungen nach und nach vollständig.

Das **Fixiren** und deutliche Sehen eines Gegenstandes bildet sich langsam aus. Im ersten Stadium **starrt das Kind ins Leere.** Im zweiten **wendet es das Auge** öfters von einem in der Starrlinie befindlichen Object, gewöhnlich einem Gesicht, auf ein daneben auftauchendes Object, das es dann anstarrt. Im dritten verfolgt es einen langsam bewegten Gegenstand mit den Augen und dem Kopf oder den Augen allein. Der Übergang vom Starren zum Blicken hat sich vollzogen; der vom Blicken zum Betrachten wird in dem vierten Stadium erreicht. Nun ist die Accommodation hergestellt: ungleich weit vom Auge befindliche Gegenstände werden nacheinander deutlich gesehen, während anfangs alles verschwommen war und in keinem Abstande zu sein schien. Die Verengerung der Pupille tritt beim Nahesehen mit Convergenz der Blicklinien ein, während anfangs die Verengerung der Pupille durch Licht auch ohne Nahesehen, ohne Convergenz bewirkt wird und öfters, im Gegensatz zum Erwachsenen, bei Convergenzstellungen weite Pupillen vorhanden sind. Der Ausdruck wird jedesmal beim Convergiren und binocularen Ansehen eines langsam bewegten Objectes intelligent.

Am längsten dauert beim Kinde die allmähliche Ausbildung des Vermögens, das Gesehene zu deuten. Durchsichtigkeit, Glanz, Schatten sind jahrelang unbegreiflich und verlieren das ihnen anhaftende Räthselhafte erst durch sehr oft wiederholte identische Wahrnehmungen. Die Dicke der gesehenen Gegenstände bleibt lange unerkannt, und die dritte Dimension des Raumes (die sagittale) wird im Gegensatz zu den beiden ersten (der transversalen und verticalen) spät und unvollkommen Bestandtheil der Wahrnehmungen. Das Fehlgreifen beweist, wie mangelhaft (noch im zweiten und dritten Jahre) die Distanzenschätzung ist; die verkehrten Interpretationen des Dampfes und der Flamme zeigen, dass die Verknüpfung der Tast- und Gesichts-Eindrücke sehr langsam von Statten geht. Die Wahrnehmung des Unterschiedes einer flächenhaften und einer dreidimensionalen Ausdehnung beginnt spät und stellt sich langsam her. Die Fähigkeit, Bilder von bekannten Gegenständen und Personen als solche zu erkennen, ist früher ausgebildet.

Für die Theorie der räumlichen Wahrnehmung folgt aus den Thatsachen unmittelbar, dass beim Menschen ein fertiger angeborener Mechanismus, welcher nur durch die Lichteindrücke in regelmässige Thätigkeit gesetzt würde, sogleich nach der Geburt nicht vorhanden ist, sondern die Eindrücke selbst den nur unvollständig bei der Geburt vorhandenen erblichen Mechanismus ausbilden. Darin behält die empiristische Theorie Recht. Nur die Anlagen sind angeboren, nicht der ganze Apparat. Doch kann man die Ausschliesslichkeit dieses Satzes schlechterdings nicht gelten lassen. Er gilt für den Menschen; viele sehend geborene Thiere dagegen bringen einen völlig functionsfähigen Raumwahrnehmungsmechanismus mit auf die Welt, der nur einiger Lichteindrücke bedarf, um sofort mit nahezu derselben oder ganz derselben Vollkommenheit zu arbeiten, wie beim ausgewachsenen Thier. · In diesem Falle, welcher den extremen Nativismus stützt, ist die Möglichkeit erheblicher individueller Vervollkommnung des Sehens für's Erste ausgeschlossen; das sogleich ein Hirsekorn richtig pickende, eben ausgeschlüpfte Hühnchen lernt nicht viel besser sehen durch häufiges Sehen. Der Mensch dagegen lernt von der Geburt an von Tag zu Tag besser sehen und kann im späteren Leben durch Vielsehen seinen Sehapparat nach mehr als einer Richtung enorm vervollkommnen. Der erbliche Mechanismus ist also bei ihm noch plastisch, höchst differenzirbar, weil im Augenblick der Geburt nicht so weit entwickelt und einseitig ausgebildet, wie bei dem sogleich nach dem Ausschlüpfen scharfsehenden, mit fertigem, nicht mehr so bildsamem, auch relativ viel grösserem Sehorgan versehenen Vogel, dessen Embryo sich schon durch die Anlage des Auges von dem des Menschen unterscheidet.

Das **Hören** des neugeborenen Kindes ist so unvollkommen, dass man jedes Neugeborene taub nennen muss. Auch alle Säugethiere sind unmittelbar nach der Geburt ausser Stande, auf Schalleindrücke zu reagiren. Die Ursache dieser Eigenthümlichkeit ist im äusseren Gehörgang und Mittelohr viel mehr als im nervösen Centralorgan oder im Labyrinth zu suchen, weil manche Neugeborene schon in der ersten Stunde auf Schall reagiren. Vor dem Luftathmen fehlt es an Luft im mittleren Ohre, und der äussere Gehörgang ist noch nicht durchgängig, das Trommelfell zu schräg, fast horizontal gestellt und verdickt.

Auch nach dem Wegbarwerden der schallzuleitenden Theile des Ohres, einen Viertel-Tag bis mehrere Tage nach der Geburt, ist die Schallunterscheidung meistens noch nicht vorhanden. Aber vor dem Ablauf der ersten Woche bemerkt man den charakteristischen Lidschlag nach plötzlichem lauten Geräusch bei normalen Kindern stets. Das Zusammenfahren nach starken Schalleindrücken, welches viele Monate anhält, beweist die Ausbildung des Hörvermögens. Indessen, wenn auch einzelne vorher noch nicht wahrgenommene Schallarten schon in den ersten Lebensmonaten als verschieden percipirt werden, tiefe Stimmen und hohe Stimmen, Zischlaute und Pfiffe, Singen und Sprechen, so dauert es doch mindestens drei Vierteljahre, ehe ein Kind die Töne des Claviers erkennt, und es ist fraglich, ob es nur c, d, e vor dem Ablauf des zweiten Jahres richtig benennen lernen kann. Trotzdem lernen viele Kinder singen, ehe sie sprechen, und alle unterscheiden die Geräusche und Klänge der Sprache lange ehe sie dieselben selbst hervorbringen können. Dabei wird die Stärke des Schalleindrucks, bei grossen Differenzen, an der ungleichen Lebhaftigkeit der Reflexe, sogar im Schlafe, erkannt. Die Schallrichtung percipirt das Kind schon im zweiten und dritten Monat.

Die Überlegenheit des Ohres über das Auge in psychogenetischer Beziehung tritt zwar bei dem Kinde, welches noch nicht
spricht, wenig hervor; man braucht aber nur blindgeborene und
taubgeborene Kinder miteinander zu vergleichen, nachdem beide
die sorgfältigste Erziehung und den besten Unterricht genossen
haben, um sich zu überzeugen, dass nach dem ersten Jahre die
Erregungen des Hörnerven viel mehr zur geistigen Entwicklung
beitragen, als die des Sehnerven.

Übrigens sind viele Säugethiere und Vögel bei ihrem Eintritt
in die Welt mit weiter ausgebildeten, viel eher correct arbeitenden
Hörapparaten versehen, als der Mensch, und im Wahrnehmen der
Tonhöhe, Schallstärke, Schallrichtung dem Menschenkinde weit
überlegen; aber kein Thier besitzt eine so feiner Differenzirung nach
der Geburt fähige Hörsphäre im Grosshirn. Denn keines reagirt
auch nur annähernd so präcise, wie das Kind auf die feinen Verschiedenheiten der Schallstärke und Schallart der menschlichen
Lautsprache.

Die **Berührungs**-Empfindlichkeit ist in der ersten Lebensstunde
viel geringer, als später, der **Temperatur**sinn noch nicht vorhanden. Erst durch wiederholtes Abwechseln von warmen Bädern
und Abkühlungen der ganzen Hautoberfläche und einzelner Stellen
wird die Unterscheidung der Empfindungen „heiss, warm, kühl, kalt"
ermöglicht, indem der Neutralpunkt der vor der Geburt stets gleichen Hauttemperatur nicht sogleich hergestellt werden kann.

Gegen schmerzhafte Eingriffe, welche nur wenige Hautnerven
treffen, zeigen sich Neugeborene unterempfindlich; doch ist gewiss,
dass sie starker Unlustgefühle fähig sind, nachdem sie unzweideutige
Äusserungen des Behagens (beim Saugen und im warmen Bade)
gezeigt haben.

Sowohl die geringere Berührungsempfindlichkeit, als auch die
Unterempfindlichkeit gegen Wärme, Kälte und Schmerz beim Neugeborenen ist (wie beim Ungeborenen) auf die noch unvollkommene
Ausbildung des Gehirns, nicht die der Haut zurückzuführen. Vielmehr sind die Hautnerven sehr erregbar und von allen Sinnesnerven allein schon vor der Geburt häufig erregt worden, und zwar
durch die Berührungen verschiedener Hautstellen bei den Kinds-
bewegungen.

Von allen Sinneswerkzeugen ist beim neugeborenen Kinde das
des **Geschmacks** bei der Geburt am besten ausgebildet. Das Süsse
wird sogleich von dem Bitteren, Sauren, Salzigen unterschieden,
und das Saure anders als das Bittere empfunden. Hier liegt ein
Fall von angeborenem Unterscheidungsvermögen für Qualitäten desselben Sinnesgebietes vor. Viele Thiere können gleichfalls sofort
nach der Geburt das Süsse von anderen Geschmacksarten unter-

scheiden. Für ungleiche Stärke des Geschmacks ist dagegen das Unterscheidungsvermögen zu Anfang des Lebens sehr wenig ausgebildet und auch die Empfindung der Qualitätsunterschiede führt nicht zu deutlichen Wahrnehmungen, da auch das ohne Grosshirn geborene Kind die charakteristischen mimischen Reflexe, die saure und süsse Miene, zeigt.

Das Neugeborene kann sogleich nach seinem Eintritt in die Welt nichts **riechen,** weil vor demselben seine Nasenhöhle mit Fruchtwasser ganz angefüllt war, und bei Erwachsenen einige Zeit nach Anfüllung der Nasenhöhle mit Flüssigkeit ein Unvermögen zu riechen oder eine Abstumpfung des Geruchsinnes eintritt. Aber manchmal können normale Kinder schon in der ersten Stunde angenehme und unangenehme Gerüche unterscheiden. Viele Säugethiere machen, nachdem einmal die Nasenhöhle durch Athmen sich mit Luft gefüllt hat, von ihrem Geruchsinn Gebrauch, der oft allein das Wiederfinden der Zitzen ermöglicht. Das normale Kind unterscheidet verschiedene Milcharten bereits früh bestimmt nur durch den Geruch und kann zu Ende des ersten Lebenstages einige Gerüche sicher unterscheiden.

Bezüglich der **Gefühle** in der ersten Lebenszeit ist gewiss, dass sie zwar nicht mannigfaltig sind, aber sehr stark werden können. Jede Empfindung erzeugt, sowie sie mit einer anderen Empfindung verglichen worden ist, ein Gefühl. Alle Gefühle sind entweder angenehm, d. h. Lustgefühle, oder nicht angenehm. Im ersteren Falle erwecken sie beim Kinde das Begehren nach Wiederholung der betreffenden Empfindung, indem das Fehlen des Angenehmen eine Unlust erzeugt, im letzteren nicht. Es ist aber eine Eigenthümlichkeit aller Lustgefühle, dass sie nach einer gewissen Dauer nicht mehr angenehm sind, ohne Zweifel, weil sie auf Erregungen von centralem Nervenprotoplasma beruhen, welches bei grosser Intensität der Erregung, also auch des Gefühls, rasch ermüdet. Bei Kindern zeigt sich dieses an dem schnellen Wechsel dessen, was ihnen begehrenswerth erscheint.

Die nicht-angenehmen Gefühle sind entweder Unlustgefühle, schmerzhaft und unangenehm oder gleichgültig. Erstere pflegen durch starke laute Ausathmungen, Schreien und, schon in der ersten Zeit, durch ein nicht zu verkennendes Mienenspiel ausgedrückt zu werden, besonders durch die Gestalt des Mundes.

Die **Gemüthsbewegungen** des Kindes sind von allen höheren psychischen Vorgängen diejenigen, welche zuerst bestimmt auftreten und sein Verhalten reguliren. Ehe noch von Wollen, von Gedächtniss, von Urtheilen ein sicheres Merkmal gefunden wird, haben die Gemeingefühle sich ausgeprägt, im unmittelbaren Anschluss an die Erregungen der Sinnesnerven, und ehe die den einzelnen

Sinnesgebieten zugehörigen Empfindungen deutlich unterschieden werden, sind die grössten Lehrmeister, die Emotionen, da. Durch die Wiederholung der Emotionen und der Gefühle, welche entgegengesetzten Charakter haben, wie Lust und Unlust, namentlich beim Hunger und Sattsein, kommt das Gedächtniss und Abstractionsvermögen, das Urtheilen und Schliessen, nach und nach zur Bethätigung.

Der mächtigste Factor für die beginnende Verstandesentwicklung ist aber das Erstaunen mit der ihm verwandten Furcht.

Aus dem Begehren alles dessen, was einmal Lustgefühle herbeigeführt hat, entwickelt sich allmählich der Wille des Kindes. Aber was heisst „Begehren"?

ZWEITER THEIL.

VON DER ENTWICKLUNG DES WILLENS.

VON DER ENTWICKLUNG DES WILLENS.

Wollen ist möglich nur nachdem Wahrnehmungen gemacht worden sind. Es muss durch wiederholte Vergleichung der Empfindungen (mittelst der Gefühle) das Begehrenswerthe von dem Abzuwehrenden geschieden sein, ehe ein Wollen sich bethätigen kann. Denn wer überhaupt will, weiss was er will und was er nicht will, hat vorher erkannt, was ihm begehrenswerth und was ihm nicht begehrenswerth ist. Das neugeborene Kind weiss davon nichts, hat also keinen Willen. Es hat keine Erfahrungen gemacht, keine Empfindungen miteinander verglichen, nichts von der Aussenwelt wahrgenommen, keine Kenntniss von dem erlangt, was ihm angenehm und unangenehm sein wird. Der Wollende hat diese Kenntniss durch eigene Erfahrung erworben und richtet danach seine Bewegungen ein.

Um den sehr langsam sich vollziehenden Übergang von dem einen Zustande in den anderen zu verfolgen, müssen nach Möglichkeit alle Bewegungen des Menschen, so lange er noch ein machtloses Wesen ist, betrachtet werden mit der Frage, inwiefern sie Äusserungen eines Willens sein können.

I. Die Bewegungen des Kindes als Willensäusserungen.

Nur durch Bewegungen äussert sich der Wille unmittelbar. Die Möglichkeit, den kindlichen Willen an den Muskel-Bewegungen zu erkennen, muss daher vor den Beobachtungen über die Willensentwicklung begründet und die Mannigfaltigkeit der kindlichen Bewegungen erörtert werden.

Erkennung des kindlichen Willens.

So überaus verschieden innerhalb der Machtsphäre des
Willens die Erscheinungen sind, welche ihm unmittelbar ihre Entstehung verdanken, alle Willensäusserung wird erkannt an Bewegungen, und zwar an Worten, Mienen, Geberden, Thaten. Nicht
ist jeder gesprochene Laut, jede vollbrachte That, jede Miene
und Geberde der Ausdruck eines Willensactes; denn Schlafende
können sprechen, Nachtwandler vielerlei verrichten, ohne es zu
wollen, ohne zu wissen, was sie thun, und Mienen lassen sich künstlich
durch elektrische Reize entgegen dem Willenseinfluss herstellen;
auch machen willenlose Säuglinge Geberden, deren Bedeutung als
Willensausdrücke (für den Erwachsenen) ihnen völlig unbekannt
ist. Aber umgekehrt gilt streng und allgemein, dass allein durch
die Sprache der Wörter, Thaten, Mienen und Geberden der persönliche Wille während seiner Entwicklung sich unmittelbar
kundgiebt.

Nach seinen ersten Entwicklungsstufen kann er auch durch
das Gegentheil, die Unterdrückung eben jener Bewegungen, sich
indirect offenbaren. Niemand bezweifelt, dass ein Mensch durch
Schweigen und Unthätigsein, ohne eine Miene zu verziehen und
ohne Geberden, geradezu durch die Hemmung von Bewegungen
seinen Willen indirect zu äussern im Stande ist. Hier liegt aber
nicht eine jenen positiven Willensäusserungen an die Seite zu
stellende besondere Art des Wollens vor, sondern das gerade
Gegentheil. In allen diesen Fällen, in denen der Wille schon vorher weit entwickelt war, befindet sich der die Bewegung Hemmende
im Zustande des Nichtwollens, der *Noluntas* oder *Nolentia* im
Gegensatze zur *Voluntas*. In diesen Zustand des Nicht-gewillt-
seins fällt die willkürliche Hemmung einer Bewegung, welche nichts
anderes ist, als das Nichtwollen derselben. Dieses ist aber nicht
etwa durch die Abwesenheit der Symptome des Wollens, als die
Negation desselben, bestimmt, sondern ein eigenthümlicher positiver
Erregungszustand, sowie es eine Bewegung hemmt oder darauf
gerichtet ist, sie zu hemmen.

Der Willens-Apparat in der Grosshirnrinde ist von einer
solchen Beschaffenheit, dass, wenn er thätig ist, irgend eine Muskelcontraction erfolgt, wenn er nicht thätig ist, entweder nichts geschieht, weil es an Vorstellungen fehlt (ohne Beeinträchtigung der
Möglichkeit sofortiger Willensthätigkeit im Falle eine Bewegungsvorstellung auftritt), oder nichts geschehen kann, weil der Apparat
durch andere Vorstellungen zum Stillstand gebracht worden. Dieses
letztere ist das Wesen der Hemmung, die auch motorische Centren
niederer Ordnung vom Gehirn aus beherrscht.

Dem Zustande des Wollens ist allgemein der Zustand des Nichtwollens, im Besonderen der Zustand des Hemmens einer Bewegung entgegengesetzt. Nicht-wollen ist der ausschliessende oder contradictorische Gegensatz des Wollens, Hemmen im physiologischen Sinne der conträre Gegensatz des Wollens.

Ein Beispiel verdeutlicht. Man nehme einen Stab von weichem Eisen und mache ihn durch einen elektrischen Strom, der ihn umkreist, magnetisch, so zieht er ein zweites Stück Eisen an; lässt man aber einen zweiten elektrischen Strom von passender Stärke in einer zweiten Drahtspirale den Stab in entgegengesetzter Richtung wie der erste umkreisen, dann zieht er das Eisen nicht an. Sowie dieser zweite hemmende Strom unterbrochen wird, ist die Anziehung wieder da. Hierbei repräsentirt das Anziehen des Eisens eine Muskelbewegung im Zustande des Wollens, das Nicht-Anziehen die Muskelruhe im Zustande des Nichtwollens, indem allgemein ein Eisenstab den anderen nicht anzieht, im Besonderen ein von zwei passend abgestuften entgegengesetzt gerichteten elektrischen Strömen umkreister Eisenstab ebenfalls einen anderen nicht anzieht, seinen Magnetismus aber sofort wiedererhält, wenn der zweite Strom aufhört.

Wenn also ein Kind keinen Willen äussert, sind zwei Fälle auseinanderzuhalten: Entweder hat es noch keinen Willen oder es hemmt die Bewegungen bei bereits weit ausgebildetem Willen, d. h. es will nicht, nämlich, dass eine Bewegung stattfindet. Sowie die Hemmung fortfällt, tritt die Bewegung wieder ein, falls der ihr zu Grunde liegende Vorgang im Gehirn nicht inzwischen erlosch.

Diese Unterscheidung des Wollens und willkürlichen Hemmens ist nothwendig. Sie widerlegt die Meinung, als ob man ein Nichthandeln bei vorhandenem Willen passiv herbeiführen könnte. Man kann nur ein Handeln activ nicht-wollen, hemmen, hindern. Statt zu sagen: „Ich will, dass das nicht geschieht," muss man sagen: „Ich will nicht (nolo), dass das geschieht, ich verhindere es mit eigener Kraftanstrengung." Denn es liegt im Wesen des Wollens und Hemmens, dass sie stets positiv sind. Der Wille kann nur durch positive Äusserungen erkannt werden; man ist befugt, da wo diese fehlen, sein actuelles Vorhandensein zu leugnen, und hat dann das Nichtwollen zu untersuchen, ob ein actives Hemmen oder das Fehlen des Willens, eine Abulie oder Willenlosigkeit, ihm zu Grunde liegt.

Jene Willensäusserungen sind nun erfahrungsmässig allein die vier: Wort, That, Miene, Geberde. Soll also ermittelt werden, ob ein Kind sich im Zustande des Wollens befindet, dann wird zum Mindesten eine der vier Ausdrucksweisen als vorhanden festzustellen sein. Gelingt dieses nicht, dann muss geschlossen werden, dass zur Zeit der Untersuchung das beobachtete Wesen im Zustande des Wollens nachweislich sich nicht befand.

Aber angenommen es gelingt, so ist immer noch der Schluss auf das Vorhandensein des Willens unsicher, da unter Umständen jene Erscheinungen auch ohne Willen auftreten. Darum sind nähere Bestimmungen erforderlich.

Alles Wollen wird erkannt ausschliesslich an Bewegungen contractiler Theile, bei Menschen und Thieren an Muskelcontractionen, die durch Nervenerregung herbeigeführt werden. Es giebt aber verschiedene Classen von Nervmuskelbewegungen und bei niederen Wesen ohne Nerven und ohne Muskeln Bewegungen contractiler Gebilde, welchen die Willkür von vornherein nicht abgesprochen werden kann. In allen Fällen endlich, wo ein contractiles Gebilde vorliegt, vermag unmittelbare künstliche Reizung desselben eine Zusammenziehung herbeizuführen, welche genau so verlaufen kann, als wenn statt des künstlichen Reizes der Wille selbst sie ausgelöst hätte.

Um in dieser Mannigfaltigkeit der Bewegungen contractiler Gebilde diejenigen herauszufinden, welchen das Prädicat „gewollt" zukommt, müsste man ein objectives, jenen Bewegungen selbst ein für allemal anhaftendes, allen anderen fehlendes Merkmal haben. Ein solches Kriterium ist aber nicht angebbar.

Nur subjective Unterscheidungsmittel lassen sich angeben, und zwar finde ich die folgenden vier charakteristisch:

1) Jeder gewollten Bewegung gehen Vorstellungen unmittelbar vorher, in deren Concurrenz schliesslich eine siegt und als Ursache der Bewegung motorische Kraft erhält;

2) jede gewollte Bewegung ist dem, der sie ausführt, vorher, wenn nicht im Einzelnen, so doch im Allgemeinen oder der Art nach bereits bekannt und hat

3) ein von ihm mehr oder weniger klar vorgestelltes Ziel;

4) kann sie noch im Augenblick der Entstehung des Willens-Impulses durch neue Vorstellungen gehemmt werden.

Die drei erstgenannten Merkmale kommen jeder gewollten Bewegung zu, das letzte tritt erst nach vollendeter Willensbildung in Kraft und stempelt die gewollten Bewegungen zu hemmbaren, d. h. willkürlichen im engeren Sinne.

Jede Bewegung, von welcher alle vier Merkmale nicht gelten, ist unwillkürlich. Hiernach können alle Muskelbewegungen als gewollt und ungewollt unterschieden werden. Viele gewollte werden vom Erwachsenen auch ungewollt ausgeführt, wie das Sprechen im Schlafe, viele unwillkürliche willkürlich, besonders vom Schauspieler; aber die wesentliche Verschiedenheit beider bleibt bestehen. Denn zu dem Impulse zur unwillkürlichen Bewegung kommt etwas hinzu, wenn sie sich in eine willkürliche verwandelt, und dem Impulse zu dieser wird etwas genommen, wenn sie unwillkürlich wird. Dieses Etwas sind eben die rein psychischen Momente der vorherigen motorischen Vorstellung, die Kenntniss der Bewegung und ihres Ziels und ihre Hemmbarkeit durch neue Vorstellungen.

Wann erscheinen diese Attribute beim Kinde?

Die Beantwortung der Frage, wie ich sie zu geben versuche, setzt voraus, dass kurz vor der Geburt, und in höherem Grade unmittelbar nach derselben, die motorischen Centren eine veränderliche Erregbarkeit besitzen, so zwar, dass sie in gewissen Zuständen, nämlich den ersten angenehmen, weniger, in gewissen anderen, den ersten unangenehmen, mehr Bewegungs-Impulse liefern. Hierdurch werden nothwendig die unregelmässigen, mannigfaltigen angeborenen Bewegungen des ganz jungen Säuglings beeinflusst, namentlich im Hungerzustande gesteigert, und diese Beeinflussung erscheint als Bethätigung eines angeborenen sogenannten Begehrungsvermögens. Die Bewegungen dauern fort, bis die (durch Nahrungsmangel, Wassermangel, Sauerstoffmangel) gesteigerte Erregbarkeit abnimmt. Dann erscheint das vorausgesetzte Begehren befriedigt. Bei Wiederholung des Wechsels der centralen Erregbarkeit (aus solchen rein physiologischen Ursachen) werden die nun hervortretenden Gefühle befriedigten und unbefriedigten Begehrens in entgegengesetztem Sinne auf die motorischen Centralorgane einwirken und den angeborenen Bewegungen schon den Charakter des Verlangens und Abwehrens ertheilen. Aber erst wenn relativ klare Vorstellungen sich bilden, können sie in gewollte Bewegungen umgewandelt werden.

Beim Kinde sind es neben den angeborenen impulsiven und reflectorischen Bewegungen auch die in grosser Zahl vorkommenden passiven Bewegungen, das Heben, Zusammenlegen, Anlegen der Glieder, und das Tragen, Schaukeln, Aufrichten, Setzen des ganzen Säuglings seitens der Angehörigen, welche neue Bewegungs-Empfindungen veranlassend zu neuen Bewegungs-Wahrnehmungen und dann -Vorstellungen führen.

Der Wille entsteht also nicht aus nichts und präexistirt nicht als solcher, sondern er entwickelt sich vermittelst der Gefühle und dann der Vorstellungen aus jenem sogenannten Begehren, welches seinerseits nicht eine fundamentale oder unzerlegbare Function des centralen Protoplasma, sondern die Folge seiner Erregbarkeitsänderungen ist. Der Wille ist als solcher nicht angeboren, aber erblich. Die variable Erregbarkeit der motorischen Centralorgane, und damit verbunden eine Reihe von ursprünglichen (impulsiven) Bewegungen, welche die Angehörigen als „verlangend" bezeichnen und einem Begehrungsvermögen zuschreiben, ist als erste Anlage zum Wollen, als seine Vorbedingung, jedem angeboren. Wann bethätigt sich diese Anlage so, dass kein Zweifel an dem Vorhandensein des Willens sein kann?

Offenbar muss man, um die Antwort zu finden, den gesunden Säugling, chronologisch vorgehend, prüfen, ob eine neue Bewegung, wie etwa das erste Greifen nach einem gesehenen Gegenstande, zufällig oder absichtlich ist, ob also dem „begehrenden" greifenden Kinde die Greif-Bewegung bekannt ist und ihr Ziel ihm vorschwebt. Dann selbst ist die Bewegung noch nicht nothwendig willkürlich. Sie ist es aber, wenn sie unterlassen werden kann, etwa durch die Vorstellung unangenehmer Folgen.

Wenn schon die Ermittlung des Auftretens solcher Willensthätigkeit beim Kinde, weil es in die Zeit fällt, da noch die Wortsprache fehlt, etwas Unsicheres hat, so ist der Nachweis des ersten Erregungszustandes beim Nichtwollen noch viel misslicher. Hier bietet nur die erstmalige selbständige Hemmung gewohnter Bewegungen feste Anhaltspunkte.

Beides zusammen, die Ausbildung des Willens in den wirklich ausgeführten Bewegungen des Kindes und die Ausbildung des Nicht-gewillt-seins bei Hemmung von häufig wiederholten Bewegungen, giebt die Grundlage zur Charakterbildung ab. Beides erfordert, um erforscht werden zu können, vor allem eine sorgfältige Beobachtung der Bewegungen des Kindes vom Anfang seines Lebens an. Niemand hat diese bis jetzt auch nur versucht.

Eintheilung der Bewegungen des Kindes.

Wenn man ausschliesslich den der Bewegung unmittelbar vorhergehenden Process als Unterscheidungsmerkmal der Eintheilung kindlicher Bewegungen zu Grunde legt, so werden nach der Complicirtheit dieses Processes vier verschiedene Arten, Bewegungen erster, zweiter, dritter, vierter Ordnung, voneinander zu trennen sein; weitere Bewegungen lassen sich aus diesen ableiten.

Das nebenstehende Schema dient zur Erläuterung.

Es bezeichnet:

R die Enden sämmtlicher Empfindungsnerven (im Auge, im Ohr, im Munde, in der Nase, in der Haut, in den Schleimhäuten),

RS die Sinnesnerven im Verlauf (Sehnerv, Hörnerv, Hautnerven-Bahnen in der Grosshirnschenkelhaube usw.),

S die niederen sensorischen Centren (Sehhügel, Vierhügel, Stabkranz usw.),

G die höheren sensorischen oder Gefühls-Centren in der Grosshirnrinde (Parietalgebiet),

V die Vorstellungscentren in der Grosshirnrinde,
W die höheren motorischen oder Willens-Centren (centro-
motorisch und hemmend) ebenda,
M die niederen motorischen Centren,
P die Enden der Bewegungsnerven (Muskeln).

I. Impulsive Bewegungen. Diese werden ohne periphere
Erregung ausschliesslich durch die in den motorischen Centren
niederster Ordnung stattfindenden nutritiven und sonstigen physiologischen Processe verursacht: $M\,P$. Es sind Bewegungen, welche

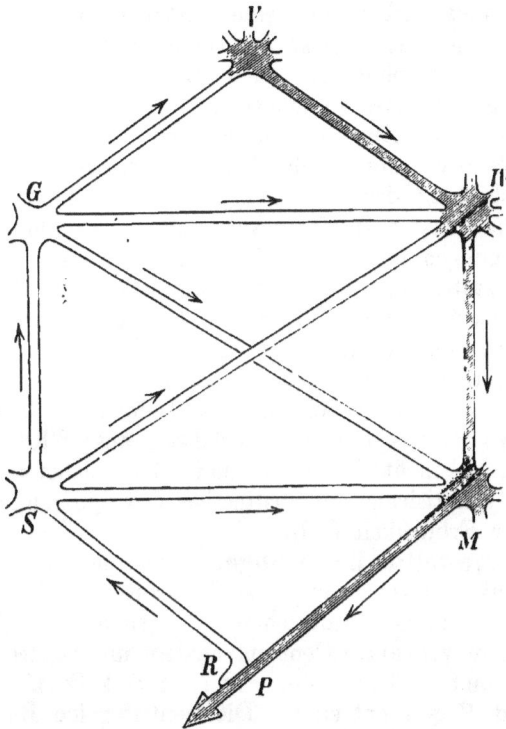

der Embryo ausführt zu einer Zeit, da er noch nicht durch periphere Reize zu einer Bewegung veranlasst werden kann, seine
centripetalen Bahnen nicht gangbar oder nicht einmal gebildet,
die Ganglienzellen nicht ausgebildet sind. Beim Geborenen können
solche rein centromotorische Impulse lange nach völliger Ausbildung der Centren, neben den von diesen ausgehenden Erregungen,
fortbestehen, besonders im Schlafe. Alle diese Bewegungen sind
unbewusst.

II. Reflex-Bewegungen. Sie erfordern periphere Erregungen
und centripetale, intercentrale und centrifugale Bahnen: $R\,S\,M\,P$.

9*

Sie treten daher beim Embryo der höheren Thiere erst auf, nachdem mindestens zweierlei miteinander verbundene Centren niederer Ordnung gebildet sind, sensorische und motorische. Alle Reflexbewegungen folgen unter normalen Verhältnissen mit grosser Geschwindigkeit auf den Sinneseindruck und werden erst, nachdem sie stattgefunden haben, bewusst, können aber auch unbewusst bleiben. **III. Instinct-Bewegungen.** Diese benöthigten gleichfalls das Vorhandensein von gewissen Sinneseindrücken und wenigstens dreierlei Centren, die miteinander in Verbindung stehen. Niedere sensorische, höhere sensorische und niedere motorische Centren müssen zusammenwirken, um eine Instinct-Bewegung zu Stande kommen zu lassen: $R\ S\ G\ M\ P$. Denn diese entsteht nur, nachdem zuerst eine Empfindung und dann ein Gefühl, das den motorischen Impuls lieferte, vorausgegangen sind. Es muss der Instinctbewegung ein Zustand vorausgehen, für welchen ich keine passendere Bezeichnung, als das Wort „Stimmung" finde. Jedoch ist die Ausbildung der Grosshirnrinde, sogar des ganzen Grosshirns, für die meisten Instinctbewegungen nicht erforderlich. Alle Instinctbewegungen haben ein Ziel, sind aber als solche, ehe und während sie stattfinden, unbewusst, und alle sind erblich. Wenn also ein Mensch oder ein Thier eine Bewegung ausführt, welche von den Vorfahren niemals ausgeführt worden ist, dann kann dieselbe nicht instinctiv sein. Dieses dient zur Unterscheidung von anderen Bewegungen, wobei aber zu bedenken, dass viele Bewegungen des Kindes von den Vorfahren ausgeführt worden sein können, welche nicht instinctiv sind. Die ideomotorischen Bewegungen Hypnotisirter sind instinctive Bewegungen, welchen das Merkmal der Erblichkeit fehlt. **IV. Vorgestellte Bewegungen.** Als niedrigste Form und Ausgangspunkt dieser Gruppe sind anzusehen: Nachahmungen. Sie sind an sinnliche Wahrnehmungen gebunden und erheischen zum Mindesten viererlei Centren, niedere und höhere sensorische, und höhere und niedere motorische ($R\ S\ G\ V\ W\ M\ P$, also fünf, wenn G und V getrennt sind). Die centrifugalen Bahnen gehen nach Meynert wahrscheinlich sämmtlich von der Rinde durch den Streifenhügel und den Hirnschenkelfuss, nach Anderen aber auch direct in die Vorderstränge des Rückenmarks. Für das Zustandekommen der einfachsten Nachahmung, also der einfachsten vorgestellten Bewegung, muss der Sinneseindruck vorher zeitlich-räumlich-causal verarbeitet sein, das heisst zur Bildung einer Vorstellung geführt haben. Diese Vorstellung wirkt dann motorisch; sie ist bestimmend für die Erregung der motorischen Centren und der Muskeln, welche den Sinneseindruck reproduciren. Erste Nachahmungen sind daher im normalen wachen Zustande immer be-

wusst. Nachahmungen können unbewusst sein in diversen Zuständen partiellen Schlafes. Dann sind aber jedesmal viele bewusste
Nachahmungen vorhergegangen. Eine Betheiligung der Grosshirnrinde ist gewiss.

Ausser diesen vier Bewegungsarten sind noch die zahlreichen,
von den Angehörigen herbeigeführten passiven Bewegungen des
Säuglings (S. 129) für dessen Willensbildung wichtig. Durch die
dabei erfolgenden elastischen und contractilen Muskelverkürzungen,
sowie die Muskelverlängerungen bei den Dehnungen und Er-
schlaffungen entstehen Bewegungs-Empfindungen und daraus Bewegungs-Wahrnehmungen, sowie die Fragen, wo und wann Muskeln
gedehnt, elastisch verkürzt, physiologisch contrahirt, erschlafft sind,
zur Beantwortung kommen. Dabei wird die Bewegungsvorstellung
·erzeugt. Die Ursache der Spannungsänderung tritt in das Bewusstsein, zum Beispiel: ich falle, steige, fahre vorwärts, rückwärts,
nach rechts usw. Aber bei gleicher Muskelspannung sind entgegengesetzte Ursachen möglich, daher hat die Phantasie einen grossen
Spielraum.

Durch künstliche Reizung der Bewegungsnerven in ihrem
Verlauf erzeugte Muskelcontractionen kommen nicht in Betracht.

Aus den genannten Bewegungsarten lassen sich alle anderen
centromotorischen ableiten, indem man sowohl die Ausdrucks-Bewegungen, als auch die Gesammtheit der specifisch willkürlichen,
nämlich überlegten Bewegungen, theils durch die Wiederholung,
Concurrenz und Vereinigung der genannten vier Arten, theils durch
Modificationen derselben nach Variirung der Sinneseindrücke, Gefühle und Vorstellungen entstanden denken kann. Den beiden
ersten Bewegungsarten liegen nur physische, den beiden letzten
ausserdem psychische Ursachen zu Grunde.

Hemmungen der Entladungen motorischer Impulse beim Kinde
mit ausgebildetem Willen kommen, wie beim Erwachsenen, zu
Stande in folgender Weise:

1) RSM, 2) $RSWM$, 3) $RSGM$,
4) $RSGWM$, 5) $RSGVWM$,

und nach sehr häufiger Wiederholung auch ohne unmittelbar vorhergegangene Sinnesnervenerregung RS in den letzten vier Fällen.

Es lassen sich keine weiteren unmittelbaren Ursachen für
die Bewegungen des Kindes nennen, als diese vier: 1) centrale
rein physische Reize, 2) periphere rein physische Reize, 3) Gefühle,
4) Vorstellungen. Sie entsprechen den obigen Gruppen. Wenn
trotzdem die Ausdrucks-Bewegungen, die Nachahmungen und
die überlegten Bewegungen im Folgenden für sich abgehandelt
werden, so geschieht es nur, um die Darstellung nicht zu compli-
ciren. An sich können die überlegten Bewegungen von anderen

nicht physiologisch getrennt werden, weil sich kein durchgreifendes
objectives Merkmal der Unterscheidung angeben lässt, eine nicht-
willkürliche Bewegung vielmehr nur dadurch zur willkürlichen wird,
dass etwas Psychisches, eine besondere Thätigkeit der Centralorgane
höchster Ordnung hinzukommt, welche an der Bewegung selbst
nichts ändert, es sei denn, dass sie dieselbe mitunter etwas verzögert und weniger harmonisch macht. In Wahrheit besteht
zwischen der willkürlichen und künstlichen elektrischen Nervmuskelerregung ebensowenig ein physischer Unterschied, wie zwischen den
Schwingungen der Luft eines gesungenen und eines künstlich erzeugten Vocals. Ist einmal der Hahn des Gewehres in Bewegung
gesetzt, dann erfolgt der Schuss jedesmal in derselben Weise,
gleichviel ob er gewollt war oder nicht, ob er ein Ziel hatte
oder nicht.

Nur die Muskelbewegungen vor der Geburt und in der ersten
Zeit nach derselben haben einen etwas anderen Verlauf, als die
späteren. Denn, wie Soltmann zuerst feststellte, ist die Erregbarkeit
der Bewegungsnerven Neugeborener geringer als die Erwachsener
und übertrifft (bei Haussäugethieren) erst mehrere Wochen nach der
Geburt die letzterer. Die Muskeln des Ungeborenen und Neugeborenen verhalten sich ähnlich wie ermüdete Muskeln Erwachsener.
Damit hängt die eigenthümliche Trägheit der Bewegungen in der
allerersten Zeit zusammen, eine Trägheit, die mit der späteren
Lebendigkeit den grössten Contrast bildet und im Übergangsstadium,
gerade wie bei dem aus dem Winterschlaf erwachenden Hamster,
durch auffallend schnelle, fast stossweise erfolgende Streckungen der
Arme und Beine unterbrochen wird.

II. Impulsive Bewegungen.

Obgleich es den Extremitäten-Bewegungen des ungeborenen und des eben geborenen Kindes an einem charakteristischen Merkmal fehlt, durch welches dieselben sich sofort als impulsiv zu erkennen geben könnten, müssen sie, ebenso wie alle späteren impulsiven Bewegungen von den Reflexen, den Instinkt-, Nachahmungs- und sonstigen Bewegungen scharf unterschieden werden, weil ihnen die Kennzeichen der letzteren fehlen.

Reflectorisch sind die Bewegungen der Arme und Beine des Fötus und Neugeborenen dann, wenn ein peripherer Reiz, und sei es nur die Berührung der Uteruswand, ihnen unmittelbar vorhergeht. Die ersten embryonalen Bewegungen aber sind impulsiv.

Dass sie nicht durch passive Berührung verursacht sein können, hat mir die Beobachtung des Hühnchens im Ei gezeigt. Hier finden zuerst nur Rumpfbewegungen statt, wie bei dem unversehrten Forellen-Embryo und beim Frosch-Embryo im Ei, ohne die geringste Änderung in der Umgebung und lange bevor die Reflexerregbarkeit überhaupt da ist. Die Ursache dieser primitiven Bewegungen ungeborener Thiere muss also in ihnen selbst gelegen sein und kann nicht von einer Rückwirkung der oberflächlichen Theile auf die centralen hergeleitet werden. Dasselbe muss vom menschlichen Embryo gelten.

Instinctiv sind die impulsiven Bewegungen, eine Art Gymnastik, nicht, weil sie kein Ziel haben. Man kann sie weder als direct nützlich oder vortheilhaft bezeichnen, es sei denn, dass sie Turnübungen ersetzen, noch zweckmässig nennen. Kommt es doch vor, dass durch heftiges Hin- und Herfahren mit den Armen und Beinen das Kind sich selbst schädigt. Im Schlafe stösst es sich mit der Hand gegen das Auge, wälzt sich, fest schlafend, unzweckmässig hin und her, so dass es mit dem Kopfe gegen das harte Holz schlägt und sich weckt oder im Traume aufschreit.

Einmal sah ich, wie mein fest schlafendes Kind (von 16 Monaten) rasch die linke Hand hob und zufällig mit ihr gegen das linke Auge so stiess, dass das Lid gehoben wurde. Es schlief mit einem offenen Auge (mit stark verengter Pupille) noch lange Zeit und entfernte dann die Hand ohne zu erwachen ebenso zufällig, worauf das Lid sich wieder senkte. Das Auge bewegte sich nicht, trotz des Lichtreizes. In diesem Falle ist die zuckende Hebung des Armes erst in die Luft, dann an das Auge, impulsiv und fast gefährlich zu nennen, aber nicht instinctiv.

Ausserdem sind alle reinen Instinctbewegungen coordinirt, die impulsiven Bewegungen überwiegend uncoordinirt.

Expressiv können die impulsiven Bewegungen darum nicht sein, weil vor der Geburt Gemüthszustände, welche dadurch zum Ausdruck kommen könnten, nicht angebbar sind, und der vermeintliche Sitz solcher Erregungen im Gehirn, sogar das ganze Gehirn, fehlen kann, ohne dass die impulsiven Bewegungen die geringste Veränderung zeigen, wie ich an Thierembryonen constatirte, und wie es durch die Bewegungen hirnloser menschlicher Missgeburten bewiesen ist. Auch passt auf sie das Attribut willkürlich nicht, weil es noch an Vorstellungen ihres etwaigen Erfolges fehlt, imitativ nicht, schon weil das Vorbild fehlt.

Von Soltmann ist zuerst bewiesen worden, dass beim neugeborenen Hunde nach Reizung der Grosshirnrinde keine Bewegungen der Extremitäten-, Gesichts-, Nacken-, Rücken-, Bauch- und Schwanz-Muskeln hervorgerufen werden, diese vielmehr erst vom zehnten Tage an, nachdem die Thiere sehend geworden, eintreten. Dem entsprechend hatte auch die Zerstörung der den motorischen Rindengebieten älterer Thiere entsprechenden Stellen vom ersten bis neunten Tage keine Wirkung. Es trat keine Ataxie, Lähmung, Störung des Muskelsinnes ein, bis die elektrische Erregbarkeit des Gehirns da war. Die Muskelbewegungen der blinden neugeborenen Hunde sind also schon aus diesem Grunde ganz unabhängig von der Grosshirnrinde, wie von peripheren Reizen, sie sind impulsiv.

Es bleibt nichts übrig, als eine innere, durch die organische Beschaffenheit des Rückenmarks gegebene, in frühen Embryonalstadien mit der Differenzirung und dem Wachsthum desselben und des Muskelsystems verbundene Ursache der impulsiven Bewegungen anzunehmen. Es muss mit der Bildung der Bewegungsganglienzelle im Rückenmark und Halsmark eine gewisse Quantität potentieller, wahrscheinlich chemischer Energie sich anhäufen, welche durch den Blut- oder Lymphstrom, mit der rasch fortschreitenden Gewebsbildung, mit der zunehmenden Gewebsspannung ungemein leicht in actuelle Energie umgesetzt wird.

So schwer sich im späteren Leben Bewegungen des Menschen angeben lassen, welche in keiner Weise durch periphere Erregungen mittelbar oder unmittelbar zu Stande kämen — hier liegen sie vor. Aber die impulsiven Bewegungen, welche vor der Geburt überwiegen und bei allen Neugeborenen constant vorkommen, nehmen schon während der Säuglingszeit in dem Maasse, als der Wille sich entwickelt, ab, bis schliesslich, mit immer zunehmender willkürlicher Hemmungsfunction, fast nur noch im traumlosen Schlafe und beim Erwachen solche Muskelthätigkeit vorkommt.

Man findet in den Lehrbüchern fast nichts über diese eigen-thümlichen centromotorischen Erregungen, welche für die Willens-bildung von der grössten Bedeutung sind. Erst Alexander Bain hat sie (1859) von anderen unterschieden. Er nennt sie „automatisch" und „spontan". Da er aber dazu die aus Muskelgefühlen bei jungen Kindern und Thieren resultirenden Bewegungen rechnet, welche auf den Zustand der Muskeln, also periphere Erregungen, zurückzuführen sind, so kann ich nicht mit ihm übereinstimmen. Denn rein impulsiv nannte ich (1880) ausschliesslich die aus der fötalen Beschaffenheit der motorischen Centren hervorgehenden Muskelcontractionen, welche bereits vorhanden sind, ehe centripetale Reize wirken, also auch ehe Muskelgefühle da sein können.

Die Zahl solcher Bewegungsarten ist nicht gross. Ausser denen der Ungeborenen sind folgende anzuführen.

Das bald rasche, bald langsame, meist uncoordinirte, manch-mal coordinirte Ausstrecken und Beugen der Arme und Beine des Ebengeborenen ist nichts anderes, als eine Fortsetzung der intrauterinen Bewegungen, und hat eine auffallende Ähnlich-keit mit den Extensionen und Flexionen der Gliedmaassen aus tiefem Winterschlaf plötzlich erwachender Thiere. Diese machen, wie die schlafenden Kinder (noch im sechsten Vierteljahr), fötale Be-wegungen, welche aussehen, als wenn sie gegen einen unsichtbaren Widerstand gerichtet wären. Das Zucken ist übrigens im Schlafe nicht so häufig wie die trägen Contractionen mit Spreizen und Beugen der Finger, welche gegen Ende des zweiten Jahres gleichfalls seltener werden und vom Anfang an meistens asym-metrisch sind.

Das Recken der Glieder sogleich nach dem Erwachen, welches ich in der zweiten Woche wiederholt sah, unterscheidet sich oft nicht von diesen Bewegungen. Es bleibt sich jahrelang fast gleich. Im 20. Monat sah ich es ausgeprägt eintreten, ohne dass Erwachen folgte.

Die Augenbewegungen vor dem Aufschlagen des Auges beim Erwachen, namentlich Seitenwendungen sind impulsiv. Ich sah diese Bewegungen, welche nicht durch Licht bedingt sein können, noch bei Erwachsenen. Unter den Lidern bewegten sich die Augäpfel lebhaft hin und her, und zwar asymmetrisch. Die Lider wurden auch mitunter halb geöffnet ohne Unterbrechung des Schnarchens (im zweiten Monat).

Die Bewegungen des Neugeborenen und Säuglings im Bade, welches sehr nahe dieselbe Wärme wie das ihn vor der Geburt umgebende Fruchtwasser hat, können nicht als einfach reflectorisch bezeichnet werden. Man kann zwar in ihnen den Anfang von Ausdrucksbewegungen, nämlich Lustäusserungen, sehen, um so mehr als dazu regelmässig ein höchst befriedigter Gesichtsausdruck (auch Mundspitzen) kommt, aber diese Bewegungen im Bade sind lange (im vierten Monat· noch) zum grössten Theil geradeso unzweckmässig, sinnlos und asymmetrisch wie am ersten Tage. Bisweilen nimmt der Rumpf mit halben Drehungen und Hebungen daran Theil, und zwar schon im zweiten Monat.

Darin liegt nichts Expressives. Auch pflegt der Säugling noch im zweiten Vierteljahr, wie am ersten Tage, wenn man ihn sich selbst überlässt, im warmen Bade und beim Einschlafen vorzugsweise den Armen und Beinen fast dieselbe Stellung zu geben, die sie vor der Geburt einnahmen. Die Beinstellung bleibt im Schlafe noch viel länger die fötale.

Eine fernere impulsive Muskelthätigkeit lehrt die Beobachtung des leeren Mienenspiels schlafender Säuglinge kennen. Sie bewegen häufig die Lippen und Augenlider, und zwar meistens fratzenhaft, aber bilateral-symmetrisch und ohne das Schnarchen zu unterbrechen.

Mit den Armen schlagen wache Säuglinge kraftvoll (im dritten Vierteljahr) um sich, ganz zwecklos, während für die Beine häufiger, im Bett und im Bade zumal, leidlich gleichmässiges alternirendes Strecken und Beugen die Regel ist.

Doch muss bemerkt werden, dass die bilateral-symmetrische Bewegung der Gesichtsmuskeln und der Arme bei Reflexen viel früher und entschiedener auftritt, als die der Beine. Auch die Abductionen, Adductionen, Supinationen und Rotationen der Arme erscheinen früher, als die der Beine, in mannigfaltiger Abwechslung deutlich. Ein sehr starkes Kind sah ich in der ersten halben Stunde seines Lebens den Mund spitzen und coordinirt-symmetrisch auf- und zumachen. Das Stirnrunzeln und Augenzukneifen in der ersten Lebensstunde ist aber nicht jedesmal impulsiv, sondern letzteres oft reflectorisch. Die wunderlichen asymmetrischen Grimassen wacher Neugeborener sind dagegen rein impulsiv. Es ist mir dabei die Unbeweglichkeit der Nase aufgefallen, die ich erst im siebenten Monate bewegt werden sah, abgesehen von der Erweiterung der Nasenöffnungen als Reflex und Mitbewegung beim Schnaufen, Saugen und erschwerten Athmen.

Das Krähen und ähnliche Stimmübungen sind im ersten Jahre oft als Entladungen aufgehäufter motorischer Impulse anzusehen, welche wie das Quieken neugeborener Thiere und das Piepen

des Hühnchens im Ei, nicht durch periphere Erregungen allein
hervorgerufen sein können. Sehr kleine Kinder bleiben selten
länger als eine Stunde stumm, ausser wenn sie schlafen oder krank
sind. Wie die Muskeln der Arme und Beine, des Gesichts und
der Augen, so werden die Athmungs-, Zungen- und Kehlkopf-
Muskeln ohne Zweck in Thätigkeit gesetzt. Der Säugling ergötzt
sich nicht allein an dem von ihm erzeugten Schall, sondern auch
an den Lippen- und Zungen-Bewegungen. Denn das Kind flüstert
oft für sich, und die blindtaube Laura Bridgman wiederholte für
sich viele Laute, die sie nicht hören konnte. Im ersten Jahre ist
bei allen gesunden Kindern die Übung der Muskeln das nützliche
Resultat solcher Lebhaftigkeit, welche, für sich betrachtet, zwecklos
erscheint. Ein Erwachsener würde, auf dem Rücken liegend, dieselben anhaltenden Bewegungen wie das sieben- bis zwölfmonat-
liche Kind nicht ohne starkes Ermüdungsgefühl ausführen können,
und wenn man bedenkt, dass jenes ausserdem bei Geräuschen, bei
Änderungen in seiner Nähe, aufmerksam den Kopf wendet und
schreit, dann erscheint die Summe der centralen Nervenerregungen
beim Einjährigen relativ viel grösser als beim Erwachsenen, der
weniger überflüssige Bewegungen macht und gegen gewöhnliche
Sinneseindrücke abgestumpft ist.

Dazu kommen noch Mitbewegungen kleiner Kinder.

Es lässt sich in einzelnen Fällen kaum entscheiden, ob gänzlich unnütze Bewegungen, namentlich der Gesichtsmuskeln, nur
impulsiv oder der Rest eines erloschenen Instincts oder Mitbewegungen sind.

Ein gutes Beispiel bietet das isolirte Emporhalten des kleinen
Fingers bei den ersten Versuchen des Kindes, den Suppenlöffel allein
an den Mund zu führen. Im 18. Monat wurde diese zierliche Bewegung von meinem Knaben ohne äusseren Anlass, ohne dass jemand
in der Nähe vorher die Bewegung gemacht hätte, ausgeführt. So
überraschend sie anfangs erschien, eine Nachahmung unbekannter
Vorbilder liegt schwerlich vor, weil das Kind nicht im Geringsten
auf den Finger achtete, vielmehr seine ganze Aufmerksamkeit auf
den Transport des Löffelinhalts in den Mund richtete. Wahrscheinlich trat das Gerade-in-die-Luft-Strecken des kleinen Fingers (ungleichsinnig zu der Bewegung der anderen Finger) als eine unbewusste Mitbewegung ein. Im dritten Jahre war sie sehr selten zu
sehen und auch dann offenbar unbewusst. Sie für vererbt zu halten,
liegt kein Grund vor.

Eine andere, noch auffallendere, zwecklose und dazu bilateral-
symmetrische Bewegung beobachtete ich im ersten Jahre öfters.
Wenn nämlich mein Kind in der Rückenlage auf weichem Lager
die Saugflasche erhielt, welche die Wärterin, sie in geneigter Stellung
haltend, nicht aus der Hand gab, dann pflegte es fast jedesmal

die geschlossenen Hände empor zu strecken, unter rechtwinkeliger
Beugung des Unterarmes gegen den Oberarm, welcher auf der Decke
ruhte. In dieser sonderbaren Stellung verharrte das Kind, bis es
die Flasche ausgetrunken hatte. Musste es (gegen Ende des ersten
Jahres) selbst mit einer Hand der Saugflasche eine andere Richtung
geben oder sie halten, dann blieb der nicht betheiligte Arm in der
eigenthümlichen Position. Mit der Greifstellung hat sie keine Ähnlichkeit, scheint vielmehr eine mit höchster Anspannung der Aufmerksamkeit einhergehende Mitbewegung zu sein. Hielt man (im
16. Monat) dem Kinde ein Glas zum Trinken an den Mund, dann
pflegte es die Hände vorzustrecken und alle Finger zu spreizen,
während des Trinkens aber die dazu erforderlichen Muskelcontractionen nicht zu unterbrechen, was sich eigenartig ausnahm und eher
an Greifen erinnerte.

Ausserdem machen alle kleinen Kinder unbeständige Mitbewegungen verschiedener Art, namentlich wenn sie neue Klänge,
Musik, Gesang hören. Sie bewegen dabei gern die Arme auf
und ab. Auch bei Spielen, wenn man vor ihren Augen einen
Krug mit Deckel auf- und zumacht, wird oft eine entsprechende
Bewegung mit der Hand vor und nach dem Zuklappen, und während
desselben, ausgeführt, nachdem einmal die ersten Beobachtungen ge-
macht sind (im achten und neunten Monat). Es handelt sich hierbei
nicht um Nachahmungsversuche, sondern um reine Mitbewegungen.
Das Kind sieht, hört oder schmeckt etwas Neues, spannt seine
Aufmerksamkeit an, und hat ein angenehmes Gefühl befriedigter
Neugier. Dieses Gefühl führt zu der motorischen Entladung.

Derartige Mitbewegungen sind nicht rein impulsiv, weil ihr
Zustandekommen einer peripheren Erregung bedarf und Gefühle
mitwirken. Hingegen sind die unbeholfenen, als „drollig“ und
„possirlich“ bezeichneten Kopf- und Bein-Bewegungen neugeborener
Säugethiere rein impulsiv. Auch das Zittern derselben im warmen
Lager gehört hierher.

III. Reflexbewegungen.

Die Thatsache, dass in frühen Entwicklungsstadien der Thiere keine Reflexbewegungen hervorgerufen werden können, während schon Bewegungen des Rumpfes regelmässig aus inneren Ursachen stattfinden, beweist, dass nicht alle Bewegungen des Neugeborenen reflectorisch sein können. Der eben geborene Mensch hat sogar eine geringere Reflexerregbarkeit, als der Säugling später zeigt, und bewegt sich doch lebhaft.

Nichtsdestoweniger sind viele Reflexbewegungen beim Neugeborenen bereits ausgeprägt, entsprechend der schon kurz vor der Geburt rasch zunehmenden Reflexerregbarkeit, und sie haben eine grosse psychogenetische Bedeutung, weil durch ihre häufige Wiederholung das Zusammenwirken vieler Muskeln, als Mittel, Schädlichkeiten und Unlust-erregendes abzuwehren, bald vervollkommnet, und die Willensbildung durch diese Coordinationen ermöglicht wird. Unzweideutig zeigt sich dann später die Kraft des werdenden Gehirnwillen-Apparates in der Hemmung von Reflexen. Letztere müssen schon aus diesem Grunde vorher in grosser Zahl stattgefunden haben, so dass hin und wieder auch nachtheilige Wirkungen entstanden und z. B. die Erfahrung gemacht wurde: „Schreien nützt nichts, Schreien bringt Nachtheile, also besser das heftige laute Ausathmen unterdrücken!" Durch derartige logische Operationen lange vor der Spracherwerbung wird der Grund zur Selbstbeherrschung gelegt, welche wesentlich auf Reflexhemmung beruht.

Der Beginn reflectorischer Muskelzusammenziehungen fällt in eine sehr frühe Entwicklungsphase vor der Geburt. Es ist möglich, durch äussere Eindrücke, schon durch Palpiren, Fruchtbewegungen hervorzurufen und zu steigern. Ich halte es auch für sicher, dass unsanftes Betasten während der Geburt, besonders bei spärlichem Fruchtwasser, vorzeitige Athembewegungen hervorrufen kann, was Hebammen und Ärzte zu beachten haben.

Schon früh fängt das Ungeborene an zu schlucken.

Eine Reihe von neuen Reflexen beginnt mit der rechtzeitigen Athmung.

Der erste Schrei und andere Athmungsreflexe.

Der erste Schrei des Neugeborenen, seine erste laute Ausathmung, ist eine reine Reflexwirkung.

Viele meinen zwar, es habe das Wimmern und Schreien des Ebengeborenen eine höhere psychische Bedeutung. Derartige Auslegungen scheitern aber an der Thatsache, dass auch Neugeborene, denen das Gehirn fehlt, schreien und manche gesunde Neugeborene beim Eintritt in die Welt nicht schreien, sondern niesen. In beiden Fällen muss eine periphere Erregung, etwa die plötzliche Abkühlung und die Reibung des Rückens, den exspiratorischen Reflex verursachen. Ein ohne Gehirn geborenes Menschenkind liess rauhe Töne hören, als ich ihm den Rücken rieb, und neugeborene Säugethiere lassen mit derselben maschinenmässigen Regelmässigkeit, wie der enthirnte Frosch, ihre Stimme hören, wenn man nur den Rücken streichelt. Viele Thiere schreien in der Geburt und sogleich nach derselben. Namentlich blöken die Kälber nicht nur unmittelbar nachdem sie den mütterlichen Körper verlassen haben, normalerweise, sondern oft schon während der Geburt. Ziegen schreien oft sogleich nach derselben.

Die rein reflectorische Bewegung des Niesens (S. 66) ist bei Neugeborenen und Säuglingen häufig und ebenfalls beim hirnlos geborenen Menschen beobachtet.

Sie beweist einen sehr festen, altererbten Zusammenhang der Nasalzweige des Trigeminus mit den motorischen Exspirationsnerven, und ist darum, wie das Schlucken, merkwürdig, weil sie eine angeborene complicirte Coordination vieler Muskeln benöthigt. Am 38. Tage sah ich einige Tropfen lauwarmes Wasser, die auf die Stirn geträpfelt wurden, am 43. Spuren von Bärlappsamen, am 170. blosses Anblasen Niesen bewirken. Erwachsene zeigen nicht leicht eine solche Empfindlichkeit. Die Augen werden beim Niesen kleiner Kinder jedesmal geschlossen (ebenso bei Affen nach Darwin), weshalb, ist nicht genügend aufgeklärt. Donders fand, dass die Füllung der Blutgefässe des Auges durch den Lidschluss gemindert wird. Das Schliessen der Augen bei heftiger Ausathmung erscheint hiernach zweckmässig. Es ist rein reflectorisch. Champneys, der seinen Sohn die ersten neun Monate hindurch beobachtete, fand, dass das Niesen stets von heftigen Bewegungen aller Glieder begleitet war, indem die Schenkel gebeugt und die Vorderarme mit vorgeschobenen Ellenbogen gebogen wurden: beachtenswerthe symmetrische Mitbewegungen, die jedoch nicht bei allen Säuglingen vorkommen.

Andere laute angeborene Ausathmungsarten sind bei kleinen Kindern häufig, aber sie haben wie das Niesen keine psychogenetische Bedeutung, so das Schnaufen, eine Begleiterscheinung

des Saugens, das Schnarchen (von mir am 24. Tage zuerst beobachtet), das bei allen Säuglingen in der ersten Zeit auffallende
(auch beim hirnlosen Kinde von mir beobachtete) Gähnen mit
weit aufgerissenem Munde, welches als verstärkte und vertiefte
Einathmung den Athmungsapparat in regelmässige Thätigkeit
bringen hilft, indem es nach einer Reihe von flachen Einathmungen
compensatorisch eintritt.

Einmal sah ich ein Kind an seinem siebenten Lebenstage
gähnen, indem es den Mund weit aufriss und zugleich die Augen
fest zukniff, einige Secunden lang so verharrend. Es verzog überhaupt in wunderlicher Weise das Gesicht, wenn es beim Einschlafen
gestört worden war. Ein unmittelbarer physiologischer Zusammenhang des Gähnens mit Lidschluss und Schläfrigkeit ist aber nicht
nachgewiesen, es sei denn, dass man die durch Ermüdung auch der
Athmungsmuskeln bedingte Zunahme des Sauerstoffbedürfnisses
hierher rechnet, welche eine vertiefte Einathmung hervorrufen kann.

Auch das von mir in einem Falle in der ersten Lebensstunde
deutlich wahrgenommene Husten gehört hierher, das Räuspern
dagegen ist erworben, wie Darwin mit Recht bemerkt. Doch ist
bei sehr jungen Säuglingen, welche etwa am vierten Tage husten,
das unwillkürliche Husten thatsächlich von demselben Erfolge wie
das willkürliche Räuspern später. Das frühe unwillkürliche Ausstossen der Brustwarze nach dem Saugen mittelst der Zunge ist
sogar geschickter, als das spätere willkürliche Ausstossen der Hülse
einer im Munde zerdrückten und ausgesogenen Stachelbeere.

Schluchzen und Seufzen haben beim Säugling nicht die
geringste psychische Bedeutung. Beide kommen normalerweise erst
spät vor. Seufzen bemerkte ich im siebenten Monat, und zwar
wiederholt, nachdem das Kind von der liegenden Stellung in die
aufrechte halb sitzende gebracht worden war. Seufzen trat bei
meinem Kinde oft (auch im zweiten Jahre) bei vergnügter Stimmung ein, ohne nachgeahmt zu sein.

Die Athembewegungen gehen zu Anfang des Lebens überhaupt ohne Bezug auf Emotionen vor sich. Das Wogen der Brust
im Affect, das Innehalten des Athems vor Spannung kommt in
der allerersten Jugend nicht vor. Die Respiration des Säuglings
verläuft aber in den ersten Wochen sehr unregelmässig, so dass
derartiges vorgetäuscht wird. Beim Neugeborenen bald stürmisch,
bald ganz schwach, durch apnoische Pausen unterbrochen, dann
rhythmisch, kurze Zeit darauf wieder abwechselnd tief und flach,
nähert sich die Athmung nur langsam dem späteren Typus.

Zu Ende der siebenten Woche betrug die Zahl der Athemzüge
während des Schlafes bei meinem Knaben 28 in der Minute, in der
dreizehnten 27. Sie blieben aber noch monatelang unregelmässig.

Auf vier bis fünf schnelle Einathmungen folgte oft eine Pause, die durch einzelne tiefe Athemzüge unterbrochen wurde. Je älter das Kind, um so regelmässiger die Athembewegungen und um so geringer die Frequenz derselben. Während des Zahnfiebers stieg sie (im neunten Monat) vorübergehend auf 40 und 42 in der Minute und betrug im 16. und 17. Monat während des Schlafes 22 bis 25 in der Minute. Von nun an war der Typus überwiegend regelmässig: im 20. Monat 22 bis 23. Wenn aber irgend ein Geräuch entsteht, welches nicht hinreicht, den ruhig schlafenden Säugling zu wecken, dann steigt sofort die Athemfrequenz auf 25 bis 26, um bald wieder auf 22 bis 23 zu sinken. Diese Reflexempfindlichkeit des Respirations-Apparats ist merkwürdig, weil sie die Existenz eines Reflexbogens vom Hörnerven zu den Einathmungsnerven (der Zwischenrippenmuskeln und des Zwerchfells) beweist.

Die langsame Consolidirung der Athmungsmechanik bei. allen Säuglingen hängt mit ihrer hohen Reflexerregbarkeit zusammen. Im späteren Leben können stärkere und häufigere Reize einwirken ohne die geringste Änderung der Respiration. Da ferner die Athmung, wie die Herzthätigkeit, ohne Betheiligung des Willens nach und nach in regelmässigen Gang kommt, so liefert sie ein treffliches Beispiel für die Ausbildung einer höchst complicirten coordinirten unwillkürlichen Muskelthätigkeit, von der vor der Geburt normalerweise keine Spur existirt. Diese Coordination ist aber, weil sie unmittelbar nach der Geburt durch genügend starke Erregung der Hautnerven als unvollkommen periodischer Reflex beginnt, nicht nur erblich, sondern auch angeboren, jedoch nicht entfernt so perfect wie nach längerer Bethätigung.

Das Schlucken, das Würgen und verwandte Reflexe.

Das Schlucken, das Würgen, das Erbrechen und der Singultus sind alle drei erbliche und angeborene Bewegungen, welche sogleich in derselben Weise, wie später, ausgeführt werden.

Das Hühnchen im Ei macht am elften Brüttage Schluckbewegungen und hat lange vor dem 21. Tage der Bebrütung, ehe es durch einen Nadelstich, durch Abkühlung und andere Eingriffe zum Piepen gebracht werden kann, grosse Mengen Amnioswasser verschluckt.

Beim Würgen strecken ein- bis fünftägige Kinder die Zunge hervor, mit reflectorischer Hebung des Kehlkopfs und Aufsperren des Mundes, wie Erwachsene, wenn sie einen Fremdkörper aus der Speiseröhre entfernen wollen.

Die gewöhnliche Ursache des Würgens bei Säuglingen scheint Ansammlung von Schleim zu sein, doch kann es auch durch Kitzeln des Gaumens und der Zungenwurzel und Benetzen derselben mit bitteren Stoffen (als Geschmacksreflex) am ersten Tage hervorgerufen werden (S. 65. 80), ja sogar durch Benetzung der Oberlippe mit übelriechenden Stoffen (als Geruchsreflex? S. 86 m) und später durch den Anblick verabscheuter Speisen (S. 83 m).

Erbrechen tritt nach Überfüllung des Magens mit ungeeigneter Flüssigkeit (auch Ammenmilch) ein, sowie nach Einführung des Fingers in den Schlund. In der fünften Woche sah ich beides und bemerkte, wie ohne jeden äusseren Reiz die kurz vorher genossene Milch als Springbrunnen von Decimeterhöhe aus dem Munde des auf dem Rücken liegenden Kindes hervorquoll. Ructus sind schon in der ersten Woche nicht selten. Sie können von verschluckter Luft herrühren.

Den Singultus beobachtet man bei Kindern im ersten Vierteljahre viel öfter als bei Erwachsenen. Ich bemerkte ihn innerhalb der ersten 20 Stunden nach der Geburt.

Er kann beseitigt werden, indem ein halber Theelöffel lauwarmen Zuckerwassers auf die Zunge gebracht wird. Nach dem Verschlucken dieser kleinen Menge sah ich ihn sofort (in der zehnten Woche) aufhören. Die Abwendung der Aufmerksamkeit reicht hier zur Erklärung nicht aus, da andere sinnliche Eindrücke nicht denselben Erfolg haben.

Die Reflexgesetze.

In psychogenetischer Beziehung wichtiger, als alle obigen typischen Reflexe, sind die reflectorischen Augenbewegungen und die nach Hautreizungen, besonders Anblasen und Kitzeln, und nach Schalleindrücken eintretenden Bewegungen der Glieder und des Kopfes. Von ersteren war bereits die Rede; bezüglich der letzteren hoffte ich durch häufiges Beobachten schlafender Kinder bekannte Gesetzmässigkeiten wie bei enthirnten Thieren bestätigt zu finden.

Ich wurde nach dem ersten Versuche (am 14. Lebenstage meines Knaben) in dieser Meinung bestärkt; denn nach Berührung der linken Schläfe des schlafenden Kindes fuhr es zusammen und mit der linken Hand gegen die berührte Stelle. In Pausen wiederholt gab dieser Versuch dreimal dasselbe Resultat. Ebenso fuhr in der 14. Woche, als ich das rechte Auge am Innenwinkel mit dem Fingernagel berührte, die rechte Hand des Kindes gerade an diese Stelle und rieb das Auge; aber als ich links berührte, blieb die linke Hand in Ruhe. Es ist überhaupt ein Zufall gewesen, dass die kleine Hand gerade die richtige Stelle traf, denn in anderen Fällen fuhr sie vorbei. Im wachen Zustande trat keine Zuckung, keine Reflexbewegung bei derselben Berührung ein, und die Wiederholung der Berührung am schlafenden Kinde an anderen Tagen hatte gleichfalls keine oder unregelmässige wischende Antwortbewegungen zur Folge

(S. 67a). Als ich in der siebenten Woche die linke Schläfe des
ruhig daliegenden Kindes berührte, machte der rechte Arm eine
energische Bewegung nach vorn-oben-links, obwohl der linke frei
dalag. Woher die contralaterale Antwort? Vielleicht war das
Sensorium thätig und localisirte noch ungenau, oder die gleichseitige
Reflexbahn war weniger leicht passirbar. Ich habe solche unerwartete
Antwortbewegungen in den beiden ersten Jahren mehrmals, sogar
noch im 35. Monat, am schlafenden Kinde wahrgenommen, selbst
dann, wenn links gekitzelt wurde, der rechte Arm unter dem Körper
des schlafenden Kindes lag und der linke frei war.

Diese Beobachtung ist also gerade entgegengesetzt der von
Pflüger (1853), welcher einen schlafenden dreijährigen Knaben am
rechten Nasenloche kitzelte und sah, wie derselbe die rechte Hand
abwehrend erhob und das rechte Nasenloch rieb. Wurde links gekitzelt, so nahm er die linke Hand. Nun legte er beide Arme des
auf dem Rücken liegenden schlafenden Kindes leise neben den
Körper, hielt den linken Arm durch sanften Druck auf ein darauf
gelegtes Kissen fest und kitzelte, mit seiner freien Hand eine Feder
haltend, das linke Nasenloch des Kleinen. Sofort wurde der linke
Arm bewegt, konnte aber nicht an das Gesicht geführt werden.
Nun verzog der Kleine das Gesicht und suchte nach wiederholtem
Kitzeln links mit der rechten Hand das linke Nasenloch zu
drücken, „während er sonst immer die gleichseitige Hand gewählt
hatte, wenn man ihn noch so sehr und so lange kitzelte, bis er
erwachte." Das „immer" kann allgemein nicht gelten.

Oft sah ich aber auch im zweiten Jahre gleichseitigen Reflex.
So im 17. Monat: Ich berührte, während das Kind schlief, den
rechten Nasenflügel inwendig, sogleich fuhr die rechte Hand dagegen
und wischte, und als ich die linke Nasenöffnung berührt hatte, ward
sie sofort mit der linken Hand gewischt. Dann trat bei Wiederholung des Versuchs keine Antwortbewegung des schlafenden Kindes
mehr ein.

Später hat O. Rosenbach das Verhalten der Reflexe bei schlafenden
Kindern beobachtet und ermittelt, dass einige (Bauch-, Cremaster-
und Patellar-Reflex) während des festen Schlafes fehlen; er giebt
aber das Alter der Kinder nicht an.

Jedenfalls genügen die Versuche, die ich anstellte, um zu
zeigen, dass, unbeschadet der allgemeinen Gültigkeit der Pflüger-
schen Reflexgesetze, von kleinen Kindern Reflex-Umwege oft versucht werden und erst viele Erfahrungen gemacht sein müssen, ehe
jene Gesetze rein hervortreten. Manchmal freilich überraschten
mich die Reflexe fest schlafender Säuglinge durch ihre Gesetz-
mässigkeit. Doch haben derartige einfache Versuche, die ich an
mehreren Kindern wiederholte, und die Beobachtung der selbständigen Bewegungen der Arme und Hände Neugeborener mir
nur wenige Beweise für das Vorhandensein vollständig ausgebildeter
angeborener gleichseitiger Reflexe nach einseitigem Reize gegeben.

Der Trigeminus-Facialis-Reflex ist ein solcher, da bei Berührung eines Auges sehr oft in der ersten Lebensstunde nur dieses eine sich schliesst, das Spreizen der Zehen, nach Berührung der Sohle, ein anderer (S. 68 e und 148 m). Die Reflex-Symmetrie wird durch die Erweiterung beider Pupillen, wenn nur ein Auge beschattet wird, durch das Schliessen beider Augen bei unsanfter Berührung eines Auges oder eines Nasenflügels, durch Bewegungen beider Füsse, wenn eine Fusssohle berührt worden ist (S. 68e), als für Ebengeborene gültig, also als erblich und angeboren, erkannt (S. 5. 6), ebenso das ungleich intensive Auftreten des Reflexes auf beiden Seiten bei doppelseitigen Reflexen, nach einseitigem Reiz, durch die stärkeren Bewegungen des einen Augenlides (nach Kitzeln des Nasenflügels derselben Seite), sowie des Beines auf der gereizten Seite (S. 68e. 69a) bestätigt. Aber das Gesetz der intersensitiv-motorischen Bewegung bedarf noch der Prüfung. Denn ihm zufolge dürfte kein Reflex vom Trigeminus auf den Oculomotorius stattfinden. Weckt man aber ein Kind durch Berührung des Augenlides, so scheint die Hebung desselben reflectorisch zu geschehen. Es fragt sich dabei, ob nicht vor dem Aufschlagen der Augen jedesmal Bewegungen stattfinden. Ich habe, da ich Kinder nicht ohne zwingende Gründe wecke, hierüber nicht experimentiren mögen.

Ferner waren bei zwei Kindern, die im ersten Halbjahr an localisirten juckenden Hautausschlägen litten (an „Milchschorf" oder „Nachtbrand"), die reflectorischen Bewegungen der Glieder ganz unregelmässig und anfangs durchaus ungeeignet, dann nicht in allen Fällen geeignet, die Schmerzen oder das Kitzelgefühl zu lindern, abgesehen allenfalls von den Drehungen des am meisten behafteten Kopfes, der pendelartig hin und her bewegt wurde, wenn man die Arme festband (im vierten Monat). Manchmal wurde das Gesicht, wenn einmal die Arme Nachts die Fesseln abgestreift hatten, an mehreren, offenbar auch nicht schmerzenden Stellen blutig gekratzt (noch im sechsten Monat). In jedem unbewachten Augenblick fuhren die Hände gegen den Kopf und wurde die Haut, auch die gesunde, gerieben und gekratzt.

Die kratzenden Bewegungen können nicht angeboren, sie müssen (im Gegensatz zu den Wischbewegungen des Thierfötus) erworben sein. Der in der Abnahme des Kitzelgefühls sich zeigende Erfolg einer zufälligen Berührung von juckenden Stellen mit der Hand musste eine Bevorzugung der Bewegung der Hand nach diesen hin unter allen anderen Bewegungen nach sich ziehen, denn in der Concurrenz aller Muskelbewegungen untereinander werden die Lustgefühle mit sich bringenden und die Unlust-erregendes abwehrenden oder abschwächenden am häufigsten wiederholt, während die Lustgefühle verhindernden und die Unlust schaffenden Bewegungen immer seltener werden.

Jenes reflectorische Hinfahren nach dem Kopfe hatte nun in dem einen der beiden obigen Fälle eine eigenthümliche Association

zur weiteren Folge (über den anderen fehlt die Beobachtung). Als
nämlich das Ekzem sich ganz verloren hatte, blieb doch die Erhebung der Arme mit dem Hinfahren der Hände gegen den Kopf
bestehen und zeigte sich jedesmal, wenn dem Kinde irgend etwas
unangenehm entgegentrat, wenn es sich ablehnend verhielt, etwa
nicht mehr spielen mochte. Offenbar handelt es sich hierbei um
einen primitiven Inductions- oder Verallgemeinerungs-Process. Früher
ward jene Bewegung regelmässig bei dem unangenehmen Hautgefühl
am Kopf ausgeführt, jetzt fehlt zwar letzteres, aber die Bewegung
ist mit dem Merkmal „unangenehm" jenes Gefühls so fest verknüpft,
dass sie, auch wenn irgend etwas anderes mit demselben Merkmal
auftritt, ausgeführt wird (im neunten Monat). So entstehen individuelle
Ausdrucks-Bewegungen aus erworbenen Reflexen, welche später wieder
erlöschen, weil sie individuell bleiben.

Im geraden Gegensatz zu den erworbenen Reflexbewegungen
steht das Beugen der Finger beim Kitzeln der Hohlhand und Umklammern eines fremden, die Hohlhand berührenden Gegenstandes,
von dem bereits die Rede war (S. 68e), und welches eine reine,
altererbte Reflexbewegung ist, da auch das ohne Gehirn geborene
Neugeborene mit seinen Fingern den in die Hohlhand gelegten
Finger öfters fest umklammert, wie ich fand. Angeboren ist auch
das Anziehen der Beine und Spreizen der Zehen nach Berühren
(Kitzeln, Streicheln) der Fusssohle, welches ich bei Neugeborenen
fünf Minuten nach der Geburt und in den ersten Tagen geradeso
ausgeprägt sah, wie in der vierten Woche.

Darwin erwähnt, dass nach Berührung der Fusssohle mit einem
Stückchen Papier am siebenten Tage der Fuss plötzlich fortbewegt
und die Zehen gekrümmt worden seien. Ich habe nicht ermitteln
können, unter welchen Umständen dieser Reflex und unter welchen
das Spreizen der Zehen nach Berührung der Fusssohle eintritt (vgl.
S. 68e), bemerkte aber, dass bereits in der achten Woche Kitzeln
der Sohle Lachen zur Folge hatte. Eine regelmässige ganz reine
Reflexaction ist dieses sogenannte „reflectorische" Lachen (S. 96a)
nicht, weil es von der vorher vorhandenen Stimmung mit ab-
hängt.

Schreckreflexe.

Das reflectorische Zusammenfahren, das Zucken und Ausstrecken der Arme nach einem plötzlichen, unerwarteten starken
Eindruck, namentlich Schalleindruck, das Zurückfahren mit dem
Kopf und Oberkörper bei rascher Annäherung, also das Erschrecken,
der Schreckreflex, fehlt in den ersten Stunden gänzlich; wie ein
ebengeborenes Thier kann das ebengeborene Menschenkind nicht erschrecken, wenn ihm auch manche Sinnesreize, zum Beispiel blendend
helles Licht, Unlust erregen. Doch überdauert dieses Stadium

der Unterempfindlichkeit bei kräftigen Kindern schwerlich die ersten Tage, bei einigen (überreifen) kann es nach plötzlichen Eindrücken (S. 53 a. 54) vor dem zweiten Tage schon der für den Säugling mehr oder weniger charakteristischen Schreckhaftigkeit Platz gemacht haben.

Von dieser war bereits wiederholt die Rede, sofern die durch allerlei akustische, optische, tactile Eindrücke (Anfassen und Anblasen) veranlassten bilateral-symmetrischen Reflexe, namentlich das Ausstrecken und Emporheben der Arme, das Zusammenfahren und der rasche Lidschlag Symptome des Erschrecktwerdens sind (S. 55m). Abgesehen von dem nicht immer regelmässigen Zusammenfahren sind diese Reflexe vor anderen durch ihre Symmetrie ausgezeichnet. Gleichzeitig erheben sich beide Arme, schliessen sich beide Augen nach einem plötzlichen Eindruck, auch wenn dieser (wie beim Zerren an der Decke, auf welcher das Kind liegt) einseitig ist. Es muss vom Anfang an dieser Reflexmechanismus, welcher die Motoren der Extremitäten mit den Sinnesorganen verknüpft, leicht ansprechen. Ein unmittelbarer Vortheil desselben für das Kind ist jedoch nicht angebbar.

Ein anderes constantes Symptom des Erschreckens der Kinder ist ihre Lautlosigkeit. Das Schreien beginnt, wenn ein Kind hingefallen ist, erst nach einer Pause. Vielleicht beruht dieser Zustand des Nicht-schreien-könnens, wie der der Aphthongie oder Reflexaphasie in einzelnen Fällen, auf tetanischer Erregung der motorischen Nerven, besonders der Zungennerven, wobei jeder Anlauf, einen Laut zu bilden, den Zungenkrampf zur Folge haben kann. Bei Kindern ist dieses Vorkommniss lange nicht so selten wie bei Erwachsenen. C. F. Müller hat (in seiner Dissertation, Berlin 1892) aus der ganzen Literatur nur sechs Fälle zusammengebracht. Kleine Kinder, und zwar vor wie nach dem Beginn des Sprechenlernens, fangen meines Erachtens deshalb erst einige Zeit nach Einwirkung des plötzlichen Eindrucks an zu schreien, weil zuerst eine tiefe Einathmung reflectorisch eintritt, so dass es anfangs nicht einmal zu einem Anlauf, einen Laut zu bilden, kommt. Alle sonst willkürlich beweglichen Muskeln werden ausserdem nicht bewegt, weil die Willensimpulse in Folge des Schrecks fehlen, so auch die Zunge und die Kehlkopfmuskeln nicht. Selbst die Reflexerregbarkeit ist herabgesetzt. Daher die Lautlosigkeit Erschreckter in den ersten Augenblicken. Die sehr starke Erregung einzelner Centren bringt eine Hemmung der übrigen centralen Functionen mit sich. Endlich kommt der motorische Impuls zu Stande, bewirkt aber jenen Zungenkrampf und erst nach dessen Lösung Schreien.

Reflexhemmung.

Es bedarf einer langen Reihe von Erfahrungen, welche jedes
einzelne Individuum immer wieder auf's Neue an sich selbst erleben muss, ehe die Schreck-Reflexe beherrscht werden können.
Viele lernen sie niemals beherrschen. Doch ist es für die Ausbildung des Charakters von der grössten Wichtigkeit, möglichst
früh die Kinder in der bewussten Hemmung von Reflexbewegungen
zu üben.

Zu Anfang wird wahrscheinlich kein Reflex gehemmt, aber
es besteht eine Eigenthümlichkeit, welche den aus diesem Mangel
hervorgehenden Nachtheilen entgegenwirkt. Von der Geburt an
nimmt nämlich die Erregbarkeit des Nervmuskels bei Säugethieren
allmählich zu, wie Soltmann fand, beim Menschen wahrscheinlich
bis gegen die sechste Lebenswoche, indem sie dann der der Erwachsenen ungefähr gleichkommt oder etwas überlegen ist. Die
geringere Erregbarkeit motorischer Nerven in der ersten Zeit wirkt
der Disposition zu Convulsionen schon nach physiologischen Rei-
zungen entgegen.

Hierin muss ich Soltmann beistimmen und diesem Moment, wie
er selbst, besonders wegen Abwesenheit des Willens, grosses Gewicht
beilegen; aber meine Versuche an neugeborenen und vorzeitig geborenen Meerschweinchen beweisen, dass schon vor der Geburt oder
mit dem ersten Athemzuge doch Reflexhemmungen durch starke
periphere Reize zu Stande kommen können. Wenn ich z. B. nach
Beginn der Athmung eine beliebige Hautstelle stark comprimire, so
reagirt die Ohrmuschel auf die stärksten Schalleindrücke garnicht
oder nur ganz schwach; hört der periphere Reiz auf, dann bewegen
sich sogleich auf denselben akustischen Reiz beide Ohrmuscheln
deutlich. Also existirt hier schon bald nach dem Beginn der Lungenathmung eine Reflexhemmung durch starke locale Hautreize. Eine
Reflexlähmung oder Paraplegie nach Quetschungen (etwa einer Niere)
konnte übrigens bis jetzt bei Neugeborenen (Hunden und Katzen)
nicht hervorgerufen werden.

In hohem Grade wünschenswerth wäre es, den Beginn der
Reflexhemmungen beim Menschen festzustellen.

Ich sah ein 16 Tage altes heftig schreiendes Kind augenblicklich ruhig werden, als man es mit dem Gesicht nach unten auf ein
Kissen legte, und bemerkte bei sehr jungen Säuglingen die beruhigende
Wirkung des Singens, des Zischens und des Handauflegens. Aber in
diesen Fällen handelt es sich nicht um Reflexhemmungen im strengen
Sinne des Wortes, sondern um Verdrängung eines Unlustgefühls
mit seinen motorischen Folgen, oder einer Reflexthätigkeit durch
einen neuen Eindruck. Auch ein hirnloses neugeborenes, heftig
schreiendes Kind konnte, wenn man es am Finger saugen liess, leicht
beruhigt werden (Pflüger).

Die Gehirnthätigkeit Neugeborener kann die reflectorische und impulsive Thätigkeit des Rückenmarks noch nicht beeinflussen, weil das Gehirn nicht genügend entwickelt ist. Soltmann hat an neugeborenen Hunden nachgewiesen, dass zu Anfang des Lebens vom Gehirn keine Erregungen dem Rückenmark zugehen, welche die von diesem vermittelten Reflexvorgänge zu hemmen im Stande wären. Dasselbe gilt für viele andere neugeborene Thiere. Aber es gilt nicht für alle, z. B. für die nicht, deren Vagusnerv die Herzthätigkeit hemmt.

Wahre Reflexhemmungen lassen sich bei Kindern erst beobachten zu der Zeit, da sie nicht mehr, wie in den ersten zwei bis drei Vierteljahren, die Producte ihres Stoffwechsels ausscheiden, wenn die Ansammlung derselben reflectorisch dazu reizt. Bei allen gesunden Säuglingen ist diese Reflexerregbarkeit eine grosse. Es fehlt mir aber an Beobachtungen darüber, wann zuerst der normalerweise schon am ersten Lebenstage sich zeigende Reflexreiz überwunden oder die Beantwortung desselben verzögert wird. Im ersten Jahre pflegen die Kinder erst nach der Entleerung zu schreien, später vor derselben, sie förmlich ankündigend. Sie haben im letzteren Falle die Erfahrung gemacht, dass die Drohungen, die Züchtigungen und die natürlichen Folgen der sofortigen Entleerung mehr Unlust erregen, als das Warten. Hier liegt eine der stärksten Wirkungen der primitiven Erziehung vor, wie das Verhalten der Thiere beweist.

Den Zeitpunkt beginnender Beherrschung des Blasenschliessmuskels konnte ich in einem Falle annähernd bestimmen. Seit Beginn des zehnten Monats nämlich wurde bei Tage im gesunden und wachen Zustande fast jedesmal das Verlangen nach einer Entleerung durch grosse Unruhe angekündigt. Nahm man sich dann des Kindes an, so trat dieselbe allemal erst mehrere Secunden nach Ertheilung der geeigneten Stellung ein. Soviel Zeit brauchte also das Kind, um die Hemmung zu lösen.

Hier liegen zwei Beweise für die Existenz der Willkür vor: die Hemmung eines im ersten Halbjahr niemals gehemmten Reflexes, das Nichtwollen desselben, und die Aufhebung der Hemmung. Der erstere Hemmungsact, welcher übrigens nicht lange vorhält, scheint vor dem vierten Vierteljahr (oft noch viel später) nicht leicht zu Stande zu kommen. Er fehlt regelmässig, wenn das Kind sich nicht ungetrübten Wohlseins erfreut, wenn seine Aufmerksamkeit stark in Anspruch genommen ist, und wenn es ermüdet. Die Überwindung des Reflexreizes im Schlafe, welche unabhängig vom Willen durch Gewohnheit zu Stande kommt, bedarf eben darum viel längerer Zeiträume. Doch ist hierbei zu bedenken, dass ein stärkerer Druck, wie andere periphere Reize, zuerst den Schlaf unterbricht und dem Willen dadurch Einfluss einräumt.

Diejenigen Reflexe, welche während des ganzen Lebens durch den Willen nicht gehemmt werden, scheinen doch beim Neugeborenen und Säugling zum Theil deutlicher zu sein, als in den folgenden Lebensjahren.

Wenigstens fand Faragò, der 117 gesunde Kinder (49 Knaben, 68 Mädchen) vom 1. bis 16. Lebenstage prüfte, den Patellarreflex beiderseits bei allen, desgleichen fehlte der Bauch-, Fusssohlen- und Lid-Reflex in keinem Falle, der Cremaster-Reflex bei 18,9% der Knaben aus nachweisbaren Gründen. Eulenburg (1878) fand bei 241 Kindern unter zwölf Monaten den Patellarreflex anfangs nicht ganz so häufig wie bei Erwachsenen; wo er aber auftrat, war er deutlicher als später, namentlich bei 41 im ersten Monat untersuchten und bei 16 (von 17) eintägigen Kindern. Spätere Beobachtungen desselben Forschers und seines Assistenten (Haase 1882) bestätigen das relativ häufigere Fehlen des Kniephänomens bei 116 Kindern von 1 bis 24 Monaten. Es fehlte in sieben Fällen beidseitig, in drei Fällen einseitig. Das Fussphänomen wurde nur an 22 von den 116 Kindern deutlich gesehen. Die Knochenreflexe waren noch seltener (Tibialreflex bei 15, Radiusreflex bei 14 von den 116 Kindern beobachtet). Dagegen wurden der Bauch-, Nasen-, Hornhaut- und Pupillarreflex in keinem Falle vermisst. Der Ohrenreflex war nur in fünf Fällen nicht deutlich. Bei 78 Knaben von 1 bis 60 Monaten fehlte der Cremasterreflex in 20 Fällen.

Es ergiebt sich hieraus, dass die Sehnenreflexe nicht ganz so leicht vererbt werden wie die Haut- und Schleimhautreflexe und der Pupillarreflex. Diese sind dem Organismus nützlicher.

Die Abnahme der Neigung zu Reflexen, der Reflexdisposition, in den ersten Jahren ist mit der Zunahme einer Reflexhemmung in der Endwirkung gleichbedeutend. Freilich lassen die einzelnen in beiden Fällen wirksamen Factoren sich nicht isoliren. Die auf dem Fehlen aller Reflexhemmung in der ersten Zeit beruhende Neigung zu Krämpfen und die physiologisch bei jedem zahnenden Kinde leicht zu constatirende erhöhte Reflex-Empfindlichkeit, welche zu den wunderlichsten Grimassen Anlass giebt, finden ihr Gegengewicht erst nach Ausbildung des Willens mit weit fortgeschrittener Entwicklung der grauen Substanz des Grosshirns, nach dessen Entfernung bei Thieren ähnliche Reflexerscheinungen eintreten, wie bei Neugeborenen und ganz jungen Individuen. Aber auch bei älteren Kindern (im vierten Jahre) findet man viele Reflexe, besonders mimische und abwehrende stärker ausgeprägt, als nach weiter geführter Erziehung.

Schmerzreflexe.

Die im späteren Leben am stärksten hervortretenden Schmerzreflexe sind in der ersten Zeit am wenigsten ausgebildet. Durch die Beobachtung von etwa 60 Neugeborenen wurde von Genzmer festgestellt, dass sie für Nadelstiche am ersten Tage fast unempfindlich, in der ganzen ersten Woche noch unterempfindlich sind. Frühgeborene wurden während der ersten Tage mit feinen Nadeln in die Nase, Oberlippe, Hand so derb gestochen, dass aus der Stichöffnung ein kleiner Blutstropfen quoll, und doch gaben sie kein Zeichen des Unbehagens von sich, ja oft war nicht einmal ein leichtes Zucken zu bemerken. Auf Stiche, welche dem Erwachsenen empfindlich sind, antworteten reife Kinder nach einem Tage oder zwei Tagen nur mit Reflexbewegungen wie auf Berührungen. „Von jenen Tastreflexen unterscheiden sich die Schmerzreflexe dadurch, dass die Bewegung dem Reiz hier erst nach einer grösseren Pause (bis zwei Secunden) zu folgen pflegt." Die Empfindlichkeit für Nadelstiche wurde für überreife Kinder etwas grösser gefunden und nimmt in den ersten Wochen allgemein zu. Dabei ist zu bemerken, dass bei Kindern von einigen Wochen bisweilen nach einem Stich in die Fusssohle ein Verziehen des Gesichts nachfolgt ohne locale Reflexe. „Sie schienen sich des Schmerzgefühls schon bewusst zu werden. In der ersten Woche war dieses niemals der Fall." Eine reflectorische Thränenabsonderung liess sich zu der Zeit durch keinen Stich, sondern nur durch Reizung der Nasenschleimhaut hervorrufen; „bei Stichen in die Gesichtshaut schien nur bisweilen die Augenfeuchtigkeit zuzunehmen."

Aus diesen Thatsachen folgt nicht, dass Neugeborene überhaupt keinen Schmerz empfinden, sondern dass die Schmerzreflexe ausbleiben, wenn der schmerzhafte Eindruck nur wenige Hautnerven trifft, wie beim Stechen mit einer feinen Nadel. Fünfzig gleichzeitige Nadelstiche würden sogleich nach der Geburt Schmerzreflexe nach sich ziehen. Soviel geht mit Sicherheit aus meinen Versuchen an frühgeborenen Kaninchen und Meerschweinchen hervor, welche auf sehr starke locale und ausgedehnte schwächere schmerzhafte Eingriffe, elektrische, thermische, mechanische, chemische Hautreize mit unzweideutigen Schmerzreflexen antworten. Verzerren des Gesichtes und Schreien tritt auch bei reifen oder nahezu reifen menschlichen Neugeborenen nach starker elektrischer Reizung der Haut ein (Kroner 1882).

Die Mannigfaltigkeit der Reflexe.

Es wäre in Anbetracht der grossen Anzahl und Mannigfaltigkeit der beim Kinde schon jetzt nachgewiesenen und von anderen Bewegungen bestimmt abgetrennten Reflexe wohl an der Zeit, ein Verzeichniss sämmtlicher Reflexbewegungen beim Neugeborenen, Säugling und noch nicht sprechenden Kinde zu entwerfen, die angeborenen von den erworbenen, die hemmbaren von den rein physischen Reflexen und den Schmerzreflexen zu sondern und zu prüfen, ob es einen einzigen Reflex giebt, welcher dem Menschenkinde allein zukommt. Eine eingehende Vergleichung neugeborener Schimpanses und Orangs mit neugeborenen Negerkindern bezüglich der Reflexe würde vielleicht keine Unterschiede erkennen lassen.

Beim menschlichen Säugling habe ich, um nur einen Sinnesnerven und einen motorischen Nerven als Beispiel anzuführen, allein sechs verschiedene typische Reflexbewegungen vom Sehnerven auf den Oculomotorius nachgewiesen, welche bei Lichteindrücken auftreten, nämlich:

1) Contraction des Schliessmuskels der Iris *(M. sphincter iridis)* bei Einwirkung hellen Lichtes unmittelbar nach der Geburt: Pupillenverengerung;

2) Contraction des Augenlidhebers *(M. levator palpebrae superioris)* bei mässigem Licht unmittelbar nach der Geburt: Öffnen des Auges;

3) Contraction des oberen geraden Augenmuskels *(Musculus rectus superior)*, wenn helles Licht oben erscheint, in der vierten Woche oder früher: Hebung des Blickes;

4) Contraction des unteren geraden Augenmuskels *(Musculus rectus inferior)*, wenn helles Licht unten erscheint, in der vierten Woche: Senken des Blickes;

5) Contraction des inneren geraden Augenmuskels *(Musculus rectus internus)* bei mässig hellem Lichteindruck dicht vor der Nasenspitze, in der zweiten Woche: Convergenz-Bewegung;

6) Contraction des Accommodationsmuskels *(M. ciliaris)* bei Annäherung hellen Lichtes an das Auge, nach der dritten Woche: Einstellung auf die Nähe.

Die Anatomie hat bis jetzt für keinen dieser (bereits erörterten) sechs Reflexe die Verbindungswege isolirt. Für die mimischen Reflexbewegungen vom Hör-, Riech- und Schmeck-Nerven auf den Antlitznerven und vom Gefühlsnerven des Gesichtes auf eben diesen gilt dasselbe.

IV. Instinct-Bewegungen.

Menschliche Instinct-Bewegungen sind nicht zahlreich und (ausser den sexuellen) schwer zu erkennen, nachdem die erste Jugend vorüber ist. Um so aufmerksamer müssen die instinctiven Bewegungen des Neugeborenen und kleinen Kindes betrachtet werden. Um sie zu verstehen, ist die Beobachtung neugeborener Thiere nothwendig.

Instinct-Bewegungen neugeborener Thiere.

Unzweifelhaft instinctive Bewegungen zeigen schon in den ersten Stunden nach dem Verlassen des Eies, ja schon während sie noch mit dem Sprengen der Schale beschäftigt sind, die Hühnchen.

Denn was anderes als eine solche ist es, wenn ein vom Augenblick der Eisprengung an einige Tage lang mit einer lichtdichten Kappe versehenes Hühnchen sechs Minuten nach der Entschleierung den Kopf so bewegte, wie es erforderlich war, eine Fliege mit dem Blick zu verfolgen? Nach zehn Minuten kam das Insect innerhalb der Reichweite des Halses, wurde erfasst und beim ersten Griff verschluckt. Nach 20 Minuten wurde dieses Hühnchen in einiger Entfernung von einer Henne mit Küchlein seines Alters auf unebenen Boden gesetzt, so dass es sie sehen und hören konnte. Nachdem es etwa eine Minute lang gepiept hatte, lief es geradeswegs auf die Henne zu (Spalding-Douglas).

Nicht jedesmal gelingt es dem ganz jungen Hühnchen, das Insect oder das Körnchen, nach dem es gepickt hat, so zwischen Ober- und Unterkiefer zu fassen, dass ein Verschlucken des Objects möglich wird, aber fast alle picken danach. Oft picken die eintägigen und mehrtägigen Hühnchen nach meinen Beobachtungen sechs-, auch neun- und zehnmal ungenau und bemühen sich sehr oft vergeblich, selbst nach gelungenem Erfassen des Körnchens, es zu verschlucken, mit allerlei Kopfbewegungen.

Hier sind fertig ausgebildet: 1) Kopfbewegungen beim Anblick bewegter Objecte, 2) Picken, wenn dieselben erreichbar sind, 3) Laufen oder Rutschen, wenn die Henne zum ersten Male gehört oder ge-

sehen wird, 4) Schnabel- und Kopf-Bewegungen, wenn ein kleines
Object zum Verschlucken präparirt wird. Alle diese Bewegungen
können zwar ausbleiben, wenn die äusseren Bedingungen für ihr
Eintreten auch vollständig gegeben sind, wie ich mehrmals bei ein-
bis dreitägigen im Brütofen ausgebrüteten Hühnchen sah, dürfen
jedoch als erworbene oder willkürliche nicht aufgefasst werden, weil
sie ohne die vorherige Vorstellung des Erfolges ausgeführt werden;
sonst würden die Thierchen nicht wiederholt nach den eigenen
Zehen picken. Das ganz junge Hühnchen, welches die erwähnten
Bewegungen nie gesehen hat, kann keine selbsterworbene Vorstellung von ihnen haben, weil ihnen keine Erfahrung vorherging; aber
seine Vorfahren hatten die Vorstellung und es selbst erbte ein
Erinnerungsbild derselben, ohne davon zu wissen. Das Hühnchen
handelt also geschickt und scheinbar intelligent durch die ererbte
Verbindung der sinnlichen Erinnerung mit der Bewegungserinnerung,
nicht aus eigener Überlegung, nicht durch die Vorstellung der von
ihm ausgeführten Bewegung selbst, welche vielmehr unwillkürlich
bleibt. Wird sie unterlassen, unter sonst gleichen äusseren Bedingungen, so ist in der Concurrenz der erblichen sensumotorischen
Verbindungen untereinander und mit den durch eigene Sinnes-
Eindrücke entstehenden neuen Verknüpfungen von Empfindung
und Bewegung eine andere stärker hervorgetreten, als gerade die
besprochenen, oder ein neues Gefühl prädominirt. Auch das
fleissige Putzen des Flaumes der noch nicht einen Tag alten
Hühnchen mit dem Schnabel, das von mir am dritten Tage (ohne
Vorbild) gesehene Wischen des Kopfes mit dem Fusse, und das am
zweiten Tage (ohne Vorbild) auftretende Scharren können nur erbliche, instinctive Bewegungen sein.

Treffend bemerkt Spalding: Der Instinct gegenwärtiger Generationen ist das Ergebniss accumulirter Erfahrungen vergangener
Generationen. Die Permanenz solcher Associationen im individuellen
Leben hängt ab von dem entsprechenden Eindruck auf das Nervensystem. Wir können streng genommen nicht zweimal ein individuelles
Bewusstseinsfactum erfahren; aber wie wir durch Ziehen an der
Klingel heute denselben Klang, den wir gestern hörten, hervorbringen können, so sind wir im Stande, sofern die hergestellten Verbindungen von Nerven und Nervencentren halten, unsere Erfahrungen
noch einmal zu erleben. Warum sollen nun diese Modificationen
der Gehirnsubstanz (welche von Stunde zu Stunde, von Tag zu Tag
beharrend Erwerbung ermöglichen) nicht gerade wie irgend eine
andere physische Eigenthümlichkeit von den Eltern auf die Nachkommen übergehen? Ich nenne den Instinct das vererbte Gedächtniss.

Es ist kein Grund gegen diese Auffassung des Instincts als
einer erblichen Association, dass nicht alle sensumotorischen Ver-

knüpfungen des elterlichen Nervensystems auf das der Nachkommen übergehen. Denn sehr viele werden nicht fest genug sein. Beim Hühnchen sind die festesten die Pick-, Schluck-, Piep-, Lauf-, Wisch- und Scharr-Bewegungen und das Schlagen mit den künftigen Flügeln beim Vorwärtsrutschen, welches ich in der vierten Stunde nach dem Ausschlüpfen, ohne die Möglichkeit einer Nachahmung sah. Doch können einige von diesen altererbten Bewegungen erlöschen oder nicht hervortreten, wenn die äusseren Anlässe fehlen.

Hühnchen, die Allen Thomson auf einem Teppich ausschlüpfen und einige Tage darauf verweilen liess, zeigten keine Neigung zu scharren, weil der auf ihre Füsse vom Teppich ausgeübte Reiz neu und nicht geeignet war, den erblichen Scharr-Mechanismus in Thätigkeit zu setzen. Sowie aber ein wenig Kies auf den Teppich gestreut wurde, begann gleich das Scharren (wie Romanes mir mittheilte). Die Hühnchen scharren also nicht in der Absicht, Samenkörner zu suchen. Denn der ganz dünn gestreute Kies konnte die Aussicht, dergleichen im Teppich zu finden, nicht begründen. Ich habe sogar die im Brütofen ausgeschlüpften und dann in einem geschlossenen Raume für sich aufgezogenen Hühnchen auf glattem weissen Papier, ohne Flecken, starke Scharrbewegungen machen gesehen, besonders in der vierten Lebenswoche, als wenn sich das Helle der grossen Fläche wegscharren liesse.

Das Scharren der Hühnchen geschieht also ohne Überlegung nach gewissen Gesichts- und Tasteindrücken rein instinctiv wie das Piepen, Picken, Laufen und Fliegen.

Die Schwalben lernen nicht fliegen, sie erhalten keinen Unterricht, wie sie ihre Muskeln zu contrahiren haben, um von dem Nest zum ersten Male durch die Luft zu eilen. Auch die jungen Rothschwänzchen, welche ich vor dem Flüggewerden beobachtete, erhalten keine Anweisungen zum Fliegen. Sie üben aber die Flügel vor dem ersten Flugversuch im Nest, indem sie dieselben ausbreiten und schwirren lassen. Der erste Ausflug ist langsamer, als der Flug der Eltern, das junge Thier fliegt abwärts, aber es stösst nirgends an, und nach wenigen Tagen ist seine Sicherheit bewunderungswürdig. Mit der Übung wächst das Selbstvertrauen.

Die Flugbewegungen der ganz jungen Vögel können nicht Willkürbewegungen sein, sie sind instinctiv geradeso wie das Picken des vor wenigen Stunden ausgeschlüpften Hühnchens, welches im Brütofen zur Welt gekommen allein, ohne Mutter oder Gefährten, in grösster Stille (ohne anleitende Geräusche) nach jedem sichtbaren pickbaren Object oder Fleck oder Loch im Holzboden, auf dem es sich befindet, wie nach den eigenen Nägeln und Excrementen mit erstaunlicher Geschicklichkeit pickt.

Das Picken wird also nicht durch das Gehör in Gang gebracht, indem man das Geräusch beim Picken der Mutter etwa mit dem Fingernagel nachahmt (Darwin). Die zwischen 3 und 20 Stunden alten, im Brütofen ausgeschlüpften Hühnchen, welche fast alle schon nach dem vorgesetzten feinvertheilten hartgekochten Eigelb und Eierweiss gepickt hatten und nun pausirten, wurden, als ich dicht daneben zwei grosse Hühner auf hartem Holz geräuschvoll und anhaltend dasselbe Futter zu sich nehmen liess, durch deren Hämmern mit dem Schnabel nicht im Geringsten afficirt, obwohl sie hörten, da sie nach plötzlichen ebenso starken Geräuschen alle gleichzeitig zusammenfuhren.

Wenn man dem Hühnchen am 21. Tage, noch ehe es die Schale verlassen hat, einen Tropfen Wasser auf das Auge bringt, so schüttelt es ihn lebhaft ab, wie ein altes Huhn; bringt man den Tropfen auf die Schnabelspitze, so macht es viele Schluckbewegungen, wie ich mehrmals wahrnahm.

Alle diese Bewegungen sind, wie das Picken, ererbt. Sie treten zwar nicht ausnahmslos, aber sehr oft ein, wenn nahezu dieselben äusseren und inneren Bedingungen erfüllt sind, welche erfüllt waren, als die Vorfahren sie unzählige Male ausführten.

Wie leicht dabei die instinctive Thätigkeit das Gepräge grosser eigener Intelligenz annimmt, zeigt folgende Beobachtung von A. Agassiz (1876): Die ganz jungen, nicht lange vorher aus dem Ei geschlüpften Einsiedlerkrebse stürzen sich mit ausserordentlicher Lebhaftigkeit auf passende Muscheln, die man ihnen in das Wasser giebt. Sie untersuchen die Öffnung mit dem Munde und quartiren sich mit auffallender Geschwindigkeit ein. Trifft es sich aber, dass die Gehäuse noch bewohnt sind, dann warten sie dicht an der Öffnung, bis die Schnecke stirbt, was in der Regel bald nach Beginn der strengen Bewachung geschieht. Hierauf zieht der kleine Krebs die Leiche heraus, verspeist sie und bezieht selbst das Quartier. Welche Voraussicht! Wegen der Bevorzugung der leeren Gehäuse kann nicht die ganze Procedur erblich sein. Aber die jungen Thiere werden nicht unterrichtet. Sie waren vom Anfang an von ihren Eltern getrennt gewesen und hatten keine Zeit und Gelegenheit, eigene Erfahrungen zu machen. Sie müssen also das Warten von den Vorfahren ererbt haben, als Verhaltungsmaassregel für den Fall, dass ein Gehäuse besetzt ist, ausserdem ein solches von einem leeren sofort unterscheiden können.

Ebenso wie es nun für alle Thiere gilt, dass sie mit einem ererbten Gedächtniss für Bewegungen, d. h. mit instinctiver Motilität zur Welt kommen, muss es für das Menschenkind gelten.

Die Entwicklung des Greifens.

Von allen Bewegungen des Säuglings im ersten Halbjahr sind keine von grösserer Bedeutung für seine geistige Entwicklung, als die Greifbewegungen.

Manche meinen, schon das Hin- und Herfahren mit den Händen in den ersten Lebenstagen sei eine Art Greifen, da die Finger dabei nicht allein an das Gesicht, sondern auch in den Mund geführt werden. Eine solche Ansicht ist unvereinbar mit dem herkömmlichen Sinne des Wortes Greifen und den Thatsachen. Denn Greifen setzt die Wahrnehmung eines begehrten Gegenstandes und eine Beherrschung der Muskeln voraus, welche in den ersten Tagen fehlen.

Das erste Einführen der Hand in den Mund hat nichts mit dem späteren Greifen gemeinsam, als dass es eine Bewegung des Armes erfordert. Es wird nicht einmal die Hand an das Gesicht geführt, sondern sie geräth bei dem ziellosen Umherfahren unter anderem auch an und in den Mund, was durch die Haltung der Arme vor der Geburt natürlich erscheint. Neugeborene Kinder behalten, sich selbst überlassen, diese Haltung bei und fahren sich mit den Händen in das Gesicht, auch an die Lippen, wie sie es vor der Geburt gethan haben. Werden die Lippen berührt, so treten beim hungrigen Säugling leicht Saugbewegungen ein, daher liegt in dem frühzeitigen Saugen an den eigenen Fingern, dem das Beissen der Finger später folgt, nichts Willkürliches. Die Lage der Arme und Hände im Uterus ist durch den beschränkten Raum bedingt. Jede andere Lage würde eine Oberflächenvergrösserung mit sich bringen.

Es erscheint daher nicht gerechtfertigt, in dem ersten Annähern der Hand an den Mund beginnende Greifbewegungen zu sehen. In den ersten Tagen seines Lebens fährt der Säugling ganz anders mit den Händen im Gesicht umher, auch in die Augen, als bei dem Greifen, welches später als Geberde ein Begehren ausdrückt. Die jungen Säuglinge, denen die Finger bei den ziellosen Armbewegungen zufällig an den Mund gerathen, sind, wenn man sie ihnen vom Munde fortnimmt, ausser Stande, sie wieder zum Munde zu führen. Selbst wenn man sie an die Lippen hält, bleiben die Finger doch nicht daselbst. Später sieht man den Säugling im Schlaf oft an den eigenen Fingern saugen.

Auch dass er, wie ich am neunten Tage bemerkte, wenn er schläft, meinen in seine Hand gelegten Finger nicht umklammert, wie im wachen Zustande, spricht nicht für ein Greifen als intendirte Bewegung, sondern das Umklammern ist ein Reflex wie das Spreizen der Zehen beim Berühren der Fusssohle. Den Beweis

dafür liefert das ältere Kind (von 17 Monaten). Wenn ich ihm
während des Schlafes den Finger in die Hohlhand lege, umfasst
es ihn nicht, wenn ich ihn aber auf der Handfläche sanft reibend
hin und her bewege, umklammert es ihn öfters mit seinen Fingern
schnell, fast zuckend, ohne zu erwachen. Der Fuss verhält sich
in der frühesten Zeit ähnlich wie die Hand, sofern er im Schlaf
schwerer anspricht. Also ist das Ausbleiben des Umfassens im
Schlaf nur der nicht genügenden Erregung der Hautnerven und
der Verminderung der Reflexerregbarkeit zuzuschreiben, keinenfalls
das Umfassen des Fingers beim Wachsein innerhalb der ersten
zwei Wochen absichtlich.

Das erste Greifen nach Gegenständen, mit deutlichem Ver-
langen, sie zu haben, sah Sigismund bei einem 19 Wochen alten
Knaben, ich in der 18. Woche bei einem Mädchen und bei meinem
Knaben in der 17. Woche.

Die Gegenstellung des Daumens, eine zur Vollendung des
Greifactes unerlässliche Bedingung, welche jungen Affen schon
innerhalb der ersten Lebenswoche geläufig sein soll, wird vom
Menschenkinde, wie ich bemerkte, sehr langsam, die Opposition
der grossen Zehe gar nicht erlernt.

Es fragt sich sogar, ob ohne Arme geborene Menschen die grosse
Zehe wie die Vierhänder als Daumen zu verwenden lernen können.
Ich habe einen jungen Mann ohne Arme mit dem Fusse eine Zeichnung
anfertigen sehen. Dabei wurde aber der Bleistift zwischen der
grossen und zweiten Zehe ohne Gegenstellung so gehalten, wie man
ihn zwischen Zeigefinger und Mittelfinger halten würde, falls man
ohne Hülfe des Daumens zeichnen oder schreiben wollte. Sogar
ohne Übung gelingt letzteres Erwachsenen leicht.

In der Meinung, es könnte vielleicht zu Anfang des Lebens mit
der grossen Zehe, wie mit dem Daumen, gegriffen werden, prüfte
ich bei meinem Knaben in der ersten Zeit die Hände und die Füsse,
erhielt aber für letztere ein negatives Resultat.

Ich stelle hier meine Beobachtungen über die Entwicklung
des Greifens bei meinem Kinde chronologisch zusammen.

Vom ersten bis dritten Tage sind Bewegungen mit den Händen
am Gesicht vorherrschend.

Am vierten Tage wurde ein Bleistift von dem Fusse nicht festgehalten.

Am fünften Tage umfassen die Finger meinen Finger sehr fest,
die Zehen nicht. Die Hände fahren oft ziellos in das Gesicht.

Am sechsten Tage fahren die Hände sogar in das Auge.

Am siebenten Tage zeigt sich, dass ein dünner Bleistift mit der
grossen Zehe und den übrigen Zehen geradeso gehalten wird, wie
mit dem Daumen und den Fingern. Es findet aber dabei kein
Greifen statt; von einer Opposition des Daumens ist ebensowenig,

wie von einer solchen der grossen Zehe etwas zu bemerken, sondern nur bei passendem Anlegen des Bleistiftes zwischen Daumen und Zeigefinger, und zwischen grosser Zehe und der Nachbarin, werden Finger wie Zehen stark gebeugt und das Object gehalten. Am neunten Tage wird der Finger vom schlafenden Kinde nicht umfasst.

In der dritten bis siebenten Woche umspannte das Kind mit seinem Daumen meinen Finger nicht, sondern nur mit seinen Fingern.

In der achten Woche überzeuge ich mich, dass der Daumen wie die Finger um den Bleistift gelegt wird, sich aber leichter, als bisher, passiv zum Greifen beugen lässt, so dass mein Finger festgehalten wird. Die vier Finger umspannen ohne Betheiligung des Daumens meinen Finger, wenn ich ihn in die kindliche Hohlhand lege.

Bis in die elfte Woche fand kein merklicher Fortschritt statt. Lege ich dem Kinde einen Stift in die Hand, so hält es ihn fest, ohne darauf zu achten (ohne davon zu wissen, würde man bei Erwachsenen sagen, mechanisch, wie in der Zerstreutheit), und es kann beim Umfassen nicht vollständig den Daumen mit verwenden. Ein anderes Kind, von demselben Alter, konnte nicht den ihm in die Hand gelegten Stock umspannt halten.

Ende der zwölften Woche geschah es oft beim Umherfahren mit den Händen, dass mein nahe gehaltener Finger in eine der kleinen Hände gerieth. Am 84. Tage sah ich dabei zum ersten Male eine Entgegenstellung des Daumens, so dass es aussah, als wenn das Kind absichtlich den ihm nicht dargereichten, sondern nur in erreichbarer Entfernung still gehaltenen Finger ergriffen hätte, zumal ich passiv den umspannten Finger den Bewegungen des Armes folgen liess. Dieses Experiment wurde mehrmals, an demselben Tage, mit gleichem Erfolge wiederholt. Dann erst gewann ich die Überzeugung, dass die Opposition des Daumens und das Greifen des Fingers ohne Absicht reflectorisch erfolgten, als Antwort auf die Berührung.

In der 13. Woche folgt der Daumen den sich beugenden Fingern leichter, wenn man dem Kinde einen Bleistift in die Hand giebt.

In der 14. Woche ist absichtliches Greifen nicht vorhanden, aber die kleine Hand hält zufällig in sie gerathene oder in sie hineingelegte Gegenstände länger und fester, als früher, und zwar mit entschiedener Entgegenstellung des Daumens. Hierdurch werden Manche verleitet, zu meinen, das Greifen nach Gegenständen fange schon in dieser Woche an. Ich entdeckte in der 15. und 16. Woche und am 114. Tage von absichtlichem Greifen nach gesehenen Gegenständen keine Spur. Während des Saugens an der Brust wird jedoch öfter, als früher, ein Finger mit Daumen und Fingern reflectorisch umspannt. Andere, die ich darauf aufmerksam machte, bestätigen mir, dass im dritten Monat das Greifen nur scheinbar ist. Es beginnt, wie auch Vierordt fand, nicht vor dem vierten Monat, kann aber in der 15. Woche deutlich sein.

In der 17. Woche (am 117. Tage) sah ich zum ersten Male
ernsthafte Bemühungen, einen Gegenstand mit der Hand zu fassen.
Es war ein kleiner Kautschukball, der sich in Greifweite befand,
aber das Kind griff daneben. Als ihm derselbe nun in die Hand
gegeben wurde, hielt es ihn lange sehr fest und bewegte ihn zum
Munde und an die Augen, und zwar mit einem neuen intelligenteren
Gesichtsausdruck. Am folgenden Tage waren die ungeschickten,
aber energischen Versuche, nach allerlei vorgehaltenen Gegenständen
zu greifen, häufiger. Das Kind fixirte dabei theils das Object (meinen
Finger) und griff dreimal nacheinander nach einem um seine doppelte
Armlänge abstehenden Gegenstand (S. 34m), theils die eigene Hand
(vgl. S. 72m), besonders wenn diese einmal richtig gegriffen hatte.
Dabei bekundete der Gesichtsausdruck grosse Aufmerksamkeit.
Wieder nach einem Tage scheint das wiederholte Greifen nach Allem,
was in den Bereich der Arme kommt, dem Kinde Vergnügen zu
verursachen. Es mischt sich aber die Verwunderung ein.

In der 18. Woche werden bei den Greifversuchen, gerade wenn
sie misslingen, die eigenen Finger aufmerksam betrachtet.
Wahrscheinlich hat das Kind die Berührung erwartet, und wenn sie
nicht stattfand, sich über das Ausbleiben des Tastgefühls gewundert.
Das Festhalten, Betrachten und an-den-Mund-führen der ergriffenen
Gegenstände dauert fort. Zu dieser Zeit wird das Ausstrecken der
Arme wie zum Greifen der Ausdruck des stärksten Begehrens. Am
121. Tage streckte das Kind ·beim Morgengruss mir zum ersten
Male beide Arme entgegen und zwar mit einem unbeschreiblichen
Ausdrucke des Verlangens. Am Tage vorher war nichts derartiges
wahrzunehmen. Der Fortschritt vom Greifen nach unbelebten Dingen
zum Greifen nach den Angehörigen kam plötzlich.

In der 19. Woche nahm das Kind ein Stückchen Fleisch, das
ihm auf einer Gabelspitze angeboten wurde, mit der Hand und führte
es zum Munde.

In der 22. Woche war das Greifen mit beiden Händen bei
gleichzeitiger Richtung der Blicklinien auf das Object sicherer und
häufiger als früher, die Aufmerksamkeit dabei reger. Das auf dem
Rücken liegende Kind richtet sich zum Sitzen auf und biegt sich
mit beiden Händen vornüber auslangend, etwas vor ihm Befindliches
zu erfassen. Die Anspannung der Aufmerksamkeit spricht sich durch
das Vorschieben der Lippen aus, welches ich am 123. Tage zum
ersten Male in Verbindung mit dem Greifacte sah.

In der ganzen Zeit ist das Greifen unvollkommen, sofern die
vier Finger nicht gleichsinnig mit dem Daumen operiren. Wenn
das Kind einen Gegenstand sieht, nach dem es verlangt, so spreizt
es meist alle Finger beider Hände während des Ausstreckens der
Arme. Wenn es aber den Bleistift oder meinen Finger umspannt
hat, so trifft es sich manchmal, dass dabei der Daumen mit einem
Finger allein zur Verwendung kommt, öfters mit zwei oder mit
drei oder mit allen Fingern. Auch fehlt sehr oft die Betheiligung

des Daumens gänzlich. Aber die Fähigkeit, mit ihm und den Fingern correct zu greifen, ist soweit entwickelt, dass nur noch der coordinirende Wille, es in jedem geeigneten Falle zu thun, fehlt. Wieviele und welche Finger sich am Greifact betheiligen, hängt bis jetzt viel mehr von der Lage und Gestalt des Gegenstandes und von der Zufälligkeit der Handstellung, als von einer Absicht ab.

In der 30. Woche war das Greifen merklich schneller geworden, aber die Unsicherheit beim Fassen des gegriffenen Gegenstandes noch gross. Die Hände gehen oft mit gespreizten Fingern an dem angeblickten Object vorbei. Das Greifen nach meterweit entfernten Dingen wird häufiger. Sehr oft wird das Ergriffene sogleich an den Mund geführt und mit der weit herausgestreckten Zunge beleckt. Hier handelt es sich um eine primitive Schlussfolgerung: Bisher waren mit Saugen und Schmecken hauptsächlich die starken angenehmen Gefühle verbunden, die das junge Wesen kennt; hat es daher ein neues angenehmes Gefühl (einer hellen Farbe, eines runden, glatten Körpers, einer weichen Fläche), so wird es mit der Lippe und der Zunge in Verbindung gebracht, durch welche das Lustgefühl beim Einführen der süssen Milch vermittelt wurde.

Das schnelle Hinfahren mit den Händen an einen neuen Gegenstand, etwa eine Bürste, muss als Zeichen des Begehrens gedeutet werden. Dabei erscheinen die eigenen Körpertheile als fremde Objecte. Denn in der 32. Woche streckt das Kind, auf dem Rücken liegend, gern seine Beine vertical empor und betrachtet die Füsse aufmerksam, wie andere vorgehaltene Gegenstände. Es greift dann mit den Händen nach seinen eigenen Füssen und führt oft die Zehen mit der Hand in den Mund.

Auch drückt das Kind, den Blick auf das erfasste Object richtend, durch Mundspitzen Interesse aus. Es hat nun entdeckt, dass das vorher gesehene und begehrte Ding zugleich das getastete ist und neue Empfindungen giebt. Das Helle, Farbige, Lange, Kurze erscheint ihm nun auch glatt, rauh, warm, kalt, hart, weich, schwer, leicht, nass, trocken, klebrig, schlüpfrig. Die Verknüpfung zweier Sinnesgebiete in einem Gegenstande befriedigt. Ein solches Object ist auch der gesehene und getastete eigene Fuss. Im Falle der gesehene und getastete Gegenstand unbeweglich feststeht, sucht dennoch das Kind ihn zu fassen, an sich zu ziehen und in den Mund, die Quelle seines grössten Lustgefühls, zu bringen, gleichviel ob er gross oder klein ist. Dabei geschieht es oft, z. B. beim Erfassen eines geschnitzten Pfostens, dass das Kind, sich vorbeugend, sich mit den Armen an den begehrten Gegenstand zieht und seinen Mund ihm anlegt, während es auf dem Arme der nachgiebigen Wärterin getragen wird. Das durch Betasten des gesehenen Gegenstandes

11*

auch in dieser Weise erzielte Vergnügen, welches Ursache erneuter Greifbewegungen wird, ist zugleich Ursache des Verlangens, denselben zu schmecken. Denn nun wird nach Darreichung der Saugflasche mit der Hand nach derselben gegriffen und das früher mit unthätigen Armen saugende Kind sucht sie, bisweilen mit dem Ausdruck der Gier, festzuhalten. Hier weckt die Erinnerung an den Geschmack oder an das befriedigende Gefühl des Hungerstillens die Greifbewegung. Durch Repetition dieser Zusammenhänge hat sich dem Sehen und Greifen die Erinnerung an das Schmecken gleichsam amalgamirt, bis die Erfahrung lehrt, dass betastete ergriffene Dinge nicht schmecken oder schlecht schmecken.

Dabei ist bemerkenswerth, dass gerade während der ersten Greifversuche die grösste Anspannung der Aufmerksamkeit mit Mundspitzen beobachtet wurde und später (in der 34. Woche, als das Greifen schneller vor sich ging) der Mund schon vor oder unmittelbar nach dem Ergreifen geöffnet und dann das Object hineingebracht wurde. Bei den ersten Versuchen folgte die Einführung in den Mund ohne anfangs intendirt zu sein, jetzt wird in der Absicht, das Gesehene in den Mund zu bringen, die Hand ausgestreckt bei offenem Munde, wurde doch das Lusterregende, die Saugflasche, besonders oft in den Mund eingeführt. Lässt man das Kind in dieser und der folgenden Zeit ohne Hülfe eine Brotkruste an den Mund führen, so sieht man häufig, trotz der Correctheit im Erfassen derselben, dass sie, statt in den vorher geöffneten Mund, gegen Wange, Kinn oder Nase geführt wird, eine Unsicherheit des Tastens, die noch bei den ersten Versuchen, mit einem kleinen Löffel zu essen, im 17. Monat vorkam.

Das Vorbeigreifen, Zu-kurz-greifen und das Greifen nach sehr weit entfernten Gegenständen verliert sich so allmählich, dass ich eine Grenze nicht angeben kann, zumal es sich mit dem Zeigen verbindet.

Ferner liess sich nicht ermitteln, wann das Einführen der Finger in den Mund und das Greifen nach dem Gesicht, ohne einen Theil desselben zu erfassen, aufhörte. Jedesmal kurz vor und nach dem Durchbruch eines Zahnes fährt das Kind viel mit den Fingern im Munde herum, indem es drei bis vier Finger im Munde behält. Wenn mehrmals eine Erleichterung durch Kauen der Finger empfunden wurde, fahren diese nicht mehr zufällig, beim ziellosen Umherfahren der Hände, sondern regelmässig, beim Zahnen, in den Mund, und es muss durch die häufige Wiederholung der Bewegung schliesslich zu einem Reflexvorgang kommen, indem die Hand jeder erreichbaren Stelle, welche schmerzt, genähert wird. Die sichere Erfahrung, dass Beissen der Finger, ehe noch Zähne da sind, den Schmerz oder das Kitzeln mässigt, erscheint als eine Folge des Einführens der Hand in den Mund, andere Schmerzen werden daher später gleichfalls Anlass zu Bewegungen der Hand, welche Greifbewegungen vortäuschen können.

In der 43. Woche greift das Kind ohne Hülfe richtig mit beiden Händen nach einer Saugflasche und führt sie richtig an den Mund; ebenso den vor ihm liegenden Zwieback. Es zupft mit Kraft an den Barthaaren eines ihm erreichbaren Gesichtes.

Dagegen griff es in der 45. Woche nach der Lampenflamme, in der 47. und später nach den durch eine Glasscheibe von ihm getrennten Gegenständen, wie nach den erreichbaren, und zwar anhaltend mit Eifer, als wenn die Scheibe nicht dagewesen wäre.

Die Entdeckung der Durchsichtigkeit des Glases, welche gewiss jedem Kinde wunderbar erscheint, erfordert viele fruchtlose Greifversuche.

Der grösste Fortschritt in der Bewegung der Armmuskeln gab sich zu eben dieser Zeit darin zu erkennen, dass oft nach sehr kleinen Papierschnitzeln auf dem Fussboden gegriffen wurde, wobei Daumen und Zeigefinger sie zierlich fassten. Das Spielen mit Papier gab aber Anlass zur Beobachtung der oben erwähnten Unsicherheit des vom Gesicht nicht unterstützten Tastsinns.

Denn während man früher, da das Kind gern aus einer Zeitung Stückchen herauszubeissen pflegte, diese ihm aus dem Munde nehmen musste, konnte man es im 14. Monat ruhig das Papier zerbeissen lassen, weil es nun selbst jedes abgebissene Stückchen mit der rechten Hand aus dem Munde nahm und mir reichte. Hierbei machte ich die Beobachtung, dass nicht jedesmal das Papier im Munde, auf oder neben den Lippen beim Tasten mit den Fingerspitzen gefunden wurde.

Ohne die Directive des Gesichtsinnes blieb das Tasten recht unvollkommen. Beide Sinne vereinigt leisteten hingegen schon viel früher Erstaunliches, trotz des Fehlgreifens und der zahlreichen Versuche, Unfassbares zu erfassen (S. 39m). So sah ich, wie das Kind sich im Alter von zehn Monaten damit ergötzte, ein von ihm auf einem Teppich gefundenes langes Haar bedächtig von einer Hand in die andere zu nehmen und zu betrachten.

Von den vielen Tausend Nerven- und Muskel-Fasern, welche, um eine solche Bewegung zu Stande kommen zu lassen, harmonisch in Thätigkeit gerathen müssen, weiss das Kind nichts, aber es dirigirt bereits mit seinem Willen den ganzen Nerv-Muskel-Mechanismus. Ehe es dazu im Stande ist, muss erstens der die Greifbewegungen auslösende sinnliche Reiz sich viele hundertmal wiederholt haben, so dass eine und dieselbe Empfindung oft wiederkehrte, ein angenehmes Gefühl entstand, eine zuerst undeutliche, dann allmählich immer deutlichere Wahrnehmung und schliesslich

eine Vorstellung der Gegenständlichkeit des Greifbaren sich bilden
konnte. Zweitens muss auch die Bewegung des Armes, welche
vor wie nach der Geburt zum Antlitz gerichtet ist, sich sehr oft
wiederholt haben, ehe eine Vorstellung derselben sich bilden konnte,
weil sie anfangs von dem Kinde garnicht wahrgenommen wurde.
Wenn aber das begehrte Object vorgestellt wird und die Bewegung
des Armes vorgestellt wird, ist durch die schnelle Folge beider
Vorstellungen deren Vereinigung begünstigt, welche den Willen
wachruft. Es ist sogar die deutliche Vorstellung der Bewegung
später nicht mehr erforderlich, falls nur das Ziel klar erkannt wird.
Man hat öfters zu grosses Gewicht auf die nur für eine neue absichtliche Bewegung nothwendig präexistirende Vorstellung der Bewegung gelegt, so namentlich W. Gude und Lotze; die Hauptsache
bleibt die Vorstellung des Zieles derselben. Denn viele willkürliche Bewegungen, wie die der Augen, werden überhaupt zu keiner
Zeit deutlich vorher vorgestellt, während das Ziel derselben das
Bewusstsein erfüllt. Nur im Allgemeinen ist dann die Art der
zur Erreichung des Zieles nothwendigen Bewegung bekannt.

Um aber eine einfache willkürliche Bewegung ausführen zu
können, wie das Langen nach Gegenständen, müssen vorher ähnliche
Bewegungen darum öfter unwillkürlich ausgeführt worden sein,
weil nur dadurch die Bewegungsempfindungen sich ausbilden
können. Diese sind nothwendige Directiven für die willkürlichen
motorischen Impulse und spielen auch bei anderen als willkürlichen
Bewegungen des Kindes, wie des Erwachsenen, namentlich den
instinctiven, eine wichtige Rolle. Denn die Erinnerungsbilder der
Muskel-Gefühle, welche die Zusammenziehung des Muskels, im
Gegensatz zu seiner Ruhe, mit sich führt, bestimmen, welche Muskeln, und wie stark jeder, zu contrahiren sind, nachdem die Art
der auszuführenden Bewegung bereits feststeht.

Geschieht nun die Wiederholung einer willkürlichen Bewegung
sehr häufig, dann beschleunigt und vereinfacht sich die Verwerthung
jener Erinnerungsbilder bis zu dem Grade, dass, mit Umgehung
des Cerebrosensorium, allein das Cerebromotorium die Muskeln in
Thätigkeit setzt, nachdem ein sensorischer Eindruck eingewirkt
hat. Darin besteht das Hauptmerkmal der cerebromotorischen
erworbenen Reflexe, zu welchen auch das Erheben der Hand
nach dem von einem Windstoss erfassten Hute im späteren Leben
gehört.

Bezüglich der ausserordentlich festen Verknüpfung von Greif-
und Augen-Bewegungen, also Arm-Muskel- und Augen-Muskel-
Erregungen, muss eine erbliche Anlage zu ihrer Bevorzugung angenommen werden. Eine solche Beziehung besteht zwischen den
Augenmuskeln und anderen Muskelgruppen, etwa denen der Beine,

beim Menschen nicht, wohl aber zwischen den Muskeln der Augen und denen der Vorderextremitäten bei den meisten Säugethieren und denen der Beine bei den Hühnern.

Es kann auch im Traume, beim Kinde wie beim Hypnotisirten, nach Ausschluss des Willens der sensorische Eindruck nur das Cerebrosensorium so treffen, dass Greifen und andere complicirte Bewegungen geradeso ablaufen, als wenn sie willkürlich wären. Solche Bewegungen nannte Carpenter ideomotorisch. Die cerebralen motorischen Impulse sind dann nicht rein reflectorisch, wie die der Spinalreflexe; denn bei letzteren ist ursprünglich kein Centrum höherer Ordnung betheiligt. Solche Bewegungen haben eine grosse Ähnlichkeit mit instinctiven, im wachen Zustande ausgeführten.

Ausserdem kommt für letztere beide noch ein cerebraler Hemmungsapparat in Betracht, welcher, dem Säugling fehlend, mit zunehmender Entwicklung immer leichter die auf den sensorischen Eindruck folgende willkürliche oder ideomotorische oder rein reflectorische (spinalmotorische) Bewegung hemmt. Er tritt jedoch erst in der Zeit der beginnenden Selbstbeherrschung hervor.

Diejenige Bewegung des ganz jungen Kindes, welche vom Anfang an als Greifen bezeichnet zu werden pflegt, entsteht also folgendermaassen:

Das Hin- und Herfahren mit den Händen, besonders gegen das Gesicht, ist angeboren, impulsiv, durch die intrauterine Haltung bedingt.

Das Umfassen des in die Hand gelegten Fingers in den ersten Tagen ist rein reflectorisch.

Dann folgt das zerstreute (beim Erwachsenen) oder sogenannte mechanische Festhalten in die Hand gelegter Objecte als unbewusste (beim Erwachsenen unbewusst gewordene oder nicht mehr bewusste, beim Kinde noch nicht bewusste) instinctive Bewegung.

Hierauf beobachtet man das Festhalten des Objects mit Entgegenstellung des Daumens, wenn dasselbe so steht, dass die hin- und herbewegte Hand es zufällig erfasst. Der Daumen wirkt jetzt mit, der reine Reflex ist complicirt geworden und die centrale Separation der vorher vereinigten Impulse erreicht. Da das Festhalten viel länger dauert, als beim Reflex, und die Aufmerksamkeit, wenn auch unvollkommen und vorübergehend, der neuen Erfahrung des Festhaltens sich zuwendet, so ist die Bewegung nun nicht mehr ohne Bewusstsein zu Stande gekommen, sie ist aber noch nicht willkürlich; diese Art des ersten Festhaltens (nicht Greifens) steht den instinctiven (ideomotorischen) Bewegungen nahe.

In der 17. bis 19. Woche beginnt die Betheiligung des Willens an diesem Act; das Kind streckt den Arm noch nicht aus, will aber den Gegenstand, der zufällig in die Hand kam, festhalten. Es sieht ihn an und bildet sich eine Vorstellung von ihm. Von diesem Fixiren des erfassten Objectes zum Erfassen des Fixirten ist nur ein Schritt. Damit ist dann das gewollte Greifen da, indem die Verbindungsbahn von der Sehsphäre zum Vorderhirn endlich (nicht vor der 19. Woche) vollständig wegsam wird.

Nun dauert es wieder Jahre, bis dieses für die Ausbildung des Verstandes, nämlich das Erfahrungen-machen, unersetzliche Greifen vollkommen wird und bis die willkürliche Hemmung desselben durch neue, hauptsächlich anerzogene Vorstellungen, zu Stande kommt.

Das Saugen, Beissen, Kauen, Knirschen, Lecken.

Zu den frühesten coordinirten Bewegungen des Menschen gehört das Saugen, welches sogleich mit Schlucken verbunden ist und wiederholt vor vollendeter Geburt wahrgenommen wurde, falls ein saugbarer Gegenstand in den Mund, und zwar auf den Zungenrücken mit Berührung der Lippen gelangte. Als ich (1870) drei Minuten nach dem Austritt des Kopfes eines schreienden reifen Kindes mit dem Finger die Zunge berührte, ihn auf dem Zungenrücken hin- und herbewegte oder drehte, hörte das Kind sogleich auf zu schreien und sog lebhaft, nicht aber, wenn ich nur die Lippen berührte oder den Finger zwischen dieselben steckte. Jedes normale Kind hat vor der Geburt das Schlucken des Fruchtwassers kennen gelernt, und möglicherweise dabei an den eigenen Fingern gesogen. Jedoch ist es für den Ablauf des Saugactes gleichgültig, ob dabei Flüssigkeit in die Mundhöhle gelangt oder nicht, und das lange Saugen an leeren Kautschukschläuchen, welches eine verwerfliche Unsitte zur Beruhigung der Säuglinge gestattet, zeigt, ebenso wie das Saugen an Tüchern, dass für anhaltendes Saugen Schlucken nicht erfordert wird. Es schliesst sich aber unter normalen Verhältnissen an das Saugen unmittelbar an.

Welcher Art ist nun diese höchst zweckmässige Bewegung? Da hirnlose menschliche Missgeburten und Hündchen ohne Grosshirn saugen und schlucken können, so ist die Betheiligung des Intellects, und alle Willkür, ausgeschlossen. Da aber im Normalzustande nur der hungrige oder wenigstens nur der nicht völlig gesättigte Säugling anhaltend saugt, der satte die Brustwarze gewaltsam ausstösst, so liegt hier etwas anderes, als eine reine Reflexbewegung vor. Denn man kann nicht das Ausbleiben der Saugbewegung beim gesättigten Kinde auf Ermüdung durch vorhergegangenes Saugen beziehen, weil es oft lange nach beendigtem

Sauggeschäft nicht erneuert wird. Eine impulsive Bewegung ist es gleichfalls nicht, da es beim Wachsein anfangs nur nach Berührung der Lippen oder der Zunge oder des Gaumens mit einem saugbaren Gegenstande eintritt. Die Saugbewegungen schlafender (träumender) Säuglinge mit leerem unberührten Munde zeigen aber, dass es aus rein centralen Ursachen entstehen kann, nachdem es einmal in Gang gebracht worden.

Hiernach ist das Saugen eine Instinct-Bewegung.

Man hat zwar behauptet, junge Thiere vergässen, wie sie saugen müssen, wenn sie einige Tage nicht saugen. Eine solche Behauptung kann sich jedoch nur entweder auf solche Thiere (wie die Meerschweinchen) beziehen, welche schon zu Anfang ihres Lebens beissen und kauen, andere Nahrung als Milch verdauen und bald des Saugens nicht mehr bedürfen, oder auf das Aufhören des Saugens an der Brust, welches weniger leicht von Statten geht, als das Saugen aus der Flasche. In beiden Fällen handelt es sich nicht um ein Vergessen des Saugens, welches auch älteren Kindern, sogar Erwachsenen (beim Rauchen) grosses Vergnügen gewährt.

Von allen Bewegungen des Säuglings ist keine so vollkommen vom Anfang an wie diejenige, welche ihm den Namen gab. Sie ist zwar am ersten Tage nicht so ausgiebig wie am zweiten, ich fand sogar die Saugversuche manchmal in der ersten Lebensstunde bei gesunden Neugeborenen, gerade als ich anfing, dieselben zu beobachten (1869), ganz effectlos beim Einführen eines Elfenbeinstiftes in den Mund, auch uncoordinirt; sie können aber bereits in der Geburt regelmässig sein, beruhen also auf erblichen Bewegungen. Sie gehen nach zwei Wochen mit maschinenmässiger Regelmässigkeit vor sich. Die Unterbrechungen des Saugens, in den ersten Lebenstagen nach kürzeren Intervallen, als später eintretend, beruhen zum Theil auf Ermüdung, zum Theil auf rascherer Anfüllung des kleinen Magens, wenn nicht die Milch selbst eine ungeeignete Beschaffenheit hat. Andererseits sah ich einmal den (ohne Zweifel nicht völlig gesättigten) siebentägigen Säugling nach Beendigung des Saugens die Bewegungen des Mundes fortsetzen, wie beim Saugen.

Es ist längst bekannt, dass Menschenkinder nicht sogleich beim Anlegen ohne Nachhülfe die Brustwarze finden, sondern erst nach mehreren Tagen (in einem Falle am achten Tage zuerst), also später als Thiere. Wie diese macht das ganz junge Kind vor dem Einführen der Warze in den Mund seitliche Kopfbewegungen, welche bisweilen wie ein Tatonniren aussehen; das Aufreissen der Augen vor dem Anlegen und das Offenhalten derselben während des Saugens (in der ersten Woche bei nicht greller Beleuchtung auffallend) hat aber keine Beziehung zum Auffinden der Warze.

da, wie es scheint, auch Blindgeborene sie nicht später finden. Dieses Verhalten der Augen ist vielmehr in der ersten Woche nur Ausdruck des Lustgefühls.

Oft kommt es vor, dass die Brustwarze beim Anlegen nicht in den Mund gelangt, sondern das Kind sich an der Haut neben ihr festsaugt, noch in der dritten Woche, ein Beweis für das Fehlen der Einsicht in dieser Zeit. Doch ist der Zusammenhang der Brust im Ganzen mit dem Saugen erkannt, denn am 22. Tage sah ich, wie der Säugling in anderthalb Zoll Entfernung von der Brustwarze den Mund weit aufriss. Dass der Geruchsinn weniger als der Gesichtsinn dafür bestimmend ist, werden ohne Zweifel Beobachtungen an Säuglingen mit verbundenen Augen beweisen. Bei blindgeborenen Thieren (Hunden) ist dagegen der Geruchsinn als unentbehrlicher Leiter erkannt. Das Ausstrecken der Arme und Aufreissen der Augen des älteren Säuglings beim Anblick der Brust in der Ferne spricht gegen die Betheiligung des Geruchs. In der ersten Zeit wird wahrscheinlich mittelst des Tastsinns der Lippen die Mamille gefunden.

Ausserdem spielt der Tastsinn beim Saugen selbst eine wichtige Rolle vom Anfang an. Denn nicht an jedem beliebigen in den Mund eingeführten Gegenstande, sondern nur an gewissen, nicht zu grossen, kleinen, rauhen, heissen, kalten Gegenständen, welche nicht zu stark bitter, sauer oder salzig schmecken, wird gesogen. Am meisten saugen hungrige Kinder an den eigenen Fingern von den ersten Tagen an; wenn sie nicht hungrig sind, halten sie dieselben auch gern im Munde, besonders beim Zahnen, ohne daran zu saugen, und saugen im Bade (noch im achten Monat) an einem Schwamme, den sie sich an die Lippen halten wie ein Stück Brot. Führt man dem noch ganz jungen Säugling, während er an der Brust saugt, einen Finger in den Mund, so saugt er oft an ihm weiter, oft aber nicht, je nach dem Grade der Sättigung instinctiv.

Nicht weniger instinctiv als das Saugen ist das Beissen. Im zehnten Monat sog mein Kind nicht mehr an dem in den Mund eingeführten Finger, sondern biss ihn fast jedesmal. Der genaue Zeitpunkt, wann das Beissen anfängt und das Saugen am Finger zuerst aufhört, lässt sich jedoch nicht angeben. In der 17. Woche wurde der Finger bereits deutlich gebissen und zwischen den zahnlosen Kiefern festgeklemmt; das Beissen ist also eine altererbte, nicht erlernte Bewegung, sonst würde es nicht schon im vierten Monat ohne Zähne stattfinden. Im elften und zwölften ergriff das Kind meine Hand, führte sie zum Munde und biss die Haut bis zum Schmerz, wie überhaupt fremde Finger, die es selbst in den Mund führte. Ebenso versuchte es in der Zeit einen Würfel von massivem Glas zu zerbeissen. Im zehnten Monat hatte es ohne Unterricht mit seinen vier Zähnen Brot zerbeissen gelernt, welches dann verschluckt wurde. Fast alles Begehrenswerthe wurde nach dem Erscheinen der Zähne mit diesen nach Möglichkeit in Contact gebracht und daran gebissen, auch gern geschmatzt (im elften Monat).

Ehe der Säugling den ersten Zahn hat, macht er auch schon häufige Kaubewegungen, welche namentlich nach dem Einführen einer harten Brotkruste vervielfältigt werden. Der kurz vor dem Zahndurchbruch vermehrte Blutzufluss ist gegen Ende des ersten Vierteljahres, wenn das Geifern begonnen hat, ohne Zweifel mit unangenehmen Gefühlen, welche in das Zahnfleisch verlegt werden, verbunden. Da aber dann der zahnlose Säugling vollkommene Kaubewegungen macht, er der niemals einen kaubaren Gegenstand im Munde gehabt hat, ausser den eigenen Fingern, so ist bewiesen, dass die Kaufunction, sowie die erforderlichen Nerven und Muskeln und das Kau-Centrum ausgebildet sind, in Thätigkeit kommt ohne Übung. Das Kauen ist also eine erbliche Function, es ist instinctiv, aber es ist nicht angeboren.

Eine ursprüngliche und wahrscheinlich von allen zahnenden Säuglingen eine Zeitlang geübte Bewegung ist ferner das Knirschen mit den Zähnen. Im neunten Monat gewährt es grosses Vergnügen, einen oberen und unteren Schneidezahn gegeneinander zu reiben, so dass man es einen Meter weit hört. Dabei scheint der Säugling über die in rascher Folge auftretenden Zähne befremdet zu sein. Denn er macht ungewöhnliche Mundbewegungen, schiebt beide Lippen weit vor, macht bei leerem Munde Kaubewegungen und turnt mit der Zunge ohne Lautäusserungen. Hauptsächlich wird aber das Knirschen mit vier Zähnen geübt.

Durchaus ursprünglich ist endlich das Lecken. Wenn dieses nicht angeboren wäre, wie könnte dann das neugeborene Menschenkind innerhalb der ersten 24 Stunden seines Lebens den Zucker lecken? Ich habe es selbst beobachtet, auch gesehen, dass am zweiten und dritten Tage nach der Milch geleckt wird und zwar kaum weniger geschickt, als im siebenten Monat. In dieser Zeit werden mit der Zunge feste Objecte bestrichen, wie die Lippen der Mutter beim Küssen; es wird auch umgekehrt die Zunge mit den ergriffenen Gegenständen bestrichen.

Alle die hier aufgezählten Bewegungen des Säuglings, Saugen, Beissen, Schmatzen, Kauen, Knirschen, Lecken, sind typische Instinct-Bewegungen. Alle sind nützlich; auch das Knirschen mit den ersten Zähnen nützt, indem es das Kind mit denselben vertraut macht. Alle sind erblich und unwillkürlich.

Die Kopfhaltung.

Alle neugeborenen Kinder, wahrscheinlich auch alle neugeborenen Säugethiere und alle eben ausgeschlüpften Vögel, sind
ausser Stande, den Kopf erhoben zu halten und zu balanciren.
Er fällt nach vorn, nach links oder rechts, sogar nach hinten, wenn
man ihn gerade emporhebt. In dieser Beziehung ist die Hülflosigkeit des Menschenkindes nicht grösser, als die des von der
Eischale kaum befreiten Hühnchens, aber letzteres lernt in wenigen
Stunden die zur Kopfhaltung erforderlichen Muskeln besser beherrschen, als ersteres in vielen Wochen.

Diese Muskelthätigkeit ist vorzüglich geeignet, das Wachsen
des kindlichen Willens darzuthun. Denn Muskelschwäche kann
nicht Ursache des Unvermögens, den Kopf zu balanciren, sein, weil
andere Kopfbewegungen rasch ausgeführt werden. Zu Ende der
ersten und zu Anfang der zweiten Woche sah ich stets den Säugling, beim Anlegen an die Brust, heftige seitliche Kopfbewegungen
machen, welche in ähnlicher Weise ganz junge Meerschweinchen,
Kälber, Füllen und andere Thiere beim Saugen ausführen. Sogar
ein ohne Gehirn geborenes Menschenkind, welches einige Tage
lebte, sah ich den Kopf nach vorn neigen und nach rechts und
links drehen. Eine äussere Veranlassung für diese Bewegungen
des hirn- und stirnlosen Kopfes war nicht aufzufinden. Sie müssen
impulsiv sein.

Innerhalb der ersten zehn Wochen liess sich aber bei meinem
Knaben keine Spur eines Versuches entdecken, den Kopf im
Gleichgewicht zu halten. In der elften Woche baumelt er nicht
mehr völlig haltlos, wenn man das Kind aufrecht sitzen lässt, wird
vielmehr zeitweise, wenn auch sehr unvollkommen, balancirt. In
der zwölften Woche fällt der Kopf oft nach vorn, nach hinten und
nach den Seiten und wird nur auf Augenblicke äquilibrirt; es ist
aber in dieser Hinsicht von Tag zu Tag ein Fortschritt zu bemerken, indem die kurze Zeit des völligen Geradehaltens, im Durchschnitt, täglich etwas länger wird. In der 13. Woche fällt der
Kopf, auch wenn er ganz frei ist, nur noch selten zur Seite, wird
vielmehr meistens leidlich balancirt. In der 14. Woche (bei einem
anderen Kinde erst in der 21.) fällt er nach vorn nur selten (beim
Aufrechthalten des Kindes), und in der 16. Woche hat das „Um-
kippen" überhaupt aufgehört, die Kopfhaltung ist nunmehr definitiv
für das ganze Leben.

Darin spricht sich ein unzweifelhafter Willensact aus. Denn
die Contractionen der den Kopf balancirenden Muskeln sind zuerst ungewollt, nicht reflectorisch, nicht imitativ, sondern impulsiv
und dann, da schon bald der Zweck erkennbar wird, instinctiv.

Der Nutzen dieser Zusammenziehungen wird von dem Säugling nicht erkannt, aber die Muskelgefühle dabei unterscheiden sich von anderen Muskelgefühlen durch ihre angenehmen Folgen, indem bei gerader Kopfhaltung besser gesehen, die Nahrung bequemer eingenommen werden kann; daher werden sie bevorzugt. Unter allen möglichen Kopfstellungen tritt die äquilibrirte nach und nach am öftesten in aufrechter Haltung der Kinder ein, weil sie die vortheilhafteste ist, und das Herbeiführen derselben nennt man, sie wollen. Erwachsene lassen den Kopf fallen, wenn sie sitzend einschlafen, geradeso wie wache Säuglinge. Ihr Wille erlischt, wenn das Wachsein aufhört. Also ist während dieses letzteren permanent ein gewisser Aufwand an Willen nothwendig zur Balancirung des Kopfes, und das wache neugeborene und ganz junge Kind hat dieses geringe Willensquantum nicht. Darum kann man geradezu den Zeitpunkt der ersten deutlichen Willensbethätigung beim Säugling, auf diesem Gebiet, in diejenige Woche verlegen, in welcher der Kopf nicht mehr während des Wachseins hin- und herbaumelt, d. h. in die 16. Woche bei meinem Kinde, dem einzigen bisher genauer beobachteten, im Allgemeinen in den vierten und fünften Monat.

R. Demme beobachtete (allerdings nicht so genau) 150 Kinder daraufhin und fand, dass sehr kräftig entwickelte Säuglinge den Kopf schon gegen das Ende des dritten oder innerhalb der ersten Hälfte des vierten Lebensmonats richtig äquilibrirt tragen, mittelstarke Kinder erst in der zweiten Hälfte des vierten Monats, und zartere, in ihrer Ernährung etwas unter die Norm fallende erst im fünften oder sechsten Lebensmonat. Die Angabe von Heyfelder, dass schon nach sechs bis acht Wochen Versuche, den Kopf gerade zu halten, gemacht wurden, kann sich auf das mit freiem Kopf aufrecht gehaltene Kind nicht beziehen.

Auch über die ersten Versuche des Säuglings, welcher anfangs gerade liegt oder die fötale Stellung beibehält, sich auf die Seite zu legen, fehlen Beobachtungen. Ein Kind brachte es erst im vierten Monat zu Stande, und zwar mit grosser Anstrengung. Als ich meinen Knaben im neunten und zehnten Monat mit dem Gesicht nach unten auf ein Kissen legte, schien ihm die ungewohnte Lage äusserst unbehaglich zu sein. Er benahm sich sehr unbeholfen, drehte sich aber ohne Hülfe um, so dass er nach etwa einer Minute wieder auf dem Rücken lag oder sich auf die Hände stemmte.

Ähnliches kam aber bereits in der sechsten Lebenswoche vor. Der Säugling stützte sich schon damals beim Hinlegen auf ein Kissen, mit dem Gesicht nach unten, auf die Vorderarme, indem er den Kopf nach der Seite drehte, ohne zu schreien, so die un-

bequeme Lage mit einer weniger unbequemen vertauschend. Doch
liegt darin keine Willkür, da auch im Schlafe eine unbequeme
Lage mit einer besseren vertauscht wird.

Im ersten Vierteljahr kommt überhaupt keine willkürliche Bewegung vor. Neugeborene können nicht einmal, wenn man ihr
Gesicht mit der unbewegten Hand bedeckt, oder wenn man sie
mit dem Gesicht nach unten auf ein Kissen legt, das Gesicht frei-
machen durch eine Kopfdrehung. Sie schreien und bewegen die
Extremitäten zwecklos, so dass man daran nicht erkennen kann,
ob die neue Lage ihnen angenehm ist oder nicht. Einige behalten
sogar bewegungslos jede ihnen ertheilte Lage einige Zeit bei, wie
manche neugeborene Thiere.

Das Sitzen-Lernen.

Die ersten erfolgreichen Versuche, allein ohne Lehne zu sitzen,
werden von Einigen in den vierten Monat, also in die 13. bis
18. Woche, von Anderen in die 17. bis 26. Woche verlegt.

Heyfelder giebt an, dass kräftige Kinder mit fünf bis sechs
Monaten aufrecht sitzen. R. Demme dagegen fand, dass sehr kräftig
entwickelte Kinder ohne auffallende Anstrengung gegen Ende des
siebenten oder zu Beginn des achten Monats während mehrerer
Minuten ganz frei sitzen können. Mittelstarke leisten dasselbe erst
im neunten und zehnten, schwächliche im elften und zwölften Monat.

Bei meinem kräftigen Kinde gelang in der 14. Woche der
erste Versuch, dasselbe mit wohlgestütztem Rücken eine sitzende,
ihm künstlich ertheilte Stellung einnehmen zu lassen, überraschend
leicht; in der 22. Woche richtete sich das Kind zum Sitzen auf,
als es nach meinem Gesichte greifen wollte, aber erst in der
39. Woche konnte es anhaltend allein sitzen und sass dann gern,
aber nicht ohne Lehne. Auch in dem Kinderwagen bedurfte es
einer solchen (in der 40. und 41. Woche noch), um sich sitzend
zu halten. Aber wenn es auch höchstens Augenblicke ohne alle
Unterstützung sitzen konnte, so suchte es doch immer wieder,
offenbar zu seiner eigenen Erheiterung, das Gleichgewicht zu behalten.

Endlich in der 42. Woche sitzt das Kind ohne Unterstützung
nackt im Bade aufrecht mit gerade gestrecktem Rücken, desgleichen
im Wagen, wo die Kleider, Decken und Kissen die Balancirung
wesentlich erleichtern. Das schwierigere Aufrechtsitzen in dem
glattwandigen Bade erfordert die volle Aufmerksamkeit. So lange
diese nicht durch neue Eindrücke in Anspruch genommen wird,
fällt das Kind nicht auf die Seite. Es gewinnt täglich an Sicherheit in der Erhaltung seines Gleichgewichts, so dass es nach einigen

Tagen eine volle Minute lang unbekleidet ohne jede Unterstützung in der Wanne oder im Wagen sitzt. Vom elften Monat an wird das Sitzen zur Gewohnheit für das ganze Leben.

Anfangs zeigt sich dabei eine Eigenthümlichkeit, welche man auch bei Affen findet, wie Lauder Brunton (1881) hervorhob. Lässt man nämlich kleine Kinder auf dem Boden frei sitzen, so wenden sie die Fusssohlen gegeneinander, eine vielleicht auf der Haltung der Beine vor der Geburt beruhende Gewohnheit. Denn jedes Kind nimmt, wenn es unbekleidet und ungefesselt sich selbst überlassen bleibt, im warmen Lager noch lange nach der Geburt eine der pränatalen ähnliche Haltung mit angezogenen Beinen und gebeugten angezogenen Armen an.

Die bei verschiedenen Völkern verwendeten Sitzinstrumente, mit und ohne Fahrvorrichtungen, dienen sämmtlich mehr der Bequemlichkeit der Angehörigen, als der des Kindes. Sie sind sogar nachtheilig bei zu früher Anwendung, weil dadurch seitliche Verkrümmungen der Wirbelsäule herbeigeführt werden können. Deshalb müssen die Säuglinge auch nicht von der Wärterin stets auf demselben Arm getragen werden. Das Sitzen soll man ihnen nicht aufnöthigen, wie es allzuoft geschieht. Es ist eine orthopädisch und pädagogisch wichtige Regel, kein Kind an die sitzende Stellung zu gewöhnen, ehe es aus der liegenden Stellung (bei Greifversuchen) ohne Hülfe sich mit dem Oberkörper erhoben hat, ehe es also sitzen will.

Dass dieser Zeitpunkt bei gesunden Kindern sehr ungleich gefunden wird, frühestens in den vierten und spätestens in den zwölften Monat fällt, erklärt sich durch die vorzeitigen Versuche der Angehörigen, das Sitzen künstlich herbeizuführen, durch die Nachahmung bei zusammen aufwachsenden Geschwistern (doch gilt dieses nur für die späteren Termine), durch Muskelschwäche, ungleiche Ernährung, Verwahrlosung oder Vernachlässigung. Ausserdem kommt die Verschiedenheit der Auffassungen der Beobachter in Betracht. Der Versuch zu sitzen ist weit von dem Sitzen selbst entfernt. Dieser Unterschied wird oft übersehen und das Sitzen mit angelehntem Rücken, das „Lehnsitzen", dem Alleinsitzen öfters gleichgesetzt.

Das Stehen-Lernen.

Die ersten erfolgreichen Stehversuche, bei denen mein Kind einen Augenblick ohne Unterstützung auf seinen Füssen stand, fallen in die 39. Woche. In der folgenden bedarf es nur geringer Hülfe und scheint sich lieber mit Stehen-Lernen, als mit Sitzen-Lernen abzugeben, obwohl es ihm anstrengender sein muss.

Im elften Monat kann es ohne Unterstützung stehen und stampft mit dem Fusse, aber die Sicherheit fehlt. Nur wenn schutzbietende Stühle oder wachsame Arme in nächster Nähe sind, wird die aufrechte Stellung länger als einen Augenblick beibehalten. Sogar nach Vollendung des ersten Lebensjahres steht das Kind länger nur, wenn es mit dem Rücken sich gegen eine Ecke lehnt. Ich habe nicht erfahren, dass es bei den täglich wiederholten Versuchen, zu stehen, auch nur einmal im ersten Jahre hingefallen wäre, und doch machte es den Eindruck, als wenn es sich fürchtete zu fallen, sowie es ohne Lehne oder Halt stehen sollte. Schliesslich, zu Anfang des zweiten Jahres, konnte das Kind ohne die haltende Hand einige Augenblicke stehen. Es erhielt dann durch die gleichzeitig vorgenommenen Gehversuche nach und nach mehr Selbstvertrauen.

R. Demme fand, dass nur sehr kräftige Kinder im Stande waren, schon um die 35. bis 38. Lebenswoche bei geringer Unterstützung (durch das Fassen der Hände oder Arme) einige Minuten lang zu stehen und erst von der 40. bis 42. Woche an zwei bis drei Minuten lang vollkommen frei stehen konnten. Mittelstarke Kinder kamen dahin erst um die 45. bis 48. Woche, die schwächlicheren erst im zwölften Monat oder später. Diese Beobachtungen beziehen sich auf 150 Schweizer Kinder.

Sigismund verlegt den Zeitpunkt der ersten Stehversuche in die 18. bis 20. Woche. Die Kinder stehen dann ihm zufolge gern, wenn man ihnen „unter die Arme greift", ohne Unterstützung aber nicht vor dem siebenten Monat und meistens nach dem achten (muss heissen „nach dem neunten").

Dabei wirkt schon die Nachahmung mit, denn in Familien, wo mehrere Kinder zusammen aufwachsen, pflegen die jüngeren etwas früher stehen zu lernen als das erstgeborene. Doch kann auch dieses unter günstigen Ernährungsbedingungen sehr früh mit seinen Versuchen, sich zu erheben, beginnen und schon im dritten Monat mit angelehntem Rücken auf dem Schoosse der Mutter aufgerichtet einen Augenblick verharren, was besser unterbleibt.

Das Gehen-Lernen.

Das Gehen-Lernen ist in seinen Anfängen darum räthselhaft, weil kein Grund für das abwechselnde Beugen und Strecken der Beine beim Aufrechtstellen des Säuglings vorzuliegen scheint. Auf dem jedesmal wiederholten Emporheben und Hinsetzen der Füsse des aufrecht stehenden oder gehaltenen Kindes beruht aber die Möglichkeit, gehen zu lernen. Die Beugungen und Streckungen geschehen zwar auch im Liegen, im Bett, im Bad, aber das regelmässige Beugen und Strecken, welches schon Monate vor dem ersten geglückten Gehversuch, beim Vorwärtsschieben des aufrecht auf dem Boden gehaltenen Kindes eintritt, ist ein anderes: es ist instinctiv. Wenn Säuglinge, ohne mit Menschen in Berührung zu kommen, am Leben bleiben könnten, würden sie ohne Zweifel den aufrechten Gang, aber erheblich später, sich aneignen, weil er für die Beherrschung der Umgebung mittelst des Auges und Ohres vortheilhaft ist. In der Kinderstube wird das Gehen den Kindern mit unsäglicher Mühe früher beigebracht, als ihnen wegen des Knochenwachsthums zuträglich sein kann. Die Kinderlaufstühle und Gehkörbe, solche verfrühte Übungen begünstigend, sind verwerfliche Vorrichtungen, weil sie die Krummbeinigkeit verursachen helfen. Das Kriechen, die natürliche Vorschule des Gehens, wird nur zu häufig dem Kinde nicht gestattet, obwohl es zu seiner geistigen Ausbildung mächtig beiträgt. Denn die Freiheit, sich zu einem begehrten Gegenstande hinzubegeben, ihn zu besehen und zu betasten, hat das kriechende Kind weit früher, als das nur mit Unterstützung den Ort ändernde. Nur Vorurtheile, sogar Aberglaube, lassen in vielen Familien die Mütter den Kindern, ehe sie stehen können, das Kriechen verbieten, wenn nicht die eigene Bequemlichkeit, die Abneigung, das sich frei bewegende Kind zu bewachen, das ungerechtfertigte Verbot veranlasst. Für die normale geistige Entwicklung des noch nicht einjährigen Kindes kann es nicht gleichgültig sein, ob es auf Stunden in einen Korb gepackt, in Tücher eingewickelt, an einen Stuhl gebunden wird, oder ob man ihm gestattet, frei auf einer grossen Decke umherzukriechen, im Sommer im Freien, im Winter in der mässig geheizten Stube.

Wann zum ersten Male ein Kind zu kriechen oder zu rutschen versucht, lässt sich nicht genau angeben, weil es eben meistens an solchen Versuchen verhindert wird. Der Zeitpunkt ist auch für Kinder einer Familie sehr verschieden je nach der Ernährung und der davon abhängigen Knochenfestigkeit, Muskelkraft und Bewegungslust. Einige kriechen gar nicht, einige schon im sechsten Monat. Die Art des Kriechens ist keineswegs bei allen Kindern dieselbe, das Rutschen auf beiden Knieen nicht einmal allen europäischen Kindern eigen. Das meinige rutschte regelmässig nur auf einem Knie. Es setzte dabei den Fuss des anderen Beines vor, so wie es Livingstone von den Manyuema-Kindern in Afrika berichtet. Das Niederknieen lernte es erst lange nachdem es gehen konnte, während eintägige Thiere (S. 46e) leicht knieen. Ebenso lernte es erst nach dem Gehen sich auf Händen und Füssen vorwärts zu bewegen.

Auch der Zeitpunkt des ersten erfolgreichen Gehversuchs fällt sogar bei Kindern derselben Familie bei annähernd gleicher Ernährung sehr verschieden aus.

Ein schwächliches Kind konnte (nach Sigismund), als es acht Monate alt war, laufen; manche lernen es erst nach anderthalb, sogar nach zwei Jahren. Viel kommt dabei auf die Umgebung an. Wächst ein Kind unter anderen kleinen Kindern auf, welche gehen lernen, dann wird es in der Regel früher ohne Unterstützung laufen können, als wenn es allein aufwächst. Aber in diesem Falle kann die häufige Wiederholung des Geh-Unterrichts den naturgemässen Zeitraum erheblich abkürzen. So sah Demme (1882) von 50 Kindern zwei zu Ende des neunten Lebensmonats, allerdings nur schwankend, während einiger Minuten allein gehen, dagegen sieben erst innerhalb des 18. bis 24. Monats, die übrigen 41 im dritten Halbjahr. Ein kräftiges Mädchen, mit dem keine Steh- und Geh-Versuche vorgenommen wurden, fing mit dem fünften Monat an zu kriechen. Noch bis zum Ende des zehnten Monats bewegte es sich auf allen Vieren, einem Affen ähnlich, lebhaft vorwärts und hatte bis zu dieser Zeit keinen Versuch zur Aufrichtung des Körpers gemacht. Erst mit dem 14. Monat begann es sich an festen Objecten aufzurichten und lernte vom 16. bis 18. ohne alle Beihülfe correct gehen, die Laufübungen auf allen Vieren dazwischen noch häufig fortsetzend.

Wenn Kinder erst einige Monate nachdem sie sprechen gelernt haben, also etwa im vierten Halbjahr ihres Lebens, noch keine erfolgreichen Geh-Versuche machen, ist der Verdacht eines organischen Fehlers vorhanden. Vom Anfang an muss man beachten, ob ein Säugling beim Liegen und im Bade beide Beine gleichmässig kräftig bewegt. Beim Rutschen und Kriechen wird von den meisten Kindern ein Bein bevorzugt und dadurch eine Ungleichheit der ferneren Entwicklung links und rechts bedingt, welche später vielleicht nicht ausgeglichen werden kann.

Oft wird gefragt, ob das Kind normalerweise zuerst gehen oder zuerst sprechen lernt.

Unter 33 Kindern sprachen nach Heinr. Feldmann (1833) zum ersten Male im

14.	15.	16.	17.	18.	19. Monat
1	8	19	3	1	1 Kinder.

Von denselben konnten allein gehen im

8.	9.	10.	11.	12. Monat
3		24	6	Kinder.

Hiernach geschieht meistens der erste selbständige Schritt mehrere Monate früher, als das erste selbständige Sprechen.

Es ist nicht richtig, was Heyfelder angiebt, dass die mittlere Zeit, in der gesunde Kinder „laufen lernen", ziemlich genau auf den vollendeten zwölften Monat falle. Die Mehrzahl fängt nach Demme im dritten Halbjahr an zu gehen. Sigismund's Knabe konnte laufen, ehe er Wörter und Geberden nachahmte. Von zwei Schwestern konnte die ältere im 13. Monat nicht kriechen, im 15. Monat zum ersten Male frei gehen, im 18. eine Schwelle allein überschreiten, im 19. von einer Schwelle allein herabspringen, im 20. behende laufen, die jüngere dagegen zu Anfang des 10. Monats geschickt allein kriechen, sogar über Schwellen, im 13. allein die ersten unsicheren Schritte thun, im 15. allein sicher die Schwelle überschreiten. Trotz dieses bedeutenden Vorsprungs des jüngeren Kindes war es im Articuliren, Nachsprechen, Wörtergebrauchen im 15. Monat noch lange nicht so weit fortgeschritten, wie das ältere im 13. Monat. Dieses sprach, ehe es ging, jenes lief, ehe es sprach (von Strümpell). Mein Kind konnte Geberden (Winken, Faustballen, Kopfnicken) und einzelne Silben *(heiss)* nachahmen, ehe es lief, lernte aber dann erst sprechen, während das von Wyma beobachtete Kind mit neun Monaten fest stehen und bald darauf gehen konnte und zugleich sprach. Da es bei solchen statistischen Erhebungen vor Allem darauf ankommt, zu wissen, was „zum ersten Male sprechen" *(prima verba fecerunt)* bedeutet, ob *mamu*-sagen oder -nachahmen oder ein Wort der späteren Sprache richtig gebrauchen oder einen Satz von mehr als einem Worte bilden, hierüber aber Angaben fehlen, so kann man den mühsamen Ermittelungen nicht viel Werth beilegen. Gesunde Kinder gehen meistens, ehe sie sprechen, und verstehen Gesprochenes lange, ehe sie gehen. Ein gesunder Knabe lief zum ersten Male allein im 16. Monat und bildete den ersten Satz *hia muta ji* („Marie! die Mutter ist ausgegangen", wobei *ji* = Adieu) im 29. Monat, also ein volles Jahr später (Schulte).

Im Allgemeinen fällt der erste Versuch des sich aufrecht an festen Gegenständen haltenden Kindes, frei zu stehen, zu traben, zu gehen, in das vierte bis siebente Vierteljahr seines Lebens, obwohl richtige Gehbewegungen des oben unterstützten Säuglings bereits im zweiten Vierteljahr vorkommen.

Champney's Kind wurde zum ersten Male Ende der 19. Woche aufrecht gehalten, so dass die Füsse den Boden eben berührten, und vorwärts bewegt. Die Beine bewegten sich dabei stets abwechselnd zweckmässig. Jeder Schritt wurde vollständig ausgeführt, und zwar ohne Zögern und Unregelmässigkeit, wenn auch die Füsse zu hoch gehoben wurden. Nur wenn man den Knaben zu hoch hielt, wurde die alternirende Bewegung unterbrochen, indem der in der Luft bleibende Fuss einen neuen Schritt machte. Die Berührung des Bodens seitens des einen Fusses schien den Reiz für die Bewegung des andern abzugeben. Diese Beobachtungen bestätigen meine Auffassung des Geh-Actes als einer Instinct-Bewegung durchaus.

Es war nach Ablauf des fünften Vierteljahres, als mein Kind frei auf den Füssen stehend zum ersten Male plötzlich um einen Tisch herumtrabte, zwar schwankend oder taumelnd wie ein Berauschter, welcher laufen will, aber ohne zu fallen. Und von diesem

Tage an konnte es aufrecht gehen, zuerst nur schnell, fast nur trabend, als wenn es bedacht wäre, das Vornüberfallen zu hindern, und mit vorgestreckten Armen, dann langsamer und sicherer. Innerhalb der folgenden zehn Wochen ging das Kind aber über eine kaum zollhohe Schwelle zwischen zwei Stuben nur, indem es sich anklammerte, und oft sah man es in dieser Zeit noch den vorgesetzten Fuss wie ein Tabiker schleudern oder zu hoch heben und zu fest niedersetzen. Der Muskelsinn war noch nicht ausgebildet.

Ich stelle hier, um die allmählich fortschreitende Ausbildung und ihre Langsamkeit zu verdeutlichen, noch einige Beobachtungen über das erste Sitzen, Kriechen, Rutschen, Stehen, Gehen und Laufen meines Kindes zusammen:

22. 23. Woche. Liegt der Säugling auf dem Rücken, so richtet er sich oft zum Sitzen auf und freut sich, wenn er auf die Kniee seiner Amme aufrecht gestellt wird.

28. Woche. Das Kind stellt sich aufrecht auf dem Schoosse der Mutter, sich an ihr haltend.

35. Woche. Das getragene Kind stellt sich auf den Arm und die Hand der Amme und sieht ihr über die Schulter.

41. Woche. Erster Gehversuch. Das Kind wurde unter den Armen so gehalten, dass die Füsse den Boden berührten. Es hob dann die Beine abwechselnd und streckte sie unvollkommen, abwechselnd. Wodurch es zu diesen Bewegungen veranlasst wurde, ist unerfindlich. Sitzen und Stehen ohne Unterstützung unmöglich.

42. Woche. Woher es kommt, dass das unter den Armen gehaltene Kind, dessen Füsse den Boden berühren, diese nach vorn in Bewegung setzt, anfangs auch seitlich, jetzt regelmässiger, ist um so schwerer zu verstehen, als kein Schieben von hinten stattfindet und nichts Begehrenswerthes vor dem Kinde zu sein braucht. Die „Geh-Lust" ist sehr gross. Von nun an sitzt das Kind ohne Unterstützung.

43. Woche. Während es anfangs die Füsse unregelmässig über-, neben-, vor-einandersetzte, hebt es den Fuss jetzt hoch auf und setzt ihn meistens fest auf den Boden, ohne die Beine zu kreuzen. Diese merkwürdigen Bewegungen machen ihm das grösste Vergnügen. Ist es sehr unruhig, so wird es schnell beruhigt, falls man es mit den Füssen auf den Boden stellt und hält. Es fängt dann sogleich an sich vorwärts zu bewegen.

45. bis 47. Woche. Die Geh-Übungen wurden ganz ausgesetzt, um zu erfahren, ob das bisher Erreichte vergessen werde.

Ende der 47. Woche setzt aber das oben gehaltene Kind die Füsse meistens richtig, nur selten übereinander; doch fehlt die erforderliche Schätzung der Muskelkraft, denn es hebt oft den Fuss zu hoch und setzt ihn zu fest auf.

48. Woche. Öfter steht nun das Kind einen Augenblick ohne Unterstützung und stampft mit dem Fuss. Es fasst einen

Stuhl an und schiebt ihn, mit minimaler Unterstützung, etwas vorwärts.

49. Woche. Überlässt man das Kind auf einer weichen Decke, mit Kissen umgeben, sich selbst, so kann es sich nicht ohne Hülfe erheben und nicht länger als einen Augenblick ohne Hülfe stehen.

50. Woche. Es kann sich nicht auf die Füsse stellen, wenn es sitzt oder liegt, ist nicht im Stande ohne Hülfe zu gehen.

53. Woche. Rutschen kann das Kind etwas, nicht aber sich allein erheben.

54. Woche. An einer Hand gehalten kann es gehen. Kriechend kommt es auf dem Teppich nur wenig von der Stelle und zwar durch asymmetrische Beugungen und Streckungen der Arme und Beine.

57. Woche. Auf Knieen und Händen wird ganz behende hin- und hergerutscht. Gehen ohne Führung (an einer Hand) unmöglich.

60. Woche. An einem Stuhl kann das Kind sich allein vom Boden erheben, zuerst auf die Kniee, dann auf die Füsse. Es steht aber allein nur einige Augenblicke frei, hält sich immer fest, wenn es hingestellt wird.

62. Woche. Stehen kann das Kind nicht länger als einen Augenblick, ohne dass es unterstützt oder berührt wird. Dieses Unvermögen beruht nicht auf der Schwierigkeit, das Gleichgewicht zu behalten, sondern auf einem Mangel an Selbstvertrauen, denn es kann jetzt nur dann noch nicht allein stehen, wenn es weiss, dass es nicht gehalten wird. Wenn es aber nicht weiss, dass ich die stützende, immer weniger drückende Hand vom Rücken entfernt habe, dann steht es mehrere Secunden lang gerade und ohne Unterstützung. Ebenso in der

63. Woche. Immer noch geht das Kind nur, wenn es sich mit beiden Händen halten kann.

64. Woche. Führt man das Kind an einem Arme so lose, dass der Arm wie in einem lockeren Ring steckt, so geht es correct und sicher, kann also, ohne gehalten zu werden, gehen; lässt man es aber ganz unberührt, so geht es nicht, sondern fällt oder stolpert in die Arme des vor ihm Sitzenden oder Stehenden. Also fehlt es nicht an Coordinationsvermögen, sondern an Selbstvertrauen, während das Unvermögen zu sprechen auf einem Mangel des ersteren beruht. Durch allzuhäufiges Unterstützen, Vorsagen und Vormachen, durch Dressur, wird die selbständige Entwicklung behindert und das Selbstvertrauen im Entstehen erstickt.

65. Woche. Allein kann zwar das Kind nicht gehen, aber wenn es nur meinen Finger mit seinem Daumen und Finger umspannt, schreitet es rasch und sicher vorwärts. Es erhebt sich, wenn man es hinlegt, zuerst auf die Kniee, und indem es sich festhält, steht es auf, kann aber nicht ohne sich zu halten aufstehen.

66. Woche. Plötzlich — am 457. Tage seines Lebens — kann das Kind allein laufen. Tags zuvor war es ausser Stande, allein

drei Schritte zu machen, es musste, wenn auch nur mittelst eines Stabes, etwa eines Bleistifts, geführt werden. Nun lief es allein um einen grossen Tisch herum, zwar unsicher mit veränderlicher Kopfhaltung, aber ohne zu fallen. Am folgenden Tage freut sich der Gehling sichtlich über die neue Leistung und trabt directionslos etwas taumelnd, bald mit herabhängenden, bald mit erhobenen Armen, als wenn er sich halten wollte, bald stumm, bald *hä! häe!* rufend (dieses monatelang) und lachend. Er hält sich gern an Möbeln fest. Am 459. Tage bleibt das Kind während des hastigen Gehens manchmal **stehen** und trampelt, sich von einem Fuss auf den anderen stellend, ohne alle Hülfe. Am 461. Tage kann es geführt auch **rückwärts gehen** und ohne Führung sich schnell und geschickt **umdrehen**. Es schlägt beim Gehen mit den Armen ziellos um sich. Zu Ende dieser Woche kann es während des Gehens bereits seine Aufmerksamkeit auf andere Dinge richten, mit den Händen vor Vergnügen hin- und herfahren, Gegenstände halten und diese bei dem eben erlernten langsamen Gehen betrachten.

67. Woche. So häufig beim Alleingehen ein Hinfallen unvermeidlich zu sein scheint, so selten geschieht es: in den fünf ersten Geh-Tagen schwerlich mehr als dreimal. Beim Fallen nach vorn werden beide Arme geradeaus gestreckt, was instinctiv sein muss, da von dem Kinde ein fallender Mensch nicht gesehen worden ist. Beim Fallen nach rückwärts keine schützende Bewegung. Ob beim ersten Hinfallen die Arme ausgestreckt wurden, liess sich nicht feststellen.

68. Woche. Der Geh-Act erfordert nicht mehr so grosse Aufmerksamkeit, wie anfangs. Während des Schreitens wird der Blick schon seitwärts gewendet, auch wohl gekaut, geschluckt, gelacht, gerufen. Das Gehen wird maschinenmässig.

70. Woche. Das Kind erhebt sich allein vom Boden, steht allein auf.

71. Woche. Erst jetzt kann ohne Hülfe eine in der Thür zwischen zwei Zimmern befindliche, kaum 3 Ctm. hohe Schwelle überschritten werden (in der 70. Woche noch nicht jedesmal), indem sich das Kind an der Wand und am Thürpfosten hält. Sitzt es, so steht es allein auf.

77. Woche. Eines Tages lief das Kind, ohne Pausen von mehr als fünf Secunden, 19 mal um einen grossen Tisch, dabei *mämmä* und *bwa, bwa, bwa* rufend. Grosse Lauflust.

78. Woche. Hält es etwas in den Händen, so geht das Kind über die erwähnte Schwelle ohne sich festzuhalten.

85. Woche. Die Schwellen werden ohne Zaudern schnell überschritten. Beim Laufen ist die Haltung vornübergeneigt, als wenn bei jedem Schritt das Hinfallen durch Vorschieben des Schwerpunkts bewusst verhindert würde.

89. Woche. Immer noch ist das Laufen (mit asymmetrischen Armbewegungen) unbeholfen, so dass es aussieht, als wenn das Kind fallen müsste. Es fällt aber sehr selten.

Im 21. Monat begannen die Versuche zu tanzen, aber ohne Rücksicht auf den Takt. Im 24. Monat dreht sich das Kind tanzend im Takt nach der Musik, schlägt auch den Takt leidlich richtig, wenn es eine Drehorgel hört. Im 28. Monat lernte es erst auf Händen und Füssen gehen. Früher war (beim Kriechen) auf Händen und Knieen gerutscht worden, niemals auf Händen und Füssen. In diese Zeit fallen die ersten Spring-Übungen, welche bis zur Erschöpfung fortgesetzt werden. Auch beginnt in diesem und dem vorigen Monat das Vergnügen am Klettern (auf Tische, Stühle, Bänke), obgleich das Sichfesthalten, sich An-klammern und Versuche zu klettern in der Angst, also stets ohne Vergnügen, sich längst gezeigt hatten. Im 30. Monat Ersteigung einer Treppe von 25 Stufen ohne Hülfe. Die rechte Hand am Geländer mehr dirigirend, als haltend. Nach zehn Tagen dasselbe mit beiden Händen frei in der Luft. Im 34. Monat die ersten selbständigen Turnübungen, welche ausserordentliches Vergnügen gewähren. Auch das Werfen beliebiger Gegenstände (zum Fenster hinaus), das Schleudern von Steinen in die Luft oder in einen Teich, das Verschieben der (auf dem Tische befindlichen) erreichbaren Gegenstände ist ursprünglich. Veränderungen grosser beweglicher Objecte herbeizuführen gewährt von nun an dauernd Befriedigung.

Im Ganzen zeigen die Beobachtungen über das Sitzen, Stehen, Kriechen, Rutschen, Laufen, Gehen, Springen, Klettern, Werfen, dass diese Bewegungen überwiegend instinctiv sind. Sie werden nicht anerzogen. Will man sie erlernt nennen, so muss man zugeben, dass sie nur zum kleinsten Theil durch Nachahmung erlernt werden, denn ein Kind, welches Niemanden rutschen, springen, klettern, werfen sieht, wird unfehlbar diese Bewegungen ausführen. Die Vorfahren des Menschen müssen dieselben vorzugsweise nützlich gefunden haben, so dass sie sich vererbten. Dabei blieben, wie es scheint, diejenigen harmonischen Bewegungen am häufigsten im Gebrauch, welche, wie die der Augenmuskeln, mit der geringsten Anstrengung am meisten leisten.

Sehr bemerkenswerth ist aber die von L. Robinson entdeckte Thatsache, dass menschliche Neugeborene bereits im Stande sind, sich mit sichtlicher Anstrengung an den Händen allein hängend zu halten.

Er prüfte 60 Säuglinge im ersten Lebensmonat, und zwar die Mehrzahl in den ersten Stunden nach der Geburt, und fand, dass alle bis auf zwei sich an den Fingern des Beobachters oder an einem gleichdicken Stabe mit den Händchen mindestens zehn Secunden lang schwebend halten konnten. In zwölf Fällen dauerte bei Neugeborenen, die erst eine Stunde alt waren, die Suspension eine halbe

Minute und in drei Fällen beinahe eine Minute. Gegen den 15. Tag dauerte die Suspension $1^1/_2$ bis 2 Minuten und 35 Secunden. Ein Kind liess nach 10 Secunden die rechte Hand los und hielt sich dann mit der linken noch 5 Secunden. Ich verdanke Herrn Dr. Robinson eine Anzahl von photographischen Momentaufnahmen der an den Armen sich haltenden Neugeborenen. Die durch Schreien geäusserte Unlust muss, der Gestalt des Mundes nach, eine ganz ausserordentliche sein, aber das Vermögen sich an den Händen zu halten, ist hiernach angeboren und ererbt. Indessen kann das Festhalten nicht dem der Affen gleichgestellt werden, weil eine Entgegenstellung des Daumens fehlt, es müssten denn auch neugeborene Affen sich beim Klettern an Ästen so halten, worüber Beobachtungen fehlen.

V. Nachahmungen.

Die Feststellung des Zeitpunktes der ersten Nachahmungen hat ein besonderes psychogenetisches Interesse, weil auch die unscheinbarsten den sicheren Beweis für eine Thätigkeit des Grosshirns abgeben. Um nachzuahmen, muss man sinnlich wahrnehmen, eine Vorstellung von dem Wahrgenommenen haben, und eine dieser Vorstellung entsprechende Bewegung ausführen. Nun kann aber dieser dreifache centrale Process ohne gewisse Theile der Grosshirnrinde nicht zu Stande kommen. Ohne diese sind zwar viele Bewegungen möglich, nicht aber klare Vorstellungen und willkürliche, aus solchen entstehende Bewegungen. So oft die Nachahmung das Ansehen einer unwillkürlichen Bewegung hat, als sie zum ersten Male ausgeführt wurde, muss sie mit Absicht, also willkürlich, ausgeführt worden sein. Wenn ein Kind nachahmt, hat es bereits einen Willen. Je öfter aber eine willkürliche Bewegung stets in derselben Weise wiederholt wird, um so mehr nähert sie sich der Reflexbewegung. Daher erscheinen viele Nachahmungen unwillkürlich. Aber die ersten sind gewollt. Wann treten sie auf?

Wenn man eine von dem Säugling oft ausgeübte Bewegung ihm vormacht, so kann er viel früher erfolgreich nachahmen, als gewöhnlich angenommen wird. Eine solche Bewegung ist das Zuspitzen des Mundes, das Vorschieben der geschlossenen Lippen, welches bei grosser Anspannung der Aufmerksamkeit sehr oft (auch bei Erwachsenen) vorkommt.

Dieses Vorschieben der Lippen trat bei meinem Kinde am zehnten Lebenstage ein (im Bade beim Vorhalten einer brennenden Kerze); in der siebenten Woche war es ausgesprochen beim Anblick eines neuen ihm ganz nahen Gesichtes, in der zehnten Woche beim Beugen und Strecken der Beine im Bade (als wenn *u* gesagt werden sollte), und doch war das Kind ausser Stande, eben diese ihm so geläufige Bewegung (noch in der 14. Woche) nachzuahmen, wenn ich sie ihm vormachte. Erst Ende der 15. Woche waren Anfänge einer Nachahmung vorhanden, indem der Säugling Versuche machte, den Mund

zu spitzen, wenn ich es dicht vor ihm that. Dass es sich hierbei
um eine imitative Bewegung handelt, wird durch ihre Unvollkommenheit bewiesen im Vergleiche zum vollkommenen Mundspitzen
aus eigenem Antrieb bei anderweiter Anspannung der Aufmerksamkeit. Auffallender Weise wurde diese Nachahmung zwar am 105. Tage,
nicht aber an den folgenden Tagen versucht. Ihrem erst 58 Tage
alten Kinde sagte eine junge Frau [A. Thiele] wiederholt „Guten
Morgen" vor. Es hörte lange aufmerksam zu. Dann spitzte es den
Mund, öffnete ihn, erweiterte die Nasenflügel, machte die Augen
weit auf und wurde roth im Gesicht. Man sah, dass es sich an-
strengte, als wenn es etwas herauspressen wollte, und schliesslich kam
ein *guuu* lang und laut hervor. Gleich darauf verfiel das Kind in
festen Schlaf. In den folgenden Wochen blieb der Versuch erfolglos.

Selten und unvollkommen traten weitere Nachahmungsversuche,
trotz mancher Bemühung meinerseits sie hervorzurufen, in den auf
die 15. folgenden Wochen auch bei meinem Knaben ein. Erst im
siebenten Monate waren die Versuche, vorgemachte Kopfbewegungen und jenes Mundspitzen nachzuahmen, so auffallend, dass
ich sie nicht mehr auf zufälliges Zusammentreffen zurückführen
konnte, zumal das Kind oft lachte, wenn man es anlachte (S. 96 a).
Immer deutlicher spannt sich die Aufmerksamkeit in der nächsten
Zeit an, wenn neue Bewegungen dem Säugling vorgemacht werden;
es verfolgt dieselben mit offenbarem Interesse, ohne aber in einem
einzigen Falle über den Versuch der Nachahmung hinauszukommen.
Um so mehr fiel diese Indolenz auf, als bereits in der 17. Woche
einmal das von mir vor dem Gesichte des Kindes vorgenommene
Vorschieben der Zungenspitze zwischen die Lippen (wie es manche
Erwachsene bei der Arbeit zu thun pflegen) vollkommen nachgeahmt
wurde, und zwar lächelte das Kind unmittelbar vor dieser sonderbaren Bewegung, die es zu ergötzen schien.

Also kommen imitative Bewegungen im vierten Monat vor,
welche im siebenten, sogar neunten, nicht oder nur ganz unvollkommen gelingen. Doch waren im zehnten Monat correcte Nachahmungen von allerlei Bewegungen häufig, und dass dieselben mit
klarem Bewusstsein ausgeführt wurden, ist sicher. Denn beim
Nachahmen von sehr oft vor ihm wiederholten Hand- und Arm-
Bewegungen, wie etwa Winken mit „Tatta"-sagen, sieht das Kind
die betreffende Persönlichkeit starr an und macht dann oft plötzlich die Bewegung ganz richtig.

Das Winken ist allgemein eine von den früh durch Nachahmung erworbenen Bewegungen. Es begann bei meinem Kinde
zu Anfang des zehnten Monats.

Beim Hinausgetragen-werden pflegte die Mutter ihm zuzu-
winken, und nun winkte es in der Thür mit einem Arm, manchmal
mit beiden Armen, gleichfalls, jedoch mit einem Gesichtsausdruck,

der zeigte, dass es ohne Verständniss, wenn die Thür aufging, die
Arme bewegte. Auch wenn ich in das Zimmer eintrete, macht das
Kind, so lange die Thür in Bewegung ist, jene Bewegung, die es
zuerst nur nachahmte, regelmässig; also kann von Abschied-nehmen
keine Vorstellung vorhanden sein. Die winkende Bewegung findet
dann ebenso beim Auf- und Zu-machen eines grossen Schrankes
statt, hat also ihren rein imitativen Charakter vollständig verloren.
Sie besteht wesentlich in einem schnellen Heben und Senken des
gestreckten Armes; erst nach einigen Wochen kamen Handbewegungen hinzu, und durch diese geschicktere Nachahmung entstand der Schein, als wenn die maschinenmässig beim Thür-auf-
machen eintretenden Bewegungen als Abschiedssignale ausgeführt
würden. Aber in dieser Zeit (im zehnten Monat) ist ein solches
Handeln nicht annehmbar. Denn wenn ich diese winkende Bewegung ohne die Thür aufzumachen dem Kinde vormache, dann
wiederholt es sie öfters sinnlos, obzwar mit dem Ausdruck grosser
Spannung im Auge, wegen der Schwierigkeit eine so rasche Bewegung aufzufassen.

Nicht jede imitative Bewegung ist so deutlich als gewollt zu
erkennen. Wenn von vielen Säuglingen, welche alle still sind,
einer anfängt zu schreien, so schreien bald mehrere, dann viele,
oft alle. Auch wenn ein einzelner Säugling andere Kinder schreien
hört, fängt er gleichfalls oft an zu schreien. Je älter das Kind
wird, um so seltener tritt diese Nachahmung ein, welche den Eindruck einer geistigen Ansteckung macht und schwer vom Reflex
zu unterscheiden ist.

Dagegen ahmte ein Mädchen folgende Bewegungen kenntlich
nach: Im elften Monat drohte es mit dem Zeigefinger, wenn man
ihm drohte, bürstete es sich, führte es den Löffel richtig schöpfend
zum Munde, trank es aus einer Tasse, machte es unter *eia-eia-*
singen mit der Puppe wiegende Bewegungen. Im 13. Monat machte
das Kind die Bewegung des Nähens, des Schreibens (mit Lecken
der Bleistiftspitze) und des Arme-ver-schränkens nach. Im 15. Monat
fütterte es die Puppe, ahmte es das Rasiren am eigenen Kinn nach,
sowie das Vorlesen, mit dem Finger über die Zeilen hinfahrend und
die Stimme modulirend. Im 18. Monat imitirte es das Singen und
drehte wie ein Leiermann, wenn es Musik hörte, im 19. ging es,
au au rufend, auf Händen und Füssen, einen Hund imitirend, im
20. ahmte es das Tabakrauchen nach, indem es einen Stock mit den
Fingern hielt, wie es beim Pfeifen-rauchen zu geschehen pflegt.
Die jüngere Schwester imitirte erst in ihrem 15. Monat die Bewegung
des Nähens und des Schreibens, während die ältere nach wiederholten Nachahmungsversuchen ohne Unterricht im 19. Monat bereits
zwei Zeugstücke zusammennähte, die Nadel richtig durchziehend
[v. Strümpell]. Oft mischt sich in die Nachahmungen eine heitere
Phantasie. So wurden (im 22. Monat) Menschen und Thiere im

Bilderbuch gefüttert und Puppen ganz wie das Schwesterchen behandelt [F. Wertheimer].

Gegen Ende des ersten Lebensjahres werden die zahlreicheren freiwilligen imitativen Bewegungen geschickter und rascher ausgeführt, als vorher. Wenn sie aber complicirte Coordinationen erfordern, misslingen sie leicht.

Als in dieser Zeit Jemand mehrmals mit einem Salzlöffelchen an ein Trinkglas schlug, so dass es tönte, nahm mein Kind das Löffelchen, betrachtete es und versuchte dann gleichfalls mit ihm an das Glas zu schlagen. Aber es brachte dasselbe nicht zum Tönen.

Bei solchen Nachahmungen, welche neu sind und darum einen tieferen Eindruck machen, wie etwa Pusten, geschah es wohl, dass sie im Traum von dem Kinde, ohne Unterbrechung des Schlafes, wiederholt wurden (im zwölften Monat), ein Zeichen, dass die Erlebnisse des Tages, so unbedeutend sie dem Erwachsenen scheinen, in das impressionable kindliche Gehirn sich fest eingeprägt haben. Es dauert aber immer einige Secunden, bevor eine neue noch so einfache Bewegung imitirt wird, wenn man sie dem Kinde, damit es sie nachahme, vormacht.

So war es (im 14. Monat) eine Gewohnheit meines Kindes, unter *ä-ë ä-ë*-Sagen beide Arme symmetrisch hin und her zu bewegen (ganz anders, viel anhaltender und rascher, als beim Winken). Machte man dem aufmerkenden Kinde eben dieses S c h w i n g e n d e r A r m e vor, mit demselben Laut, dann konnte es doch erst nach einer Pause von mehreren Secunden es gleichfalls ausführen.

Die einfachsten geistigen Processe brauchen viel mehr Zeit als später. Derartige Nachahmungen treten aber schneller ein, wenn man sie nicht verlangt, wenn das kindliche Gehirn sich nicht erst zu orientiren hat. Wenn ich mich räuspere oder huste, ohne das Kind anzusehen, so hüstelt es oft in komischer Weise gleichfalls. Frage ich die Bonne: „Hat das Kind gehustet?" oder es selbst: „Kannst du husten?" so hustet es, aber weniger genau copirend (im 14. und 15. Monat). Der zu stark angespannte Bogen schiesst über das Ziel hinaus.

Hier ist ausser der reinen Nachahmung schon das Verständniss der Bezeichnung für die imitirte Bewegung mit dem eigenthümlichen Geräusch vorhanden.

Ist einmal dieser wichtige Schritt in der Erkenntniss gethan, dann werden die nachgeahmten Bewegungen immer verwickelter und immer mehr mit Gegenständen der täglichen Erfahrung verknüpft.

Im 15. Monat lernt das Kind eine Kerzenflamme ausblasen. Es pustet sechs- bis zehnmal vergebens und greift zwischendurch

nach der Flamme, lacht, wenn sie erlischt, und strengt sich nach
dem Anzünden beim Blasen oder Hauchen mit aufgeblasenen
Wangen und vorgeschobenen Lippen unnöthig an, weil es nicht
genau nachahmt. Denn es wird schwerlich ein Kind, das noch
niemals gesehen hat, wie man eine Kerzenflamme ausblasen kann,
auf den Einfall kommen, sie auszublasen. Der Verstand und die
Erfahrung reichen nicht aus, diese Erfindung zu machen.

Im Allgemeinen werden die vorgemachten Bewegungen um so
leichter richtig nachgeahmt, je weniger complicirt sie sind.

Als ich, in der Absicht, das Kind zu ergötzen, vor ihm abwechselnd meine Hand auf- und zumachte, fing es plötzlich an,
seine rechte Hand in ähnlicher Weise auf- und zu-zumachen. Die
Ähnlichkeit der Bewegung mit der meinigen war auffallend im Vergleich zu dem ungeschickten Ausblasen im vorigen Fall. Sie ist
durch die grössere Einfachheit bedingt. Aber so einfach das Beugen
der Finger erscheint, es sind doch immer so viele harmonische Impulse, Nervenerregungen und Muskelcontractionen dazu erforderlich,
dass man schwerlich ohne Zuhülfenahme erblicher Momente die
Nachahmung auch der einfachen Bewegungen verstehen wird, indem
ungewöhnliche, von den Vorfahren vielleicht niemals ausgeführte Bewegungen, wie etwa Sich-auf-den-Kopf-stellen, unter keinen Umständen beim ersten Versuch richtig nachgeahmt werden. Das Auf-
und Zu-machen der Hand ist keine ungewöhnliche Bewegung und
von den Vorfahren oft ausgeführt worden. Jedoch ging anfangs die
Imitation sehr langsam, wenn auch richtig, vor sich. Schon am
folgenden Tage war sie viel rascher bei Wiederholung des Versuchs, und dabei betrachtete das über die Neuheit der Erfahrung
verwunderte Kind bald meine, bald seine Hand aufmerksam
(15. Monat).

Von den zahlreichen Nachahmungen der nächsten Zeit seien
noch folgende erwähnt, um den rapiden Fortschritt der Verwerthung
eines neuen Netzhautbildes zur Ausführung einer ihm entsprechenden Handlung zu zeigen.

Einen grossen Ring, welchen ich mir langsam auf den Kopf
legte und wieder abnahm, ergriff das Kind und setzte ihn sich, ohne
zu tatonniren, ebenso auf den eigenen Kopf (16. Monat).

Wenn es sich aber um die Combination einer bestimmten
Wirkung der Mundmuskeln und des Ausathmens handelt, werden
unzählige fruchtlose Nachahmungsversuche gemacht, ehe einer gelingt, weil da nur ein Theil der Wirkung der verwickelten Muskel-
action wahrgenommen werden kann, der Rest durch Probiren gefunden werden muss. So konnte das Kind einem Jagdhorn einen
Ton nicht entlocken. Es hielt dasselbe an den Mund und suchte
mit der eigenen Stimme den Ton nachzuahmen. Plötzlich glückte
einmal zufällig das richtige Blasen und wurde von da an nicht
wieder vergessen (18. Monat).

Nachdem das Kind gesehen hatte, wie seine Mutter ihr langes dunkles Haar kämmte, nahm es einen Handspiegel und einen Kamm und fuhr sich mit letzterem am Kopfe herum, kämmend wo Haare nicht vorhanden waren. Ebenso ergriff es dann und wann eine Bürste und versuchte seinen Kopf und sein Kleid zu bürsten, bürstete aber mit Vorliebe Möbel. Mehr als einmal nahm es ein Tuch, hielt dasselbe mit einem Zipfel an die Schulter und zog es wie eine Schleppe hinter sich her, sich dabei öfters umwendend. Auch legte es sich einen Kragen um den Hals und suchte sich mit einem Handtuch zu trocknen, was aber nicht gelang, während das Waschen der Hände mit Seife ohne Anleitung, wenn auch wenig geschickt, doch leidlich nachgeahmt wurde: lauter sehr verwickelte imitative Handlungen, welche bei meinem Knaben sämmtlich, ebenso wie das Ergreifen und Vor-sich-halten einer Zeitung und das (von Lindner im sechsten Monat beobachtete) nachgeäffte Vorlesen einer Broschüre, das Füttern von Rehen mit einem einzelnen Grashalm, das Scharren beim Eintritt in die Hausthür (als wenn die Schuhe gesäubert werden sollten) in das psychogenetisch besonders wichtige siebente Vierteljahr fallen.

Wie wenig aber selbst in dieser Zeit vollendeter äusserlicher Nachahmungen die Handlung verstanden wird, zeigt der Umstand, dass eine Landkarte als „vorzulesende" Zeitung, und zwar verkehrt, vor das Gesicht gehalten wird. Auch nimmt jetzt das Kind gern einen Bleistift, führt die Spitze in den Mund (S. 187e) und macht dann damit allerlei Striche auf Papier, als wenn es zeichnen könnte.

Nun wächst immer mehr die Betheiligung des Kindes an allem, was in seiner Nähe vorgeht. Beim Einpacken und Auspacken, beim Tisch-decken, Feuer-anzünden, Heben, Schieben von Mobilien versucht es zu helfen. Seine Nachahmungssucht erscheint wie Ehrgeiz (23. Monat).

Gegen Ende des zweiten Jahres werden auch, verschiedene ceremonielle Bewegungen, nachgeahmt. Das Kind sieht, wie ein älterer Knabe grüssend den Hut abnimmt; sofort nimmt es die eigene Kopfbedeckung ab und setzt sie wie jener wieder auf.

Alle diese zuletzt aufgezählten imitativen Bewegungen wurden unaufgefordert, ohne die geringste Anleitung oder Pression ausgeführt oder versucht.

Sie zeigen, wie mächtig der Nachahmungs-Wille geworden ist (im zweiten Jahre), und wie wichtig er für die fernere geistige Entwicklung sein muss. Denn wenn das Kind in diesem Alter in unaufmerksamer oder ungebildeter Gesellschaft den grössten Theil seiner Zeit zubringt, dann wird es allerlei ihm Schädliches nachahmen und leicht Gewohnheiten annehmen, welche seine Entwicklung hemmen. Es ist darum von der grössten Bedeutung schon in dieser frühen Zeit, den Verkehr der Kinder mit Unbekannten und mit unzuverlässigen Dienstboten zu verhindern und alles zu vermeiden, was dem Nachahmungstrieb verkehrte Bahnen eröffnen könnte.

Von den Wort-Nachahmungen ist weiter unten die Rede. Das erste Antworten des Säuglings auf Zureden, welches in einzelnen Fällen in der ᾳchten und neunten Woche stattfindet (Sully), ist jedoch nicht jedesmal ein Nachahmungsversuch, sondern eine reflectorische Bewegung, wie das Schreien nach einem Schlage. Das Singen wurde bereits (S. 60a) als eine der am frühesten imitirten Leistungen erwähnt.

Für diese wie für alle späteren Nachahmungen gilt, dass vom Kinde jede neue Bewegung das erste Mal nur mit Willen nachgeahmt wird, und falls eine unwillkürliche Nachahmung stattzufinden scheint, dann entweder dieselbe schon öfter als solche wiederholt worden oder eine ohne Nachahmung oft ausgeübte Bewegung ist. Für die Genauigkeit der Imitation kommt aber wenig auf die Betheiligung eines höher entwickelten Verstandes an. Vielmehr besitzen geistig geringer begabte Taubgeborene (nach Gude) mitunter eine reinere und deutlichere Aussprache, als besser begabte. Unselbständige Menschen ahmen leichter und correcter nach als selbständige, und es ist bemerkenswerth, wie gern und leicht taubgeborene Kinder die vorgemachten Lippenbewegungen nachahmen, nachdem einmal diese Verwendung ihrer Sprachwerkzeuge ihnen beigebracht worden ist.

Die fundamentale Wichtigkeit des Nachahmens für die Erziehung jedes Kindes wird meistens nicht rechtzeitig erkannt. Denn es wird zu viel der Nachahmung Unwerthes und zu wenig der Nachahmung Würdiges geboten. Hier eröffnet sich der physiologischen Pädagogik ein weites Feld. Muster sein ist mehr werth, als gute Lehren predigen.

VI. Ausdrucks-Bewegungen.

Mienen und Geberden entstehen bekanntlich zum grossen Theil durch Nachahmung. Blindgeborene, auch wohl in vorgerücktem Alter Erblindete, unterscheiden sich von Sehenden schon durch das Fehlen des Mienenspiels. Ihr Gesichtsausdruck zeigt nur geringe Veränderungen, ihre Physiognomie erscheint starr, gleichmässig wie die einer Marmorbüste, ihre Antlitzmuskeln bewegen sich, wenn sie nicht essen oder sprechen, nicht oder nur wenig; das Lachen, sogar das Lächeln erscheint fast gezwungen, weil die Augen nicht mitwirken; selbst das Stirnrunzeln haben einige verlernt. Auch kleinen Kindern fehlt ein charakteristisches Mienenspiel, weil sie wie die Blinden das Gesehene nicht nachahmen können, daher die Schwierigkeit, sie zu porträtiren oder gar zu beschreiben. So verschieden die zufriedene Physiognomie von der unzufriedenen schon am ersten Tage ist, so sehr die intelligente von der stupiden, die aufmerksame von der unaufmerksamen abweicht, der Unterschied ist vollständig nicht zu schildern.

Mit Recht legt aber der Arzt grossen Werth auf das durch Krankheit veränderte Mienen- und Geberdenspiel der Kinder in diagnostischer Hinsicht, weil es oft allein das Kranksein erkennen lässt und zur rechtzeitigen ärztlichen Untersuchung auffordert. Freilich lässt sich eine constante Änderung des Mienenspiels für jede einzelne Functionsstörung nicht angeben. Die stärker glänzenden Augen, die grössere Pupille, die Röthung der Wangen, das Herabziehen der Mundwinkel, das Stirnrunzeln, das Erblassen und dergleichen sind nur wichtige Zeichen, die nicht übersehen werden dürfen. So lange ein Kind nicht sprechen kann, reden sie für dasselbe und beweisen sie unter Umständen eine Störung des Wohlseins.

Im zweiten Halbjahr richten sich die gesunden Kinder nach ihren Angehörigen. Wenn man einem heiteren, einjährigen Kinde ernst zuspricht, so wird es ernst; wenn es ernst ist und man ihm ein freundliches Gesicht zeigt, so erheitert sich oft augenblicklich seine Physiognomie. Doch wäre es übereilt, hieraus zu folgern, dass alle Mittel der Mienensprache einzig durch Nachahmung erworben würden. Einige mimische Bewegungen sind reflectorischen Ursprungs. Für Geberden gilt dasselbe. Andere können instinctiv sein.

Da jede Geberde mit einem ihr zugehörigen Gesichtsausdruck verbunden vorzukommen pflegt, wenn sie einen sprachlichen Werth hat, so empfiehlt es sich, Mienen und Geberden, welche zusammen die Mimik ausmachen, zusammen zu betrachten und die expressiven Muskelbewegungen von anderen Bewegungen zu trennen beim Versuche, ihrem Ursprung nachzugehen.

So lange das Kind noch nicht Worte sprechen kann, verständigt es sich mit anderen Kindern und Erwachsenen nur durch dieselben Mittel, deren sich die höheren Thiere zur gegenseitigen Verständigung bedienen: demonstrative Bewegungen und Haltungen, klagende, jubelnde, lockende, abwehrende, verlangende Affect- und Gefühls-Laute und stumme Mienen. Ebendieselben expressiven Mittel wendet das Kind an, wenn es bei seinen Spielen mit leblosen Gegenständen sich unterhält.

Ich habe hauptsächlich das Lächeln und Lachen, das Mundspitzen und Küssen, das Schreiweinen und Stirnrunzeln, das Kopfschütteln und Nicken, das Achselzucken, das Bitten mit den Händen und das Zeigen berücksichtigt.

Das Lächeln und Lachen.

Am häufigsten wird missverstanden das erste Lächeln. Jede nur irgend als Lächeln deutbare Öffnung der Mundspalte pflegt man beim jüngsten Kinde gern als ein wahres Lächeln zu bezeichnen. Ebensowenig aber wie beim Erwachsenen das blosse Verziehen des Mundes dem Begriff des Lächelns genügt, ist dieses beim Kinde der Fall. Es gehört dazu ein Gefühl der Befriedigung oder eine Vorstellung angenehmer Art. Beide müssen stark genug sein, eine Erregung der Antlitznerven zu veranlassen. Eine blosse Empfindung kann kein Lächeln erwecken, sondern erst das aus ihr entstandene Gefühl, oder die aus ihr gebildete Vorstellung, sei sie auch noch so unklar.

Nun ist die Zahl der mit einem Lustgefühl verbundenen Empfindungen in den ersten Lebenstagen eine sehr geringe, und eine klare Vorstellung kann das Neugeborene nicht haben, weil es nichts wahrnimmt. Das durch Saugen der Muttermilch oder die Badwärme befriedigte Kind lächelt in den ersten Tagen nicht, sondern zeigt nur einen Ausdruck der Befriedigung, weil in dem Augenblick alle Unlustgefühle fehlen. Wie leicht aber ein solcher Zustand der Behaglichkeit durch eine minimale Hebung der Mundwinkel sich kundgiebt, ist bekannt. Will man diese schon ein Lächeln nennen, dann lächeln auch schlafende Säuglinge schon früh.

Am zehnten Tage seines Lebens sah ich mein Kind, während es schlief, nachdem es sich unmittelbar vorher satt gesogen hatte, den Mund ganz wie zum Lächeln gestalten. Die Grübchen in den Wangen wurden deutlich und der Gesichtsausdruck war trotz der geschlossenen Augen ein überraschend lieblicher. Am zwölften Tage kam ein Mienenspiel auch im wachen Zustande vor, das man für ein Lächeln ansehen konnte. Aber es fehlte diesem Mundmuskelspiel das zur Vervollständigung des Lächelns erforderliche Bewusstsein, wie dem Lächeln des Schlafenden. Erst am 26. Tage, als das Kind seine Gefühle besser unterscheiden konnte, wurde das Lächeln ein mimischer Ausdruck. Der Säugling hatte reichlich Milch zu sich genommen und lag mit offenen, dann sich halb schliessenden Augen und einem unbeschreiblichen Ausdruck der Befriedigung da. Er lächelte dann, die Augen öffnend, und richtete den Blick auf das freundliche Gesicht der Mutter, und dann liess er einige bis dahin nicht vernommene Laute hören, welche zu der glücklichen Stimmung passten. Hier war aber noch nicht die Vorstellung entstanden von dem Zusammenhang des Mutterangesichts mit der Mutterbrust, der Quelle des Genusses. Eine Nachahmung des Lächelns ist ausgeschlossen, weil zuerst leblose Objecte (Quasten) angelächelt und vor dem vierten Monat keine imitativen Bewegungen versucht wurden.

Sowohl das frühe unvollständige, als auch dieses vollkommene Lächeln ist an einen Zustand der Befriedigung gebunden, und nicht weniger erblich, als das Schreien vor Schmerz.

Später lächelt das Kind, wenn es angelächelt wird, doch keineswegs immer. Fremde mögen noch so freundlich ihm zusprechen, oft bleibt das verwunderte, sonst lustige, jetzt ernste Gesichtchen immobil. Das Lächeln der Kinder ist nicht so unüberlegt, wie das durch Erziehung und conventionelle Begrüssungsordnung zu leerer Formalität herabgesunkene bei vielen Erwachsenen.

Das ursprüngliche Lächeln der Befriedigung über neue angenehme Gefühle, welches auch im Schlafe fortdauern kann, und nur bei heiterer Stimmung eintritt, bleibt jedoch später in Kraft. Durch einen ungewöhnlichen Ausdruck von Spannung im stärker glänzenden Auge, sowie lebhafte Bewegungen der Arme und Beine, am deutlichsten durch Lachen und Lächeln, bekundet der Säugling seine Befriedigung, z. B. über Musik (in der achten Woche), ohne dass ihm jemand dazu den geringsten Anlass gab.

Hiernach fällt der Zeitpunkt des ersten Lächelns, je nachdem man eine autonome Lustäusserung oder die Mittheilung des angenehmen Zustandes oder die Befriedigung über eine heitere Vorstellung (dazu gehört das erste nachgeahmte Lächeln) wählt, sehr verschieden aus.

Die Angaben, um die vierte Woche erscheine bei entwickelten Kindern das erste Lächeln als Ausdruck des Wohlgefallens (Heyfelder), in der sechsten bis achten Woche (Champneys), in der siebenten und neunten Woche (Darwin), oder in der siebenten bis zehnten Woche (Sigismund) lächele der Säugling zum ersten Male, sind ebenso unbestimmt wie die, dass er schon zu Ende der zweiten Woche den Mund lieblich wie zum Lächeln verziehe.

Es kommt, wenn der Zeitpunkt des ersten Lächelns bestimmt werden soll, wesentlich auf die Natur der Veranlassung dazu an.

Ein Kind lächelte sein Spiegelbild erst in der 27. Woche an, ein anderes in der zehnten, das von mir daraufhin genau beobachtete in der 17. Woche, bis zu der Zeit durchaus nicht. Es war mehr ein Lachen als ein Lächeln, das am 116. Tage mich überraschte, während noch am 113. zwar das Spiegelbild fixirt und aufmerksam, aber ohne Zeichen der Befriedigung, betrachtet wurde. In diesen Fällen ist es die Freude über die deutliche neue Wahrnehmung, also eine Vorstellung, welche das Lächeln veranlasst, in anderen das Wohlgefallen an schmackhaften, weichen, warmen Eindrücken oder am Wohlklang, oder das Gefühl der Sättigung (14. Woche), und dann ist es in der Regel von einem besonderen Laut begleitet, welcher in den ersten Monaten immer viel leiser ist, als die Ausserungen der Unlust.

Sowie aber das ganz junge Kind sich nicht wohl fühlt oder hungrig ist, kann es nicht mehr lächeln. Das sicherste Zeichen der Genesung ist das Wiederauftreten dieser vielsagenden Mundbewegung.

Vom Lächeln zum Lachen ist nur ein Schritt und letzteres oft nur ein verstärktes und lautes Lächeln. Das erste Lachen über einen erfreulichen Sinneseindruck klingt aber wesentlich anders, als das dem gesteigerten Selbstgefühl beim Wahrnehmen des Komischen entspringende. Die für dasselbe von Einigen angegebenen Termine von 6 bis 17 Wochen sind auffallend spät. Plinius meint, vor dem 40. Tage lache kein Kind.

Ich bemerkte ein hörbares und sichtbares Lachen mit gesteigertem Glanz der Augen bei meinem Kinde zum ersten Male am 23. Tage (S. 6 e). Es freute sich über einen vor ihm hängenden rosafarbigen Vorhang, indem es eigenthümliche Laute der Befriedigung hören liess. Die Mundwinkel waren etwas nach oben gezogen. Im Bade trat zu dieser Zeit noch kein Lachen ein, aber der Ausdruck des kleinen Gesichts mit den weit offenen Augen war auch da der grosser Befriedigung. Das Lachen erscheint zunächst nur als eine Steigerung dieses Ausdrucks der Lust. Es wiederholte sich öfters in derselben Weise in der fünften und sechsten Woche, in der achten namentlich beim Anblick langsam schwingender, gut beleuchteter farbiger Gegenstände und beim Anhören des Clavierspiels.

In der sechsten bis neunten Woche erschien das Lachen des

Kindes, welches seiner Mutter Antlitz fixirte, manchmal wie ein
Zeichen des Jubels über einen bekannten angenehmen Eindruck.
Aber das Lachen beim freundlichen Zunicken (S. 38 *m*) und Singen
(S. 55 *e*) der Angehörigen war dann ausgeprägter und wurde zu
Ende des ersten Halbjahres von raschen Hebungen und Senkungen
der Arme, als Zeichen höchsten Vergnügens begleitet. Diese letztere
kindliche Bewegung blieb noch Jahre lang als Begleiterscheinung
des Lachens vor Freude bestehen.

Das Lachen wurde aber erst im achten Monat (beim Spielen
mit der Mutter) anhaltend laut. Jeder konnte es dann sofort,
ohne hinzusehen, als ein Lachen erkennen. Das Kind machte
dabei einen eigenen heiteren Eindruck auf jeden, der es sah.

Das laute Lachen über neue Gegenstände, die gefallen und
lange angesehen werden, ist im neunten Monat noch häufig, ebenso
das über neue Klänge im 15. Monat (S. 58 *e*), dann folgt das Lachen
bei den Versuchen mit Unterstützung zu stehen. Im vierten
Vierteljahr scheint die Lachbewegung mehr bewusst zu werden.
Das Kind lacht mit mehr Verständniss als früher. Freilich greift
es noch lachend nach seinem Spiegelbild und jubelt (im elften
Monat), wenn man es marschiren lässt, obwohl es dabei festgehalten
werden muss. Zu Ende des ersten Jahres war schon zu diesen
selbständigen Lustäusserungen das rein imitative Lachen, wenn
andere lachten, hinzugekommen. Doch bekundete sich das Selbstgefühl auch dabei durch starkes Krähen mit Anwendung der
Bauchpresse. Schelmisches Lachen bemerkte ich erst am Ende
des zweiten Jahres. Höhnisches Lachen und Thränenabsonderung
während des anhaltenden Lachens habe ich bei Kindern unter vier
Jahren niemals bemerkt.

Aus der Gesammtheit meiner Beobachtungen über das Lächeln
und Lachen der Säuglinge ·geht hervor, dass beide ursprüngliche,
im ersten Monat deutliche Ausdrucksbewegungen sind, welche ausnahmslos vom Anfang an Lustgefühle ausdrücken; sogar im Schlafe
lachte mein Kind zu Ende seines ersten Lebensjahres, wahrscheinlich Heiteres träumend, und erwachte nicht darüber.

Die Ursachen, weshalb gerade durch Entblössen der Zähne
und, ehe diese da sind, durch Verlängern der Mundspalte mit
Hebung der Mundwinkel, durch eigene Laute, durch Zunahme
des Augenglanzes (Thränenflüssigkeitsabsonderung, ohne dass es
noch zur Bildung von Thränen kommt) und durch begleitende
Armbewegungen Lustgefühle ausgedrückt werden, sind unbekannt (S. 96 *m*).

Darwin hebt hervor, dass sie nicht so früh wirken, wie die Ursachen des Schreiweinens, weil dieses dem Säugling nützlicher ist,
als Lachen. Dass er das erste entschiedene Lachen in der 17.

Woche wahrnahm, zeigt, wie ungleich die einzelnen Säuglinge sich in dieser Hinsicht verhalten. Viel kommt auf die Umgebung und das Verhalten der Angehörigen an. Bei allen aber beginnt die Äusserung der Lust mit einem kaum merklichen Lächeln, welches ganz allmählich im Laufe des ersten Vierteljahrs in Lachen übergeht, nachdem die Grosshirnrinde sich soweit entwickelt hat, dass deutlichere Vorstellungen entstehen können. Im zweiten Monat wird auch das nach Kitzeln reflectorisch eintretende Lachen wahrgenommen (S. 96a), welches ich im dritten Jahre, ohne zu wissen was vorging, allein am Schall von dem expressiven Lachen fast jedesmal unterscheiden konnte, wenn ich es im Nebenzimmer hörte. Dieses gedankenlose Lachen klingt geradeso, wie das zu derselben Zeit oft sinnlos lange fortgesetzte Lachen des Kindes, welches gehört wurde, wenn es Erwachsene über ihm unverständliche Scherze lachen sah und hörte. Das Lachen reizt noch mehr zum Nachahmen, ist noch mehr „ansteckend", als das Schreiweinen. Wirkt doch das Lachen des Menschen erheiternd auf intelligente Hunde, welche ihre Mundwinkel weit zurückziehen und mit lebhaftem Augenglanz in die Luft springen. Dass Affen lachen, ist bekannt. Diese Thatsachen sprechen für den erblichen Charakter der Lachbewegungen um so mehr, als das Kitzeln in der Achselhöhle bei Kindern und bei Affen, nach Darwin, in gleicher Weise Lachen erregt, wenn sie heiter sind. Kitzelt man aber ebenso ein schreiendes Kind, so lacht es nicht.

Das Mundspitzen.

Eine sonderbare Miene aller Kinder und vieler Erwachsener ist das Vorschieben der Lippen bei Anspannung der Aufmerksamkeit. Ich habe gesehen, dass alte Männer beim Clavierspielen und Schreiben den Mund noch auffallender spitzen, sogar die Zunge hervortreten lassend, als Säuglinge, welche anfangen zu greifen, und Kinder, die ein neues Spielzeug erforschen. Die Anlässe zu dieser merkwürdigen Veränderung des Mundes mögen noch so verschiedenartig sein, darin stimmen alle überein, dass sie nach der ersten Woche eine starke Anspannung der Aufmerksamkeit herbeiführen. Doch tritt das Mundspitzen lange vor der Ausbildung des Vermögens zu prüfen ein.

Einmal sah ich ein Neugeborenes in der ersten Lebensstunde die unberührten Lippen vorschieben (S. 138e); dieses Mundspitzen ohne Saugbewegung, welches unter vielen anderen Bewegungen der Gesichtsmuskeln auftrat, war rein impulsiv. Mein Kind zeigte es am zehnten Tage seines Lebens deutlich im Bade, als eine Kerzenflamme sich vor ihm befand, und von da an bis in das vierte Jahr

ungemein häufig. Fast rüsselförmig wurden, wie beim Saugen
(S. 65m), die Lippen vorgeschoben, dann wieder zurückgezogen und
wieder vorgeschoben (16. Monat). Die Bewegungen der Zunge,
welche viele Kinder beim Schreibenlernen vortreten lassen, wurden
von mir erst viel später, als das Mundspitzen beim Versuche, mit
Anstrengung etwas Neues zu leisten, beobachtet. Schon bei der
blossen Betrachtung, ohne selbstthätiges Eingreifen wird der Mund
gespitzt (in der fünften Woche, S. 31m), später mehr bei einer mit
Tasten verbundenen prüfenden (44. Woche, S. 40a) oder forschen-
den Beobachtung (47. Woche, S. 34m), bei der es gilt, einen bewegten Gegenstand nach verschiedenen Richtungen hin zu verfolgen
oder einen ruhenden in Bewegung zu setzen oder umzuwenden, einen
Kasten zu leeren, zu füllen, zu schliessen, zu öffnen, oder eine Anzahl kleiner gleichartiger Objecte, etwa Knöpfe, in Reihen und Rollen
oder in Hüllen zu bringen, was im dritten Halbjahr oft geschah.

Hier ist das Mundspitzen ganz anders als bei Schmollenden.
Die aufgeworfenen Lippen des verdriesslichen Kindes, den noch
weiter vorgestreckten verdriesslicher Schimpanses gleichend, sind
mehr trichterförmig.

Jenes mit anhaltender Fixation verbundene und bei (noch nicht
zweijährigen) Kindern mehrere Minuten dauernde Verengern der
Mundspalte sieht aus, als wenn der Vocal u producirt werden
sollte, während doch die mit den Händen beschäftigten Kinder
schweigen.

Dass diese Facialis-Erregung erblich ist, steht fest. Durch
Nachahmung kann sie in dem von mir genau beobachteten Falle
nicht erworben worden sein. Weder kam mein Kind mit anderen
Kindern nahe genug zusammen, noch sah es an den Erwachsenen
seiner Umgebung das Mundspitzen und konnte es vor der 15.
Woche nicht nachahmen (s. S. 185e). Ist es aber erblich, so wird
man auf die Vorfahren des Menschen zurückgehen müssen. Alle
Thiere richten ihre Aufmerksamkeit zuerst auf die Nahrung. Alles
Prüfen der Nahrung ist mit einer überwiegenden Thätigkeit des
Mundes verbunden. Besonders beim Saugen, welches zuerst die
Aufmerksamkeit des Neugeborenen wachruft, wird der Mund vorgeschoben. Diese Verbindung des ersten durch Saugen entstandenen
Vorschiebens der Lippen, mit Anspannung der Aufmerksamkeit,
wird durch häufige Wiederholung der Nahrungsaufnahme, des
interessantesten Vorgangs für den Säugling, befestigt. Daher vererbt sich die Association und bleibt oft Jahre lang, sogar bis in
das Greisenalter bestehen. Sie tritt bei angestrengtem Aufmerken,
wenn etwas ungewöhnlich interessirt, namentlich falls eigene Thätigkeit, wie Schreiben, Zeichnen es ist, welche anspannt, in auffallender Weise hervor.

Das Küssen.

Das Küssen gehört zu den spät erworbenen Ausdrucksbewegungen, welche sich nicht vererben. Da es mehreren Völkern unbekannt ist, wird es conventionell zu nennen sein. Wann es erworben wird, hängt von der Behandlung ab. Man findet daher grosse individuelle Verschiedenheiten. Mädchen lernen es meistens früher als Knaben und behalten das Küssen untereinander länger bei als diese.

Wie wenig das Kind die Bedeutung des Kusses versteht, obgleich es von seiner Mutter im ersten Jahre mehr als tausendmal geküsst wird, geht aus vielen Beobachtungen hervor.

Ein kleines Mädchen küsste im 14. Monat „schon ganz hörbar, oft aus reiner Zärtlichkeitsanwandlung (wobei es auch streichelte) die Backe, die Hand" manchmal um etwas zu erlangen oder um zu begütigen. Im 15. Monat küsste dieses Kind seine Mutter eines Tages zwölfmal nacheinander; seine Schwester küsste die Hand seiner Mutter zu Anfang des 15. Monats unaufgefordert wohl achtmal hintereinander; die Geschwister küssten sich auch gegenseitig im Alter von 3½ und 1¼ Jahren [v. Strümpell]. Ein anderes weibliches Kind beantwortete vom zehnten Monat an den Kuss ohne abwehrende Bewegung [Lindner]; aber das alles ist erlernt.

Ich stelle einige Notizen über meinen Knaben, der die Liebkosungen seiner Eltern erst viel später erwiderte, zusammen.

11. Tag: Als der Säugling von seiner Mutter auf den Mund geküsst wurde, ergriff er förmlich eine Lippe mit seinen Lippen und sog daran, wie wenn er die Brust erhalten hätte, die Zunge vorschiebend.

32. Woche: Das Kind saugt nicht mehr an den Lippen, wenn es geküsst wird, sondern leckt dieselben wie andere Objecte, die ihm gefallen.

33. Woche: Wenn es geküsst wird, leckt das Kind nicht mehr die Lippen, sondern lässt sich ohne Antwort und Widerstand auf den Mund küssen. Es erwidert aber in den folgenden Monaten den Kuss nicht, obwohl es an Zeichen der Zuneigung nicht fehlt. Denn in der 51. Woche reicht das Kind den Zwieback, den es selbst zu verzehren im Begriffe steht, seiner Mutter.

12. Monat: Das Öffnen des geschlossenen Mundes, wie beim Küssen, wird geschickt nachgeahmt.

13. Monat: Das Kind hat keine Vorstellung von dem, was ein Kuss bedeutet. Küsse sind ihm nicht angenehm, denn es wendet jedesmal den Kopf ab, wenn es geküsst wird, gleichviel von wem.

15. Monat: Die Worte: „Gieb einen Kuss!" haben Annäherung des Kopfes und manchmal Vorschieben der Lippen zur Folge. Hierdurch ist nur das Verstehen des Wortes, nicht der Sache bethätigt.

19. Monat: Wenn Fremde vom Kinde geküsst sein wollen, verhält es sich ablehnend, ist also in der Annäherung wählerisch.

20. Monat: Das Kind giebt durch Berühren des Gesichtes, besonders der Wange, mit seinem Gesichte zu erkennen, dass ihm die Annäherung beim Küssen als wesentlich erschienen ist. Hierin liegt schon eine unvollkommene Erwiderung des Kusses. Auch neigt das Kind den Kopf, wenn man „Kuss" sagt, gegen das Gesicht des Sprechenden, ohne wie früher den Mund zu öffnen, schiebt aber nicht die Lippen jedesmal vor.

23. Monat: Die Bedeutung des Kusses als einer Gunstbezeigung kennt das Kind nun und ist wählerisch im Kussgeben, wie im Handreichen. Beim Küssen werden die Lippen geschlossen vorgeschoben und dann der Mund nach der Berührung etwas zu weit geöffnet.

34. Monat: Das Dankgefühl ist erwacht. Hat man dem Kinde einen Gefallen erwiesen, so küsst es zuweilen und hat eine anmuthige dankbare Miene, spricht aber nicht dabei.

Zuerst werden also die Lippen der Mutter, wenn sie ihr Kind küsst, als saugbare Gegenstände behandelt, dann wird an ihnen geleckt wie von einem Hündchen, hierauf der Kuss geduldet, fernerhin abgelehnt, bald danach ungeschickt und nur auf Verlangen erwidert, schliesslich als Zeichen von Dank und Zuneigung ausgetheilt. Diese langwierige Schule im Küssen-lernen liefert den Beweis dafür, wie wenig berechtigt es wäre, den Kuss als erbliches Privilegium der Menschheit zu bezeichnen.

Das Schreiweinen und Stirnrunzeln.

Neugeborene und ganz junge Säuglinge weinen bekanntlich nicht. Sie sondern nach aussen keine Thränen ab, mögen sie noch so stark schreien. Später schreien und weinen die Kinder zugleich und können schreien ohne zu weinen, aber noch viel später sind sie erst im Stande, zu weinen ohne zu schreien.

Der Zeitpunkt der ersten Thränenabsonderung nach aussen ist verschieden bei verschiedenen Kindern.

Darwin giebt an, dass in zwei Fällen die Augen zum ersten Male zu Ende der dritten und neunten Woche thränenfeucht wurden, zu Ende der sechsten in einem anderen die Thränen über die Wangen flossen. Bei zwei anderen Kindern war dieses in der 12. und 16. Woche noch nicht der Fall, bei einem dritten Kinde in der 15. Woche. Eines seiner eigenen Kinder weinte beim Schreien in der 20., aber noch nicht in der 18. Woche, und in der 10. waren die Augen beim heftigen Schreien feucht. Ende der elften Woche bewirkte bei diesem Säugling eine zufällige unsanfte Berührung des Auges mit einem rauhen Tuche Thränenfluss in diesem Auge, nicht in dem anderen, welches nur eben feucht wurde. Champney's Kind weinte Thränen zum ersten Male in der 14. Woche, ein anderes weinte seine erste Thräne (nur eine) am Ende der 14. Woche, ein drittes angeblich vor der dritten (Stanford E. Chaillé).

Ich habe bei meinem Knaben zuerst am 23. Tage Thränen aus den Augen fliessen gesehen, während er heftig schrie. Bald darauf bildete das Schreiweinen und Wimmern das wichtigste Zeichen von psychischen Vorgängen verschiedener Art. Für deutsche Kinder gilt überhaupt nicht, was Darwin mittheilt, dass gewöhnlich die Säuglinge nicht vor zwei bis vier Monaten Thränen vergiessen. Nicht Weinen, aber Schluchzen tritt so spät und noch später zum ersten Mal auf, und einige Ursachen des Weinens, wie Eigensinn, Trauer, Wuth, können anfangs nicht wirken, weil sie überhaupt noch fehlen, wogegen Schmerz vom Anfang an, nachdem einmal die Thränenabsonderung begonnen hat, durch sie geäussert wird. Jedoch weinen Kinder im zweiten und dritten Jahre über Unlust erregende Eindrücke viel leichter und anhaltender, als halbjährige und einjährige.

Hierbei kommt es mehr auf die Erregung der Lacrimalnerven durch emotionelle Gehirnvorgänge an, als, wie Darwin meint, auf Compression der Drüse beim Schreien. Denn erstlich tritt nach Berührung der Nasenschleimhaut bisweilen bei eben geborenen Kindern eine Thränensecretion ein (S. 66e), womit nachgewiesen ist, dass durch Nervenerregung reflectorisch und ohne Compression die Thränenabsonderung vor dem Weinen eintreten kann; zweitens können später ohne Compression der Thränendrüse, ohne Schreien, die Thränen in grossen Tropfen über die Wangen gleiten, und im zweiten Jahre kommt Schreien ohne Weinen, also Compression der Thränendrüse ohne Thränenabsonderung, vor. Im Schlafe schrie mein Kind, offenbar träumend, ohne zu weinen und ohne zu erwachen, im zehnten Monat, ein anderes in der 18. Woche.

Für das Schreiweinen kleiner Kinder ist dagegen höchst charakteristisch das Herabziehen der Mundwinkel und das Stirnrunzeln.

Von dem ersteren war bereits (S. 97e) die Rede.

Das Stirnrunzeln wird zwar gleichfalls stets beim Schreiweinen mit zugekniffenen Augen beobachtet, ist aber anfangs eine ohne verdriessliche Stimmung oft vorkommende impulsive Bewegung. Ich sah sie am ersten, zweiten, sechsten, siebenten, zehnten Tage wie bei Affen, ohne angebbaren äusseren Anlass, häufig auftreten. Dagegen vermisst man bei jungen Säuglingen das Stirnrunzeln gerade dann, wenn man es wahrzunehmen erwarten könnte, so (S. 15m) beim Heben des Blickes. Auch ist auffallend, dass in den ersten zwei Wochen das horizontale Runzeln der Stirn häufiger vorkommt, als in der folgenden Zeit. Erst im vierten Monat sah

ich bei meinem Kinde leise horizontale Stirnfalten beim Aufwärtssehen, aber im dritten Vierteljahr noch nicht jedesmal, im vierten
jedesmal. Verticale Falten, welche der kindlichen Physiognomie
einen finsteren Ausdruck verleihen, sind beim Schreiweinen immer
vorhanden, kommen aber ohne solches oft vor (deutlich bei einem
Knaben von neun Wochen, bei meinem im siebenten Monat).

Ein Zwillingsmädchen, welches nur sechs Tage und einige
Stunden alt war, sah ich, als es geweckt wurde, sehr stark zweimal
die Stirn runzeln, einmal mit, einmal ohne gleichzeitige Bewegung
der Kopfhaut. „Das Kind macht sich ernste Gedanken," sagte die
Mutter. Und in der That sah es eigenthümlich altklug aus, als die
Stirnhaut beide Male in tiefe, parallele, die ganze Stirnbreite ein-
nehmende Falten gelegt wurde und das Gesicht einen sehr ernsten
Ausdruck erhielt. In diesem Falle, wie in allen ähnlichen, dem
Stirnrunzeln die Bedeutung einer Ausdrucksbewegung zuzuerkennen,
ist unstatthaft, weil die psychischen Zustände, welche durch horizontale Stirnfalten ausgedrückt werden, fehlen.

Das deutliche Runzeln der Stirnhaut beim Erstaunen habe
ich erst im 20. Monat gesehen und auch beim Vormachen neuer
Kinderkunststücke (im 15. Monat) manchmal die charakteristischen
Querfalten als Mitbewegung bei angestrengten Nachahmungsversuchen wahrgenommen.

Darwin, welcher seine Kinder von der ersten Woche an jedesmal kurz vor dem Schreien die Stirn runzeln sah, hat die Vermuthung ausgesprochen, diese altererbte Ausdrucksbewegung (Contraction der Corrugatoren) habe, anfangs die Augen bei abzuwehrenden Eindrücken schützend, sich schliesslich mit unangenehmen Gefühlen überhaupt associirt. Die verticalen Falten bei Anstrengungen
würden damit im Einklang stehen, dagegen die Querfalten beim Erstaunen mit dem weiteren Öffnen der Lidspalte zusammenhängen.

Dass ein rein reflectorisches Stirnrunzeln, die verticale Faltung,
neben jener frühen Ausdrucksbewegung in den ersten Tagen vorkommt, ist gewiss. Berührung der Augen und Nase mit einer Feder
bewirkte am 16. Tage Stirnrunzeln mit Lidschluss (Stanford,
E. Chaillé). Im vierten Jahre sah ich mitunter eine Zusammenziehung der Corrugatoren des fest schlafenden Kindes ohne die geringste Augenlidbewegung eintreten, wenn ich im sonst dunkeln
Raume helles Lampenlicht auf die geschlossenen Augen fallen liess.
Der Schlaf, sogar das Schnarchen, wurde nicht unterbrochen. Dieser
Reflex kann, ebenso wie das Zukneifen der Augen unter denselben
Umständen, angeboren sein, wie das Stirnrunzeln nach Schallein-
drücken und Berührungen in der ersten Woche.

Das Kopfschütteln und Nicken.

Das Kopfschütteln als Zeichen der Verneinung oder Ablehnung wird von vielen Kindern, ohne Unterricht und ohne Nachahmung, in gleicher Weise früh geübt. Vorläufer dieser Ausdrucksbewegung, welche Abneigung, Abscheu viel früher als Verneinung
bedeutet, ist die seitliche Kopfbewegung, wenn die Annahme der
Nahrung verweigert wird. Das gesättigte Kind wendet den Kopf
zur Seite.

Ganz ähnlich wird der Kopf schon in den ersten Tagen nach
dem Fenster gewendet, und dann nach bewegten Gegenständen,
aber mit einem befriedigten Gesichtsausdruck, später nach der
Richtung eines neuen Schalles. Überhaupt fand ich vom ersten
Tage an. seitliche Kopfbewegungen ohne alle reflectorische Erregung bei meinem Kinde häufig; von Ammon meint mit Unrecht,
in den ersten Tagen bewege der Säugling den Kopf überhaupt
nicht. Die Kopfbewegungen sind sogar recht lebhaft beim Anlegen
an die Brust, beim Baden, beim Liegen. Sie sind seitlich, nicht
nickend, unregelmässig und „natürlich". Anfangs sind die Kopf-
wendungen aber mit den Augenbewegungen nicht immer gleichsinnig, was sie „unnatürlich" erscheinen lässt.

Ferner sah ich in den ersten Wochen bei meinem Kinde regelmässig, wenn es an die Brust gelegt wurde, starkes seitliches Hin-
und Herwenden, fast ein Wackeln des Kopfes (S. 101m). Am achten
Tage, als es zum ersten Male die Brust ohne Nachhülfe nahm,
hatten diese seitlichen Kopfbewegungen das Ansehen, als wenn das
Kind suchte. Am 27. Tage fanden sie aber geradeso statt, als die
Mündung der Saugflasche direct in den Mund eingeführt wurde:
eine instinctive Association. Denn in den ersten Tagen wird der
Kopf von helfenden Händen dirigirt, so dass die Brustwarze in den
Mund geräth. Später gilt das Kopfbewegen, auf welches jedesmal
Milcheinströmung folgte, dem Säugling als nothwendige Vorbedingung
für die Nahrungsaufnahme und wird von ihm, obwohl bei der Saug-
flasche unnütz, beibehalten. Somit liegt hier nicht eine erworbene
Kopfbewegung vor, sondern ein Instinct, der beim Saugen am
Finger, wie bei dem an der Brust, die Kopfbewegungen veranlasst.

Viele Säugethiere bewegen gleichfalls den Kopf beim Beginn
des Saugens stark hin und her, so dass ein erblicher Factor beim
Menschen annehmbar ist, um so mehr, als die Kopfdrehungen noch
in der achten Woche sehr stark und jedesmal beim Anlegen an die
Brust, täglich mehrmals zu beobachten waren, ehe die Mamille fest
gefasst worden. Trotz der grossen Hast und Gier beim Saugen
wurde in den ersten Monaten dieses unnöthige Wackeln vorher
niemals vergessen. Es ist von dem reflectorischen Kopfwenden ur-
sächlich verschieden.

Setzt sich Jemand an das Bett des Kindes, so wird schon in
der fünften Woche regelmässig der Kopf dahin gewendet; dazu
kommt das reflectorische Umwenden bei neuen Schalleindrücken,
besonders wenn man es ruft (deutlich in der elften Woche), auch
wenn Jemand geräuschlos das Zimmer verlässt (22. Woche).

Alle diese seitlichen Kopfbewegungen sind nicht Vorläufer des
verneinenden Kopfschüttelns, obgleich sie häufig, wenn man alle
äusseren Umstände und die Physiognomie ausser Betracht lässt,
damit übereinstimmen. Die Mannigfaltigkeit der Seitenwendungen
des Kopfes beim Säugling, vom ersten Tage an, ist erstaunlich.
Und doch kommt das eigentliche Kopfabwenden als wohl charak-
terisirte expressive Bewegung schon am vierten Tage hinzu. Mein
Kind weigerte sich, an der linken Brust zu saugen, welche ihm
etwas unbequemer war, als die rechte, indem es den Kopf davon
entschieden abwendete, am sechsten Tage ausserdem dabei schrie.
Am siebenten gelang es erst, den Widerstand zu überwinden.
Aber das einmalige Abwenden des Kopfes blieb als Zeichen der
Ablehnung bestehen. Es trat fast jedesmal ein, nachdem sich der
Säugling satt gesogen und die Warze ausgestossen hatte (sehr
deutlich im ersten wie im siebenten Monat). Das Kind wurde
vom Gefühl der Sättigung so beherrscht, dass ihm die Nahrung
zuwider war.

Dieses einmalige Kopfabwenden nach links oder nach rechts,
je nach der Lage, heisst: „Nicht mehr!“ ist also schon ablehnend.
Aber erst, nachdem das Kind seinen Kopf balanciren gelernt hatte,
kamen mehrmalige und zwar sehr rasche Kopfdrehungen zu Stande,
genau wie das negirende Kopfschütteln Erwachsener (in der
16. Woche). Auch ein Nicken kam dann, jedoch seltener, vor.
Es bedeutete ebensowenig ein Bejahen, wie die Wendungen
nach der Seite ein Verneinen in dieser frühen Zeit. Vielmehr
handelt es sich dabei nur um Übungen der Muskeln. Die ablehnende Kopfwendung, wenn das Kind genug getrunken hatte,
blieb bestehen. Im sechsten Monat kamen Armbewegungen hinzu,
welche wie abwehrend erschienen, ohne aber bei mir die Überzeugung zu erwecken, dass sie es auch waren. Vielmehr traten
erst nach vielen Monaten unzweideutige abwehrende Armbewegungen
ein. wie bei Erwachsenen, denen man etwas zu lange vor das Gesicht hält. Das Kind, welches den dargebotenen Gegenstand nicht
mag, hebt seitlich ein- bis dreimal den Arm ablehnend und wendet
den Kopf ab nach der entgegengesetzten Seite. Diese verneinende
Armbewegung (ausgeprägt im 15. Monat) kann wohl erworben,
nämlich nachgeahmt sein. Jedenfalls ist das Heben des flectirten
Armes mit dem Kopfabwenden anfangs nicht associirt, und ähnlich mag die Wärterin das Kind, das ihr mit den Händen in das

Gesicht fährt, öfters abgewehrt haben. Freilich ist mit einer Vorstellung der Abwehr die Ausführung einer abwehrenden Bewegung
schon früh verknüpft. Wenn der Knabe (im 18. Monat) wüthend
mit dem Fusse Jemanden zu stossen sucht, der ihm einen begehrten
Gegenstand verweigert, so ist für eine solche Verstärkung der ablehnenden Kopfwendung kein Vorbild zur Nachahmung auffindbar,
noch weniger für sein Um-sich-schlagen mit Armen und Beinen,
wobei er sich mit dem Leib auf den Boden wirft (im 17. Monat) und
zornig schreit (wie ich es bei einem Schimpanse sah, dem ein begehrter Apfel vorenthalten wurde). Schon im zehnten Monat
kommen bei Kindern solche Wuthanfälle vor, wobei das Gesicht
sich röthet, falls ein Verlangen nicht gewährt wird.

Auch der halbe Lidschluss beim ablehnenden Kopfabwenden ist nicht auf Nachahmung zurückführbar. Er trat
nicht jedesmal ein. Ich sah ihn im achten Monat bei meinem
Knaben deutlich, wenn Abneigung ausgedrückt wurde. Namentlich
wurde bei Annäherung schwarz gekleideter Frauen, auch wenn
sie noch so freundlich waren, noch im siebenten, sogar im zehnten
Vierteljahr durch solche Kopfabwendung Antipathie (nicht Furcht)
ausgedrückt.

Lange vor dieser Zeit war aber aus dem einfachen Abwenden
ein wiederholtes Kopfdrehen als verneinendes Kopfschütteln durch
Dressur entstanden.

Im 13. Monat trat es meistens schon, wenn man „Nein, nein"
sagte, auf, nicht aber das Kopfnicken beim „Ja, ja". Es gelang
dieses auch im 14. Monat nicht, trotz vieler Bemühungen, es durch
Nachahmung zu erzielen. Darauf gelang die Nachahmung öfters
(in der 64. Woche), aber das Kopfnicken wurde auch beim „Nein,
nein", das Kopfschütteln beim „Ja, ja" bisweilen bemerkt, die Bedeutung also verwechselt (eine Paramimie). Überhaupt dauerte es
Monate, ehe die Bedeutung der bejahenden Kopfneigung fest eingeprägt war, nachdem längst die verneinende ausgeübt wurde. Als
am 445. Lebenstage zum zweiten Male die erstere richtig nachgeahmt ward (am Tage vorher zum ersten Male), machte das Kind
eine eigenthümliche Handbewegung im Rhythmus des Kopfnickens,
eine reine Supination, und zwar höchst aufmerksam auf den Kopf
vor ihm blickend, also eine unbewusste Mitbewegung.

Dass die mühsam erlernte Kopfneigung „ja" bedeuten sollte,
war ihm unbekannt. Und doch bezeichnete bei dem Kinde im
16. Monat das verneinende Kopfschütteln nicht nur Nein, sondern
auch „Ich weiss es nicht" und im 17. Monat „Ich will nicht!"
Diese Geste blieb nun bestehen, während das bejahende Kopfnicken
kaum vorkam, wenn es nicht eigens verlangt wurde.

Der Unterschied ist um so beachtenswerther, als häufig beide
Bewegungen für ursprünglich angesehen wurden. Kinder benutzen

zum Verneinen und Bejahen ihre Stimme viel früher, als die Kopf-Neigung und -Wendung, und obige Auseinandersetzung zeigt, dass sie nicht vom Anfang an antagonistisch zusammenhängen, sondern das ablehnende, später verneinende seitliche Kopfabwenden angeboren reflectorisch-instinctiv ist, während das viel später auftretende bejahende, zustimmende, dankende Kopfneigen und Nicken eine erworbene Geste ist.

Das Achselzucken.

Sehr spät zeigen kleine Kinder eine dem Achselzucken Erwachsener entsprechende rasche Hebung der Schultern. Im 15. Monat sah ich mein Kind ohne nachweisbare Ursachen zum ersten Male die Achseln zucken, und zwar an verschiedenen Tagen in gleicher Weise.

Einen Augenblick schien es, als wenn die Kleider einen unangenehmen Hautreiz verursachten. Dazu passt aber der altkluge Gesichtsausdruck ganz und gar nicht. Und es trat das Achselzucken auch ein, als ich vor dem Kinde stehend sagte: „Ja, ja!" Sowie ich dann bejahend genickt hatte, that es das Kind auch (459. Tag). Hierdurch kam ich auf die Vermuthung, das Achselzucken könnte bereits das Nicht-können ausdrücken und wurde darin bald bestärkt, denn schon am folgenden Tage war es die Antwort auf meine Frage: „Wo ist Ohr?" worauf das Kind nach einiger Überlegung das Auge berührte. Im 16. Monat war diese Bedeutung unzweifelhaft. Denn frage ich: „Wo ist Auge, Ohr, Nase, Stirn, Kinn?" und das Kind weiss eines nicht, so zuckt es die Achseln.

In derselben Zeit folgt öfters auf diese expressive Bewegung eine andere zuwartende. Wenn beispielsweise das Kaltwerden eines in heisses Wasser getauchten Zwiebacks abgewartet wird, dann stemmt das Kind beide Arme gleichzeitig symmetrisch gegen die Seiten, so dass die Hände mit gebeugten Fingern und mit dem Rücken gegen die Hüften zu stehen kommen. Die ganze Stellung ist eine zuwartende, nicht im Geringsten herausfordernd und wahrscheinlich nachgeahmt.

Das Achselzucken wurde im sechsten Vierteljahr mit Entschiedenheit, in demselben Sinne wie verneinendes Kopfschütteln, ein Zeichen der Ablehnung und des Nicht-wissens und Nicht-könnens. Man muss es zu den erblichen Ausdrucks-Bewegungen zählen.

Auch Darwin spricht sich für die Erblichkeit desselben aus, sah es jedoch bei keinem ganz jungen englischen Kinde und berichtet nur von zwei Schwestern (Enkelinnen eines Franzosen), welche zwischen dem 16. und 18. Monat die Achseln zuckten.

Das Bitten mit den Händen und das Zeigen.

Zu den frühesten durch Dressur erworbenen Geberden deutscher Kinder gehört das Zusammenlegen der Hände in bittender Stellung. Diese Bewegung ist zugleich eine der ersten, deren sprachliche Bedeutung das Kind versteht und anwendet. Es macht bald die Erfahrung, dass die bittende Händestellung ihm die begehrte Nahrung schneller zuführt, als Schreien, und führt deshalb die Geberde aus, wenn es etwas begehrt, sei es einen Zwieback oder ein Spielzeug, sei es einen Platzwechsel. Hat sich das fortgesetzte Schreien als nutzlos erwiesen, dann wird plötzlich damit innegehalten, und hastig legt dann das Kind die Hände in bittender Stellung zusammen (15. Monat), falls ihm dieses Kunststück vorher beigebracht worden ist. Auch ohne zu schreien bittet es in dieser Weise und durch sehnsüchtige Laute mit ausgestreckten Armen, wenn es die Wiederholung eines neuen Scherzes wünscht.

Als Jemand einen Löffel an seiner Nasenspitze frei aufgehängt hatte, lachte das Kind, ergriff den Löffel, betrachtete ihn sorgfältig, nahm ihn von einer Hand in die andere und reichte ihn dann mit einer unbeschreiblich bittenden Stimme hin. Nach der Wiederholung des Experimentes freute es sich wieder (im 15. Monat).

Selbst lange nach dem Erlernen der Bedeutung des gesprochenen „Bitte" hört das begleitende Emporheben und Zusammenhalten der Hände nicht auf.

Wenn das Kind die Fortsetzung des Clavierspiels wünschte, oder wenn der Zug auf der Eisenbahn, in dem sich das Kind befand, anhielt, dann schlug es wiederholt die Hände zusammen (23. Monat), so dass es im buchstäblichen Sinne durch Händeklatschen seinen Beifall und sein Verlangen nach Wiederholung oder Fortsetzung kund gab, wie ein zufriedenes Theaterpublikum. Im 10. wie im 17. Monat fand diese Bewegung im Schlaf (im Traum) statt.

Es scheint natürlich anzunehmen, dass Erwachsene ihren Beifall durch Händeklatschen äussern, weil der Lärm ein grosser ist, aber das Zusammenlegen der Hände zum Gebet in christlichen Kirchen, sowie das Erheben der Arme bei betenden Mohammedanern stimmen überein mit den bittenden Gesten der Kinder. Diese drücken nur indirect durch Händeklatschen, auch geräuschloses Zusammenlegen der Hände, ihre Befriedigung aus, sofern sie dadurch um Wiederholung bitten.

Wie das „Händchengeben", welches man den Kindern künstlich beibringt, wird das Erheben und Zusammenlegen der Hände (nicht der Füsse) zwar durch Nachahmung und Dressur erworben, wahrscheinlich aber beruht diese Geste darauf, dass beim Greifen die Arme ausgestreckt werden und die Hände, wenn der begehrte Gegenstand erfasst worden, sich um denselben zusammenlegen. Schliesslich ist auch das Bitten ein Begehren. Die Arme, welche zum Greifen ausgestreckt werden müssen, werden, sowie dieses mehrmals geglückt ist, bei jedem starken Begehren (mit und ohne verlangende Laute) ausgestreckt, weil das Begehrte für greifbar gehalten wird (S. 39 m).

Zuerst äussert das Kind sein Begehren nur durch Schreien, nachdem es zu greifen angefangen hat, auch durch Ausstrecken der Arme (zuerst bei meinem Kinde am 121. Tage)', dann durch Ausstrecken der Arme und Zusammenlegen der Hände. Diese von Greifübungen herstammenden erblichen Ausdrucks-Bewegungen benutzen die Erzieher, um die betenden, bittenden Stellungen mit Händefalten zu lehren, welche anfangs vom Kinde nicht verstanden werden; es macht nur die Erfahrung, dass Vereinigung der Hände bei erhobenen Armen die Erfüllung eines Wunsches rascher zur Folge hat, als Schreien, und adoptirt deshalb die Geste. Wenn nun mit der Ausbildung des Sehvermögens neue ungreifbare Gegenstände besser unterschieden werden, dann bekundet das Kind sein Interesse an denselben, besonders an bewegten und sich bewegenden Objecten, wie Pferden, durch eben diese Geste, indem es den Mund öffnet, stossweise laut ausathmet, das Object fixirt und die Hände ausstreckt (im achten Monat), oft nur die rechte Hand (im siebenten Monat nach S. D. Wilson). Man kann dann kaum erkennen, ob das Kind greifen oder zeigen will. Wenn es, ehe es sprechen kann, auf die Frage: „Wo ist das Licht?" den Kopf nach dem Lichte wendet, so zeigt es dadurch das Verständniss der Frage nach der Richtung an (neunter Monat), wenn es aber (im 14. Monat) auch noch den rechten Arm hebt und ebendahin mit gespreizten Fingern weist, so hat es die Geberde des Zeigens ganz getrennt vom Begehren ausgeführt. Dieses Zeigen wird schon vor den ersten Versuchen, sich in der Wortsprache auszudrücken, vollkommen richtig angewendet.

Später wird es zur Äusserung eines Wunsches, wie von Taubstummen, benutzt. In der 90. Woche wurde von meinem Knaben beim Anblick des Milchkruges mit der Hand auf denselben und unmittelbar darauf auf die Milchflasche mit derselben Hand, sogar mit dem Zeigefinger, gewiesen, indem das durstige Kind unverkennbar die Absicht hegte, das Ausschenken zu veranlassen. Für diese Verwendung des Zeigefingers, statt des Spreizens aller Finger, zum Zeigen bietet die Nachahmung allein kaum genügenden Anlass, obwohl sie mit in Betracht kommt, noch weniger das experimentirende Tasten, welches ohne Bevorzugung des Zeigefingers vor

sich gehen kann, aber als Vorläufer des Zeigens mit dem Zeigefinger angesehen wird (von Sully 1882), weil bei feinerem Tasten
die übrigen Finger gebeugt würden. Ich finde jedoch keine Stütze
für diese Hypothese. Vielmehr muss die ganze verwickelte Combination von Fixiren, Mundöffnen, Lidheben, Armheben, Fingerstrecken
auf erblicher Coordination beruhen, weil sie beim Hunger behufs
Erreichung der Nahrung sich nützlich erwies. Zeigen ist also
auf Greifen-wollen zurückzuführen, wozu das Fingerspreizen
nicht benöthigt wird. Denn wie im zehnten Monat regelmässig,
wird im zweiten Jahre noch oft das Gezeigte nach dem Erfassen
in den Mund geführt und möglichst zerkaut.

Aus dem Erfolge der verlangenden Armbewegungen beim
Hunger entsteht dann bald die Einsicht, dass dieselben auch andere
Arten des Verlangens befriedigen werden. So streckt das Kind
(im zwölften Monat), wenn es auf seinem Stuhle sitzend den Platz
zu verändern wünscht, beide Arme sehnsüchtig aus, jammert, wenn
man es nicht berücksichtigt, und jubelt nach dem Emporheben,
wie nach dem Erfassen eines Apfels oder Zwiebacks. In solchen
Fällen kommt (im 14. Monat) nicht selten eine Paramimie vor,
indem statt der bittenden Händestellung eines der anderen noch
unverstandenen Kunststückchen ausgeführt, etwa die Hand gegen
den Kopf bewegt wird (als erlernte Antwort auf die Frage: „Wo
ist das Trotzköpfchen?“). Dabei mischt sich zu der Erfahrung
des Erfolgs nach Hände-ausstrecken die Erfahrung des Angenehmen
(etwa des Freundlich-seins, Gewährens) nach richtiger Ausführung
jener Dressurstücke. Die Gleichheit des Erfolges führt eine
Verwechslung der Mittel herbei.

Je mehr aber die Stimme sich differenzirt, um so sicherer
wird mit der Geberde ein Laut verbunden, im fünften Vierteljahr
mit dem Hände-ausstrecken namentlich der Bittlaut *hä-ö*, bei
meinem Kinde; und dieser associirt sich mit dem Blick und der
vorgeneigten Haltung des Begehrenden als Ausdruck des stärksten
Verlangens. Er geht aber verloren, indem die Geberden mit
wachsendem Verständniss sich festigen und nicht mehr verwechselt
werden. Erst später ersetzt wieder die Sprache der erlernten
Wörter die durch sie immer entbehrlicher werdenden Geberden.
Im 15. Monat brachte ich drei Gläser, die einen Accord bildeten,
durch einen Ring zum Tönen. Das Kind lachte darüber und
nahm, als ich pausirte, den Ring, reichte ihn mir und mit Arm,
Augen und Kopf den Gläsern sich zuwendend, bekundete es durch
sein *hä-ö* den Wunsch nach Wiederholung. Hier war noch keine
Wortsprache vorhanden, der Gedanke hinter der Geberdensprache aber nicht misszuverstehen.

Wenn dem anhaltend durch Gesten geäusserten Begehren

nicht entsprochen wird, dann kann bei lebhaften Kindern leicht
ein förmlicher Wuthanfall eintreten (S. 205a), aber auch, wenn das
Kind an der Hand zerrt und begleitet sein möchte, nach dem
Versagen der Bitte ein Weinen vor Traurigkeit sich einstellen
(25. Monat), oder der Erfindungsgeist sich regen.

Das Kind (von 22 Monaten) wünscht am Tische zu sitzen;
man hört nicht auf sein Bitten, sieht nicht auf seine flehenden
Gesticulationen; da geht es in eine Zimmerecke, bemüht sich einen
Stuhl herbeizuschaffen, ruht nicht bis er an den Tisch gestellt
worden, und schlägt mit der flachen Hand auf den Sitz; es spricht
also deutlich ohne Worte aus was es will, und jubelt, nachdem es
auf den Stuhl emporgehoben worden.

Es giebt ausser den vorstehend erörterten Ausdrucks-Bewegungen
im frühen Kindesalter noch mehrere, welche einer eingehenden
Prüfung werth sind. Ihre Beschreibung ist aber schwer zu geben,
obwohl man sie leicht versteht, wenn auch das Kind kein Wort
spricht. Seine Körperhaltung, seine Blickrichtung, seine Finger-
bewegungen liefern in wechselnder Verknüpfung bereits eine fein
ausgebildete stumme Sprache. Einige Beispiele mögen erläutern:
Im 14. Monat wird Zuneigung geäussert durch sanftes Handauflegen auf Antlitz und Schultern (diese Bewegung kann durch
Nachahmung erworben sein), Zorn und Ungehorsam (Eigensinn)
durch hartnäckiges Geradstrecken des Körpers, und zwar schon
im zehnten Monat, wenn das Kind hingelegt wird, Scham (wenn
es sich beschmutzt hat) durch eigenthümliches Schreiweinen, aber
noch nicht durch Erröthen, Stolz (in einem neuen Kinderwagen
im 19. Monat) durch lächerliche Haltung. Die Mannigfaltigkeit
des Gesichtsausdrucks, wenn im zweiten und dritten Jahre die
Leidenschaften erwachen, lässt sich nicht beschreiben und wegen
der Flüchtigkeit der Erscheinungen kaum bildlich wiedergeben, es
sei denn mittelst der Momentphotographie. Eifersucht, Stolz,
Kampflust, Habsucht, Freigebigkeit, Gehorsam, Ehrgeiz verleihen
dem Kindergesicht ein charakteristisches Aussehen. Man würde
diese Zustände nicht an den Mienen erkennen können, wenn nicht
jeder seine eigene Ausdrucksbewegung hätte. Und zwar tritt diese
beim Kinde, das noch nicht heuchelt, reiner hervor, als später.
Es überschreitet die Grenze dieser Arbeit, dem Zusammen-
hange jener Zustände mit dem Mienenspiel und mit dem Wachsthum des Willens nachzugehen. Viele Beobachtungen müssen an
Kindern angestellt werden, ehe der Einfluss der Nachahmung und
der Erblichkeit auf die willkürliche Hemmung emotioneller Explo-
sionen und auf die willkürliche Herbeiführung eines selbstzufriedenen
und zugleich Andere nicht störenden Gemüthszustandes erkannt
werden kann.

VII. Überlegte Bewegungen im engeren Sinne.

Dass es lange dauert, bevor man beim Kinde eine selbständige, aus eigener Überlegung hervorgehende Bewegung wahrnehmen kann, folgt aus dem Vorigen. Ehe den physischen centromotorischen Impulsen, den peripheren Reflexreizen, dem Nachahmungsreiz, dem Instincte, den Gefühlen als Ursachen der Muskelbewegungen, Beweggründe (Motive) sich anreihen, müssen nicht allein unzählige Male die genannten motorischen Erfahrungen gemacht worden, sondern auch die Sinne und der Verstand weit entwickelt sein. Denn wer sich nicht mehr blos in directer Abhängigkeit von seinen jeweiligen Gefühlen, Gemüthslagen und überhaupt seinen geistigen und körperlichen Zuständen bewegt, wer vor der Bewegung sich vorstellt, wie sie sein wird, wer also handelt, muss bereits sehr viele Bewegungen Anderer wahrgenommen und sehr viele eigene Bewegungen gefühlt haben, ehe ein richtiges Bild der auszuführenden willkürlichen, überlegten, absichtlichen Bewegung in seinem Gemüth entstehen kann.

Ich wüsste keine Bewegung im ersten Vierteljahr zu nennen, für welche diese nothwendige Bedingung so zuträfe, dass jeder Zweifel, ob sie nicht instinctiv, reflectorisch oder impulsiv wäre, ausgeschlossen bliebe.

Die schon in den ersten Monaten auftretenden tastenden Bewegungen mit den Händen, nicht den Füssen, die den Anschein des Suchens haben können, sind ebensowenig wie das spätere Zupfen und Wischen an der Haut eines betasteten Gesichts, willkürlich, sondern, als zum Greifen gehörig, instinctiv. Selbst das Stampfen mit dem Fuss im elften Monat, das Fortschieben eines Stuhles zu derselben Zeit, das Geradstrecken und Sich-steifhalten, als Mittel gegen gewaltsames Hinlegen (im zehnten Monat), sowie die viel späteren Wurfbewegungen, können kaum als absichtliche Muskelbewegungen bezeichnet werden, welchen eine selbständige Überlegung zu Grunde läge. Eher sprechen einige weder

14*

auf Nachahmung, noch auf Instinct, weder auf Reflexreize noch
auf Emotionen beziehbare Spiele für das Aufkeimen der Willkür
und Überlegung nach dem Erwachen der Causalitätsfunction.

So pflegte mein Kind im elften Monat häufig einen Löffel gegen
eine Zeitung oder einen anderen mit der Hand gehaltenen Gegenstand zu schlagen und plötzlich die beiden Objecte zu vertauschen,
indem es den Löffel mit der anderen Hand bewegte, was ganz den
Eindruck machte, als wenn probirt werden sollte, ob der Lärm von
dem einen Arm ausgehe oder auch, im Falle dieser ruht, entstehe
(S. 58).

Das rastlose Experimentiren kleiner Kinder, zumal der
Säuglinge schon bei den ersten Accommodationsversuchen (S. 34a),
und unscheinbare Übungen (das Zerknittern von Papier im zweiten
Vierteljahr) sind für die intellectuelle Entwicklung nicht nur nützlich, sondern unersetzlich als Mittel, die Wirklichkeit im buchstäblichen Sinne zu erforschen. Wieviel von ihren Alltagskenntnissen
die meisten Menschen nur durch kindliche Spiele erworben haben,
ist kaum zu ermessen. Aber auch für die Willensbildung kommen
sie wesentlich in Betracht, schon weil dadurch nach und nach die
Erkenntniss geweckt wird, wie unzweckmässig die meisten der an-
fänglichen nicht vorgestellten uncoordinirten Bewegungen waren,
wie nützlich dagegen die coordinirten Bewegungen mit bestimmten
Zielen sind. Erst wenn beides zusammentrifft, die Bewegungsvorstellung und die Erwartung ihres Erfolges, ist überlegtes Sich-
bewegen möglich, welches bedauerlicher Weise allzuoft durch Dressur
sich früh zu zeigen verhindert wird. Oft lässt sich noch im zweiten
Jahre nicht erkennen, ob das Kind selbständig handelt oder nicht.
z. B. wenn es (im 16. Monat) Schränke auf- und zumacht, Gegenstände, die es hinwarf, vom Boden aufhebt und bringt. Wenn es
dagegen in dieser Zeit schon einen abgenommenen Ohrring an das
Ohr, von dem er gelöst worden, hält, so liegt darin ein Zeichen
von Überlegung, von Verstand und Willkür, während in dem
blossen Lärm-machen, etwa durch Auf- und Zuschlagen eines
Kastendeckels, in dem eifrigen Zerreissen von Zeitungen, viel mehr
die Lust an dem Geräusch und der Bewegung, sowie die Befriedigung über die Kraftäusserung als Überlegung und Willkür mitwirken.

Doch ist bemerkenswerth, dass mein Kind eines Tages (im
14. Monat) nicht weniger als neun-und-siebzig Mal den Deckel einer
Kanne neben mir auf- und zumachte, ohne einen Augenblick zu
pausiren. Dabei sprach die höchst gespannte Aufmerksamkeit für
eine Betheiligung des Intellects: „Wie kommt nur der Lärm zu
Stande?" würde das Kind wohl gedacht haben, wenn es schon
hätte sprechen können. Denn oft genug fragte es später: „Was

macht nur so?" wenn es ein fremdes Geräusch hörte. Aber auch das der Sprache noch unkundige Kind konnte so denken, wie ein intelligentes Thier. Das letztere würde nur nicht so oft aus eigener Initiative den Deckel heben, weil bei ihm die Causalitätsfunction viel schwächer ausgebildet ist.

Das Kind will und denkt lange vor der Erwerbung der Sprache, aber ganz unmerklich gesellt sich nach unvollkommener Bethätigung des Coordinationsvermögens zu den unwillkürlichen Muskelbewegungen die selbständige Handlung. Die für alle geistige Entwicklung bestimmenden Gefühle der Lust und Unlust, die Versuche, das Lusterregende, vor allem die Nahrung, zu ergreifen, das Unlusterregende abzuwehren, müssen als Ausgangspunkte der continuirlich fortschreitenden Entwicklung angesehen werden.

In dieser Beziehung ist die geschilderte Entwicklungsgeschichte des Greifens zugleich ein Beitrag zur Kenntniss der Ausbildung der Willkür. Besonders die nach den ersten Greifversuchen beginnende selbständige Nahrungs-Aufnahme liefert Übergänge vom unvollkommen coordinirten zum vollkommen harmonischen Bewegen der Arm-, Mund-, Zungen-, Schlund-Musculatur. Ich stelle darüber einige Beobachtungen am eigenen Kinde zusammen, welche zeigen, dass der Wille lange vor der vollendeten Coordination da ist.

5. Monat. Mit der Gabel angebotenes Fleisch wird mit der Hand ergriffen und öfters falsch, jedoch einmal richtig langsam zum Munde geführt.

9. Monat. Was in den Mund gebracht werden kann, wird mit erstaunlicher Geschwindigkeit auf die Zunge gelegt. Bei dieser Operation wurden weniger Fehler gemacht als früher.

11. Monat. Das Kind nimmt täglich einen Zwieback mit der Hand vom Tisch, führt ihn richtig in den Mund (statt wie früher an die Wange, an das Kinn), beisst ein Stück ab, zerkleinert es im Munde und verschluckt es. Es kann aber nicht aus einem Glase trinken.

12. Monat. Sehr selten wird beim ersten Ansetzen des Zwiebacks die Mundöffnung verfehlt. Zu Anfang dieses Monats kann das Kind aus dem Glase trinken, es exspirirt aber zwischendurch in das Wasser hinein.

18. Monat. Leidlich geschickt wird der gefüllte Löffel zum Munde geführt.

19. Monat. Legt man den Löffel auf die linke Seite des Tellers, dann nimmt ihn die linke Hand nach kurzem Besinnen, und es ist kein Unterschied zwischen dem Links- und Rechts-Essen bemerkbar.

20. Monat. Immer geschickter, rascher und sicherer führt das Kind den Löffel mit Speisen in den Mund. Trotzdem kann es ohne alle Hülfe oder Directive mit dem Löffel allein nicht seine Nahrung zu sich nehmen, sie nicht in den Löffel bringen. Es verwendet

darauf nicht immer genügende Aufmerksamkeit, pausirt oft und greift nach allerlei glänzenden Gegenständen, wenn es in ungewohnter Umgebung ist.

In den folgenden Monaten absichtlich auf Selbsthülfe angewiesen, vervollkommnet sich das Kind in dieser Beziehung.

Das Mitgetheilte genügt, um zu zeigen, dass die Intention, lange ehe die Coordination perfect ist, vorhanden war. Der Wille, die Kenntniss des Erfolges, die Vorstellung der ganzen Bewegung sind klar, ehe die Bewegung correct ausgeführt werden kann. Umgekehrt bei dem allen Knaben eigenen Vergnügen am Werfen. Sie schleudern allerlei Gegenstände zum Fenster hinaus, ohne die Consequenzen zu kennen.

Es lässt sich noch an vielen Bewegungsarten dieser oft übersehene Unterschied gewollter und instinctiver Bewegungen der Kinder darthun, namentlich wenn man die Spielweise oder Beschäftigung derselben von Tag zu Tag verfolgt. Ich habe aber bereits so viele Einzelheiten mitgetheilt, und die Beobachtungen sind so leicht anzustellen, wenn man genügende Zeit darauf verwendet und mehrere gesunde Kinder miteinander vergleicht, dass eine Häufung von Beispielen unnöthig erscheint. Nur die Bewegungen der Zunge, welche das wichtigste Zeichen des ausgebildeten Willens sind, sofern sie Sprachbewegungsvorstellungen erfordern, werden (im dritten Theile dieses Buches) noch ausführlich erörtert werden.

Hier genügt es, um annähernd den Zeitpunkt der beginnenden Willensbethätigung und Überlegung wenigstens für ein Kind zu finden, einige der betrachteten Bewegungen übersichtlich zusammenzustellen mit Rücksicht auf die Fragen, wann die angeborenen Bewegungen nicht mehr rein impulsiv, nicht mehr rein maschinenmässig reflectorisch, nicht mehr rein instinctiv sind und wann unzweifelhaft gewollte Bewegungen ohne Beimischung jener auftreten.

Es ist gewiss, dass erst nach der Bildung von klaren Vorstellungen gewollt werden kann. Bis dahin ist das Kind willenlos wie ein Thier ohne Gehirn. Nach dem Beginne der vorstellenden Gehirnthätigkeit ist dann noch ein Zeitraum nothwendig zur Vereinigung der Vorstellung einer Bewegung und der Vorstellung eines (begehrten) Gegenstandes, als des Zieles der Bewegung. In diese Übergangszeit von der beginnenden causativen Thätigkeit, welche die aus den sinnlichen Eindrücken entstehenden Wahrnehmungen in Vorstellungen verwandelt, bis zu der Verknüpfung zweier Vorstellungen, einer sensorischen und einer motorischen, fallen die am schwersten zu verstehenden Bewegungen des Säuglings, welche noch einen gemischten Charakter haben.

Die folgende vorläufige Zusammenstellung soll zur Abgrenzung dieser Periode nach unten und oben beitragen:

Bewegung.	Keine Spur vorhanden.	Erste Versuche.	Mit Überlegung und Erfolg.	Bemerkungen.
Kopfschütteln.	—	4. Tag.	16. Woche.	Ablehnend.
Kopfhaltung.	10. Woche.	11. Woche.	16. Woche.	
Greifen.	114. Tag.	117. Tag.	19. Woche.	
Oberkörper aufrichten.	12. Woche.	16 (?) Woche.	22. Woche.	In der Rückenlage ohne Hülfe.
Zeigen.	4. Monat.	8. Monat.	9. Monat.	
Sitzen.	13. Woche.	14. Woche.	42. Woche.	Ohne Lehne und Halt.
Stehen.	21. Woche.	23. Woche.	48. Woche.	Ganz frei.
Gehen.	40. Woche.	41. Woche.	66. Woche.	Allein, frei.
Sich erheben.	13. Woche.	28. Woche.	70. Woche.	Ohne Halt und Hülfe.
Schwelle überschreiten.	65. Woche.	68. Woche.	70. Woche.	Frei.
Küssen.	11. Monat.	12. Monat.	23. Monat.	
Klettern.	24. (?) Monat.	26. Monat.	27. Monat.	
Springen.	24. (?) Monat.	27. Monat.	28. Monat.	Ohne Halt und Hülfe.

Hiernach begann die Willenskraft durch coordinirte Bewegungen grösserer Muskelgruppen in der 16. und 17. Woche sich zu äussern, als auch die ersten Nachahmungen (S. 185e) glückten. Diese allerdings können bei einigen Kindern schon in der neunten Woche bezüglich der Lautnachbildung, wenn auch nur sporadisch, beginnen. In jener Zeit wurde auch zum ersten Male das eigene Spiegelbild mit Aufmerksamkeit betrachtet, aber anhaltende Contractionen der Augenmuskeln finden schon etwas früher statt (S. 29a). Unzweifelhaft überlegte, freiwillige Wendung des Blicks nach neuen Objecten sah ich freilich erst in der 16. Woche.

Man wird also bei meinem Kinde den Beginn der activen Betheiligung des Willens, somit der Grosshirnrindenthätigkeit, an der Coordination der später vorzugsweise gebrauchten Muskeln in den vierten Monat oder in die zweite Hälfte des dritten Monats zu verlegen haben. Es ist aber nach neueren Beobachtungen an anderen Kindern eben dieser Zeitpunkt wahrscheinlich ziemlich allgemein gültig und nur bei einzelnen in den Anfang des dritten Monats zu verlegen, während später beim Sitzen, Stehen, Gehen, Klettern, Springen, Sprechen die grössten zeitlichen Verschiedenheiten vorkommen.

Die ersten selbständig überlegten Bewegungen finden erst nach Ablauf des ersten Vierteljahres statt. Bedürfte es noch eines Beweises dafür, dass vorher wegen der noch unzureichenden Entwicklung des Grosshirns die Säuglinge nicht willkürlich irgend welche selbst überlegte Bewegung ausführen können, so würde er durch solche Thatsachen geliefert sein, wie sie an mikrocephalen Menschen beobachtet worden sind. Denn bei ihnen bleibt das Grosshirn mangelhaft und bildet sich der Wille nicht aus.

Dass überlegte Bewegungen zu Anfang des zweiten Halbjahres beim normalen Kinde vorkommen, beweist ein lehrreiches Experiment, welches G. Lindner an seinem 26 Wochen alten Töchterchen anstellte. Während das Kind in diesem Alter in der Wiege liegend Milch zu sich nahm, erhielt die Saugflasche eine so schräge Lage, dass es nichts zu saugen bekam. Nun bemühte es sich, mit den Füssen die Flasche zu dirigiren, und hob sie endlich mittelst derselben so geschickt, dass es bequem trinken konnte. „Diese Handlung war selbstverständlich keine nachgeahmte; sie kann auch nicht auf einem blossen Zufalle beruhen; denn als bei der nächsten Speisung die Flasche absichtlich so gelegt wird, dass das Kind ohne Nachhülfe mit den Händen oder Füssen nichts bekommt, vollzieht sich dasselbe Schauspiel wie zuvor. Als dann am folgenden Tage das Kind in der nämlichen Weise trinkt, verhindere ich es daran, indem ich die Füsschen von der Flasche entferne; aber sogleich gebraucht es dieselben wieder als Regulatoren für den Milchzufluss so geschickt und sicher, als ob die Füsse eigens für solchen Gebrauch geschaffen wären. Geht hieraus einmal hervor, dass das Kind lange vor dem eigentlichen Sprechen mit Überlegung handelt, so auch andererseits, wie unvollkommen und linkisch das kindliche Überlegen ist; denn in dieser unbeholfenen Weise trank mein Kind seine Milch drei volle Monate lang, bis es endlich eines Tages die Entdeckung machte, dass sich doch zu derlei Diensten die Hände viel besser eignen. Ich hatte seine Umgebung streng angewiesen, es diesen Fortschritt selbst thun zu lassen."

Andere Beispiele von überlegten Bewegungen vor dem Sprechenkönnen finden sich weiter unten. Die im dritten, vierten und fünften Monat beobachteten, zwar seltenen, aber entschiedenen Nachahmungs-Versuche und die ersten Lautnachahmungs-Versuche können dagegen als selbständig überlegt nicht gelten, weil ein Vorbild dazu erforderlich war. Sie sind aber Beweise für das Aufkeimen des Willens.

VIII. Die Willens-Entwicklung im Allgemeinen.

Um über die Bildung und Ausbildung des kindlichen Willens Aufschluss zu erhalten, ist eine sorgfältige Beobachtung der Muskelbewegungen des Neugeborenen und Säuglings erforderlich. Die angeborenen Bewegungen sind von verschiedener Art, aber kurze Zeit nach der Geburt so beschaffen, wie kurze Zeit vor derselben, nur durch grösseren Spielraum freier als im Ei, und durch das Luftathmen modificirt. Sie sind fast ganz unabhängig vom grossen Gehirn, da hirnlos geborene Kinder sich in den ersten Tagen wenigstens bezüglich der Arm- und Bein-Bewegungen nicht anders als normale verhalten.

Diese angeborenen, völlig willenlosen Bewegungen heissen impulsiv, wenn sie, wie beim Ungeborenen, ausschliesslich durch die im Rückenmark stattfindenden physischen Processe bedingt sind und ohne periphere Erregung sensorischer Nerven auftreten. Dahin gehören die merkwürdigen, ziellosen, unzweckmässigen Bewegungen der Arme und Beine Ebengeborener, sowie deren Grimassen. Sämmtliche motorische Nerven des Organismus scheinen an diesen impulsiven Muskelcontractionen theilzunehmen. Das Aufschlagen des Auges, der Lidschluss, Seitenwendungen und Rollungen des Augapfels, und viele Zusammenziehungen der Gesichtsmuskeln sogleich nach der Geburt beweisen die Erregung des Oculomotorius, des Trochlearis, des Trigeminus, des Abducens, des Facialis, die Bewegungen der Zunge eine Hypoglossus-Erregung, die Arm- und Bein-Bewegungen Erregung der spinalen Motoren ohne angebbare oder annehmbare periphere Reize.

Die angeborenen Bewegungen sind dagegen reflectorisch, wenn sie nur auf periphere Eindrücke, wie Licht, Schall, Berührung, erfolgen. Auch an diesen betheiligen sich die meisten motorischen Nerven, und zwar im Allgemeinen so, wie es die an hirnlosen Thieren gefundenen Reflexgesetze erwarten liessen. Die Reflexe Neugeborener verlaufen aber anfangs langsamer, als nach öfterer Wiederholung, und zeigen im Einzelnen Abweichungen von dem Befunde an ausgewachsenen Menschen und Thieren. Diese

Abweichungen sind zum Theil auf eine ungleiche Entwicklung der
Reflexbahnen zurückzuführen, so dass ein Umweg bisweilen der
Reflexerregung weniger Widerstand entgegenstellt, als der directe
Weg. Daher die contralateralen Reflexe. Von allen Sinnesorganen
aus lassen sich Reflexe in den ersten Tagen auslösen, also von
den Sehnerven, Hörnerven, Riechnerven, Schmecknerven, von den
sensorischen Trigeminuszweigen und den Hautnerven der ganzen
Körperoberfläche aus. Doch müssen die Reize meist stärker sein,
als später, oder (wenigstens in der Haut- und Netzhaut) eine
grössere Zahl von Nervenfaserenden gleichzeitig treffen, falls deutliche Reflexe zu Stande kommen sollen. Die Reflexerregbarkeit
der Gesichtshaut ist von der Geburt an relativ grösser, als die
anderer Theile, was auf Erblichkeit beruhen kann.

Andere angeborene Bewegungen sind die instinctiven, welche
zwar gleichfalls nur nach gewissen sensorischen Erregungen, aber
weder mit der maschinenmässigen Gleichförmigkeit der Reflexe,
noch mit der Constanz jener eintreten. Vielmehr bedürfen sie
eines besonderen psychischen Zustandes, einer Stimmung. Für sie
ist eine Thätigkeit derjenigen nervösen Centralorgane nothwendig,
durch welche Gefühle zu Stande kommen. Fehlt die Stimmung
oder das Gefühl, dann bleibt die Instinctbewegung auch bei der
stärksten oder geeignetsten Reizung aus, wie das Lachen, wenn
von einem Fremden die Achselhöhle eines traurigen, verdriesslichen
Kindes gekitzelt wird. Eine typische instinctive angeborene Bewegung des Menschen ist das Saugen. Ihm reiht sich das Beissen
und Lecken an. Bei neugeborenen Thieren und eben ausgeschlüpften
Hühnchen kommen viel verwickeltere Instinctbewegungen vor, indem Wahrnehmungen, unmittelbar motorisch wirkend, höchst zweckmässige coordinirte Bewegungen zur Folge haben, namentlich Gesichtswahrnehmungen. Visumotorische Bahnen, wie ich sie der
Kürze halber nannte, sind dann präformirt. Das Auge des Vogels
ist während der ganzen Embryonalzeit im Verhältniss zum Gehirn
viel grösser, als das des Menschen, und kann sogleich nach dem
Ausschlüpfen genau localisirte Eindrücke liefern. Diese Eindrücke
verwerthet das Thier vermöge eines erblichen Mechanismus sofort
(beim Picken) und dadurch werden überlegte Bewegungen vorgetäuscht. In Wahrheit ist aber keine Bewegung eines neugeborenen
Thieres oder Kindes überlegt oder willkürlich.

Gewollte Bewegungen können erst dann zu Stande kommen,
wenn die Entwicklung der Sinne weit fortgeschritten ist, die Qualitäten der einzelnen Sinnesgebiete deutlich unterschieden werden,
jeder neue Eindruck empfunden, die Empfindung localisirt und mit
anderen Eindrücken verglichen, sein Nachher und Vorher gemerkt
wird, also wenn deutlich wahrgenommen wird. Ausserdem muss

noch die Ursache der Wahrnehmung erkannt sein, wodurch die letztere zur Vorstellung aufrückt. Ohne Vorstellungsvermögen giebt es kein Wollen, ohne Sinnesthätigkeit kein Vorstellen, also ist der Wille an die Sinne untrennbar gebunden. Er schwindet, wenn die letzteren erlöschen; er fehlt dem fest Schlafenden.

Aus dieser Abhängigkeit alles Wollens von den Sinnen folgt keineswegs, dass eine entwickelte Sinnesthätigkeit jedesmal die Willensausbildung mit sich führt, vielmehr gehört etwas anderes dazu. Die aus zahllosen Wahrnehmungen in den ersten Monaten des Menschenlebens gebildeten Vorstellungen müssen, um motorisch wirken zu können, eine grosse Anzahl von Bewegungen vorfinden, auf welche sie bestimmend einwirken. Nur auf die centralen Ursprünge der Bewegungsnerven, welche schon oft und längst erregt worden sind, impulsiv, reflexiv und instinctiv, kann eine Vorstellung coordinirend oder modificirend einwirken. Und dieser nur centromotorische Einfluss von Vorstellungen ist am grössten, wenn die Vorstellung selbst die einer Bewegung, im Besonderen die der zu einem begehrten Gegenstand hinführenden ist. Erst nach Ablauf des ersten Vierteljahres finden solche gewollte Bewegungen, und zwar viel früher und ausgiebiger mit den Armen als mit den Beinen, statt; aber nicht etwa plötzlich, durch eine Eingebung. Kein neues Agens taucht auf, vielmehr geschieht die Entwicklung des Willens ganz allmählich. Plötzlich erscheint der Übergang vom willenlosen zum wollenden Kinde dem Zuschauer, wenn er selten beobachtet. Plötzlich erscheint nur die erstmalige erfolgreiche Verknüpfung einer Bewegungsvorstellung mit der Vorstellung eines Objects oder Zieles, wie beim ersten geglückten Greifversuch. Hier ist aber der Erfolg das Überraschende, weil er vorher bei den zahlreichen ähnlichen Versuchen fehlte. In Wahrheit wurden sowohl die Bewegungen, welche nun gewollt sind, als auch die Wahrnehmungen, welche später auch gewollt werden, längst und sehr oft gemacht, zuerst durcheinander, dann in Folge der gesteigerten Erregbarkeit der Centralorgane und der an Zahl zunehmenden Associationsbahnen, jede für sich, wobei Vorstellungen entstanden, schliesslich beide zusammen. Die Bewegung selbst verläuft das eine Mal wie das andere Mal. Das Wollen der Bewegung ist nur das Wollen eines der Impulse (W. Gude), die das Kind schon oft in sich wirken lassen musste. Doch gilt dieses alles nur für das erste Wollen.

Nachdem das Kind im zweiten Vierteljahr gewollte Bewegungen in grösserer Anzahl auszuführen begonnen hat, macht es die Erfahrung, dass die früheren Combinationen von Muskelzusammenziehungen seinen inzwischen höchst mannigfaltig gewordenen phantasievollen Vorstellungen nicht mehr genügen. Es wird darum einerseits eine Separation bisher vereinigt gewesener, andererseits eine Association bisher getrennt gewesener Muskelnerven-Erregungen nothwendig. Hierdurch zeigt sich erst die directe Betheiligung des Intellects an dem Zustandekommen willkürlicher Bewegungen. Die Kinderkunststücke, die ersten Nachahmungsversuche im vierten Monat, die Selbständigkeit bei der Nahrungsaufnahme sind Beweise dafür. Man kann aber weder in der Separation allein, in der Bemühung, Muskeln, welche bisher sich stets zusammen contrahirten, sich isolirt contrahiren zu lassen, noch in der Association allein, in der Bemühung, Muskeln, welche sich bisher nicht zusammen contrahirten, sich zusammen contrahiren zu lassen, das Wesen des Willens finden. Er ist weder coordinirend allein, noch isolirend allein, sondern beides. Und er leistet auf beiden Gebieten nichts völlig Neues. Er kann nicht Bewegungen machen. Er findet vollendet coordinirte Bewegungen, sogar angeborene, wie Saugen, Schlucken, bereits vor, ebenso wie typisch isolirte, z. B. die Hebung des Augenlids bei gesenktem Blick (welch letztere er später gar nicht oder nur nach unsäglicher Übung wieder auftreten lassen kann).

In dieser wichtigen Thatsache, dass der Wille, als eine Wechselwirkung von motorischen Vorstellungen, vorhandene Bewegungen isolirt, combinirt, wiederholt, verstärkt, abschwächt, beschleunigt, verlangsamt, liegt der Schlüssel zum Verständniss der Schwierigkeit des Lernens.

Einestheils begünstigt das reiche Material von angeborenen, impulsiven, reflectorischen und instinctiven Bewegungen, welche sich im ersten Vierteljahr miteinander vermischen und schon durch die wachsende Sinnesthätigkeit beeinflusst werden, die Willensbildung, da es die erforderlichen Bewegungsvorstellungen liefert, andererseits erschwert aber ebendasselbe die Bethätigung der dirigirenden Kraft des Willens. Denn je mehr Bewegungen durch häufige Wiederholung gewisse Nervenbahnen leicht passirbar gemacht haben, um so grösseren Widerstand wird die Verknüpfung derselben mit anderen und die Benutzung isolirter Strecken finden, wofür den besten Beweis die später nie wiederkehrende Genauigkeit der kindlichen Nachahmungen des Accents, der Aussprache, der Klangfarbe vorgesprochener Wörter aus fremden Sprachen und diversen Dialekten der Muttersprache liefert. Die ersten vollständig geglückten Nachahmungen sind die ersten deutlichen, vorgestellten, d. h. gewollten Bewegungen.

Um diese Auffassung der Willens-Entwicklung beim Kinde zu präcisiren, ist ihre Stellung zu vier Problemen noch anzugeben. Das Begehren, die Muskelgefühle, die willkürliche Hemmung, die

Aufmerksamkeit sind für jede vollkommene Willensthätigkeit unerlässlich.

Das Begehren im gewöhnlichen Sinne setzt Vorstellungen voraus. Wenn man also vom Neugeborenen sagt, es begehre etwas (oder gar es suche und wolle etwas), so ist diese Ausdrucksweise falsch. Die Angehörigen schliessen nur aus den Bewegungen, der Haltung, Stellung, Lage des Kindes auf einen Zustand (z. B. der Unbehaglichkeit), und aus ihrem eigenen subjectiven Zustande auf das Vorhandensein eines ähnlichen Zustandes beim Kinde. In Wahrheit ist aber das Verhalten des Neugeborenen, wie das des Ungeborenen, verständlich ohne die Annahme irgend welcher geistiger Processe, wenn man bedenkt, dass bei grösserer Erregbarkeit der Centralorgane im Rückenmark und verlängerten Mark nicht allein Reflexe leichter und häufiger zu Stande kommen, sondern auch Instinctbewegungen, wie Saugen, und impulsive Bewegungen sich häufen, namentlich Schreien. Nun ist aber bei Unlustzuständen in der That jene Erregbarkeit gesteigert, nach Beseitigung der Unlustursachen vermindert, und dann auch die Beweglichkeit vermindert. So verhält sich das Kind, als wenn es begehrte, und begehrt doch nicht. Aber die Wiederholung des Wechsels grosser Motilität bei Unlust, geringer bei Lust in den ersten Tagen, hinterlässt Spuren in den Centralorganen, welche die Association der Bewegungserinnerung mit dem die Unlust beseitigenden sinnlichen Eindruck herbeiführen. Dann wird (beim Hungern) das Unlustbeseitigende (die Milch) vorgestellt und hierauf die „begehrende" Bewegung gemacht.

Die Muskelgefühle beginnen wahrscheinlich schon vor der Geburt bei den Kindesbewegungen sich auszubilden. Sie müssen bei allen späteren Muskelactionen, auch bei den meisten impulsiven, vorhanden und für die Ausführung aller derjenigen mitbestimmend sein, welche nur unter Mitwirkung eines psychischen Factors zu Stande kommen, also für alle Instinctbewegungen und alle vorgestellten Bewegungen, folglich auch die willkürlichen. Denn wären sie es nicht, dann bliebe unverständlich, wie bei den erfolgreichen, oft höchst verwickelten harmonischen Zusammenziehungen der verschiedensten Muskeln gerade der erforderliche Grad der Contraction und nicht mehr als dieser erreicht wird. Aber daraus folgt nicht, dass sie den Willen selbst bestimmen, zumal sie wegen ihrer meist geringen Stärke und qualitativen Ähnlichkeit (Wundt) nicht regelmässig in das Bewusstsein treten. Sie gehören vielmehr in die Maschinerie der Nervmuskelerregung, und in den Impuls zu derselben, auf den allein der Wille wirken kann. Sie bleiben unter der Schwelle des Willens, wenn sie nicht Vorstellungen erzeugen.

Die willkürliche Hemmung einer Bewegung setzt die gewollten Bewegungen voraus, tritt also beim Kinde erst nach weit
entwickeltem Vorstellungsleben hervor. Sie beruht auf einer Erregung im Zustande des Nichtwollens und wird beim Kinde durch
Vorstellungen über den Erfolg einer Bewegung herbeigeführt. Wenn
der Wille ganz ruht, so wird dadurch die Entstehung keiner Bewegung gehemmt, in jedem Augenblick kann eine Muskelcontraction
eintreten. Wenn aber in diesem Ruhezustande sich Vorstellungen
bilden, welche die durch Sinneseindrücke oder Erinnerungsbilder
solcher geweckten motorischen Vorstellungen an der Wirkung auf
die motorischen Centren höchster Ordnung verhindern, dann heisst
dieser Zustand willkürliche Hemmung. Es kommt zu keiner
Willensbethätigung, das Kind will nicht, weil in ihm ein die motorischen Vorstellungen neutralisirender Hemmungsprocess stattfindet.
Wenn es hingegen schläft, so will es nicht, weil keine motorischen
Vorstellungen (und keine hemmenden) da sind. Ich verstehe hier,
wie immer, unter Vorstellungen (Ideen) psychische Thatsachen,
welche an organische Processe in dem Protoplasma des Grosshirns gebunden sind. Diese werden zum Theil insofern Bewegungs-
ursachen, als die durch jene Processe gesetzten Nervenerregungen
durch Verbindungsfasern an die motorischen Centren, auch die
niederer Ordnung gelangen. Hierdurch wird die willkürliche Hemmung vieler Reflexe ermöglicht. Die einfachste vorgestellte Bewegung, nämlich die erste Nachahmung, bedarf jener Mitwirkung
des Grosshirns nicht weniger wie der Aufmerksamkeit.

Die Aufmerksamkeit des Kindes und des Erwachsenen ist
entweder eine erzwungene, durch starke Sinneseindrücke geweckte,
oder eine willkürliche. Im ersteren Falle, welcher in den ersten
Wochen des Lebens beim Menschen allein vorkommt, wird durch
eine Reflexbewegung nach einem unerwarteten Sinnes-Reiz ein
Gefühl erzeugt, welches sogleich oder nach mehrmaliger Wiederholung als ein Lust- oder Unlust-Gefühl unterschieden wird. Das
starke Gefühl hinterlässt eine Erinnerung und führt nach Vervollkommnung der Wahrnehmungs-, dann der vorstellenden Thätigkeit zu Vorstellungen (A) des Anlasses jener Bewegung, oder des
Reflexreizes. Ist inzwischen die Coordination und Separation der
Muskelbewegungen genügend entwickelt, so dass auch Bewegungen
durch Bewegungsvorstellungen (B) zu Stande gebracht werden
können, dann combiniren sich diese (B) mit jenen (A) auf den frag-
lichen Eindruck, und die Aufmerksamkeit wird willkürlich auf denselben gerichtet. Jedoch darf man aus den früh einzeln auftretenden
Symptomen der späteren willkürlichen Aufmerksamkeit, wie Mundspitzen, Blickrichtung, Aufhören des Schreiens und der Unruhe,
nicht auf eine schon vorhandene Concentration der Aufmerksamkeit

schliessen, da es sich hierbei um eine Verdrängung der einen Bewegung durch eine andere ohne Willen handeln kann. Erst in der siebenten Woche gewann ich die Überzeugung, dass mein Kind wirklich aufmerkte, da sein Auge manchmal eine eigenthümliche Spannung zeigte beim Hören und Sehen nach Einwirkung starker Reize; aber dass es selbständig sich einem Gegenstande zuwendete und aufmerksam dabei verweilte, bemerkte ich erst in der 16. und 17. Woche, als es sein Spiegelbild ansah. Zu dieser Zeit ist dem Kinde eine längere Anspannung seiner Aufmerksamkeit unmöglich. Dieselbe dauert nur Augenblicke.

Jeder Willensact erfordert Aufmerksamkeit und jede Concentration der Aufmerksamkeit ist ein Willensact. Darum ist Aufmerksam-sein ohne eine begleitende Muskelcontraction unerkennbar. Aber diejenigen Muskelbewegungen, welche ohne irgend eine Betheiligung der willkürlichen Aufmerksamkeit stattfinden, sind unaufmerksame entweder, weil der Wille ganz fehlt, wie in den ersten Wochen, oder, weil er nicht mehr erfordert wird, die oft wiederholte Willkürbewegung im Gang zu erhalten, oder endlich, weil der Wille unthätig ist, wie im Schlaf und beim Erschrecktsein.

Schliesslich ist, namentlich bei der Erziehung, welche die motorischen Vorstellungen des Kindes zu controliren und, falls sie ungeeignet sind, durch bessere zu ersetzen hat, die Schwäche des Willens zu berücksichtigen. Die auffallende Leichtgläubigkeit, Gelehrigkeit, Willfährigkeit, Folgsamkeit und sonst sich in vielen kleinen Zügen documentirende geringe Selbständigkeit des Willens kleiner Kinder erinnert an das Verhalten hypnotisirter Erwachsener. Sage ich von dem $2^{1}/_{2}$-jährigen Kinde, nachdem es bereits etwas gegessen hat, aber eben im Begriff steht, von seinem Zwieback ein neues Stück abzubeissen, kategorisch, völlig unmotivirt mit einer Sicherheit, welche keinen Widerspruch duldet, sehr laut, doch ohne es zu erschrecken, „Jetzt ist das Kind satt!" so geschieht es wohl, dass es sofort den Zwieback, ohne den Biss zu vollenden, vom Munde entfernt und hinlegt. Es ist leicht, auch drei- und vierjährigen Kindern die Meinung beizubringen, ein Schmerzgefühl (nach einem Stoss) sei vorüber, sie seien nicht müde, nicht durstig, falls nur die Zumuthungen nicht gar zu stark sind und nicht zu oft kommen, auch die Assertion eine sehr entschiedene ist.

Solche Suggestionen sind von der grössten pädagogischen Wichtigkeit. Ich stimme durch sanftes Einreden und Überreden den störrigen Knaben um, welcher durch Härte nur verstockter wird.

In dieser Schwäche des kindlichen Willens liegt auch der Grund dafür, dass die kleinen Kinder selbst nicht hypnotisirt werden können. Ihre Willenskraft reicht nicht aus, die Aufmerk-

samkeit anhaltend in einer einzigen Richtung concentrirt zu halten,
was Bedingung für die Hypnose ist.

Die mit Anspannung der Aufmerksamkeit verbundene Ermüdung macht ferner das rasche Abwechseln der Spiele des Kindes
verständlich. Durch zu häufiges Nachgeben in dieser Beziehung,
welches nur in der ersten Zeit des Spielens unbedenklich erscheint,
wird jedoch die spätere Ausbildung der willkürlichen Hemmungen,
auf die für die Charakterbildung am meisten ankommt, wesentlich
erschwert und der Eigensinn genährt. Die Übungen im Gehorsam-
sein können nicht früh genug beginnen, und ich habe keinen Nach-
theil der frühzeitigen consequenten Lenkung des aufkeimenden
Willens entdeckt, wenn nur diese Lenkung mit der grössten Milde
und Gerechtigkeit geschieht, als wenn schon der Säugling eine
Einsicht in den Nutzen des Gehorchens hätte. Durch Voraussetzung der Einsicht beim Kinde wird dessen Einsicht früher geweckt, als durch Dressur, und durch Angabe eines wahren und
vernünftigen Grundes für jedes Gebot, sowie das Verständniss beginnt, durch Vermeiden aller grundlosen Verbote, wird das Gehorchen wesentlich erleichtert.

So kann durch Cultiviren der Vorstellungen höherer Ordnung
schon im zweiten Jahre der Wille dirigirt und dadurch der Charakter
geformt werden: aber nur durch unerbittliche Consequenz, welche
keine Ausnahme eines Verbotes zulässt, ist es möglich, ihm die
einmal ertheilte Form zu erhalten.

DRITTER THEIL.

VON DER ENTWICKLUNG DES VERSTANDES UND DER SPRACHE.

———

VON DER ENTWICKLUNG DES VERSTANDES.

Die Entwicklung des Verstandes hängt in so hohem Grade ab von der Beeinflussung angeborener Anlagen durch die natürliche Umgebung und die Erziehung, noch ehe der systematische Unterricht beginnt, und die Arten der Erziehung sind so mannigfaltig, dass es zur Zeit unmöglich ist, eine normale intellectuelle Entwicklung vollständig darzustellen. Diese Darstellung müsste zunächst zwei Stufen umfassen:

1) Die Verbindung der sinnlichen Eindrücke zu Wahrnehmungen, welche wesentlich darin besteht, dass die unmittelbar eindringende Empfindung vom beginnenden Intellect in Raum und Zeit eingeordnet wird;

2) die Verbindung der Wahrnehmungen zu Vorstellungen, und zwar Anschauungen und Begriffen. Die Anschauung ist eine Wahrnehmung mit ihrer Ursache; der Begriff entsteht durch Vereinigung von vorher gesonderten Wahrnehmungen, die dann einzelne Merkmale heissen.

Die Erforschung jedes dieser Stadien beim Kinde ist für sich eine grosse Arbeit, welche ein Einzelner zwar in Angriff nehmen, aber nicht leicht nach allen Seiten gleichmässig durchführen kann.

Ich habe zwar Thatsachen gesammelt, fand aber wenig zuverlässiges Material, beschränke mich daher im Wesentlichen auf eigene Beobachtungen. Diese sind nicht nur bis in die kleinsten Einzelheiten vollkommen zuverlässig, sondern auch die ausführlichsten jemals über die geistige Entwicklung veröffentlichten. Mädchen lernen oft früher als Knaben sprechen, zeigen dagegen später eine etwas geringere Entwicklungsfähigkeit der logischen Functionen, bringen daher weniger Abstractionen höherer Ordnung zu Stande, während bei Knaben die emotionellen Functionen, so nachhaltige Rückwirkungen sie auch ausüben, nicht so fein abgestuft sind, wie bei Mädchen.

15*

Ohne Rücksicht auf solche Unterschiede handelt es sich im folgenden ausschliesslich um die Entwicklung der rein intellectuellen Gehirnthätigkeit bei beiden Geschlechtern in den ersten drei Jahren. Ich bekenne aber, die Erforschung des Einwirkens der Gemüthsbewegungen auf die Entwicklung des Verstandes so schwierig gefunden zu haben, dass ich hier nicht näher darauf eingegangen bin.

Die Beobachtungen betreffen zunächst die Unabhängigkeit des kindlichen Verstandes von der Sprache, dann das Sprechenlernen, endlich die Entwicklung des Ichgefühls.

I. Die Ausbildung des Verstandes unabhängig von der Sprache.

Ein verbreitetes Vorurtheil behauptet: „Ohne Sprache kein Verstand!" Subtile Unterscheidungen zwischen Verstand und Vernunft schränkten den Satz auf letztere ein. Aber auch der Satz „Ohne Wortsprache keine Vernunft" ist unbewiesen.

Giebt es ein Denken ohne Worte? lautet die Frage.

Eine Entscheidung ist für den Denker, welcher die Zeit, da er sprechen lernte, längst vergass, schwer oder garnicht herbeizuführen. Denn der Denkende kann selbst dann, wenn er sich einmal dabei ertappt, wie er ohne Continuität des in unausgesprochenen Worten Gedachten zu einem logischen Resultate gelangt, nicht zugeben, dass er ohne Worte gedacht habe. Es fand eine Lücke in der Reihe statt. Aber es war doch eine Gedankenreihe da. Lücken allein geben keinen Gedanken, entstehen erst, nachdem Worte beim Denken verbunden worden, können also nicht zum Beweise für ein Denken ohne Worte dienen, mag auch die Ekstase des Künstlers, die Vertiefung des Metaphysikers, den letzten Grad des Unbewusstseins erreichen und ein Gedankenstrich den Denktext unterbrechen.

Aber das der Wortsprache unkundige Kind, welches nicht durch Unterdrückung der eigenen Versuche, seine Zustände zu äussern, frühzeitig verkünstelt wurde, welches denken lernt, so wie es sehen und hören lernt, dieses zeigt dem aufmerksamen Beobachter deutlich, dass es lange vor der Kenntniss des Wortes als Verständigungsmittels der erwachsenen Menschen und lange vor dem ersten erfolgreichen Versuche, in articulirten Wörtern sich auszudrücken, sogar vor der Erlernung eines einzigen Wortes, Vorstellungen logisch verknüpft und Begriffe bildet, also denkt. Denken ist zwar inneres Sprechen, aber es giebt auch ein Sprechen ohne Wörter.

Thatsächliche Beweise dafür sind bereits erwähnt worden (S. 58a. 212. 213), andere folgen weiter unten.

Es ist aber nicht überflüssig, mehrere Beobachtungen, welche
sich auf die Entwicklung des Kinder-Verstandes ohne Rücksicht
auf Sprechen-lernen beziehen, für sich als Einleitung zur Unter-
suchung des letzteren zusammenzustellen. Gedächtniss, Begriffbildung als eine auf physiologischen Miterregungen beruhende Verknüpfung der frühesten Erinnerungs-
bilder, zweckmässige Bewegungen zur Verminderung eigener Anstrengung kommen sämmtlich dem Kinde unabhängig von der
Wortsprache zu. Die gleichsam embryonische Kinderlogik bedarf
der Worte nicht. In diesem Punkte ist jedes normale Kind ein
Autodidakt. Eine bündige Erläuterung jener drei Factoren wird
es zeigen.

Das Gedächtniss ohne Worte.

Das Gedächtniss nimmt der Zeit nach die erste Stelle ein.
Ohne Gedächtniss ist kein Verstand möglich. Das einzige
Material, welches dem Verstande zur Verfügung steht, erhält er
von den Sinnen. Es ist nur aus Empfindungen ihm zugeflossen.
Nun kann aber eine Empfindung für sich allein, als ein unzerleg-
bares fundamentales, ursprünglich auf den Empfindenden Ein-
dringendes, nicht Gegenstand irgend welcher Verstandesoperation
sein. Es müssen, um diese zu ermöglichen, mehrere Empfindungen,
zwei ungleichartige ungleich starke, oder zwei ungleichartige derselben Stärke, oder zwei ungleich starke derselben Art, oder endlich zwei gleich starke derselben Art, in jedem Falle zwei Empfindungen vorliegen, ehe die niedrigste Verstandesthätigkeit, das
Vergleichen, beginnen kann. Weil aber die Empfindungen,
welche verglichen werden, nicht alle zugleich sein können, so ist
die Erinnerung an die früheren zum Vergleiche nothwendig, also
das persönliche Gedächtniss.

So nenne ich das durch individuelle Eindrücke (Erlebnisse)
sich bildende Gedächtniss im Gegensatz zu dem phyletischen
Gedächtniss oder Instinct, dem Gedächtnisse des Stammes,
welches aus der Vererbung der Spuren individueller Erlebnisse der
Vorfahren resultirt und von dem bereits die Rede war.

Alle Empfindungen lassen Spuren im Gehirn zurück, schwache
leicht durch andere zu verwischende, starke länger haftende.

Am Anfange sind es die vereinigten Gebiete des Geschmacks
(süss) und des Geruchs (Milchgeruch), auf welche das Gedächtniss
wirksam wird (S. 81). Dann kommt der Berührungssinn (beim
Saugen). Nächstdem macht hauptsächlich der Gesichtsinn als
früher Gedächtnissförderer sich geltend, das Gehör erst später.

Wird der Säugling, im zweiten Vierteljahr, in ein zuvor nicht gesehenes Zimmer gebracht, so verändert sich sein Gesichtsausdruck, er staunt. Die neuen Lichtempfindungen, die andere Vertheilung von Hell und Dunkel, erregen seine Aufmerksamkeit, und wenn er in seine frühere Umgebung zurückkommt, staunt er nicht. Diese hat den Reiz der Neuheit verloren: es ist von ihr eine Erinnerung dem Kinde geblieben; sie hat sich ihm eingeprägt.

Lange vor der 30. Woche unterscheiden gesunde Kinder menschliche Gesichter voneinander, das der Mutter und der Wärterin zuerst, dann das des nicht so oft gesehenen Vaters, und alle drei von jedem fremden. Wahrscheinlich sind die Gesichter das erste, was oft ganz deutlich durch das Auge wahrgenommen wird. Die menschlichen Gestalten und Gesichter, als grosse bewegliche Dinge, ziehen vor anderen Dingen das Interesse auf sich und sind durch die Art ihrer Bewegungen und als Ausgangsorte der Stimmen von anderen Objecten des Gesichtsfeldes wesentlich verschieden, daher leicht wiederzuerkennen.

Hierdurch begründet sich das Gedächtniss für Physiognomien früher, als das für andere Gesichtseindrücke, und damit das Vermögen, die Angehörigen zu erkennen. Es ist jedoch für lebhafte und erregbare Säuglinge besser, sie in diesem „Erkennen" nicht früh zu begünstigen, sie vielmehr sich mit Sachen, die sie selbst in Bewegung setzen können, als mit Wärterinnen, von denen sie erregt werden, sich beschäftigen zu lassen. Säuglinge werden allzuoft in unverantwortlicher Weise als Spielzeug benutzt. Sie entwickeln sich dann leicht zu schnell und einseitig. Die individuellen Verschiedenheiten der Frühreife sind auf diesem Gebiete ausserordentlich gross wegen der ungleichen Behandlung. Ein Mädchen, das noch gar nicht spricht, sieht im siebenten Monat Bilder mit ziemlichem Interesse an und zeigt dabei mit ihrem kleinen Zeigefinger auf die Köpfe der menschlichen Figuren [v. Strümpell].

Mein Kind konnte dagegen zwar im zweiten Monat das Gesicht und die Stimme seiner Mutter localisiren, aber im zweiten Jahre erst zeigen. Das sogenannte Erkennen ist ein Wiedererkennen, welches eine sehr feste Verknüpfung der Erinnerungsbilder voraussetzt. Diese fundamentale, an das Gedächtniss gebundene Function kann sich nur langsam entfalten, weil sie eine Häufung und Präcisirung von Erinnerungsbildern verlangt.

Im zweiten Vierteljahr ist sie wenigstens soweit ausgebildet, dass fremde Gesichter sogleich als fremd erkannt und von denen der Eltern und der Amme unterschieden werden. Jene erregen nämlich Staunen oder Furcht (Schreiweinen), diese oft Freude. Aber die letzteren werden von so jungen Kindern, wenn sie abwesend sind, meist nicht vermisst.

Ein Mädchen erkannte im zwölften Monat seine Amme nach sechstägiger Abwesenheit sofort wieder unter Schluchzen vor Freude, wie die Mutter berichtet [v. Strümpell], ein anderes im zehnten Monat seinen Vater nach viertägiger Trennung [Lindner]. Solche Fälle sind nicht sehr häufig.

Im siebenten Monat erkannte mein Kind seine Amme, an welche es sich Monate lang gewöhnt hatte, nach einer Abwesenheit von vier Wochen nicht. Ein anderes Kind bemerkte aber mit vier Monaten die nur einen Tag dauernde Abwesenheit seiner Wärterin am Abend, und schrie nach dieser Entdeckung heftig, sich überall im Zimmer umsehend und jedesmal wieder schreiend, nachdem es vergeblich gesucht hatte [Wyma]. Mit zehn Monaten pflegte dasselbe Kind die Abwesenheit der Eltern übel zu vermerken, indem es sich nach dem Wiedersehen gleichgültig gegen sie verhielt. Einen von neun Kegeln konnte man nicht fortnehmen, ohne dass es (zu derselben Zeit) bemerkt wurde, und mit $1^1/_2$ Jahren wusste dieses Kind sogleich, ob eines von seinen zehn hölzernen Thieren fehlte oder nicht. Im 19. und 21. Monat erkannte mein Knabe nach mehrtägiger und einmal nach zweiwöchentlicher Trennung seinen Vater sofort schon von Weitem, und im 23. Monat war die Freude über das Wiedersehen der Spielsachen nach einer Abwesenheit von $11^1/_2$ Wochen (mit den Eltern) eine sehr lebhafte, so gross auch zu dieser Zeit die Vergesslichkeit des Kindes sonst war. Man konnte ihm öfters ein Lieblingsspielzeug fortnehmen, ohne dass es bemerkt oder einmal danach verlangt worden wäre. Als aber das Kind (im 18. Monat), nachdem es daran gewöhnt worden, seiner Mutter zwei Handtücher zu bringen, die es dann an ihre frühere Stelle zurücktrug, einmal nur eines wiedererhielt, kam es mit fragendem Blick und Ton der Stimme, um das zweite zu holen.

Diese Beobachtungen beweisen, dass mit $1^1/_2$ Jahren das Gedächtniss für zusammengehörige Gesichts- und Bewegungs-Vorstellungen, ohne die Kenntniss der entsprechenden Wörter, sehr gut entwickelt ist. Doch bedürfen derartige künstliche Associationen fortdauernder Auffrischung, sonst werden sie bald vergessen, und die Erinnerung an dieselben geht sogar im Kindesalter rasch verloren.

Man pflegt meistens anzunehmen, das Gedächtniss Erwachsener reiche nicht weiter zurück, als bis in das vierte Lebensjahr. Sichere Beobachtungen darüber sind nicht bekannt und der Irrthum allgemein verbreitet, als wenn es ohne Sprache keine Erinnerung geben könnte. Jeder treue Hund beweist das Gegentheil, und wenn erwachsene Menschen alle Erlebnisse aus ihrem dritten Lebensjahre vergessen haben, so folgt daraus nicht, dass die spätere Erinnerung an sehr frühe Jugend-Eindrücke nothwendig an das Sprechen-können geknüpft sei. Es wären hierüber Taubstumme zu befragen. Übrigens erinnern sich einzelne Menschen nach dreissig

Jahren noch einiger Erlebnisse aus ihrem dritten Lebensjahre, z. B. solcher, welche zugleich mit einem Wohnungswechsel der Eltern zu Ende des zweiten Lebensjahres sich einprägten (F. R. Welsh 1891). Für die Ausbildung des Erinnerungsvermögens kommt es in erster Linie darauf an, ob die späteren Erfahrungen des Kindes ein Merkmal mit früheren Erfahrungen gemeinsam haben. Für viele existirt eine solche Übereinstimmung nicht; namentlich erinnert später nichts mehr an das einstige Unvermögen, den Kopf zu balanciren, sich umzudrehen, zu sitzen, zu stehen, zu gehen, nichts mehr an die angeborene Schwerhörigkeit, an die Unfähigkeit zu accommodiren und den eigenen Körper von fremden Objecten zu unterscheiden; daher kein Mensch, auch kein Kind, sich dieser Zustände erinnert. Aber für das, was später erworben wird, gilt dasselbe nicht.

Mein noch nicht dreijähriges Kind erinnerte sich, über sich selbst sich fast lustig machend, sehr wohl der Zeit, da es noch nicht sprechen konnte, noch ungenau articulirte und die ersten oft wiederholten Ammen-Kunststückchen „Wie gross ist das Kind?" und „Wo ist der Trotzkopf?" unvollkommen ausführte. Fragte ich es, nachdem es richtig „Frühstücken" gesagt hatte, wie es früher sagte, dann besann es sich, und bedurfte nur einer Andeutung von Nebenumständen, um die richtige Antwort *fri-tick* zu geben, und so mit vielen schwierigen Ausdrücken.

Das dreijährige und auch das vierjährige Kind erinnert sich einzelner Erfahrungen vom zweiten Jahre, und wer sich die Mühe geben wollte, es sehr oft daran zu erinnern, der würde mit Leichtigkeit die Erinnerung an das zweite und dritte Jahr weit in die vorgerückteren Kinderjahre hineintragen können. Nur weil niemand ein so unnützes Experiment ausführt, verlieren die älteren Kinder die Erinnerungsbilder ihres zweiten Jahres. Sie verblassen, weil sie mit neuen nicht verknüpft werden. Das Sprechen ist dazu nicht erforderlich. Es begünstigt nur die Aufspeicherung der Erinnerungsbilder, welche Gedächtniss heisst, weil fortwährend beim Sprechen-lernen neue Eindrücke mit alten Erinnerungen verknüpft werden, so dass neue Vorstellungen entstehen.

Ein kleines Mädchen sagte im 32. Monat seines Lebens häufig ohne besonderen Anlass „Wie ich klein gewesen habe" und berichtete dann getreulich über geringfügige Begebenheiten aus der Zeit, ehe es laufen konnte. Personen, die es sechs bis sieben Monate vorher täglich gesehen hatte, nannte es oft und erinnerte sich ihrer sehr wohl. Die jüngere Schwester sagte, als sie die Abbildung eines Weihnachtsbaumes sah, zu Ende des 21. Monats, auf die Stelle deutend, wo mehr als ein Vierteljahr vorher ein Christbaum im Zimmer gestanden hatte: „Herbringen! Tischstellen! Anzünden!" [Wertheimer].

Wann aber die erste nicht künstliche Verknüpfung einer eigenen
Vorstellung mit einer neuen, welche Wochen oder Monate später
eintritt, ohne dass inzwischen etwas sie wachrief, stattfindet, ist
schwer zu bestimmen. Hier müssen Beobachtungen aus dem
zweiten und dritten Halbjahr entscheiden, wie etwa diese:

In Gegenwart eines anderthalbjährigen Knaben wurde erzählt,
dass ein anderer, den er kannte, und der weit entfernt auf dem
Lande sich befand, gefallen war und sich das Knie verletzt habe.
Man merkte nicht auf das spielende Kind. Nach einigen Wochen
kommt jener in die Stube. Der Kleine läuft sofort auf ihn zu und
ruft: „Fallen, Bein weh!" [Stiebel 1865.]

Ein anderes Beispiel erzählt G. Lindner (1882): „Die Mutter hat
der Zweijährigen einen ‚Schlitten' aus einer Postkarte gemacht, der
nach wenigen Stunden demolirt in den Papierkorb wandert. Vier
Wochen später kommt wieder eine Postkarte an, die das Kind vom
Briefträger in Empfang nimmt und mit den Worten überreicht:
Mamma Litten! Das war im Sommer, wo das Kind durch nichts an
den Schlitten erinnert worden war." Bald darauf spricht es beim
Eintreffen eines Briefes den nämlichen Wunsch aus.

Im dritten Jahre habe ich ähnliche Fälle von Aufmerksamkeit,
von Gedächtniss und Intelligenz erlebt, wo man sie nicht ver-
muthete. Das Kind hört unbeachtet allerlei Reden, greift diese
und jene Wendung heraus und bringt die Erinnerungsbilder nach
Wochen passend oder unpassend in Verbindung miteinander, aus
einer ungenügenden Anzahl von Einzelfällen sogleich eine allgemein
gültig sein sollende Folgerung inducirend. So erscheint es bald
witzig, ohne es zu sein, bald als *enfant terrible*.

Dass schon vor den ersten Sprechversuchen eine
solche generalisirende, also begriffbildende Verknüpfung
von Erinnerungsbildern regelmässig stattfindet, welche
mit dem Vermögen, Ähnlichkeiten ungleicher Gegenstände zu entdecken, steht und fällt, ist gewiss, aber als eine specifisch menschliche Function darf sie nicht angesehen werden. Das weiss jeder
erfahrene Hundezüchter.

Die Begriffbildung ohne Worte.

Allen Kindern angeboren ist das Vermögen, mit der Nahrung zusammenhängende Sinneseindrücke, wenn sie für sich auftreten, miteinander oder mit Erinnerungsbildern derartiger Eindrücke zu verbinden, so dass zweckmässige, zur Erreichung neuer
Nahrung geeignete Bewegungs-Vorstellungen und Bewegungen entstehen, als Resultat jener Association. In den früheren Monaten
sind sie einfach und leicht zu erkennen (S. 164. 170. 212e. 216).

Später werden solche Bewegungen durch Vervollkommnung der Geberdensprache und das Wachsthum eben dieses Associationsvermögens immer verwickelter.

Im 16. Monat sah mein Knabe ein verschlossenes Kästchen, aus welchem er Tags zuvor einen Kuchen erhalten hatte. Sofort machte er mit den Händen die Bittbewegung, konnte aber kein Wort sprechen. Im 21. Monat nahm ich aus der Tasche eines Rockes, welcher neben vielen anderen im Wandschrank hing, einen Zwieback und gab ihn dem Kinde. Als es ihn verspeist hatte, ging es allein geradeswegs in den Schrank und suchte an dem richtigen Rock nach einem zweiten Zwieback. In dieser Zeit kann das Kind nicht in den unausgesprochenen Wörtern „Zwieback holen, Schrank, Rock, Tasche, suchen" gedacht haben, da es sie nicht kannte.

Schon im sechsten Monat wurde einmal ein Act von bemerkenswerther Zweckmässigkeit wahrgenommen. Wenn nämlich der Säugling an der Brust ein geringes Zuströmen der Milch spürte, dann pflegte er seine Hand so an dieselbe fest anzulegen, als wenn er durch Drücken die Milch auspressen wollte. Es versteht sich von selbst, dass hierbei eine Einsicht in den ursächlichen Zusammenhang nicht vorhanden war, aber das Anlegen der kleinen Hand kann deshalb wiederholt worden sein, weil einmal zufällig die Erfahrung gemacht wurde, dass nach demselben das Saugen leichter von Statten ging. Die gleiche Beobachtung ist von anderer Seite bei jüngeren Kindern (und von Perez bei Kätzchen) gemacht worden. Hier kann schon eine primitive Erfahrung gemacht worden sein.

Ein unzweideutiger complicirter Act der Überlegung fand im 17. Monat statt: Mein Kind vermochte sein Spielzeug im Schranke nicht zu erreichen, weil es ihm zu hoch war; da lief es umher, holte sich eine Reisetasche, stellte sich darauf und erfasste nun das Gewünschte. Es konnte hierbei unmöglich in Worten denken, da es die Worte nicht kannte.

In zweifacher Weise sucht ferner mein Knabe (im 19. und 20. Monat), ohne sprechen zu können, seinen lebhaften Wunsch, das Zimmer zu verlassen, kundzuthun. Er nimmt sich ein beliebiges Tuch und bringt es mir. Ich hänge es ihm um, er wickelt sich hinein, und, sich verlangend an mein Knie klammernd, lässt er sehnsüchtige Klagelaute hören, welche erst aufhören, nachdem ich eine Thür geöffnet habe. Er gelangt durch diese in ein anderes Zimmer, wirft da das Tuch weg und läuft jubelnd umher.

Das andere Verfahren ist dieses: Wenn das Kind ein Entleerungsbedürfniss verspürt, so pflegt es mittelst der Bauchpresse, bei geschlossenem Munde, durch die Nase ruckweise laut ausathmend, eigenthümliche Grunzlaute hören zu lassen. Es wird dann fortgeholt. Behagt es ihm nun da, wo es sich gerade befindet, nicht, so fängt es an, gerade solche Laute hervorzubringen. Bringt man es dann fort, so zeigt sich durchaus kein derartiges Bedürfniss, aber

grosse Heiterkeit. Hier liegt die Erwartung vor: ich werde fortgenommen, wenn ich jenen Laut hören lasse.

Ob dabei ausserdem eine absichtliche Täuschung anzunehmen
ist, oder nur die logische Action statthat, kann ich nicht entscheiden. In dem ganzen früheren und späteren Verhalten des Kindes
liegt zu der ersteren Annahme kein Grund vor, und direct dagegen
spricht die Anwendung dieses Kunstgriffs während des Fahrens im
Wagen unmittelbar nach der Wartung.

Wie wenig einige Zeit vorher Wahrnehmungen zur Verein-
fachung eigener Anstrengung verwerthet, miteinander verknüpft
und motorisch wirksam wurden, das zeigt eine Beobachtung aus
dem 16. Monat. Als ich früher sagte „Gieb den Ring!“ legte ich
jedesmal einen elfenbeinernen Ring, der an einen Faden befestigt
war, vor das Kind auf den Tisch. Jetzt sagte ich dasselbe (nach
wochenlanger Pause) während derselbe Ring an einem rothen fuss-
langen Faden neben dem Stuhle herabhing, so dass das auf dem
letzteren sitzende Kind ihn direct nur mit vieler Mühe erreichen
konnte. Es griff nun, nach dem Schalleindruck „Ring“, nicht etwa
nach dem Faden, um den Ring heraufzuziehen, sondern direct nach
dem tief unter ihm hängenden Ring und gab ihn mir. Auch bei
Wiederholung des Befehls fiel ihm nicht ein, den Faden zu berühren. Hierin liegt ein Mangel an Verstand und an Erfahrung,
aber Consequenz.

Dass lange Zeit jedesmal beim Riechen einer wohlriechenden
Blume oder einer Essenz der Mund aufgemacht wurde (S. 89 m),
ist ebenfalls ein Zeichen von geringer Erfahrung und vom Standpunkte des Kindes aus ganz consequent. Weil früher stets der
angenehme Milch-Geruch mit dem angenehmen Geschmack zusammen vorkam, deshalb muss, meint das sprachlose Kind, in
jedem Falle, wenn ein angenehmer Geruch da ist, auch etwas
geschmeckt werden. Der gemeinsame Begriff Schmeckriechen
war (im 17. Monat) noch nicht in die Begriffe Schmecken und
Riechen differenzirt worden.

Im Gebiete des Gehörsinns kommt allgemein die Differenzirung früher, das Gedächtniss in der Regel später zum Vorschein.
Jedoch können Kinder, deren Tonsinn früh ausgebildet ist, schon
im ersten Lebensjahr Melodien behalten.

Ein Mädchen, welchem Fröbel'sche Lieder vorgesungen und
dazu gehörige Hand- und Fuss-Bewegungen beigebracht worden
waren, führte jedesmal, wenn eine der Melodien nur gesummt oder
ein Vers gesprochen wurde, sofort die betreffende Bewegung aus,
ohne irgend etwas zu verwechseln (im 13. Monat). Diese frühe und
feste Association von Klangbildern mit Bewegungsbildern ist nur
möglich, wenn die Aufmerksamkeit sich oft, anhaltend und concentrirt auf das zu Verknüpfende richtete. So konnte eben dieses
Kind (im 19. Monat), wenn ihm sein Lieblingslied „Wer will unter

die Soldaten" vorgesungen wurde, nicht nur den Endreim mit-
singen, sondern an jeder beliebigen Stelle, an der man inne hielt,
in zwar unvollkommener, aber verständlicher Weise fortfahren
[Friedemann].

Hier kommt aber, ausser dem Gedächtniss und der Aufmerksamkeit, die Erblichkeit in Betracht, da ein solches Talent in einzelnen Familien gänzlich fehlt, in anderen bei allen Geschwistern
sich findet. Es ist nach Rassen verschieden, denn ungarische, jü-
dische, czechische Kinder haben meistens einen besseren Tonsinn
als englische. Den Stimmumfang fand Ed. Engel (Karlsruhe 1892)
bei deutschen Kindern von drei Jahren sehr ungleich, zwischen
nur drei ganzen Tönen bis zu zwei Octaven, bei Mädchen häufig
anderthalb Octaven. Sie singen auch leichter nach, als Knaben.

Durch derartige Leistungen ist keineswegs ein grösserer Verstand dargethan, sondern ein stärkeres Gedächtniss und Associa-
tionsvermögen. Diese Associationen sind aber nicht logischer Natur,
sondern durch Dressur erworbene Gewohnheiten, und können sogar
die Entwicklung des Intellects verzögern, wenn sie zahlreich werden.
Denn sie können die Bildung früher selbständiger Vorstellungen
schon durch die Zeit, welche sie beanspruchen, benachtheiligen. Es
sind auch häufig diese künstlichen Associationen fast nutzlos für
die geistige Entwicklung, weil zu speciell. Die namentlich in Deutschland weit verbreiteten Übertreibungen der Fröbel'schen Methoden,
kleine Kinder zu beschäftigen, ihr Gedächtniss mit unnützem Ballast
zu überladen, sind schon aus diesem Grunde zu tadeln.

Die Logik ohne Worte.

Die Logik des Kindes operirt natürlicherweise mit viel
umfangreicheren, daher inhaltärmeren Begriffen, als die Erwachsener, mit Begriffen, die der Erwachsene gar nicht mehr bildet.
Darum verfährt aber das Kind nicht unlogisch, wenn auch unbeholfen. Einige Beispiele mögen erläutern.

Der Erwachsene untersucht gewöhnlich nicht, ob eine Thür,
die er soeben verriegelt hat, verschlossen ist, das einjährige Kind
prüft aber aufmerksam den Rand der Thür, die es zuschlug, ob sie
wirklich geschlossen ist, weil es die Wirkung des Schlosses und
Riegels nicht kennt. Denn noch im 18. Monat fährt es mit einem
beliebigen Schlüssel am Schreibtisch hin und her, in der Absicht,
ihn aufzuschliessen. Prüft es aber mit zwölf Monaten den Verschluss, so denkt es nicht einmal an den Schlüssel und besitzt noch
kein einziges Wort.

Ein Erwachsener wird, ehe er mit einer Giesskanne Blumen be-
giesst, zusehen, ob dieselbe Wasser enthält. Das anderthalbjährige

Kind findet Vergnügen daran, mit der leeren Giesskanne von Blume zu Blume zu gehen und jede einzeln zu begiessen, als wenn dadurch Wasser entstehen könnte. Ihm ist der Begriff „Giesskanne" identisch mit dem Begriff „gefüllte Giesskanne", weil es zuerst nur diese kennen lernte. Ähnlich verhält es sich mit dem Eintauchen des Bleistiftes in ein leeres Tintenfass.

Vieles von dem, was man in frühester Kindheit der Phantasie zuschreibt, beruht wesentlich auf der Bildung solcher verschwommener Begriffe, auf dem Unvermögen, constante Merkmale zu scharfbegrenzten Begriffen zu vereinigen.

Wenn im 23. Monat eine leere Tasse an den Mund gehalten, darauf geschlürft und geschluckt wird, und zwar mehrmals und mit sorglos heiterem Gesicht, so beruht dieses „Spielen" zunächst auf dem ungenügenden Begriff „gefüllte Tasse". Das Kind hat Trinkbares, Trinkgefäss und Trinken so oft zusammen wahrgenommen, dass das eine das andere, wenn es einzeln vorkommt, gebieterisch fordert, daher die Lust am Einschenken aus leeren Krügen in leere Tassen, am Trinken aus leeren Tassen (im zweiten bis fünften Jahre). Wenn Erwachsene beim Spiel auf der Bühne dasselbe thun, dann hat diese Handlung stets einen sprachlichen Werth, sie bedeutet etwas für Andere, beim Kinde aber, das ganz allein in solcher Weise „spielt", besteht das Vergnügen in der Erzeugung gewohnter Vorstellungen mit angenehmen Gefühlen, welche relativ klar, gleichsam aus der trüben Masse der unbestimmten Wahrnehmungen herauskrystallisirt sind.

Diese Erinnerungsbilder werden förmlich substanziirt, wie die Hallucinationen der Verrückten, weil die sinnlichen Eindrücke dem werdenden Gehirn sich unmittelbar, ohne Reflexion, einprägen, daher die Erinnerungsbilder derselben von den Wahrnehmungen selbst, ihrer Frische wegen, nicht immer sicher unterschieden werden können. Die meisten Spiele, welche sich die Kinder selbst erfinden, lassen sich hierauf zurückführen; das Versteckspielen (besonders im 17. und 18. Monat) und das mit diesem nahe verwandte Suchen nach Papierschnitzeln, Zwiebackstückchen, Knöpfen und anderen Lieblingsgegenständen (im 15. Monat) bildet dagegen schon einen intellectuellen Fortschritt. Denn das Wiedererkennen eines bestimmten Gegenstandes unter ganz veränderten äusseren Umständen erfordert eine starke Abstraction von unmittelbar Wahrgenommenem.

Durch Übung in derartigem Suchen nach bekannten absichtlich versteckten Gegenständen kann die Intelligenz der kleinen Kinder leicht zu einem erstaunlichen Grade gesteigert werden, so dass sie gegen Ende des zweiten Lebensjahres schon einige einfache Kunstgriffe der Taschenspieler verstehen, wie das Verschwinden-lassen einer Karte. Nachdem ich aber solche Übungen

monatelang ausgesetzt hatte, war die gewöhnliche Düpirbarkeit
wieder da.

Die Leichtigkeit, mit der Kinder getäuscht werden können, ist
viel mehr auf Mangel an Erfahrung, als auf Mangel an Verstand
zu beziehen.

Wenn das anderthalbjährige Kind einem Schafe einige Blätter
reicht, mit etwas ängstlichem Erstaunen das fremde Thier beobachtet,
und einige Tage nachher einem Buchfinken, den es über den Weg
hüpfen sieht, rasch gepflückte Grashalme anbietet, in der Meinung, er
werde sie ihm gleichfalls aus der Hand nehmen und verzehren (eine
Beobachtung, welche ich an meinem Knaben und Sigismund an dem
seinigen machte), so nennt man ein solches Verfahren mit Unrecht
dumm, es zeugt von Unwissenheit, also Unerfahrenheit, ist aber nicht
unlogisch. Dumm würde das Kind erst zu nennen sein, im Fall es
den Unterschied der gefütterten Thiere nicht erlernte. Wenn
andererseits mein $2^{1}/_{2}$jähriges Kind sich eine Taschenuhr zuerst an
das linke, dann an das rechte Ohr hält, beide Male lauscht und
dann sagt: *Die Uhr geht auch geht*, hierauf, mit dem Finger auf
eine Wanduhr weisend, hocherfreut ruft: *Die Uhr auch geht*, so
liegt in einer solchen selbständigen Induction ein Zeichen von Verstand. Denn das Pendeln und Ticken war zwar oft wahrgenommen
worden, aber den Begriff einer „gehenden Uhr" an das zwar sichtbare, aber geräuschlose Pendeln, ebenso wie an das zwar hörbare,
aber unsichtbare Ticken der Taschenuhr zu knüpfen, erfordert eine
ziemlich weitgehende Abstraction.

Dass das Vermögen zu abstrahiren, wenn auch unvollkommen, schon im ersten Lebensjahre sich äussern kann, ist gewiss.
Die Säuglinge finden ein Merkmal, etwa das weisse Aussehen der
Milch, auffallend. Das „Abziehen" oder „Abstrahiren" besteht
dann in der Isolirung dieses Merkmals unter unzähligen anderen
Gesichtseindrücken, und seine Verschmelzung mit dem weissen
Aussehen anderer Sachen führt zum Begriff. Die Monate später
beginnende Benennung des letzteren mit einem Wortrudiment ist
nur ein äusseres Zeichen dieser Abstraction. Das Wort führte
nicht zu der Begriffbildung, sondern folgte ihr.

Es wäre wichtig, gerade aus der frühesten Zeit Beobachtungen
über dieses logische Vermögen zu sammeln, weil dann die Sprache
noch nicht fördernd und störend eingreift. An solchen Beobachtungen fehlt es am meisten.

Wenn ein Kind im zwölften Monat beim Hören einer Taschenuhr zum ersten Male *Tiktak* ausruft, dabei auf die Wanduhr
blickend, so hat es dann nicht „den ersten, wenn auch noch so
leeren und unklaren Begriff gebildet", wie G. Lindner meint, sondern es hatte vorher schon den Begriff und benannte ihn nur zum
ersten Male.

Die erste Beobachtung Darwin's an seinem Kinde, welche ihm
„eine Art praktischer Überlegung" zu beweisen schien, fällt auf den
144. Tag: Das Kind ergriff seines Vaters Finger und führte ihn an
den Mund; seine eigene Hand verhinderte aber das Saugen am
Finger. Nun liess das Kind, anstatt die Hand ganz zu entfernen,
dieselbe den Finger entlang gleiten, so dass es die Fingerspitze in
den Mund führen konnte. Diese Procedur wurde absichtlich mehrmals wiederholt. Im Alter von fünf Monaten entstanden ferner
feste Vorstellungs-Associationen unabhängig von irgend welchem
Unterricht. Sowie z. B. das Kind mit Hut und Mantel bekleidet
worden, ward es sehr erzürnt, wenn man es nicht sofort hinaus-
trug. Romanes beobachtete einen acht Monate alten Knaben am
Clavier, welcher deutlich zeigte, dass er das Niederdrücken der
Tasten als erforderlich für die Klangerzeugung ansah.

Wie stark die logische Kraft ohne Worte sein kann, zeigen
auch folgende Beobachtungen:

Seit mein Kind, wie das Sigismund's (beide im 15. Monat), am
Kerzenlicht den Finger verbrannt hatte, war es nicht wieder zu bewegen, den Finger nahe an die Flamme zu bringen, führte ihn aber
zuweilen neckend nach derselben hin, ohne sie zu greifen, trug auch
(18 Monate alt) von selbst ein Stück Holz zur Ofenthür und schob
es hinein, dann stolz seine Eltern anblickend. In der That handelt es sich hier um mehr als eine Nachahmung.

Mein Kind liess sich ferner das Abtrocknen des Mundes und
Kinnes anfangs nicht ohne Schreien gefallen, vom 15. Monat an stets.
Es hatte entdeckt, dass die ihm widerwärtige Operation um so
schneller beendigt wird, je ruhiger es sich verhält.

Dasselbe kann man, falls nur nicht zuviel geredet, gezüchtigt,
nachgegeben und verwöhnt wird, bei jedem kleinen Kinde beobachten. Im 19. Monat kam es bei dem meinigen vor, dass es
sich Abends dem Befehle sich hinzulegen widersetzte. Ich liess es
ausnahmsweise dieses eine Mal schreien, um den Erfolg zu beobachten, und auf seinem Lager sich erheben, nahm es aber nicht
heraus, sprach nicht zu ihm und wendete keine Gewalt an, sondern
blieb bewegungslos und wachsam in der Nähe. Endlich wurde es
müde, legte sich hin und schlief sofort ein. Hiermit war die Einsicht in die Nutzlosigkeit des Schreiens, um Befehle zu umgehen,
erworben. Oft darf man ein solches Experiment aber nicht anstellen wegen der möglichen schädlichen Wirkungen der venösen
Hyperämie in Folge des gesteigerten Exspirationsausdruckes.

Die Erkenntniss des Rechten (Erlaubten und Befohlenen)
und Unrechten (Verbotenen) war schon längst erworben worden,
im 17. Monat namentlich der Sinn für Reinlichkeit stark entwickelt.
Im 33. Monat konnte das Kind nicht ohne lebhaften Protest sehen,
dass seine Wärterin gegen die ihm allein ertheilten Vorschriften
handelte, etwa das Messer zum Munde führte oder Brot in die
Milch tauchte.

Derartige Regungen beweisen weniger das Vorhandensein eines Pflichtgefühls, als vielmehr die Einsicht, dass Übertretungen wohlbekannter Verhaltungsvorschriften unangenehme Folgen haben oder gewisse Handlungen Lustgefühle, andere Unlustgefühle nach sich ziehen. Dass diese lange vor der Wortkenntniss anfing, steht fest.

In manchen von den berichteten Fällen ist von einem Einfluss gesprochener Worte nicht das geringste Anzeichen vorhanden. Mag noch kein Sprechversuch vorliegen oder schon ein kleiner Wortschatz sich angesammelt haben, die von mir beobachteten Fälle von kindlicher Intelligenz beweisen, dass ohne Kenntniss der Wortsprache und unabhängig von ihr die logische Thätigkeit des Kindes einen hohen Grad erreicht; und es liegt kein Grund vor, die intelligenten Handlungen der Kinder, welche noch keine ihrer Vorstellungen in Worte kleiden, sie aber bereits miteinander verknüpfen können, für specifisch verschieden von den intelligenten (nicht instinctiven) Handlungen kluger Schimpanses zu erklären. Der Unterschied besteht vielmehr darin, dass diese nicht so viele, nicht so klare und nicht so abstracte Begriffe, überhaupt nicht so viele und verwickelte Vorstellungsverknüpfungen bilden können, wie das begabte Menschenkind unter Menschen schon ehe es sprechen gelernt hat. Hat es sprechen gelernt, dann erweitert sich die Kluft so sehr, dass nun als ein widerliches Zerrbild des Menschen erscheint, was vorher ihm in mancher Beziehung gleichkam.

Um den wahren Unterschied zwischen Thier und Mensch zu verstehen, ist es nothwendig zu ermitteln, wie ohne Wörter Vorstellungen zweckmässig verknüpft werden, und wie dann das Sprechenlernen zu Stande kommt. Beides sollte von allen Eltern auch schon deshalb genauer als es zu geschehen pflegt, beachtet werden, weil dadurch krankhafte psychische Erscheinungen und Mängel am frühesten und sichersten erkannt werden, auch wo der Schlaf ungestört ist.

Die wortlose Sprache taubstummer Kinder.

„Der Taubstumme in seinen ersten Lebensjahren besieht, dreht, betastet ihn anziehende Gegenstände nach allen Seiten, nähert sich den entfernten; gleich dem Vollsinnigen bekommt er dadurch Empfindungen und Vorstellungen und von den Gegenständen selbst eine Anzahl Merkmale, die er unter sich oder mit den Merkmalen anderer Gegenstände vergleicht, aber stets auf den Gegenstand, welcher ihn gerade reizt, bezieht; darin hat er dann eine Anschauung dieses Gegenstandes selbst. Wie dieser Gegenstand durch sein Gesicht und Gefühl auf ihn eingewirkt hat, so stellt er ihn anderen Menschen durch charakteristische Zeichen

für das Gesicht und mittelbar auch für das Gefühl dar;
er formt, zeichnet in Leben und Bewegungen den gesehenen und
gefühlten Gegenstand nach. Hierzu bedient er sich der Mittel,
welche die Natur unmittelbar in die menschliche Gewalt gegeben
hat, der Herrschaft über die Bewegung der Gesichtsmuskeln, über
den Gebrauch der Hände und nöthigenfalls der Füsse. Diese
durch Niemandes Anweisung erhaltenen, selbstgebildeten
Zeichen, welche der Taubstumme unmittelbar bei seiner Darstellung gebraucht, sind gleichsam der gegebene Umriss des
Bildes, welches er vorgefunden hat, und stehen deshalb mit der
inneren Beschaffenheit eines jeden Darstellenden in dem innigsten
Bezuge.

Wir finden aber nicht nur in den Vorgängen des Empfindens
und Wahrnehmens die eigenen Sinne des Taubstummen, seine eigene
Beobachtung und Auffassung als bildende Factoren, sondern die von
ihm nach seinen individuellen Anlagen verbundenen Merkmale der
selbst beobachteten Gegenstände werden auch von ihm selbst durch
Vergleichung, Absonderung, Zusammenfassung, also durch eigene
That, zu Gesammtvorstellungen, zu Begriffen, wenn gleich noch
unvollkommen, erhoben und unter eigenen, ihm verständlichen
Zeichen benannt und wiedererkannt.

Aber eben in dieser mit der Bildung eines Zeichens verbundenen Erhebung einer Vorstellung zur Gesammtvorstellung, zu einem
Begriffe, zeigt sich der Einfluss des Mangels an Gehör und
Sprache auf die psychische Entwicklung des Taubstummen.
Es erscheint zunächst als ein Vortheil, dass das Zeichen, mit dem
der Taubstumme einen Begriff darstellt, dem Eindrucke, dem Bilde,
der Vorstellung entnommen ist, die der Bezeichnete selbst hat oder
gehabt hat; er äussert mit dem Zeichen nichts ihm Fremdes, sondern nur ihm zu eigen Gewordenes. Aber dieser Vortheil schwindet
im Vergleich mit der Störung, die eben dieser Umstand auf die Erhebung der Einzelvorstellung zu einer Gesammtvorstellung übt; denn
dass die letztere bezeichnet wird mit dem Bilde oder mit den
Elementen des Bildes, in welchem die erstere besteht, ist kein geringes Hinderniss für sie, der vollen Allgemeinheit theilhaftig zu
werden. Dasselbe Band, das den Begriff mit dem Begreifenden verknüpft, fesselt ihn auch an eine der begriffenen Einzelvorstellungen,
z. B. wenn er durch Hindeutung auf das eigene Fleisch die eigene
Haut, den Begriff Fleisch, Haut (auch das thierische Fleisch, die
thierische Haut) bezeichnet; wogegen durch das Wort, das das vollsinnige Kind zu lernen hat, wohl ein Zwang geübt wird wie von
Fremdem her, aber ein Zwang, der nichts Anderes als die Forderung der Allgemeinheit an sein Vorstellen richtet.

Nur ein Beispiel hierzu. Der Taubstumme bezeichnet den Begriff roth durch eine leise Berührung der Lippen. Hiermit bezeichnet er die Röthe des Himmels, der Gemälde, der Kleiderstoffe,
der Blumen usw., also in wie mannigfaltiger Verbindung sein
Begriff „roth" mit anderen Begriffen sich wiederholen mag, immer

ist ihm derselbe als Begriff nur einer und derselbe; er ist allen den Verbindungen, in welchen er wiederholt vorkommt, gemeinsam." So schrieb schon 1867 der Taubstummenlehrer C. Oehlwein in Weimar.

Für die Kenntniss der Verstandes-Entwicklung beim vollsinnigen Kinde und der weitgehenden Unabhängigkeit seiner Begriffbildung von der Wortsprache ist eine Zusammenstellung solcher Begriffe, welche ungebildete, weder des Fingeralphabets, noch des Articulirens kundige Taubstumme mittelst ihrer eigenen Geberden anderen verständlich ausdrücken, unersetzlich. Deren Sprache umfasst aber „nicht blos die verschiedenen ausdrucksvollen Veränderungen des Gesichts (die Mienen), sondern auch die verschiedenen Handbewegungen (die Gesticulationen), Stellungen, Richtungen, Haltungen und Bewegungen der übrigen Theile des ganzen Körpers, durch welche der Taubstumme von Natur, das heisst unberührt von erziehlichen Einflüssen, seine Vorstellungen und Begriffe ausdrückt." [C. Oehlwein 1867.] Freilich erfordert ein solches Verzeichniss, um psychogenetischen Werth zu haben, eine schwer durchzuführende Kritik, ob die vermeintlich ausgeschlossenen „erziehlichen Einflüsse" wirklich in allen Fällen ausgeschlossen waren, wie sie es in einigen thatsächlich sind, z. B. in Betreff der Nahrung. Dass aber sehr viele Begriffe ohne irgend welche Wort-Erlernung deutlich ausgedrückt und logisch miteinander verknüpft werden, beweist schon das Verhalten jedes ununterrichteten taubgeborenen Kindes.

Degerando hat (1827) eine lange Reihe von Begriffen aufgezählt, welche Taubstumme, bevor sie unterrichtet werden, mimischgesticulatorisch darstellen. Viele von diesen Ausdrucksweisen französischer Taubgeborener sind, wie ich fand, identisch mit denen Deutscher. Diese internationale Mienen- und Geberden-Sprache ununterrichteter taubgeborener Kinder sollte auf Grund der Erfahrungen deutscher, französischer, englischer, russischer, italienischer Taubstummenlehrer photographisch dem psychologisch-physiologischen Studium zugänglich gemacht werden.

Es giebt kaum einen besseren Beweis für die Unabhängigkeit des Denkens vom Sprechen in Wörtern als das Verhalten der Taubgeborenen, welche zwar viel mehr Begriffe ungleichen Inhalts in derselben Weise ausdrücken als irgend eine Wortsprache (wie die vollsinnigen Kinder, ehe sie über einen genügenden Wortschatz verfügen), aber durch das Gesticuliren und die Mimik vor jedem Unterricht die Bildung von Begriffen ohne Wörter beweisen und erläutern. Ehe die Urmenschen sich durch die articulirte Sprache miteinander verständigten, müssen sie mittelst sehr mannigfaltiger Geberden und Mienen sich verständigt haben, so wie es Menschen,

die ihre Sprache gegenseitig nicht verstehen, jetzt thun. Diese
verhalten sich zu einander wie Taubstumme.

Zu den in psychologischer und physiologischer Hinsicht anziehendsten Schauspielen, die ich kenne, gehört eine solche mimisch-
gesticulatorische Unterhaltung zweier oder dreier total taubgeborener
Kinder, welche nicht wissen, dass sie beobachtet werden. Namentlich diejenigen Kinder (von etwa sieben Jahren), welche nicht im
Articuliren unterrichtet wurden, bedienen sich einer erstaunlichen
Anzahl von Mienen und Geberden, die mit grosser Geschwindigkeit aufeinanderfolgen, um sich untereinander zu verständigen. Sie
verstehen sich gegenseitig sehr leicht, sind aber, weil ihre Geberden
und das enorm verfeinerte Mienenspiel im gewöhnlichen Leben
nicht vorkommen, geradeso schwer für Uneingeweihte verständlich,
wie Menschen, die ohne Geberden eine fremde Sprache reden.
Schon das Auge des taubstummen Kindes hat einen anderen Ausdruck, als das des redenden. Der Blick erscheint interessirter und
es werden vom Taubstummen nach meinen Wahrnehmungen lange
nicht so viele unnöthige Augenbewegungen und Contractionen der
Gesichtsmuskeln ausgeführt, wie vom hörenden Kinde gleichen
Alters.

Ferner ahmen Taubstumme, selbst weniger begabte, im Allgemeinen viel besser allerlei deutlich sichtbare Bewegungen nach,
als Vollsinnige. Ich machte den Kindern mehrere nicht leichte
Fingerverschränkungen, Handstellungen u. dgl. vor, welche sie niemals gesehen haben konnten, und sah, wie einige sie sogleich geschickt wiederholten, während Vollsinnige erst lange überlegen
und dann ungeschickt nachahmen. Diese Steigerung der Nach-
ahmungs-Functionen bei taubstummen Kindern erweckt den Schein,
als wenn sie ihre Geberden selbst erfänden (S. 242). Sie erhalten
allerdings durch „Niemandes Anweisung" die ersten Zeichen, sie
bilden sie sich selbst, aber, soweit ich sehe, nur durch Nachahmung
und Verwendung der erblichen Ausdrucksbewegungen. Die Zeichen
sind zum grossen Theil selbst unverkürzte Nachahmungen. Die
Übereinkunft, welche manche Taubstummenlehrer annehmen und
welche ein unmotivirtes, um nicht zu sagen mysteriöses Princip
einführen würde, besteht darin, dass alle Taubstumme anfangs in
ähnlicher Weise dasselbe Ding nachahmen. Durch diese natürliche Übereinstimmung aller kommt es, dass sie einander verstehen.
Haben sie Vorstellungen gewonnen, dann combiniren sie die einzelnen Zeichen in mannigfaltiger, individuell gefärbter, also nicht
mehr übereinstimmender Weise, wie der redende Mensch seine
Wörter, um neue Vorstellungen auszudrücken, werden dadurch
immer schwerer verständlich, verstehen sich dann auch untereinander schwer, und können natürlich höhere Begriffe nur in be-

schränktem Maasse bilden. „Nichts, todt-sein, Raum" sind schon sehr hohe Begriffe.

Aus diesem Grunde begreift es sich, dass ein taubstummes Kind, wenn es auch erst wenige Wörter im Articulationsunterricht erlernt hat, dieselben allemal an Stelle der früheren umständlichen Gesten in die pantomimische Unterhaltung einflicht. Einzelne total taubgeborene Kinder, welche nicht wussten, dass ich sie beobachtete, zogen selbst im Zwiegespräch miteinander die eben erlernten articulirten Wörter, obwohl man sie kaum verstehen konnte, den eigenen Zeichen vor. So mächtig ist der Zauber des gesprochenen Wortes, selbst wenn es das Kind selbst nicht hört, sondern nur mit der Zunge ertastet!

Solche taubstumme Kinder sprechen auch im Schlafe.

Aber die Schulung, welche das taubgeborene Kind absolviren muss, um die dem Laute zukommende Gesichts-, Tast- und Bewegungs-Empfindung nur kennen zu lernen, macht unsägliche Mühe, ist es doch für dasselbe, beim Versuche Vorgesprochenes nachzuahmen, gleichgültig, ob der Laut ertönt oder nicht, ob also das beim gewöhnlichen Sprechenlernen charakteristische, das Tatonnement mit der Zunge und den Lippen bestimmende, fehlt oder nicht.

„Die in den ersten Lebensjahren der Taubstummen durch unwillkürliche Anreize hervorgerufenen Ton- und Sprachlaut-Äusserungen sind so unerhebliche Bewegungserscheinungen, dass sie nicht alsbald die Entstehung einer Bewegungsempfindung zur Folge haben. Wenn aber das taubstumme Kind mehr geistig erwacht, nimmt es doch wahr, dass seine Angehörigen im Verkehr Mundbewegungen machen; auch pflegen wiederholte Versuche der Umgebung, sich durch Vorsprechen gewisser Worte verständlich zu machen, an dem Auge geistig regsamer Taubstummer nicht ganz spurlos vorüberzugehen. Wenn letztere nun die Aufmerksamkeit darauf richten, so gelingt ihnen doch nur für einen Theil der Laute, für die äusserlich sehr hervortretenden, eine ungefähre Nachbildung. Einzelne Taubstumme kommen wohl dahin, verschiedene Wörter, ohne sie nachzusprechen, richtig abzusehen; anderen wiederum gelingt es nach und nach, Wörter wie „Papa, Mama" so nachzusprechen, dass man verstehen kann, was damit gemeint ist. Zu einer genauen Nachbildung sämmtlicher anderer Laute gelangen indess die Taubstummen von Geburt aus sich selbst heraus nicht." [W. Gude 1881.]

Ein Taubstummer, welcher nicht unterrichtet worden war, erklärte später Romanes, als er die umständliche Fingersprache (Daktylologie) erlernt hatte, früher habe er stets in „Bildern" gedacht, also statt der gehörten Wörter (bei uns) und der gesehenen Fingerzeichen (bei ihm) Erinnerungsbilder von Gesichtseindrücken zur Unterscheidung seiner Begriffe benutzt. Auch Laura Bridgman konnte eine kleine Anzahl über die niedrigste Stufe sich erhebender

Begriffe bilden. Sie entstanden aus dem vom Tastsinn, Muskelsinn und Gemeingefühl gelieferten Material, ehe eine Art Fingersprache erlernt worden war. Aber vor der Ertaubung und Erblindung hatte das Kind etwas sprechen gelernt. Merkwürdiger ist die geistige Entwicklung der Helene Keller (geb. 1880), welche im Alter von 19 Monaten Gesicht und Gehör vollständig verlor und doch durch den unermüdlichen Unterricht der Anna Sullivan nicht allein die Fingersprache, sondern im Alter von zehn Jahren die Lautsprache erlernte. Die siebenjährige schrieb schon einen Brief.

Manche taub geborene sehende Kinder scheinen einfache arithmetische Operationen, wie 214—96 und 908 mal 70 (nach van Asch 1865) erst nach mehrere Jahre hindurch fortgesetztem Unterricht im articulirten Sprechen ausführen zu können. Das Dividiren macht ihnen besondere Schwierigkeiten. Aber sie lernen es doch und zwar ohne Wortklangbilder und vielleicht auch ohne Wortgesichtsbilder, beim Kopfrechnen ohne Kenntniss der geschriebenen Ziffern mit Hülfe der Worttastbilder, welche die Zunge liefert.

Blindgeborene und in den ersten Lebensjahren total erblindete Kinder dagegen lernen ohne alle geschriebenen Ziffern durch Hören und durch Tastbilder Quadratwurzeln im Kopfe auszuziehen, können auch musikalisch begabt sein. Im Zählen und Rechnen sind sie den Taubstummen weit überlegen.

In jedem Falle können aber ungebildete Taubgeborene ohne Kenntniss der Ziffern mittelst der Finger zählen und rechnen, was Einige Daktylonomie nennen, und wenn die 10 überschritten wird, dann kommt das Kerbholz zu Hülfe [Sicard und Degerando]. Da übrigens die Zahlen und das Rechnen, die Zahlensprache, nach gänzlichem Verlust der Wortsprache, z. B. in Folge einer Kopfverletzung, erhalten bleiben können [Volland 1886], so ist auch dadurch die Unabhängigkeit einer reinen Verstandesthätigkeit von den Wörtern bewiesen. Das Gehirn wird zur Rechenmaschine.

Im ausgedehntesten Maasse zeigt die Geberden- und Mienen-Sprache der nicht anders wie andere behandelten jüngsten taubstummen Kinder, dass Begriffe ohne Wörter gebildet werden. Das taubgeborene Kind wendet die primitive Geberdensprache ganz in dem Umfange des hörenden Kindes an; es geberdet sich und macht sich in Lauten vernehmlich wie dieses, so dass man sein Gebrechen nicht ahnt.

Es ist nicht einmal wahrscheinlich, dass es später rechtshändig wird, als ein normales; die Rechtshändigkeit der meisten Taubstummen spricht sogar gegen einen Zusammenhang des Sprachcentrums in der linken Grosshirnhälfte mit dem gewöhnlich überwiegend rechtshändigen Gesticuliren.

Diese Natursprache versteht auch das taubgeborene Kind, soweit sie seinem Auge erkennbar wird, leicht, und in dem Blick und den Mienen der Mutter liest es die Stimmung derselben. Aber es wird sehr früh still und entwickelt sich seine eigene Bildersprache, da der Taubstumme wahrgenommene Bewegungen und die Haltung von Personen, die Stellung von Gegenständen nachahmt. Auf dieser Pantomimik allein beruht die Möglichkeit, sich mit Taubstummen, welche gar nicht unterrichtet wurden, in einem gewissen Umfange zu verständigen.

Sie kann also in ihrer elementaren Form nicht conventionell sein, wie Hill mit Recht hervorhebt. Er schreibt über das taubgeborene Kind: „Seine Stimme erscheint ganz wie die anderer Kinder. Es schreit, weint, je nachdem es sich unbehaglich fühlt, fährt auf, sowie es von irgend einem Geräusch aufgeschreckt wird. Selbst das freundliche Anreden, die scherzhaften Tändeleien, die ernsten Drohungen versteht es so früh wie nur sonst irgend ein Kind." Aber es hört seine Stimme nicht, der Schall ist es nicht, der es aufschreckt, sondern die Erschütterung, das freundliche Wort erfreut es nicht, sondern das freundliche Antlitz der Mutter. „Durch Ermunterungen, die Stimme zu gebrauchen, geschieht es sogar nicht selten, dass die Kinder eine Reihe articulirter Laute und eine Menge von Lautverbindungen gewinnen, deren sie sich als Ausdruck ihrer Wünsche mit bedienen." Sie zeigen nicht allein das Begehrte, imitiren nicht nur Bewegungen, welche Verlangtes herbeiführen sollen, sondern umschreiben auch die Formen gewünschter Gegenstände. Sie können sich dabei so intelligent benehmen, dass die Taubstummheit erst im zweiten Jahre oder noch später entdeckt wird, namentlich am Auge, da von fernen Dingen nur gesehene die Aufmerksamkeit erregen.

Aus diesem Verhalten taubgeborener Säuglinge geht hervor, dass ohne die Möglichkeit der natürlichen Lautnachahmung und ohne die Kenntniss eines einzigen Wortes Merkmale mit Merkmalen zu Begriffen verschmolzen werden. Also ist das primitive Denken nicht an die Wortsprache gebunden. Es erfordert aber eine gewisse Ausbildung der Grosshirnrinde. Der Abstand zwischen einem unterrichteten jungen Taubstummen und einem Thier ist immens. Ersterer kann sehr viel durch Sprechunterricht lernen, letzteres nicht. Dieses Lernvermögen des Taubgeborenen ist in Bezug auf Mimik und Geberden grösser als bei einem normalen Kinde. Wenn ein hörendes Kind unter Taubstummen aufwachsen müsste, würde es gewiss deren Sprache erlernen und nebenbei sich über seine Stimme freuen, ohne sie verwerthen zu können, aber man würde es später wahrscheinlich daran (ohne Hörprüfungen) erkennen, dass es jene Geberdensprache nicht ganz so perfect handhabt wie die Taubgeborenen, wegen Ablenkung der Aufmerksamkeit durch Schall.

Die Gesammtheit der Beobachtungen über die Leistungsfähig-

keit der natürlichen Geberden- und Mienensprache bei ungebildeten
Taubstummen beweist deutlicher, als irgend welche andere Thatsache, dass die Begriffbildung, also die Denkthätigkeit, ohne Wörter
und ohne Zeichen für Wörter vor sich geht, wenn beide fehlen.
Die Thiersprache, deren Bedeutung leider noch keine zusammenhängende Bearbeitung erfahren hat, obwohl es an Beobachtungen
über den Sinn des Bellens, Heulens, Knurrens, Winselns der Hunde,
des mannigfaltigen Gackerns der Hühner, des Wieherns der Pferde
usw. nicht fehlt, liefert ebenfalls einen vollgültigen Beweis dafür,
dass durch unarticulirte Laute innerhalb eines kleinen Vorstellungs-
kreises in einer für gleichgeartete Wesen verständlichen Weise
Wahrnehmungen sicher bezeichnet werden können, namentlich die
Nahrung und die Paarung betreffende. Andernfalls würden die
entsprechenden Bewegungen, z. B. nach Lockrufen, Warnungs-
signalen, Angstschreien usw. nicht stattfinden. Weshalb soll nun
beim unversehrt geborenen Menschen die logische Verknüpfung der
Vorstellungen erst mit dem Wörtersprechen oder Sprechenlernen
beginnen? Weil der erwachsene Mensch meint, er denke nicht
mehr ohne Wörter, und weil 'er nur mit grossem Wortschatz
reich an Gedanken sein kann, begeht er den Fehlschluss, man
könne nicht vor der Kenntniss der Wortsprache denken. Nicht
die Sprache erzeugte den Verstand, sondern der Verstand ist es, welcher einst die Sprache erfand, und auch
gegenwärtig bringt das neugeborene Menschenkind viel
mehr Verstand als Sprachtalent mit auf die Welt.

Nicht weil er sprechen gelernt hat, denkt der Mensch,
sondern er lernt sprechen, weil er denkt.

II. Das Fehlen der Sprache und des Verstandes.

Von grossem Interesse für die Erkenntniss der Abhängigkeit des Verstandes und der Sprache von der Ausbildung des Gehirns, zumal der Grosshirnrinde, ist das Verhalten mit rudimentärem Gehirn geborener und längere Zeit am Leben erhaltener, namentlich kleinköpfiger Kinder, sowie älterer Idioten, Kretinen und verthierter oder verwilderter Menschen.

Auch das Verhalten solcher Kinder, deren geistige Entwicklung Monate lang aufgehalten, erheblich verlangsamt oder ungewöhnlich beschleunigt erschien, hat grossen Werth für die Entwicklungsgeschichte der Seele.

Zwar sind die zuverlässigen Angaben hierüber sehr dürftig, ich hege aber die Hoffnung, dass sie anregen werden, künftig sorgfältiger zu beobachten, als es bis jetzt geschah, und den Ursachen des angeborenen Blödsinns und Schwachsinns mehr nachzuforschen.

Dass der Idiotismus der Kinder von geburtshülflichen Operationen im Allgemeinen nicht hergeleitet werden darf, ist nicht zu bezweifeln (Johann Küntzel, Berlin 1891). In einem Falle (Ed. Keller 1890) war intrauterine Entzündung die Ursache der Entwicklungshemmung im Bereich des Vorderhirns und des Broca'schen Centrums. Aber auch ohne nachweisliche Krankheiten vor der Geburt kommt Mikrocephalie mit Verminderung specifischer Hirnsubstanz und Anomalien der Ganglienzellen vor, und grobe Abweichungen, welche an thierische Bildungen erinnern, sind bekanntlich ohne Hydrocephalus, Porencephalie, Hypertrophie u. dgl. oft beobachtet worden. Trunksucht der Eltern ist bekanntlich oft die Ursache geistiger Defecte der Kinder. Dass aber das unverantwortliche sogenannte „Stärken" der Kinder mit Bier, Wein und Branntwein in Wirklichkeit eine Schwächung ihres Gehirns herbeiführt, einer wahren Vergiftung gleichkommt und die Degeneration ganzer Familien nach sich ziehen kann, ist leider im Volke wenig bekannt.

In dem fleissigen Buche „Neue Untersuchungen über den Kretinismus oder die Entartung des Menschen in ihren verschiedenen Graden und Formen" von Maffei und Rösch (1844) finden sich viele Angaben über das Verhalten der Kretinen-Kinder. Dieselben würden aber erst brauchbar werden, wenn die beobachteten geistigen Anomalien und Mängel auf sorgfältige morphologische Untersuchungen der Kretinengehirne bezogen werden könnten. Die Verfasser theilen keine Sectionsbefunde mit.

Jeder Beobachter normaler Kinder kennt die grosse Verschiedenheit ihrer Entwicklungsgeschwindigkeit. Eine langsame und stetige Entwicklung des Verstandes in den ersten vier Jahren, besonders aber in den ersten zwei Jahren, berechtigt zu einer günstigeren Prognose, als eine sehr schleunige und unstetige. Wenn aber in jenem Zeitraum eine länger dauernde völlige Unterbrechung der geistigen Entwicklung eintritt, dann ist allemal die Gefahr, es möchte der normale Verlauf nicht wiedererscheinen, ein Zustand wie beim Kretin chronisch werden, gross. Um so lehrreicher sind darum die seltenen Fälle, in denen nach solchem Stillstande die Kinder zur Norm zurückkehrten. Vier Beobachtungen der Art hat R. Demme (1882) veröffentlicht, welche zeigen, dass man selbst bei monatelangem Stillstand aller geistigen Entwicklung in den ersten Lebensjahren die Hoffnung auf den Wiedereintritt derselben nicht aufgeben und nichts versäumen darf, um sie wieder herbeizuführen. Wird aber die physische und psychische Entwicklung in der ersten Kindheit vernachlässigt, dann kann die Unvernunft bleibend werden wie bei der Mikrocephalie.

Nur selten sind mikrocephale Kinder lebend längere Zeit hindurch genau beobachtet und unmittelbar nach dem Tode ihre Gehirne untersucht worden.

In dieser Beziehung ist lehrreich ein von Aeby beschriebener Fall; er betrifft einen Knaben, der vier Jahre alt wurde.

Der ganze Körper desselben hatte etwas Ungelenkes und Steifes. Mit den Beinen war es in dieser Hinsicht noch schlimmer bestellt, als mit den Armen. Sie zeigten, wie auch später noch bis zum Tode hin, Neigung, eine gekreuzte Lage einzunehmen. Zum Stehen oder gar zum Gehen hat es der Knabe nie gebracht. Nach auffallenden blanken oder bunten Gegenständen versuchte er zu greifen, ohne jemals irgend etwas wirklich festzuhalten. Das Mienenspiel war lebhaft. Die glänzenden Augen verweilten indess nie lange bei einem und demselben Gegenstande. Der Junge war stark zum Beissen aufgelegt und der Biss stets sehr scharf. Geistig herrschte ausgesprochener Blödsinn. Trotz seiner vier Jahre brachte es der Knabe niemals zu irgendwelchen articulirten Lauten. Selbst „Papa" und „Mama" lagen jenseits seines Vermögens. Sein Verlangen äusserte sich in unarticulirten Tönen. Der Schlaf war kurz und leise. Oft lag das Kind ganze Nächte hindurch mit offenen Augen da. Thränen vergoss es selten; sein Missbehagen gab es meistens durch helles Schreien zu erkennen.

In diesem Falle war das Gehirn sehr verkümmert, die Kleinheit der Stirnlappen, sowie theilweiser Mangel der medianen Längsspalte auffallend. Letztere begann erst jenseits der Scheitelhöhe im Gebiete des Hinterhauptes. Die vordere Hälfte des Grosshirns entbehrte somit des Zerfalles in seitliche Hemisphären. Sie besass auch nur wenige Windungen und die Glätte ihrer Oberfläche sprang sofort in die Augen. *Corpus callosum* und *Fornix* verkümmert. „Die graue Rindenschicht erreichte im Allgemeinen nur etwa ein Drittel der normalen Dicke und war in der Stirngegend besonders schwach vertreten." Das Kleinhirn, nicht verkümmert, erschien neben dem stark geschrumpften Grosshirn auffallend gross.

Bezüglich der Ausbildung des Verstandes verhält sich dieser vierjährige Mikrocephale wie der viermonatliche normale Knabe; dieser ist ihm sogar im Greifen voraus, während jener durch nichts einen Vorsprung in psychischer Hinsicht bekundet und nicht sprechen lernte.

Zwei Fälle von Mikrocephalie hat Fletcher Beach beschrieben (in den *Transactions of the international medical Congress.* London, 1881): E. R. wurde elf Jahre alt im Mai 1875 in seine Anstalt aufgenommen. Sie konnte nicht stehen, nicht gehen, aber Arme und Beine bewegen, auch sehen und hören. Sie war ruhig und folgsam [?] und sass meistens auf ihrem Stuhl. Ihre Nothdurft beachtete sie nicht. Sie konnte nicht sprechen und wurde mit einem Löffel gefüttert. Nach sechs Monaten machte sie einen Versuch zu sprechen und murmelte etwas undeutlich. Sie streckte die Hand aus beim Befehl sie zu geben [?] und erkannte lächelnd ihre Wärterin und den Arzt. Etwa vier Monate später knirschte sie in vergnügter Stimmung mit den Zähnen und hielt die Hand vor die Augen, wenn man ihr etwas sagte. Sie starb im Januar 1876. Das Gehirn wog zwei Tage nach dem Tode sieben Unzen. Der Verfasser beschreibt es genau, aber nachdem es sechs Jahre in Weingeist aufgehoben worden war und nur noch zwei Unzen wog. Er fand viele Windungen nicht soweit entwickelt wie beim sechsmonatlichen Fötus und meint, das Kleinhirn habe sich weiter entwickelt, nachdem das Grosshirn aufgehört habe zu wachsen, so dass nicht ein Stillstand, sondern eine Unregelmässigkeit in der Entwicklung eingetreten sei. Die Grosshirnhemisphären waren asymmetrisch, die Stirnlappen entsprechend den vorhandenen psychischen Leistungen von relativ bedeutender Grösse, aber der hintere Theil der dritten Stirnwindung links, die Reil'sche Insel und das Operculum sehr klein, entsprechend dem Unvermögen, sprechen zu lernen. Die geringe Beweglichkeit bringt der Verfasser mit der Kleinheit der parietalen und frontalen aufsteigenden Windungen in Zusammenhang.

Der andere Fall betrifft ein Mädchen von sechs Jahren (E. H.), welche im Januar 1879 in die Anstalt kam und im Juli desselben

Jahres starb. Sie konnte umhergehen und beherrschte ihre Glieder. Sie war heiter, leicht zu ergötzen und hing sehr an ihrer Wärterin. Sie verkehrte mit anderen Kindern, konnte aber kein Wort sprechen. Gehör gut. Sie hatte schlechte Gewohnheiten. Obgleich sie Gegenstände aufheben und damit spielen konnte, verfiel sie nicht darauf, sich selbst zu ernähren. Sie konnte aufmerken und beobachten und sich einzelner Personen erinnern. Das Gehirn wog zwei Tage nach dem Tode 20$^1/_2$ Unzen und war in mancher Beziehung so einfach wie das eines Säuglings, stand aber bezüglich der Windungen viel höher als ein Affengehirn, auch höher als das der E. R. Die aufsteigenden frontalen und parietalen Windungen waren grösser, entsprechend der grösseren Beweglichkeit, die dritte Stirnwindung und Reil'sche Insel beiderseits klein, entsprechend der Alalie.

Eine genauere Beschreibung zweier Mikrocephalen-Gehirne giebt Julius Sander in dem Archiv für Psychiatrie und Nervenkrankheiten (Berlin 1868). Der eine Fall ist der, dessen Geschichte Johannes Müller (in der Medicinischen Zeitung des Vereins für Heilkunde in Preussen) 1836 mittheilte.

In den ausführlichen Berichten von Rudolf Virchow (in seinen gesammelten Abhandlungen), von Karl Vogt (im Archiv für Anthropologie 1868), von Bischoff (in den Abhandlungen der Münchener Akademie, 1872), von Flesch (in der Würzburger Festschrift, 1882) und von A. Falkenheim (Berliner klinische Wochenschrift, 1882, „Ein zwölfjähriger Mikrocephale") sind weitere Angaben über neuere Fälle zu finden.

Manche physiologisch und psychologisch wichtige Frage in Betreff der Entwicklungsfähigkeit bei mangelhaft ausgebildetem Gehirn kommt zur Sprache in der Zeitschrift für das Idiotenwesen von W. Schröter (in Dresden) und E. Reichelt (in Hubertusburg).

Die eingehendste neuere Untersuchung hat Giacomini in seinem grossen Werke *Les cerveaux des microcephales* (1890 und 1891) gegeben.

Die Anzahl der untersuchten Mikrocephalengehirne ist eine sehr kleine, obwohl deren wissenschaftlicher Werth nach gründlicher Beobachtung ihrer Inhaber im Leben ein ganz ausserordentlicher wäre. Denn mikrocephale mehrjährige Kinder ersetzen vivisectorische, imaginäre, weil niemals ausführbare Experimente über den Zusammenhang von Leib und Seele.

Es mögen daher hier einige Bemerkungen über die bekannte mikrocephale Margarethe Becker angereiht werden, welche ich, während sie sich in meinem Hörsaal selbst überlassen war, am 9. Juli 1877 in Jena niederschrieb. Eine gründliche Untersuchung war wegen der Kürze des Aufenthalts daselbst ausgeschlossen.

Das sieben- bis achtjährige (nach dem Zeugniss des Vaters mit festgeschlossener Stirnfontanelle geborene) Mädchen hatte einen kleineren Kopf als ein einjähriges.

Das Kind gähnt. Es greift lebhaft nach Menschenschädeln, die es neben sich auf einem Tische erblickt. Es fährt mit den Fingern in seine Nasenöffnungen, säubert seine Schürze mit beiden Händen, putzt meine dargereichte und ergriffene Taschenuhr, hält sie sich an ein Ohr, dann an ein Ohr des Vaters, verzieht den Mund zum Lächeln, scheint sich über das Ticken zu freuen, hält die Uhr an das andere Ohr des Vaters, hierauf an ihr eigenes anderes Ohr, lacht und wiederholt das Experiment mehrmals. Der Kopf ist sehr beweglich.

Nun faltet das Kind ein Stückchen Papier, das ich ihm gab, wickelt es ungeschickt zusammen, runzelt dabei die Stirn, zerkaut das Papier und lacht laut. Fast ohne Unterbrechung fliesst der Speichel aus dem Munde. Hierauf beginnt das Kind ein Biscuit zu essen, giebt aber dem Vater und der Begleiterin davon, indem es ihr Biscuit ihnen an die Lippen führt und zwar sogleich richtig, während vorhin die Uhr zuerst neben das Ohr an die Schläfe und dann erst an die Ohrmuschel gehalten wurde.

Das Mädchen ist sehr lebhaft, schlägt namentlich lebhaft mit den Händen um sich, sieht hochhängende Wandtafeln, zeigt mit dem Finger auf dieselben, wirft den Kopf in den Nacken, um sie besser zu sehen, und bewegt die Finger in der Richtung der Linien der schematischen Zeichnungen. Endlich scheint Ermüdung einzutreten. Das Kind legt einen Arm um den Hals seines Vaters, sitzt auf seinem Schoosse, ist aber immer noch unruhig. Fast plötzlich scheint es sich zu beruhigen und dann einzuschlafen. Nach fünf Minuten ist es aber wieder munter. Das Kind sieht gut, hört gut, riecht gut, gehorcht einigen wenigen Befehlen, giebt zum Beispiel die Hand. Damit sind aber seine intellectuellen Leistungen erschöpft. Kein Wort kommt zu Stande. Ich gewann die Überzeugung, dass die wenigen Bewegungen, welche auf einen Verstand schliessen lassen, wie das Darreichen, Zeigen und Papierfalten, auf reiner Nachahmung beruhen, oder, wie das Umschreiben der Figuren mit dem Finger, der niedrigen Entwicklung ununterrichteter Taubstummer eines jüngeren Stadiums entsprechen. Denn diese umfahren auch mit dem Finger begehrte Gegenstände. Es liegt darin ebenfalls eine Art der Nachahmung. Einzig das Anlegen der Uhr an die beiden Ohren ist ein Zeichen von Intelligenz, wenn es nicht auf Dressur beruht.

Kollmann, welcher dieselbe Mikrocephale zwei Monate später sah, schreibt von ihr (im Correspondenzblatt der Deutschen Gesellschaft für Anthropologie 1877):

Der Gang ist schwankend, die Bewegungen des Kopfes wie der Extremitäten sind schnellend, nicht immer coordinirt, also unsicher, zweckwidrig und zuckend; der Blick ist unruhig. Margarethe spricht [?] nur das Wort Mama, sonst hat sie keine sprachlichen Laute gelernt. Sie giebt durch Jammern, durch weinerliche Laute, bei denen sie das Gesicht verzieht, das Bedürfniss nach Speise kund, und lacht bei Geschenken von Esswaaren oder von Spielzeug. Die

Ernährung ist gesteigert im Vergleich zu den ersten Lebensjahren und damit auch ihr Begriffsvermögen [?]; sie hilft ihrer Mutter den Tisch decken und bringt Teller, Messer auf Verlangen [?] herbei, die sie an dem Aufbewahrungsort holt.. Sie zeigt ferner ein zärtliches Mitgefühl für ihren mikrocephalen Bruder; sie nimmt vom Tische Brot, geht an das Bett ihres Bruders und füttert ihn, da er selbst nicht im Stande ist, die Nahrung zum Munde zu führen. Sie zeigt eine sehr deutliche Zuneigung zu ihren Angehörigen und Furcht vor Fremden. Beim Hereinführen in den Saal gab sie die entschiedensten Beweise von Furcht; auf den Tisch gestellt, verbarg sie den Kopf im Rock ihres Vaters, und wurde erst ruhig, als die Mutter sie auf den Arm nahm.

Das Tischdecken und Füttern beruht ohne Zweifel nur auf Nachahmung, die „Zuneigung" auf dem Bedürfniss nach Schutz, also Angst.

Richard Pott, welcher (1879) diese Mikrocephale gleichfalls beobachtete, fand, dass sie zwecklos unruhig behend von einer Ecke nach der anderen tastend und suchend [nur scheinbar Pr.] herumirrte; doch wurden vorgehaltene Gegenstände nur momentan fixirt, indem sie die Aufmerksamkeit kaum fesselten; oft griff sie nicht einmal danach. „Das Mädchen geht frei ohne zu schwanken [?] oder zu taumeln, aber die Gehbewegungen sind völlig unmotivirt, zweck- und ziellos, oft die Richtung ändernd. Trotz seiner Grösse macht das Kind den Eindruck der äussersten Hülflosigkeit." Sie wurde gefüttert, war aber nicht gleichgültig gegen Speisen, schien Saures dem Süssen vorzuziehen. Sie kam zwar, wenn sie gerufen wurde [?], schien aber die zu ihr gesprochenen Worte nicht zu verstehen, konnte selbst kein Wort sprechen, brachte kreischende, unarticulirte Laute hervor, schämte sich [?] aber beim Entkleidetwerden, indem sie das Gesicht in der Schwester Schooss verbarg. Der Gesichtsausdruck war harmlos, wechselnd, ohne bestimmte psychische Vorgänge auszudrücken.

Fragezeichen habe ich hinzugefügt, weil die beiden Beobachter an den betreffenden Stellen zuviel sagen.

Löwenthal, welcher die Margarethe Becker im Frühjahr 1886 untersuchte und erfuhr, dass sie am 3. Januar 1870 geboren wurde, konnte nämlich kein einziges Zeichen von Verstand an ihr, der schon 16jährigen, entdecken.

Er sah *(La semaine médicale*, 10. März 1886), dass sie sich heftig sträubte und an den Haaren riss, als ihre Mutter sie behufs ärztlicher Untersuchung vollständig entkleidet hatte und als diese vorgenommen wurde, aber er schreibt das wüthende Umsichschlagen mit Recht nur der Furcht zu und fand keine Spur von Schamhaftigkeit, denn sie war nach der gänzlichen Entkleidung in seiner und der Mutter Gegenwart, wenn sie nicht betastet wurde, gar nicht befangen. Während der Betastung zeigte sich eine bedeutende Muskelkraft. Die Hautempfindlichkeit war nicht abnorm. M. B. isst wenig, aber mit Lust, trinkt vorzugsweise Fleischbrühe und Milch. Süssigkeiten bevorzugt sie nicht, sondern Saures. Sie schläft sehr leise. Gehen hat sie im Alter von 15 bis 16 Monaten gelernt und ist wie gewöhnliche Kinder reinlich geworden, doch muss sie dabei wie ein kleines Kind gehalten werden. Ihre Bewegungen sind manchmal brüsk, ziemlich coordinirt beim Greifen, die Augenlidbewegungen seltener und langsamer als beim normalen Menschen. Während eines Vortrags blieb sie eine Stunde ruhig stehen, fixirte von Zeit zu Zeit einen Gegenstand, führte sehr oft einen ihrer Zeigefinger in den Mund oder die Nase ein und hielt sich mit der freien Hand fest an der Mutter. Ob sie richtig sitzen kann, ist fraglich. Ankleiden kann sie sich nicht, auch nicht die Bänder ihrer Schürze knüpfen und lösen, nichts zuknöpfen, das Taschentuch nicht richtig benutzen. Die Sinnesorgane sind sämmtlich gut entwickelt. Glänzende Gegenstände und Musik erwecken besonders Zeichen der Befriedigung. Dagegen spricht sie kein Wort. Wenn die Eltern behaupten, sie sage *Mama*, *Papa*, so folgt daraus nicht, dass sie damit einen Sinn verbindet. Es ist durch nichts wahrscheinlich gemacht, dass sie auch nur ein einziges zu ihr gesprochenes Wort verstehe. Sie versteht aber einige Geberden, jedoch nur dadurch, dass sie ihr im Augenblick ihres Entstehens entweder Furcht erwecken oder nicht. Denn sie antwortet nicht, wenn man sie fragt, ob sie essen, trinken will. Bietet man ihr aber Brot oder Wasser an, so antwortet sie durch Ergreifen des Dargereichten oder Ablehnen desselben. „Ich sage ihr, sie solle mir die Hand geben, ohne meine Hand hinzuhalten, sie bleibt apathisch; ich reiche ihr meine Hand und sie versteckt entweder die ihrige oder giebt sie mir, je nach der Stimmung des Augenblicks." Die Mutter oder der Vater sagt, sie solle den Ring zeigen, welchen sie am Finger trägt; kein Zeichen von Verständniss, die Mutter droht, sie werde gehen: nichts. Sie thut einen Schritt, um zu gehen: sofort klammert sich Margarethe an sie an und reisst sich an den Haaren. Sie erfasst also von dem Gesprochenen den Klang und lächelt oder reisst sich die Haare aus, je nachdem der vom Schall erzeugte Eindruck in ihr angenehm oder unangenehm ist, geradeso wie beim Hören leiser und lauter musikalischer Töne. „Nun ist aber diese Befriedigung oder Unbefriedigung im Grunde nichts anderes, als die Abwesenheit oder Anwesenheit eines Gefühls der Furcht." Es liegt keine Thatsache vor, welche bewiese, dass sie irgend eine Geberde ihrem wahren Sinne nach begriffe. Erhebt man die Hand, wie um sie zu schlagen, so rührt sie sich nicht, reicht man ihr den Kreisel, um sie zu beschenken, so kriecht sie hinter ihre Mutter und lacht. Sie begreift nicht, dass man ihn ihr geben will.

Somit ist, meint Professor W. Löwenthal auf Grund seiner eigenen Wahrnehmungen, die Intelligenz der Margarethe Becker trotz ihrer 16 Jahre noch geringer, als die eines Pferdes oder Hundes. Sie ist stehen geblieben auf der niedrigsten Stufe, der angeborenen Grundlage für jede Verstandesentwicklung, nämlich dem Gefühle der Lust und Unlust bei einem dem Körper zuträglichen oder unzuträglichen augenblicklichen Eindruck von aussen. Die Furcht tritt, so

meint er, von selbst in diese Grundlage ein, gerade wie das Schutz-
bedürfniss, und der Ausdruck des letzteren erscheint leicht als
Zärtlichkeit, welche doch erst bei relativ hoher Entwicklung in die
Erscheinung treten kann.

Die Auffassung Löwenthal's stimmt nicht ganz überein mit
dem Eindruck, welchen ich bei einer späteren Begegnung erhielt,
und mit meinen obigen thatsächlichen Notizen vom Jahre 1877,
auch nicht mit den Angaben Anderer, namentlich der Eltern.
Doch ist dieser Widerspruch solange bedeutungslos, bis eine länger
anhaltende psychologisch-physiologische Beobachtung an dem in
seiner Art einzig dastehendem Individuum, dem wohl ausgebildeten
rein menschlichen Frauenkörper mit dem stupiden Kinderkopf mehr
zu Tage fördert, was über die einfachste Nachahmung oder Lust-
und Unlust-Äusserung hinausgeht.

Bis jetzt ist das abwechselnde Hinhalten meiner Taschenuhr an
das linke oder rechte Ohr mit dem Horchen die höchste psychische
Leistung, welche sicher feststeht und, selbst wenn sie nachgeahmt
ist, jedenfalls ein Gedächtniss für Schallwahrnehmungen und Verknüpfung der Erinnerungsbilder mit einer Bewegung beweist, also
Spuren von Überlegung.

Im Ganzen geht aus den Berichten über die mikrocephalen
Kinder hervor, dass ein physisches Wachsthum des Grosshirns für
die Ausbildung des Verstandes und damit das Sprechen-Lernen unerlässlich ist. Wenn ausschliesslich die jedesmal auf's Neue von
jedem Menschen erlebten sinnlichen Eindrücke und urprünglichen
Bewegungen ohne Ausbildung der Grosshirnwindungen und der
grauen Rinde genügten, dann hätten die Mikrocephalen, auf welche
dieselben Eindrücke wie auf andere Neugeborene wirkten, bessere
Gehirne haben und mehr lernen müssen. Das Gehirn konnte aber
trotz der Sinnes-Eindrücke aus einem erst näher zu erforschenden
Grunde nicht normal wachsen und sich weiter differenziren, also
konnte das verkümmerte Menschenkind fast nichts lernen, nicht
einmal die zur articulatorischen Willkürbewegung erforderlichen
Vorstellungen bilden oder miteinander verknüpfen. Nur die motorischen Centren niederer Ordnung konnten sich ausbilden. Die
Sprache fehlt und der Verstand verharrt auf einer noch unter der
eines einjährigen Kindes stehenden Stufe, ohne die Möglichkeit
einer Entwicklung. Echt thierische Eigenschaften, wie Beissen,
treten stark hervor und dementsprechend zeigt (ausser der mangelhaften Ausbildung) das typisch mikrocephale Gehirn (nach Giacomini) unzweifelhaft thierische Bildungen, welche keinesfalls durch
eine zu frühe Verknöcherung des Schädels zu Stande kommen.

In einem eigenthümlichen Gegensatze zu den Fällen echter
Mikrocephalie steht der überaus merkwürdige von Rudolf Krause

(Hamburg) beobachtete Fall eines Knaben, dessen Gehirn garnicht krankhaft verändert oder abnorm klein ist, aber entschieden den Typus des Affengehirns zeigt.

Der Entdecker theilt darüber (im Correspondenzblatt der Deutschen Gesellschaft für Anthropologie 1877) unter anderem folgendes mit:

„Schädel und Gehirn gehörten einem Knaben an, welcher am 4. October 1869 geboren worden ist. Im fünften Jahre lernte er erst laufen. Bereits seit dem dritten Jahre war er reinlich; nur sobald er sich krank fühlte, war er es nicht mehr. Der Appetit war immer gut, bis auf die letzte vierwöchentliche Krankheit. Der Schlaf war stets ruhig. Sein Gemüth war heiter und zum Spielen aufgelegt; sobald er Musik hörte, dann tanzte er und sang dazu in ziemlich unmelodischen Lauten. Wenn er geneckt wurde, konnte er sehr heftig sein; alles, was er in die Hand bekam, warf er dann dem Übelthäter an den Kopf. Er war gern in Gesellschaft; besonders fühlte er sich wohl unter Männern. Seit dem vierten Jahre hatte er gelernt, allein zu essen. Paul war sehr gelenkig, kletterte gern und besass besonders in den Armen und Händen, die förmlich ein schwieliges Aussehen hatten und so an die Schimpansenhände erinnerten, viele Kräfte. Er vermochte sich mit ausgespreizten Beinen auf die Erde zu setzen. Beim Gehen war er nicht sicher, fiel leicht hin; er lief mit nach vorn gebeugten Knieen, geknickten Beinen; er hüpfte gern, wobei er besonders affenähnlich erschien. Die grosse Zehe beider Füsse stand im Winkel vom Fuss ab und machte so den Eindruck einer Greifzehe; anfangs glaubte ich, diese Ablenkung sei dadurch entstanden, dass das Kind wegen der Unsicherheit beim Gehen sich eine breitere Unterstützungsbasis habe verschaffen wollen. Ich bin aber später davon zurückgekommen, weil ich bei anderen kopfkranken Kindern, zum Beispiel bei Hydrocephalen, eine solche Angewohnheit nicht wieder vorgefunden habe. Paul konnte wenig sprechen, fast nur *Papa* und *Mama* sagen, und auch das hatte er erst spät gelernt zweisilbig auszusprechen; meist gab er nur Laute von sich, die wie ein Grunzen klangen. Das Gebell eines Hundes ahmte er mit dem Laut *rrrrr* nach. Oft stampfte er mit Händen und Füssen, klatschte in die Hände, stiess einen grunzenartigen Ton aus, ganz wie ich es beim Schimpanse und Gorilla gesehen habe.

Paul besass in hervorragender Weise einen Nachahmungstrieb. Sein ganzes Wesen, seine Bewegungen waren in frappanter Weise affenähnlich. Von seinen Eltern wurde er entschieden vernachlässigt; er war meist schmutzigen Aussehens, und ich glaube auch, dass der frühe Tod des Kindes durch die geringe Pflege herbeigeführt worden ist. Paul erkrankte am Anfang December 1876 an einem acuten Bronchialkatarrh und starb am 5. Januar 1877 im Alter von $7^1/_4$ Jahren.

Der Schädel besitzt eine Capacität von 1022 Ccm. und das Gehirn wiegt 950 Gr.; beide weichen daher nicht von der Norm ab. Sieht man jedoch den aufgesägten Schädel von innen an, so bemerkt man eine Asymmetrie beider Hälften; der Schädel ist etwas nach vorn und rechts verschoben. Die *Partes orbitales* des Stirnbeins sind höher und gewölbter, als in der Regel, wodurch die *Lamina cribrosa* des Siebbeins tiefer zu liegen kommt und Anlass zu der bekannten Bildung des Siebbeinschnabels am Gehirn gegeben wird. Die Hirnwindungen finden sich deutlich auf der inneren Fläche des Schädels ausgeprägt.

Die beiden Hirnhälften sind asymmetrisch; in der Gegend, wo auf der linken Hemisphäre die *Fissura parieto-occipitalis* sich befindet, weichen die beiden Hemisphären auseinander, bilden einen nach aussen und hinten convexen Rand, der Art, dass das kleine Gehirn unbedeckt bleibt. An der unteren Fläche der Frontallappen ist ein stark ausgeprägter Siebbeinschnabel vorhanden. Beide *Fossae Sylvii* sind nicht geschlossen, links weniger als rechts; das *Operculum* ist nur gering vorhanden, die Insel liegt mit ihren *Sulci* fast vollständig unbedeckt. Diese Bildung erinnert durchaus an das Gehirn der anthropoiden Affen. Beide *Sulci centrales sive Fissurae Rolandi* verlaufen gestreckt, weniger tief als in der Norm zum Hemisphärenrande, ohne gegen einander einen Winkel zu bilden. Sehr stark und tief ausgeprägte *Sulci praecentrales* scheinen dafür zu vicariiren. Der *Sulcus interparietalis*, welcher weiter nach aussen entspringt als beim Menschen, nimmt den *Sulcus parieto-occipitalis* auf, eine typisch dem Affenhirn zukommende Bildung. Der *Sulcus occipitalis transversus*, welcher beim Menschen meist wenig ausgeprägt ist, erstreckt sich hier als tiefe Spalte quer über den Occipitallappen, trennt denselben beinahe ganz vom Scheitellappen, und es entsteht daher eine sogenannte Affenspalte und der letzte Theil des Occipitallappens sieht wie ein *Operculum* aus. Die *Fissura calcarina* entspringt bereits auf der Oberfläche des Hinterhauptlappens, nimmt die *Fissura parieto-occipitalis* erst spät auf und geht auf der rechten Seite direct in die *Fissura Hippocampi*. Auch diese Abnormität ist typisch für das Affenhirn.

Der *Gyrus occipitalis primus* ist vom oberen Scheitellappen durch den *Sulcus parieto-occipitalis* getrennt, eine Bildung, welche nach Gratiolet bei manchen Affen vorkommt. Der *Gyrus temporalis superior* ist beiderseits auffallend reducirt und besitzt nur eine durchschnittliche Breite von fünf Millimeter; es ist das eine Eigenthümlichkeit, welche durchaus an das Gehirn des Schimpanse erinnert, welcher stets diese reducirte oberste Schläfenwindung besitzt.

Wir haben hier eben ein Gehirn, welches im Volumen kaum von der Norm abweicht, welches alle Windungen und Furchen besitzt, vielleicht mehr als normal windungsreich erscheint, welches in jeder Hinsicht differenzirt ist, trotzdem in seiner ganzen Bildung mehr dem Affen- als Menschen-Typus sich zuneigt. Würde mir das Gehirn vorgelegt worden sein, ohne dass ich seinen Ursprung wüsste, so hätte ich das vollständige Recht gehabt, dieses Hirn einem anthropoiden Affen zuzutheilen, welcher dem Menschen um einige Grad näher steht als der Schimpanse."

Dieser Fall erinnert an die Schilderungen des abstossenden Verhaltens verwilderter und verthierter Kinder. Trotz der grossen Unzuverlässigkeit vieler älterer Angaben und der Unvollständigkeit der Nachrichten über die angeblich mit Wölfen, Bären, Schweinen oder für sich im Freien aufgewachsenen Wildlinge, lässt sich die eine Schlussfolgerung schwer angreifen, dass bei ihnen das Gehirn, und damit die Vernunft sich nicht entwickeln konnte, weil es an Mustern zur Nachahmung fehlte. Die Muskelkraft und Gelenkigkeit erhielten eine sonst beim Menschen nicht vorkommende Ausbildung durch den Kampf um das nackte individuelle Dasein, welches die höhere geistige Thätigkeit nicht benöthigte und nicht aufkommen liess, selbst wenn sie sich in der Wildniss hätte entfalten können. Übrigens war bei mehreren eingefangenen sprachlosen Thiermenschen beiderlei Geschlechts die Entwicklungsfähigkeit nicht ganz erloschen, wie es bei manchen Kretinen und den Mikrocephalen der Fall ist, denn sie lernten sprechen.

Das Vorkommen von gut hörenden und sehenden Knaben und Mädchen ohne Vernunft unter Menschen wegen vernachlässigter Erziehung ist glücklicherweise sehr selten. Laster, Verbrechen, Gleichgültigkeit herzloser Eltern gehen jedoch bisweilen soweit, dass mit schlechten Anlagen und erblichen Krankheiten behaftete Kinder nur eben durch Darreichung der Nahrung am Leben erhalten werden, ohne Pflege und Unterweisung. Solche bedauernswerthe Wesen liefern ebenfalls den Beweis dafür, dass nur durch Erziehung, also zunächst Übung im Nachahmen, das Kind zum Menschen wird.

Ich hatte einmal (am 6. Juli 1882) Gelegenheit, solch ein unglückliches Geschöpf zu sehen. Der 8½-jährige Knabe (aus der Kuhnt'schen Klinik in Jena) sprach nur die beiden Wörter *Professor* und *Mama*. Er verstand eine ziemliche Anzahl, wie „Iss! Trink! Komm! Geh! Setz Dich! Nimm den Hut ab! Bitte schön! Lauf! Dreh um! Lache!" Ein gewöhnlicher Hühnerhund versteht jedoch mehr Ausdrücke. Das Befolgen der Befehle war dem Knaben, neben sehr unbeholfenem Tanzen, Springen, Pfeifen, erst in den letzten Wochen von einem alten Patienten mit vieler Mühe und mit Schlägen beigebracht worden, auch das Lachen. Besonders das Reinlichsein und Anziehen wurde nur unvollkommen erlernt. Das Gehen, welches das Kind zugleich mit der eben erlernten Sprache gegen Ende des zweiten Lebensjahres nach einer Krankheit verlernt hatte, war nun mehr ein Watscheln. Seine Mutter erkannte der Knabe beim Wiedersehen nach kurzer Trennung im neunten Jahre nicht. Jene Krankheit, welche auf epileptiforme Krämpfe im ersten Jahre — nach einer fast ein Jahr dauernden Zeit angeblich normalen Verhaltens — vor dem dritten Jahre folgte, erklärten die befragten Ärzte, der Mutter zufolge, für einen ihnen unbekannten Zustand und gaben den kleinen Patienten auf, der durch ein Röhrchen mit flüssiger Nahrung gefüttert wurde. Nach einer „Sympathie-Cur" aber hörten die Krämpfe auf und der offenbar vernachlässigte und unter den traurigsten Familienverhältnissen aufwachsende kleine Patient blieb vom dritten bis zum neunten Jahre auf derselben Stufe sprachloser Indolenz und Unbildung stehen und verkümmerte geistig und körperlich, obgleich er ganz gut sehen, hören, riechen, schmecken, fühlen und aufrecht stehen konnte.

Ich hoffte ermitteln zu können, worin die „Sympathie-Cur" bestand und ob sie diesen Zustand verschuldet habe. Es ist aber nicht geglückt, Näheres darüber und über eine etwaige weitere Ausbildung des armen Kindes zu erfahren, nachdem die Mutter ihn plötzlich abgeholt hatte. Auf mich, der ich es nur einige Stunden in meinem Laboratorium bezüglich der Sinne und Beweglichkeit sowie der Intelligenz untersuchte, machte es den Eindruck nicht eines Idioten, auch nicht eines Kranken, sondern eines schlecht genährten, körperlich und geistig zwar sehr zurückgebliebenen, aber noch entwicklungsfähigen Kindes.

Jedenfalls zeigt dieser Befund, dass Verstand und Sprache noch lange nach der ersten Kindheit bei vorhandener Sinnesthätigkeit fast ganz mangeln können bei solchen, die zwar von Menschen ernährt, aber sträflich vernachlässigt worden sind.

Jedoch ist damit die Fähigkeit zu lernen nicht zugleich erloschen, sondern nur in engere unüberschreitbare Grenzen gezwängt, als bei rechtzeitig unterrichteten Kindern.

III. Vom Wesen des Sprechenlernens.

Kein Mensch erinnert sich, wie er in früher Jugend seine Muttersprache erlernte, und das ganze Menschengeschlecht hat den Ursprung seines articulirten Sprechens, wie seiner Geberden vergessen, aber jeder Einzelne durchläuft wahrnehmbar das Stadium des Sprechenlernens, so dass ein geduldiger Beobachter Manches als gesetzmässig erkennt.

Die Erwerbung der Sprache gehört zu denjenigen physiologischen Problemen, welche mit dem wichtigsten Hülfsmittel der Physiologie, dem vivisectorischen Experiment, nicht gelöst werden können. Auch lässt sich die jedem Menschen angeborene Sprachlosigkeit nicht als eine Krankheit auffassen, welche durch Unterricht geheilt würde, wie bei gewissen Formen erworbener Aphasie. Eine Reihe anderer Fertigkeiten, wie Schwimmen und Reiten, deren Erwerbung physiologisch ist, wird wie das articulirte Sprechen erlernt, und niemand nennt den, der nicht schwimmen kann, deshalb anomal. Das Unvermögen, diese und andere coordinirte Muskelbewegungen sich anzueignen, ist abnorm. Nun kann man aber bei keinem neugeborenen Kinde von vornherein wissen, ob es wird sprechen lernen oder nicht, gerade wie man bei dem, welcher eine Störung der Sprache erlitten oder dieselbe ganz verloren hat, nicht gewiss ist, ob er sie je wieder erhalten wird.

Hierin ähnelt das noch nicht vollkommen sprechende gesunde Kind dem kranken Erwachsenen, welcher nicht mehr — aus irgend welchem Grunde — die Sprache beherrscht. Und es ist um so wichtiger, die beiden miteinander genau zu vergleichen, als zur Zeit kein anderer empirischer Weg, das Wesen des Sprechenlernens zu erforschen, offen steht. Glücklicherweise führt er durch die Pathologie hindurch zu sicheren physiologischen und psychologischen Schlüssen, die auch pädagogisch verwerthbar sind.

Die Störungen der Sprache Erwachsener.

Die Beherrschung der Sprache umfasst einerseits das Verständniss des Gesprochenen, andererseits die Äusserung des Gedachten; sie erreicht in der freien verständlichen zusammenhängenden Rede ihre höchste Leistung. Alles was das Verständniss
gehörter Worte stört, muss ebenso als Sprachstörung bezeichnet werden, wie alles, was die Erzeugung der Worte und
Sätze stört.

Durch viele mühevolle Untersuchungen Vieler, namentlich von
Broca, Wernicke, Kussmaul (im Folgenden mit [K] bezeichnet), ist
es möglich geworden, die meisten beobachteten Sprachstörungen
beider Arten topisch zu sondern. Für die ersteren, welche ich zusammen der Kürze wegen die impressiven Vorgänge genannt
habe, kommt in Betracht jede Functionsstörung des peripheren
Ohres, des Hörnerven und der centralen Enden des Hörnerven
mit der Hörsphäre, für die letzteren, die expressiven Vorgänge,
jede Functionsstörung des zur Articulation erforderlichen Apparates,
einchliesslich der diesem zugehörigen Nerven in ihrem ganzen
Verlauf, namentlich des Hypoglossus, als des Bewegungsnerven der
Zunge, und der Grosshirnhemisphären-Gebiete, von denen aus die
Sprachnerven erregt und in welche die Sinneseindrücke von aussen
durch Verbindungsfasern so geleitet werden, dass sie selbst oder
ihre Erinnerungsbilder expressive, das heisst motorische Vorgänge
hervorrufen können. Das Schema Fig. 1 versinnlicht:

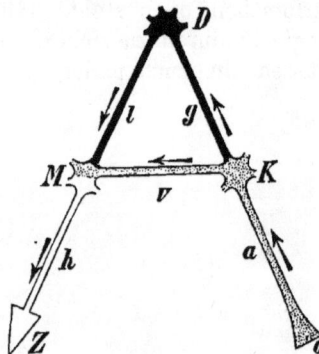

Fig. 1.

Das periphere Ohr *o* mit den Hörnervenenden steht durch
sensorische, mit dem Hörnerven zusammenhängende Fasern *a* mit
dem Schallabdruckmagazin oder Klangerinnerungsbild-Centrum *K*
in Verbindung. Dieses ist durch die intercentralen Bahnen *v* mit

dem motorischen Sprachcentrum M verbunden. Von ihm aus gehen besondere Communicationsfasern h zu den motorischen Sprachnerven, die in den äusseren Articulationsinstrumenten Z endigen. Die impressive Nervenbahn oaK ist centripetal, die expressive MhZ centrifugal, die sonumotorische KvM intercentral. Ferner gehen von K Fasern g an die höheren begriffbildenden Hirntheile, verschiedene weit auseinanderliegende Centren, welche zusammen das Dictorium D heissen sollen. Von D gehen dann noch besondere Bahnen l zum Broca'schen motorischen Sprachcentrum M.

Beim Sprechenlernen des gesunden Kindes nimmt o die Schalleindrücke auf, durch a werden die akustischen Nervenerregungen nach K fortgeleitet und hier aufgespeichert, indem jeder deutlich gehörte Schall (ein Laut, eine Sylbe, ein Wort) einen Eindruck in K hinterlässt. Es ist dabei merkwürdig, dass unter den vielen Klängen und Geräuschen, welche sich den mit dem Hörnerven unmittelbar verbundenen Hirntheilen eindrücken, im Klangfeld der Sprache K eine Auswahl getroffen wird, indem zwar alle diejenigen Eindrücke, welche wiedererzeugt werden können, darunter alle für das Sprechen nothwendigen akustischen Bilder haften bleiben, aber viele andere, wie Donner, Knistern, nicht aufbewahrt werden. Die Erinnerung an diese ist undeutlich. Von K geht weiter, wenn die Klangbilder oder Schallabdrücke genügend stark und zahlreich geworden sind, die Nervenerregung nach D, wo sie erst einen Sinn erhält, und von da nach M, wo sie motorische Impulse auslöst und durch h den peripheren Sprechapparat Z in Thätigkeit setzt. Beim sinnlosen Nachplappern geht die Erregung hingegen nur durch v von a nach h.

Ich theilte nun im Jahre 1881 auf Grund dieser nicht im Geringsten zweifelhaften physiologischen Verhältnisse alle reinen Sprachstörungen oder Lalopathien in drei Classen: 1) impressive, 2) centrale, 3) expressive Störungen.

Gestört ist nämlich die Sprache, wenn an irgend einer Stelle die Bahnen oZ unterbrochen oder die Functionen der Centren herabgesetzt sind, oder wenn die beim Hören des Gesprochenen oder Aussprechen des Vorgestellten (des innerlich Gehörten) fortgeleitete Erregung gehemmt wird, was auch ohne totale Leitungsunterbrechung, z. B. durch Gifte und durch anatomische Läsionen, besonders nach Schlaganfällen, ja schon durch zu kurze Dauer der Eindrücke, bewirkt werden kann.

I. Impressive oder perceptive Störungen.

Das Gehörorgan ist an seinem peripheren Ende o oder der Hörnerv in seinem Verlauf a lädirt; dann tritt Schwerhörig-

keit oder Taubheit ein. Das Gesprochene wird nicht richtig
oder garnicht gehört; die Diction ist richtig nur, falls die Läsion
eine spät erworbene war. Ist sie angeboren, so nennt man diese
Alalie Taubstummheit, obwohl die sogenannten Taubstummen
in Wahrheit nicht stumm, sondern nur taub sind. Werden durch
erworbene Fehler des peripheren Ohres die gesprochenen Worte
unrichtig gehört, „verhört" sich der Kranke, so heisst die Anomalie Parakusie. In diese Abtheilung gehören ferner die seltenen Fälle von subcorticaler sensorischer Dysphasie und Aphasie
(Wernicke), in denen zwar das willkürliche Sprechen und lautes
Lesen erhalten, *K* also unversehrt, aber das Nachsprechen und das
Verstehen des Gesprochenen unmöglich ist, so dass der Kranke
taub zu sein scheint, obwohl er noch gut hört.

Ein solcher Fall, wo *a* sehr nahe bei *K*, also die akustische
Bahn im Grosshirn, lädirt sein muss, ist der Burkhardt-Lichtheim-
sche (Deutsches Archiv für klinische Medicin 36. B. 1885).

Es müssen hierher endlich noch Störungen und Erschwerungen
der Sprache gerechnet werden, welche ohne periphere oder centrale
Defecte nur durch eine zu kurze Dauer der Sinneseindrücke (nach
Grashey) zu Stande kommen, und bei denen die zum Sprechen erforderlichen Associationen deshalb unvollkommen sind.

II. Centrale Störungen.

a) Die höheren impressiven Centren *K* sind gestört: Corticale
sensorische oder centrosensorische Dysphasie und Aphasie.
Die Worte werden gehört, aber nicht verstanden; es kann deshalb
nicht nachgesprochen, Geschriebenes nicht richtig vorgelesen werden.
Das Gehör ist aber scharf. Die Kranken haben richtige Ideen,
aber es fehlt ihnen der richtige Ausdruck dafür; nicht die Gedanken,
sondern die Worte sind verwirrt; sie würden fremde Ideen verstehen, wenn sie die Worte verständen. Die Articulation ist intact, aber das Gesprochene unverständlich, weil die Wörter entstellt
und verkehrt gebraucht werden (Paraphasie). Diese Form hat
Wernicke (1874) entdeckt und von anderen Sprachstörungen streng
unterschieden. Er bezeichnete sie als sensorische Aphasie. Worttaubheit *(surditas verbalis)* nannte später (1877) Kussmaul diese
Anomalie; Andere nennen sie Sprachtaubheit (1885).

b) Die Verbindungen *v* zwischen den impressiven Schallcentren
K und dem motorischen Sprachcentrum *M* sind lädirt. Dann tritt
intercentrale Leitungs-Dysphasie und -Aphasie erster Ordnung ein. Das Gesprochene wird, auch wenn *v* ganz unterbrochen
ist, richtig gehört und verstanden, die Articulation ist nicht gestört,
und doch kann der Kranke nicht mehr richtig willkürlich sprechen.
Das eben von ihm vorgelesene Wort kann von ihm nicht richtig

wiederholt werden, auch das ihm vorgesprochene nicht (Paraphasie). Es ist hier also, selbst wenn die Erinnerung an die gehörten Worte nicht verloren ging, unmöglich, den expressiven Sprechmechanismus, obwohl er intact blieb, aus eigenem Antrieb richtig in Thätigkeit zu setzen.

c) Das motorische Sprachcentrum M ist lädirt. Dann tritt centromotorische Dysphasie und Aphasie auf. Ist das Centrum vollständig und ausschliesslich zerstört, dann liegt die Broca'sche Aphasie, eine rein ataktische Aphasie [K], die ursprüngliche corticale motorische Aphasie Wernicke's vor. Freies Sprechen, Nachsprechen vorgesagter Wörter und lautes Lesen ist unmöglich. Dagegen werden gehörte Wörter verstanden, obwohl die zugehörigen Begriffe nicht lautlich ausgedrückt werden können. Das Wortgedächtniss bleibt erhalten.

d) Die Verbindungen g zwischen den sensorischen Klangcentren K in der Hörsphäre und dem höheren begriffbildenden D sind unterbrochen. Dann ist das Verständniss der Sprache verloren, das willkürliche Sprechen verwirrt (Paraphasie), Vorlesen und Nachsprechen ohne Verständniss noch erhalten. Diese Störung ist als intercentrale Leitungs-Dysphasie und -Aphasie zweiter Ordnung zu bezeichnen, wird aber wenig passend auch „transcorticale sensorische Aphasie" genannt.

e) Die Verbindungen l zwischen den höheren, begriffbildenden Rindentheilen D und dem motorischen Sprachcentrum M sind unterbrochen. Es resultirt dann eine intercentrale Leitungs-Dysphasie und -Aphasie dritter Ordnung, bei der das willkürliche Sprechen unmöglich, aber das Nachsprechen erhalten ist, so dass Vorgesprochenes gehört, wiederholt und verstanden wird. Wenig passend ist diese Form als „transcorticale motorische Aphasie" bezeichnet worden.

III. Expressive oder articulatorische Störungen.

Die centrifugalen Bahnen h (Fig. 1) vom motorischen Sprachcentrum zu den motorischen Sprechnerven, und deren Enden oder diese selbst Z, sind lädirt. Dann tritt Dysarthrie und, wenn die Bahn an irgend einer Stelle total unwegsam wird, Anarthrie ein. Diese Störung wird auch als subcorticale motorische Aphasie (Wernicke) bezeichnet. Das Hören und Verstehen der Wörter ist nicht beeinträchtigt, aber Sprechen, Nachsprechen und Vorlesen, ebenso wie im Fall IIc, unmöglich, überhaupt die symptomatische Unterscheidung dieser beiden Formen voneinander, wenn beide extrem ausgebildet sind, nur bei den peripheren Dysarthrien, das heisst den Dyslalien, möglich, da es begreiflicher Weise in den Ausfallserscheinungen der Mundsprache keinen Unterschied macht, ob das motorische Centrum M selbst ausgeschaltet ist oder seine Verbindungen mit dem motorischen Ausweg völlig abgeschnitten sind gerade da, wo dieser beginnt. Ist aber h näher an der Peripherie lädirt, etwa der Hypoglossus gelähmt, dann sind die Erscheinungen natürlich andere (Paralalie, Mogilalie). Hierher gehören alle durch Fehler des peripheren Sprachapparats bedingten sogenannten mechanischen Dyslalien.

Die strenge Unterscheidung der peripher-motorischen Aphasien von der Broca'schen findet Lichtheim (1885) darin, dass hierbei das willkürliche Schreiben und das Dictatschreiben erhalten sind, während sie bei totaler Broca'scher Aphasie fehlen sollen. Demnach würde die Sprachlosigkeit kleiner Kinder und solcher Menschen, welche nie schreiben lernten und durch Unterbrechung der Leitung h nahe bei M aphatisch werden, von der der Aphatischen mit völlig zerstörtem oder noch garnicht entwickeltem M ohne sonstige Störung 'nicht zu unterscheiden sein.

Von den fünf Formen der centralen Störung (II, a—e) kommt meistens jede nur zusammen mit einer anderen vor, darum ist auch die topische Diagnostik oft ausserordentlich schwer. Es sind aber Fälle genug genau beobachtet und gesammelt worden, welche es nicht zweifelhaft lassen, dass jede Form, wenigstens auf kurze Zeit, auch für sich, rein hervortreten kann. Freilich ist die anatomische Localisation der impressiven und expressiven Bahnen im Gehirn erst unvollkommen ermittelt, so dass einstweilen die centripetalen Wege von den Acusticuskernen zum motorischen Sprachcentrum, und die intercentralen Fasern, welche zu den höheren Centren verlaufen, ebenso unsicher bestimmt sind, wie die centrifugalen von ihnen zu den Hypoglossuskernen abführenden Bahnen. Dass jenes von Broca entdeckte Sprachcentrum selbst im hinteren Theile der dritten linken Stirnwindung gelegen ist, welcher der Fossa Sylvii anliegt, wird zwar mit Recht allgemein angenommen, aber es ist nicht scharf begrenzt und kann sich auch gelegentlich, wie Naunyn (im Congress für innere Medicin 1887) hervorhob, anderswo entwickeln, und beidseitige Zerstörung der Gegend des Broca'schen Centrums scheint ohne irgendwelche Störung der Sprache einmal vorgekommen zu sein. Nicht alle höheren Rindencentren sind an feste anatomische Örter geknüpft, sondern manche können sich, wie z. B. das Schreibcentrum, an verschiedenen Stellen verschieden schnell ausbilden, was auch für die hinteren zwei Drittel der ersten linken Schläfenwindung, den Sitz des von Wernicke entdeckten sensorischen Sprachcentrums, gilt und für das Folgende wohl zu beachten ist.

Aus dem reichen casuistischen Material ergiebt sich ferner, dass das Schallcentrum K in ein Lautcentrum L, Sylbencentrum

S, Wortcentrum W gesondert werden muss, deren jedes für sich
defect werden kann; denn es sind Fälle beobachtet, bei denen
Laute noch erkannt und reproducirt wurden, aber nicht Sylben und
Wörter, auch Fälle, bei denen Laute und Sylben, aber keine Wörter
disponibel blieben, und endlich solche, bei denen alle drei weg-
fielen. Das ursprüngliche Schema wird hierdurch erheblich complicirt, indem zu der einfachen Verbindungsbahn v zwischen K und
M die Bogen LSM und $LSWM$ treten (Fig. 2).

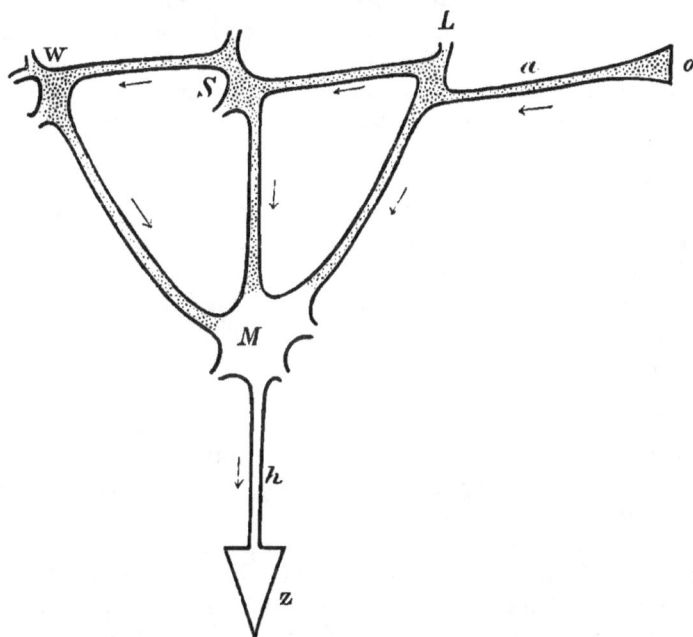

Fig. 2.

Die sicherste Probe auf die Unversehrtheit aller Abschnitte
bildet das willkürliche vollkommen correcte Nachsprechen und
Verstehen vorgesagter Sätze.

Keine Wörter, aber Sylben und Laute können nachgesprochen
werden, wenn W ausfällt oder die Bahn SW oder WM unterbrochen ist, keine Sylben, wenn S ausfällt oder LS oder SM unterbrochen ist. Fällt L aus, dann kann nichts nachgesprochen werden.
Ist LM unterbrochen, dann werden Sylben und Wörter leichter
als isolirte Laute nachgesprochen, sofern letztere nicht schon Sylben
sind. Ist LS unterbrochen, dann können nur einfache Laute noch
nachgesprochen werden. Alle diese Anomalien sind thatsächlich
beobachtet worden. Man findet in Kussmaul's classischem Werke

über Sprachstörungen, welches in erster Auflage 1877 erschien,
sowie in den Schriften von Wernicke, Lichtheim, Broadbent und
Anderen die Belege. Auch der befremdliche Fall, dass (bei Un-
wegsamkeit von *LM*) Sylben leichter als einfache Laute wiederholt werden, kommt vor.

Ist *a* unterbrochen, ehe die Sprache erlernt worden, also in
frühester Kindheit dauernd Taubheit vorhanden, so kann dennoch
durch Tast- und Gesichts-Eindrücke die Articulation erlernt werden.
Dann bildet sich aber das Laut-Centrum *L* nicht aus. Es tritt
bei den Taubstummen ein anderes an seine Stelle, wenn sie unterrichtet werden, ein Laut-Tast-Centrum, hauptsächlich durch die
Tastempfindungen der Zunge, und wenn sie im Lesen (und Schreiben)
unterrichtet werden, ein Laut-, Seh- oder Buchstaben-Centrum.
Dieses letztere fehlt hingegen den Blindgeborenen. Und den Taub-
und Blindgeborenen fehlen beide. Bei ihnen bildet sich durch
sorgfältigen Unterricht mittelst der Tastempfindungen der Fingerspitzen statt dessen ein Centrum für getastete Lautzeichen (wie
bei der Blindenschrift) aus.

Durchaus unentbehrlich zur Erwerbung einer Wortsprache
sind demnach das Ohr und das Auge nicht, aber zur Erlernung
der Wortsprache i h r e m v o l l e n I n h a l t e n a c h sind beide allerdings unentbehrlich. Denn der Blindgeborene erfährt nicht den
Sinn der Licht und Farbe betreffenden Wörter. Ihm bleibt eine
grosse Classe von Begriffen, welche sich auf den Raum beziehen,
unbekannt, eine umfangreiche Abtheilung des Wortschatzes seiner
Sprache leerer Schall. Dem Taubgeborenen ist ebenfalls ein aus-
gedehnter Begriffsbezirk verschlossen, sofern alle auf Ton und Geräusch bezüglichen Wörter ihm unverständlich bleiben.

Vollends können Taubblindgeborene, oder sehr früh ertaubte
Blindgeborene, oder sehr früh erblindete Taubgeborene, mögen
sie noch so intelligent sein, und wie Laura Bridgman und Helene
Keller, Briefe schreiben lernen, stets nur einen kleinen Theil des
Vocabulars ihrer Sprache verstehen und nicht immer correct
articuliren.

Gerade die Taubgeborenen zeigen deutlich, wie nothwendig
das Gehör für die Erwerbung der vollkommen articulirten Sprache
ist. Ein von Geburt an Tauber lernt nicht einmal ein halbes
Dutzend Laute ohne Beihülfe richtig sprechen, und der durch früh
erworbene Taubheit bei Kindern, die bereits sprechen gelernt haben,
regelmässig eintretende Verlust der Sprache beweist, wie untrennbar
fest die Erlernung und Ausbildung vollkommener Articulation an
das Gehör geknüpft ist. Selbst die im reiferen Alter erworbene
Taubheit beeinträchtigt wesentlich den Wohllaut, oft auch die Ver-
ständlichkeit der Rede.

Die organischen Bedingungen des Sprechenlernens.

Wie verhält es sich nun mit dem normalen Kinde, welches sprechen lernt? mit der Existenz und Wegsamkeit der nervösen Leitungen und der Entstehung der Centren?

Um diese Fragen zu erörtern, ist eine abermalige Erweiterung des Schemas nothwendig (Fig. 3). Denn das letzte berücksichtigt nur ·das Hören und Aussprechen der Laute, Sylben und einzelnen

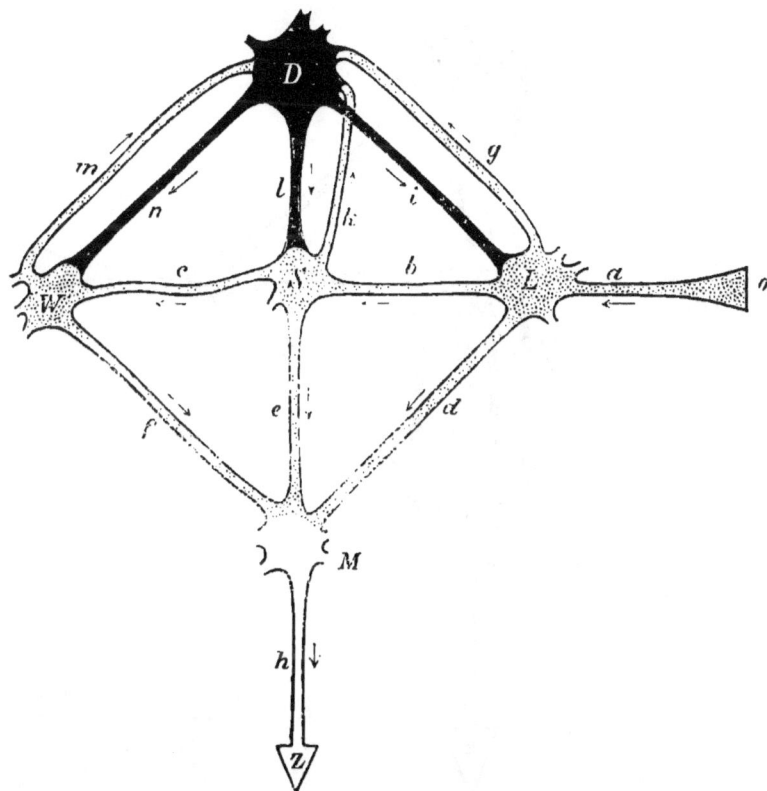

Fig. 3.

Wörter, nicht die grammatische Gestaltung und syntaktische Gruppirung derselben; es muss ein Gebiet höherer Ordnung, das Dictorium D (Fig. 1), noch mit den Centren L, S und W in Verbindung gebracht werden. Und zwar muss einerseits das erlernte (gehörte) Wortbild dem Dictorium zur Verfügung stehen, also eine Erregung von W nach D gehen (in m), andererseits ein Impuls vom Dictorium ausgehen, das dem Sinn entsprechend geformte und placirte Wort auszusprechen (in n). Dasselbe gilt für die allemal vor der Wortkenntniss erlernten Sylben und Laute, deren Hin- und Rück-Wege durch k und l, sowie durch g und i bezeichnet sind. Diese Verbindungswege müssen von zweifacher Art sein. Die Erregung kann zum Dictorium D hin nicht auf derselben Bahn ablaufen wie der Impuls von D fort, weil nicht ein einziger Fall bekannt ist von einer Nervenfaser, welche unter natürlichen Verhältnissen, das heisst solange sie mit ihrem centralen und ihrem peripheren Ende verbunden bleibt, centrifugal und centripetal leitete,

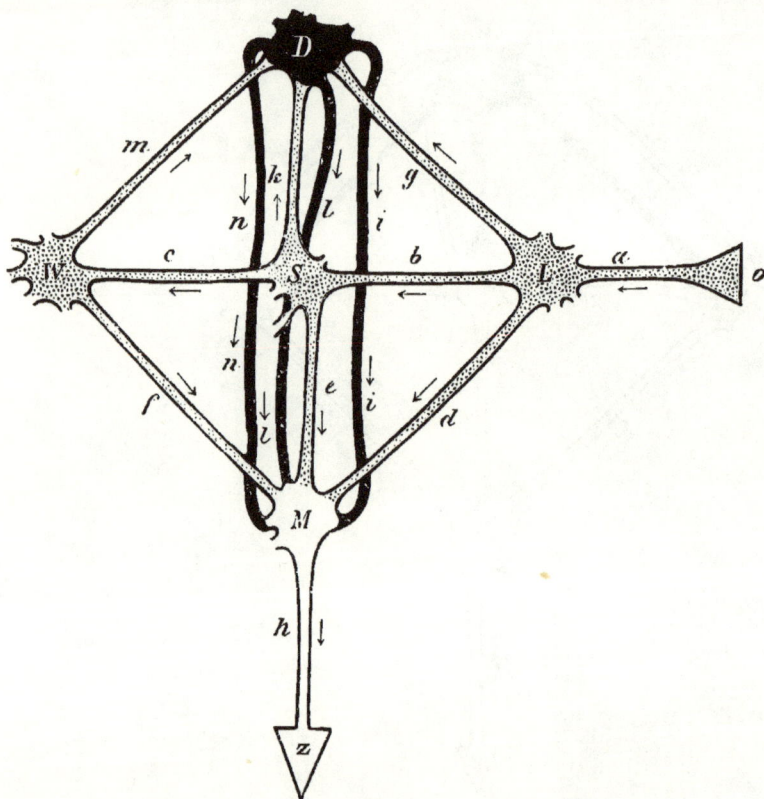

Fig. 4.

obwohl ihr unter künstlichen Umständen dieses doppelsinnige Leitungsvermögen zukommt. Es wird also, abgesehen von pathologischen Erfahrungen, welche dafür sprechen, die Trennung der beiden Erregungsrichtungen auch physiologisch und anatomisch gerechtfertigt erscheinen. Dagegen ist noch unentschieden, ob die von D ausgehenden Impulse erst W, S und L passiren (Fig. 3), oder direct zur motorischen Centralstelle M gelangen (Fig. 4).

Die directen Verbindungsbahnen i, l und n von D nach M

stellen in Fig. 4 das vor, was in Fig. 3 bezüglich durch i L d und l S e und n W f dargestellt wurde; in Fig. 4 leitet i nur von L kommende Laut-Erregungen, l nur von S und n nur von W kommende Erregungen, als Impulse für M. Vorläufig giebt es kein Mittel, zwischen den beiden Möglichkeiten in jedem einzelnen Fall zu entscheiden. Es ist nicht unwahrscheinlich, dass beim ge-übten Redner beide nebeneinander bestehen. Alle folgenden An-gaben über die Localisation der Sprachstörungen und die ihnen parallelen Unvollkommenheiten der kindlichen Sprache gelten gleich-mässig für beide Figuren, wobei festzuhalten ist, dass die Nerven-erregung immer nur in der Richtung der Pfeile, niemals in der entgegengesetzten Richtung, durch die ihnen entsprechenden nervösen Bahnen geht.

Eine solche Parallele giebt, wie ich gefunden habe und im Folgenden zeigen werde, nicht etwa nur die übersichtlichste Dar-stellung der mannigfaltigen Abweichungen der Kindersprache von der späteren vollkommenen Sprache, sondern ist auch zur Beant-wortung der Frage, wie es sich mit dem Sprechenlernen verhält, vor allem nothwendig. Es kommen dadurch alle Eigenthümlich-keiten der Kindersprache zum ersten Male in einen natürlichen Zusammenhang und in ein System. Auf Grund desselben wird man die Arten des mangelhaften und fehlerhaften Sprechens der meisten Kinder leichter erkennen, als bisher, und diesem allzu ver-breiteten Übelstand dann auch, wenigstens zum Theil, bei Zeiten abhelfen können.

Parallele der Sprachstörungen Erwachsener und der Unvollkommenheiten der Sprache des Kindes.

Wenn ich eine solche Parallele zu ziehen unternehme, so muss ich vorausschicken, dass ich in Betreff des Pathologischen mich weniger auf eigene Erfahrungen, als auf Kussmaul's zusammen-fassendes Werk über die Sprachstörungen stütze, welchem die meisten zur Charakteristik der einzelnen Abweichungen der Sprache Erwachsener von der Norm dienenden Angaben entnommen sind. Auch finden fast alle Namen — ausser der hier der Kürze halber hinzugefügten Skoliophasie, Skoliophrasie, sowie Palimphrasie — in ihm ihre Erklärung oder nähere Bestimmung. Die Mehrzahl derselben wurde von diesem eminenten Forscher und Arzt in die Wissenschaft erst eingeführt.

Die Angaben dagegen über das Sprechen des Kindes beruhen auf meinen eigenen Beobachtungen an Kindern — besonders an meinem Sohne — und die Leser, welche auf kleine Kinder achten, werden sie alle bestätigen können. Nur die zur Erläuterung der Mogilalie und Paralalie beigefügten Beispiele stammen zum Theil von Sigismund, wenige andere von dem Physiologen Vierordt. Sie zeigen deutlicher (wenigstens bezüglich des Rhotacismus), als meine eigenen Aufzeichnungen einige Unvollkommenheiten der Articulation beim Kinde im zweiten Lebensjahre, welche aber nur einzelnen Individuen zukommen. Überhaupt findet man die Mängel der kindlichen Sprache sehr ungleich auf die Altersstufen und die Individuen vertheilt, so dass man nicht erwarten darf, alle Sprachstörungen Erwachsener an einem und demselben Kinde in typischer Weise ausgeprägt zu finden. Wenn man aber sehr genau beobachtet und mehrere Kinder daraufhin miteinander vergleicht, drängen sich die Analogien dem Beobachter auf, und es bleibt nirgends eine Lücke.

Das System, in welchem ich sämmtliche Arten von Störungen und Mängeln der Sprache in organischen Zusammenhang zu bringen versucht habe, enthält nur die reinen Sprachstörungen oder Lalopathien, also nicht die durch Störungen der Intelligenz verursachten Unvollkommenheiten der Wortsprache. Ich reihe aber einige Bemerkungen an über Unvollkommenheiten der Wortsprache, welche nur durch Störungen der Intelligenz, also Anomalien des Dictoriums *D*, verursacht sind: Störungen der Rede oder Dysphrasien. Den Schluss bilden Angaben über Unvollkommenheiten der Geberden- und Mienensprache: Dysmimien.

Dagegen fallen die Unvollkommenheiten im Lesen (Dyslexie und Alexie), Schreiben (Dysgraphie und Agraphie), Zeichnen, Malen, Rechnen für das Kind bis zum Ende des dritten Lebensjahres selbstverständlich fort; die des Singens und des musikalischen Gehörs sind noch wenig untersucht worden.

Lalopathien.

I. Die impressiven Processe sind mangelhaft.

Das Gebiet des Hörnerven mitsammt dem Ohr ist noch nicht leistungsfähig.

1) Taubheit. Neugeborene verstehen Gesprochenes nicht, schon weil sie noch nicht hören können. Die Bahnen *o* und *a* sind noch nicht wegsam (Fig. 1 bis 4).

Alle normalen Ebengeborenen sind von taubstummen Neugeborenen nicht zu unterscheiden.

2) Schwerhörigkeit. Schwerhörig gewordene verstehen Gesprochenes nicht oder falsch, weil sie nicht mehr deutlich hören. Solche Individuen verhören sich leicht (Parakusie).

Sehr junge Säuglinge verstehen Gesprochenes schon deshalb nicht, weil sie noch nicht deutlich hören. Kleine Kinder verhören sich sehr leicht.

3) Se̊elentaubheit (H. Munk). Sensorische Störungen der Bahn *a* dicht am Klangbild-Centrum *K* finden ebenfalls ihr Seitenstück vorübergehend beim Kinde. Sein Gehör ist normal geworden und doch scheint es oft beim Zureden stocktaub zu sein, reagirt nicht im Geringsten auf eindringliche Ansprache, spricht nichts nach, kann aber die wenigen erlernten Wörter freiwillig richtig gebrauchen. Es versteht indessen das Vorgesprochene nicht.

4) Endlich ist auch in einem weiter vorgeschrittenen Stadium des Sprechenlernens bei vielen Kindern wahrzunehmen, dass sie zwar langsam Vorgesprochenes, nicht aber schnell Vorgesprochenes nachsprechen können. Dann sind zwar alle Bahnen und Centren da, aber noch schwer durchgängig.

II. Die centralen Processe sind mangelhaft: Dysphasien und Aphasien.

Beim Kinde, welches erst eine kleine Anzahl von Wörtern gebrauchen kann, sind die Bahnen in der Grosshirnrinde, durch welche es dieselben mit seinen Vorstellungen verbindet, noch unvollständig ausgebildet.

a. Die sensorischen Processe sind central mangelhaft.

Centrosensorische Aphasie oder Worttaubheit.

Das Kind kann trotz guten Gehörs und schon ausreichender entwickelter Intelligenz die gesprochenen Wörter noch nicht verstehen, das Vorgesprochene noch nicht richtig nachsprechen, aber einige Wörter selbständig äussern, mit denen es alles beantwortet und die es miteinander verwechselt. Es macht durchaus nicht den Eindruck, als wenn es taub wäre, sondern erscheint eher wie ein Verwirrter, der Fragen falsch beantwortet. *L*, *S* und *W*, mit den Verbindungsstücken *b* und *c*, sind noch unvollständig ausgebildet. Daher verhält sich das Kind oft ähnlich wie die Kranken bei

Amnesie,

die auch amnestische Dysphasie und Aphasie, partielle und totale Wortamnesie, Erinnerungs-Aphasie genannt wird.

Das Kind hat noch kein oder nur ein sehr schwaches Wortgedächtniss, äussert sinnlose Laute und Lautcomplexe. Es kann die Wörter noch nicht gebrauchen, weil es sie noch nicht zur Verfügung hat als akustische Lautcomplexe. In diesem langdauernden Stadium kann vieles Vorgesagte bereits verstanden, jedoch nicht oder nur höchst unvollkommen nachgesprochen werden. *S* und *W* sind noch leer oder unvollständig ausgebildet, *L* functionsfähig, die Hörsphäre ist also noch in der höheren Entwicklung begriffen.

b. Leitungs-Aphasie erster Ordnung mit Paraphasie.

Die Kinder haben einige Ausdrücke ihrer künftigen Sprache, von der sie schon viele Wörter verstehen, erlernt und brauchen sie selbständig, aber verkehrt, sprechen auch falsch nach, setzen an die Stelle des bezeichnenden Wortes ein unrichtiges, indem sie die Wörter verwechseln. Sie sagen z. B. *Kind* st. „Kinn", *Sand* st. „Salz", *Billard* st. „Billet".

Die Verbindungen *d, e, f* sind noch unvollkommen, aber der Umweg von *a* nach *h* über *D* schon durchgängig, daher sich nicht entscheiden lässt, ob die Verwechslungen mehr auf Klangverwechslungen beruhen, oder mehr (wie in II, d) auf mangelhafter Verknüpfung der Vorstellungen mit den Wortbildern. Das eine schliesst das andere übrigens im Einzelfall nicht aus.

Sich versprechen (Skoliophasie).

Bei dieser Art der Paraphasie Erwachsener ist die Ursache ein Mangel an Aufmerksamkeit, also rein central. Die Concentration oder die „Sammlung" fehlt, die Zerstreutheit tritt ein, daher die unbeabsichtigten, oft ungewussten Verwechslungen ähnlich klingender oder nur durch weitläufige oder dunkele Erinnerungen verknüpfter Wörter. Von der Skoliophrasie (s. u.) unterscheidet sich dieses „Sich-versprechen" aus Nachlässigkeit dadurch, dass keine Störung der Intelligenz vorhanden ist und die Berichtigung leicht erfolgt.

Bei Kindern im zweiten und dritten Jahre (und später) kommt die Skoliophasie regelmässig vor. Das Kind hat überhaupt noch nicht das Vermögen, seine Aufmerksamkeit auf das zu Sprechende zu concentriren. Es will, aber es kann noch nicht. Daher selbst bei grösster Anstrengung oft falsche Wiederholungen vorgesprochener Wörter, auch wo Articulationsschwierigkeiten fehlen, daher Vertauschungen, falsche Anreden, z. B. *Mama* oder *Helene* st. „Papa" und *Papa* st. „Marie".

c. Die motorischen Processe sind central mangelhaft.

Centromotorische Dysphasie und Aphasie (Aphemie, Asymbolie, Asemie).

Die Kinder haben den Gebrauch der Sprache noch nicht oder kaum erlernt, obgleich die Intelligenz schon ausreicht, kein Mangel in der Entwicklung der äusseren Sprachwerkzeuge, keine Muskelschwäche, keine Unvollständigkeit der nervösen Gebilde, welche die Articulation der einzelnen Laute vermitteln, mehr vorliegt. Denn die Intelligenz zeigt sich in den Handlungen des Kindes, es bildet die einzelnen Laute unabsichtlich richtig, das Gehör ist gut und das sensorische Wortgedächtniss vorhanden, da das Kind schon gehorcht. Es muss also das Noch-nicht-sprechen in dieser Zeit (gewöhnlich noch im zweiten Jahr) wesentlich centromotorischer Natur sein. *M* ist noch nicht ausgebildet. Diese Periode der centralen Dysarthrie und temporären Anarthrie dauert wahrscheinlich bei dem Kinde der ebenbezeichneten Entwicklungsstufe länger, wenn seine Geberdensprache gut ausgebildet ist und von den Angehörigen beachtet wird, als wenn es wenig gesticulirt, wie ein Phlegmatiker, und man auf seine Mimik wenig achtet.

Ich unterscheide nur zwei Formen:

1) **Ataktische Dysphasie und Aphasie** (Verbale Dysarthrie und Anarthrie).

Das Kind, welches bereits viele Wörter als Lautcomplexe versteht und behält (da es gehorcht), kann dieselben noch nicht sprachlich verwenden, weil es die erforderlichen centromotorischen Impulse noch nicht hat. Es bildet die wenigen Sylben, die es von seiner künftigen Sprache schon erlernt und einstweilen als Lautcomplexe (sensorisch) im Gedächtnisse hat, richtig, kann sie aber noch nicht zu neuen Worten gruppiren; so sagt es *bi* und *te* richtig, lernt auch „bitte" sagen, aber zu der Zeit noch nicht „tibe", „tebi". Es kann nicht richtig nachsprechen. Ihm fehlt noch die motorische Coordination der Wörter und Sylben.

In dieser Zeit ist meist die Geberdensprache und Modulation der Stimme des Kindes leicht zu verstehen, wie bei der reinen ataktischen Aphasie (verbalen Asemie oder Asymbolie Finkelnburg's) die Mienen und Geberden der aphatischen Erwachsenen.

Hier ist M noch unvollkommen ausgebildet.

2) **Schweigsamkeit** (Stummheit).

Einzelne gesunde Menschen (z. B. Mönche), welche sehr wohl sprechen können, sind stumm oder sprechen nur zwei bis drei Worte im Ganzen während mehrerer Jahre, weil sie nicht mehr sprechen wollen (etwa in der Meinung, es verhindere sie das Schweigen, Unrecht zu thun).

Diese Schweigsamkeit ist nicht zu verwechseln mit der paranoischen Aphrasie bei gewissen Geisteskranken (bei Katatonie), und mit der bei Abulie überhaupt.

Es kommt auch — jedoch selten — vor, dass Kinder, welche bereits leidlich sprechen gelernt haben, stumm sind oder nur wenige Worte — darunter *nein* — während mehrerer Monate sprechen, oder nur mit gewissen Personen sprechen, weil sie nicht sprechen wollen (aus Eigensinn, Verlegenheit). Hier ist ein vielleicht pathologischer Widerstand im motorischen Sprachcentrum M wahrscheinlich. Denn die willkürliche Stummheit erfordert eine grosse Willenskraft, welche dem Kinde kaum zuzutrauen ist. Das scherzhafte Nicht-sprechen-wollen hält niemals lange an.

d. Leitungs-Aphasie zweiter Ordnung mit Paraphasie.

Die Verbindungen g, K, m zwischen K, also auch W, und D sind noch nicht völlig hergestellt. Daher ist ein völliges Verstehen des Gehörten noch nicht möglich, aber das Kind kann schon sinnlos Manches nachsprechen. Selbständig gebrauchen kann es die wenigen gelernten Wörter noch nicht richtig. Es verwechselt sie miteinander.

e. Leitungs-Aphasie dritter Ordnung.

Die sensumotorischen Processe der Diction sind gestört.

1) Akataphasie (Steinthal).

Das Kind, welches bereits eine grössere Anzahl von Wörtern zur Verfügung hat, ist noch nicht im Stande, sie syntaktisch im Satze zu ordnen. Es kann richtige Sätze zur Darstellung seiner Gedankenbewegung noch nicht bilden, weil die Verbindungen *i, l, n* noch unvollständig entwickelt sind. Einen ganzen Satz drückt es durch ein Wort aus; so bedeutet *heiss!* soviel wie: „Die Milch ist mir zum Trinken zu heiss", und dann wieder: „Der Ofen ist zu heiss!" *Mann!* soviel wie: „Ein fremder Mann ist gekommen."

2) Dysgrammatismus [K] und Agrammatismus (Steinthal).

Die Kinder können die Wörter noch nicht grammatisch richtig formen, noch nicht decliniren und conjugiren, verwenden gern das unbestimmte Hauptwort und den Infinitiv, sowie etwa noch das Particip der Vergangenheit, bevorzugen die schwache Flexion, ignoriren und verwechseln die Artikel, Bindewörter, Hülfszeitwörter, Präpositionen, Fürwörter. Sie sagen statt „ich" ihren eigenen Namen, auch *tint* (Kind); statt „Du, er, Sie" setzen sie Eigennamen oder *Mann, Papa, Mama.* Auch werden zuweilen die Beiwörter hinter die Hauptwörter gesetzt und der Sinn der Wörter durch die Stellung zu anderen, durch die Betonung, durch Mienen und Geberden bezeichnet. Der Agrammatismus kommt in der Kindersprache immer zusammen mit Akataphasie vor, oft auch bei Irren. Wenn die geistesschwache Toni sagt *Toni Blumen genommen, Wärterin gekommen, Toni gehaut,* so spricht sie genau wie ein Kind [K] ohne Artikel, Fürwörter, Hülfszeitwörter und verwendet wie dieses die schwache Flexion. Die Verbindung *n* (Fig. 3) des Wortbildcentrums *W* mit *D,* des Wortgedächtnisses mit der Grammatik, und diese selbst, sind noch sehr unvollkommen wegen mangelnder Übung.

3) Bradyphasie.

Kinder, welche schon Sätze bilden können, brauchen wegen der Langsamkeit der Diction auffallend viel Zeit zum Sprechen. In *m,* auch in *D* und *W* sind dann die Widerstände noch gross wegen zu geringer Übung.

4) Centrales Stammeln und Lallen (Literale Dysarthrie).

Die Kinder, welche eben anfangen, Sätze zu bilden, stammeln, indem sie die Laute nicht richtig aussprechen. Auch lallen sie in der Regel längere Zeit, so dass die von ihnen gesprochenen Wörter noch undeutlich und nur den Personen der nächsten Umgebung des Kindes verständlich sind.

Die Bahnen d und i, und dadurch das Centromotorium M, kommen hier hauptsächlich in Betracht. Das „Lallen" des Säuglings ist hiermit nicht zu verwechseln. Es betrifft lediglich die unbeabsichtigte Erzeugung einzelner unzusammenhängender articulirter Laute mit uncoordinirten Zungenbewegungen wegen uncontrolirter Erregung der Zungennerven.

5) Stottern (Syllabäre Dysarthrie).

Die Stotterer articuliren jeden einzelnen Laut richtig, verbinden aber die Consonanten, besonders die Explosivlaute, mit den nachfolgenden Vocalen nur schlecht, mit Anstrengung, als wenn ein Hinderniss zu überwinden wäre [K]. Die Bahnen i und l sind afficirt und dadurch M nicht richtig erregt.

Die Kinder, welche noch nicht von selbst sprechen, aber Vorgesagtes nachsprechen können, strengen sich unnöthig unter Anwendung eines starken Exspirationsdrucks (mit Hülfe der Bauchpresse) an, eine noch ungewohnte Sylbe zu wiederholen, und pausiren zwischen dem verdoppelten oder verdreifachten Consonanten und Vocal. Diese bald vorübergehende, oft auf Mangel an Übung und Befangenheit (bei Drohungen) zurückzuführende Eigenthümlichkeit, die man bei jedem Kinde gelegentlich wahrnehmen kann, ist eigentliches Stottern, wenn es auch seltener auftritt, als bei Stotterern. Beispiel: Das zweijährige Kind soll „Tischdecke" sagen und beginnt mit unnöthigem Exspirationsdruck T-t-itt-t, ohne zu vollenden. Hierbei handelt es sich durchaus nicht um ein Stocken des Gedankens (wie Treitel 1892 meint).

Das Stottern ist übrigens nicht ein physiologisches Übergangsstadium, welches jedes sprechenlernende Kind nothwendig durchmachen müsste. Es wird aber durch Nachahmung Stotternder im häufigen Verkehr mit denselben leicht beim Sprechenlernen erworben. Daher die Stotterer mitunter stotternde Kinder haben.

6) Sylbenstolpern.

Die Kinder, welche bereits die einzelnen Laute absichtlich richtig articuliren, setzen sehr häufig aus den Lauten die Sylben noch unrichtig zusammen und bilden aus den Sylben die Wörter noch unrichtig, ohne dass Mängel der Entwicklung der äusseren Sprachwerkzeuge annehmbar wären, lediglich wegen der noch unvollkommenen Coordination. Das Kind sagt, ehe es *bitte* sagen kann, consequent *beti*, auch wohl *grefessen* statt „gefressen".

Die Strecken l und n sind noch unvollständig entwickelt.

III. Die expressiven Processe sind mangelhaft.

Das Verständniss des Gesprochenen ist schon weit entwickelt, aber das Sprechen und Nachsprechen noch mangelhaft und fehlerhaft.

a. Dyslalie und Alalie (Periphere Dysarthrie und Anarthrie).

Der Säugling kann wegen der noch mangelhaften Ausbildung und dann Beherrschung der Sprachnerven und äusseren Sprachwerkzeuge noch nicht richtig oder garnicht articuliren. Das gänzliche Unvermögen zu articuliren heisst Alalie. Alalisch ist das Neugeborene. Die Dyslalie dauert auch nach Erlernung der Muttersprache bei vielen Kindern noch lange fort. Es handelt sich dabei um Unvollkommenheiten des h und z, selbst nach fortgeschrittener Ausbildung der sensorischen Centren L, S und W, des motorischen Centrum M und des Dictorium D.

1) **Bulbo-nucleäres Stammeln** (Literale bulbo-nucleäre Dysarthrie und Anarthrie).

Die Kranken, welche durch Bulbärkernlähmung die Herrschaft über ihre Sprachmuskeln verloren haben, stammeln, ehe sie sprachlos werden, und es treten regelmässig neben der Lähmung und Atrophie der Zunge fibrilläre Zuckungen der Zungenmusculatur ein. Dieselbe wird nicht mehr vom Willen regiert [K].

Das Kind, welches die Herrschaft über seine Sprachmuskeln noch nicht gewonnen hat, stammelt, ehe es richtig sprechen kann, und zeigt, neben einer ausserordentlichen Beweglichkeit der Zunge, meinen Beobachtungen zufolge, regelmässig fibrilläre Zuckungen der Zungenmusculatur. Dieselbe wird noch nicht vom Willen regiert. Ihre Bewegungen sind unzweckmässig. Es kommt zu einer Art Zittersprache.

2) **Mogilalie** (Erschwertes Articuliren).

Die Kinder können wegen der noch mangelhaften Beherrschung der äusseren Sprachwerkzeuge, besonders der Zunge, mehrere Laute noch nicht bilden, lassen sie daher aus, namentlich K, S, R, L, wie die folgenden Beispiele zeigen.

Gammacismus. Die Kinder finden in der willkürlichen Hervorbringung des K und des Ks (x), auch wohl des G, Schwierigkeiten, lassen daher diese Laute öfters ohne Ersatz ganz fort, sagen *atten* st. „Garten", *all* st. „Karl", *ete* st. „Grete" (im zweiten Jahr), *Attall* st. „Axel".

Sigmatismus. Alle Kinder lernen erst spät S und meistens noch später Sch richtig aussprechen, lassen daher beide aus oder setzen lispelnd S st. Sch, seltener Sch st. S, sagen *int* st. „singt", *lafen* und *slafen* st. „schlafen", *iss* st. „Hirsch", *pitte* st. „Splitter", *wein* st. „Schwein", *Tuttav* st. „Gustav", *torch* st. „Storch" (im zweiten Jahr), *emele* st. „Schemel", aber auch *Kusch* st. „Kuss". Doch habe ich selbst in keinem Falle ein Kind regelmässig „sch" st. „s" setzen gehört, wie in *Joschef* st. „Josef". Diese Form kommt in jüdischen Familien vor.

Rhotacismus. Viele Kinder bilden lange Zeit gar kein R und ersetzen es nicht, sagen *duch* st. „durch", *bot* st. „Brot", *unte* st. „herunter", *ukka* st. „Zucker"; einige bilden dagegen früh das

Zungen-, Rachen- und Lippen-R; aber alle verwechseln wohl hier
und da die beiden ersteren miteinander.

Lambdacismus. Manche Kinder lernen erst spät ein L hervorbringen und lassen es anfangs oft aus, sagen *icht* st. „Licht“,
voge st. „Vogel“, *atenne* st. „Laterne“, *batn* st. „Blatt“.

b. Literale Pararthrie oder Paralalie.

Die Kinder, welche anfangen nachzusprechen, setzen oft, wegen
mangelhafter Beherrschung der Zunge oder anderer peripherer Sprachwerkzeuge, statt des wohlbekannten richtigen (ohne Zweifel beab-
sichtigten) Lautes einen anderen, so *t* statt *p* oder *b* statt *w* (*basse*
statt „Wasser“ und statt „Flasche“), *e* statt *i* und *o* statt *u*, wie in
bete st. „bitte“ und *Ohr* st. „Uhr“. Hierher:

Paragammacismus. Die Kinder ersetzen die ihnen oft un-
überwindlich schwierigen Laute G, K, X durch andere, namentlich
D und *T*, auch *N*, sagen *itte* st. „Rike“, *finne* st. „Finger“, *tein*
st. „klein“, *toss* st. „gross“, *atitte* st. „Karnickel“, *wodal* st. „Vogel“,
tut st. „gut“, *tatze* st. Katze.

Parasigmatismus. Die Kinder lernen erst spät S und Sch
richtig aussprechen. Bis dahin ersetzen sie oft beide durch andere
Laute, sagen *tule* st. „Schule“, *ade* st. „Hase“, *webbe* st. „Wasser“,
beb st. „bös“, *bebe* st. „Besen“, *gigod* st. „Schildkröte“, *baubee* st.
„Schwalbe“.

Pararhotacismus. Die meisten Kinder, wenn nicht alle,
setzen, auch wenn sie schon sehr früh das R richtig (unwillkürlich)
gebildet haben, beim Sprechen statt desselben andere Laute ein,
sagen *moigjen* st. „morgen“, *matta* st. „Martha“, *annold* st. „Arnold“,
jeiben st. „reiben“, *amum* st. „warum“, *welfen* st. „werfen“.

Paralambdacismus. Viele Kinder, welche erst spät ein L
hervorbringen lernen, setzen an seine Stelle andere Laute, sagen
bind st. „Bild“, *bampe* st. „Lampe“, *degen* st. „legen“, *wewe* st.
„Löwe“, *ewebau* st. „Elephant“.

c. Bradylalie oder Bradyarthrie.

Die Kinder, welche zum ersten Male etwas auswendig Gelerntes
hersagen, sprechen nicht immer undeutlich, aber wegen der noch
nicht vollständigen Wegsamkeit der motorischen Bahnen langsam,
eintönig, ohne Modulation. Laute und Sylben folgen einander noch
nicht rasch, obwohl sie schon richtig gebildet werden. Die zu
einem Wort gehörenden Sylben werden oft ebenso durch Pausen
getrennt wie die Wörter selbst: eine Art Leitungs-Dysphasie wegen
erschwerter und verlangsamter Leitung der motorischen Impulse.
Ich kannte einen schwachsinnigen Knaben, welcher zur Beantwortung
auch der einfachsten Frage drei bis acht Secunden brauchte, dann
trat eine förmliche Explosion ein. Doch stotterte und stammelte er
nicht. Wenn er nur *ja* oder *nein* zu antworten hatte, war die Pause
zwischen Frage und Antwort kürzer.

Hierher gehören zum Theil auch die Unvollkommenheiten der
Sprache, welche durch eine zu grosse Zunge (Makroglossie) bedingt
sind. Wenn ein Kind mit einer zu grossen Zunge geboren wird,
kann es lange alalisch bleiben, ohne dass die intellectuelle Entwicklung fehlt, wie Paster und Heusinger beobachteten (1882).

Dysphrasien.
Dyslogische Unvollkommenheiten der Rede.

Das Kind, welches bereits ziemlich richtig sprechen kann, verunstaltet, ähnlich wie Geisteskranke, durch sonderbare Einfälle bewogen, die Rede, weil sein Verstand noch nicht genügend ausgebildet ist.

Logorrhöe (Geschwätzigkeit). Bei Kindern kommt es regelmässig vor, dass ihr Vergnügen am Articuliren und an den Vocalklängen sie manchmal veranlasst, lange Monologe zu halten, theils
mit articulirten Lauten und Sylben, theils ohne solche. Bis zur
Ermüdung der anwesenden Erwachsenen wird sogar von Kindern,
welche noch nicht zu sprechen vermögen, dieses Schwatzen fortgesetzt und das Schreien oft erst durch Heiserkeit unterbrochen,
gerade wie bei der Polyphrasie [K] Irrsinniger.

Dysphrasie der Melancholiker. Die Kinder strengen sich
bei den ersten Versuchen zu sprechen sichtlich an, antworten träge
oder garnicht, oder manchmal flüsternd, immer langsam, oft gedehnt
und monoton, sehr häufig stockend. Auch setzen sie mitunter zum
Sprechen an und verlieren dann sogleich die Lust fortzufahren.
Geradeso manche Melancholiker [K].

Dysphrasie der Wahnsinnigen. Die Kinder, welche angefangen haben zu sprechen, schaffen sich neue Wörter; Zeichen
haben sie schon vorher erfunden; auch sind sie häufig unverständlich, weil sie die erlernten Wörter in anderem Sinne gebrauchen.
Wahnsinnige ebenso [K].

Dysphrasie der Verrückten. Bei dem Kinde ist die Bereitschaft zu reden noch nicht vorhanden; nur ungeordnete Laute
und isolirte Wortrudimente, Ursylben, Wurzeln sind als erstes Rohmaterial der künftigen Sprache da.

Bei manchen Verrückten sind nur zusammenhanglose Reste oder
Trümmer des Sprachschatzes übrig geblieben [K], so dass ihre
Sprache der des gesunden Kindes in einem gewissen Stadium
ähnelt.

Die Sprache der Schwachsinnigen. Das Kind reagirt anfangs nur auf starke Eindrücke, und zwar oft träge und schwerfällig und durch Geschrei, später auf Eindrücke gewöhnlicher Stärke
ohne Verständniss, lachend, krähend, zusammenhanglose Sylben
äussernd.

So reagirt der Kranke entweder nur noch auf starke Eindrücke,
und zwar träge, plump, mit wenig sagenden Geberden und rohen

Worten, oder noch auf Eindrücke gewöhnlicher Stärke, aber in faden, albernen, zusammenhanglosen Äusserungen [K].

Die Sprache der Idioten. Die Kinder verfügen anfangs über gar keine articulirten Laute, dann lernen sie diese und Sylben, hierauf auch einsylbige Wörter, sodann kurze mehrsylbige Wörter und Sätze sprechen, plappern aber oft gehörte Wörter her, ohne deren Sinn zu verstehen, wie Papageien.

Die Blödsinnigen verfügen oft nur über kurze Wörter und Sätze oder nur noch über einsylbige Wörter und Laute, oder endlich es fehlt ihnen jeder articulirte Laut. Manche Mikrocephale plappern einzelne Wörter her, ohne deren Sinn zu verstehen [K], wie kleine Kinder.

Echosprache oder Echolalie (Imitative Reflexsprache). Kinder, welche noch nicht im Stande sind, einen Satz richtig zu bilden, wiederholen gern das letzte Wort eines gehörten Satzes und zwar nach meinen Beobachtungen und Erkundigungen so allgemein, dass ich diese Echolalie als ein physiologisches Durchgangsstadium bezeichnen muss.

Von langen vorgesprochenen Wörtern werden dabei gewöhnlich nur die beiden letzten Sylben oder die letzte allein wiederholt.

Geistesschwache wiederholen auch monoton die von einer Person in ihrer Nähe gesprochenen Worte und Sätze, ohne eine angeregte Aufmerksamkeit zu bezeugen und überhaupt ohne einen Begriff damit zu verbinden [Kussmaul und Romberg].

Interjectionssprache. Kinder sprechen zu Zeiten mit Vorliebe durch Interjectionen, indem sie unklare Vorstellungen durch einzelne Vocale (wie *ä*), Sylben (*na, da*) und Sylbencomplexe äussern und oft inhaltleere Laute und Sylben durch das Haus rufen.

Auch ahmen sie oft die Interjectionen der Angehörigen nach: *hop! patsch! bauz!* eine interjectorische Echolalie.

Manche Irrsinnige äussern durch Interjectionen ebenso ihre Gefühle in Lauten, besonders Vocalen, Sylben oder wortartigen Lautverbindungen, die begrifflos oder nur mit dunkeln Vorstellungen verknüpft sind [Kussmaul und Martini]. Dann fehlt *W* und ist *D* nur durch *L* und *S*, also *id* und *le* mit *M* verbunden (Fig. 3).

Embolophrasie. Viele Kinder ergötzen sich damit, nachdem sie bereits die Akataphasie und den Agrammatismus längst überwunden haben, zwischen die Wörter ungehörige Laute, Sylben und Wörter einzuschieben, z. B. verdoppeln sie die letzte Sylbe jedes Wortes und setzen *eff* dazu: *ich-ich-eff, bin-in-eff* usw. oder meckern zwischen den Worten [K], schieben auch Sylben in ihre Erzählungen ein, während sie nachdenken.

Manche erwachsene Personen haben ebenfalls die unangenehme Gewohnheit, gewisse Wörter oder sinnlose Sylben in ihre Reden einzuschalten, wo sie durchaus nicht hingehören, oder Diminutivenden den Wörtern anzuhängen. Die Sylben sind oft nur Laute wie *ä, ö*; manchmal klingen sie wie *eng, ang* (Angophrasie) [K].

Palimphrasie. Irrsinnige wiederholen oft sinnlos einzelne Laute, Sylben, Wörter, Sätze immerzu, zum Beispiel: „Ich bin-bin-bin-bin . . .“

„Manchmal erinnert die Erscheinung an die Kinder, die irgend ein Wort oder eine Phrase, einen Reim oder kleinen Vers so lange fort wie Automaten aufsagen oder singen, bis es die Umgebung nicht mehr aushält. Oft ist es der Klang, oft der Sinn der Worte, oft beides, was den Kindern imponirt, und sie wiederholen dieselben, weil sie ihnen fremd sind oder sehr tönend vorkommen“ [K].

Bradyphrasie. Bei Betrübten, Schläfrigen und anderen Personen mit trägem Gedankengang schleicht die Rede oft in ermüdender Langsamkeit fort, wird auch wohl in der Mitte abgebrochen. Der Redner bleibt stecken [K]. Nicht zu verwechseln mit Bradyphasie und mit Bradyarthrie oder Bradylalie (s. o. S. 279).

Bei Kindern dauert ebenfalls wegen der noch langsamen Entstehung und Verknüpfung der Vorstellungen die Satzbildung lange, und eine einfache Erzählung wird nur langsam oder garnicht vollendet, weil die intellectuellen Processe im Gehirn zu anstrengend sind.

Paraphrasie (nicht zu verwechseln mit Paraphasie S. 274, 275). Unter denselben Umständen wie bei der Bradyphrasie kann die (langsame) Rede dadurch entstellt und unverständlich werden, dass der Gedankengang sich verwirrt, so bei Schlaftrunkenen, so dass den ursprünglichen Vorstellungen nicht zugehörige Wörter geäussert werden [K].

Bei Kindern, welche etwas erzählen wollen und richtig beginnen, kann leicht eine Erinnerung, ein neuer Gedankengang die Erzählung unterbrechen und sie sprechen doch weiter, zum Beispiel verwechseln sie zwei Märchen, indem sie den Schluss des einen an den Anfang des anderen fügen.

Skoliophrasie. Zerstreute und ängstliche Geistesschwache versprechen sich leicht, weil sie ihre Aufmerksamkeit nicht auf das, was sie, und die Art, wie sie sprechen, richten können, sondern abschweifen, indem sie sich durch allerlei Vorstellungen und äussere Eindrücke von dem zu Sagenden abbringen lassen [K], und auch nachher nicht merken, dass sie sich versprechen (vgl. S. 274).

Kinder setzen häufig an die Stelle eines richtigen ihnen wohlbekannten Wortes ein falsches, ohne es zu merken. Sie lassen sich sehr leicht von der Hauptsache abbringen durch äussere Eindrücke und allerlei Einfälle, sagen auch wohl das Gegentheil von dem, was sie meinen, ohne es zu merken.

Dysmimien und Amimien.

Unvollkommenheiten der Geberdensprache (Mimik).

Perceptive Asemie Kranke haben das Vermögen, die Mienen und Geberden zu verstehen, verloren (Steinthal).

Kinder können noch nicht die Mienen und Geberden der Personen ihrer Umgebung verstehen.

Amnestische Dysmimie und Amimie. Kranke können mitunter Geberden nachahmen, aber sie nicht auf Geheiss, sondern nur wenn man sie ihnen vormacht, ausführen [K]. Kinder, welche noch nicht sprechen, können Geberden nachahmen, wenn man sie ihnen vormacht, aber es dauert oft lange, ehe sie dieselben auf Befehl ausführen können.

Ataktische Dysmimie und Amimie (mimische Asemie). Kranke können wegen mangelhafter Coordination die bezeichneten Mienen und Geberden nur unvollkommen oder überhaupt nicht mehr ausführen [K].

Kinder können die eigenen Begehrungszustände usw. nicht ausdrücken, weil sie die für die entsprechenden Mienen und Geberden erforderliche Coordination noch nicht erworben haben.

Paramimie (paramimische Asemie). Manche Kranke können zwar Mienen und Geberden ausführen, verwechseln sie aber [K].

Die Kinder haben sich die Bedeutung der Mienen und Geberden noch nicht fest eingeprägt, was sich durch Verwechslungen äussert; beim Bejahen wird nicht selten der Kopf verneinend geschüttelt.

Affectsprache bei Aphrasie. Bei Aphratischen kommt es vor, dass Lächeln, Lachen und Weinen nicht mehr beherrscht werden und bei den geringsten Veranlassungen mit grösster Heftigkeit hervorbrechen, wie die spinalen Reflexe bei enthaupteten Thieren (Hughlings-Jackson).

Bei Kindern genügen normalerweise viel geringere Anlässe, ein Lächeln, Lachen und Weinen hervorzurufen, als bei Erwachsenen. Jene Affectäusserungen werden vom Kinde, das noch nicht sprechen kann, noch nicht oft willkürlich gehemmt, dagegen unnöthig wiederholt.

Die Affectsprache kann bleiben, wenn die Begriffssprache ganz erloschen ist, und idiotische alalische Kinder können sogar noch singen [K].

Apraxie. Manche Kranke sind nicht mehr im Stande, wegen gestörter Intelligenz, die gewöhnlichen Gegenstände, deren Gebrauch sie früher wohl kannten, richtig zu verwenden, können den Weg zum Munde nicht mehr finden, beissen in die Seife [K].

Die Kinder sind noch nicht im Stande, wegen mangelnder Übung, die gewöhnlichen Utensilien richtig zu gebrauchen (Dyspraxie), wollen mit der Gabel Suppe essen (Parapraxie) und führen sie gegen die Wange statt in den Mund. Gerade diese typischen Beispiele, welche Kussmaul für erwachsene Kranke anführt, constatirte ich bei gesunden Kindern.

Die Reihenfolge, in der jeder Mensch die gewöhnlichen Manipulationen beim Essen, Waschen, Ankleiden usw. erlernt, ist die obige: zuerst kann nichts gethan werden (Apraxie), dann wird einzelnes unvollkommen ausgeführt (Dyspraxie), bald nach den ersten Versuchen aber die eine Hantierung mit der anderen verwechselt (Parapraxie), endlich alles richtig gemacht. Demnach ist der Entwicklungsgang derselbe wie beim Sprechenlernen: Alalie, Dyslalie, Paralalie, normales Sprechen. Und in beiden Gebieten folgt der durch Krankheit oder Verletzungen herbeigeführte Functionsverlust genau dem umgekehrten Gang. Die Paralalie und Parapraxie sind wohl stets die ersten Symptome einer Störung.

IV. Entwicklungsgeschichte des Sprechens beim Kinde.

Aus der Vergleichung der Sprachstörungen Erwachsener und der Sprachmängel des Kindes einerseits, der chronologischen Beobachtung des letzteren andererseits, ergiebt sich, welche Theile des Sprechapparates nach und nach in Wirksamkeit treten. Zunächst kommen die impressiven und expressiven Bahnen in Betracht.

Alle neugeborenen Menschen sind taub oder harthörig. Da das Gehör in den ersten Lebenstagen sich nur langsam verschärft, so können keine Lautäusserungen zu dieser Zeit als Antworten auf irgendwelche Schalleindrücke aufgefasst werden. Der erste Schrei ist rein reflectorisch, wie das Quarren des enthaupteten Frosches, dem man die Rückenhaut streichelt (Goltz). Er wird vom Ebengeborenen selbst nicht gehört und hat nicht den geringsten sprachlichen Werth. Er ist gleichwerthig dem Blöken des eben geborenen Lammes und dem Piepen des seine Schale sprengenden Hühnchens.

Auf die erste sehr kurze Periode physiologischer Taubstummheit folgt die Zeit, in der das Schreien körperliche Zustände, Gefühle, wie Schmerz, Hunger, Kälte, ausdrückt. Auch hier fehlt noch jeder Zusammenhang der expressiven Vorgänge mit akustischen Eindrücken, aber schon findet die Stimme mit verstärkter Ausathmung Verwendung bei Erregungen anderer sensorischer Nerven, als derjenigen des Gemeingefühls und der Haut. Denn nun schreit das Kind über blendendes Licht und bitteren Geschmack, als wenn das Unlustgefühl durch die starke motorische Entladung gemindert würde. Jedenfalls schreit es, weil dieses laute verstärkte Ausathmen die vorher vorhandenen Unlustgefühle zeitweise verdrängt, ohne darum gerade einen behaglichen Zustand herbeizuführen.

Erst später bewirkt ein plötzlicher Schalleindruck, der zuerst nur ein Zusammenfahren und dann Zucken mit den Augenlidern hervorrief, auch Schreien. Aber dieses laute Zeichen des Erschreckens kann, ebenso wie das stumme Zusammenfahren und Emporwerfen der Arme nach einem Knall, rein reflectorisch sein und hat höchstens die Bedeutung einer Unlustäusserung, wie etwa das Schreien über einen schmerzhaften Stoss.

Anders die erste laute Beantwortung eines als neu erkannten akustischen Eindrucks. Die nicht fixirbaren Laute der Befriedigung des Kindes, welches zum ersten Male Musik hört, sind nicht mehr reflectorisch und nicht Unlustsymptome. Ich sehe in dieser, dem Heulen des zum ersten Male in seinem Leben Musik hörenden Hundes vergleichbaren Reaction des Stimm- und künftigen Sprech-Apparats das erste Zeichen der eben hergestellten Verbindung von impressiven (akustischen) und expressiven (emotionell-sprachlichen) Bahnen. Erstere allein waren schon lange offen, da die Kinder nach der ersten Woche sich durch gesungene Wiegenlieder beruhigen lassen, und letztere allein mussten gleichfalls offen sein, da durch verschiedenartiges Schreien verschiedene Zustände kundgegeben wurden.

Auf die feste intercentrale Communication beider kommt nun alles an.

Jene primitive Verbindung erhebt sich bereits über die eines Reflexbogens. Die vom Ohr an die corticalen Enden des Hörnerven im linken Schläfelappen gelangenden Tonerregungen werden nicht unmittelbar umgesetzt in motorische Erregungen für die Kehlkopf-Muskeln, so dass die Stimmritze sich zum Tönen verengt. Wenn das Kind (schon in der sechsten bis achten Woche) sich über Musik freut und laut lacht, so kann seine Stimme hier nicht (wie bei der Geburt) reflectorisch erweckt worden sein, denn ohne Grosshirn würde es nicht lachen und nicht Freudenlaute äussern, während es ohne solches doch schreit.

Hieraus folgt aber nicht die Existenz eines Sprachcentrums beim Säugling. Die Thatsache, dass er (wenn auch ohne Willkür) behaglich articulirte Laute hervorbringt, wie *tahu* und *amma*, beweist nur die Functionsfähigkeit der peripheren Articulationsapparate (in der siebenten Woche) lange ehe sie absichtlich zum Articuliren benutzt werden.

Allgemein sind diese im ersten Halbjahr häufig zum Vorschein kommenden unabsichtlich geäusserten Sylben einfach. Die Vocale treten im ersten Monat fast ausschliesslich auf und überwiegen noch lange; von Consonanten ist im dritten Monat meistens *m* allein als häufig zu bezeichnen; es resultirt auch später aus der ohnehin dem Säugling bald geläufigen Hebung und Senkung des Unterkiefers beim Ausathmen mit noch weniger Aufwand an Willen, als *b*, welches festeren Lippenverschluss benöthigt, aber durch die Saugstellung der Lippen bevorzugt ist.

Trotz dieser Einfachheit aller lautlichen Äusserungen und der Mangelhaftigkeit des articulatorischen Apparats ist nun (oft lange

vor dem sechsten Monat) das Kind im Stande, auf Anreden zu
antworten, sei es in unarticulirten Lauten, sei es mit einfachen
Sylben, wie *pa, ta, ma, na, da, mä, mö, gö, rö.* Da diese Antworten den mikrocephalen und den taubgeborenen Kindern ganz
oder fast ganz fehlen, so sind sie nicht rein reflectorisch, wie etwa
Niesen; es muss sich also bei ihnen ein intellectueller Grosshirn-
process zwischen Schallperception und Stimmgebung einschalten,
zumal der Säugling, je nach dem was er hört, sich verschieden
verhält, den strengen Befehl von der Liebkosung, das Versagen
von dem Gewähren an der Stimme des zu ihm Redenden unterscheidet. Doch ist es vielmehr die Klangfarbe, die Betonung, die
Stimmhöhe, die Intensität der Stimme und der Laute, deren Wechsel
die Aufmerksamkeit erregt, als das gesprochene Wort. In dem
ganzen ersten Jahr hört das Kind die Vocale besser, als die Consonanten (ausser den Zischlauten) und kann von nur wenigen Lauten
den Sinn errathen. Wenn man z. B. seinen Namen drohend ausspricht, hört es nur den accentuirten Vocal heraus. Denn noch
beim ersten absichtlich sehr spät vorgebrachten Dressur-Kunststück
(im 13. Monat) machte es meinem Kinde keinen Unterschied, ob
man, ohne eine Miene zu ändern, fragte „Wie gross?“ oder „ooss?“
oder „oo?“ In allen drei Fällen antwortete es mit derselben Handbewegung.

Wenn nun normalerweise alle Säuglinge, ehe sie ein Wort
verstehen, Stimmungen durch verschiedene Laute, sogar
Sylben, äussern und durch Vocale und manche Consonanten
zu ihnen gesprochene Worte beantworten, so erheben sie sich dadurch noch nicht über das intelligente Thier. Die Beantwortung
freundlicher Zusprache und ernsthaften Scheltens mit entsprechenden
Lauten ist vom jubelnden Gebell und vom Winseln des Pudels
in Betreff des psychischen Werthes kaum zu trennen.

Auch ist das Verständniss des Vorstehhundes für die wenigen
gesprochenen Ausdrücke, welche bei seiner Abrichtung ihm eingeprägt werden, zum mindesten ebenso sicher, wie das des Säuglings für die Ammensprache.

Die correct ausgeführten Bewegungen oder Bewegungshemmungen
nach den Schalleindrücken „Setz Dich! Pfui! Zurück! Vorwärts!
Allez! Fass! *Apporte!* Such! Verloren! Pst! Lass! Hierher!
Brav! Leid's nicht! Ruhig! Wahr Dich! Hab' Acht! Was ist
das? Pfui Vogel! Pfui Hase! Halt!“ beweisen, dass der Hühnerhund den Sinn der gehörten Laute und Sylben und Wörter soweit
versteht, als er sie verstehen soll. Die Dressur in Englischer Sprache
erreicht dasselbe mit Ausdrücken wie *Down! Down charge! Steady!
Toho! Fetch! Hold up!* die in Französischer mit wieder anderen
Wörtern, so dass keinenfalls irgendwelche erbliche Verbindung

zwischen der Qualität des gehörten Lautes und der auszuführenden
Bewegung oder der Bewegungshemmung angenommen werden darf,
wie vielleicht beim eben ausgeschlüpften Hühnchen, welches dem
Glucken der Henne folgt. Vielmehr erlernt der Hund den Sinn
der zur Jagd erforderlichen Wörter jedesmal auf's Neue, geradeso
wie das alalische Kind den Sinn der ersten Wörter seiner künftigen
Sprache erfasst, ohne sie selbst wiederholen zu können, z. B. „Gieb!
Komm! Händchen! Pst! Ruhig!"

Lange ehe der Articulationsmechanismus so weit entwickelt
ist, dass deren Ausdrücke von ihm hervorgebracht werden können,
bekundet das Kind sein Verständniss derselben durch entsprechende
Bewegungen, durch Geberden und Mienen, durch Gehorsam unzweideutig.

Das Kind kann den wichtigsten Schritt in der ganzen Ausbildung seines Geistes (S. 295), die erste Nachahmung eines
Wortes nicht zu Stande bringen, ohne vorher viel Gesprochenes verstanden zu haben.

Allerdings ist dieses Verhalten individuell verschieden, indem
bei Einigen die Articulation theilweise etwas früher entwickelt ist,
als das Verständniss. Es giebt viele Kinder, welche schon im
ersten Lebensjahre affenartig geschickt im Nachahmen sind und
wie Papageien allerlei nachplappern, ohne den Sinn davon zu ahnen.
Eine solche Echosprache kommt aber nur vor, nachdem das erste
Verstehen irgend eines gesprochenen Wortes sich nachweisen lässt,
keinenfalls vor dem vierten Monat.

Lindner erzählt, als er eines Tages an seinem 18 Wochen alten
Kinde bemerkte, wie es das schwingende Pendel der Wanduhr an-
schaute, sei er mit ihm hingegangen und habe „Tick-tack" gesagt,
im Takte des Pendels, und wenn er darauf dem nicht mehr nach der
Uhr blickenden Kinde „Tick-tack" zurief, sei dieser Ruf anfangs
langsam, wenig später augenblicklich, mit einer Wendung des Blicks
nach der Wanduhr beantwortet worden. Damit war das Verständniss bewiesen lange vor der ersten Wortnachahmung. Im zehnten
Monat brauchte dieses Kind ein Wort zum ersten Male als Ver-
ständigungsmittel selbst, nämlich *mama* (es nannte freilich bald
darauf beide Eltern *papa).

Das lang dauernde Unvermögen des Kindes, vorgesprochene
Sylben zu wiederholen, darf kurz vor der Zeit, in der es gelingt,
nicht einer rein psychischen Adynamie zugeschrieben werden, nicht
einem „Dumm sein" oder einer Willensschwäche, ohne organische,
durch die Gehirnentwicklung bedingte, Unvollkommenheiten. Denn
die Anstrengungen, ein förmliches Pressen, die Aufmerksamkeit
und das Vermögen, ungenau nachzusprechen, zeigen, dass es am
Wollen nicht fehlt. Da auch die peripheren akustischen und expressiven Phonations-Bahnen unversehrt und entwickelt sind, wie

die Hörschärfe und die Bildung eben jener verlangten Sylben aus
freien Stücken beweist, so kann die Ursache des Unvermögens,
correct nachzusprechen, nur organisch-centromotorisch sein. Die
sensumotorischen Verbindungen zwischen dem Laut- und Sylbencentrum und dem Sprech-Motorium sind noch nicht leicht gangbar,
die Coordination mangelhaft. Allein schon das Nachsprechen eines
einzigen Lautes, und sei er nur *a*, kann nicht ohne Vermittlung
der Grosshirnrinde zu Stande kommen. Also liegt schon im ersten
Versuch, etwas Gehörtes zu wiederholen, ein sehr grosser Fortschritt der Gehirn-Entwicklung. Und der erste derartige geglückte
Versuch beweist nicht nur die gesteigerte Leistungsfähigkeit des
Articulationsapparates und des Lautcentrums und die Gangbarkeit
der impressiven Bahnen, welche vom Ohr in die Hörsphäre führen,
sondern auch die Herstellung intercentraler Wege erster Ordnung
vom Lautcentrum zum Motorium.

Das correcte Nachsprechen eines gehörten Lautes, einer
vorgesprochenen Sylbe und vollends eines vorgesprochenen Wortes
ist somit der sicherste Beweis für die Herstellung und Gangbarkeit der gesammten impressiven, centralen und expressiven Bahnen
niederer Ordnung. Es beweist aber an sich nicht das Verständniss des gehörten und untadelhaft nachgesprochenen Lautes oder
Wortes, also nicht die Existenz der Bahnen höherer Ordnung *g*
und *l* in der Grosshirnrinde.

Da der Ausdruck „Verstehen" doppelsinnig ist, sofern er sich
auf den begrifflichen Inhalt des Wortes und zugleich auf die blosse
Wahrnehmung des gesprochenen (geschriebenen, getasteten) Wortes
beziehen kann, soll sich „Verstehen" fortan allein auf den Sinn des
Wortes beziehen, „Hören" auf den Schall-Eindruck. Dann ist
klar, dass alle Kinder, welche hören, aber noch nicht
sprechen können, viele Wörter wiederholen, ohne sie zu
verstehen, und viele Wörter verstehen, ohne sie wiederholen zu können.

Dass die Mehrzahl der gut hörenden Kinder, wenn nicht alle,
zuerst das Verständniss mehr entwickelt, indem die impressive
Seite mehr und früher, als die expressiv-articulatorische geübt wird,
ist gewiss. Ebenso fest steht aber, dass von den ersten nachgeahmten Lauten, Sylben und Wörtern die meisten nicht richtig
verstanden werden. Wahrscheinlich sind die früh und geschickt
nachahmenden diejenigen Kinder, welche am frühesten sprechen
können und deren Grosshirn am schnellsten wächst, aber auch
am frühesten aufhört zu wachsen, während die später und spär-
licher nachahmenden meistens später sprechen lernen und die
intelligenteren sein werden. Denn mit der höheren Thätigkeit
wächst das Gehirn mehr. Während jene den centromotorischen

Theil mehr cultiviren, wird der sensorische, intellectuelle vernachlässigt. Auch bei Thieren pflegt eine kurze schnelle Ausbildung des Gehirns mit geringerer Intelligenz zusammen zu gehen. Letztere entwickelt sich besser, wenn das Kind, statt sinnlos allerlei nachzusprechen, den Sinn des Gehörten zu errathen sucht. Gerade die Periode, in welcher dieses stattfindet, gehört zu den lehrreichsten der intellectuellen Entwicklung. Das Kind giebt wie ein Pantomime durch seine Mienen und Geberden, ausserdem durch Schreilaute und allerlei Bewegungen eine Fülle von Beweisen seines Verständnisses und seines Begehrens, ohne selbst ein einziges Wort auszusprechen. Wie der Erwachsene, nachdem er aus Büchern eine fremde Sprache halb erlernt hat, dieselbe nicht sprechen (nachahmen) und nicht leicht verstehen kann, wenn er den, der sie völlig beherrscht, sie fliessend sprechen hört, wohl aber Einzelnes heraushört, ausspricht und versteht und den Sinn des Ganzen erräth, so kann das Kind in diesem Stadium einzelne Wörter deutlich hören, aussprechen, ihren Begriff erfassen und einen ganzen Satz an den Mienen und Geberden richtig errathen, obgleich es von articulirten Äusserungen fast nur sein eigenes Laute- und Sylben-Lallen und -Rufen hören lässt. Das Errathen der Mienen, Geberden und Worte Erwachsener ist der wichtigste Factor beim Sprechenlernen, nachdem die ersten Nachahmungen geglückt sind.

Die Ursachen der Langsamkeit des Fortschritts im Aussprechen des Errathenen, Gefühlten und Begehrten in Worten dürfen jedoch bei normalen Kindern nicht auf eine langsamere Entwicklung der expressiv-motorischen Mechanismen zurückgeführt werden, sondern sie müssen in der Schwierigkeit, die Verbindung der verschiedenen centralen Sinnes-Eindruck-Magazine mit begriffbildenden Stätten, und dieser mit dem Sprech-Motorium, also die Bahnen 2. und 3. Ordnung, herzustellen, gesucht werden. Denn die rein peripheren Articulationsacte sind längst perfect, wenn noch nicht ein einfaches „a" oder „ma" nachgesprochen werden kann, da diese und andere Laute und Sylben schon vor der Möglichkeit des Nachahmens gern rein hervorgebracht werden.

Im Ganzen wird man zwar den Säugling oder das entwöhnte junge Kind in diesem Stadium seiner geistigen Entwicklung höher, als ein sehr intelligentes Thier stellen müssen, aber nicht wegen seiner Sprachkenntniss. Denn auch der Hund versteht ausser den Jagdausdrücken sehr viele Wörter in der Rede seines Herrn und erräth an den Mienen und Geberden desselben den Sinn ganzer Sätze, und wenn er auch nicht articulirte Laute producirt, so leistet darin der Kakadu, welcher alle Sprachlaute erlernt, um so mehr. Ein Kind, welches durch Mienen, Geberden und Thaten beweist, dass es einzelne Wörter versteht, welches schon viele Wörter nachahmt ohne Verständniss, aber nur wenige mit Verständniss ausspricht, steht intellectuell nicht aus diesem Grunde höher, als ein klug berechnender und doch alalischer Elephant oder ein arabisches Pferd, sondern weil es bereits viel mehr Begriffe und complicirtere Begriffe bildet.

Höchstens bis zum Ende des ersten Lebensjahres dauert die Periode des Thierverstandes beim gesunden, kräftigen und nicht vernachlässigten Kinde. Und lange vor dem Ablauf derselben hat es mittelst der ihm selbst schon von den ersten Lebenstagen an sehr bestimmt unterscheidbaren Gefühle der Lust und Unlust, für welche die sprachlichen Ausdrücke erst im zweiten und dritten Jahre gewonnen werden, wenigstens auf einem Gebiete, nämlich dem der Nahrung, mehr oder weniger gut begrenzte Vorstellungen sich gebildet. Der Begriff der Nahrung entsteht durch das Hungergefühl vollkommen unabhängig von der Sprache. Wahrscheinlich ist dieser Begriff der erste, welchen der Säugling bildet. Nur würde er ihn, wenn er ihn überhaupt benennte, nicht „Nahrung" nennen, sondern „das, was das Hungergefühl beseitigt".

Es ist von grosser Wichtigkeit, diese Thatsache der Entstehung von Vorstellungen, und zwar nicht nur Anschauungen, sondern auch Begriffen, ohne Sprache, festzuhalten, weil sie allein das Sprechenlernen ermöglicht.

Wer die geistige Entwicklung der Säuglinge gewissenhaft beobachtet, muss zu der Überzeugung kommen, dass die Bildung von Vorstellungen nicht an die Erlernung von Wörtern gebunden, sondern nothwendige Vorbedingung für das Verstehen der Wörter ist. Lange ehe das Kind ein einziges Wort versteht, ehe es selbst auch nur eine Sylbe in einem bestimmten Sinne consequent gebraucht, hat es bereits mehrere Vorstellungen, welche durch Mienen, Geberden und Schreie ausgedrückt werden.

Namentlich gehören dahin Tast- und Gesichts-Vorstellungen. Associationen von getasteten und gesehenen Objecten mit Geschmackseindrücken (Brust und Milch) sind wahrscheinlich die ersten Erzeuger von Begriffen. Das noch alalische zahnlose Kind interessirt sich lebhaft für Flaschen, sieht eine Flasche, welche mit einer weissen undurchsichtigen Flüssigkeit (Bleiwasser) gefüllt ist, und streckt verlangend und lange schreiend die Arme danach aus, in der Meinung, sie sei eine Milchflasche (von mir in der 31. Woche beobachtet). Die leere und die Wasser enthaltende Flasche sind ihm nicht so lange anziehend, also muss die Vorstellung der Nahrung (oder des Trinkbaren, Saugbaren, Süssen) durch den Anblick einer Flasche mit bestimmtem Inhalt entstehen, ohne Wörter. Hierdurch ist thatsächlich die Begriffbildung ohne Wörter bewiesen. Denn das sprachlose Kind erkannte nicht allein die Übereinstimmung der verschie-

denen Wasser-, Wein-, Saug-, Öl- und sonstigen Flaschen, deren Anblick es aufregte, sondern es vereinigte den Inhalt der verschieden
beschaffenen und ungleich gestalteten Flaschen, wenn er weiss war;
es hatte also den Begriff der Nahrung von dem der Flasche getrennt.
Vorstellungen sind demnach unabhängig von Wörtern.

So sicher dieser Satz ist, so stützen ihn doch nicht die von
Kussmaul dafür aufgestellten Gründe, dass nämlich dasselbe Object
in verschiedenen Sprachen verschieden ausgedrückt wird, und ein
neues Thier, eine neue Maschine zur Erkenntniss kommen, ehe sie
getauft sind. Denn niemand behauptet, bestimmte Vorstellungen
seien nothwendig an bestimmte Wörter gebunden, ohne deren
Kenntniss sie nicht entstehen könnten, sondern dass Begriffe ohne
Wörter nicht seien, wird behauptet. Nun hat aber jeder Gegenstand in jeder Sprache irgend eine Bezeichnung — sei es auch
nur die Bezeichnung „Gegenstand" — und ein neues Thier, eine
neue Maschine heissen, ehe sie getauft sind, schon „Thier" und
„Maschine". Also kann von dieser Seite der Beweis nicht erbracht
werden. Dagegen liefert der alalische Säugling allerdings den Beweis, welcher durch Beobachtungen an mehrjährigen und erwachsenen
alalischen Mikrocephalen bestätigt wird (s. oben). Der bei diesen
und Idioten vorhandene Mangel an Abstractionsvermögen geht
nicht soweit, dass sie nicht den Begriff „Nahrung" oder „Nahrungsaufnahme" ausbildeten.

Es ist sogar nicht unmöglich, dass nach totalem Verlust des
Wortgedächtnisses die Bildung der Vorstellungen fortdauert, wie
in dem Lordat'schen Falle. Doch beweist letzterer nicht, dass die
Bildung höherer Begriffe ohne vorhergegangene Beherrschung der
Wortsprache möglich sei; vielmehr können über die niedrigsten
Abstractionen hinausgehende Begriffe nur von dem, welcher sprechen
gelernt hat, gebildet werden. Denn intelligente alalische Kinder
kennen zwar viel mehr und complicirtere Vorstellungen, aber nicht
viel mehr höhere Abstractionen, als sehr kluge Thiere, und bei
geringem Wortschatz pflegt das Abstractionsvermögen Erwachsener
so schwach zu sein, wie das der Kinder. Diese erwerben zwar die
Wörter für Abstractes schwerer und später, als die für Concretes,
prägen sich dieselben aber fester ein, denn bei Abnahme des Wortgedächtnisses werden in der Regel zuerst die Eigennamen und
Hauptwörter, welche concrete Objecte bezeichnen, vergessen; gerade diese lernen fast alle Kinder zuerst, gewöhnlich einige hundert,
ehe das erste Abstractum fest erfasst wird. Darum wäre es aber
nicht statthaft zu folgern, wie ich oben zeigte, dass ohne Wörter
keine Abstraction stattfinde. Es ist sogar wahrscheinlich, dass
beim intensivsten Denken die abstractesten Begriffe sich ohne die
störenden Wortklangbilder am schnellsten vollziehen und erst nach-

träglich in Wörter gefasst werden. In jedem Fall bildet das intelligente Kind ohne alle Wortkenntniss viele niedere Begriffe, es abstrahirt also ohne Wörter.

Als Sigismund seinem noch nicht ein Jahr alten Sohn, der kein Wort sprechen konnte, einen ausgestopften Auerhahn zeigte, und auf ihn deutend sagte „Vogel", blickte das Kind unmittelbar darauf nach einer anderen Seite des Zimmers, wo auf dem Ofen eine ausgestopfte Schleiereule stand, welche es jedenfalls vorher bemerkt haben musste. Hier war also der Begriff „Vogel", der den Auerhahn und die Eule umspannt, schon entstanden und zugleich an jenes Wort geknüpft.

Wie wenig specialisirt aber die ersten, von der Nahrung unabhängigen, an gehörte Wörter geknüpften Begriffe sind, zeigt die Thatsache, dass bei Lindner's Kind (im zehnten Monat) *auf* auch „herab", *warm* auch „kalt" bedeutete. Ebenso brauchte mein Kind *zuviel* auch für „zuwenig", ein anderes *nein* auch für „ja", ein drittes *ich* für „Du". Diese Erscheinungen beruhen nicht etwa auf Paraphrasie oder Skoliophrasie; sie finden sich bei jedem Kinde, das sprechen lernt, wegen der noch mangelhaften Differenzirung der Begriffe. Das Kind hat schon eine Ahnung davon, dass Gegensätze nur die Endglieder einer und derselben Begriffreihe sind [Lindner], wenn es nur über wenige Wörter verfügt. Diese Eigenthümlichkeit scheint bei Kranken nicht vorzukommen.

Hierdurch wird aber eine merkwürdige Übereinstimmung der Kindersprache mit den ältesten überlieferten Sprachanfängen begründet. Der (1876) von Carl Abel entdeckte „Gegensinn der Urworte" erstreckt sich vielleicht auf alle Sprachen, und wenn der Entdecker selbst ihn als ein grundlegendes Denk- und Sprach-Gesetz der Menschheit (1889) bezeichnet, so sagt er nicht zuviel. Denn es gilt auch für die ontogenetische Sprachentwicklung. In dieser werden die Begriffe, ähnlich wie die Gegenfarben roth-grün und gelb-blau, durch eine Continuität mit indifferentem Mittel- oder Ausgangspunkt und divergenten Extremen zusammengehalten. Alles ist nur durch seinen Gegensatz neben- und nacheinander in der Seele, wie Contraction nicht ohne Expansion.

Neuere Untersuchungen über Indianersprachen lassen ebensowenig wie die Mittheilungen gründlicher Kenner des Chinesischen bezweifeln, dass noch heute dieser Gegensinn vorhanden ist. Zum Beispiel heisst *lun* „in Ordnung bringen" und „in Unordnung bringen", *yé* „zufrieden sein" und „unzufrieden sein" im Chinesischen.

Um aber zu dem Anfangszustande des alalischen Kindes zurückzukehren, so muss es, von dem Verlangen erfüllt, in jeder Weise seinen Gefühlen, besonders seinen Bedürfnissen, Ausdruck zu geben, auch die Stimme verwenden. Der Erwachsene schreit, auch wenn er allein ist, vor Schmerz, obgleich das „Au" oder

„Autsch" zu letzterem keine directe Beziehung hat und damit Anderen eine Mittheilung zu machen, nicht beabsichtigt wird. Bevor nun das Neugeborene im Stande ist, das Lust-erregende zu suchen, das Unlust-erregende zu meiden, schreit es ebenfalls, theils mit ruhender Zunge, theils mit überwiegendem *ä*, immer wieder monoton, bis eine äussere Änderung eintritt. Hierauf beginnt die Schreiart zu variiren nach dem Zustande des Säuglings, dann kommen deutlich unterscheidbare Laute als Lust- oder Unlust-Bezeichnungen, dann Sylben — zuerst autogenetische, sich zufällig articulirende ohne Sinn, hierauf solche, die Begehren, Vergnügen usw. ausdrücken, viel später erst nachgeahmte Laute, Thierstimmen, anorganische Geräusche und Vorgesprochenes unvollkommen reproducirende. Durch die Verstümmelungen entsteht der Schein, als wenn sich das Kind schon jetzt neue Bezeichnungen erfände, welche schnell vergessen würden, und da das Kind, wie der Irrsinnige, bekannte Wörter in neuem Sinne gebraucht, nachdem es sprechen zu lernen angefangen hat, so erhält seine Ausdrucksweise einen originellen Charakter, den der „Kindersprache".

Hierbei ist nun wesentlich, dass nicht erst jetzt die Gefühle und Vorstellungen entstehen, wenn sie auch erst jetzt articulirt ausgedrückt werden, sondern sie waren längst vorhanden und wurden unarticulirt und durch Mienen und Geberden geäussert. Beim Erwachsenen erzeugen Vorstellungen neue Wörter und die Neubildung hört nicht auf, so lange das Denken nicht aufhört; beim alalischen Kinde erzeugen aber neue Gefühle und neue Vorstellungen zunächst nur neue Schreie und Bewegungen der Antlitz- und Glieder-Muskeln, und je weiter wir in die eigene kindliche Entwicklung zurückblicken, um so grösser finden wir die Anzahl der Zustände, welche durch einen und denselben Schrei geäussert werden. Der Organismus verfügt noch über zu wenige Mittel. Bei manchen Aphatischen wird jeder geistige Zustand durch ein und dasselbe (oft sinnlose) Wort ausgedrückt. Bei näherer Prüfung findet man aber auch für den normalen, völlig die Sprache beherrschenden Redner die sämmtlichen Mittel der Sprache nicht ausreichend.

Niemand kann alle empfindbaren Farben benennen oder den Schmerz beschreiben oder eine Wolke so schildern, dass mehrere Zuhörer von ihrer Gestalt und Helligkeit dieselbe Vorstellung, wie sie der Sprechende hat, gewinnen. Die Wörter reichen nicht aus. Die Vorstellung ist aber klar. Wenn die Wörter ausreichten, die klaren Begriffe klar auszudrücken, dann würde der grösste Theil der philosophischen und theologischen Litteratur nicht existiren. Er ist entstanden, weil verschiedene Menschen mit demselben Worte nicht denselben Begriff verbinden, also ein Wort zur Bezeichnung verschiedener Begriffe verwendet wird, wie vom Kinde. Heisst ein Begriff besonders schwierig, so besteht die Schwierigkeit darin, ihn in Worten klar auszudrücken; dann pflegt er viele Namen zu erhalten, wie „sterben", und die Verwirrung und der Streit nehmen noch zu.

Aber die Wörter ermöglichen allein die Bildung und Klärung der höheren Begriffe. Sie begünstigen die Bildung neuer Vorstellungen, und ohne sie verharrt der Verstand beim Menschen auf einer niederen Entwicklungsstufe, schon weil sie das zuverlässigste und feinste Mittel für die Ausserung von Vorstellungen sind. Werden Vorstellungen garnicht oder unverständlich geäussert, so kann ihr Besitzer sie nicht verwenden, corrigiren und geltend machen. Nur diejenigen Vorstellungen haben überhaupt Werth, welche nach Mittheilung an Andere bleiben. Die Mittheilung geschieht genau (beim Menschen) nur durch Wörter; es ist daher sehr wichtig zu wissen, wie das Kind sich Wörter aneignet und sie gebrauchen lernt.

Hierfür ist nun die Schallnachahmung fundamental (S. 288). Über sie hinaus führt zunächst kein Weg.

Das Kind wiederholt allerlei Sylben maschinenmässig, oft flüsternd, wenn es sie am Schlusse eines Satzes hört. Das gesunde alalische Kind spricht Laute, Sylben, Wörter, wenn sie kurz sind, „mechanisch" nach, ohne Verständniss, wie es vorgemachte Hand- und Kopf-Bewegungen nachahmt. Sprechen ist ein Bewegungenmachen, das um so mehr zum Nachahmen reizt, als die scharfe Controle durch das Ohr da ist. Mehr als eine Controle liefert das Gehör zunächst nicht, denn auch Taubgeborene lernen sprechen. Diese können sogar, wie normale Kinder, schon früh im Traum sprechen (nach Gerhard van Asch). Beide, taubgeborene wie normale Kinder, betrachten, wenn man sich ganz ruhig zu ihnen wendet, oft aufmerksam die Lippen (welche sie auch wohl betasten) und die Zunge des Vorsprechers, und dieses Gesichtsbild weckt schon ohne Gehörsbild die Nachahmung, welche die Combination beider perfect macht. Beim Blindgeborenen fehlt letztere, da überwiegt die reine Echolalie, beim Taubgeborenen fehlt sie ebenfalls. das Ablesen der Sylben vom Munde tritt da vicariirend ein. Bei ihm ist das Studium der Mundbewegungen bekanntlich das einzige Mittel, die laut gesprochenen Wörter zu verstehen, und zwar dient dazu fast ausschliesslich das Sehen, sehr selten das Tasten; und der Taubgeborene wiederholt die gesehenen Lippen- und Zungen-Bewegungen oft besser, als das alalische hörende Kind. Es ist überhaupt zu bemerken, dass dieses im Ganzen weniger Gebrauch von dem Mittel des Ablesens vom Munde macht, als man annimmt, indem es sich überwiegend auf das Ohr verlässt. Auch

habe ich immer gefunden, dass das Nachahmen einer Mundstellung,
ohne den zugehörigen Laut ertönen zu lassen, dem Kinde die
grössten Schwierigkeiten bereitet, während es doch dieselbe Mundstellung mit dem akustischen Effect schon leicht zu Stande bringt.
Es muss also die Verbindung zwischen dem Ohr und den
centromotorischen Hirntheilen von vornherein (erblich) kürzer oder
gangbarer sein, als die zwischen dem Auge und denselben. Bezüglich der beiden Associationen ist aber die allmählich zunehmende Abkürzung oder Consilidirung räumlich und zeitlich zu
scheiden. Beim Kinde, das noch nicht spricht, aber richtig Laute
nachzusprechen beginnt, dauert der Nachahmungsact länger, als
beim normalen Erwachsenen, aber die Bahnen im Gehirn, über
welche es verfügt, sind absolut und relativ kürzer: absolut, weil
das ganze Gehirn kleiner ist, relativ, weil die später mit Bewusstsein und Nebenvorstellungen fungirenden höheren Centren noch
fehlen. Die Zeit ist nichtsdestoweniger länger, als später — oft
um mehrere Secunden —, weil die Einordnung des Gehörten in
das Schallbildcentrum, des Gesehenen in das Gesichtsbildcentrum
und die cerebrale Arbeit länger dauern, abgesehen von etwaiger
geringerer Fortpflanzungsgeschwindigkeit der Nervenerregung in
peripheren Bahnen, endlich weil die Coordination noch mangelhaft
ist wegen geringer Übung. Diese kindliche Nachahmung kann man
also nicht vollbewusst oder wohlüberlegt nennen. Sie gleicht darin
der durch häufige Wiederholung, d. i. vielfältige Übung, beim Erwachsenen erzielten halbbewussten oder unbewussten Nachahmung,
welche als eine Art Erinnerung bewusster oder Abkürzung über-
legter Nachahmung aus häufiger Benutzung immer derselben
Bahnen resultirt. Nur dauern die kindlichen Imitationen, wie gesagt, länger, und zwar besonders das Ablesen vom Munde. Das
Kind kann jedoch, ohne die zu einem Laut gehörende Mundstellung
zu erkennen, sie sehr genau zu Stande bringen, da es sie vorher
viele tausendmal bei seinen Zungen-Übungen und Lallmonologen
zufällig und zum eigenen Ergötzen unwillkürlich geübt und sein
Ohr an den Effect gewöhnt hat. Darauf kommt es vor Allem für
die ersten Wortnachahmungen an.

Später ist es gleichgültig für die Nachahmung, welche Wörter zur
Bezeichnung der kindlichen Vorstellungen verwendet werden. Wollte
man dem Kinde falsche Bezeichnungen beibringen, so könnte man
es leicht. Es würde sie doch logisch verbinden. Lehrte man es
später, 2 mal 3 ist 5, so würde es nur 5 nennen, was 6 ist, und
bald die gewöhnliche Ausdrucksweise adoptiren. Für den Anfang
der Verknüpfung von Vorstellungen mit articulirten Sylben kommen
aber (in allen Sprachen) regelmässig nur solche in Anwendung,
welche ohne Sinn bereits oft geäussert worden waren, weil sie keine

Articulations-Schwierigkeiten bieten. Den Sinn legen allein die Angehörigen hinein. Solche Sylben sind *pa, ma*, mit ihren Verdoppelungen *papa, mama* für „Vater" und „Mutter", wobei der Sinn in verschiedenen Sprachen, sogar in den Dialekten einer Sprache, nicht derselbe ist, denn *mamán, mamá, máma, mamme, mammeli, mömme, mam, mammu, mammeken, memme, memmeken, mammele, mammi* sind Kinderworte und Bezeichnungen für „Mutter" in verschiedenen Gegenden Deutschlands, während dieselben und ähnliche Ausdrücke auch Mutterbrust, Milch, Kinderbrei, Kindergetränk, Saugflasche bedeuten, ja sogar in einigen Sprachen der Vater mit *Mu-*, die Mutter mit *Ba-* und *Pa*-Lauten bezeichnet wird. Ein Mädchen bediente sich in seinem 13. Monate manchmal des Ausdrucks *pap-mam* statt Papa und statt Mama, Worte, die es beide damals schon richtig nachsprach und deren Bedeutung es wohl kannte, da es auf die Frage „Wo ist Papa? Mama?" den Kopf und Blick richtig wendete.

Ähnlich verhält es sich mit anderen Ursylben des Säuglings, wie *atta*. Wenn es nicht die Eltern oder Grosseltern bezeichnet, dann wird es häufig (in England und Deutschland auch *táta, tatta, tatá*) im Sinne von „fort" und „Lebewohl" gebraucht.

Diese Ursylben *pa-pa, ma-ma, tata* und *apa, ama, ata* entstehen, wenn beim Ausathmen der Luft der Weg versperrt ist, sei es durch die Lippen (*p, m*), sei es durch die Zunge (*d, t*). Nachdem sie aber bereits oftmals mit Leichtigkeit geäussert worden, zufällig, sinnlos, zwecklos, benutzt sie die Mutter, um vorher vorhandene Vorstellungen des Kindes zu bezeichnen, bei allen Völkern, und sie bezeichnet damit das Nächste. Dadurch kommt also die scheinbare Verwechslung von „Milch" und „Brust" und „Mutter" und „Amme" oder „Wärterin" und „Saugflasche" zu Stande. welche das Kind alle *mam, amma, mamam* usw. nennen lernt, so wie es seine Mutter, als sie Kind war, auch lernte.

Ist die Vorstellung „weiss + nass + süss + warm" durch häufiges Sehen, Fühlen und Schmecken der Milch entstanden, so hängt es einzig und allein von der Ursylbe ab, welche man beim Fragen, Zureden oder Beruhigen des hungrigen Säuglings wählt, ob er sein Begehren nach Nahrung mit *möm* oder *mimi* oder *nana* oder *mama* oder *mäm* oder *mem* oder *mima* oder noch anderen Sylben ausdrückt. Je öfter er die Vorstellung „Nahrung" (etwas was das Hungergefühl vertreibt) und zugleich den Schalleindruck „Milch" erlebt, um so mehr wird letzterer mit ersterer associirt und in Anbetracht der grossen Vortheile, die er bietet, weil er von Allen verstanden wird, schliesslich mit vollem Bewusstsein reproducirt und adoptirt. So lernt das Kind die ersten Wörter. Aber in jedem einzelnen Falle haben die ersten auf diese Art erworbenen

Wörter einen weiteren Umfang des Sinnes, als die späteren, welche in der Concurrenz deshalb siegen.

Durch die reine Echolalie lernt das Kind, ohne Vorstellungen mit dem nachgeplapperten Wort zu verbinden, Wörter articuliren, aber es lernt sie dadurch nicht verstehen, also auch nicht richtig gebrauchen, es sei denn, dass absichtliche oder zufällige Coïncidenzen ihm diesen oder jenen Erfolg zeigen, wenn dieses und jenes Wort von ihm geäussert wird. Sagt das Kind, das ihm neue Wort „Schnee" hörend, *nee* als Echo, und man zeigt ihm dann wirklichen Schnee, so wird das inhaltleere *nee* mit einer Anschauung verbunden. und auch **später kann nichts die Anschauung, das heisst die unmittelbare sinnliche Wahrnehmung, als Unterrichtsmittel ersetzen.** Diese Art den Wörtergebrauch zu lernen, ist gerade die entgegengesetzte der eben erörterten und weniger häufig, weil mühsamer. Denn ersterenfalls ist die Vorstellung zuerst und braucht nur (durch Hören des zugehörigen Wortes) geäussert zu werden. Im zweiten Fall ist das Wort zuerst und die Vorstellung muss künstlich herbeigeführt werden. Später weckt das unverstandene Wort allerdings die Neugier und erzeugt dadurch Vorstellungen, indem es die Phantasie anregt. Dieses erfordert aber grössere Reife.

Bei der dritten Art der ersten Wörtererlernung treten Vorstellung und Wort fast zugleich auf, wie bei onomatopoëtischen Bezeichnungen und Interjectionen. Völlig ursprüngliche onomatopoëtische Wörter sind sehr selten bei Kindern, und nur nachdem sie schon einige Wörter kannten, von mir beobachtet worden.

Die Thiernamen *Wauwau, Mumu, Pipiep* (Vogel), *Hotto* (Pferd: von dem Fuhrmannsausdruck „hott-hott" statt „Haut", das ist „links" im Gegensatz zu „aarr" — Haar, Mähne — das ist „rechts") werden von den Angehörigen vorgesagt. Einige Thiernamen, wie *Kukuk*, auch *Kikeriki* und *Kuak* (Ente, Frosch) werden wahrscheinlich manchmal ohne Vorsagen, nur undeutlicher von Deutschen, Englischen (Amerikanischen), Französischen Kindern gebildet. *Ticktack (Tick-tick)* für „Taschenuhr" ist ebenfalls nachgesprochen. Dagegen ist *weo-weo-weo* (deutsch *üio*) für das Geräusch beim Aufziehen der Taschenuhr (von Holden beim Zweijährigen beobachtet) ursprünglich. Auch erscheint *hüt* als verunglückte Nachahmung des Locomotivpfiffs bei meinem 2$^{1}/_{1}$-jährigen Kinde, weil es monatelang täglich in derselben Weise nur zur Bezeichnung des Pfiffs gebraucht wurde, als frei erfundenes Onomatopoëtikon bemerkenswerth. Die Stimme des Huhnes, des Rothschwänzchens, das Knarren eines Rades ahmte mein Kind schon lange, ehe es ein Wort sprechen konnte, aus freien Stücken nach. Dabei kam es aber nicht zur Sylbenbildung. Nicht leicht ist es, so deutlich die unmittelbar an onomatopoëtische Bildungen anknüpfende Begriffbildung zu verfolgen, wie in einem von

Romanes mitgetheilten Fall. Ein Kind, welches zu sprechen anfing, sah und hörte eine Ente auf dem Wasser und sagte *Kuak*. Darauf nannte es einerseits alle Vögel und Insecten, andererseits alle Flüssigkeiten *Kuak*. Endlich nannte es auch alle Münzen *Kuak*, nachdem es einen Adler auf einem Geldstück gesehen hatte. So kam durch allmähliche Verallgemeinerung das Kind dahin, die Ente, die Fliege, den Wein und den Sou mit demselben Worte zu bezeichnen, obgleich nur die erste Wahrnehmung das namengebende Merkmal enthielt.

Noch lehrreicher ist eine Beobachtung von Eduard Schulte: Ein Knabe von $1^3/_4$ Jahren wandte den oft gehörten, also nachgeahmten Freudenruf *ei*, indem er ihn zuerst in *eiz*, in *aze* und dann in *ass* verwandelte, auf seinen hölzernen, auf Rädern stehenden, mit einem rauhen Fell bekleideten Ziegenbock an; *eiz* wurde dann ausschliesslich Freudenruf, *ass* der Name für Alles, was sich fortbewegte, für Thiere und die eigene Schwester und Wagen, auch für Alles, was sich überhaupt bewegte, endlich für Alles, was eine rauhe Oberfläche hatte. Als nun dieses Kind bereits alle Kopfbedeckungen und Kannendeckel *huta* nannte und zum ersten Male eine Pelzmütze sah, taufte es sie sofort *ass-huta*. Hier fand also eine entschiedene Unterordnung des einen Begriffs unter den anderen statt und damit eine Wortneubildung. Aber mit *huta* wurde auch der Wunsch geäussert, Gegenstände, auf die das Kind hinzeigte, zu haben. Es setzte und legte sich nämlich gern allerlei Dinge, die ihm gefielen, als *huta* auf den Kopf. Aus dem *huta* für „Ich möchte das als Hut haben" wurde dann nach häufiger Wiederholung „Ich möchte das haben". Es fand also in diesem Falle eine Erweiterung des engeren Begriffes statt, nachdem vorher eben derselbe durch den Zusatz *ass* eine Differenzirung, also eine Einschränkung, erfahren hatte.

Diese Beispiele beweisen, wie unabhängig die Begriffbildung von Wörtern ist. Bei minimalem Wort-Repertoire sind doch die Begriffe schon mannigfaltig und werden mit demselben Worte bezeichnet, wenn es an Wörtern zur Zusammenstellung neuer Wörter, also zur Wortneubildung fehlt.

In der ältesten erhaltenen Sprache, der Egyptischen, kommt ganz dieselbe verwirrende Vieldeutigkeit einzelner Ausdrücke vor, wie Carl Abel (1885) nachgewiesen hat. Sie bildet, wie er zeigte, wahrscheinlich eine nothwendige Phase der Entwicklung einer jeden Sprache. Thatsächlich lernt kein Mensch sprechen, ohne dieses Entwicklungsstadium in seiner Kindheit durchzumachen.

Die Wortbildung aus Interjectionen ohne Nachahmung ist nicht beobachtet. Das beim Anblick rollender Kugeln oder Räder von meinem Knaben geäusserte *rollu*, *rollolo* und (im 20. Monat) *rodi*, *otto*, *rojo*, wo die wahrgenommene Rotation beim Kinde sofort die eine oder andere *l*- oder *r*-haltige Exclamation veranlasst,

gehört hierher, bei Steinthal *lu-lulu,* bei einem von Kussmaul beobachteten anderthalbjährigen Knaben *golloh.* In diesen Fällen ist
immer die erste Interjection durch ein Geräusch veranlasst, nicht
allein durch den Anblick rollender Dinge ohne Geräusch. Also
muss man die Interjection imitativ nennen. Eine Zusammensetzung
der ursprünglichen, angeborenen interjectionalen Laute zu Sylben
und Sylbencomplexen ohne Vermittlung der Angehörigen und
ohne Nachahmung, behufs Mittheilung einer Vorstellung, ist nicht
constatirt.

Die Bedeutung, welche Interjectionen haben, sind in allen
Sprachen nicht an bestimmte Laute (etwa für Schmerz, Erstaunen,
Entrüstung, Angst, Freude) gebunden.

Bei Sophokles und Euripides kommen nach Richard Müller
(Jena 1885) als Interjectionen, die Schmerz ausdrücken, ἰώ, αἰαῖ,
οἴ, φεῦ, ὤ vor, im Ganzen nur 13, nämlich noch παπαῖ, ἀτταταῖ,
ὀτοτοῖ, ἒἔ, εὐοῖ, ἆ, ἔα, ἰού, welche fast alle von Deutschen Kindern,
ehe sie sprechen gelernt haben, sinnlos gebildet werden, und zwar
noch ehe die Deutschen Interjectionen auftreten. Von diesen erscheinen *au! o! u! ah! he!* früher, als *ach, ei, ih, ha, aha, oho,
pst, sch!* in der späteren Bedeutung, aber aus keiner bildet das Kind
ohne Anleitung ein neues Wort, sondern nur durch Nachahmung.

Im Ganzen ist die Art, wie das Kind sprechen lernt, nicht
nur ähnlich, sondern im Wesen völlig übereinstimmend mit der Art,
wie es später schreiben lernt, wobei es gleichfalls keine neuen Erfindungen macht. Zuerst werden sinnlose Striche und Klexe ge-
zeichnet, dann gewisse Striche nachgeahmt, hierauf Lautzeichen
nachgeahmt. Diese können nicht sogleich zu Sylben zusammengefügt werden und selbst, nachdem es geglückt ist, und sogar schon
aus Sylben das geschriebene Wort hergestellt werden kann, wird
es noch nicht verstanden. Doch kann das Kind schon vor dem
ersten Schreibunterricht oder Kritzelversuch jeden einzelnen Buchstaben von der Grösse, in der es ihn später schreibt, sehen. So
hört auch das sprachlose Kind jeden Laut, ehe es die Sylben und
Wörter versteht, und versteht sie eher, als es sie aussprechen
kann. Vor dem Schreiben lernt das Kind gewöhnlich Lesen, versteht also das zu schreibende Zeichen eher, als es dasselbe schreiben
kann. Aber es ist ihm oft das selbstgeschriebene Zeichen ebenso
unverständlich wie das selbstgesprochene Wort. Sogar das Urtheil
über die Betonung ist vollkommen sicher, ehe das Kind selbst
richtig betonen, d. h. accentuiren kann. Es unterscheidet z. B.
mit drei Jahren ein Paroxytonon von einem Oxytonon und
Proparoxytonon bestimmt mit dem Ohr und kann doch alle drei
nur als Proparoxytona nachsprechen, z. B. in *Newichen* statt
Schneewittchen [Ed. Schulte].

Sind einmal die ersten Wortrudimente nach der beginnenden, durch schärferes Wahrnehmen herbeigeführten Klärung der Vorstellungen gebildet, dann gestaltet sie das Kind eigenmächtig und zwar manchmal erstaunlich deutlich, meistens aber werden die Wörter verstümmelt. In die erste Kategorie gehört der Comparativ *hocher* statt „höher" in dem Satze *hocher bauen!* (im dritten Jahre beim Spielen mit Bausteinen verlangend geäussert). Hieraus geht das Verständniss des Comparativs hervor. Wenn daher dasselbe Kind im fünften Jahre auf die unpassende Frage: „Wen hast Du lieber, Papa oder Mama?" antwortet *Papa und Mama*, so darf man daraus nicht auf das Fehlen jenes Verständnisses schliessen, sondern die Entscheidung ist dem Kinde unmöglich. Ebenso bei der Frage: „Willst Du lieber den Apfel oder die Birne?"

Andere Erfindungen meines Knaben waren das Zeitwort *messen* statt „mit dem Messer schneiden", *schiffern* statt „das Schiff bewegen", oder „rudern". Auch die von allen Kindern bevorzugte schwache Flexion ist ein Beweis dafür, dass nach Aneignung einer kleinen Anzahl von Wörtern durch Nachahmung selbständige — immer logische — Umgestaltungen vorgenommen werden. *Gegebt, gegeht, getrinkt* sind niemals vom Kinde gehört worden. Aber „gewebt, geweht, gewinkt" hat es als Vorbilder gekannt (oder andere entsprechende Bildungen). Ein anderes Kind sagte in seinem zweiten Lebensjahr *geesst, getrinkt, genehmt, gegiesst, gebrungen, ausgezieht, aufgeheben*, ein drittes reduplicirte beim Conjugiren, sagte *sesehen* statt gesehen, *einpapackt* statt eingepackt, und so bei vielen Zeitwörtern. Ein viertes sagte *aufen* statt „aufmachen" und *aussen* statt „herausnehmen". Damit ist keineswegs gesagt, dass jede Verstümmelung oder Umformung, die das Kind vornimmt, nur eine Nachahmung nach falsch gewähltem Muster sei. Vielmehr conjugirt es willkürlich, und hier hat die kindliche Phantasie einen grossen Spielraum; sie bethätigt sich sprachlich auch sonst in mannigfaltiger Weise, besonders durch Zusammensetzungen. „Mein Zahnhimmel thut mir weh," sagte ein Knabe, der das Wort „Gaumen" noch nicht kannte, „die Gehe" nannte ein anderer im vierten Jahre den Weg, *wachs mich einmal* äusserte die Dreijährige statt „Sieh einmal, wie ich gewachsen bin" [Lindner]. Andere Schöpfungen des kindlichen Combinationsvermögens, theils Verschmelzungen, theils Übertragungen finden sich in einem niedlichen Schriftchen „Zur Philosophie der Kindersprache" von Agathon Keber 1868 (zweite vermehrte Auflage 1890) zusammengestellt. Die meisten fallen aber in eine spätere Zeit, als die hier betrachtete. So auch die beiden von Rösch mitgetheilten Verketzerungen. Ein Kind sagte *unterblatte* statt „Oblate", weil es sie unter das Papier schieben sah, und den „Amerikanerstuhl" nannte es „Herr-Decaner-

Stuhl", weil jemand darauf zu sitzen pflegte, den man „Herr
Decan!" hiess. Man sieht hieraus die Bemühung, dem unverstandenen
akustischen Eindruck einen Sinn unterzulegen. Erfindungen sind
jene Ausdrücke nicht, aber sie zeugen von Verstand. Bei jüngeren
Kindern ohne Wortkenntniss können sie natürlich nicht vorkommen,
weil sie Umbildungen sind. Auch die in der Kindersprache sehr
häufigen Allitterationen wie *ossendossen* statt „unverdrossen", *Eige-
beige* statt „Eisenbahn", *wiepen Weib* statt „liebes Weib" sind
keine willkürlichen Erfindungen, sondern, wie Ed. Schulte richtig
bemerkt, die Folgen davon, dass das Kind zunächst das im Gedächtniss festhält, was es zuletzt hört, z. B. *ossen* und *helmi* statt
„Wilhelm". Wenn aber der Accent auf der ersten Sylbe liegt, wie
in „Eisenbahn", dann kann diese sich doch zuerst einprägen und
die letzte vergessen werden. Jenes gedächtnissmässige Auffassen
der letzten Sylbe erfährt also hierdurch eine wesentliche Einschränkung. Mein Kind sagte *beti* statt „bitee", auch *wolja* statt
„jawohl", aber *wesch* statt „Zwetschgen" u. a. m.

Von grösserem Belang für das Verständniss des ersten Stadiums
der Wortverwerthung, nachdem eben die Worterwerbung begonnen
hat, ist es zu beobachten, wie die ersten Sätze gebildet werden.
Anfangs bezeichnet ein Wort einen Satz, bald aber mehrere sehr
verschiedene Sätze. Einige Beispiele: *Tuhl* bedeutet 1) „Mein
Stuhl fehlt, 2) Der Stuhl ist zerbrochen, 3) Ich möchte auf den
Stuhl gehoben werden, 4) Hier ist ein Stuhl." Ein Kind (v. B.)
sagt im 21. Monat *Garten!* statt „Ich möchte in den Garten
gehen", ein anderes (das Kind Steinthal's im 22. Monat), wenn es
einen bellenden Hund sieht oder hört: *bellt*; es meint damit den
ganzen Erscheinungscomplex, die Gesichtswahrnehmung des Hundes,
sogar eines bestimmten Hundes, und die Schallwahrnehmung bezeichnet zu haben. Es sagt aber auch *bellt*, wenn es den Hund
nur hört. Ohne Zweifel wird dann das Erinnerungsbild des gesehenen Hundes vor ihm wach.

Durch diese Vieldeutigkeit eines Wortes, welches einen ganzen
Satz ersetzt, ist bereits eine erheblich höhere Verstandesthätigkeit
dargethan, als durch die Verstümmelung und Neubildung von ein-
deutigen Wörtern zur Bezeichnung eines sinnlichen Eindrucks.
Denn durch letztere wird zwar die Vereinigung von Eindrücken
zu Wahrnehmungen, auch die der Merkmale zu Begriffen, sicher
kundgethan, worin schon ein unbewusstes Urtheilen steckt, aber
es ist nicht nothwendig mit ihnen ein klares Urtheil verbunden.
Die Vereinigung der Begriffe zu bewussten klaren Urtheilen wird erst durch die Bildung eines Satzes erkannt,
gleichviel ob dieser durch ein Wort oder durch mehrere
Wörter ausgedrückt ist.

In dieser Beziehung muss der allgemein vorkommende Irrthum beseitigt werden, als wenn alle Kinder anfingen mit Substantiven zu sprechen, und dann Zeitwörter folgten. Es ist nicht die Regel. Im Wortschatz der anderthalbjährigen Kinder überwiegen die Hauptwörter deshalb, weil ihnen davon mehr vorgesagt werden. als von anderen Wörtern. Es werden ihnen aber mehr Substantiva, als sonstige Wörter, beigebracht, weil das Concrete, sinnlich Unmittelbare, das Greifbare in erster Linie, sich am leichtesten der werdenden Hörsphäre einprägt (S. 292). Das Abstracte wird schnell in der ersten Kindheit vergessen.

Romanes beobachtete ein kleines Mädchen, dessen ganzer Wortschatz nur etwa ein Dutzend Wörter umfasste, darunter befanden sich aber „arm" *(poor)* und „schmutzig" *(dirty)*, welche immer richtig gebraucht wurden wie *ta-ta* für „fort". Das von mir täglich beobachtete Kind brauchte zuerst im 23. Monat ein Eigenschaftswort, um ein Urtheil — das erste in der Sprache der Angehörigen ausgedrückte — zu sprechen, nämlich *heiss* statt „Die Milch ist zu heiss".

Überhaupt beruht die Aneignung und Verwerthung der Wörter zur ersten Bildung von Sätzen vor allem auf dem Verhalten der mit dem Kinde verkehrenden Erwachsenen.

Ein gutes Beispiel dafür liefert eine Beobachtung von Lindner, dessen Tochter im 14. Monat zuerst mit den Händen sich ein Stück Apfel erbat, wobei ihr deutlich „Apfel" vorgesprochen wurde. Nachdem sie es verzehrt hatte, wiederholte sie, diesmal die Geberde mit dem nachgeahmten *appn* verstärkend, die Bitte. Sie ward ihr wieder erfüllt. Offenbar durch den Erfolg ermuthigt, brauchte von da an das Kind *appn* zur Bezeichnung seiner Esslust überhaupt, und zwar weil die Angehörigen „diese Bedeutung acceptirten und das von ihr auf diesen Begriff ausgeprägte Wort für baare Münze nahmen, sonst wäre es wohl wieder verloren gegangen." Hierdurch bestätigt sich auch meine Behauptung (S. 296e), dass ein Kind leicht mit falschen Wörtern logisch richtig sprechen lernt. Es spricht auch, wie der Taubstumme, logisch richtig mit Weglassung vieler Wörter und anderer Wortstellung als in der späteren Sprache. So sagte das eben erwähnte Kind, bei welchem die Neigung zur Satzbildung vom 22. Monat ab deutlich war, *hat die Olga getrinkt*, wenn es getrunken hatte, ein anderes im 25. Monat, *Wäldchen gegangen, gefallen, weh gethan.*

Jedes Kind lernt aber nicht allein zuerst die Sprache derer, in deren unmittelbarem täglichen Verkehr es aufwächst, sondern auch zuerst die Eigenthümlichkeiten dieser Persönlichkeiten. Es ahmt den Accent, Tonfall, Dialekt ebenso nach wie das Wort, so dass man bereits sicher im zweiten und dritten Jahr ein thüringisches Kind von einem mecklenburgischen unterscheidet und zugleich die Eigenheiten der Sprache seiner Mutter oder Wärterin, mit der es am meisten verkekrt, wiedererkennt. Diese Erscheinung, die Constanz der Dialekte und Sprech-Eigenheiten in einzelnen Familien, macht bei oberflächlicher Betrachtung den Eindruck der Erblichkeit, während in Wahrheit nichts anderes, als die Stimme, durch Vererbung der organischen Eigenthümlichkeiten des Phonations-Apparates, ererbt ist. Denn alles andere schwindet gänzlich, wenn einmal ein Kind von der Geburt an in fremder Umgebung im Auslande sprechen lernt.

Erblich kann man zwar die Fähigkeit des Menschen nennen, zu sprechen, erblich ist auch das Articuliren beim Menschen, und angeboren die Anlage, irgend eine articulirte Sprache zu erwerben. Aber darüber hinaus reicht der phyletische Einfluss nicht. Fehlt die Möglichkeit, phonisch Wörter sprechen zu lernen, weil das Ohr oder die Zunge versagt, dann tritt eine andere Sprache an die Stelle, die der Mienen und Geberden, die der Schrift, der Tastbilder, dann entsteht kein Broca'sches Centrum, sondern ein anderes, welches vor dem Erlernen der Wortsprache, wie beim Taubstummen und Wilden, für das Errathen des Gesprochenen und Äussern des Verstandenen unentbehrlich ist. Die Frage also, ob beim alalischen Kinde bereits ein Sprachcentrum existirt, muss verneint werden, es bildet sich erst, wenn es sprechen hört; wenn es nicht sprechen hört, bildet sich keines aus. In diesem Falle werden die Fasern und Ganglienzellen des hinteren Drittels der dritten Stirnwindung anders verwendet, oder sie atrophiren oder fehlen. Beim Sprechenlernen dagegen bildet sich immer mehr aus: zuerst das Lautcentrum, dann das Sylben-, dann das Wortcentrum, das Broca'sche Centrum und das Dictorium, welch letzteres aber sich an unzähligen Stellen der Grosshirnrinde mit dem Zunehmen der Sinnes-Eindrücke differenzirt, da Begriffe auf allen Sinnes-Gebieten entstehen und diese darin unabhängig von einander sind. Durch seine eigene Thätigkeit wächst das Gehirn, und zwar einseitig oder vielseitig, je nach den Sinneseindrücken. Denn beim normalen Kinde, das sprechen lernt, entwickeln sich zuerst die impressiven Bahnen. Dann werden die intercentralen Bahnen niederer Ordnung und die expressiven centrifugalen Fasern ausgebildet, und zuletzt differenziren sich die Verbindungen höherer Ordnung mit den begriffbildenden Dictorien. Nun erst beginnt das willkürliche Sprechen, welches sich mit wachsendem Verstand zur Rede gestaltet.

Auf das Schema Fig. 1 (S. 262) bezogen, sind also zuerst vorhanden a und K, dann g und D, wenn das Verstehen des Gehörten beginnt; hierauf bildet sich der Bogen $aKvMh$ aus, wenn das Nachsprechen anfängt, zuletzt kommt das Stück *l* hinzu, wenn die ersten Wörter richtig aus freien Stücken angewendet werden.

Die Reihenfolge, in der die einzelnen Laute ohne Unterricht auftreten, ist individuell sehr ungleich. Bei meinem Knaben, welcher, ebenso wie ich selbst, etwas spät sprechen lernte und mit Auswendiglernen nicht beschäftigt wurde, ergab sich für die vollkommen reinen, von mir gehörten Laute folgende Reihe:

Monate.

1.	unbestimmte Vocale; ä, u,	uä
2.	a, ö, o; m, g, r, t, h	am, ma, ta, hu, ör, rö, ar, ra, gö
3.	i; b, l, n	ua, oa, ao, ai, ei, oä, äo; äa, äö; öm, in, ab, om; la, ho, mö, nä, na, ha, bu; ng, mb, gr
4.	e	äu, a-u, aö, ea; an, na, tö, la, me; nt
5.	ü (y); k	ag, eg, ek, ge, kö
6.	j; Zungenlippenlaut.	oi, (eu, äu), io, öe, eu (Franz.); ij, aj. ög, ich; ja, jä; rg, br, ch
7.	d, p	äe, ui; mä
8.	—	eö, aë, ou, au; up; hö, mi, te
9.	—	ap, ach, äm; pa, ga, cha
10.	—	el, ab, at, ät; dä, ba, ta, tä; nd
11.	—	ad, al, ak, er, ej, öd; da, gä, bä, ka, ke, je, he, ne; pr, tr
12.	w	än, op, ew, är; de, wä; nj, ld
13.	s (ss)	en; hi; dn
14.	—	mu; kn, gn, kt
15.	z	oö, öa, is, iss, es, ass, *th* (Engl.), *ith* (Engl.), it; hä, di, wa, sse
16.	f (v)	ok, on; do, go; bw, fp
17.	—	ib, öt, än; bi
18.	—	äi, iä; äp, im; tu, pä; ft
19.	—	ön, et, es; sa, be; st, tth (Engl.), s-ch, sj
20.	—	ub, ot, id, od, oj, uf, ät; bo, ro, jo; dj
21.	—	*dth* (Engl.) öp; fe; rl, dl, nk, pt
22.	—	ol; lo; ps, pt, tl, sch, tsch, *pth* (Engl.)

Monate.

23.	q	uo; id, op, um, em, us, un, ow, ed, uk, ig, il; jö, ju, po, mo, wo, fa, fo, fi, we, ku (qu), li, ti; tn, pf, gch, gj, tj, schg
24.	—	ut, esch; pu, wi, schi, pi
25.	—	oë, ul, il, och, iw, ip, ur; lt, rb, rt
26.	—	nl, ds, mp, rm, fl, kl, nch, ml, dr
27.	x	kch, cht, lch, ls, sw, sl.

Links stehen die durch einen, rechts die durch mehr als einen Buchstaben bezeichneten Laute oder Sylben, wobei zu bedenken, dass das Kind von den 19 Mitlautern des Deutschen Alphabets nur 14 auszusprechen braucht, um die übrigen 5 gleichfalls zu beherrschen, denn es ist

$$c = \text{ts und k;} \quad v = \text{f und w;}$$
$$x = \text{ks und gs;} \quad q = \text{ku und kw;}$$
$$z = \text{ts und ds}$$

und von den 14 erfordern 4 keine neue Articulation, weil

p ein tonloses b, t ein tonloses d, f ein tonloses w, k ein tonloses g

ist. Von den für alle Consonanten des Alphabets somit erforderlichen zehn Mundstellungen fallen bei den meisten Kindern neun in die ersten sechs Monate.

Jede derartige chronologische Lautfolge-Übersicht ist unsicher, weil man nicht ununterbrochen das Kind beobachten kann, daher das erste Auftreten eines neuen Lautes leicht verpasst wird. Die obige Zusammenstellung hat nur insofern einen chronologischen Werth, als sie von jedem einzelnen Laute aussagt, dass er, sei es für sich, sei es, was meistens der Fall war, in Verbindung mit anderen Lauten, spätestens in dem angegebenen Monat von mir vollkommen rein gehört worden ist. Er kann aber erheblich früher hervorgebracht worden sein, ohne dass ich ihn hörte. Ich weiss aus eigener Erfahrung, dass bei anderen Kindern manche Laute viel früher auftreten; bei dem meinigen kamen einige undeutlich früher zur Beobachtung; vom *f* und *w* zweifle ich nicht, dass ihr erstes Auftreten nicht bemerkt wurde, obgleich ich darauf achtete. Wenn dagegen behauptet wird, *m* sei bei einem normalen Kinde im zehnten Monat zuerst gehört worden, so ist das allgemein schon in dem ersten Halbjahr vorkommende *am* und *mö* überhört worden. Frühere derartige Tabellen, sogar die dem Sprechunterricht Taubstummer zu Grunde gelegen haben, beruhen nicht ausschliesslich auf Beobachtung. Ausserdem verhalten sich hierin schwerlich auch nur zwei Kinder übereinstimmend. Meinen Beobachtungen zufolge muss ich aber trotz dieser Ungleichheit als für alle gesunden Kinder gültig den Satz aufstellen, dass weitaus die überwiegende Mehrzahl der Laute, deren das Kind sich nach der Erlernung der Wortsprache bedient, und ausser diesen viele andere, schon innerhalb der ersten acht Monate von ihm richtig gebildet werden, nicht absichtlich, sondern geradeso zwecklos wie irgend eine andere nicht sprachlich später zu verwendende, in keiner Cultursprache vorkommende Lautbildung. Ich führe als Beispiel für letzteres nur an den labiolingualen Explosivlaut, bei dem die Zungenspitze zwischen die Lippen tritt und beim Ausathmen den Verschluss sprengend, rasch zurückgezogen wird (tönend oder tonlos). Alle Kinder scheinen diesen zwischen *p* und *t*, oder *b* und *d* stehenden Laut gern zu bilden. Er kommt aber in wenigen Sprachen vor.

Unter den zahllosen überflüssigen, unabsichtlichen, unzweckmässigen Muskelbewegungen des Säuglings nehmen die Bewegungen der Kehlkopf-, Mund- und Zungen-Muskeln einen hervorragenden Platz ein, weil sie sich leicht mit akustischen Effecten verbinden und das Kind sich daran ergötzt. Es kann daher nicht Wunder nehmen, dass gerade diejenigen Schwingungen der Stimmbänder, gerade diejenigen Gestalten der Mundhöhle und Lippenstellungen oft vorkommen, welche wir bei unseren Vocalen beobachten, und dass unter den kindlichen unbewusst und spielend hervorgebrachten Geräuschen sich fast alle unsere Consonanten befinden und noch viele, die in fremden Sprachen gebräuchlich sind. Die Plasticität des jugendlichen Sprechapparats gestattet eine grössere Fülle von Lauten und Lautcomplexen hervorzubringen, als die später verwendete, und nicht ein einziges Kind ist beobachtet worden, welches, dem früher von Französischen Autoren auch auf dieses Gebiet angewendeten Princip der kleinsten Anstrengung *(principe du moindre effort)* gemäss, von den leicht (mit geringer Willensthätigkeit) zu articulirenden Lauten zu den physiologisch schwierigeren consequent fortschritte; vielmehr gilt für alle, die ich beobachtete, und wahrscheinlich für alle Kinder, die sprechen lernen, dass sie viele von den anfangs in der sprachlosen Säuglingsperiode mühelos hervorgebrachten, dann vergessenen Lauten später neu erlernen, d. h. mit Mühe durch Nachahmen sich aneignen müssen.

Die Beweglichkeit und Perfection in der Technik des Lautbildens ist kein Sprechen. Sie kommen bei dem Sprechenlernen, weil die Muskeln durch die Vorübungen vervollkommnet wurden, als eine Erleichterung in Betracht, aber schon die ersten Versuche, einen gehörten Laut willkürlich nachzuahmen, zeigen, wie störend zugleich die vielen überflüssigen Bewegungen der betheiligten Muskeln werden können. Denn selbst diejenigen Ursylben, welche das

Kind freiwillig bis zur Ermüdung oft ausspricht, wie *da*, kann es anfangs (im zehnten Monat in einem Falle) noch nicht nachsprechen. Statt *tatta* ertönt *tä* oder *ata*, statt *papa* gar *taï* und zwar nicht etwa nur einmal, sondern bei sehr vielen immer wieder mit der grössten Geduld wiederholten Versuchen. Schliesslich werden aber alle Schwierigkeiten der Coordination überwunden, wie später beim Schreiben- und Schwimmenlernen.

Dann endlich findet die Entwicklung des Sprechens in der Kindheit ihren natürlichen Abschluss.

Ich bekenne, mit keinem Problem der Psychogenesis mich so eingehend, beobachtend und denkend, jahrelang bei Tage und bei Nacht, beschäftigt zu haben, wie mit diesem. Das Wenige, was hier davon zu lesen ist, darf beanspruchen, gut begründet zu sein. Viele Belege findet man im Folgenden.

V. Urlaute und Sprachanfänge eines während der ersten drei Jahre täglich beobachteten Kindes.

Die das Sprechenlernen betreffenden Beobachtungen, welche ich an meinem am 23. November 1877 geborenen Knaben von der Geburt an aufzeichnete, sind hier, soweit sie mittheilenswerth erscheinen, chronologisch zusammengestellt. Sie sollen als Belege dienen.

Worauf bei solchen Betrachtungen zu achten ist, ergiebt sich aus den oben besprochenen organischen Bedingungen des Sprechenlernens. Zuerst werden die expressiven, dann die impressiven, zuletzt die centralen Vorgänge die Aufmerksamkeit fesseln. 1. Zu den expressiven Sprachanfängen gehört die Gesammtheit der unarticulirten Laute, das Schreien, Wimmern, Grunzen, Girren, Quieken, Krähen, Lachen, Jauchzen, Schnalzen und die Modulation der Stimme, aber auch das lautlose Bewegen der Zunge, ferner die Articulation, besonders vor dem Beginn des Nachahmens, die Lautbildung, also die allmähliche Vervollkommnung der Vocale, Hauchlaute und Consonanten, zugleich die Sylbenbildung. Letztere ist besonders in den oft sehr langen Lall-Monologen des Säuglings leicht zu verfolgen. Die Reduplication der Sylben, die Accentuation, das Flüstern, das Singen gehören gleichfalls hierher. 2. Die impressiven Vorgänge werden erkannt an den Mienen und Geberden des noch sprachlosen Kindes, später das Unterscheidungsvermögen für Wörter und Geräusche, sowie die Verbindung des Ohres mit dem Sprechcentrum, an den ersten Lautnachahmungen und am Nachsprechen, das heisst an der Wortnachahmung. Dahin gehören auch die onomatopoëtischen Versuche der Kinder, welche nur eine Art der Nachahmung sind. Später treten hinzu die Antworten auf einfache gesprochene Fragen, theils interjectorische, theils articulirte, in Sylben, in Wörter und schliesslich in Sätze gegliederte. Das Verständniss gehörter Wörter wird namentlich durch das erste Gehorchen, durch die Verbindung gewisser Bewegungen mit gewissen Schalleindrücken und fester Gegenstände mit anderen Schalleindrücken kundgegeben, ehe das Sprechen beginnt. Hierdurch sind bereits 3. die centralen Vorgänge als vorhanden dargethan. Die kindliche Logik, besonders das Induciren aus zu wenigen Einzelfällen, die Verstümmelungen reproducirter Wörter, die verkehrten Anwendungen richtig wiederholter Ausdrücke, das Verwechseln der Gegenstände bei der sprachlichen Bezeichnung selbstgebildeter Begriffe liefern eine Fülle von beachtenswerthen Thatsachen zur Psychogenesis. Dabei sind das Laut- und Wort-Gedächtniss, die Phantasie — im Ergänzen zumal — ebenso wie das erste Urtheilen, die Satzbildung, das Fragen zu berücksichtigen. Die Reihenfolge, in welcher die einzelnen Wortclassen auftreten, die Dressur beim Auswendiglernen, Speculationen darüber, welches gesprochene Wort zuerst vollkommen richtig verstanden wird, habe ich weniger beachtet, weil hier die Verschiedenheiten der Umgebung des Kindes den grössten Einfluss ausüben. Überhaupt konnte mein Bericht als erster Entwurf einer linguistischen Entwicklungsgeschichte des Kindes nicht vollständig sein. Er enthält aber nur völlig zuverlässiges eigenes Beobachtungsmaterial.

In den **ersten Wochen** schrie das Kind oft stark und lange missvergnügt. Wollte man die gehörten Schreilaute durch geschriebene Vocale wiedergeben, so würden sie meistens einem kurzen *u* mit sehr schnell darauffolgendem gedehnten *ä* am ähnlichsten sein; also *uä uä* sind die ersten annähernd ausdrückbaren Laute gewesen. Sie wurden nach fünf Monaten geradeso, nur kräftiger, geschrieen wie anfangs. Alle anderen Vocale sind anfangs unbestimmt.

Trotz dieser vocalischen Gleichmässigkeit sind schon innerhalb der ersten fünf Wochen die Stimmlaute so verschieden, dass man allein an denselben mit Sicherheit erkennt, ob das Kind Hunger oder Schmerz oder Lust empfindet. Das Schreien mit zugekniffenen Augen beim Hunger, das Wimmern bei leichtem Unwohlsein, das Lachen über bewegte helle Gegenstände, die eigenthümlichen, später mit Action der Bauchpresse und mit lebhaften Armbewegungen verbundenen Grunzlaute als Ankündigung der beendigten Verdauung und der Nässe (welches für erstere noch im 17. Monat beibehalten wurde) sind mannigfaltige akustische Lebensäusserungen, und schon als die ersten Vorläufer künftiger sprachlicher Mittheilungen anzusehen, im Gegensatze zu den lauten Reflexbewegungen des Niesens, des Singultus und zum nicht häufigen Schnarchen, zum Schnaufen (beim Saugen) und anderen schon in den ersten Tagen beobachteten lauten Exspirationen, welche ebensowenig wie Husten und das spätere Räuspern einen sprachlichen Werth haben.

Die Stimme ist bereits am sechsten Tage sehr kräftig, besonders wenn sie Unlustgefühle kundgiebt. Auch wird das Schreien viel häufiger, anhaltender und stärker, wenn statt der Frauenmilch verdünnte Kuhmilch gegeben wird. Beschäftigt man sich länger mit dem Säugling (in den ersten zwei Monaten), so ist er nachher mehr zum Schreien aufgelegt und schreit dann (wie beim Hungern) ganz anders, als wenn er etwas anderes Unangenehmes ankündigt, etwa Nässe. Unmittelbar nach dem Trocknen hört auch das Schreien auf, da nun eine gewisse Befriedigung erreicht ist. Andererseits gilt die Schreilust schon früh (sicher von der zehnten Woche an) als ein Zeichen von Wohlsein (oder Zunahme des Muskelwachsthums). Wenigstens pflegte längere Lautlosigkeit in dieser Zeit mit leichtem Unwohlsein verbunden zu sein. Es ist aber zu bemerken, dass während der ganzen Zeit eine länger als einen Tag dauernde ernstliche Erkrankung nicht vorkam.

Am 43. Tage hörte ich den ersten Consonanten. Das Kind, in behaglichster Lage allerlei nicht fixirbare Laute ausstossend, sagte deutlich einmal *am-ma*. Von Vocalen wurde gleichfalls an dem Tage *ao* gehört. Aber am folgenden überraschte das Kind mich und Andere durch die vollkommen deutlich gesprochenen Sylben *ta-hu*.

In dem sonst nicht verständlichen Lallen des Säuglings hörte ich am 46. Tage einmal *gö*, *örö* und fünf Tage später *ara*.

In der achten und neunten Woche wurden die beiden Äusserungen *örrö*, *arra* häufig, wobei ö und a rein und r uvular.

Die Sylbe *ma* für sich hörte ich, und zwar während des Schreiens, erst am 64. Tage. Aber am folgenden ertönte während des anhaltenden lauten Schreiens oft und deutlich *nei nei*, was nach Monaten in gleicher Weise wiederkehrte, und während des Lallens einmal *a-omb*.

Am Tage darauf deutlich je einmal *la*, *grei*, *aho*, ausserdem wieder *ma*.

Am 69. Tage äusserte das hungrige Kind wiederholt und sehr deutlich *mömm* und *ngö*.

Von früheren Sylben wird in der zehnten Woche deutlich nur *örrö* wiederholt. Neu kommt hinzu am 71. Tage, während der grössten Behaglichkeit, die Combination *ra-a-ao* und fünf Tage später in hungriger unbehaglicher Stimmung *nä*, dann *nai-n*.

Sehr deutlich war (am 78. Tage) das offenbare Zeichen von Vergnügtsein: *habu* und ebenfalls in der zwölften Woche *a-i* und *uao*, sowie *ä-o-a* mit *ä-a-a* und *o-ä-ö* abwechselnd.

Nun wurde es immer schwieriger, die schon mannigfaltigeren Laute durch Buchstaben wiederzugeben, ja nur die Vocale zu erkennen und treu zu wiederholen. Das Kind schreit viel wie zur Übung seiner Athmungsmuskeln. Zu den während des behaglichen Daliegens geäusserten Lauten kommt in der 14. Woche *ntö*, *ha*. Letzteres schrie das Kind ungewöhnlich laut mit deutlicher Aspiration des *h*, ohne dass es jedoch gerade besondere Lust zu empfinden schien. Sonst hörte ich um diese Zeit noch wiederholt *lö*, *na*, letzteres beim Schreien über unangenehme Eindrücke immer häufiger und deutlicher, in der 15. Woche *nannana*, *nā-nā*, *nanna* ablehnend. Dagegen wurde seit etlichen Wochen das früher beliebte *örrö* gar nicht mehr vernommen.

Das Schreien während des Wartens auf die Zubereitung der Nahrung (Milch und Wasser) oder auf die Amme, welche für sich allein dem Kinde nicht genügte, kennzeichnet sich in der 16. Woche, ebenso wie das Schreien über Unlustgefühle, überhaupt durch Überwiegen der Vocale *ä-ŭ ä-ŭ ä, ā-ŭ ā-ŭ, ŭ-ä ŭ-ä, ū-ū-ā-ö*, aber zwischendurch hört man *amme-a* und als ein Zeichen besonderen Missbehagens das anhaltende übelklingende *ūä-ūä-ūä-ūä*.

Das Schreien in den ersten fünf Monaten setzt sich im Ganzen aus den Vocalen *u, ä, ö, a* mit seltnerem *ü* und *o* zusammen, meist ohne andere Consonanten als *m*.

Im **5. Monat** wurden keine neuen Consonanten ausser *k* gebildet; aber nur ein passives *gö, kö, aggöggökkö*, letzteres seltener als ersteres, hört man vollkommen deutlich beim Gähnen.

Während in diesem Falle der *g*-Laut passiv entsteht, wurde er, wenn das Kind sich in vergnüglicher Stimmung befand, mit *ö* verbunden offenbar durch eine Zungenstellung erzeugt, wie sie beim Saugen vorkommt: *ögö* wurde ebenso wie *ma-ö-ĕ, hă, ā, ho-ich* in der 22. Woche gehört. Das *i* erschien hier deutlicher als im dritten Monat. Das weiche *ch*, welches wie das *g* in „Honig" klang, war gleichfalls ganz deutlich.

Um diese Zeit begann das ergötzliche laute „Krähen" des Kindes, ein nicht zu verkennender Ausdruck des Vergnügens. Die der ungemein kräftig gewordenen Stimme entsprechenden starken Hauchlaute *ha* und ihre Verbindung mit dem Lippen-*r* in *brrr-há* müssen ebenfalls als Lustäusserungen aufgefasst werden. Desgleichen *aja, örrgö, ā-ā-ĭ-ŏ-ā*, Laute, die gegen **Ende des ersten Halbjahres** das behaglich daliegende Kind wie zu seinem eigenen Vergnügen hervorbringt. Zu diesen gehört auch das häufig wiederholte *„eu"* des Französischen „heure" und „oeu" des Französischen „coeur", welches der Deutschen Sprache fehlt, ferner die Urlaute *ä* und *ö* (Deutsch). Die Lippen ziehen sich sehr regelmässig zusammen und schieben sich gleichmässig vor beim Übergang vom *ä* zum *ö*. Auch *ijä* hörte ich das höchst lustige Kind rufen. Consonanten sind bei dem oft lange ohne Unterbrechung fortgesetzten Lallen und bei dem Krähen selten, reine Vocale ausser a weniger häufig, als ä und ö, und namentlich i und u selten.

Wenn das Kind auf dem Rücken liegt, so bewegt es sich ohne äusseren Anlass lebhaft mit Armen und Beinen. Es contrahirt und expandirt alle Muskeln, die es zur Verfügung hat. Zu diesen gehört vor allem die Musculatur des Kehlkopfs, der Zunge, der Mundspalte. Bei den auf's Gerathewohl ausgeführten mannigfaltigen Zungenbewegungen trifft es sich oft, dass die Mundspalte ganz oder theilweise verschlossen wird. Dagegen sprengt der beim Athmen austretende Luftstrom den Verschluss, und so entstehen viele Laute, auch solche, die in der deutschen Sprache nicht vorkommen, namentlich häufig und deutlich durch labiolingualen Verschluss ein zwischen p und t oder b und d stehender Consonant, an dessen Erzeugung das Kind sich ergötzt, wie auch am labialen *brr* und *m*. Weitaus die meisten der durch die Zungen- und Lippen-Übungen entstehenden Mitlauter lassen sich aber ebensowenig zu Papier bringen, wie die immer lebhafter, anhaltender und mannigfaltiger werdenden Extremitätenbewegungen des satten und nicht schläfrigen, sich selbst überlassenen Kindes abzeichnen oder schildern. Bemerkenswerth ist, dass sämmtliche Lautäusserungen exspiratorisch sind. Ich habe nicht einmal einen Versuch, Inspirationslaute zu bilden, wahrgenommen.

Im 7. **Monat** sagte das Kind, als es hungrig nach Milch verlangte, deutlich *mä, ä, ŭä, ŭäĕ,* wenn es vergnügt war, wohl auch *örrö,* wie in früherer Zeit. Das Schreien wurde mit grosser Kraft bis zur beginnenden Heiserkeit fortgesetzt, als man dem Verlangen des Kindes, sein Bett zu verlassen, nicht Folge leistete. Wenn es vor Hunger schreit, dann zieht es die Zunge zurück, verkürzt dieselbe und verbreitert sie dadurch, mit längeren und kürzeren Ruhepausen laut ausathmend. Beim Schmerz ist das Schreien dagegen ununterbrochen und die Töne sind höher, als bei irgend welchem anderen Schreien. Während des Schreiens hörte ich das seltene *l* deutlich in der Sylbe *lä.* Deutlich kamen auch zum Vorschein die Vocale *ŭ-ā-ŭ-i-i,* alles als wenn es zufällig entstanden wäre, und nicht häufig rein. Ferner wurde das t nur selten gehört, f, s, sch, st, sp, sm, ts, ks, w bisher noch keinmal, dagegen b, d, m, n, r häufig, g, h seltener, k nur beim Gähnen, p höchst selten, sowohl beim Schreien als auch in den Lall-Monologen und Antworten beim freundlichen Zureden.

Im 8. **Monat** waren die Schreilaute meist andere, als bisher, das hässliche Schreien war nicht mehr so intensiv und anhaltend, seit die ausschliessliche Nahrung aus Kindermehl mit Wasser bestand. Sehr häufig lassen sich einzelne Vocale, wie u und ä, nicht mehr rein heraushören. Das Kind bewegt die Lippen oft gar nicht, wenn es bei geschlossenem Munde den Kehlkopf hebt und senkt und gierig nach dem Brei verlangend girrt oder grunzt. Die „räsonnirenden" Monologe werden länger, wenn das behaglich im Bett liegende Kind allein ist. Aber bestimmte Consonanten lassen sich nur schwer darin unterscheiden, ausser dem *r* in dem immer noch, wenn auch selten und unabsichtlich geäusserten *örrö.* Einmal rief das Kind im Bade wie gähnend *hā-upp,* und öfters, wenn lustig, *a-ĕi, a-āu, ŭ-hāu-ă, hörrö.* Wenn es in dieser Weise befriedigt plappert, so bewegt es lebhaft die Zunge symmetrisch, die Ränder gleichmässig hebend, und asymmetrisch, sie nach rechts oder links vorschiebend. Das Vorschieben der Zunge zwischen die Lippen und Zurückziehen derselben während der Ausathmung ist häufig, wodurch die früher erwähnten labiolingualen Explosivlaute entstehen. Auch hörte ich *ntč-ö, mi-ja mija* und einmal deutlich *oŭäĕi.*

Im 9. **Monat** ist es immer noch schwierig, bestimmte Sylben unter den mannigfaltigeren Lautäusserungen zu erkennen. Aber die Stimme wird schon sicherer als Ausdruck psychischer Zustände modulirt. Denn wenn das Kind nach einem neuen Gegenstande verlangt, streckt es nicht nur beide Arme in der Richtung desselben aus, sondern giebt auch durch denselben Laut, den es vor dem Einnehmen seiner Nahrung äussert, zu erkennen, dass es begehrt. Diese Combination von Augen-, Kehlkopf-, Zungen-, Lippen-, Arm-Muskelbewegungen tritt nun immer mehr hervor. Auch ist am Schreien das Verlangen nach einem Wechsel der Körperstellung, Unbehagen (über Nässe, Hitze, Kälte), Wuth und Schmerz erkennbar. Letzterer wird durch Schreien mit viereckigem Munde und durch höhere Töne kundgegeben. Aber der Jubel über einen freundlichen Gesichtseindruck äussert sich ebenfalls durch hohe Krählaute, welche nicht so hoch sind und nicht so lange dauern. Heftige Streckbewegungen der Arme und Beine begleiten (zuerst in der 34. Woche) das Jauchzen. Husten, fast ein Räuspern, ist sehr selten. Articulirte Äusserungen des Vergnügens, besonders über Musik, sind *mä-mä*, *ämmä*, *mä*.

Zwischendurch wurden auch die Lippenbewegungen des m ohne Lautäusserung gemacht, als wenn das Kind den Unterschied erkannt hätte. Andere Lautäusserungen ohne angebbare Ursache sind *ā-au*-*ā-ā*, *ā-ŏ*, *a-u-au*, *na-na*, dieses nicht mit ablehnendem Ton, wie früher, und oft schnell hintereinander wiederholt. Isolirt wurde ausser dem *örrö* in behaglicher Stimmung *apa*, *ga-au-ă*, *acha* geäussert.

Der **10. Monat** ist durch die zunehmende Deutlichkeit der Sylben in den Monologen charakterisirt, welche das Kind mannigfaltiger, lauter und anhaltender hören lässt, wenn man es sich selbst überlässt, als wenn man es zu unterhalten sucht. Von neuen Sylben sind zu verzeichnen *ndäĕ*, *bāë-bāĕ*, *ba ell*, *arrö*.

Namentlich werden von der 42. Woche an die Sylben *mä* und *pappa*, *tatta*, *appapa*, *babba*, *tätä*, *pa* häufig geäussert und das uvulare *rrrr*, *rrra* unermüdlich wiederholt. Die Versuche, das Kind zum Nachsprechen dieser und anderer vorgesprochener Sylben zu bringen, scheitern sämmtlich. Statt *tatta* sagt es im günstigsten Fall *tä* oder *ata*. Hierin liegt aber schon ein Fortschritt, denn im vorigen Monat fehlten auch diese Andeutungen, den Schall zu imitiren oder nur zu beantworten, fast gänzlich.

Im **11. Monat** wurden einige eindringlich vorgesprochene Sylben zum ersten Male correct wiederholt. Ich sagte mehrmals „ada" und das aufmerksame Kind wiederholte nach einigen effectlosen Lippenbewegungen richtig *ada*, was es übrigens lange vorher öfters monologisch geäussert hatte. Aber diese vereinzelte Wiederholung war die erste unzweifelhafte Lautnachahmung. Sie fand am 329. Tage statt. Als ich an demselben Tage „*mamma*" sagte, wurde *nanna* geantwortet. Überhaupt wurden öfters beim Vorsprechen, wobei das Kind aufmerksam meine Lippen betrachtet, öfters Versuche nachzusprechen gemacht, meistens kommt aber etwas anderes zum Vorschein oder eine lautlose Lippenbewegung.

In der 45. Woche wurde alles Vorgesprochene, falls es Beachtung fand, mit Lippen- und Zungen-Bewegungen beantwortet, welche den Eindruck hervorriefen, als wenn sie auf gut Glück gemacht würden und zur Belustigung dienten.

Ferner fängt in dieser Zeit das Kind an, während seiner langen

Monologe, zu flüstern. Es lässt nach Stärke, Höhe und Klangfarbe wechselnde Laute in Fülle hören, wie wenn es eine unbekannte Sprache redete. Auch lassen sich einzelne Sylben nach und nach leichter fixiren, obwohl die entsprechenden Mundstellungen bald ganz allmählich, bald schnell ineinander übergehen.

Beim *rrra*-Schreien vibriren die Ränder der zu einem Halbcylinder mit dem Rücken nach oben gebogenen Zunge beiderseits. Somit erzeugt das Kind dreierlei R-Laute, das labiale, das uvulare und dieses bilateral-linguale.

Neue Sylben aus dieser Zeit sind: *ta-hēe, dann-tee, āā-nēe ngä, tai, bü, kamm, dall, at-tall, akkee, praï-jer, tra, ā-hēe,* unter denen *tra* und *pra* als die erste Vereinigung des t und p mit r bemerkenswerth. Die auffallenden Combinationen *attall* und *akkee* und *praijer*, welche einzeln ohne erkennbaren Anlass, wie andere, zum Vorschein kamen, sind die ersten Versuche, den eigenen Namen (Axel Preyer) aus der Erinnerung, ohne Sinn, zu reproduciren, *dann-tee* das oft gehörte „danke". Von früheren Combinationen sind die folgenden besonders häufig:

mammam, apapa, örrö, papa, tata, tatta, nāā, rrra, pata, mmm, nä, ā, ä, āu, anna, atappa, dadada, ja, ja-ja, eja, jaï,

letztere Sylben durch das deutliche e ausgezeichnet:

Alle Bemühungen, einen Lall-Monolog vollständig durch Buchstaben wiederzugeben, waren erfolglos, weil jene deutlichen oft wiederholten Sylben mit undeutlichen lauten und leisen abwechselten. Jedoch sind von Consonanten *b, p, t, d, m, n* und das neue *r* in dieser Zeit die häufigsten, *l, g, k* nicht selten; von Vocalen überwiegt entschieden das *a*. Sowohl *u* als *o* sind selten, *i* sehr selten. Dabei wird ein Vocal weder für sich, noch in einer Sylbe mehr als fünfmal hintereinander ohne Pause wiederholt, gewöhnlich zwei- oder dreimal. Die maschinenmässige Repetition derselben Sylbe, etwa *papapa*, kommt viel häufiger vor, als das Abwechseln einer deutlich gesprochenen mit einer anderen deutlich gesprochenen Sylbe, wie *pata*. Indessen stutzt das Kind leicht, wenn es während seiner verschiedenartigen Lippen- und Zungen-Bewegungen mit Verkleinerung und Vergrösserung der Mundöffnung einen solchen Wechsel des akustischen Effects merkt. Es macht den Eindruck, als wenn es sich damit ergötzte, allerlei symmetrische und asymmetrische Mundstellungen bald schweigend, bald mit lauter Stimme, dann wieder mit leiser, sich förmlich einzuüben. Bei den Sylbenverbindungen sind übrigens fassbare Accentuationen keineswegs häufig, wie etwa *appápapa atátata*. Das auffallend oft wiederholte *dadada* hat meistens keinen Accent.

Bezüglich der Frage, ob in dieser Zeit eine articulirte Lautäusserung in fester Verbindung mit einer Vorstellung stehe, habe ich nur einen Fall mit Sicherheit ermittelt. Es zeigte sich nämlich dass *atta, hödda, hatta, hataï* mit der Wahrnehmung verbunden, dass etwas verschwindet. Denn es wurde geäussert, wenn jemand das Zimmer verliess und beim Auslöschen des Lichtes, freilich auch ohne dass solche auffallende Veränderungen im Gesichtsfeld auffindbar wesen wären. Aber der elfte Monat schliesst ab mit dieser einen festen Verbindung von Articulation und Vorstellung.

In den folgenden vier Wochen, bis zum **Ende des ersten Lebensjahres,** war in dieser Beziehung kein Fortschritt zu registriren, jedoch wurde von nun an ein lebhaftes Begehren, etwa eines erblickten, aber unerreichbaren Zwiebacks, regelmässig durch *ä-na, ä-nananana* laut und mit unbeschreiblich verlangendem Ausdruck kundgegeben.

Auch sind die Nachahmungsversuche etwas erfolgreicher, namentlich wird die Aufmerksamkeit gespannter. Als ich in der 51. Woche dem Kinde etwas vorsang, starrte es über eine Minute lang mit unbewegtem Gesicht ohne Lidschlag meinen Mund an und bewegte dann die eigene Zunge. Correctes Wiederholen einer vorgesprochenen Sylbe ist aber sehr selten. Wenn ich lache und das Kind bemerkt es, so lacht es gleichfalls, und kräht dann mit starker Anwendung der Bauchpresse. Eben diese Freudenäusserung wird gezeigt, wenn das Kind seine Eltern unerwartet in der Ferne sieht. Das Drängen mit starker Exspiration ist überhaupt mit Lustgefühlen verbunden. Fast scheint sich das Kind über die Entdeckung seiner eigenen Bauchpresse zu freuen, wenn es mittelst derselben die hohen Krählaute mit dem Vocal *i* oder ein echtes Grunzen zu Stande bringt.

Von articulirten selbständigen Combinationen fasste ich besonders die folgenden genau auf:

haja, jajajajaja, aja, njaja, naïn-hopp, ha-a, pa-a, dēwür, han-na mömma, allda, alldaï, apa-u-a, gägä, ka, ladn.

Dazu das frühere *atta* in allerlei Modificationen, nicht mehr *dada.*

Wichtiger als derlei fast durchweg inhaltleere Lautbildungen, unter denen hier zum ersten Male *w* erscheint, ist das bewusste **Unterscheidungsvermögen für gehörte Wörter.** Das Kind wendet sich um, wenn man seinen Namen laut ausspricht, freilich auch bei anderen lauten Schallen, aber dann mit einem anderen Ausdruck. Wenn es einen neuen Ton, ein neues Geräusch hört, erstaunt es, macht die Augen weit auf und hält den Mund offen, ohne sich zu bewegen.

Durch öfteres Wiederholen der Worte „Händchen geben!" und Hinhalten der Hand, war das Kind in der 52. Woche dahin gebracht worden, dem Befehl zu gehorchen, zum sicheren Beweis, dass es gehörte Worte unterscheidet. Ein anderes Kind leistete dasselbe im siebenten Monat. Man muss hierin den Anfang des Verkehrs mittelst der Volkssprache sehen, der aber noch bis über das dritte Halbjahr hinaus einseitig blieb, sofern das Kind sich nur receptiv verhielt. Während dieser ganzen Zeit, vom Lebensanfang an, hatten übrigens einzelne Laute, besonders „sch, ss, st, pst", also gerade die nicht vom Kinde erzeugten Zischlaute, eine beruhigende Wirkung. Hörte sie das schreiende Kind, so wurde es ruhig, wie durch Gesang oder Musik.

In den **ersten Wochen des zweiten Lebensjahres** verhält sich das Kind bezüglich des Nachsprechens geradeso ungeschickt wie bisher, aber seine Aufmerksamkeit ist eine regere geworden. Wenn man ihm etwas vorsagt, damit es nachspreche, *papa*, *mama*, *atta*, *tatta*, so sieht es den Sprecher mit grossen Augen und halb offenem Munde an, bewegt manchmal nur ganz schwach, manchmal stark die Zunge und die Lippen, kann aber nicht die Stimme zugleich ertönen lassen, oder es sagt, öfters mit angestrengter Benutzung der Bauchpresse, *attaï*. Schon in der 45. Woche hatte es sich ganz ähnlich verhalten, jedoch auf das vorgesprochene *papa* mit *rrra* geantwortet. Nur einmal wurde leise *papa* richtig wiederholt, am 369. Tage, fast wie von einem Träumenden. Sonst konnte kein Wort auf Commando wiederholt werden, trotz des bereits bethätigten Nachahmungsvermögens auf anderem Gebiete. Die häufigsten von selbst ausgestossenen Sylben dieser Zeit waren:

nja, *njan*, *dada*, *atta*, *mama*, *papaï*, *attaï*, *na-na-na*, *hatta*, *meenĕ-meenĕ-meenĕ*, *mömm*, *mömma*, *ao-u*.

Von diesen Sylben bezeichnet *na-na* regelmässig ein Verlangen, wobei die Arme ausgestreckt werden; *mama* wird durch die beim Hervorbringen dieser Sylben bezeugte Freude der Mutter, vielleicht schon in der 54. Woche, auf diese bezogen, aber auch maschinenmässig ohne jeden Bezug auf dieselbe wiederholt, *atta* beim Weggehen dann und wann geäussert, aber auch sonst. Seine Freude über die in der Ferne erkannte Mutter äussert das Kind durch Krählaute, welche noch stärker und höher als früher geworden sind, sich aber nicht fixiren lassen; am besten entspricht ihnen *ăhijă*. Bejahung und Verneinung können schon am Ton der Stimme erkannt werden. Die Bedeutung des Girrens und der Grunzlaute ist geblieben. Jenes bezeichnet Verlangen nach Nahrung, dieses nach Entleerung. Wie zur Übung werden jetzt ausserordentlich hohe Töne erzeugt, welche als Zeichen des Vergnügens über die eigene Kraft gelten können. So hat sich bereits eine unvollkommene Sprache gebildet, obwohl noch kein Gegenstand mit einem ihm allein bestimmten Laut bezeichnet wird. Am 368. Tage kam das erste deutliche *s* in der Sylbe *ssi* zum Vorschein, freilich ganz beiläufig.

Der bedeutendste Fortschritt besteht in dem nun erwachten Verständniss gesprochener Worte. Die Lernfähigkeit oder Dressirbarkeit ist fast wie über Nacht aufgetaucht. Denn es bedurfte nicht häufiger Wiederholung der Frage: „Wie gross ist das Kind?" mit Emporhalten seiner Arme, um es jedesmal diese Bewegung machen zu lassen, wenn es die Worte „wie gross?" oder „ooss", sogar nur „oo" hörte. Auch war es leicht, ihm beizubringen, dass es einen vor ihm liegenden, an einem Faden befestigten Elfenbeinring in die Hand nahm und mir zierlich reichte, wenn ich, die Hand hinhaltend, sagte: „Wo ist der Ring?" und nachdem er ergriffen worden, hinzufügte: „Gieb." Ebenso hält das Kind einen Zwieback, den es selbst in den Mund führt, an die Lippen des freundlich Sprechenden, der „gieb" sagt, und hat gelernt, den Kopf seitlich hin und her zu bewegen, wenn es „nein, nein" hört. Sagt

man dem nach Nahrung oder einem gesehenen Object verlangenden
Kinde „bitte, bitte", so legt es die Hände zusammen in bittender
Stellung, was zu erlernen ihm anfangs schwer zu werden schien.
Endlich hatte man ihm beigebracht, die Frage: „Wo ist das Trotz-
köpfchen?" durch seitliche Berührung des Kopfes mit der Hand zu
beantworten (was es früher ohne äusseren Anlass gethan hatte).

Hieraus geht hervor, dass (im Vergleiche zu anderen Kindern
etwas spät) die Verbindung gehörter Laute oder Wörter mit
bestimmten Bewegungen hergestellt ist, indem auf Schalleindrücke,
wenigstens auf combinirte Gehörs- und Gesichts-Eindrücke, welche
sich in gleicher Weise wiederholen, gleiche Bewegungen erfolgen,
und zwar erfolgen sie jedesmal mit dem Ausdruck grosser Befriedigung im Antlitz. Jedoch ist diese Verbindung noch nicht fest, denn
manchmal erfolgt auf einen deutlich gesprochenen und ohne Zweifel
richtig verstandenen Befehl die verkehrte Bewegung; so werden auf
die Frage „wie gross?" die Hände zum „bitte" zusammengelegt.
Einmal, als ich sagte, „wie gross?" hob das Kind die Arme empor,
schlug sich dann an die Schläfe und legte hierauf die Hände zusammen, als wenn ihm „Trotzkopf" und „bitte" gesagt worden wäre.
Alle drei Bewegungen folgten sich mit äusserster Geschwindigkeit,
während die Physiognomie die eines Verwirrten war mit unstetem
Blick. Offenbar hatte das Kind vergessen, welche Bewegung zum
gehörten „ooss" gehörte, und machte alle drei Kunststücke, indem
es sie mit einander verwechselte. Diese Verwechslungen
von Arm-heben, Ring-geben, Kopfschütteln, Hände-zusammenlegen,
den-Kopf-berühren, sind häufig. Irgend eines dieser Dressurstücke
wird fast jedesmal vom Kinde ausgeführt, wenn man ihm etwas
neues, ihm Unverständliches befiehlt, und es merkt, dass man etwas
von ihm verlangt: der erste bewusste, aber noch unvollkommene
Act des Gehorsams.

Im **14. Monat** nahm die Zahl der selbständigen Lautäusserungen,
welche sich als Sylben der Deutschen Sprache wiedergeben lassen,
nicht erheblich zu. Überraschende Gesichtseindrücke, wie der helle
Christbaum, entlockten dem angenehm erregten Kinde, ohne dass es
irgend etwas berührt hätte, fast dieselben Laute, die es sonst in
missvergnügter Stimmung hören liess, *üä*, *müä* nur leiser; *mömö*
und *mama*, auch *papa* sind häufige Ausdrücke des Behagens. Wird
das Kind fortgetragen, so sagt es manchmal *ta-ta* laut, auch wohl
atta flüsternd. Es kann nicht mehr zweifelhaft sein, dass mit diesen
Sylben jetzt nur die Vorstellung „fort" ausgedrückt wird. Besonders
eifrig wurde das labiale *brrr*, das sogenannte Kutscher-R, geübt und
zwar bald mit einer solchen Geschicklichkeit, dass gebildete Erwachsene es nicht in gleicher Reinheit, und namentlich nicht so anhaltend hervorbringen können. Das einzige neue Wort ist *dakkn* und
daggn, welches anmuthig mit erstaunlicher Geschwindigkeit in Augenblicken des Vergnügens oft ausgesprochen wird, besonders beim Verzehren schmackhafter Speisen. Aber es wird ohne angebbaren Anlass so oft geäussert, dass ein bestimmter Sinn sich ihm kaum

zuschreiben lässt, es sei denn der des Befriedigtseins. Denn niemals hört man es, wenn dem Kinde das geringste Unangenehme widerfahren ist. Die Wahrscheinlichkeit, dass es sich um eine Nachahmung des nicht selten vernommenen „Danke" hierbei handelt, ist vorhanden. Aber die Modificationen *taggn*, *attagn*, *attatn* gehen über in das ursprüngliche *taï*, *ataï*.

Unter den Lauten der Lall-Monologe wurden inspiratorische auch jetzt nicht beobachtet. Sie kamen jedoch passiv beim Verschlucken und darauffolgenden Husten dann und wann zum Vorschein.

Grosse Mühe wurde darauf verwendet, das Kind zum Wiederholen vorgesprochener Sylben zu bringen, aber ohne besonderen Erfolg. Wenn ich ihm deutlich vorsagte „pá-pá-pá", dann antwortete es laut *ta-taï* oder, stark pressend, *t-taï*, *k-taï*, *attaï*, *hattaï*, ebenso wenn ihm „má-má", gleichviel von wem vorgesagt wurde; auch bewegte es oft Lippen und Zunge, wie tastend, verschiedentlich, als wenn der Wille des aufmerksam den Mund des Sprechers betrachtenden Kindes da wäre, nicht aber das Vermögen, den Schalleindruck zu reproduciren. Offenbar bemüht es sich, das Gehörte zu wiederholen, und lacht über den missglückten Versuch, wenn andere darüber lachen. Am besten gelingt noch die Wiederholung der Vocale „a-u-o", aber unregelmässig und ungenau.

Im Gegensatz zu diesen mangelhaften Leistungen steht die präcise papageimässige Wiederholung solcher Sylben, welche das Kind aus freien Stücken geäussert und die ich ihm unmittelbar darauf vorgesagt hatte. So wurden oft leicht und richtig *attaï*, *taï*, *atta* wiederholt, auffallender Weise aber manchmal flüsternd. Auch das von pendelnden Handbewegungen begleitete *ä-ĕ*, *ä-ö*, *ä-e* wurde, wenn es sofort von mir nachgeahmt worden war, auf's Neue vorgebracht, desgleichen regelmässig *dakkn*. Jedoch gelang dieses Verfahren nicht mit anderen Ursylben oder Urworten, wobei zu bedenken, dass die zuletzt genannten gerade die häufigsten in dieser Zeit waren. Wenn mit Nachdruck das Nachsprechen von *papa*, *mama*, *tata* verlangt wurde, geschah es wohl, dass das Kind eines von seinen im vorigen Monat erlernten Dressurstückchen producirte, etwa den Kopf seitlich hin und her bewegte, als wenn es verneinte, was aber in Wahrheit nicht der Fall war, denn diese Bedeutung der Geste war ihm noch völlig unbekannt. Vielmehr hatte das Kind durch meine Stimme den Eindruck erhalten, dass es etwas ihm Anbefohlenes zu thun habe, und that das ihm in dem Augenblick gerade geläufige „mechanisch", ohne zu wissen, welche erlernte Bewegung verlangt wurde (vgl. S. 318).

In Betreff des Verstehens gehörter Worte sind mehrere Fortschritte zu verzeichnen, vor allem ein Ortswechsel in Folge der Frage: „Wo ist Dein Schrank?" Das an der Hand gehaltene aufrecht stehende Kind dreht nach diesen Worten den Kopf und Blick in die Richtung des Schrankes, zieht die es haltende Persönlichkeit durch das geräumige Zimmer an der Hand, obgleich es allein nicht einen Schritt gehen kann, und öffnet dann den Schrank ohne Hülfe.

Hier ist die Vorstellung eines bestimmten feststehenden
Objectes mit einem bestimmten, gehörten Schall verbunden
und so stark, dass sie eine selbständige Fortbewegung, die erste,
bewirkt. Denn wenn auch vorher oftmals der Schrank benannt
und gezeigt worden war, das Hingehen bleibt eigene Leistung des
Kindes.

Dass auch andere oft gehörte Wörter eine bestimmte Beziehung
zu gesehenen Gegenständen haben, ist ihm nunmehr geläufig. Die
Fragen: „Wo ist Papa? Mama? das Licht?" werden nach kurzem
Besinnen jedesmal richtig durch Wendung des Kopfes (bei „Licht"
ab und zu seit dem neunten Monat) und des Blickes und hin-
weisende Erhebung des rechten, manchmal auch des linken Armes
beantwortet, meistens mit Spreizung der Finger. Zu den nach gewissen Worten ausgeführten Bewegungen kommen neu hinzu die
folgenden. Das Kind schlägt gern mit den Händen auf den Tisch,
an dem es sitzt. Ich sagte ihm „Clavierspielen" und machte die
Bewegung nach. Als ich dann später dem ruhigen Kinde nur das
Wort „Clavier" sagte, ohne die Hände zu bewegen, besann es sich
einige Secunden lang und schlug wieder mit den Händen auf den
Tisch. Es genügte also die Erinnerung an den Klang, um die Bewegung auszulösen. Ferner hatte sich das Kind angewöhnt, manchmal förmlich zu schnaufen, indem es die Nasenflügel senkte und
den Mund spitzend durch die Nase ausathmete. Sprach man ihm
nun vom „Näschen", so trat dieses Schnaufen jedesmal ein. Hört
das Kind den Befehl „Gieb!" so reicht es den Gegenstand, welchen
es in der Hand hält oder erst ergreift, dar, falls man die eigene
Hand oder die Lippen ihm hinhält. Vor einigen Wochen geschah
dieses nur mit dem Ring und Zwieback, jetzt hat jener Imperativ
für jedes greifbare Object den gleichen Erfolg, aber er wirkt fast
wie ein Reflexreiz „mechanisch", ohne dass der Act des Gebens ein
rein willkürlicher wäre, oder gar aus Mitgefühl stattfände.

Überhaupt ist bei den bereits erlernten coordinirten Bewegungen
(nach Anhören der Worte „bitte, wie gross? Trotzkopf! nein! Clavier! Ring! gieb!"), welche mit kürzeren Pausen des Besinnens wie
von einem dressirten Thier ausgeführt werden, durchaus kein tieferes
Verständniss vorhanden, als das eine: zu dem und dem Schalleindruck gehört die und die Bewegung. Durch tägliche Wiederholung
beider wird die zur Entstehung der letzteren, nach der Erregung
des Hörnerven, erforderliche Zeit immer kürzer, indem der Zweifel,
„welche Bewegung folgt auf diesen Schall?" immer mehr zurück-
tritt. Schliesslich erfolgen die Antwortbewegungen ohne sonderliche
Anspannung der Aufmerksamkeit, sie werden zur Gewohnheit, wie
erworbene Reflexe. Jedoch kommen ab und zu Verwechslungen
derselben noch vor. Auf „nein, nein" erfolgt dann die Berührung
des Kopfes, auf „bitte" Kopfschütteln, auf „Trotzkopf" Hände-zu-
sammenhalten usw. Diese Irrthümer werden, wenn ein neuer Eindruck die Aufmerksamkeit ablenkt, häufig, durch Wiederholung der
vorgemachten richtigen Bewegungen und Lenkung der Glieder des

Kindes immer seltener. Ein weiterer Beweis für die gesteigerte Lernfähigkeit ist die Thatsache, dass, wie auf den Befehl „bitte", auch auf die Frage: „Wie macht das gute Kind?" die Hände in der Bittstellung erhoben werden.

Der 15. Monat brachte von neuen fixirbaren selbständigen Lautäusserungen nur *wa.* Empfindungen und Emotionen werden aber immer bestimmter und mannigfaltiger durch unarticulirte, nicht jedesmal verständliche Laute bezeichnet, so Erstaunen durch *hā-ū-ŭ-aŭ,* Freude durch starkes Krähen in sehr hohen Tönen, welches länger anhält, als früher, Verlangen durch wiederholtes *hüö, hü-ŭ,* Schmerz, Ungeduld durch Schreien in Vocalen, welche ineinander übergehen. Das einzige unzweifelhaft aus eigenem Antrieb eine Classe von Wahrnehmungen bezeichnende Wort ist noch immer *atta, ha-atta,* welches auch während der folgenden Monate beim Hinausgehen, meistens leise, geäussert wird und „weg" bedeutet, auch immer noch, wie im elften Monat, beim Verdunkeln der Flamme (durch einen Lampenschirm) zur Anwendung kommt. Sonst ist keine Sylbe zu nennen, welche für den Gebrauch articulirter Laute zur Kundgebung von Wahrnehmungen spräche; denn *brrr, dakkn mamam, mömö* und *papap* sind gedankenleer in den Monologen. Selbst das *atta*-sagen mit Kopfwendung nach der fortgehenden Persönlichkeit hat vielleicht nur durch wiederholtes Vorsagen beim Hinausgetragenwerden die Bedeutung „fort" erlangt, nachdem das Kind es einmal zufällig geäussert hatte. Aber beim Erlöschen des Lichts sagte niemand das Wort. Die Begriffbildung ist nicht allein längst da, sondern auch die Bezeichnung des Begriffs mit Sylben. Die Ähnlichkeit in den so sehr verschiedenen Vorgängen des Weggehens und des Lichtverdunkelns, nämlich das Verschwinden eines Gesichtseindrucks, entdeckte nicht nur, sondern benannte das Kind vollkommen selbständig im elften Monat und behielt seine Benennung bis jetzt bei. Es hat viele Eindrücke, macht Wahrnehmungen, vereinigt Merkmale zu Begriffen ohne Worte schon längst. Nur in diesem einen Fall aber äussert das Kind, nachdem man ihm einen Specialfall so getauft hat, einen von seinen wortlosen Begriffen sprachlich und zwar durch ein der späteren Sprache nicht zugehöriges, allen Kindern der Welt zukommendes Wort.

Bezüglich des Nachsprechens vorgesagter Sylben ist ein entschiedener Fortschritt bemerkbar. Zwar kann das Kind nicht *na* und *pa* und *o* oder *e* und *be* wiederholen, es antwortet *a, taï, ta-a-o-ö-a* und macht allerlei Zungen- und Lippen-Übungen, aber die anderen von ihm geäusserten Sylben, besonders *anna, taï, dakkn, a* spricht es jedem, der sie ihm deutlich vorsagt, leicht und richtig papageimässig nach. Sagt man ihm ein neues Wort, beispielsweise „kalt" vor, welches von ihm nicht wiederholt werden kann, so wird es ärgerlich, wendet den Kopf ab oder schreit. Nur ein neues Wort konnte ich seinem Vocabular einverleiben. In der 63. Woche ergriff es einen in heisses Wasser getauchten Zwieback, liess ihn fallen, verzog die Mundwinkel nach unten und klagte. Ich sagte

dann „heiss", worauf das schnell beruhigte Kind *haï* und *haï-s* (mit
eben merklichem *s*) wiederholte. Nach drei Tagen dasselbe Experiment. Hierauf hörte man öfters ohne Anlass das *haïs, haïsses* mit
deutlichem *s*. Einige Tage später sollte „Hand" nachgesprochen
werden. Das Kind betrachtete meinen Mund genau, bemühte sich
sichtlich, brachte aber nur *ha-ïss*, dann sehr deutlich *hass* mit
scharfem *ss* und *ha-ïth*, *haaith* mit Englischem *th* zu Stande, ein
andermal deutlich *ha-its*. Also ist zu einer Zeit, wo *ts* = *z* noch
nicht nachgesprochen werden kann, die Fähigkeit *z* auszusprechen
vorhanden. Als ich „warm" vorsagte, wurde angestrengt und deutlich *ass* geäussert, obgleich die Sylbe *wa* zum kindlichen Reperto-
rium gehörte, offenbar eine Erinnerung an die vorhergegangenen
Versuche, „heiss" und „Hand" nachzusprechen.

Die Coordinationen der Articulation sind überhaupt noch sehr unvollkommen. Jedoch bekundet die Deutlichkeit des *s*, das häufige
Englische *th* mit Vorschieben der Zungenspitze zwischen die Schneidezähne, das *w*, welches nun erst öfters vorkommt, sowie das in der
65. Woche zuerst gehörte Schnalzen (in behaglicher Stimmung)
einen Fortschritt. Die Zunge ist im wachen Zustande, mehr als
andere bei dem Erwachsenen dem Gehirnwillen unterworfene Muskeln,
fast immer in Bewegung, auch wenn das Kind schweigt. Sie wird
verschiedentlich partiell contrahirt, gestreckt, gebogen. Das seitliche
Umbiegen der Zungenränder nach unten und das Umkehren der
Zungenspitze (von links nach rechts), so dass die untere Fläche
oben zu liegen kommt, ahmen Erwachsene nicht leicht nach. Die
Beweglichkeit der Zunge ist jedenfalls viel grösser, als die der
meinigen, trotzdem durch frühere vielfältige Übungen im Schnell-
sprechen die schwierigsten Schnellsprechkunststücke noch leicht von
ihr ausgeführt werden. Die Zunge ist unzweifelhaft das Lieblingsspielzeug des Kindes. Fast könnte man von einem Zungendelirium
sprechen, wenn es allerlei Zusammenhangloses articulirt und unarticulirt durcheinander hören lässt. Und doch sah ich sie oftmals
im offenen Munde in fibrilläre Zuckungen gerathen, als wenn die
Herrschaft des Hypoglossus noch unsicher wäre. Ganz ähnliche
fibrilläre Bewegungen macht die Zunge bei Hunden und Kaninchen,
denen der Hypoglossus durchschnitten worden ist.

Zu den gehörten Wörtern, welche bereits eine bestimmte Bewegung bewirken, kommen neu hinzu folgende. Fragt man: „Wo
ist der Mond? die Uhr? das Auge? die Nase?" so erhebt das Kind
einen Arm, spreizt die Finger und blickt in die entsprechende Richtung. Spreche ich von „Husten", so hüstelt es, von „Blasen", so
bläst es, von „Winken", so winkt es, von „Strampeln", so streckt
es die Beine, vom „Licht", so bläst es in's Leere, wenn eine Lampe
da ist, nach dieser hin, indem es sie dabei ansieht, eine Erinnerung
an das oft gesehene Ausblasen von Zündhölzchen und Kerzen.
Grosse Mühe macht es, das bejahende Kopfnicken beim gesprochenen
„ja, ja" hervorzurufen. Durch häufige Wiederholung und gewaltsame
Lenkung kam erst in der 64. Woche diese auch später nur unge-

schickt ausgeführte Bewegung zu Stande. Beim Hören des „Nein, nein" trat nun fast jedesmal das verneinende Kopfschütteln auf, welches vollkommen sicher ausgeführt wurde.

Das Hinhalten der Hand beim Hören des „Gieb Händchen" tritt fast jedesmal ein, ist aber nicht als Specialfall des Verstehens der Sylbe „Gieb" aufzufassen, denn auch „Händchen" allein hat dasselbe zur Folge.

Alle diese durch Dressur erworbenen Fertigkeiten geben noch nicht den geringsten Beweis für ein Verstehen des Befohlenen beim Umsetzen des Schalleindrucks in motorischen Impuls. Vielmehr handelt es sich immer um die Herstellung der Erinnerung an die gewohnte Verbindung beider während der Pause des Besinnens. Verwechslungen der zusammengehörigen Wörter und Muskelcontractionen sind seltener, die physiologische Zeit ist kürzer geworden, aber sie wird merklich verlängert, wenn das Kind nicht ganz gesund ist. Es besinnt sich bis zu zwölf Secunden lang, wenn ihm die Frage: „Wo ist Trotzkopf?" vorgelegt wird, und antwortet dann mit der richtigen Geberde.

Der 16. Monat brachte wenige neue articulirte Lautäusserungen, keine mit einem bestimmten Sinn verbundene, dagegen merkliche Fortschritte im Nachsprechen, und namentlich im Verstehen gehörter Worte.

Unter den eigenen Lauten hört man neben dem auch in den folgenden Monaten Verlangen ausdrückenden, oft aber bedeutungslosen *hä!* noch *hä-ö! hä-ĕ! hĕ-ĕ,* seltener *hi, gö-gö, gö, f-pa* (wo zum ersten Mal *f*), *aŭ* und häufiger *ta, dokkn, tá-ha, a-bwa-bwa, bŭā-bŭā,* und wie zufällig einmal unter allerlei nicht fixirbaren Sylben: *dagon.* Ferner nimmt das Kind, wie schon im vorigen Monat, gern eine Zeitung oder ein Buch in die Hände und hält das Gedruckte sich vor das Gesicht, *ä-ĕ, ä-ĕ, ä-ĕ* lallend, indem es das oft wahrgenommene Vorlesen imitirt. Es war leicht, dieses Verfahren beim Befehl „lies" sich wiederholen zu sehen. Ausserdem ergötzt es das Kind, eine Sylbe, *bwa* oder *ma,* oft nacheinander auszusprechen, etwa sechs Mal ohne Pause. Das geflüsterte *attö* und *hattö* beim Verdecken des Gesichts oder des Lichtes, beim Zusammenklappen eines Fächers, beim Leeren des Suppentellers, ist nebst dem *dakkn,* den aus *ta, ba, ma, na, at, ap, am, an* zusammengesetzten Sylbencombinationen und *mömö,* wie im vorigen Monat, geblieben. Mit *papa, mama* wird aber eine ausschliessliche Beziehung zu den Eltern nicht ausgedrückt. Nur auf die Fragen „wo Papa?" „wo Mama?" zeigt die erhobene Hand mit gespreizten Fingern nach denselben. Schmerz wird durch anhaltendes lautes Schreien, Freude durch kurzes, hohes, durchdringendes Krähen kundgegeben, welches den Vocal *i* enthält.

Nachgesprochen wurde auf Befehl von isolirten Vocalen richtig nur *a,* von Sylben, ausser denen des vorigen Monats, noch *mö* und *ma,* wobei die ausgelassene Heiterkeit des Kindes über das gelungene Experiment bemerkenswerth ist. Es entdeckte, dass sein

papageimässiges Nachsprechen eine neue Quelle des Vergnügens sei,
konnte jedoch während vieler Wochen nicht die verdoppelten Sylben
wiederholen, sondern blieb bei den einfachen oder antwortete allerlei Disparates, wie *attob*, oder nichts. Die Sylbe *ma* wurde sehr oft
durch *hömá* und *hömö* wiedergegeben, *pa* niemals wiederholt, sondern
wie bisher nur *ta* und *taï* mit grosser Anstrengung und Aufmerksamkeit und dem sichtlichen Vorsatz richtig nachzusprechen, erwidert. Auf unzählige Male eindringlich vorgesprochenes „danke"
wird regelmässig und schnell *dakkn* entgegnet, und zwar auch in
den folgenden Monaten. Fehlte alles Zureden, überliess man das
Kind, ohne seine Aufmerksamkeit zu lenken, sich selbst, so kamen
nicht selten correcte neue Schallnachahmungen vor, zum Beispiel als
ich „bo" sagte, die dann aber auf Verlangen nicht mehr glückten.
Freilich waren öfters derartige Versuche sogleich gänzlich verfehlt.
So hörte das Kind einmal ein Huhn kläglich schreien, ohne es zu
sehen, und bemühte sich vergebens, die Stimme nachzuahmen, nur
einmal und nicht wieder. Dagegen gelingt es ihm öfters, vorgemachte Zungenbewegungen, wie Vorschieben der Zunge zwischen
die Lippen, richtig zu wiederholen; es versucht sogar nachahmend
zu schnalzen. An der Zunge fallen die häufigeren partiellen Contractionen ohne Sprechversuche auf. Auf einer Seite erhebt sich
gegen die Zungenmitte hin ein longitudinaler Wulst, dann werden
die Ränder zusammengelegt, so dass die Zunge fast eine geschlossene
Röhre bildet, auch kehrt sie sich vorn völlig um. Eine derartige
Volubilität besitzt schwerlich die Zunge irgend eines Erwachsenen.
Übrigens werden die Lippen, auch wo die Vocalbildung es nicht
erfordert, oft weit vorgeschoben.

Das Wachsthum des Verständnisses gehörter Worte giebt sich
dadurch zu erkennen, dass Nase, Mund, Bart, Stirn, Kinn, Auge,
Ohr vom Kinde anmuthig mit Daumen und Zeigefinger erfasst oder
mit dem Daumen berührt werden, wenn es das betreffende Wort
hört. Dabei verwechselt es jedoch häufig Ohr und Auge, Kinn und
Stirn, sogar Nase und Ohr. Statt „Ohr" genügt „O", statt „Auge"
„Au". In beiden Fällen wurde bald die Paarigkeit entdeckt und
mit der rechten Hand abwechselnd mein linkes und rechtes Ohr-
läppchen ergriffen, nachdem ich „Ohr?" gefragt hatte. Wie leicht
dabei ein neuer Schalleindruck verwirrt, zeigt folgende Thatsache.
Nachdem ich einmal ein Ohr gezeigt und gesagt hatte „Anderes
Ohr!" brachte ich es durch Wiederholung dahin, dass auch dieses
jedesmal richtig gezeigt ward. Nun sollte aber das Erlernte auf
das Auge angewandt werden. Als eines gezeigt worden, fragte ich:
„Wo ist anderes Auge?" da griff das Kind nach einem Ohr, mit
dessen Anblick ihm nun der Klang „anderes" verbunden war. Erst
viel später (im 20. Monat) lernte es diesen Klang auf verschiedene
Theile des Körpers selbständig anwenden. Den Inhalt der Befehle:
„Bring, hole, gieb!" versteht es hingegen vollkommen und bringt, holt,
giebt verlangte Gegenstände, wobei freilich die Geberde und Miene
des Sprechenden entscheidend sind. Denn falls diese nur deutlich

erfasst werden, kommt nicht viel darauf an, welches Wort man dazu spricht oder ob man schweigt.

Der **17. Monat** brachte, ohne dass irgend welche Störung der Entwicklung eingetreten wäre, keine merklichen Fortschritte der lautlichen Gedankenäusserung, der Imitation vorgesprochener Sylben und der Articulation, aber ein erhebliches Wachsthum des akustischen Unterscheidungsvermögens für gehörte Worte und des Lautgedächtnisses.

Neu sind von eigenen Sylben *bibi, nä-nä-nä*, ersteres durch häufiges Hören des „bitte" entstanden, letzteres Freudenäusserung beim Wiedersehen und Ausdruck des Verlangens, emporgehoben zu werden. Sonst bezeichnen Tonhöhe, Accent, Timbre, Intensität der Stimmlaute entschiedener als Sylben das Begehren, Verabscheuen, Lust und Schmerz, Hunger und Sättigung. Ein eigenes Klagen bedeutet Nicht-verstehen, ein anderes Nichtwollen. An die Stelle des *atta* beim Ortswechsel, eines wahrgenommenen Objectes tritt öfters ein *t-tó* und *höt-tó* mit weit vorgeschobenen Lippen. Wenn aber das Kind selbst das Zimmer zu verlassen wünscht, dann holt es einen Hut und sagt, einen sehnsüchtigen Blick auf die Wärterin werfend oder wiederholt an die Thür fassend, *atta!*

Von freiwilligen Schallnachahmungsversuchen waren die, das beim Aufziehen einer Uhr gehörte Geräusch und gesungene Töne zu wiederholen, die bemerkenswerthesten.

Die Verbindungen gehörter Wörter einerseits mit gesehenen tastbaren Objecten, andererseits mit bestimmten coordinirten Muskelbewegungen sind zahlreicher geworden. So werden bereits mit nur seltener Verwechslung richtig unterschieden: Uhr und Ohr; Stirn und Kinn; Nase und blasen; Bart und Haar; heiss und Fleisch; sodann: Schuh, Stuhl, Schulter, Fuss.

Ausserdem werden richtig Auge, Arm, Hand, Kopf, Backe, Mund, Tisch, Licht, Schrank, Blumen gezeigt.

Das Kind folgt den gehörten Aufforderungen „laufen", „strampeln", „leg Dich", „husten", „blasen", „bring", „gieb", „komm", „Kuss" so oft, dass, wenn es mitunter nicht gehorcht, die Unfolgsamkeit nicht mehr dem mangelnden Verständniss, sondern dem **Eigensinn** oder einer echten **Schalkhaftigkeit** zugeschrieben werden muss. Also sind endlich die gesprochenen Consonanten in ihrer akustischen Verschiedenheit sicher erkannt.

Im **18. Monat** nimmt dieses Unterscheidungsvermögen des Ohres und damit das Verständniss gesprochener Worte zu. „Finger, Glas, Thür, Sopha, Thermometer, Ofen, Teppich, Giesskanne, Zwieback" werden richtig gezeigt, auch wenn die zuerst während lauten und wiederholten Aussprechens jener Worte betasteten oder nur gezeigten Gegenstände nicht mehr da sind, sondern ihnen ähnelnde. Sagt man „Finger", so fasst das Kind nur seine eigenen Finger an, „Ofen", dann blickt es zuerst jedesmal nach „oben". Richtig befolgt werden die Befehle „suchen, aufheben, nimm's, leg's hin" ausser den

früheren. Sagt man eine Blume reichend: „Riechen!" so wird dieselbe schon oft ohne Öffnung des Mundes an die Nase geführt.
- Das Nachsprechen vorgesagter Sylben ist selten; „Mama" wird mit *la* beantwortet. Auch das freiwillige Nachsprechen zufällig gehörter Sylben ist selten; besonders „jaja" wird hierbei genau wiederholt.

Das *atta*, welches geflüstert wurde, wenn etwas aus dem Gesichtsfelde des Kindes verschwand, hat sich in *tto* und *t-tu* und *ftu*, mit Zuspitzen der Lippen, verwandelt.

In den Monologen kommt vor *näi*, *mimi*, *päpä*, *mimiä*, *pata*, *rrrr*, letzteres uvular und labial minutenlang. Jedoch sind diese inhaltlosen Äusserungen nur Zeichen von Wohlsein im Allgemeinen und werden aus Vergnügen an den Zungen- und Lippen-Übungen gern wiederholt. Die Zunge vibrirt stark, fibrillär zuckend, wenn sie im offenen Munde ruht.

Charakteristisch ist für diese Zeit die Präcision, mit welcher ohne articulirte Laute mittelst der inzwischen sehr hoch und stark gewordenen Stimme durch Schreien und Krähen, dann wieder durch Jammern, Wimmern, Weinen, Grunzen, Quieken die verschiedenen Stimmungen wiedergegeben werden, so dass die Stimmung besser als je zuvor an der Stimme erkannt wird, namentlich Begehren, Betrübniss, Freude, Hunger, Eigensinn und Furcht. Diese Sprache lässt sich aber nicht durch Schriftzeichen wiedergeben.

Dasselbe gilt für den **19. Monat,** in welchem das Plärren und Papeln seltener wird, die Lautnachahmungen aus eigenem Antriebe sich häufen, die Stimmbänder stärker angespannt werden, der Articulationsmechanismus erheblich leichter anspricht, das Verständniss und Behalten gesprochener Worte merklich zugenommen hat, während ein in immer demselben Sinne gebrauchtes eigenes Wort nicht hinzukommt.

Wenn das Kind einen Gegenstand vom Tisch auf den Boden geworfen hat, verfolgt es ihn oft mit dem Blick und flüstert dazu, auch wenn es sich nicht beobachtet weiss, *atta* oder *t-ta*, welches hier ganz in dem Sinne wie *tuff* oder *ft* oder *ftu* für „fort" gebraucht wird.

Als das Kind sich eine Zeitung aus dem Papierkorb geholt und auf dem Boden ausgebreitet hatte, legte es sich platt auf dieselbe, das Gesicht dicht über die Druckschrift haltend, und sagte — das Vorlesen nachahmend — mit monotoner Stimme sich lange wiederholend *e-já-e-e-já nanana ána-ná-na atta-ána āje-já sā*; dann zerriss es die Zeitung in viele kleine Stücke und äusserte hierauf in Büchern blätternd *pa-pa-ab ta hö-ö-ĕ mömömöm hö-önĕ.*

Solche Monologe sind aber in dieser Zeit Ausnahmen, einförmige Wiederholungen derselben Sylbe die Regel, so *habb habb habb habb habbwa habbua.*

Das Schreien beim Übergiessen mit Wasser von 26⁰ C. im Bade trat wenige Tage nach dem ersten derartigen Versuch schon vor dem Baden beim Anblick der Wanne, des Schwammes und des

Wassers ein. Früher hatte die Furcht nur in sehr seltenen Fällen Schreien veranlasst, jetzt genügte die Vorstellung von der zu erwartenden Kälte und Nässe, heftiges Schreien zu veranlassen. Nach etwa drei Wochen täglichen Badens mit Wasser von 18 bis 24" C. nahm aber das Schreien wieder ab. Die Erfahrung, dass nachher ein angenehmes Wärmegefühl eintritt, drängte die Erinnerung an das Unangenehme vielleicht in den Hintergrund. Übrigens lässt sich das Schreien schlechterdings nicht durch Buchstaben darstellen; *ä* und *ö* genügen nicht. Dasselbe gilt für das oft anhaltende Schreien vor dem Einschlafen Abends, welches ohne angebbaren Anlass nicht selten eintritt, indem das Kind dadurch sein Verlangen, das Bett zu verlassen, kundgiebt. Da nun diesem Verlangen nicht nachgegeben wird, so merkt das Kind die Nutzlosigkeit des Schreiens und folgt endlich dem Befehl „Leg Dich!" ohne Anwendung von Gewalt oder Besänftigungsmitteln.

Wie weit das Imitations-Vermögen entwickelt ist, zeigt die Thatsache, dass endlich *pa* richtig nachgesprochen wird; anfangs wurde öfters noch *ta*, dann *ba*, schliesslich fast jedesmal richtig *pa* gesagt.

Ferner wurde

vorgesprochen	nachgesprochen
bitte:	*bis, bits, bit, bets, beest, be, bi, bit-th* (Engl.),
hart:	*hatt, att, haat,*
Fleisch:	*da-ich, daï-s-ch, daï-s-j.*

In *bits* erscheint das sehr· seltene *ts=z* deutlich (wie schon im 15. Monat). Das „hart" wurde nur einmal durch Greifen nach den „Haaren" beantwortet. Das *bits* diente bald als Verstärkung des Zusammenklappens der Hände in bittender Stellung, ist also der erste Versuch der Anwendung eines Deutschen Wortes zur Bezeichnung eines eigenen Zustandes und zwar des Begehrens. Alles andere, was vorgesprochen und durch Tasten und Auflegen der Hände erläutert wurde, konnte nicht nachgesprochen werden. Das Kind wandte wie früher unwillig den Kopf ab, wenn es „weich, kalt, nass" nachsprechen sollte. Auf „nass" äusserte es nur einmal *na*. „Ma" wurde *mö*, dann *ma*, vorgemachtes Schnalzen perfect imitirt. Die frühen Morgenstunden, in denen die Empfänglichkeit des Gehirns am grössten ist, eignen sich am besten zu solchen Versuchen, welche aber nicht vervielfältigt wurden, um die selbständige Entwicklung nicht zu stören.

Der Fortschritt im Unterscheiden gehörter Worte und Festhalten des wiederholt Gehörten zeigt sich besonders in dem prompteren Gehorchen, sei es im Unterlassen, sei es im Handeln.

Zu dem Verzeichniss der richtig auf Verlangen gezeigten Objecte kommen hinzu „Bein, Nägel, Löffel, Kessel". Nach Vorsetzen der Sylben Pa und Ma oder Papa und Mama vor die Bezeichnungen der bekannten Theile des Gesichts und Kopfes zeigt das Kind diese richtig, ergreift z. B. auf die Frage „Wo ist Mama-Ohr?" die Ohrmuschel seiner Mutter, Papa-Ohr? die seines Vaters, und so „Nase, Auge" usw. Fragt man nach „Mama-Bart", so geräth das Kind in

sichtliche Verlegenheit und lacht mit, wenn über seine Unschlüssig-
keit gelacht wird.

Die alten Kunststücke „Wie gross ist das Kind?" und „Wo ist
das Trotzköpfchen?" welche seit Monaten nicht geübt worden waren,
sind haften geblieben, denn in der 82. Woche besann sich das Kind
mehrere Secunden lang regungslos nach der ersten Frage und hob
plötzlich beide Arme empor. Nach der zweiten besann es sich gleichfalls mehrere Secunden lang und zeigte auf seinen Kopf wie ehedem.
Das Gedächtniss für die mit specifischen Bewegungen verbundenen
Schalleindrücke ist somit ein gutes.

Im 20. Monat war ein bedeutender Fortschritt im Nachsprechen
zu verzeichnen. Plötzlich (am 584. Tage) wiederholt das Kind ohne
Schwierigkeit Wörter, welche aus zwei gleichen Sylben bestehen
(gleichsylbige) oder solche, in denen die zweite Sylbe das umgekehrte der ersten ist (umsylbige). So werden aus der ersten
Classe *papa, mama, bebe, baba, neinei, jaja, bobo, bubu,* aus der
zweiten *otto, enne, anna* sehr häufig schnell und tadellos in dieser
Zeit nachgesprochen, nachdem die Wiederholung der einzelnen Sylben
pa, ma und anderer erheblich sicherer vor sich gegangen war, als
bisher, und das Kind öfter ohne Ermahnungen, was es hörte, zu
imitiren versucht hatte. Diese Nachahmungen machen schon bisweilen den Eindruck, als wenn sie nicht willkürlich geschähen. So
betrachtete das Kind einmal, in der 83. Woche, ein Rothschwänzchen
aufmerksam zwei Minuten lang und ahmte dann nicht schlecht fünf
bis sechs Mal das Piepen desselben nach, hierauf erst sich nach mir
umwendend. Als es mich nun sah, schien das Kind erst gewahr
zu werden, dass es überhaupt Nachahmungsversuche gemacht hatte.
Denn seine Physiognomie war die eines Erwachenden ähnlich, und
es war nun nicht zu bewegen Laute nachzuahmen. Nach fünf Tagen
wurde wieder das Piepen des Vogels reproducirt und Nachmittags
nahm das Kind eine roh aus Holz geschnitzte Kuh von der Grösse
des Rothschwänzchens, liess dieselbe in seiner Hand auf dem Tische
sich hin und her bewegen, und zwar auf den Füssen, und piepte
nun so, wie es beim Anblick des Vogels gethan hatte: offenbar war
hierbei die Phantasie stark erregt. Das hölzerne Thier sollte den
oft im Garten beobachteten, in der Veranda nistenden Vogel vorstellen, und das Zirpen und Piepen dessen Stimme.

Dagegen werden ungleichsylbige Wörter, wie „Zwieback", „Butterbrot" entweder garnicht oder nur in unkenntlicher Weise, trotz ein-
dringlichen Vorsagens, wiederholt. Aus „trocken" wird *tokkē, tokko,
otto.* Auch einsylbige Wörter machen grosse Articulationsschwierigkeiten; so wird aus „warm" und „weich" *wāi,* aus „kalt" und „hart"
hatt. Obgleich „bi" und „te" jedes für sich oft richtig wiedergegeben
wird, kann das Kind nicht beide vereinigen und wendet sich unwillig ab, wenn es „bi-te" nachsprechen soll. Selbst bei „mama"
und „papa" ist manchmal noch dasselbe der Fall. Aber aus freien
Stücken spricht das lebhafte Kind sehr oft die genannten Sylben
zusammen aus, freilich dem „bitte" das *bidth* (mit Englischem th)

und *beet* vorziehend. Statt „adjö" (adieu) wird *adē* und *adjē* wiederholt. Auch gelingt es nicht, drei vorgesagte Sylben zu wiederholen; *papa* sagt das Kind, aber nicht „papagei", und weigert sich überhaupt „gei" und „pagei" nachzusprechen. Dasselbe gilt für „Gut", „Nacht", obgleich es von selbst die Hand zum „Gute Nacht" hinhält. Wenn Andere lachen, über was es auch sei, lacht das Kind, wie bisher, regelmässig mit: eine rein imitative Bewegung.

Auffallender Weise gelingt das Nachsprechen gleich nach den kalten Übergiessungen morgens, wenn das Kind stark geschrieen, auch sich geschüttelt hat, wenn es noch schreit und trocken gerieben wird und wie resignirt, fast ohne Fassung daliegt, am besten. Der Wille mischt sich, so scheint es, hier nicht störend ein, die Echolalie tritt wie bei Hypnotischen rein hervor. Das kleine Wesen ist überwältigt und machtlos. Aber es erholt sich schnell, und dann wird es oft recht schwer zu unterscheiden, ob es das vorgesprochene Wort nicht nachsprechen **will** oder nicht nachsprechen **kann**.

Das **Verstehen einzelner Wörter**, Fragen und Befehle ist erheblich rascher, als im vorigen Monat. Ohne dass sich dafür irgend welche Erklärung böte, ist dieses ausserordentliche Verständniss da, welches sich besonders zeigt, wenn das Kind allerlei holen und fortbringen soll. Es hat viel beobachtet und getastet, weniger aufgehorcht, ausser wenn ihm zugesprochen wurde. Dressurstückchen, ein schwer zu vermeidendes Übel der modernen Kindererziehung, wurden doch nach Möglichkeit unterdrückt, so dass nur das „Knixmachen" und „Kusshändchen" neu hinzukamen. Beides übt das Kind gegen Ende dieses Monats beim Kommen und Gehen ohne Anweisung. Viele neue Gegenstände wie Fenster, Bett, Messer, Teller, Cigarre, die eigenen Zähne und Daumen werden, wenn nur das entsprechende Wort deutlich ausgesprochen wird, richtig gezeigt, jedoch immer noch „Ofen" und „oben" verwechselt.

Die vom Kinde selbständig geäusserten Sylben durch die Schrift zu fixiren und eine feste Beziehung zwischen ihnen und den Objecten zu eruiren, ist ungemein schwierig, besonders wenn die Sylben beim Betasten der Gegenstände nur geflüstert werden, was häufig geschieht. Beim Anblick geräuschvoll gerollter, besonders im Kreise gedrehter Dinge äusserte das Kind *rodi*, *otto*, *rojo* und ähnliches, meist sehr undeutlich. Mit Sicherheit liess sich nur **ein** neuer Begriff mit einem bestimmten Laut in Verbindung bringen. Mit dem beim plötzlichen Erscheinen eines neuen Objectes im Gesichtsfelde lebhaft und laut und mit eigenthümlich demonstrativem Accent oft geäusserten *dā* und *ndā*, auch *tā* und *ntā* verbindet sich nämlich das Dasein, Kommen, Erscheinen, Emporschiessen, Auftauchen im Gegensatz zu dem sehr oft leise gesprochenen, geflüsterten *atta*, *f-tu*, *tuff*, welches „fort" bedeutet. Verhülle ich meinen Kopf und lasse ich das Kind ihn enthüllen, so lacht es, nach Wegnahme des Tuches, und sagt laut *da*; verlasse ich das Zimmer, so sagt es noch *atta* oder *hätta* oder *ft* oder *t-ta*, meist leise, letzteres auch oder *hata*, wenn es selbst hinausgeleitet werden möchte. In der 87. Woche

fand die Abreise statt und mit dem Ausdruck des Entsetzens oder
ängstlichen Erstaunens sagte im Eisenbahnwagen das Kind immer
wieder und wieder *attah*, ohne jedoch selbst das Verlangen nach
einem Platzwechsel, etwa durch Ausstrecken der Arme, zu äussern.
Nur zwei Worte, *papa* für Vater und *bät* oder *bit* für „bitte",
werden ausserdem aus freien Stücken richtig angewendet. Das anhaltende Schreien aus Übermuth; *nananana, nom-nom, haha, lala.*
zumal beim Herumlaufen, hat keinen bestimmten Sinn. Das Kind
übt sich viel im lauten Rufen, als wenn es die Kraft seiner Stimme
erproben wollte. Diese Übungen machen ihm grosses Vergnügen.
Jedoch sind die höchsten Krähtöne nicht mehr so hoch und durchdringend wie früher. Die Stimmbänder sind grösser geworden und
können so hohe Töne nicht mehr hervorbringen. Die Schreilaute
der Unzufriedenheit, welche mitunter bis zur beginnenden Heiserkeit,
Nachts jedoch selten wiederholt werden, haben sich dagegen ebenso
wie die schrillen Schmerzlaute in ihrem Charakter kaum verändert:
hä-e, hä-ä-ä-ĕ, ĕ. Sie sind am stärksten im Bade während der kalten
Übergiessungen.

Noch immer macht das Kind, sich selbst überlassen, seine lauten
„Lesestudien". Es „liest" monoton Landkarten, Briefe, Zeitungen,
Zeichnungen, indem es sie in beliebiger Richtung ausbreitet und
sich darauf legt, das Gesicht dicht davor, oder indem es das Blatt
mit den Händen dicht vor das Gesicht hält und dazu in derselben
Weise, wie bisher (S. 323*m*), Vocale hören lässt.

Im 21. Monat wurden derartige Nachahmungsversuche häufiger;
aber merkwürdiger Weise ist (von der 89. Woche an) das Plappern
ein anderes. Früher überwogen die Vocale, jetzt werden mehr Consonanten erzeugt. Wenn man dem Kinde etwas vorsagt, was ihm
unüberwindliche Articulationsschwierigkeiten macht, so bewegt es
Zunge und Lippen in wunderlicher Weise und sagt oft *ptö-ptö*,
pt-pt und *verlapp*, auch *dla-dla* ohne Sinn, gleichviel wie das vorgesprochene Wort beschaffen war. Auch tritt bei derlei Übungen
häufig ein Eigensinn zu Tage, welcher sich durch unarticulirte Laute
und Kopfschütteln kund giebt, selbst wenn nur die Wiederholung
von geläufigen, gleichsylbigen Wörtern verlangt wird. Es ist daher
bei neuen Wörtern noch schwerer, als früher, oder unmöglich, zu
unterscheiden, ob das Kind sie nicht nachsprechen will oder nicht
nachsprechen kann. Ungleichsylbige Wörter werden überhaupt nicht
wiederholt, nicht einmal „bitte". Statt „danke" hört man *dany-gee*
und *dank-kee*, fast nie mehr das früher beliebte *dakkn.* Aber bei
den meisten Lautnachahmungsversuchen tritt die Tendenz zur Sylbenverdoppelung hervor. Ich sage „bi", Antwort: *bibi*, dann „te", Antwort: *tete.* Sage ich „bi-te", so lautet die Antwort gleichfalls *bibi*,
nur ein einziges Mal, trotz täglicher Prüfung, wie aus Versehen *bi-te.*

Diese unwillkürliche und jedenfalls gegen den Willen des Kindes
stattfindende Verdoppelung der Sylben steht in einem sonderbaren
Gegensatz zu seiner sonstigen Trägheit im Nachsprechen, auch wo
Neckerei, Trotz, Unvermögen nicht die Schuld tragen. An anderen

Bewegungen, als denen der Sprachmuskeln, findet das Kind dann mehr Wohlgefallen. Nur das consonantenreiche Plappern, besonders wenn es belacht wird, macht ihm grosses Vergnügen, obwohl es völlig ohne sprachliche Bedeutung bleibt. Übrigens wird *bibi* wie *bäbä* statt „bitte" richtig gebraucht.

Neu und einen erheblichen Fortschritt bekundend ist die Bezeichnung für „Milch" oder „Nahrung" beim hungrigen und durstigen Kinde. Es sagt mit unaussprechlicher Sehnsucht in der Stimme: *mimi*, seltener *mämä* und *mömüm*. Jedenfalls wurde erstere Bezeichnung dem oft gehörten „Milch" imitativ entnommen und auf Zwieback und andere Nahrungsmittel übertragen. Fragt man das satte Kind: „Willst Du Milch?" so sagt es ohne Anleitung *neinein*, hat also bereits die Bedeutung des Klanges erfasst und benutzt. Dasselbe gilt vielleicht auch für das „Ja". Denn wenn ich früher das Kind beim Essen fragte: „Schmeckt's?" schwieg es, und ich sagte „sag jaja!" was correct wiederholt wurde. In der 91. Woche aber antwortete es von selbst auf die Frage mit *jaja*. Es mag auch das nur auf Nachahmung beruhen, ohne Kenntniss der Bedeutung des *ja* und ohne Verständniss der Frage, ein Fortschritt liegt immerhin in der Erinnerung an die Verbindung des Lautes „schmeckt's" mit *jaja* unter Überspringen der Zwischenglieder.

Auch in anderen Fällen tritt die Stärke des Lautgedächtnisses deutlich hervor. Auf alle früheren Fragen: „Wo ist Stirn, Nase, Mund, Kinn, Bart, Haar, Backe, Auge, Ohr, Schulter?" zeigt das Kind jedesmal sogleich das Richtige, obgleich es während zwei Wochen sie Niemandem auch nur einmal beantwortet hatte. Nur die Frage: „Wo ist der Daumen?" machte es nachdenklich. Als ihm dieser aber wieder gezeigt (stark befühlt) worden war, kannte es ihn und zeigte ihn von da ab jedesmal richtig. Bei der Frage: „Wo ist das Auge?" pflegt das Kind beide Augen gleichzeitig schnell zuzukneifen und wieder zu öffnen und dann auf mein Auge zu zeigen, bei der Frage „anderes Auge?" auf das unberührte hinzuweisen.

Das Verstehen des Gesprochenen ist erstaunlich fortgeschritten. Sage ich z. B.: „Geh, nimm den Hut und lege ihn auf den Stuhl", so vollzieht das Kind, ohne länger als 1 bis 2 Secunden zu überlegen, den Befehl. Es kennt die Bedeutung einer grossen Anzahl von Wörtern, welche niemand es gelehrt hat, „Peitsche, Stock, Zündhölzchen, Feder". Derartige Objecte unterscheidet das Kind sicher, da es sie gesondert auf Befehl holt, aufhebt, bringt, hinlegt.

Um so auffallender ist dieses Verständniss gesprochener Wörter, als die Wiederholung derselben noch rudimentär bleibt. Ausser einigen Interjectionen, namentlich *jae*, als Freudenlaut, und Krählauten, sowie Schreilauten, welche aber seltener geworden sind, hat das Kind nur wenige eigene Ausdrücke mit erkennbarem Sinn:

ndä, *ndä*, *da* ist demonstrativ „da" (bei neuen Eindrücken),

att, *att*, *att* unverständlich; vielleicht eine Bewegung bezeichnend,

attah „es geht fort" (beim Abfahren) und „ich will fort",

tatass, *tatass* unverständlich; vielleicht eine Schallnachahmung.

Beim Fahren auf der Eisenbahn wurde mehrmals versucht, das Zischen des Dampfes der Locomotive nachzuahmen.

Im **22. Monat** vollzieht das Kind mit erstaunlicher Sicherheit die ihm ertheilten Befehle, ohne dass ihm die gesprochenen Worte vorher einzeln eingeprägt worden wären. Freilich kommen hierbei die Mienen und Geberden der Befehlenden wesentlich in Betracht. Aber auch ohne mich anzusehen, thut das Kind, was ich von ihm verlange. Verwechslungen sind im Bereich der ihm bekannten Wörter seltener geworden. Einmal fragte ich sehr deutlich: „Wo ist der Mond?" und als Antwort zeigte das Kind auf den Mund. Aber der Irrthum wiederholte sich nicht.

Die sämmtlichen erlernten Objecte werden noch schneller, als bisher, auf Verlangen gezeigt. Die leichte Articulation erkennt man an der Häufung der Consonanten in den Monologen und an dem häufigen, aus eigenem Antrieb gesprochenen *pss, ps, ptsch* (einmal) und *ptl* (engl.). Das Kind sagt ohne Anlass *pa-ptl-dä-pt*. Es grüsst aus der Ferne laut mit *hāā-ö*, mit *ada* und *ana*.

Einige Male fing der Knabe ohne die geringste äussere Veranlassung an, leidlich zu singen. Er freute sich unmässig, indem er umhersprang, als ich darüber meinen Beifall äusserte. Einmal sang er, indem er den Finger auf die Zunge hielt, zuerst *rollo, rollo* ohne Abwechslung, dann *mama, mämä, mama*.

Am deutlichsten erkennt man den Fortschritt in der Lautmechanik an der grösseren Sicherheit im Nachsprechen. So wird correct wiederholt „pst", von umsylbigen Wörtern sehr genau „alla", „appa", von ungleichsylbigen „lina", dagegen trotz vieler Lehrversuche noch nicht „bitte". Zum ersten Mal wurden auch dreisylbige deutlich vorgesprochene Wörter richtig wiederholt, nämlich *a-ma-ma* und *a-pa-pa*; so nennt das Kind seine Grosseltern. Nicht konnten bis jetzt die Vocale e, i, o, u jedesmal richtig wiederholt werden, wohl aber nach wie vor „a". Wenn das Nachsprechen irgend eines neuen zu schwierigen Wortes verlangt wird, wie „gute Nacht", so erwidert das Kind in dieser Zeit regelmässig *tapĕta, pĕta, pta* und *ptö-ptö*, auch *rateratetat*, womit die Unfähigkeit, mitunter aber schelmisch die Abgeneigtheit, nachzusprechen geäussert wird.

Immer noch sind *ja ja* und *nein nein*, nebst *da* und *bibi* mit oder ohne Händefalten (statt „bitte") und *mimi* die einzigen Wörter, welche von dem Kinde im richtigen Sinne gebraucht werden, wenn es etwas begehrt oder ablehnt. Sonst werden unarticulirte Laute, auch bei verschlossenem Munde geäussert. Das Schreien vor Schmerz oder über Kälte und Nässe oder beim Fortfahren der Eltern (mit tief herabgezogenen Mundwinkeln und reichlichen Thränen) bildet dabei den stärksten Gegensatz zu dem Krähen vor Freude, besonders beim Wiedersehen.

Der **23. Monat** brachte endlich das erste gesprochene Urtheil. Das Kind trank, mit beiden Händen seine Tasse zum Munde führend, Milch, welche ihm zu warm war, setzte die Tasse schnell hin und sagte laut und entschieden, mit weit offenen Augen mich ansehend, ernsthaft *heiss*. Dieses eine Wort sollte bedeuten „das Getränk ist˙ zu heiss!" In derselben Woche (zu Ende der 99.) ging das Kind an den geheizten Ofen, stellte sich davor, betrachtete ihn und sagte plötzlich mit Entschiedenheit *heiss!* Wieder ein ganzer Satz in einer Sylbe. In der 63. Woche hatte das Kind zum ersten Male das vorgesagte Wort „heiss" nachgesprochen. Es brauchte $8^1/_2$ Monate, um den Schritt von dem imitativen *heiss* zu dem selbständigen *heiss*, als Ausdruck seines Urtheils, zu thun. Schneller ging es mit dem Worte „Wasser", welches als *watja* nachgesprochen und wenige Wochen nachher sehnsüchtig von dem durstigen Kinde gerufen wurde. Es unterscheidet Wasser und Milch als *watja* und *mimi*. Übrigens bedeutet *mimmi, mömö* und *māmā* noch immer auch Nahrung im Allgemeinen und wird˙ von dem ungeduldigen hungrigen Kinde vor den Mahlzeiten oft gerufen. Das Urwort *atta* wird ebenfalls, wenn etwas aus dem Gesichtsfelde des Kindes verschwindet oder wenn es selbst fortgefahren ist, unterwegs häufig geäussert. Die anderen ganz aus eigener Initiative hervorgehenden Lautäusserungen dieser Zeit sind nur als Übungen des articulatorischen Apparats bemerkenswerth. So ruft das Kind nicht selten *ōi* oder *eu (äu)*, ferner ungemein laut *anā*, für sich beim Spielen *ida, didl, dadl, dldo-dlda* und singend *opojö, apojopojum, aui, heissa*. Besonders gern sagte das monologisirende Kind *papa, mama, mämä, mimi, momo*, aber nicht „mumu", dagegen: *e-mama-ma-memama, mi, ma, mö, ma*. Seine Grosseltern bezeichnete es nun regelmässig mit *e-papa* und *e-mama*. Es weiss sehr wohl, wer gemeint ist, wenn man fragt: „wo ist Grossmama? Grosspapa?" und zeigt auf die Frage im Eisenbahnwagen betrübt zum Fenster hinaus, mehrere Tage nach dem Abschied von ihnen. Überhaupt ist das Verstehen gehörter Wörter wiederum erleichtert. Das Kind gehorcht meist sofort, wenn ich sage, „trink, iss, mach zu, mach auf, heb's auf, dreh dich um, setz dich, lauf!" Nur der Befehl „komm!" wird nicht so prompt erfüllt, aber nicht wegen Mangels an Verständniss, sondern aus Eigensinn. Für die Consolidirung des Wortgedächtnisses spricht namentlich der Umstand, dass nun die einzelnen Theile des Körpers, nach längeren Pausen, schnell und auf Verlangen an der eigenen und an einer fremden Persönlichkeit gezeigt werden. Als ich nach seinem Bart fragte, da zeigte das Kind (nachdem es auf meinen Bart bereits gewiesen hatte) verlegen mit seinem Zeigefinger auf die Stelle seines Gesichtes, wo es bei mir den Bart sah, und bewegte seinen Daumen und Zeigefinger so, als wenn es ein Barthaar zwischen denselben hielte und daran zöge, wie es wohl bei mir zu thun Gelegenheit gehabt hatte. Hier trat demnach Erinnerung und Phantasie ergänzend ein, um der Forderung des akustischen Lautbildes zu genügen.

Die grössten Fortschritte sind bezüglich des Nachsprechens zu registriren. Beim Vorsprechen wird nicht mehr so oft, wie bisher, der Kopf unwillig abgewendet, wenn das neue vorgesagte Wort˙

zu schwierig ist, und nicht beim ersten Scheitern des Nachahmungs-
versuches allerlei Incohärentes *(paterateratte)* vorgebracht. So wurden in dieser Zeit ohne systematische Übungen gelegentlich folgende
Wörter aufgefasst:

Vorgesagt:	Nachgesagt:	Vorgesagt:	Nachgesagt:
Ohr	*Oa(r)*	Karl	*Kara*
Tisch	*Tiss*	Mund	*Munn*
Haus	*Hausesess*	Hand	*Hann*
Hemd	*Hem*	Heiss	*Haïss*
Peitsche	*Paitsch, Paitse*	Auge	*Autschge*
Eimer	*Aïma*	Butter	*Buotö*
Bitte	*Bete, Bite*	Alle	*Alla*
Wasser	*Wass, Watja*	Leier	*Laijai*
Blatt	*Batn*	Finger	*Finge*
Tuch	*Tuhs*	Pferd	*Pfowed, Fowid*
Papier	*Patn, Faï*	Gute Nacht	*Nag-ch, Na*
Fort	*Wott*	Guten Tag	*Tatach*
Vater	*Fa-ata*	Morgen	*Moigjen*
Grete	*Deete*	Axel	*Akkes, Aje, Eja.*

Die vier gesperrten Wörter spricht das Kind dann und wann
aus, ohne dass man sie ihm vorsagt, und zwar mit Bezug auf ihren
begrifflichen Inhalt. Seine Peitsche und seinen Eimer lernte es
schnell richtig benennen. Seinen Namen Axel dagegen bezeichnet
es mit den Lieblings-Interjectionen *Aje, Eja.* Im Ganzen ist die
Articulationsmannigfaltigkeit zwar im Zunehmen gegen den vorigen
Monat, aber die Fähigkeit, aus Sylben Wörter zusammenzusetzen,
wenig entwickelt. So spricht das Kind das vorgesagte „je" und
„ja" und „na" correct nach; sagt man ihm aber „Jena" oder „Jana"
vor, so lautet die Antwort regelmässig *nena* oder *nana* und nur
ausnahmsweise, wie zufällig, *jena.* Ferner wiederholt es richtig die
vorgesprochenen Sylben „bi" und „te", dann auch *bite;* hierauf sagt
es, die richtige Wiederholung aufgebend, *beti,* kann aber nicht „tibe"
und nicht „tebi" nachsprechen. „Bett, Karre, Kuk" werden richtig
wiederholt.

Zum Verständniss solcher Mängel und Ungleichheiten im Nachsprechen ist die Betonung des Vorgesprochenen zu beachten. Wird in
einem zweisylbigen Wort die zweite Sylbe ebenso stark betont, wie
die erste, dann haftet sie leicht als die zuletzt gehörte fester und
kann sogar reduplicirt werden, wie in *tatách* statt „Guten Tag".
Ist ein Vocal in der letzten Sylbe stark betont, wie das *e* in *bi-te,*
so kann er in der Reproduction den Vocal der ersten Sylbe von
seiner Stelle verdrängen, so dass *be-ti* daraus wird (S. 335e). Hierin
gleicht die Kindersprache der ältesten bekannten Sprache, der Egyptischen, wo sich, wie Karl Abel nachwies, gleichfalls solcher Platzwechsel der Laute vollzog, eine Metathese ohne Änderung des Sinnes,
die erst später durch häufigere Anwendung und Auswahl hinzutrat.

Endlich tritt die in der letzten Zeit nicht gehörte Echolalie wieder hervor. Hört das Kind jemanden sprechen, so wiederholt es die letzte Sylbe des eben vollendeten Satzes; wenn auf ihr der Accent lag, so bei „was sagte der Mann?" *mann,* oder „wer ist da?" *da!* „Nun?" *nou.* Einmal wurde der Name „Willy" gerufen. Sogleich rief das Kind gleichfalls *üilī,* mit dem Accent auf der letzten Sylbe, und wiederholte den Ruf viele Dutzend Mal; noch mehrere Tage später ergötzte es sich an der stereotypen Wiederholung. Hätte sein erstes Echospielen nicht grosse Heiterkeit hervorgerufen, so würde ohne Zweifel die monotone Repetition unterblieben sein. Für die Bevorzugung des einen oder des anderen Wortes ist überhaupt das Verhalten der Umgebung bestimmend. Dabei haben eindringliche Ermahnungen, ein neues Wort nachzusprechen, meistens einen schlechteren Erfolg, als wenn man das Kind sich selbst überlässt. Die besten Wiederholungen waren die, bei denen nicht auf das Kind eingesprochen wurde. Auch Erwachsene können andere in ihrer Sprechweise, ihrem Dialekt, sogar in ihrer Stimme meist besser nachahmen, wenn man sie nicht dazu auffordert, sondern wenn sie sich ganz ihrer eigenen Stimmung überlassen. Durch den Wunsch oder Befehl Anderer entsteht eine Befangenheit, welche den Ablauf der motorischen Processe stört. Ich beschloss daher im folgenden Monat, alle Versuche, das Kind zum Nachsprechen zu bewegen, einzustellen und um so genauer zu beobachten, was es sagen würde.

Im **letzten Monat des zweiten Lebensjahres** (Dec. 1879) war dieses Gehenlassen insofern erfolgreich, als die Lautnachahmungen erheblich an Häufigkeit und Genauigkeit zunahmen, besonders die Wiederholung der letzten Sylben gehörter Sätze, deren Inhalt dem Kinde unverständlich blieb, und einzelner Wörter, deren Sinn ihm vermittelst begleitender Geberden nach und nach klar wurde. So wurde das Wort „Herein" als leerer Schall repetirt und dann angestrengt gegen die Thür gerufen, *arein, harrein, ha-arein,* wenn das Kind eingelassen zu werden wünscht, *ab!* geäussert, wenn ein Halsband gelöst werden sollte. *Moigen* bedeutete „Guten Morgen!" *na* „Gute Nacht!" Auf die Frage: „Was thun wir morgen?" erfolgt die Echo-Antwort *moigen.* Überhaupt sind die meisten Wortnachahmungen stark entstellt, Fremden oft unverständlich. *Ina* und *Imam* heisst „Emma", *dakkngaggngaggn* wieder „danke" und immer noch *beti* „bitte". Nur mit äusserster Mühe, nachdem man die einzelnen Sylben oft vorgesprochen hat, kommt ein *dangēē* und *bittēē* zum Vorschein. Ein Apfel wird regelmässig *apfelēēlēē* (von Apfelgelée), ein Zwieback *wi-ta,* dann *wijak,* Butter dagegen manchmal richtig benannt. Statt „Jawohl" sagt das Kind metathetisch fast jedesmal *wolja,* statt „Licht" *list* und *lists,* statt „Wasser" noch *watja;* statt „pfui" wiederholt es, wenn es ungeschickt war, *ūi* und fügt oft ein *pott* oder *putt* statt „caput" hinzu. „Gut" wird noch *ūt* oder *tut* und „fort" *okk* oder *ott* ausgesprochen. Sämmtliche durch diese Beispiele erläuterte Mängel beruhen vielmehr auf der Ungelenkigkeit des Articulationsapparates — sogar Stottern *tit-t-t-t* beim Versuch „Tisch" zu wiederholen kommt vor — als auf unvoll-

kommenem akustischem Auffassungsvermögen. Denn die Mangelhaftigkeit der Articulation tritt deutlich hervor, wenn ein neues
Wort richtig gebraucht und bald richtig und bald falsch ausgesprochen wird. So ist das bisher nicht häufig zu Stande gebrachte
„tsch" (20. Monat) und das einfache „sch" in *witschi* und *wesch,* was
beides „Zwetschgen" bedeutet, noch unvollkommen, während beide
Laute als Befehle zum Schweigen längst verstanden wurden und die
Zwetschgen dem Kinde längst bekannt waren. Ausserdem wird das
Unvermögen, etwas nachzusprechen, immer noch dann und wann
durch *raterateratera* geäussert, das Nicht-verstehen mehr durch einen
verdutzten Gesichtsausdruck mit fragendem Blick.

Bezüglich der selbständigen Verwendung aller theils richtig,
theils mit Entstellungen wiederholter Wörter ist die Vieldeutigkeit der vom Kinde einzeln hervorgebrachten Ausdrücke bemerkenswerth. Das ungemein häufig gebrauchte Urwort *atta* hat jetzt folgende Bedeutung „ich will fort, er ist fort, sie ist nicht da, noch
nicht da, nicht mehr da, es ist nichts darin, es ist niemand
da, wir fahren weg, es ist nirgends, draussen, ausgehen, ausgeblasen"
(das Licht). Auf die Frage: „Wo bist Du gewesen?" antwortet das
heimkehrende Kind *atta,* und wenn es das Glas ausgetrunken hat,
sagt es gleichfalls *atta.* Der allen angeführten Interpretationen gemeinschaftliche Begriff „fort" scheint von allen, über welche das
Kind verfügt, der umfangreichste zu sein. Will man ein einzelnes
Wort, wie dieses *atta,* als ganzen Satz gelten lassen, so kann man
viele solche primitive Sätze in diesem Monat verzeichnen. So heisst
mann einmal „Da ist ein Mann gekommen!" dann wird fast jedes
männliche Bildniss *mann* genannt, *auff* bedeutet, unter Darreichung
eines Schlüssels, den Wunsch nach Öffnung eines Kastens, und wird
nach vergeblichen Versuchen, eine Taschenuhr aufzumachen, lebhaft
gerufen. Die Begriffe „männliches Wesen" und „Aufmachen" sind
also nicht nur klar, sondern werden auch schon mit den richtigen
Wörtern benannt. Die Unterscheidung der Männer von den Frauen
spricht sich sehr auffallend seit Monaten darin aus, dass nur ersteren
zur Begrüssung die Hand gereicht wird. Die Vieldeutigkeit eines
einzelnen als Satz gebrauchten Wortes zeigt sich besonders beim
Ausruf *papa* mit entsprechenden Geberden und Mienen. Dieses eine
Wort heisst dem Vater zugerufen: 1) „Komm spiel mit mir, 2) bitte
hebe mir das auf, 3) bitte gieb mir das, 4) hilf mir auf den Stuhl
zu steigen, 5) ich kann nicht" usw.

Den grössten Fortschritt bezeichnet aber die Vereinigung
zweier Wörter zu einem Satz. Der erste derartige Satz, am
707. Lebenstage gesprochen beim Anblick des heimischen Hauses
auf einem Spaziergang, lautete *haim mimi,* nämlich „Ich möchte
heimgehen und Milch trinken!" der zweite *papa mimi* und so andere.
Gegenüber diesen ersten Satzbildungsversuchen spielen die früheren
Monologe ohne Sinn nur eine untergeordnete Rolle; sie werden gleichsam als Reste der Säuglingszeit nach und nach rudimentär, so
pipapapaï, breit, baraï. Für die Erkennung der Sprechfortschritte

ist die Thatsache wichtiger, dass manchmal die Wörter verwechselt werden, zum Beispiel *watja* und *buotö* (statt *Butter*). Bei Geberden und mancherlei Verrichtungen kommen allerlei arge Verwechslungen fast täglich vor. Das Kind sucht die Schuhe, sie mit dem Fersenende an die Zehen haltend, verkehrt anzuziehen, und fasst das Kännchen, aus dem es sich Milch in seine Tasse eingiesst, am Ausguss statt am Henkel an. Häufig bejaht das Kind, statt zu verneinen. Seine Freude wird aber regelmässig durch lautes Lachen und sehr hohe Töne geäussert, seine Betrübniss durch ausserordentlich starkes Herabziehen der Mundwinkel und Weinen. So schnell diese Veränderung des Gesichtes in die heitere übergehen kann, oft plötzlich durch einen neuen Eindruck, eine Verwechslung dieser beiden mimischen Bewegungen kommt nicht vor.

Im ersten Monat des dritten Lebensjahres sind die Fortschritte ausserordentlich und nur in Betreff der Articulationsmechanik keine wesentlichen neuen Leistungen zu verzeichnen. Ein vollkommenes „u" spricht das Kind aber nicht aus, es sei denn zufällig. Meistens werden die Lippen nicht weit genug vorgeschoben, so dass „u" ein „ou" wird, „Uhr" und „Ohr" klingen öfters fast gleich. Auch das „i" ist häufig mit anderen Vocallauten, besonders „e", vermischt. Wahrscheinlich werden die Mundwinkel nicht genügend zurückgezogen. Sonst bereiten die Vocale kaum noch Schwierigkeiten. Von Consonanten sind „sch" und „cht" öfters unvollkommen oder sie fehlen. „Waschtisch" heisst regelmässig *waztiz* und „Gute Nacht" *gna*.

Die Lautnachahmungen jeder Art sind so mannigfaltig, eifrig und geschickt wie nie zuvor. Einmal machte das Kind den Versuch, zehn zusammen vorgesprochene Worte nachzusprechen, was nicht gelang. Bisher konnte es höchstens zwei vorgesprochene Worte correct wiederholen, jetzt drei, und einmal unvollkommen vier; *papa beene delle* bedeutet „Papa, Birne, Teller" und wird fliessend geäussert, aber „Papa, Birne, Teller, bitte" oder „Papa, Butter, bitte" nicht correct wiederholt, sondern *pata butte betti*, nur sehr selten, trotz fast täglich vorgenommener Prüfung: *papa, beene, delle, bittee.* Immerhin zeigt schon der Versuch, wie weit die Wortnachahmung über die niedere Echosprache hinaus ist; jedoch werden — auch in den folgenden Monaten — die letzten Worte und Sylben gehörter Sätze gern wiederholt. Dahin gehört das *so*-Sagen, wenn irgend ein Gegenstand an den ihm bestimmten Platz gebracht worden. Ist die Wiederholung mangelhaft, so zeigt sich nun das Kind viel empfänglicher für Correcturen. Es ist gelehriger geworden. Zu Anfang des Monats sagte es, wenn es sitzen wollte, *ette*, dann *etse*, hierauf *itse*, aber noch nicht „setzen" und „sitzen".

Einen Beleg für die Fortschritte des Gedächtnisses, des Verständnisses und der Articulation liefern die Antworten, die das Kind gab, wenn ich, mit dem Finger verschiedene Gegenstände berührend, fragte: „Was ist das?" Es antwortete:

Autse	statt	Auge	*Hai*	statt	Haar
Nana	„	Nase	*Ulter*	„	Schulter
Ba	„	Backe	*Aam*	„	Arm
Baat	„	Bart	*Ann*	„	Hand
Oë, Ou	„	Ohr	*Wiër*	„	Finger
Opf	„	Kopf	*Daima*	„	Daumen
Tenn	„	Kinn	*Anu*	„	Handschuh
Täne	„	Zähne	*Baïn*	„	Bein

Aber nicht ein Wort hat das Kind selbst erfunden. Sowie
ein neuer Ausdruck erscheint, lässt er sich auf Gehörtes sicher
zurückführen, wie *uppe, oppee, appee, appei* auf „Suppe". Nur der
Name, mit dem es seine Wärterin ruft, *wolá*, schien schwer erklär-
bar. Sagt man „ruf die Marie!" so ruft das Kind jedesmal *wolá*.
Wahrscheinlich stammt, da es früher *wolja* rief, die Bezeichnung
von dem oft gehörten „ja)wohl ja(wohl" her.

In auffallender Weise häuft sich der richtige Gebrauch einzelner
auf's Gerathewohl aufgegangener Wörter. Dahin gehören *baden*.
reiputtse statt „Reissuppe", *la-ock* statt „Schlafrock", *boter* statt
„Butter", *Billerbooch* statt „Bilderbuch", *Butterbrot, Uhr, Buch.*
In welcher Weise solche Wörter verwendet werden, zeigen folgende
Beispiele: *tul* heisst: 1. „Ich möchte auf den Stuhl gehoben werden,
2. mein Stuhl fehlt, 3. ich wünsche diesen Stuhl an den Tisch gebracht zu haben, 4. dieser Stuhl steht nicht richtig." Ist ein be-
kanntes Object zerbrochen, so heisst es noch *putt* (statt „caput"),
und hat das Kind selbst etwas zerbrochen, so schilt es seine eigene
Hand und sagt *oi* oder *oui* statt „pfui". Es will an seine Grossmutter schreiben und verlangt *papier*, einen *daitipf* und sagt *raiwe*
(statt „schreiben").

Dass bei derartigen Sprech-Anfängen Missverständnisse vorkommen, erscheint natürlich. Alle, die ich bemerkte, waren aber
vom Standpunkte des Kindes logisch. Sagt man: „Schlag das Buch
auf!" so schlägt das Kind mit den Händen auf das vor ihm liegende
Buch, ohne es aufzuschlagen. Ebenso wenn man sagt: „Schlag auf
das Buch!" Oder man sagt: „Willst Du wohl herkommen! Eins,
zwei!" dann antwortet das Kind ohne noch zählen zu können:
„Drei, vier!" man hat ihm nur die Reihenfolge 1, 2, 3, 4 öfters vorgesagt. Im Ganzen ist aber das Verständniss der gehörten Wörter,
besonders der Befehle, erheblich gestiegen. Und wie sehr die logische
Function sich entwickelt hat, erkennt man leicht an den selbständigen
Begriffsbezeichnungen. Seit das Kind an seinem Geburtstage durch
allerlei Geschenke erfreut worden, sagt es *burtsa* (statt „Geburts-
tag"), wenn es über irgend etwas erfreut ist. Bei einer unbedeutenden
Verletzung der Hand wurde dem Kinde gesagt, es solle auf die
Hand. blasen, dann werde es besser werden. Das Kind blies auf
die Hand. Nachmittags stiess es sich an den Kopf und fing dann
von selbst sofort an zu blasen, in der Meinung, das Blasen habe
eine schmerzstillende Wirkung, auch wenn es den geschädigten Theil
nicht trifft.

Bezüglich der Satzbildung sind merkwürdige Fortschritte zu verzeichnen. Mehr als vier Wörter verband jedoch das Kind nur einmal zu einem Satze, drei selten. Die aus zwei Wörtern bestehenden Sätze, welche eine Thatsache aus der Gegenwart oder der jüngsten Vergangenheit ausdrücken, sind meistens Fremden vollkommen unverständlich. So heisst *danna kuha* „die Tante hat mir Kuchen gegeben", *kaffec naïn* „es ist kein Kaffee da". Auch *mama etsec* oder *etse* wird nur durch die begleitende Geberde verständlich als Ausdruck des Wunsches „Mama setz Dich zu mir". *Helle pumme* bezeichnet den Wunsch, beim Pumpen zu helfen und wird beim Anblick Wasser pumpender Individuen geäussert.

Der einzige aus fünf Wörtern bestehende Satz ist als erster Versuch, ein eigenes Erlebniss zu erzählen, charakteristisch für diese Zeit. Das Kind liess seine Milchtasse fallen und erzählte *mimi attu teppa papa oï*, das heisst „Milch fort [auf den] Teppich, Papa [sagte] pfui". Oft haben die vom Kinde adoptirten Wörter einen anderen Sinn, als in der Sprache Erwachsener, indem sie beim Imitiren zwar nicht gänzlich missverstanden, aber eigenthümlich ausgelegt werden. So bedeuten die Fürwörter die Objecte selbst oder Eigenschaften derselben: *dein bett* heisst „das grosse Bett".

Im **26. Monat** wurde dem Kinde täglich Vormittags von mir ein Bilderbuch mit guten colorirten Bildern vorgelegt. Es bezeichnete dann selbst die einzelnen abgebildeten Gegenstände, aber die ihm unbekannten wurden ihm genannt und dann die Wörter von ihm wiederholt. So wurde unter Vorzeigen

Vorgesagt:	Nachgesprochen:	Vorgesagt:	Nachgesprochen:
Blasebalg	*ba-a·bats, blasabaliz*	Fisch	*fiz*
Saugflasche	*augflaze*	Zuckerhut	*ukkahut*
Kanone	*nanone*	Vogel	*nodal*
Koffer	{ *tonwer, toffer, pfoffa,* { *poffa, toff-wa*	Kuchen	{ *tuche, tuchèn* { (bisher *kuhu*)
Fuchs	*fuhts*	Licht	*lihts, lits*
Kaffeekanne	*taffectanne, pfafec-tanne*	Schlitten	*lita, littu*
Frosch	*frotz*	Tisch	*tiss*
Klingel	{ *linli* (angelernt wie { *ingeling* und *linlin*)	Nuss	*nuhuss. nuss*
		Kaffeetopf	*poffec-topf*
Besen	*bësann, beedscn, bcedsenn*	Hund	*und*
Stiefel	{ *tiefel, stibbell* { *tihbell, tibl*	Brief	*tief*
		Elephant	*elufant*
Nest	*nctz*	Fledermaus	*lebumaunz, fleedermauz*
Storch	*toich*	Kamm	*damm, lamm, namm*
Giesskanne	{ *tietstanne, ihtstanne,* { *ziesstanne*	Schwalbe	*baubce*
		Staar	*tahr*

Vorher zeigte das Kind im Bilderbuch mit Sicherheit

häm, hä-em, hemm	statt Helm	*lompee, lampe*	statt Lampe
hörz	„ Hirsch	*lotz*	„ Schloss
tawell	„ Tafel	*benne*	„ Birne

22*

torb	statt	Korb	*ofa*	statt	Ofen
onne-erm	„	Sonnenschirm	*ūā*	„	Uhr
flatse		Flasche	*tint, kint*	„	Kind
wetsa	„	Zwetschen	*naninchä*	„	Kaninchen
clawelier	„	Clavier	*manne*	„	Pfanne
littl, litzl, lützl	„	Schlüssel	*tomml, tromml*	„	Trommel
löwec	„	Löwe	*tuhl*	„	Stuhl

Diesen Wörtern, deren Sinn das Kind wohl kennt, so unvollkommen es sie auch ausspricht, reihen sich manche an, welche ihm nicht beigebracht wurden, sondern die es selbst sich aneignete, so *tola* statt Kohlen, *duls* statt Salz. Andere selbständig angeeignete Wörter werden aber bereits richtig ausgesprochen und richtig gebraucht, wie *Papier, Holz, Hut, Wagen, Teppich, Deckel, Milch, Teller* (öfters *tellë*), *Frau, Mann, Mäuse* Diese Fälle bilden die Minderzahl und fallen in der Mannigfaltigkeit von Verstümmelungen, welche jetzt die Kindersprache ausmachen, auf. Von letzteren sind einige selbst den nächsten Angehörigen, welche Tag für Tag mit dem Kinde verkehren, unverständlich oder nur mit grosser Mühe zu enträthseln. So nennt sich das Kind statt Axel *Attall,* sagt auch *rräus Atsl* statt „heraus Axel", das heisst „Axel möchte ausgehen". Es sagt noch *bita* statt „bitte" und öfters *mima* oder *mami* statt „Marie", *apf* statt „Apfel". Nicht alle die zahlreichen Verstümmelungen der Wörter, welche das Kind vornimmt, lassen sich auf Mängel der Articulation zurückführen. Das „sch" ist bereits in *Handschuh* vollkommen ausgebildet, und doch wird es, wie aus den obigen Beispielen hervorgeht, in anderen Wörtern entweder ausgelassen oder durch *z* und durch *ss* ersetzt. Fast übermüthig klingt es ferner, wenn öfters der tonlose Consonant an die Stelle des tönenden gesetzt wird, oder umgekehrt, wenn zum Beispiel *puch, pücherr* einerseits, *wort* statt „fort" andererseits gesagt wird. Auch gehört hierher das eigenthümliche Stossen der Sylben in *pil-ter-puch.* Anderemale hört man ein hastiges *billerbuch* oder *pillerpuch.*

Selten sind die Lallmonologe geworden und mehr ein Spiel mit Wörtern und deren Sylben, so beim oft wiederholten *papa-ŭ-á-ŭa.*

Dagegen häufen sich immer mehr die selbständigen durch Wörter ausgedrückten Gedanken. Ein Beispiel: Über den Weihnachtsbaum hatte das Kind sich ausserordentlich gefreut. An drei Abenden waren seine Kerzen angezündet worden und am dritten, als nur noch eines von seinen vielen Lichtern brannte, konnte sich das Kind nicht von ihm trennen, stellte sich immer wieder davor und sagte mit innigem Ton *gunná itz-boum* („Gute Nacht Christbaum!"). Die meisten Sätze bestehen noch aus zwei Wörtern, von denen eines oft ein Zeitwort im Infinitiv ist, so *helle mama, helle mami,* „helfen Mama, Marie!" und *bibak tommen,* „der Zwieback soll kommen!" oder *tsee machen* [es waren am Clavier die Tasten *c, d, e* öfters mit den kleinen Fingern zufällig einzeln getroffen worden und der Beifall, wenn auf die Frage „wo ist *c*?" die richtige Taste berührt war, machte den Wunsch nach Wiederholung rege], dann *roth, drün machen* (das Kind wurde von mir in der Benennung der Farben unterrichtet) und *dekkn pilen* statt „Verstecken spielen!" Auch bei den ganz kurzen Erzählungen kommen die Zeitwörter nur im Infinitiv vor. Solche Berichte über alltägliche — dem Kinde aber noch durch ihre Neuheit wichtige — Begebenheiten treten übrigens zurück gegen die Äusserung seiner Wünsche in Worten, wie in den letzterwähnten Fällen. Beiderlei beginnende Sprechversuche zeugen immer deutlicher von Verstand, denn um ein Hauptwort mit einem Zeitwort dem Wunsche oder der erlebten Thatsache entsprechend zusammen auszusprechen, muss schon zu der Nachahmung der gehörten Wörter und zu dem Gedächtniss etwas hinzukommen, was den Sinn derselben den jeweiligen äusseren Erfahrungen und eigenen Zuständen anpasst und sie miteinander verbindet. Dieses Etwas ist eben der Verstand. In dem Maasse, als er wächst, nimmt die Dressirbarkeit ab, und schon s chämt sich das Kind, die früheren Fragen „wo ist das Trotzköpfchen?" „wie gross?" durch die früheren Geberden zu beantworten.

Wie weitab vom Verstand des älteren Kindes aber der des nun 26 Monate alten ist, geht daraus hervor, dass es nicht die entfernteste Vorstellung von Zahlen hat. Es wiederholt vielmals mechanisch die vorgesagten Wörter eins, zwei, drei, vier, fünf, verwechselt aber beim gruppenweisen Vorlegen gleichartiger Objecte alle Zahlen miteinander, trotz unzähliger Versuche, die Anzahl 2 mit dem Schall zwei usw. ihm in feste Verbindung zu bringen. Auch der Sinn des täglich oft wiederholten „danke" ist noch unverstanden. Denn wenn sich das Kind selbst Milch eingeschenkt hat, setzt es den Krug wieder hin und sagt *dankee*.

Die in diesem psychogenetisch wichtigen Zeitabschnitt sich häufenden Thiernamen *mumu, kikeriki, bauwau, piep-piep* hat das Kind von seiner Wärterin vorgesagt bekommen und behalten, geradeso *hotto* für „Pferd", wie *lingeling* für „Klingel". Von jetzt ab tritt aber die Schallnachahmung zurück gegen die mächtig emporkeimende logische Action des kindlichen Gehirns.

Im **27. Monat** giebt sich die Denkthätigkeit in verschiedenartiger Weise kund.

Das Kind sieht, wie ein grosser Baum gefällt wird und sagt, nachdem er auf den Boden zu liegen gekommen ist, *aufheben!* Es sieht im Schlafrock *(la-rokk)* ein Loch und sagt *närn!* Beim Spielen sagt es sich mitunter selbst *dib ächt!* Auf die Frage: „Hat es Dir gut geschmeckt?" antwortet das noch essende Kind *mekk noch* (schmeckt noch); es unterscheidet also die Vergangenheit von der Gegenwart in der Frage. Für die Entwicklung des Beobachtens und Vergleichens spricht der Umstand, dass Salz *(sals)* auch *sand* genannt wird. Dagegen ist das Dankgefühl noch gänzlich unentwickelt; das Kind sagt sich selbst, wie im vorigen Monat, *dankēē*, wenn es allein seine Schrankthür geöffnet hat, das Wort wird also in dem Sinne von „so" oder „geglückt" angewandt. Auffallend sind die häufigen Äusserungen des Mitleids. Beim Ausschneiden von

Kinderfiguren aus Papier weint das Kind heftig in der mitleidsvollsten
Weise, indem es fürchtet, man könnte beim Ausschneiden einen Kopf
(topf) abtrennen. Dieses Gebahren erinnert an die Ausrufe *armc*
wiebak (armer Zwieback!), wenn der Zwieback getheilt, und *armc*
holz, wenn ein Scheit Holz in den Ofen geworfen wird. Niemand
hat derlei dem Kinde beigebracht.

Die selbständigen Beobachtungen, welche es richtig, aber sehr
kurz in einer dem Telegraphirstyl verwandten Form ausdrückt, sind
zahlreich, zum Beispiel:

tain milch: es ist keine Milch da;

lammee aus, lampee aus: die Flamme, die Lampe ist ausgegangen;

dass la-okk: das ist der Schlafrock (demonstrativ);

diss nicht la-okk: dieses ist nicht der Schlafrock.

Seine Wünsche drückt das Kind durch Zeitwörter im Infinitiv
aus, oder nur durch Hauptwörter, so *papa auf·tehen, frü-tükken,*
aus-taigen (aussteigen), *nicht blasen* (beim Kartenhausbauen), *piel-*
dosc aufziehn (die Spieldose aufziehn) und *biback* (ich möchte einen
Zwieback haben). Jedoch kommen in derartigen ein-, zwei- und
drei-wortigen Sätzen auch einzelne bisher nie gebrauchte Adverbien
vor und unbestimmte Fürwörter, wie *ēen* und *ĕ* in *tann ēen nicht*
oder *tann ĕ nicht* statt „kann er nicht" oder statt „kann es nicht".
Butter drauf, Mama auch tommen! noch mehr! blos Wasser! hier!
sind eigene Imperative des Kindes. *Schon wicder!* sagt es zwar
auch von selbst bei richtigen Anlässen, hier aber ist die mechanische Wiederholung des Gehörten wahrscheinlich. Überhaupt ist
die Bildung eines Wortes, welches nicht als solches gehört worden
oder nicht aus Gehörtem durch Verstümmelung entstanden wäre,
nur ein einziges Mal sicher constatirt worden. Das Kind drückte
nämlich (an seinem 796. Lebenstage) den Wunsch, einen Apfel ge-
schält oder zerschnitten zu haben, aus durch das Wort *messen*. Ein
Messer kennt es und benennt es richtig und sagt, indem es mit
einer Gabel, einem Löffel oder mit sonst Erreichbarem den Apfel
bearbeitet, oder nur mit der Hand auf ihn weist, wiederholt *messen!*
Erst nach der Berichtigung sagte es, *messer neiden* (mit dem Messer
schneiden). Hier liegt zum ersten Male der Fall vor, dass ein ganz
neues Wort gebildet wurde. Der Begriff und das Wort „Messer"
und der Begriff „mit dem Messer bearbeiten" waren da, aber das
Wort „schneiden" für den letzteren fehlte, ebenso wie „schälen",
beide zusammen wurden daher *messen* (statt etwa „messern") genannt. Die beiden früher täglich oft gehörten Ausdrücke, der
Name *wolá* für die Wärterin *Mima* (Marie) und *atta* sind nun fast
verschwunden; *atta wesen* für „draussen gewesen" kommt zwar noch
vor, aber nur selten. Statt dessen heisst es nun, *wcg, fort, aus* und
allall im Sinne von „leer, fertig". Der zu umfangreiche, zu unbestimmte Begriff *atta* ist in engere und bestimmtere zerfallen. Er
hat sich gleichsam differenzirt, wie im Embryo die einzelnen Gewebe aus dem vorher scheinbar gleichartigen Gewebe sich differenziren.

In der jetzt erreichten Zeit rapider Entwicklung überrascht das Kind täglich auf's Neue durch seine eigenmächtigen Anwendungen eben gehörter Wörter, wenn auch viele nicht richtig angewendet werden.

Werden deutlich aufgefasste Wörter in anderem Sinn, als von Erwachsenen gebraucht — diese würden sagen unrichtig — dann ist doch beim Kinde keine unlogische Anwendung aufzufinden. Denn immer wird, wie in dem letzten Beispiel, der mit dem Worte verbundene Begriff in einem erweiterten Sinne genommen. Das ganz junge Kind leitet aus wenigen, schon aus zwei Beobachtungen, welche nur in einer, vielleicht an sich ganz untergeordneten Beziehung etwas Übereinstimmendes bieten, ein Gesetz ab. Es inducirt ohne Überlegung. Es hat gehört, wie die Milch „kochend heiss" genannt wurde, empfindet die Wärme und empfindet dann die Ofenwärme, folglich ist diese auch *tochen haiss*, und so andere Fälle. Diese logische Thätigkeit, das inductive Verfahren, herrscht nun vor. Die früher beliebten Monologe, reine, sinnlose Articulations-, Stimm- und Hör-Übungen, treten dagegen zurück. Das häufige Wiederholen derselben Sylbe, auch desselben Satzes (*lampee aus*), ist aber geblieben, besonders bei lebhaften Wunschäusserungen *erst essen, viel milch, mag-e-nicht*. Das Verlangen nach Nahrung und Spielzeug macht überhaupt das Kind beredt, viel mehr, als die Abneigung, welche durch Fortgehen, Umdrehen, Abwenden leicht zu erkennen gegeben wird. Sogar für seine geschnitzten Thier- und Menschen-Figuren kann das Kind bitten. Ein Püppchen vorzeigend sagt es *tint aïn tikche apfl!* Für das Kind ein Stückchen Apfel!

Trotz dieser vielfachen Zeichen des beginnenden selbständigen Wörtergebrauchs bleibt die Laut- und Wortnachahmung in ausgedehntem Maasse bestehen. Die Echolalie war vielleicht vorher nie mehr ausgeprägt, indem die Schlusswörter gehörter Sätze maschinenmässig repetirt werden. Sage ich „Leg' die Feder hin!" so ertönt ein *feder hin*. Allerlei Töne und Geräusche, auch der Pfiff der Locomotive, für welche ein leidenschaftliches Interesse an den Tag gelegt wird, Thierstimmen werden mit wechselndem Erfolge nachgebildet, ebenso vorgesprochene fremdsprachliche Wörter. Das Französische nasale „n" (in *bon, orange*) wird jedoch — auch in den folgenden Monaten — ebenso wie das Englische „th" in *there* (und trotz der richtigen Bildung im 15. Monat, trotz der vielen Bemühungen) nicht zu Stande gebracht. Regelmässig lacht noch das Kind, wenn andere lachen, und erregt seinerseits Heiterkeit durch genaues Wiederholen einzelner Bruchstücke eines Dialogs, den es nicht versteht und der sich auf es nicht bezieht, so *du hastn* (da hast Du ihn) oder *aha sistĕ* (siehst Du) oder *um Gottes willen!* wobei auch der Accent genau nachgeahmt wird. Im selbständigen Wortgebrauch ändert sich aber die Accentuirung. *Bitté* und *bitĕ* ist eine solche willkürliche Abänderung. *Beti* kommt nicht mehr vor.

Als Mängel sind in dieser Zeit hervorzuheben das schwache Gedächtniss für die oft vorgesagten Antworten auf bestimmte

Fragen. Auf die Frage eines Fremden „wie heisst Du?" erfolgt erst am 810. Lebenstage die Antwort *Attsell* (Axel). Ernstlich gerügte Unschicklichkeiten dagegen bleiben in der Erinnerung haften. Hier ist der Eindruck stärker. Am deutlichsten zeigt sich die Gedächtnissschwäche noch immer beim Versuche, die Zahlwörter 1 bis 5 verständlich zu machen. Es gelingt nicht. Der sinnliche Eindruck, den ein e Kugel macht, ist so verschieden von dem, welchen zwei Kugeln machen, das vorgesagte eins und zwei klingen so verschieden, dass man sich wundern muss, wie doch 1 und 2, ebenso wie 3, 4, 5 miteinander verwechselt werden. Offenbar beruht die Gedächtnissschwäche hier, wie in vielen anderen Fällen, auf dem Unvermögen, die bekannten Zahlwörter mit den schon klaren oder noch zum Theil unklaren Sinneseindrücken zu verbinden. Der von Romanes (1889) unterrichtete Schimpanse ist in dieser Hinsicht dem Kinde überlegen, da er stets richtig auf Verlangen 1, 2, 3, 4 und 5 Strohhalme darreichte, und wenn 6, 7, 8 oder 9 gefordert wurden, mehr als 5 und weniger als 10 abzählte. Dabei hatte das Thier nur für Bejahung, Verneinung und Dank (oder Befriedigung oder Anerkennung) drei eigenthümliche grunzende Laute trotz der reichen Stimmmittel und des ausgedehnten Verständnisses für einzelne Wörter der Menschensprache.

Eine **Frage** hat das Kind bis jetzt nicht ausgesprochen. Das häufige *ist das* bedeutet nur „das ist" oder es ist das Echo der oft gehörten Frage „Was ist das?" und wird ohne Frageton geäussert. Artikel werden noch gar nicht verwendet, höchstens ohne Verständniss nachgesprochen.

Die Mängel der **Articulation** sind nun weniger auffallend, aber nur sehr langsam tritt die richtige und deutliche Aussprache an die Stelle der falschen, undeutlichen. Noch heisst es regelmässig:

bücher-rank	statt	Bücherschrank
fraï takkee	„	Fräulein Starke
* črč, tscer*	„	Scheere
raïbč, raiben	„	Schreiben (u. zeichnen
nur	„	Schnur
neiderin	„	Schneiderin
dsön (auch *schön*)	„	schön
lafen	„	schlafen
pucken	„	spucken
dschen (auch *schen*)	„	sehen

Der Laut „sch", auch im „st", sowie im „sp" („schneiden, Spiel") wird oft ohne Ersatz weggelassen *(naidă, taign, piel)*, seltener ersetzt durch „s", wie in *swer* = „schwer" statt „müde". Doch kommt *ks, ts* oft rein zu Stande in *bcx, bux, Axl.* Letzteres wird öfters *Atsčl* und *Atsli* (gehört „Axeli"), sehr selten *Akkl* gesprochen, in „Aufziehen" fast immer das „z" richtig wiedergegeben. Ferner heisst es noch:

locotive	statt	Locomotive
nepf	„	Knöpfe
ann-nepf	„	anknöpfen
nits	„	nichts.

„Milch" wird nun stets richtig, nie mehr *mimi, mich*, Wasser *wassa*, nie mehr *watja* genannt. Aber „gefährlich" heisst *fährlich*, „getrunken" *trunken*.

Der **28. Monat** ist durch die schnell zunehmende Thätigkeit im Vorstellen einerseits, die bedeutend grössere Sicherheit im Wörtergebrauch andererseits ausgezeichnet. Der Ehrgeiz ist ausgebildet und giebt sich durch ein häufiges *laïnee* (allein) zu erkennen. Das Kind will ohne Hülfe allerlei vornehmen. Es verlangt mit den Worten *Ding haben* nach verschiedenartigen ihm interessanten Gegenständen. Für die Vervollkommnung des Beobachtungs- und Combinations-Vermögens spricht Folgendes: Am Schlachthaus sieht das Kind einen Ochsen und sagt *mumu*, ich füge hinzu „todt", darauf Erwiderung: *mumu todt!* und nach einer Pause: *lachtett* (geschlachtet), dann: *Blut heraus*. Die beginnende Selbstbeherrschung wird daran erkannt, dass das Kind sich selbst öfters an die strengen Verbote, dieses und jenes zu unterlassen, erinnert. So hatte es sich angewöhnt, im Scherz seine Angehörigen zu schlagen, sagt aber emphatisch *nicht lagen* (schlagen), *Axel brav*. Überhaupt nennt sich das Kind selbst nur mit seinem Namen, und *ě* (S. 342 *m*). Seine Eltern, und zwar nur diese, werden jetzt meist *Papa* und *Mama* genannt, aber oft auch mit ihren richtigen Namen bezeichnet.

Einen Beweis für das selbständige Denken bei noch unvollkommenem Sprachverständniss liefert Folgendes. Das Kind hört den Satz: „Axel frühstückt mit Papa, nicht wahr?" und antwortet ernsthaft mit echter Kinderlogik *doch wahr!*

Die frühere Bezeichnung *swer*, auch *wer* (schwer) für „müde" erhält sich. Diese Übertragung, wie die andere *locotiwe wassa trinkt*, wenn die Locomotive mit Wasser versorgt wird, sind geistiges Eigenthum des Kindes. Die Anzahl derartiger kindlicher Begriffe ist nun sehr gross geworden. Dagegen sind die selbständig aus dem Gehörten gebildeten Wörter nicht zahlreich:

beisst	statt	gebissen	*wesen*	statt	gewesen
reit	„	geritten	*austrinkt*	„	ausgetrunken
esst	„	gegessen	*tschulter*	„	Schulter

müssen als Verstümmelungen, nicht als Neubildungen angesehen werden, während die Menge der richtig gesprochenen und gebrauchten Wörter zunimmt. Sogar entschiedene Versuche, einzelne Präpositionen zu benutzen, kommen schon vor: *nepfe* (Knöpfe) *für Mama* kann ebenso wie *Axel mit Papa* einfache Wiederholung sein, da aber früher derartige ebenso oft gesprochenen Äusserungen nicht wiederholt wurden, so muss jetzt erst das Verständniss des „für" und „mit" erwacht sein. Von nun an bleibt dieses Verständniss für mehrere Präpositionen und ihr richtiger Gebrauch bestehen. Ferner fallen in diese Zeit die ersten Anwendungen des Artikels. Mag derselbe noch so oft früher nachgesprochen worden sein, es geschah niemals mit Verständniss, jetzt aber liegt in dem *um'n Hals* und *für'm Axel* der Beginn richtiger Verwendung des Artikels und zwar — auch in den nächstfolgenden Monaten — fast nur des bestimmten.

Mehr als derartige Fortschritte in der Handhabung der Sprache ist die erste Fragethätigkeit psychogenetisch bedeutsam. Obwohl ich von Anfang an mit besonderer Aufmerksamkeit gerade auf diesen Punkt achtete, habe ich erst am 845. Lebenstage das Kind selbst fragen gehört. Es fragte: *Wo ist Mima?* Von da an häufiger. Aber stets war in der ersten Zeit hiernach die Frage eine auf etwas Räumliches sich beziehende. Das Fragewort „Wo?" blieb lange Zeit das einzige. Auch ist schon längst das Verständniss für das gehörte „Wo?" vorhanden. Fragte ich: „Wo ist die Nase?" ohne irgend eine Andeutung durch den Blick oder sonst zu geben, so wurde diese Frage schon seit Monaten richtig durch eine Bewegung des kindlichen Armes an seine Nase beantwortet. Freilich wird ebenso meine Frage: „Was ist das?" welche viel häufiger vorkam, richtig beantwortet, ohne dass jemals das Wort „Was?" vom Kinde gebraucht wurde.

Die Geschicklichkeit im Nachsprechen fremder Ausdrücke ist überraschend. Die von Italienern (während eines längeren Aufenthalts am Garda-See) vorgesprochenen Wörter *uno, due, tre* werden untadelhaft, ohne den geringsten Deutschen Accent, wiederholt; „quattro" wurde allerdings *watro*, aber *ancora piccolo* kam ganz rein zum Vorschein. Die Nachahmung des soldatischen Marschirens mit öfterem Rufen *batelón eins suai*! macht das grösste Vergnügen. Die dabei thätige Phantasie giebt sich aber mehr durch Geberden als Worte zu erkennen. Wie lebhaft die kindliche Einbildungskraft ist, zeigt die Thatsache, dass aus Zeitungspapier roh ausgeschnittene flache Figuren, welche Gläser und Tassen vorstellen sollen, wie diese zum Trinken an den Mund geführt werden.

Die Articulation hat sich wiederum ein wenig vervollkommnet, aber in mehrfacher Beziehung ist sie· recht mangelhaft, so bezüglich des „sch". Es wird gesagt:

abnaiden	s†att	abschneiden	*runtergeluckt*	statt	herunter-
hirn	„	Stirn			geschluckt
verbrochen	„	versprochen	*eintaign*	„	einsteigen,
layn	„	schlagen			

dagegen *aus-taign* (aussteigen). Andere Mängel der Aussprache zeigen folgende Beispiele:

topf	statt	klopfen	*viloa, viloja*	statt	Viola
üffte	„	lüften	*dummi*	„	Gummi
leben	„	kleben			

Das Mouilliren gelingt zu Anfang dieses Monats nicht *(bătelōn* statt „Bataillon") und die nasalen Laute in „Orange" und „Salon" bieten unüberwindliche Schwierigkeiten dar (bis in die zweite Hälfte des vierten Jahres). Zu Ende dieses Monats hörte ich aber *ganzec bataljohn*, die „Orange" blieb freilich, nachdem *oraanjee* aufgegeben worden, *orohsĕ*. Das Mouilliren *(nj)* wurde hier unbequem. Richtig wurden zu dieser Zeit benannt: Auge, Nase, Backe, Zunge, Mund, Ohr, Bart, Haar, Arm, Daumen, Finger.

Das sinnlose Geplapper ist viel seltener geworden, dagegen pflegt das Kind, besonders Morgens früh nach dem Aufwachen, eine Viertelstunde lang und länger ohne Unterbrechung allerlei Bemerkungen zu machen, welche meist aus einem Hauptwort und Zeitwort bestehen und sich auf Objecte seiner nächsten Umgebung beziehen. Auch Monologe mit singender Stimme, Sylben ohne Bedeutung, oft ein förmliches Singen, kommen vor, wobei das Kind vielmals um den Tisch läuft. Ferner wird nicht selten die starke Stimme ohne äusseren Anlass im Hervorbringen hoher Töne geübt, und dann und wann im Schlaf, offenbar wenn das Kind lebhaft träumt, ein Schrei ausgestossen. Sprechen im Schlaf kam erst im vierten Jahre vor.

Der grösste Fortschritt im **29. Monat** besteht in der Anwendung des persönlichen Fürworts statt des Eigennamens: *bitte gieb mir Brot* war der erste Satz, in welchem es vorkam. „Ich" wird noch nicht gesagt, frage ich aber „Wer ist mir?" dann nennt sich das Kind mit seinem Eigennamen. Durch die von jetzt an immer häufigere Verwendung des Fürworts statt des Eigennamens wird auch nach und nach das Conjugiren der gehörten Zeitwörter eingeleitet. In dieser Zeit wird aber der Imperativ noch meistens durch den Infinitiv ersetzt: *Päpä sägn* und *Ssooss sitzen*. Selbst erdachte oder gehörte und dann selbst angewendete Sätze, wie *das meckt* (schmeckt) *sehr gut*, gehören zu den Seltenheiten. Jedoch beginnt schon die Unterscheidung der regelmässigen und unregelmässigen Zeitwörter. Zwar heisst es auf die Frage: „Wo bist Du gewesen?" *paziren gegeht* und ich hörte *ausgezieht* und *geseht*, aber öfters *eingetigen* und *ausgetigen* statt des *ein*- und *ausgeteigt*. Eine seltene Missbildung war *grefessen* statt „gefressen". Die häufigsten Zeitwörter scheinen „haben" und „kommen" zu sein, und zwar werden die Formen „hat" und „kommt" schon mitunter richtig gebraucht: *viel Rauch kommt heraus* und *gleich kommt Kaffee*. Während die Infinitive „haben" und „kommen" täglich mehrmals geäussert werden, hört man nie den Infinitiv „sein", sondern von diesem Hülfszeitwort *ist* und *wesen* (statt „gewesen"). In jedem Falle, wo das Kind ein Verlangen durch ein Zeitwort ausdrückt, setzt es kurzweg den Infinitiv; hört es, im Zimmer sitzend, in der Ferne das Geräusch eines Bahnzuges, so sagt es *Locotiwe sehen*.

Sehr bemerkenswerth ist ferner die nun beginnende Zählthätigkeit. Obgleich die Zahlwörter dem Kinde bereits wohl bekannt sind, verwechselt es sie noch immer bei jeder Gelegenheit, und man wird, in Anbetracht der vielen Versuche, die Bedeutung der Zahlen 1, 2, 3, 4, 5 dem Kinde beizubringen, weil sie völlig erfolglos blieben, schliessen dürfen, dass es den Unterschied von 3 und 4 Zündhölzchen nicht erkannt hat. Und doch beginnt das Zählen schon, freilich in sehr unerwarteter Weise. Das Kind fängt nämlich (am 878. Lebenstage) plötzlich an, seine neun Kegel zu zählen, indem es, sie einzeln ergreifend und nacheinander zusammenstellend, bei jedem sagt *eins! eins! eins! eins!* hierauf *eins! noch eins! noch eins! noch eins! noch eins!* Die Function des Addirens ist also da ohne Benennung des Ergebnisses dieser Operation. Das Ergebniss, die Summe, sieht das Kind in den zusammengestellten Kegeln vor sich.

Die schon im vorigen Monat hervorgetretene F r a g e t h ä t i g k e i t, das sicherste Zeichen selbständigen Denkens beim Kinde, tritt etwas deutlicher hervor, aber nur *wo?* dient als Fragewort, und zwar im richtigen Sinn: *wo ist Hut?* „Welcher, wer, warum, wann?" werden vom Kinde nicht ausgesprochen und ohne Zweifel auch nicht verstanden. Denn wenn auch das zeitliche Nacheinander ihm in vielen Fällen klar ist *(erst essen, dann, jetzt)*, so weiss es doch in vielen anderen die Zeitbestimmung nicht auszudrücken, gerade wie beim Vergleichen vieler und weniger, grosser und kleiner Objecte die Quantität falsch angegeben wird. So heisst es zwar richtig *zuviel*, wenn viele Spielmarken aufgesammelt werden sollen, aber falsch *zuviel*, statt *zuwenig*, wenn es an Butter auf dem Brote fehlt. Hier klingt das *zuviel* fast wie Ironie, von der in diesem Alter natürlich keine Rede sein kann. Das Gedächtniss für Begebenheiten hat erheblich gewonnen. Längst von den Angehörigen vergessene Äusserungen werden plötzlich, ohne angebbaren Anlass, dann und wann in voller Deutlichkeit ausgesprochen, gelegentliche Wahrnehmungen in passenden Fällen verwerthet. So bringt das Kind Zündhölzchen, wenn es sieht, dass jemand eine Kerze anzünden will. Ich sage ihm: „Hebe die Brotkrumen auf!" Damit kommt das Kind jedoch sehr langsam vorwärts, plötzlich ruft es aus *Besen holen!* sich erinnernd, gesehen zu haben, dass der Teppich gekehrt wird, holt den Besen und kehrt nun die Krumen fort. Für die vorgemachten Thierstimmen ist das Gedächtniss sehr gut. Frage ich: „Wie macht die Ente?" so lautet die Antwort *kuak kuak*. Auch hat die Sicherheit in der Bezeichnung einzelner Theile einer Zeichnung, besonders einer Locomotive, zugenommen, so dass eine Hauptbedingung für das Sprechen im vollen Sinne des Wortes, das Gedächtniss, als gut entwickelt zu bezeichnen ist.

Die A r t i c u l a t i o n macht hingegen langsame Fortschritte. Der Hirsch heisst *Hirss*, die Schwalbe *Walbe*, die Flasche *Flasse*; *Treppe, Fenster, Krug, Kraut, Kuchen, Helm, Besen, Hut, Giesskanne, Dinte, Buch, Birne* werden meistens correct ausgesprochen. Statt „Barometer, Thermometer" heisst es *mometer*, statt „Schrauben" *raubn*, statt „frühstücken" oft noch *fri-ticken*.

Im 30. Monat entwickelt sich immer mehr die selbständige Denkthätigkeit. Wenn das Kind für sich allein spielt, dann spricht es oft für sich, sagt *Eimerchen ausleeren, Hackemesser*; also dient ihm sein kleiner Wortschatz jedenfalls zur Klärung der eigenen Vorstellungen. Sein Denken ist schon öfters leises Sprechen. Doch nur zum Theil. Wenn die Sprache es im Stich lässt, überlegt es erst recht. Ein Beispiel: Das Kind findet es sehr schwierig, einen der neun Kegel, den es in den zugehörigen Kasten legen will, quer oder längs zu drehen, wenn ich sage „Anders herum!" Es dreht ihn so um, dass er wieder wie anfangs zu liegen kommt, verkehrt, schiebt auch den Deckel mit der Breitseite in die Schmalseite des Kastens. Offenbar versteht das Kind den Ausdruck „Anders herum". Da derselbe aber vieldeutig ist (Kegelkopf nach links, rechts, oben, unten, hinten, vorn), so ist es begreiflich, dass der Kegel das eine Mal so, das andere Mal anders gedreht wird, auch in seine ursprüngliche Lage zurückgelangt. Dann tritt eben die eigene wortlose Überlegung ein, bis nach öfters wiederholtem Einpacken und Auspacken kaum noch gezaudert wird.

Wie leicht in dieser Zeit Gegenstände, welche nur geringe Ähnlichkeit oder nur wenige gemeinschaftliche Merkmale haben, in einen Begriff zusammengefasst werden, zeigen viele Äusserungen. Beim Schälen eines gebratenen Apfels sieht das Kind die Schale und sagt (an seine vor mehreren Stunden gesehene nicht gegenwärtige gekochte Milch denkend) *Milch auch Haut.* Ähnlich die Äusserung *Kirche läutet,* wenn die Thurmuhr schlägt.

Das Kind bildet Begriffe, welche wenige Merkmale in eine Einheit zusammenfassen, und zwar ohne sie jedesmal mit einem besonderen Worte zu bezeichnen, während der entwickelte Verstand immer mehr Begriffe mit vielen Merkmalen bildet und sprachlich bezeichnet. Daher haben die Begriffe des Kindes weniger Inhalt und mehr Umfang, als die des Erwachsenen. Sie sind darum auch weniger deutlich und oft ephemer, indem sie in engere, deutlichere Begriffe zerfallen. Aber immer zeugen sie von Denkthätigkeit.

Einen grösseren intellectuellen Fortschritt bekundet jedoch die in diese Zeit fallende erste absichtliche Benutzung der Sprache, um ein Versteckspiel hesvorzubringen. Ein Schlüssel fällt zu Boden. Das Kind hebt ihn schnell auf, hält ihn hinter sich und antwortet auf meine Frage „Wo ist der Schlüssel?" *nicht mehr da.* Da ich in den folgenden Monaten keine Lüge zu verzeichnen hatte, vielmehr das geringste Unrecht, die unbedeutendste Übertretung von dem Kinde selbst sofort mit eigenthümlich naïvem Ernst in einer kleinen Erzählung mit Pausen zwischen den einzelnen Wörtern berichtet wurde, so ist auch im vorliegenden Falle die Antwort *nicht mehr da* keine lügenhafte, sondern so zu verstehen, dass der Schlüssel nicht mehr sichtbar sei; das Mienenspiel war dabei schalkhaft.

Das einzige Fragewort ist immer noch *wo?* Das Kind sagt *wo ist Ball?* Das demonstrative *da* und *dort (dort ist nass)* wurde als Antwort häufiger ganz richtig gebraucht.

Das „Ich" statt des Eigennamens erscheint noch nicht, weil es nicht oft genug im Gespräche mit dem Kinde vorkommt. Die Unsitte, dass Erwachsene sich selbst nicht „ich" nennen, wenn sie zu kleinen Kindern sprechen, sondern sich mit ihren Eigennamen oder

mit „Tante, Grossmama" usw. bezeichnen, schiebt den Zeitpunkt
des Ich-sagens hinaus. Die Angehörigen brauchen in Gegenwart
des Kindes, welches ihnen zuhört, ohne dass sie es merken, die Fürwörter „Ich", „Du", „Sie" usw., während sie beim Sprechen zum
Kinde dieselben gern vermeiden. Dadurch wird eine Unsicherheit
im Gebrauche der persönlichen Fürwörter herbeigeführt, welche
jedenfalls vermindert werden würde, wenn die Mutter sich stets
„Ich" anstatt „Mama" nennen und ihr Kind mit „Du" anreden würde;
mir ist übrigens in dieser Zeit häufig, weil es in „gieb mir" bei
Mahlzeiten öfters gehört wird.

    Bitte liebe Mama gieb mir mehr Suppe ist zwar auswendig
gelernt, aber solche Sätze werden zur rechten Zeit, am rechten Ort
modificirt, selbständig angewendet. *Noch mehr, immer noch mehr.
vielleicht, fast* sind richtig angewendete Ausdrücke, die beiden letzten aber unsicher. *Fast gefallen* heisst es, wenn das Kind wirklich
vollständig gefallen ist.

    Obgleich ein Decliniren und Conjugiren fehlt, ist ein Übergang
der schlimmsten Form des Dysgrammatismus zur beginnenden richtigen Diction durch den häufigeren Gebrauch des Plurals bei Substantiven *(Rad, Räder)* die öftere Verwendung des Artikels *(för
dě Papa)*, die nicht ganz seltene starke Flexion *(gegangen* statt des
früheren *geheht, genommen* statt des früheren *genehmt)* hergestellt.
Freilich steht der Infinitiv noch in weitaus der überwiegenden Mehrzahl der Fälle statt des Particips und des Imperativs. Die Hülfszeitwörter werden oft fortgelassen oder in wunderlichen Missbil-
dungen verwendet; so wurde auf die Frage „Wo bist Du gewesen?"
geantwortet *paziren gewarent.*

    Bezüglich der Articulation ist kein merklicher Fortschritt
zu verzeichnen. Die von dem Bilderbuch her bekannten Gegenstände werden zwar jetzt meist richtig benannt, neue aber oft sehr
entstellt; so heisst es consequent *wiloïne* st. „Violine". Das „sch"
kommt bisweilen richtig zum Vorschein, *s-trümpfe, aufs-tehen* ist
aber die Regel. Die angelernte Antwort auf die Frage „Wie alt
bist Du?" „Seit November zwei Jahre" heisst *wember wai jahr.* Die
Art, wie das Kind die richtige Aussprache lernt, ist überhaupt eine
doppelte: 1) durch häufiges Hören der richtigen Wörter, indem niemand so wie es selbst spricht, so wurde *genommen* aus *genehmt*
ohne Unterricht; 2) durch häufiges absichtliches Vorsagen mit Nach-
sprechenlassen bei gespanntester Aufmerksamkeit. So hiess es bisher stets *Locotiwe* und *Locopotiwe.* Ich ermahnte einige Male ernstlich „Locomotive" zu sagen. Es resultirte: *Loco-loco-loco-mo-tiwe*
und dann *Locomotiwe* mit genauer Copirung des Accents, in dem
ich sprach. Auch Singen wird nachgeahmt.

    Das Gedächtniss für Wörter, welche Gegenstände bezeichnen,
ist vorzüglich. Wenn aber Ausdrücke für wenig Anschauliches erlernt werden sollen, dann versagt es leicht. So wird zwar sehr oft
der linke und rechte Fuss und Arm, die linke und rechte Backe
und Hand richtig bezeichnet, oft aber falsch. Der Unterschied von

links und rechts lässt sich eben nicht beschreiben, erläutern oder dem Kinde vorstellbar machen.

Im 31. Monat treten zwei neue Fragen auf. Das Kind fragt *Was kost die Trommel?* und *Welches Papier nehmen?* Letzteres nachdem es die Erlaubniss erhalten hat, mit dem Bleistift Striche zu ziehen, das heisst zu *raiben* (schreiben und zeichnen). Nun erscheint auch häufiger der unbestimmte Artikel, in *Halt n biss-chen Wasser!* deutlich hörbar. Auffallender sind einzelne Neubildungen, welche aber bald nach ihrem Entstehen wieder verschwinden, so der Comparativ von „hoch". Das Kind sagt vollkommen deutlich *hocher bauen* beim Spielen mit Holzklötzchen, bildet also selbst den natürlichsten Comparativ, wie das Particip *gegebt* statt „gegeben". Statt „Uhrschlüssel" sagt es *Slüssl-Uhr*, setzt also die Hauptsache zuerst.

Es bedient sich des sonderbaren Ausdrucks *heitgestern* statt „heute" und statt „gestern". Letztere beide, einzeln genommen, werden lange miteinander verwechselt.

Die Satzbildung ist sehr unvollkommen: *ist Rauch* heisst „das ist Rauch" und „da ist Rauch"; *kommt Locomotiwe* steht für „da kommt eine (oder die) Locomotive". Beim Anblick der Badewanne sagt jedoch das Kind sechsmal schnell nacheinander *Da kommt kalt Wasser rein Marie.* Häufig sind thatsächliche Bemerkungen, wie *draussen warm.* Hat das Kind einen Blumentopf, eine Schachtel, ein Glas zerbrochen, so sagt es regelmässig von selbst „*Friedrich wieder leimen*" und berichtet getreulich jedes kleinste Vergehen seinen Eltern. Wenn aber sein Spielzeug oder ein ihm interessanter Gegenstand ihm Verdruss bereitet, so sagt es ärgerlich *dummes Ding,* zum Beispiel zum Teppich, den es nicht heben kann, und verweilt nicht lange bei einem Spiel. Die Beschäftigung muss sehr oft wechseln.

Die selbständigen Nachahmungen werden nun wieder weniger häufig und unverstandene Äusserungen mehr zur Ergötzung der Angehörigen wiederholt, so *Ach Gott* und *wirklich grossartig!* Mitunter singt das Kind im Schlafe einige Secunden lang.

Die Aussprache des „sch" selbst in der beliebten Wortfolge *Ganzes Hataljohn marss eins, zwei* ist unvollkommen, und obwohl niemand in der Umgebung das „st" in „Stall, stehen" anders als „scht" ausspricht, bleibt das Kind consequent bei *S-tall s-tehen.* Erst im achten Lebensjahr begann die Aussprache „scht" und verdrängte das „st" im 46. Monat völlig, was um so auffallender ist, als das Kind seit Beginn des vierten Jahres von einer Mecklenburgerin, vorher von einer Schwarzwälderin behütet wurde und die Eltern „scht" statt „s-t" sagen.

Im 32. Monat begann die Ich-Setzung den Gebrauch des Eigennamens zu verdrängen. *Mir (gieb mir)* und *mich (bitte heb mich herauf)* waren schon im 29. bis 31. Monat vorgekommen, *ich komme gleich, Geld möcht ich haben* sind neue Errungenschaften. Fragt man „Wer ist ich?" so lautet die Antwort *der Axel.* Oft wird

aber noch in der dritten Person gesprochen, so sagt das Kind von
sich selbst sprechend: *da ist er wieder*, *Axel auch haben* und *mag-ĕ
nicht*, bezeichnet sich also in dieser Zeit in vierfacher Weise durch
ich, *er*, *Axel* und Fortlassen aller Fürwörter und Namen. Wenn
auch *bitte setz mich auf den Stuhl* durch Vorsagen angelernt ist, so
muss doch die richtige von selbst vorgebrachte Anwendung des
Satzes, welche eine Zeit lang täglich wiederkehrt, als ein bedeutender Fortschritt betrachtet werden. Dasselbe gilt für die jetzt beginnende Bildung von Nebensätzen: *Weiss nicht, wo es ist.* Auch
die Trennung der Partikel von zusammengesetzten Zeitwörtern, wie
in *fällt immer um*, ist neu.

Immer längere Namen und Sätze werden vollkommen deutlich
ausgesprochen, man merkt aber hier und da den Einfluss des Dialekts
der Umgebung. Am meisten spricht zu dem Kinde seine Wärterin,
welche aus dem Schwarzwald stammt und von der die Weglassung
des „n" am Schlusse der Wörter herrührt, wie in *Kännche*, *trocke*.
Ausserdem ist die Verwechslung des tonlosen „p" mit dem tönenden
„b" *(putter)* so häufig, dass sie wohl der Thüringer Mundart entnommen sein wird, wie die Verwechslung von „eu" und „ei" *(heit)*.
Die einzigen Deutschen Laute, welche immer noch grosse Schwierigkeiten machen, sind „sch" und „chts" (in „nichts").

Das Gedächtniss des Kindes hat sich zwar verbessert, aber es
ist gewissermaassen wählerisch geworden. Nur was ihm interessant
und verständlich erscheint, prägt sich fest ein, dagegen vergisst es
auswendig gelernte, ihm nutzlose und unverständliche Verse, die man
ihm zum Scherz, wenn auch nur selten, beigebracht hat, nach wenigen
Tagen.

Im 33. Monat zeigt sich durch mehrere charakteristische Bemerkungen die erwähnte Gedächtniss-Stärke für gewisse Erfahrungen.
So sagt das Kind, welches wieder mit seinen Eltern einige Wochen
vom Hause abwesend war, Abends fast regelmässig *gleich blasen die
Soldaten*, obwohl kein Soldat weit und breit auf dem Lande zu
sehen ist. Daheim aber war allabendlich das Blasen wirklich zu
hören.

Beim Anblick eines Hahnes im Bilderbuch sagt das Kind langsam *Das ist der Hahn — kommt immer — das ganze Stück fort-
nehmt — von der Hand — und läuft fort*. Diese Erzählung, beiläufig die längste bisher vorgebrachte, bezieht sich auf das Füttern
von Hühnern, wobei allerdings der Hahn ein Stück Brot weggenommen hatte. Das Verhalten der Thiere erregte überhaupt in hohem
Grade des Kindes Aufmerksamkeit. Es kann sogar bei der Mahlzeit das Essen vergessen, um anhaltend die Bewegungen einer Fliege
zu beobachten. *Jetzt geht in die Zeitung — geht in die Milch!
Fort Thier! Geh fort! Unter den Kaffee!* Auch für andere sich bewegende Gegenstände, besonders Locomotiven, ist das Interesse noch
sehr lebhaft. Wie wenig klar aber die Begriffe Thier und Maschine
sind, geht daraus hervor, dass beide in gleicher Weise angeredet
werden.

Bei Ankunft des Vatersbruders sagt das Kind zu seinem Vater gewendet *neuer Papa.* Dagegen ist in dieser Zeit die Ichheit bedeutend schärfer hervorgetreten. Es ruft *Das Ding haben! das will ich, das will ich, das will ich, das Spiel möcht ich haben!* Freilich: wenn man sagt „komm ich knöpf's Dir zu", kommt das Kind und sagt als Echo *ich knöpf's Dir zu,* offenbar meinend „knöpf's mir zu". Es verwechselt auch noch *zuviel* mit *zuwenig, nie* mit *immer, heute* mit *gestern,* aber die Bezeichnung des Begriffs und seines Gegensatzes mit einem und demselben Worte, wie sie früher (S. 293) häufig war, verliert sich nun bis auf die auch dem Erwachsenen bleibenden Fälle, wie „hoch-tief". Die Wörter *und, sondern, noch, mehr, nur, bis, wo* wurden hingegen stets richtig gebraucht. Die auffälligsten Fehler sind die der Conjugation *(getrinkt* und *getrunkt* neben *getrunken)* und der Articulation, indem das „sch" *(dsen* statt „schön") nur selten rein, meist als „s" oder „ts" zum Vorschein kommt. „Toast" (geröstetes Brot) heisst *Toos* oder *Dose.* —

Nach Ablauf der tausend ersten Lebenstage wurde zwar die Beobachtung, aber nicht mehr die schriftliche Aufzeichnung täglich fortgesetzt. Von Einzelheiten, welche in die folgenden drei Monate gehören, seien noch einige angemerkt.

Manche Ausdrücke, welche das Kind zufällig hörte, wurden, wenn sie die Heiterkeit der Angehörigen nach einmaliger Wiederholung seitens des Kindes erweckten, unzählige Male, lachend, schelmisch und aufdringlich hergesagt, so *du liebe Zeit.* Auch den Namen seiner Wärterin *Marie* ruft das Kind oft sinnlos immer wieder und wieder aus, sogar Nachts. Es nennt Andere in offenbarer Zerstreutheit ebenso, sich manchmal corrigirend, wenn es den Fehler erkannt hat.

Immer seltener spricht das Kind von sich in der dritten Person, nennt sich dann beim Namen, nie mehr *er.* Gewöhnlich sagt es von sich nun *ich,* besonders *ich will, ich will das haben, ich kann es nicht.* Auch wird in der Anrede nach und nach das *Du* gebraucht: *Was für hübsen Rock hast Du!* Hier ist die Art der Anwendung des „Was" auch neu.

Am 1028. Lebenstage wurde zum ersten Male *warum?* gefragt. Ich achtete mit der grössten Sorgfalt auf das erste Auftreten dieses Wortes. Der Satz lautet: *Warum nach Hause gehen? ich will nicht nach Hause.* Als am Wagen ein Rad knarrte, fragte das Kind: *Was macht nur so?* Beides zeigt, dass endlich der Ursachensinn, welcher schon vor mehr als einem Jahre sich durch eine Art Forscherthätigkeit, durch Experimentiren und noch früher (in der zwölften Woche) durch Aufmerken kund that, sprachlich geäussert wird. Manchmal steigert sich aber das Fragen bis zur Ermüdung, sinnlos sich wiederholend. *Warum wird das Holz gesnitten?* (statt „gesägt"). *Warum macht der Frödrich die [Blumen] Töpfe rein?* sind Beispiele von kindlichen Fragen, welche, wenn eine Antwort, und zwar welche immer erfolgt, neue ebenso unnütze Fragen (vom Standpunkt der Erwachsenen) zur Folge haben. Sie bezeugen aber deutlich eine weitgehende selbständige Denkthätigkeit, die häufige Frage *Wie macht man das nur?* desgleichen.

Übrigens fand ich den Versuch, die Reihenfolge zu ermitteln, in welcher das Kind die einzelnen Fragewörter braucht, unausführbar. Es hängt ganz und gar von der Umgebung ab, wann zuerst diese oder jene Wendung oder Frage wiederholt und dann selbständig benutzt wird. „Warum?" hört es in der Regel nicht so oft wie „Was?" und „Wie?" und „Welches?" Merkwürdig erscheint immerhin, dass ich das Kind bis zum Ende des dritten Jahres nicht einmal „Wann?" fragen hörte. Der Raumsinn ist zwar wenig entwickelt, der Zeitsinn aber noch weniger. Es gehört sogar der Gebrauch des Wortes „vergessen" *(ich habe vergessen)* und des *ich werde* (das und das thun) zu den grössten Seltenheiten.

Die Articulation wurde rasch vervollkommnet. Jedoch glückte in keinem Falle die Wiederholung Französischer Nasallaute. Trotz vieler Bemühungen blieb „Salon" *salo*, „orange" *orose*, und auch das Französische „je" bot unüberwindliche Schwierigkeiten. (Nach einigen Jahren war aber die Aussprache des Französischen vorzüglich.) Von Deutschen Lauten war nur „sch" selten richtig. Es wurde noch durch *s* ersetzt: *sloss* statt „Schloss", *ssooss* statt „Schooss" gesagt.

Die Liebhaberei am Singen nimmt zu, und zwar werden gern inhaltlose Sylben, wie in der Säuglingsperiode, immerzu wiederholt, nur deutlicher. Doch lassen sich nicht alle, gerade wie damals, zu Papier bringen oder auch nur von Erwachsenen correct wiedergeben. Eine Zeit lang war beliebt *ĕ-la*, *ē-la*, *la*, *la*, *lu*, *la* mit wachsender Tonhöhe und ungleichen Pausen, *lálla-lálla-la*, *lilalula*, wobei gewiss mehr die Freude über den zunehmenden Umfang und die Kraft der Stimme zur Wiederholung reizte, als der Klang der Sylben. Doch kam im 36. Monat ein grosses Vergnügen am Singen zum Vorschein, für das schon eigene, wenn auch wenig ansprechende Melodien charakteristisch waren. Nachsingen vorgesungener Lieder gelang nur höchst unvollkommen. Dagegen war das Copiren der Sprechweise, des Accents, Tonfalls und Klanges der Stimme Erwachsener auffallend, obwohl die eigentliche Echolalie fast aufhörte oder nur zeitweise wiedererschien.

Grammatische Fehler werden bereits seltener. Ein hartnäckiger Declinationsmangel ist das Setzen von *am* statt *dem* und *der* (Dativ): *das am Mama geben*. Lange Sätze werden richig, aber langsam und mit Pausen gebildet, ohne Fehler: *die Blume — ist ganz durstig — möcht auch n bischen Wasser haben*. Frage ich nun „von wem hast Du das gelernt?" so erfolgt regelmässig die Antwort *das hab ich alleine gelernt*. Überhaupt will das Kind ohne Unterstützung sich behelfen, ziehen, schieben, steigen, klettern, Blumen begiessen, indem es wiederholt und mit Leidenschaft ruft *ich möcht ganz alleine!* Trotz dieser Selbständigkeit und der ehrgeizigen Neigungen zeigt sich nur selten eine eigene sprachliche Erfindung. Dahin gehört die

Bemerkung des Kindes *das Bett ist zu holzhart*, nachdem es sich am Bettpfosten gestossen hatte. Ferner antwortete es auf die Frage „Schläfst Du gern im grossen Zimmer?" *O ja ganz lieberich geern*, und als ich fragte „Wer spricht denn so?" kam sehr langsam mit Überlegung und in Pausen die Antwort heraus: *nicht-nicht-nicht-nicht nicht-niemand*

Wie weit der Gebrauch der schwer zu bewältigenden Participien fortgeschritten ist, zeigt der Satz: *die Milch ist schon heiss gemacht worden.* —

Die Sprechweise des dreijährigen Kindes nähert sich durch fortgesetztes Anhören und Nachahmen seiner Angehörigen immer rascher der Sprechweise dieser, so dass ich fernere Aufzeichnungen unterliess. Es sind auch für die erste Begründung der Entwicklungsgeschichte des Sprechens beim Kinde, wie ich sie darzustellen versuchte, durch das — Manchem vielleicht zu umfangreiche — Material genügende thatsächliche Unterlagen gewonnen. Eine methodische eingehende Untersuchung verlangt das Zusammenarbeiten Vieler, welche alle dieselben Fragen zu beantworten streben müssen. Es sind Fragen, die in dieser chronologischen Übersicht für ein Individuum theils beantwortet sind, theils nur aufgeworfen werden konnten.

Nicht ohne Selbstüberwindung, grosse Geduld und viel Zeitaufwand war es mir möglich, das Kind täglich während der tausend ersten Lebenstage zu beobachten, um die Entwicklungsgeschichte des Sprechens zu verfolgen. Solche Beobachtungen sind aber physiologisch und psychologisch, linguistisch und pädagogisch nothwendig und durch nichts zu ersetzen. Sie zeigen, wie wenig Werth die meisten Eltern auf die Erzielung einer deutlichen, correcten und schönen Sprache beim Kinde legen. Kein Wunder, wenn die Mehrzahl der Erwachsenen im Volk auch nicht deutlich, nicht correct und nicht schön spricht.

Um meinen Beobachtungen den höchsten Grad der Zuverlässigkeit zu verleihen, habe ich folgende Regeln ohne Ausnahme streng innegehalten:

1) Nicht eine einzige Beobachtung habe ich aufgenommen, von deren Richtigkeit ich mich nicht selbst auf das Bestimmteste überzeugte. Am wenigsten darf man sich auf die Berichte der Wärterinnen, Pflegerinnen und anderer im wissenschaftlichen Beobachten ungeübter Personen verlassen. Oft habe ich solche nur durch ein kurzes ruhiges Kreuzverhör dahin gebracht, dass sie die Irrthümlichkeit ihrer Angaben selbst einsahen, namentlich wenn es sich um Beweise für die „Klugheit" der Säuglinge handelte. Dagegen verdanke ich der Mutter meines Kindes viele mit Leichtigkeit von mir verificirte Mittheilungen über die geistige Entwicklung.

2) Jede Beobachtung muss sofort schriftlich in ein stets bereit liegendes Tagebuch eingetragen werden. Oft werden, wenn es nicht geschicht, nach einer Stunde die Einzelheiten der Beobachtungen vergessen, was darum begreiflich erscheint, weil sie an sich vielfach uninteressant sind - namentlich die sinnlosen Articulationen - und erst im Zusammenhang mit anderen Werth erhalten.

3) Beim Beobachten ist jede künstliche Anstrengung des Kindes zu vermeiden und die Beobachtung desselben, ohne dass es den Beobachter überhaupt bemerkt, möglichst oft zu versuchen.

4) Alles Abrichten des ein- und zwei-jährigen Kindes muss möglichst verhindert werden. Ich habe in dieser Beziehung insofern Erfolg gehabt, als mein Kind erst spät mit den Kinderkunststücken bekannt gemacht und nicht mit Auswendiglernen von Liedern usw. gequält wurde, welche es nicht zu verstehen im Stande war. Doch konnte, wie der Bericht zeigt, nicht jede unnöthige Dressur vermieden werden. Je früher ein kleines Kind angehalten wird, ceremonielle und andere conventionelle Bewegungen zu machen, deren Sinn ihm unbekannt ist, um so früher verliert es seine ohnehin nur kurzdauernde und nie wiederkehrende poesievolle Natürlichkeit und um so schwieriger wird die Beobachtung seiner unverfälschten geistigen Entwicklung.

5) Jede Unterbrechung der Beobachtung von mehr als einem Tage erfordert eine Stellvertretung und nach Wiederaufnahme derselben Beglaubigung des inzwischen Wahrgenommenen und Notirten.

6) Wenigstens dreimal täglich ist dasselbe Kind zu beobachten und alles gelegentlich Bemerkte nicht weniger, als das mit Rücksicht auf bestimmte Fragen methodisch Ermittelte zu Papier zu bringen.

Nach diesen von mir erprobten Vorschriften wurden alle eigenen Beobachtungen angestellt. Die Vergleichung mit Angaben Anderer kann ihnen erst eine allgemeinere Bedeutung verschaffen.

Was von früheren Beobachtern bezüglich des Sprechenlernens der Kinder geleistet wurde, ist aber sehr fragmentarisch.

VI. Ungleiche Fortschritte verschiedener Kinder bei der Spracherwerbung.

Trotz der grossen Ähnlichkeit sämmtlicher Bewegungen aller ganz jungen Säuglinge, zeigt jeder beim Beginn des Sprechenlernens Eigenthümlichkeiten, welche im Verlauf desselben immer mehr hervortreten. Die Vergleichung der zunächst folgenden Thatsachen untereinander beweist es. Auch die Reihenfolge, in welcher die Sprachlaute gebildet werden, ist individuell ungleich, noch mehr die Wortbildung und der Wortschatz in der Zeit des beginnenden selbständigen Gebrauchs der Muttersprache, also gewöhnlich zu Ende des zweiten Lebensjahres.

Individuelle Verschiedenheiten überhaupt.

Gute, aber spärliche Beobachtungen über das Sprechenlernen veröffentlichte in Deutschland zuerst Berthold Sigismund, ein Arzt, in seinem Büchlein „Kind und Welt" im Jahre 1856.

Als erste articulirte Laute (aus der Mitte des ersten Vierteljahres) wurden für ein Thüringer Kind (in Rudolstadt) von ihm *ma, ba, bu, appa, ange, anne, brrr, arrr* notirt.

Der Verfasser meint, dieses erste Lallen oder Papeln bestehe aus dem Hervorbringen von Syllben mit nur zwei Lauten, in welchen am häufigsten der Consonant vorausgehe, die ersten deutlich ausgesprochenen Consonanten seien Lippenlaute, die Lippen, durch das Saugen in Thätigkeit gesetzt, seien die ersten articulirenden Werkzeuge. Doch bestätigt sich diese Vermuthung nicht allgemein (nicht beim *n* und *g*).

Im zweiten Vierteljahr (in der 23. Woche bei einem Kinde, beträchtlich früher bei anderen gesunden Kindern) wurden zum ersten Male die starken und hohen Krählaute gehört, die das Kind jubelnd mit lebhaften Bewegungen der Gliedmaassen, wie es scheint, sich selbst darüber freuend, hören lässt.

Im dritten Vierteljahr wurde das Lallen häufiger. Es kamen neu hinzu: *bä, fbu, fu* und von Wiederholungen ohne Pausen *bäbäbä, dädüdä,* auch *adad, eded.*

Im folgenden Vierteljahr gab das Kind sein Wohlgefallen an irgend welchem Gegenstande durch den selbständigen Laut *ei, ei* zu erkennen. Die ersten Lautnachahmungen wurden nach elf Monaten constatirt. Aber lange, ehe der Knabe Worte oder Geberden nachzuahmen suchte, nämlich mit neun Monaten, unterschied er sicher die Wörter „Vater, Mutter, Licht, Fenster, Mond, Gasse", indem er, sobald eines derselben ausgesprochen wurde, auf das dadurch bezeichnete Object blickte oder zeigte.

Als das Nachahmen begann, wurden Töne *(f-c)* eher nachgeahmt, wenn auch eine Octave höher, als Sprachlaute. Auch das *ei ei* wurde in ziemlich demselben Tone wiederholt, in dem man es vorgesprochen hatte. Das erste unaufgefordert imitirte Wort war der von der Strasse heraufschallende Ruf „Neuback", der mit *ei-a* wiedergegeben wurde (nach 14 Monaten). Noch im 16. Monat erwiderte dieses Kind auf *Papa,* gerade wie auf *Ida,* nur *atta,* hatte aber inzwischen „Laterne, Clavier, Ofen, Vogel, Kegel, Topf", im Ganzen mehr als zwanzig Wörter, verstehen und die betreffenden Gegenstände mit dem Blick bezeichnen gelernt, von neuen Lall-Lauten noch *pujéh, pujéh, tupe tupe téh, ämmäm, atta, ho* hören lassen.

Im 17. Monate traten an die Stelle dieser Laute die geplapperten Sylben *mäm, mam, mad-am, a-dam, das,* bei anderen Kindern andere. Sie lassen oft mehrere Sylben schnell nacheinander hören, „dann halten sie plötzlich inne, als besännen sie sich auf etwas Neues, pressen förmlich, als müssten sie sich anstrengen, ihr Organ in Ansprache zu versetzen, bis endlich ein neuer Laut zu Tage kommt, der dann wie Mühlengeklapper wiederholt wird." Hierbei ist die Verdoppelung der Sylben, wie in *papa, mama,* häufig.

Der 20 Monate alte Knabe erzählte seinem Vater mit ziemlich langen Pausen und lebhaften Geberden: *atten — beene — titten — bach — eine — puff — anna,* was bedeutet: „[Wir waren im] Garten, [haben] Beeren [und] Kirschen [gegessen und in den] Bach Steine geworfen; [dann kam] Anna."

Aus dem Vocabularium des zweiten Lebensjahres sind nach Sigismund's und meinen Beobachtungen noch folgende häufig vorkommende Wörter bemerkenswerth:

Vater: *atte, ätte, tate, fatte* (S.); *va-ata, papa* (P.). Mutter: *amme, ämme, ämmäm, mämme, matte* (S.); *mama* (P.). Anna: *anne* (S.); *anna* (P.). Milch: *minne* (S.); *mimi* (P.). Kuh: *muh* (S.); *mumuh, mukuh* (P.). Pferd: *hotto, dodo, päd* (S.); *otto, pfowed, fowid* (P.). Vogel: *piep-piep* (S. und P.). Mund: *mund* (S.); *mun* (P.). Nase: *ase* (S.); *nane* (P.). Ohr: *ohn* (S.); *o-a* (P.). Haare: *ale* (S.); *ha-i* (P.). Finger: *finne* (S.); *finge, wi-er* (P.). Da: *da* (S. und P.). Adieu: *adé* (S.); *adjee* (P.). Guten Tag: *tag* (S.); *ta-tach* (P.). Fort: *fot* (S.); *wott* (P.). Ja: *ja* (S.); *ja, juja* (P.). Nein: *nein* (S.); *nein, neincin* (P.). Grossmutter: *tosutte, abutte, osmutte* (S.); *a-mama, e-mama* (P.). Zucker: *zucke* (S.); *ucka* (P.). Karl: *all* (S.); *kara* (P.). Grete: *ete* (S.); *dete* (P.).

Die vorgesagten Thiernamen *bü, put, gikgak, wäkwäk, huhu, ihz* (Hinz) wurden von Sigismund, nicht von mir bei meinem Kinde, bemerkt, ebenso *baie-baie* für Wiege, die letzterem unbekannt blieb, *päpä* für „verborgen", *eichöntcn* (Eichhörnchen), *äpften* (Äpfelchen), *mädsen* und *mädis* (Mädchen), *atatt* (Bernhard), *hundis* (Hundchen, Thüringisch statt Hündchen), *pot* (Topf), *dot* (dort). Beide Kinder bezeichneten hingegen mit *wchwch* Schmerz, *caput* zerbrochen, *schooss, sooss* „auf den Schooss möcht' ich", *auf* „hinauf möchte ich gehoben werden", *toich* „Storch", *tul* „Stuhl". S. sagte ferner, lange ehe er Sätze bildete, als er kurz nacheinander zwei Reiter sah: *eitc! noch eins!* was seine Zählthätigkeit beweist.

Die Beobachtungen von Sigismund sind durch ihre Objectivität, ihre klare Darstellung und Correctheit ausgezeichnet. Leider hat aber der treffliche Beobachter sein Werk nicht vollendet. Nur der erste Theil ist erschienen. Die Angaben über die Zeit der ersten Nachahmungen (S. 83, 108, 109, 118, 121) sind übrigens nicht im Einklang miteinander.

H. Taine notirte (im Anhang zu seinem Buche über den Verstand) mehrere Ausdrücke, die ein Französisches Kind im 15. Monat brauchte.

Zunächst: *papa, maman, tété* („Amme", offenbar von dem oft gehörten *téter*), *oua-oua* (Hund, höchst wahrscheinlich vorgesagt), *koko* (Hahn, ohne Zweifel von dem vorgesagten *coq-coq*), *dada* (Pferd, Wagen, ohne Zweifel auch andere Objecte bezeichnend, ein Demonstrativum, wie bei Deutschen Kindern). Ohne Sinn wurde zwei Wochen lang *tcm* geäussert. Dann bedeutete es „gieb, nimm, sieh, gieb Acht!" Ich vermuthe hier eine Verstümmelung des gewiss sehr oft gehörten, stark accentuirten, dem Kinde aber, wegen des Mouillirens und des Nasallauts noch zu schwierigen *tiens.* Schon im 14. Monat hiess *ham* „ich will essen" (*hamm,* dann *am,* kann aus dem Echo von *faim, as-tu faim?* entstanden sein). Im Alter von 3½ Monaten bildete dieses Kind angeblich nur Vocale, mit zwölf Monaten „zwitscherte" es und äusserte zuerst *mm,* dann *kraaau, papa* mit variabler Betonung, sprach aber kein Wort mit erkennbarem Sinn. Im zehnten Monat war das Verständniss einzelner Fragen vorhanden. Denn das Bildniss des Grossvaters wird auf die Frage *où est grand-papa?* angelacht, das schlechter getroffene der Grossmutter nicht. Im elften Monat wendet sich das Kind auf die Frage *où est maman?* gegen seine Mutter. Ebenso bei *papa?* gegen seinen Vater.

Ein zweites Kind liess angeblich in der siebenten Woche die ersten intellectuellen Laute hören. Bis zu fünf Monaten hörte man *ah, guc, gre,* im siebenten Monat auch *ata, ada.*

In seinen an diese und einige wenige andere eigene Beobachtungen geknüpften Betrachtungen betont zwar Taine mit Recht

das grosse Verallgemeinerungsvermögen und die Eigenthümlichkeit
des ganz jungen Kindes, mit gehörten Wörtern andere Begriffe,
als die uns geläufigen, zu verbinden,. schreibt aber dem Erfindungsgeist des Kindes zu viel zu. Es erräth mehr, als es erfindet, und
gerade die angeführten Fälle *(hamm, tem)*, auf welche er grosses
Gewicht legt, lassen sich, wie ich in Parenthese bemerkte, auf Gehörtes zurückführen, was er übersehen hat. Richtig ist, dass beim
Sprechenlernen ein Wort mehrere Bedeutungen nacheinander durchlaufen kann, wie namentlich das bei Französischen Kindern fast
allgemeine *bébé* (entsprechend dem Englischen *baby*), falsch, dass
ein Kind ohne Nachahmung von Lauten ein Wort mit festem Sinn
erfinde und seine Lall-Sylben, ohne alle Vermittlung der Angehörigen,
zur Bezeichnung seiner Vorstellungen consequent verwende. Ein
solches Genie ist kein Kind.

Unter den Aufzeichnungen von Wyma über ein Englisches
frühreifes Kind (1881) sind folgende hervorzuheben.

Mit fünf Monaten benutzte der Säugling angeblich sechs
„Wörter", um ein Verlangen auszudrücken. *Going* bezeichnete den
Wunsch, sich auf dem Boden zu bewegen. *Ning* bedeutete Milch
und wurde dafür gebraucht bis zum Alter von zwei Jahren. [Es
ist möglicherweise aus dem oft gehörten *thing* und *milk* und der
sehr häufigen Participial-Endung *ing*, als Echo, abzuleiten.] Mit neun
Monaten bediente sich das Kind der Wörter *pretty things* für Thiere,
mit zehn bildete es viele kleine Sätze.

Auch ohne unmittelbare Nachahmung eben gesprochener Wörter
übte sich das Kind, indem es im Alter von zwei Jahren Reime her-
zusagen begann, welche niemand im Hause kannte, und die es von
anderen Kindern nicht erfahren haben konnte. Das Kind behauptete
später, sie von einer früheren Wärterin erlernt zu haben, welche es
seit fast drei Monaten nicht mehr gesehen hatte. So vervollkommnete sich die Articulation wochenlang, ehe sie verstanden wurde.
Die „Übungen" klangen wie nachlässiges Vorlesen.

Ludwig von Strümpell hat seinem Buche „Psychologische
Pädagogik" (Leipzig 1880) gute „Notizen über die geistige Entwicklung eines weiblichen Kindes während der ersten zwei Lebensjahre" beigegeben.

Sie stammen aus den Jahren 1846 und 1847. Ich stelle einige
davon mit mehreren Notizen aus dem Tagebuch, welches Frau von
Strümpell führte und mir gütigst im Original zur Verfügung stellte,
hier zusammen.

In der zehnten Woche war *ah! ah!* Freudenäusserung; in der
13. singt das Kind ganz allein; in der 19. Gurgeln *grrr*. Im ersten
Halbjahr werden deutlich gehört der Reihe nach *ei, aga, eigei, ju,
ede, dede, eds, edss, emme, meme, nene, nein.* Im achten Monat Verständniss des Gesprochenen („Wo ist Tick-tack?") unverkennbar; im

neunten *am, amme, ap, pap*; singt beim Vorsingen Vocale mit. Im elften Monat beim Anblick des Theekessels: *ssi, ssi.* Auf „Guten Tag" wird *tata,* auf „Adieu" *adaa* geantwortet. Ein Buch, in dem das Kind gern blättert, nennt es *ade* (statt abc). Die erste sichere Verbindung eines erlernten Lautes mit einem Begriff scheint die des oft vorgesagten *ee* mit Nässe oder Verbotenem zu sein. Am häufigsten wird *amme am om* „Amme komm" (beides imitativ) wiederholt, *papa* selten. Das schnarrende *r* wird unvollkommen nachgebildet. Im 13. Monat sagt das Mädchen *tippa tappa,* wenn es geführt sein will, und antwortet *te te* auf „steh! steh!" nennt das Buch nun *a-be-te* (statt abc). Tauben nennt es *kurru,* Menschen im Bilderbuch *mann mann.* Als jemand fragte „Wo ist die Bürste?" machte das Kind die Bewegung des Bürstens. Als die Mutter jemanden fragte „Hörst Du?" da sah das Kind sie an und fasste an die eigenen Ohren. Auf die Frage „Wie isst man?" folgt die Bewegung des Essens. Die Kleine sagt *nein,* wenn sie nicht will. „Dank" wird *dakkn* nachgesprochen, „Bitte" richtig. Versteht die Bedeutung von „Löffel, Kleid, Spiegel, Mund, Teller, Trinken" und hört Erzählungen gern, besonders wenn die bereits bekannten Wörter darin vorkommen. Im 14. Monat heissen Nadeln *tick.* Auf die Frage „Wo ist Emmy?" zeigt das Kind richtig auf sich; sagt deutlich *Kopf, Buch, roth. Tante, gut, Mann, Baum;* nennt das Auge *ok,* Pruscinsky *prrti,* den Hund *uf, uf.* Im 15. Monat wird „Mathilde" *tilda* und *tida.* Beim Anblick eines vertrockneten Sträusschens: *blom.* Spricht alles Vorgesagte, wenn auch unvollkommen, nach; bringt die verschiedenartigsten articulirten Laute hervor, sagt *ta papa ta,* wenn sie etwas überreicht, nennt „Fuss" *pss* lispelnd mit Vorschieben der Zunge. Äussert öfters *omama* und *opapa.* Im 17. Monat heisst Ring *ning,* Wagen *uagen,* Sophie *dsofi,* Olga *olla,* krank *kank,* Pflaume *pluma,* satt *datt,* Händewaschen *ander-uaschen,* Schuh und Tuch *tu,* Strumpf *tumpf,* Hut *ut,* Suppe *duppe. Mama kum bild dot bank* (Mama komm, ich habe das Bilderbuch, erzähle mir dazu etwas, dort auf der Bank). Im 18. Monat: „Wo ist Omama?" wird beantwortet mit *im g rtcn,* „Was machen Omama und Opapa?" mit *sund* („gesund"), „Was macht Omama?" mit *näht.* Der schwarze Apollo heisst *pollo warz.* Im 19. Monat nennt es sich bei seinem Namen und zählt *twei, drei, ümpf, exe, ibene, atte, neune,* sagt auch schon *will ni!* im 22. spricht es viel für sich.

Die Schwester dieses Kindes bezog im zehnten Monat *mama* auf ihre Mutter, *pap pap* und *papap* nicht so sicher auf den Vater; *tjĕ-tē* waren Lieblingssylben. Auf die Frage „Wo ist Ticktack?" wird die Uhr angesehen. Durchdringendes Kreischen ist Freudenäusserung. Im 15 Monat *Apapa* für Grossvater und schelmisch für Grossmutter; *aben* statt „haben"; *tatta* statt „Tante"; *apa* (statt *uppa*) heisst „hinauf möcht ich". Nachsprechen sehr unvollkommen, aber Verständniss des Gesprochenen auffallend. Im 19. Monat: *Kuker* heisst „Zucker", *bildebu* „Bilderbuch". Gewöhnlich nennt sie aber ein Buch *omama* oder *opapa* (von den Briefen der Grosseltern her). „Clara" *clala*, „Christine" *titinc*. Im 20. Monat fragte die Mutter, nachdem sie etwas erzählt hatte, „Wer ist denn das: Ich?" das Kind antwortete *Mama*. „Und wer ist das: Du?" *Bertha, Bertha* (so hiess das Kind selbst). Es sagte nun auch *Bertha will,* ferner *paren* (fahren), *pallen* (fallen), *bot* (Brot), *atig* (artig), *mal* (noch einmal), *muna* (Mund), *aujcn* (Augen), *öl* (Ohr), *tirn* (Stirn), *wanne* (Wange und Wanne), *aua* (August), *dutc mama, päsche* (Equipage), *wasar tinken* (Wasser trinken), *dabcl* (Gabel), *lüssel* (Schüssel), *is nits* (ist nichts), *mula* (Milch), *ass* (heiss).

Man sieht hieraus, wieviel schneller bezüglich der Articulation und selbständigen Verwendung der Wörter beide Mädchen (das ältere wog anfangs nur sechs Pfund) sprechen lernten, als Sigismund's und mein Knabe und andere Knaben.

Darwin veröffentlichte i. J. 1877 einige Beobachtungen, die er 37 Jahre früher an einem seiner Söhne gemacht hatte.

Er bemerkte am 47. Tage eine Lautbildung ohne Sinn. Das Kind ergötzte sich daran. Die Laute wurden bald mannigfaltig. Im sechsten Monat äusserte es *da* ohne Sinn, versuchte aber im fünften wahrscheinlich Laute nachzuahmen. Im zehnten Monat war die Lautnachahmung unverkennbar, im zwölften die Imitation von allerlei Geberden, wie Kopfschütteln mit *Ah*-sagen leicht, auch das Verständniss für Intonationen, Geberden, mehrere Wörter und kurze Sätze vorhanden. Im Alter von gerade sieben Monaten verband das Kind seine Wärterin mit ihrem Namen, so dass es, wenn man letzteren rief, sich nach ersterer umsah. Der Knabe drückte im 13. Monate sein Verlangen durch Geberden aus, hob zum Beispiel ein Stück Papier auf, gab es seinem Vater und wies auf das Kaminfeuer, da er oft und gern verbrennendes Papier angesehen hatte. Als er gerade ein Jahr alt war, bezeichnete er Nahrung mit *mum,* das auch „gieb mir Nahrung" bedeutete, statt des bisherigen Schreiens. Es bezeichnete mit Zusätzen specielle essbare Dinge; so bedeutete *shu-mum* (spr. *schu-mömm*) Zucker und etwas später *black-shumum* Liquiritzen. Beim Begehren wurde *mum* mit einem sehr stark verlangenden Ton (Darwin sagt „fragenden Ton", was dieses wohl bedeuten soll) geäussert. Merkwürdig ist es, dass auch mein Kind, und zwar in der zehnten Woche zuerst, wenn es hungrig war, *mömm* sagte, und ein von Fritz Schultze (Dresden) beobachtetes Kind *mämmäm*. Wahrscheinlich entsteht die Sylbe aus der Ursylbe *ma* und dem Hören des „mama" beim Anlegen an die Mutterbrust.

Ein von dem Physiologen von Vierordt 1879 beobachteter Säugling liess u. A. folgende Sprachanfänge erkennen.

Er drückte im zweiten Monat mit *a* Lust, mit *ü* Unlust aus, was auch für andere Kinder gilt. Im dritten und vierten Monat wurden gehört: *mam, ämma, fu, pfu, css, äng, angka, acha, erra, hab.* Ein lallender Säugling sagte unzählige Male *hab, hob, ha.*

Diese Sylben stimmen mit denen anderer Beobachter zum Theil überein. Nur *pf* und *ss* habe ich in diesem Stadium niemals gehört und zweifle, ob *f*, welches Zähne erfordert, so früh rein producirt ward. Im zweiten und dritten Jahre sagte ein Kind: *beb* statt bös, *bebe* st. Besen (*beesann*), *webbe* st. Wasser (*watja*), *wewe* st. Löwe (*löwee*), *ewebau* st. Elefant (*elafant*), *webenau* st. Fledermaus (*lebamaunz*), *babaube* st. Blasebalg (*ba-abats*), *ade* st. Hase, *emele* Schemel, *gigod* st. Schildkröte.

Die eingeklammerten Wörter wurden im 26. Monat von meinem Knaben regelmässig geäussert, wenn er im Bilderbuch die betreffenden Abbildungen sah (Jena).

Die Beispiele erläutern sehr gut die bei jedem Kinde vorhandene Mogilalie und Paralalie. Der Sigmatismus, Parasigmatismus und Paralambdacismus erscheinen stark ausgeprägt. Zugleich erkennt man den Einfluss des Dialekts (Tübingen). Dass *watja* und *webbe* und *waï* oder *waï-s* (bei einem dritten Kinde bei Wien im 15. Monat) dasselbe bedeutet, würde man von vornherein nicht annehmen. Das *w* tritt übrigens regelmässig später auf, als *m* und *r*, wegen der Zähne. Ein labio-linguales *w* (Gutzmann) existirt nicht.

Gustav Lindner hat, im Anschluss an meine Beobachtungen, vortreffliche Untersuchungen über das Sprechenlernen (seit 1882) ausgeführt.

Seine Tochter äusserte von der neunten Woche an *arra* oder *ärrä* monatelang. Früh kam auch *äckn* zum Vorschein. Das Princip der kleinsten Anstrengung findet Lindner durch seine Beobachtungen fast durchgängig widerlegt. Er bemerkt mit Recht, die in den Lallmonologen häufigen Wiederholungen derselben Lautgruppen seien zum Theil durch eine Art Freude am Gelingen bedingt, welche auch den Erwachsenen zum Wiederholen des Gelungenen antreibt. So pflegte sein Kind mit *degattegattegatte* (im zweiten Halbjahr) das Zeitunglesen nachzuahmen. Im elften und zwölften Monat wurden nachgesprochen: *ómama*, *oia* (Rosa), *batta* (Bertha), *áchard* (Richard), *wiwi* (Friedchen), *agga* (Martha), *olla* (Olga, der eigene Name). Milch hiess *mimi*, Stuhl *tuhl*, Laterne *katonne*, der Pfiff einer Maschine in einer benachbarten Fabrik *wuh* (langausgehalten, onomatopoëtisch), Paul *gouch*, danke *dagn* oder *dagni* („ich danke Ihnen"), Baum *maum*. Ein anderes Kind ersetzte *i* und *e* durch *u*, indem es *hund* statt „Kind" und *uluwant* statt „Elephant" sagte, also ein *ein fomme hund lass wäde much* statt „ein frommes Kind lass werden mich". „Werden" hiess aber bei Lindner's Kind nicht *wäde*, sondern *wegen*, ferner „turnen" *tung*, „blau", *balau*, wie bei meinem Knaben.

Am Ende des zweiten Lebensjahres machte kein Laut der Deutschen Sprache dem Kinde Schwierigkeiten. Die Aussprache war aber noch unrichtig, weil mit dem richtigen Aussprechen der einzelnen Laute keineswegs die Aussprache derselben in ihren Verbindungen gegeben ist. Diese Bemerkung bestätigt sich, wie ich finde,

auch bei den ersten Versuchen des Vierjährigen, nach Erlernung der
einzelnen Buchstaben, ein Wort zu lesen. Auch die Vorliebe des
Kindes für die gewohnte und durch Nachahmungen seitens der
Angehörigen begünstigte anfängliche unrichtige Aussprache verzögert
die Erlernung der richtigen. Lindner's Kind sagte, nachdem ihm
„Kamilla" geläufig war, *mimela* wie früher. Erst als die Angehörigen es nie mehr sagten, trat „Kamilla" an die Stelle. Noch das
3½-jährige Kind sagte *gcbhalten* statt „behalten" und *vervloren* (verloren), sowie *gebhüte* (behüte). „Grosspapa" hiess der Reihe nach
opapa, *gropapa*, *orosspapa*. Grossmama entwickelte sich entsprechend. „Fleisch" hiess *jcich*, dann *leisch*, „Kartoffeln" *kaffom*,
dann *kaftoffeln*, „Zschopau" *sopau*, *schodau*, *tschopau*, „Spar-
büchse" *babicse*, *spabickse*, *spassbückse*, *sparzbückse*, „Häring"
(auch für Goldfisch) *hänging*. Aus der zweiten Sylbe tritt
ein Laut in die erste. Die erste Frage *Isn das?* von „Was
ist denn das?" wurde im 20. Monat beobachtet, das Fragewort *was?* im 22. Monat. Wo? und Wohin? waren gleichbedeutend
(also wie im Französischen *où?*) und zwar im vierten Jahre noch.
Das „Ich" erschien im 30. Monat. Bei dem Gebrauch der Zeit-
formen ging der besonderen Bezeichnung der Thätigkeit die allgemeine (bei der Zweijährigen) voran, wie in *thut beten* beim Anblick eines Guido Reni'schen Christuskopfes statt „betet" (also wie
im Englischen *do*). Das Zeitwort „sein" wurde stark entstellt:
Warum warst du nicht fleissig gcbist? (vgl. S. 347. 350 m) und *bin*,
binst, *bint*, *binn*, *bint*, *binn* conjugirt; auch *wir isn* und *nun sci ich
ruhig*, sowie *ich habe nicht ruhig gescit* sind beachtenswerth, weil
sie zeigen, wie stark die am häufigsten gehörten Formen — hier
der Imperativ — in der Übergangszeit wortbildend wirken. Das
Kind brauchte auch den Imperativ zuerst, den Conjunctiv zuletzt.

Unter den vielen mir freundlichst zugesendeten Tagebuch-
Beobachtungen über das Sprechenlernen sind die der oben erwähnten Frau von Strümpell, der Frau Dr. Friedemann (Berlin),
der Frau Dr. Josephson (Hamburg), der Frau Franziska Wertheimer (s. weiter unten) und der Frau Baronin von Taube in Esth-
land, welche ihre eigenen Kinder betreffen, besonders sorgfältig.
Einige von letzteren mögen hier noch Platz finden.

„In den ersten fünf Monaten hörte ich alle Vocale von meinem
Sohne, wenn er schrie, der Laut *ä* war der erste und häufigste, dagegen von Consonanten nur das *g*, das schon nach sieben Wochen
auftrat. War er verdriesslich, dann schrie er oft *gege*. Die Sylben
agu, *agö*, *äou*, *ogö*, *eia* wurden oft bei guter Laune wiederholt, dann
stellte sich *l* ein: *ül*.
Bei meiner Tochter dieselben Laute. Von ihr habe ich in der
13. Woche deutlich *gö*, *gu*, *agu* vernommen, jedoch bis zu ihrem
zehnten Monate keine anderen Consonanten, trotz aller Beobachtung,
gehört, als *g*, *b*, *w*, selten *l* und zuletzt *m*-Laute. In dem Schreien
meiner zweiten Tochter liessen sich dagegen die Laute *üa*, *üa*, *nänä*,

nen-nen, *eia*, *ö*, *nön* innerhalb der ersten fünf Monate erkennen. Die *g*-Laute *ag*, *agn*, *agö* fielen bei ihr schon in die sechste Woche, *ül*, *el* in die neunte. Das *g* ist unter Esthen und Deutschen der erste Consonant. Es ist herkömmlich, dass die Wärterinnen einander fragen: „Kann das Kind schon *agu* sagen?" Bei meinem Sohne trat im Anfang des siebenten Monats ein R-Laut auf: *grr*, *grrr*, deutlich mit *d* verbunden in *dirr*, *dirr*. Diese Laute waren entschieden Laute des Missbehagens, die Unzufriedenheit, heftige Erregung, Schläfrigkeit ausdrückten und die sogar bei dem vierjährigen Knaben, wenn er Schmerzen hat, auftreten. Im neunten Monat kommt *dada* und *b*, *bab-a*, *bäb-ä* hinzu; auch *agö* wird oft gesagt, noch öfter *ö*. Dieses *ö* ist schon eine Art bewussten Sprechversuchs. Denn er braucht dasselbe, wenn er etwas Neues sieht.

Wird Jemand gerufen, so ruft er sehr laut mit *Ö!* Erste Nachahmung. Geberden wurden schon seit dem achten Monat nachgeahmt und es musste streng untersagt werden, vor dem Kinde Fratzen zu schneiden. Auch ist schon Verständniss für das Gesprochene da. Im zehnten Monat wird Pap-ba oft, aber ohne Bedeutung wiederholt.

Im elften Monat verliert sich das *Pap-ba*, er sagt jetzt viel *dädädüdä* und, wenn er verdrossen, erregt oder schläfrig ist, *drin*, *drin*. Diese R-Laute kommen bei meiner Tochter nicht vor, aber seit ihrem zehnten Monate braucht sie *m*-Laute, *mämmä* wenn sie schläfrig oder verdrossen ist. Der Knabe streckt jetzt, wenn er Jemanden von weitem sieht, eine Hand aus und winkt. Bei dem Anblick von etwas Neuem wird nicht mehr *ö*, sondern *äda* gesagt (im zwölften Monat). Die Geberden mit den Armen und Mundbewegungen werden gern nachgeahmt, die Lippenbewegungen des Sprechenden aufmerksam beobachtet und dabei wird zuweilen mit dem Finger der Mund desselben berührt.

Mit zehn Monaten traten die ersten Zähne heraus. Mit dem elften wurde er zuerst ins Freie gebracht. Jetzt treten die *g*-Laute wieder in den Vordergrund, *aga*, *ga*, *gugag*. Er fängt an zu kriechen, fällt aber oft und ruft bei diesen mühsamen Versuchen sehr possirlich fortwährend *äch*, *äch*, *äch!*

Erblickt er Hühner, so sagt er *gog*, *gog* (im zwölften Monat) und stösst einige krächzende Laute aus. Auch kann er den Laut *prrr*, wenn man ihm denselben vorsagt, gleich nachsprechen. Wird ihm *Papa* vorgesagt (das Wort ist ihm verloren gegangen), so antwortet er consequent *wawa* oder *wawawa; wauwau* hörte ich nur einmal von ihm. Wenn er Jemanden husten hört, so hüstelt er gleich spottend nach.

Od, *ädo*, *äd* wird viel gebraucht, auch wenn er Bilder sieht. Als der Knabe ein Jahr alt geworden, ward er entwöhnt; seitdem entwickelte er sich rasch geistig. Singt man ihm „gi ga gack" vor, so wiederholt er jedes Mal *gack*.

Er fängt an die Laute den Gegenständen anzupassen."

Die sehr ausführlichen Berichte über das zweite und dritte Lebensjahr lehren zwar im Einzelnen manche Abweichungen der geistigen Entwicklung dieser Kinder von der des meinigen kennen, bestätigen aber die Ergebnisse, zu denen ich gelangte. Zu letzteren gehört auch die pädagogisch wichtige Thatsache, dass, je weniger man das Kind vom Anfang an die reine Wahrheit lehrt, um so leichter es ist, ihm Wundergeschichten beizubringen, Aberglauben einzuimpfen. Die Märchen, Gespenstergeschichten und dergleichen machen leicht die ohnehin rege Kinderphantasie hypertrophisch und trüben das Urtheil über wirkliche Geschehnisse. Die Sittenlehre und die Natur bieten dagegen eine Fülle von Thatsachen, an welche das Sprechenlehren anknüpfen kann. Trefflich sind beide miteinander verbunden in den Äsopischen Fabeln, von denen mir mein Kind wochenlang jeden Morgen eine erzählte. —

Die von Dietrich Tiedemann geschriebenen „Memoiren" eines zweijährigen Sohnes (des 1781 geborenen Biologen Friedrich Tiedemann), welche B. Perez (1881) im Auszuge neu herausgab, seien hier nur erwähnt ihres historischen Interesses wegen, da die keineswegs objectiven, dürftigen Tagebuchnotizen vor hundert Jahren niedergeschrieben wurden.

Ungleich werthvoller für einen grösseren Leserkreis ist das 1892 in fünfter Auflage erschienene Buch Les trois premières années de l'Enfant von Bernard Perez, in welchem auch mehrere von mir nicht in den Bereich meiner Beobachtungen gezogene Seiten der Seelenentwicklung des Kindes, z. B. sein ästhetisches Gefühl, seine Leidenschaften in ansprechender Weise erörtert werden.

Einige sehr gute Angaben über das Sprechenlernen findet man bei Mad. Necker de Saussure († 1841) in ihrer Education progressive in dem Capitel Comment les enfants apprennent à parler, und bei Degerando L'éducation des sourds-muets de naissance (1. Bd. Paris 1827. S. 32—57), welcher mit Recht hervorhebt, das Kind lerne viel mehr durch eigene Beobachtung sprechen, ohne dass man es beachtet, als durch systematischen Unterricht; namentlich die Mienen und Geberden der miteinander sprechenden Angehörigen würden vom Kinde bemerkt und beim Errathen des Sinnes der gehörten Wörter verwerthet. Dieses Errathen spielt in der That beim Sprechenlernen eine Hauptrolle, wie ich mehrfach betonte.

Das Nachahmen und Zusammensetzen der nachgeahmten Sylben zu Wörtern tritt erst viel später hervor.

Ein Kind von mehr als drei Jahren nannte sogar seine Grossmutter mama-mama, also zweimal mama, zum Unterschied von der

Mutter, was aber nicht Erfindungsgabe benöthigt, da wahrscheinlich vorgesagt wurde: „Mama von Mama"; ein anderes nannte sie dagegen im 14. Monat schon *groma*. Ähnliche Verschiedenheiten zeigen aber auch gleichalterige Kinder. Mein Neffe D. benannte trotz geschickten Nachsprechens die Gegenstände schlecht, wenn er sie aus freien Stücken bezeichnen sollte, sagte dann z. B. *pilla* statt „Spiegel". Zu derselben Zeit (25 Monate) konnte er noch nicht mouilliren; er sagte sehr deutlich *n* und *i* und *a*, auch *i-a*, aber nicht *nja*, nicht einmal „ja", wendete sich vielmehr unwillig jedesmal ab, wenn man es von ihm verlangte. Noch im 28. Monat war aber bei diesem starken und intelligenten Kinde die Echolalie im höchsten Grade ausgeprägt. So sagt es, wenn man die Frage „Warum?" ausspricht, ebenfalls *warum*, ohne zu antworten, ganz gedankenlos tagelang immer wieder, mit und ohne (den nicht verstandenen) Frageton. Man erkennt hieraus deutlich die Unabhängigkeit der Lautnachahmung, der Lautbildung überhaupt, vom Verstehen.

Die Bildung der Sprachlaute.

Die Bildung der Sprachlaute beim Kinde behandelt eine sehr gediegene Schrift von Fritz Schultze in Dresden (1880). Der Verfasser vertritt darin das Princip der kleinsten Anstrengung, indem er meint, das Kind beginne mit den mit der geringsten physiologischen Anstrengung zu Stande kommenden Lauten und gehe allmählich über zu den schwierigeren, nämlich denjenigen, welche mehr „Nerven- und Muskel-Arbeit" benöthigen. Dieses „Gesetz" ist nun nichts anderes, als die bis auf Maupertuis zurückgehende *loi du moindre effort*, welche auf die beginnende Articulation der Kinder schon 1749 von Buffon angewendet wurde und, trotz Littré, neuerlichst wieder von B. Perez. Der Anwendung des Gesetzes widersprechen aber manche Thatsachen, so oft es sich auch in einzelnen Fällen zu bestätigen scheint.

Die Unmöglichkeit, den Grad der „physiologischen Anstrengung" für jeden einzelnen Laut, vollends beim Kinde, zu bestimmen, ist bekannt. Jeder Laut kann ausserdem mit sehr ungleich grossem Kraftaufwand producirt werden. Doch jene Thatsachen genügen zur Widerlegung. Nach Schultze sollen die Vocale in dem Entwicklungsprocess des kindlichen Sprechens in folgender Reihe, zeitlich durch lange Abschnitte getrennt, hervortreten: 1) *ä*, 2) *a*, 3) *u*, 4) *o*, 5) *e*, 6) *i*, 7) *ö*, 8) *ü*. Es ist richtig, dass *ä* einer von den Vocalen ist, die zuerst deutlich erkannt werden können, aber weder ist *ä* der erste hörbare Vocal, vielmehr ist dieser undeutlich, und unbestimmte Vocale sind die ersten, noch kann man zugeben, dass *ä* mit weniger Anstrengung als *a* producirt wird. Das Umgekehrte ist der Fall. Ferner soll *ö* „enorme Schwierigkeiten" machen, daher

der vorletzte Platz, aber ich habe das ganz reine lange und kurze ö
im zweiten Monat oft gehört, lange vor dem *i*, und zwar nicht blos
bei meinem Kinde. Aus den Beobachtungen an diesem ergiebt sich
die Reihe: unbestimmte Vocale, *u, ä, a, ö, o, a͡i, a͡o, i, e, ü, ocu*
(Franz. in *coeur*), *au, o͡i*, also für die obigen acht Vocale die Reihe
3, 1, 2, 7, 4, 6, 5, 8, so dass nur *i* und *ü* ihren Ort behalten. Andere
Kinder geben aber wieder andere Reihen, und für diese Verschiedenheiten der Vocal- wie der Consonanten-Reihen wird gewiss kein sorgfältiger Beobachter den „Einfluss der Vererbung" geltend machen
wollen. Vielmehr kommen hierbei für jedes normale Kind ohne Ausnahme, ausser den unvermeidlichen Fehlern jeder Reihe wegen un-
vollständiger Beobachtung, zwei ganz andere Momente in Betracht.

In der ersten Zeit, und wenn die Lallmonologe beginnen,
nimmt die Mundhöhle eine unübersehbare Reihe von Formen an,
die Lippen, die Zunge, der Unterkiefer, der Kehlkopf werden bewegt und zwar so mannigfaltig, wie nie wieder; dabei wird ausgeathmet, oft laut ausgeathmet, und so entsteht völlig zufällig bald
dieser bald jener Laut. Das Kind hört die ihm neuen Laute und
Klänge, hört seine eigene Stimme, freut sich darüber und ergötzt
sich an der Lautbildung, wie an den Bewegungen der Beine im
Bade. Es ist natürlich, dass es an einigen Lauten mehr, an anderen weniger Vergnügen findet; erstere werden vermöge der Be-
wegungserinnerungen, die mit den akustischen Erinnerungen verbunden bleiben, öfter gebildet, und ein Beobachter hört die anderen
gar nicht, wenn er nur dann und wann das Kind beobachtet. In
Wahrheit werden aber fast alle einfachen Laute, auch die schwierigsten, vor ihrer Verwendung beim Sprechen, in den ersten acht
Monaten, rein gebildet, die dem Kinde erfreulichen, sein Begehren
befriedigenden, seine Unlust mindernden am häufigsten. Es ist
nicht zu vergessen, dass auch das wegen Zurückziehung und Ver-
breiterung der Zunge anstrengende *ä* Unlust mindert. Der verdriessliche Säugling mindert sein Unlustgefühl, wenn er *u-ä* schreit,
mehr, als wenn er schweigt.

Das zweite Moment ist durch die Umgebung bestimmt. Diejenigen Laute, welche das Kind deutlich hört, wird es früher richtig
nachahmen können, als die übrigen. Es wird aber erstens die
häufigsten Laute am deutlichsten zu hören in der Lage sein, weil
sie eben am häufigsten den Hörnerven und dessen Sphäre im Gehirn erregen, zweitens unter diesen die akustisch am schärfsten
abgegrenzten, nämlich zuerst die Vocale, dann die Resonanten
(m, n, ng), zuletzt die zusammengesetzten Reibungsgeräusche (fl, schl)
deutlich hören. Aber nur zum Theil bestimmt die Umgebung diese
Reihe der Laute. Zum anderen Theile bestimmt sie, jene Ordnung
abändernd, die unermüdliche Consonantenbildung des Kindes selbst,

das seine eigene Stimme besser als früher hört, als es nur Vocale
bildete, indem es unter den beim lauten Ausathmen entstehenden
unübersehbar mannigfaltigen Consonanten die von ihm selbst deutlich gehörten wegen der Association von motorischem und akustischem Erinnerungsbild im Gehirn am leichtesten behält und
wiederholt Diese sind die häufigsten seiner Sprache. Erst später
macht sich die mechanische Schwierigkeit der Articulation, und
zwar beim Lernen der zusammengesetzten Laute, geltend. Es kann
also keine allgemein gültige zeitliche Reihe der Laute in der Kindersprache geben, weil jede Sprache eine andere Reihe der Laute
bezüglich der Häufigkeit ihres Vorkommens hat. (Daher die Un-
bequemlichkeit in der Anordnung der Tasten amerikanischer Schreib-
maschinen, wenn man damit Deutsche oder Französische Briefe
schreibt.)

Die Erblichkeit muss aber hier ohne Einfluss sein, weil jedes
gesunde Kind, wenn es von der Geburt an nur Eine Sprache zu
hören bekommt, welche seinen Vorfahren unbekannt ist, doch diese
Sprache vollkommen sprechen lernt. Erblich ist die grosse Plasticität des gesammten Sprechapparates, die Stimme und damit eine
Anzahl von Lauten, die nicht erlernt werden, wie *m*. Ein wesentlicher Grund für die mangelnde Lautbildung bei taubgeborenen
Kindern ist darin gegeben, dass sie ihre eigene Stimme nicht hören.
Auch dieser Mangel kann sich vererben.

Übrigens enthält die Abhandlung von F. Schultze viele gute
Bemerkungen über die Technik der Kindersprache.

Die Wortbildung.

Wann zuerst Wörter der Angehörigen nachgeahmt und dann
selbständig gebraucht werden, hängt bei gesunden Kindern hauptsächlich davon ab, ob man sich viel mit ihnen beschäftigt, ihnen
im buchstäblichen Sinne viel zu rathen giebt.

Psychogenetisch wichtiger, als die Ermittelung dieses gewöhnlich in das fünfte Vierteljahr fallenden Zeitpunktes sind Beobachtungen über die Neubildung von Wörtern mit einem bestimmten Sinn vor dem beginnenden Sprechen, welche nicht als
Verstümmelungen, unvollkommen nachgeahmte oder onomatopoëtische, also auch nachgeahmte Gebilde, oder ursprüngliche Interjectionen aufzufassen wären. Trotz meiner speciell darauf gerichteten Beobachtungen und Erkundigungen habe ich keine derartigen
Erfindungen vor der durch die Angehörigen vermittelten ersten
Verknüpfung von Vorstellungen mit articulirten Lauten und Sylben
sicher feststellen können. Es giebt keinen Grund dafür, dass sie

von Kindern gemacht würden. Nach dem vorliegenden Material
werden sie nicht gemacht. Sämmtliche von S. S. Haldemann in
seiner *Note on the Invention of words* (1880) mitgetheilten Wort-
erfindungen eines kleinen Knaben sind, wie die von Taine, von
Holden (s. u.), von mir und anderen notirten, onomatopoëtisch
(imitativ, S. 298 und 341). Er nannte eine Kuh *m*, eine Klingel
tin-tin (Holden's Knabe Kirchglocken *ling-dong-mang* [briefliche
Mittheilung]), eine Locomotive *tshu, tshu*, das Geplätscher, wenn
er etwas in das Wasser geworfen hatte, *boom* (Deutsch *buhm*) und
dehnte dieses Wort aus auf Werfen, Schlagen, Fallen, Giessen
ohne Rücksicht auf den Schall. Der Ausgangspunkt war aber
auch hier der Schall. In Erwägung der Thatsache, dass ein ihm
nachgebildeter Schall, also eine Wiederholung der Trommelfell-
schwingungen mittelst der Stimmbandschwingungen als W o r t auf
eine mit dem Schall verbundene Erscheinung angewendet wird,
vermöge des Verallgemeinerungsvermögens intelligenter, aber alalischer Kinder, ist es, trotz der Bedenken selbst eines Max Müller,
nicht allein zulässig, sondern, bis eine bessere Hypothese auftaucht,
geboten, in der Schallnachahmung und Wiederholung der eigenen
angeborenen Stimmlaute, also auch einer Nachahmung, den Ursprung der Sprache zu suchen.

Denn das Begriffbildungsvermögen muss beim Urmenschen, wie
es beim Säugling thatsächlich der Fall ist, vor der articulirten
Sprache durch vielerlei Bewegungen sich bethätigt haben. Es
fragt sich nicht, ob die Wurzeln der Sprache onomatopoëtisch oder
interjectional entstanden, sondern nur, ob sie durch Imitation entstanden oder nicht. Denn die Interjectionen konnten alle nur dadurch, dass der Eine die des Anderen nachahmte, zu Verständi-
gungsmitteln, das heisst Wörtern, aneinander gefügt werden. Prüft
man nun das alalische Kind, ob es ausser durch Nachahmung und
Umgestaltung des Nachgeahmten, also ganz aus eigener Kraft,
neue Wörter bildet, etwa durch Zusammenfügen eigener impulsiver
Laute oder beim lauten Ausathmen zufällig entstandener Laute,
so findet man dafür keinen sicheren Fall. Lautcombinationen,
Sylben, auch nicht im Geringsten imitirte, sind in Menge da, aber
dass auch nur eine einzige ohne Dazwischentreten der Angehörigen
constant mit einer und derselben Vorstellung verbunden würde, ehe
andere Vorstellungen ihre verbale Bezeichnung — eben durch die
Angehörigen — erhalten haben und ehe sie dem Kinde verständlich gemacht worden sind, kann nicht als wahrscheinlich bezeichnet
werden. Meine Beobachtungen über das *atta* würden dafür
sprechen, wenn nicht das anfangs sinnlos geäusserte *atta* wahrscheinlich erst dadurch, dass von irgend jemandem einmal beim
Fortgehen *atta* gesagt wurde, den Sinn „fort" erhalten hätte.

So lange der Beweis fehlt, wird man dem Kinde nicht zu-
trauen dürfen, dass es jedesmal auf's Neue die fundamentale Thatsache von der Äusserung des Vorgestellten durch Zungenbewegungen
entdeckt, sondern anzunehmen haben, dass es das Vermögen dazu
ererbt hat, und dieses nur bethätigt, wenn es zu Nachahmungen
Gelegenheit findet.

Merkwürdig sind in dieser Hinsicht folgende Beobachtungen
von Humphreys (1880).

Im Alter von ungefähr vier Monaten begann ein weibliches
Kind eine sonderbare und drollige Nachäffung einer Conversation,
wobei der gewöhnliche Sylbenfall so genau imitirt wurde, dass man
im Nebenzimmer sie für ein wirkliches Gespräch nehmen konnte.
Die Articulation war jedoch undeutlich, die Vocalbildung „dunkel"
und kein Versuch zur Trennung von Wörtern, sei es realen, sei es
imaginären, ward im ersten Halbjahre gemacht. Dann aber articulirte das Kind die meisten Sylben richtig ohne sichtbare
Anstrengung.

Nach acht Monaten kannte es jeden im Hause bei Namen so
gut wie die meisten Gegenstände im Zimmer und die Theile des
Körpers, besonders des Gesichtes. Auch verstand die Kleine bereits
Sätze wie „Wo ist das Feuer? Wo ist das Kind im Spiegel?" Es
antwortete zeigend. In den folgenden Monaten benannte es manche
Dinge richtig, brauchte also Wörter correct. Die Aussprache einiger
Consonanten am Ende des Wortes war dabei undeutlich, die aller
Initialien ausser *th* (Engl.), *t, d, l, n* aber deutlich. Diese erlernte
die Kleine im elften Monat und ahmte dann genau jeden vorgesprochenen Laut nach, *ng* bevorzugend *(ngang, ngeng)*, wenn sie
auf's Neue ein Gespräch parodirte, diesmal wirkliche und imaginäre
Wörter ohne Rücksicht auf Bedeutung äussernd. Doch hatte eine
Undeutlichkeit der Vocale wieder begonnen. Nach dem ersten Jahre
schien auch die Leichtigkeit der Lautnachahmung verloren gegangen
zu sein, so dass sie den Mund des Sprechenden genau beobachtete
und mühsam die Laute hervorbrachte. Endlich trat die *Mimicry*
zurück und dann wurden, anfangs sehr langsam, Wörter mit der
gewöhnlichen Kinder-Aussprache erworben. Dabei waren die Lippenlaute *p, b* und *m* und die Zungenlaute *t, d, n*, nicht *l* bevorzugt.
Schwierige Laute wurden durch leichte ersetzt. Folgende Articulationsmängel kamen im vierten Halbjahr regelmässig vor. Es wurde
ausgesprochen *v* wie *b*; tönendes *th* (in *this*) wie *d*; tonloses *th* (in
thin) wie *t*; *z* wie *d*; *s* wie *t*; *r* wie *w*; *j* wie *d*; *ch* wie *t*; *sh* (Engl.)
wie *t*; ferner zu Anfang eines Wortes: *f* wie *w*, *l* garnicht, *g* wie *d*,
k wie *t*; zu Ende eines Wortes: *f* wie *p*, *l* richtig, *g* richtig, *k* richtig und überhaupt richtig *m, b, p, n, d, t, h, ng, w*. Dagegen ver-
wandelten sich die initialen Laute

bl, br, pl, pr, fl, fr, dr, tr, thr, sp, st
in *b, b, p, p, w, w, d, t, t, p, t*

und die initialen Laute

sk, sw, sm, sn, sl, gl, gr, kw, kl, kr, hw

in *t,   w,   m,   n,   t,   d,   w,   w,   t,   w,   hw* (*h* schwach)

statt *s.*

Das *y* zu Anfang wurde garnicht ausgesprochen.

Überall bezeichnen hierbei die cursiv gedruckten Buchstaben Englische Laute.

Aus dieser Übersicht schliesst Humphreys bezüglich der Anfangslaute der Wörter im Englischen:

Folgt auf einen schon articulirbaren Laut ein nicht articulirbarer, dann wird der erstere allein gesprochen, werden beide ersetzt, dann der zweite allein. Ist aber der zweite Laut ein gar nicht ersetzter unarticulirbarer, dann wird wieder der erstere gesprochen. So *tr = t; kr = w* (statt *r*), *kl = t* (statt *k*, da *l* zu Anfang eines Wortes ganz unterdrückt wird).

Der Accent wurde meistens auf die letzte Sylbe gelegt.

Nur ein einziger Fall von Erfindung eines neuen Wortes liess sich feststellen. Im Alter von ungefähr 18 Monaten sagte das Kind beim Essen, als eine Fliege ihm um den Teller flog: *The old fly went wiggely waggely.* In dieser Zeit hatte es aber schon sprechen gelernt, wusste also, dass man Wahrnehmungen durch Wörter ausdrückt. Immerhin bleibt die freie Erfindung bemerkenswerth, falls nicht darin eine Reminiscenz an Ammenausdrücke gefunden werden darf. *No* bedeutete bis zum 18. Monat „Ja" und zugleich „Nein".

Richtige Nebensätze kamen zu Ende des zweiten Jahres vor. Dasselbe war der Fall bei einem Deutschen Kinde in Jena, welches sagte *der Ball, den der Puck hat* [P. Fürbringer]. Bei meinem Kinde traten sie viel später auf.

Der Wortschatz.

Über den Wortschatz des Kindes liegen erst wenige Untersuchungen vor.

Eine Bestimmung der Anzahl aller vom Kinde vor dem Beginn des dritten Lebensjahres selbständig gebrauchten Wörter und nur dieser, hat der Astronom E. S. Holden, damals in Madison (Wisconsin), zum ersten Male versucht und die an drei Kindern gewonnenen Ergebnisse (in den *Transactions of the American Philological Association* 1877, S. 58 bis 68) zusammengestellt.

Sein eigenes Vocabular fand Holden (mit Hülfe des grossen Webster'schen Wörterbuchs) aus 33465 Wörtern zusammengesetzt mit einem wahrscheinlichen Fehler von nicht mehr als 1%. Bei Annahme eines wahrscheinlichen Fehlers von 2% würde sein Wörtervorrath zwischen 34125 und 32787 eingeschlossen sein. Ein Vocabular von 25000 und mehr ist, seinen und seiner Freunde

Ermittlungen zufolge, durchaus nichts Ungewöhnliches für erwachsene Personen mittlerer Intelligenz und Erziehung. Nun bestimmte Holden diejenigen Wörter, welche zwei Kinder während des 24. Monats ihres Lebens thatsächlich gebrauchten. Ein Freund in England ermittelte dasselbe für ein drittes Kind.

Alle zweifelhaften Ausdrücke wurden streng ausgeschlossen, auch die Wörter in den Kinderstubenversen, wenn sie nicht getrennt und selbständig gebraucht wurden, wie die des täglichen Gebrauchs. In den beiden ersten Fällen betrug die Zahl der so ausgeschlossenen Wörter über 500. Auch die Bezeichnungen für abgebildete Gegenstände wurden nur mitgezählt, wenn die Kinder sie oft anwendeten. Die Wörterverzeichnisse sind nach den Anfangsbuchstaben geordnet, weil die Leichtigkeit oder Schwierigkeit der Aussprache eine frühe oder späte Adoption, nach des Verfassers Überzeugung, wesentlich mitbestimmt, worin ich nach eigenen Erfahrungen ihm nicht vollkommen beistimmen kann (namentlich nicht, seit ich mein Kind im vierten Lebensjahr im Englischen unterrichtet habe, das es leicht lernt). Es ist nicht richtig, dass die Aussprache viel mehr, als der Sinn die Erlernung eines Wortes erschwert. So überwiegen in allen drei Fällen von Holden selbst die Wörter mit den am wenigsten leichten Initialen (s), welche aber das Kind auslässt oder durch leichtere Laute ersetzt. Holden erwähnt dieses nicht und bringt bei der Zusammenstellung aller Wörter auffallender Weise unter einen und denselben Buchstaben ohne Berücksichtigung des Lautwerthes Vocabeln, die mit gänzlich verschiedenen Lauten anfangen; so findet man unter C: *corner* (k), *chair* (tsch), *cellar* (ss), unter K sogar *knee* (n) und *keep* (k) und unter S dasselbe ss (in *soap*) wie in *cellar*, dann sch (in *sugar*), st, sw, sm. Da die Wörter der drei Kinder also nicht nach den Lauten, mit welchen sie anfangen, sondern nach den Anfangsbuchstaben in 26 Gruppen gebracht wurden, so können die Schlussfolgerungen des Verfassers nicht zugegeben werden. Es müssen erst die sämmtlichen Wörter nach den Anfangslauten geordnet werden. Führt man aber diese Arbeit aus, wodurch beispielsweise *no* und *know* in eine, *wrap* und *rag* in eine zweite Classe kommen, während sie in vier Classen untergebracht wurden, dann findet man durchaus nicht dieselbe Reihenfolge, wie sie Holden angiebt. Der Verfasser theilte mir jedoch brieflich mit, dass sein ältestes Kind wenigstens 1000 Wörter mehr, als die von ihm veröffentlichten, verstand, und dass für beide Kinder doch die Leichtigkeit der Aussprache bezüglich des Wortgebrauchs mehr, als die Leichtigkeit des Verstehens von Einfluss war, obwohl dieses aus den mir allein vorliegenden gedruckten Mittheilungen, wie er einräumt, nicht deutlich hervorgeht. Wenn ein neues Wort das erstgeborene Kind fesselte, so pflegte es dasselbe für sich allein einzuüben, kam dann wieder und verwendete es mit einem gewissen Stolz. Ebenso das zweitgeborene Kind, nur weniger auffallend. Der im December 1881 vierjährige Knabe, welcher kein musikalisches

Ohr und weniger Stolz hat, verhielt sich dagegen nicht so wie seine
Schwestern. Ferner sind die Bestimmungen der Anzahl aller vom zweijährigen Kinde gebrauchten Hauptwörter, Beiwörter, Zeitwörter und
Adverbien von Interesse, wenn auch dabei mehrere Irrthümer vorkommen, zum Beispiel *supper* bei demselben Kinde zweimal unter *s*
steht und *enough* als Adjectiv figurirt. Es ergab sich für die drei
Mädchen in ihrem 24. Monat:

	Hauptwörter.	Zeitwörter.	Beiwörter.	Adverbien.	Diverse.	Summe.
1. Kind	285	107	34	29	28	483
2. Kind	230	90	37	17	25	399
3. Kind	113	30	13	6	11	173

Ein viertes Kind, Bruder des ersten und zweiten Kindes,
brauchte in seinem 24. Lebensmonat dem mir vom Verfasser mitgetheilten Verzeichnisse zufolge 227 Hauptwörter — darunter einige
Eigennamen —, 105 Zeitwörter, 22 Beiwörter, 10 Adverbien und
von den übrigen Wortclassen 33 (sämmtlich den Aufzeichnungen
seiner Mutter zufolge), zusammen 397.

Aus diesen vier Vocabularien des 24. Monats geht deutlich
hervor, dass der Wortschatz und die Wortarten in erster Linie
von den in der Umgebung des Kindes am meisten gebrauchten
Wörtern und am häufigsten wahrgenommenen Gegenständen ab-
hängen, darum nicht bei verschiedenen Kindern übereinstimmen
können. Die Töchter des Astronomen nennen vor ihrem dritten
Jahre richtig dieses Bild Galilei, jenes Struve. Ein solcher Localton haftet jedem Kinde an, ein genereller den Kindern einer Rasse.
Übrigens scheint das dritte Kind (in England) sich langsamer entwickelt zu haben, als die anderen (in Wisconsin), oder vielleicht
nicht so genau beobachtet worden zu sein. Es gehört eine grosse
Geduld und Aufmerksamkeit dazu, jedes innerhalb eines Monats
von einem Kinde gebrauchte Wort zu beobachten und zu notiren.

Auf Holden's trotz der erwähnten Mängel verdienstliche Untersuchungen des kindlichen Wortschatzes Bezug nehmend, ohne jedoch den Namen zu erwähnen, veröffentlichte M. W. Humphreys
eine ähnliche Abhandlung auf Grund eigener Beobachtungen. Er
stellte mittelst eines Wörterbuchs alle Wörter zusammen, welche
ein gerade zweijähriges Mädchen „völlig beherrschte", gleichviel
ob sie richtig ausgesprochen wurden oder nicht und ob sie gerade
im 24. Monat vorkamen oder nur früher. Man musste sich nur
überzeugt haben, dass jedes der Wörter verstanden und selbständig
gebraucht worden war und noch werden konnte. Ausgeschlossen
blieben Eigennamen und Hunderte von Bezeichnungen in Kinder-
versen, auch Zahlwörter und die Wochentage, weil der Verfasser
nicht sicher war, dass das Kind eine bestimmte Vorstellung damit
verband.

So bezifferte sich der Wortschatz auf 1121 Ausdrücke, und zwar 592 Hauptwörter. 283 Zeitwörter, 114 Beiwörter, 56 Adverbien, 35 Fürwörter, 28 Präpositionen, 5 Bindewörter und 8 Interjectionen. Hierbei sind unregelmässige Zeitwörter je als 1 gezählt, desgleichen Hauptwörter in jeder Form. Doch gelten *am, was, been* als 3 Wörter. Der Verfasser stellt die 1121 Wörter nach Wortclassen und Anfangsbuchstaben, nicht Anfangslauten zusammen, obgleich er selbst, wie ich bei Besprechung von Holden's Abhandlung es that, dieses Verfahren für falsch erklärt. Der einzige Grund dafür war Bequemlichkeit.

Für die Aneignung eines Wortes seitens des Kindes hatte die Schwierigkeit der Aussprache einigen Einfluss im ersten Jahre, als die Kleine zwei Jahre alt war, gar keinen mehr. Sie hatte zu der Zeit unaussprechbare Laute durch andere ersetzt und bediente sich solcher Wörter ebenso, als wenn die substituirten Laute die richtigen gewesen wären. In Bezug auf den Sinn und die davon abhängige Häufigkeit des Vorkommens der Wörter ist zu bemerken, dass die einfachsten Vorstellungen am häufigsten ausgedrückt wurden. Bei Synonymen benutzte das Kind nur einen der Ausdrücke, weil der andere von den in Gegenwart desselben Redenden seltener benutzt wurde. Auch hier machte sich der erwähnte Localton geltend, indem das Mädchen täglich von Crinoiden sprach, Petrefacten, die in Menge auf Spaziergängen gesehen wurden.

Bezüglich der Wortclassen ergab sich, dass Hauptwörter am leichtesten, dann der Reihe nach Zeitwörter, Beiwörter, Adverbien. Fürwörter adoptirt wurden. Präpositionen und Bindewörter wendete das Kind früh an, erwarb es sich aber langsam. Natürliche Interjectionen, wie *wah* (Engl.) kamen vom Anfang an ziemlich reichlich vor, künstliche spät.

Der Wortschatz im zweiten Lebensjahr ist in Deutschland nur in wenigen Fällen in Folge meiner Aufforderung ermittelt worden.

Die Listen sind jedoch alle zu unvollständig; nur Frau Franziska Wertheimer (auf Ranshofen bei Braunau am Inn) hat nach den oben angegebenen Regeln (S. 356) für ihre Töchter diejenigen Wörter gesammelt, deren sie sich im Alter von anderthalb und von zwei Jahren bedienten.

Zu Ende ihres 18. Lebensmonats bestand das Vocabularium der erstgeborenen Tochter Anna aus folgenden 119 Wörtern:

Papa, Aïs (Alois), *Ote* (Otto), *Ojus* (Julius), *Beissi* (Mathes), *Wiki* (Viki), *Anna, Eïs* (Elise), *Emì* (Emmy), *Das* (der Hund Dasch), *Tschina* (die Kindsfrau), *Wien* (Wien), *Bauna* (Braunau), *Agi* (Auge), *Fingi* (Finger, auch Fingerhut), *Fussi* (Füsse), *Are* (Haare), *And* (Hand), *Oki* (Locken), *Ocki* (Rock), *Als* (Hals), *Ohr, Bandi* (Band), *Banti* (Mantel), *Bözè* (Bracelet), *Handschi* (Handschuhe), *Ut* (Hut), *Aki* (Jacke), *Gat* (Kleid), *Gad* (Grad des Thermometers), *Bati* (Pattl = Kinderserviette dial.). *Maschi* (Masche). *Puff* (Muff). *Ing* (Ring),

Schüsse (Schürze), *Süssi* (Schlüssel und Schüssel), *Taschi* (Tasche),
Kapi (Kappe), *Bett, Tisch, Bodèn, Atsch-tisch* (Wickel-[Fatsch]-Tisch),
Tastèn (Kasten), *Sessi* (Sessel), *At* (Schublade), *Gi* (Thür), *Bischte*
(Bürste), *Decki* (Decke), *Faschi* (Flasche), *Fasch* (Fleisch), *Gwichi*
(Gewichte), *Elsi* (Hölzchen [Zünd-]), *Tamm* (Kamm), *Babi* und *Torb*
(Korb, Körbchen), *Gug* (Krug), *Tadi* (Nadel), *Tuch, Wösch* (Wäsche),
Sirn (Zwirn), *Bolschi* (Polster), *Pülta* (Bilder), *Puch* (Buch), *Keissi*
(Kreuzer), *Tack-tack* und *Uhr* (Uhr), *Wagi* (Wagen, Kinderwagen),
Apfi (Apfel und Erdapfel), *Ba-ïn* (Bein, Hühnerbein), *Bi* (Bier), *Fefe*
(Kaffee), *Schirschi* (Kirschen), *Bemmel* (Semmel), *Wassi* (Wasser),
Waïn (Wein), *Raïs* (Reis), *Sierl* (Geschirr), *Balli* (Ball), *Waka* (Werkl
statt Drehorgel), *Wuschi* (Wurstl statt Hanswurst), *Bam* (Baum),
Bargi (Berg), *Garta* (Garten), *Waldi* (Wäldchen), *Mann, Tina* (Kinder), *Wauwau* (Hund), *Hodo* und *Fard* (Pferd), *Weindi* (Schwein),
Vogi (Vogel), *Ungar* (Hunger); *abwisch* (abwischen), *aussin* (aus-
ziehen), *bischten* (bürsten), *papi* (essen), *fahren, sisirn* (frisiren), *elfa*
(helfen), *möschin* (marschiren), *eita* (reiten), *sissn* (sitzen), *tagn* (tragen),
klink (trinken), *waschi* (waschen), *boken* (gebrochen); *eiss* (heiss);
henaus (heraus), *helein* (herein), *noch, nein-nein, viel, weg; weh-weh!*
dante (danke), *Dinar* (Diener!), *af* (auf!), *hala* (heija, einschläfernd),
appi (happi! statt hinauf!), *hojo* (hüo! bei Pferden), *pa* (pa! statt
Lebewohl!).

Zu Ende des 24. Monats, also nach Ablauf eines halben Jahres,
war die Anzahl der Wörter auf 435 gestiegen. Im einzelnen erlernte
dieses Kind:

bis zum Ende	des 18. Monats,	des 24. Monats,	zusammen
Hauptwörter	90	158	248
Zeitwörter	14	79	93
Beiwörter	1	21	22
Adverbien	6	23	29
Verschiedene	8	35	43
	119	316	435

Die „Verschiedenen" vertheilen sich folgendermaassen:

Fürwörter.	Zahlwörter.	Präpos.	Conj.	Interj.	Zusammen.
11	6	3	1	22	43

von denen nur 8 Interjectionen vor Ablauf des dritten Halbjahres
erlernt wurden.

Die jüngere Schwester erlernte

bis zum Ende	des 18. Monats,	des 24. Monats,	zusammen
Hauptwörter	62	187	249
Zeitwörter	16	103	119
Beiwörter	4	19	23
Adverbien	6	40	46
Verschiedene	13	39	52
	101	388	489

wobei zu bemerken, dass 7 Hauptwörter und 1 Zeitwort im 18.
Monat gebraucht, aber vor dem 24. Monat wieder vergessen wurden.
Diese sind nicht mitgezählt.

Die „Verschiedenen" vertheilen sich folgendermaassen:

Artikel.	Fürw.	Zahlw.	Präpos.	Conj.	Interj.	Zusammen.
1	16	5	3	1	26	52

von denen nur 12 Interjectionen und 1 Fürwort vor dem Beginn
des vierten Halbjahres erworben wurden. In beiden Tabellen sind
Personennamen, Hunde- und Pferdenamen, welche stets richtig angewendet wurden, zu den Hauptwörtern gerechnet.

Ein drittes Kind (Tochter der Baronin von Benz in Korneu-
burg) brauchte, als es zwei Jahre alt geworden war,

Hauptw.	Zeitw.	Beiw.	Adv.	Verschiedene.	Zusammen.
276	100	34	34	32	476

In dem *Seventeenth Annual Report of the Kansas City Public
Schools* (1888) sind noch einige Zählungen der von Amerikanischen
Kindern selbständig gebrauchten (Englischen) Wörter mitgetheilt
und die Vocabularien derselben vollständig abgedruckt.

Ruth Weeks beherrschte im Alter von 15 Monaten folgende
60 Wörter:

*Baby, dog, Kitty, girl, boy, lady, mamma, mother, father, doctor,
man, aunt, Anna, Emma, Eliza. May, Kate, Peg, Minnie, bow-bow,
water, bread, butter, medicine, apple, eggs, dinner, potato, strawberries,
paper, button, key, book, box, apron, bonnet, mittens, dollar, pin,
watch, bottle, door, drawer, eye, teeth, toes, chair, spool, diaper,
stair, peek,*
please, bye-bye, I do, up, down, no, dark, brown, little, pretty,
also 50 Hauptwörter und 4 Beiwörter, nebst 6 anderen Wörtern.

Mit zwei Jahren setzte sich der Wortschatz dieses aufgeweckten
Mädchens aus folgenden Wortclassen zusammen:

Hauptw.	Zeitw.	Beiw.	Adv.	Präp.	Fürw.	Conj.	Interj.
243	165	39	12	11	20	5	5

im Ganzen 500, wobei die Zahlwörter „eins, zwei, drei" den Bei-
wörtern zugerechnet wurden.

John Dewey fand (1894) für einen Knaben (A) von 19 Monaten
und ein Mädchen von 18 Monaten:

	Hauptw.	Zeitw.	Beiw.	Adv.	Präp.	Fürw.	Conj.	Interj.
A.	68	24	13	4	0	0	0	6
B.	76	40	2	9	0	8	2	7

im Ganzen für A 115, für B 144.

Die 17 Monate alte Florence Harris beherrschte 80 Wörter,
darunter 65 Hauptwörter, 8 Beiwörter, 4 Zeitwörter, 1 Adverb,
1 Interjection und *good-night.*

Die 2¹/₂ Jahre alte Maud Ingraham brauchte selbständig 1050
Wörter, dagegen der 3 Jahre 5 Monate alte Knabe Edmund G. Mc.
Laughlin nur 837.

Ich stelle die Wörteranzahl der Vocabularien von zehn eben
zweijährigen Kindern zusammen:

	Hauptw.	Zeitw.	Beiw.	Adv	Diverse.	Summe.	Beobachter
1. (M.)	113	30	13	6	11	173	?
2. (Kn.)	227	105	22	10	33	397	Holden
3. (M.)	230	90	37	17	25	399	Holden
4. (M.)	248	93	22	29	43	435	Wertheimer
5. (M.)	276	100	34	34	32	476	v. Benz.
6. (M.)	285	107	34	29	28	483	Holden
7. (M.)	249	119	23	46	52	489	Wertheimer
8. (M.)	243	165	39	12	41	500	Weeks
9. (M.)	453	165	46	30	45	739	Deville.
10. (M.)	592	283	114	56	76	1121	Humphreys.

Von den zehn Kindern ist nur eins, das vierte, ein Knabe.
Der Geburt und Nationalität nach sind 5 Amerikanisch, 3 Öster-
reichisch, 1 Englisch, 1 Französisch. Die Vergleichbarkeit der
Zahlen wird ferner erheblich vermindert durch ungleiche Methoden
der Wortzählung, aber soviel lässt sich doch schon daraus ableiten,
dass bei Zweijährigen die Hauptwörter stets überwiegen, und zwar
die nur sicht- und greifbare Dinge bezeichnenden (wie die Vocabularien zeigen) weitaus zahlreicher sind, als alle anderen Wörter.
Sehr oft ist aber für Kinder ein Hauptwort dem Sinn nach ein
Zeitwort.

Die zweite Stelle nehmen denn auch die Zeitwörter ein.

Wie ungleich die Entwicklung des Sprechvermögens ist, zeigt
allein schon die Thatsache, dass mein starker, intelligenter und
sprachlich begabter Sohn in seinem 15. Monat überhaupt noch
kein Wort der articulirten Sprache Erwachsener selbständig gebrauchte, obwohl er sehr viele verstand. Er bediente sich einer
fein ausgebildeten Geberdensprache noch im ganzen vierten Halbjahre, um sich verständlich zu machen, und beherrschte im 24. Monat
noch nicht 50 Wörter, nämlich:

Mimi (Nahrung); jaja (ja); neinnein (nein); da (da); heiss; e-mama
(Grossmutter); e-papa (Grossvater); ab (ab); harrein (herein); moigen
(Guten Morgen); na (Gute Nacht); Imam (Emma); dakkn (danke);
betti (bitte); apfeleelee (Apfelgelée und Apfel); wita (Zwieback);
Butter; wolja (jawohl); List (Licht); watja (Wasser); ui (pfui); putt
(caput); ut (gut); ott (fort); wesch (Zwetschgen); mann (Mann); auf
(öffnen); papa; heim (nach Hause); mama; paitsch (Peitsche); Aje
(Axel); Anna; mukuh (Kuh); otto (Pferd); piep-piep (Vogel); mum
(Mund); tatach (Guten Tag); ucka (Zucker); weh-weh (Schmerz);
soos (Schoos); toich (Storch); tul (Stuhl); nane (Nase); oa (Ohr);
haï (Haare); finge (Finger); adjee (Adieu); Mima (Marie).

Im 25. Monat wurde allerdings der Wortschatz verdoppelt.

Bei seinem intelligenten, aber abnorm furchtsamen Töchterchen registrirte O. Chrisman (*Educational Review*, *New York*, 1895, S. 64) nur 16 Wörter im 25. Monat und nur 250 bis höchstens 300 im 30. Monat.

Auch Löbisch, Pollock, Egger und Grabs haben über das Sprechenlernen kleiner Kinder Beobachtungen angestellt, und H. Gutzmann verfasste (1894) ein allen Eltern sehr zu empfehlendes Büchlein über „des Kindes Sprache und Sprachfehler", das erste seiner Art, aber niemand widmete der Feststellung des Wortschatzes eines Kindes soviel Aufmerksamkeit, wie Gabriel Deville (*Revue de Linguistique*, 1890 und 1891) in Paris.

Er fand, ohne übrigens irgendwelche Schlüsse zu ziehen, für seine Tochter im 12. Monat 4 Wörter, im 13. Monat 5, im 14. Monat 9, im 15. Monat 15, darunter 7 neu erworbene. Im 16. Monat kamen 21 neue Wörter hinzu, im 17. sogar 53, im 18. dagegen nur 27 und im 19. wieder 57. Von da ab betrug die Gesammtzahl der von dem Kinde selbständig gebrauchten Wörter

254	352	457	555	668	739
im 20. Mon.	21. Mon.	22. Mon.	23. Mon.	24. Mon.	mit 2 Jahren

und zwar wurden gebraucht am ersten Tage des

	20. Mon.	21. Mon.	22. Mon.	23. Mon.	24. Mon.
Wörter	95	133	170	212	255

Der Verfasser verfuhr nach den in diesem Buche angegebenen Grundsätzen.

Ich habe aus seinen Tabellen eine merkwürdige Regelmässigkeit in der Worterwerbung abgeleitet. Es ist nämlich, seinen Zahlen zufolge, gerade für die, bei den meisten gesunden Culturkindern an Fortschritten reichste Periode vom 19. bis 25. Monat, das Verhältniss der Hauptwörter zu der Gesammtzahl der überhaupt gebrauchten Wörter in jedem einzelnen Monat sehr nahe dasselbe: zwischen 6,0 und 6,6 Zehnteln.

Für die Erlernung der Zeitwörter dagegen gilt eine ganz andere Regel. Die Anzahl der selbständig gebrauchten nimmt stetig zu vom 19. bis zum 25. Monat und ihr Verhältniss zur jedesmaligen Totalzahl der Wörter steigt von einem Zehntel bis weit über das Doppelte. Für die Beiwörter, deren Anzahl von 7 im 19. Monat bis zu 45 im 24. steigt, liegt das Verhältniss zwischen 4 % im 19. und 6,7 % im 24. eingeschlossen. Was aber am meisten überrascht, ist, dass gerade bei diesem, von allen Kindern am genauesten bezüglich des Wortschatzes, beobachteten Kinde Deville's die Anzahl der monatlich neu erworbenen Wörter über ein Vierteljahr lang sehr wenig schwankt, nachdem der 20. vorüber ist. Sie beträgt

im 19.	20.	21.	22.	23.	24. Monat
57	80	98	95	98	113 Wörter.

Ferner nimmt bei diesem Kinde, trotzdem es vom 20. bis 25.

Monat seinen Wortschatz verdreifacht, das Verhältniss der Anzahl der selbständig gebrauchten Wörter zu der Anzahl
der Wörter, über die es überhaupt verfügt, stetig ab vom
Ende des 19. Monats an. Es brauchte nämlich von den an diesem
Zeitpunkt erlernten Wörtern

am 1. Tage des 20. Monats 54,6 %

„ 1. „ „ 21. „ 52,3 %

„ 1. „ „ 22. „ 48,3 %

„ 1. „ „ 23. „ 46,3 %

„ 1. „ „ 24. „ 45,9 %

seines Wortschatzes.

Je älter ein Kind wird, um so weniger giebt es, Tag für Tag
seinen Wortschatz vermehrend, innerhalb 24 Stunden davon aus,
um so mehr aber denkt es mit den unausgesprochenen Wörtern.
Vergleicht man die Procentwerthe der acht oben erwähnten,
gerade 24 Monate alten Kinder (bei Nr. 10 ist die Methode eine
abweichende, bei Nr. 1 unbekannt) miteinander, so erkennt man, trotz
aller individuellen Verschiedenheiten, eine gewisse Übereinstimmung:

Kind	Hauptw. %	Zeitw %	Beiw. %	Diverse. %	Summe.
2.	57,2	26,4	5,5	10,8	397
3.	57,6	22,5	9,2	10,5	399
4.	57,0	21,3	5,0	16,5	435
5.	58,0	21,0	7,1	13,9	476
6.	59,0	22,1	7,0	11,8	483
7.	50,9	24,3	4,7	20,0	489
8.	48,2	33,0	7,8	8,2	500
9.	59,6	23,3	6,7	14,7	668

Hier liegt das Verhältniss der Zeitwörter zur Gesammtzahl
zwischen 21 und 33 Hundertel. Weitere Zahlen sind erwünscht.

Es ist eine befremdliche Erscheinung, dass seit dem ersten
Erscheinen dieses Buches (1881) in Europa nur wenig in dieser
Richtung gearbeitet worden ist, während in Nordamerika unter
dem Einflusse der hervorragendsten Männer, wie Stanley Hall und
Harris, und mehrerer Frauen, wie Helene Adler, E. Talbot, Barus,
eine immer mehr anwachsende, besonders pädagogisch zu ver-
werthende Literatur zeigt, von welcher Bedeutung die Pädo-
psychologie oder, um mit O. Chrisman (1894) das Gebiet noch
weiter zu umspannen, die „Pädologie" geworden ist. Den besten
Beweis für das Interesse, welches die Erforschung der Seele des
Kindes seit einem Jahrzehnt, jenseit des Meeres, erweckt hat,
liefern die Verzeichnisse der Schriften darüber. Das Sprechenlernen steht aber in der Psychogenesis obenan.

VII. Von der Entwicklung des Ichgefühls.

Ehe das Kind im Stande ist, seine ihm selbst fühlbaren und sichtbaren Körpertheile als ihm gehörig zu erkennen, muss es eine grosse Anzahl von Erfahrungen gemacht haben, welche meistens mit schmerzhaften Gefühlen verbunden sind. Der Schmerz bringt es zur Erkenntniss seiner selbst. Es giebt keine Art von Erregungen des Sensoriums, welche mit soviel Bewusstsein verbunden wäre, wie eine bis zum Schmerz gesteigerte Nervenerregung. Je stärker die letztere, um so bewusster wird sie auch dem Erwachsenen bis zu der Grenze des Unerträglichen, wo dann das Bewusstsein erlischt.

Bewusstsein ist nun noch lange nicht Selbstbewusstsein, welches an eine Centralisirung peripherer Nervenerregungen geknüpft ist. Bewusstsein ist nothwendige Vorbedingung des Selbstbewusstseins, Ich-Gefühls und Ich-Begriffs, also der Schmerz eines mit centralisirtem Nervensystem versehenen Wesens erst recht für das Zustandekommen seines „Ich-Gefühles" günstig, wenn nicht nothwendig.

Andere Momente kommen für die Entwicklung des Ich-Begriffs viel weniger in Betracht. Wie wenig durch die ersten Bewegungen der Hände gewonnen wird, welche der Säugling schon früh in den Mund führt, und welche ihm, wenn er an ihnen saugt, eine andere Empfindung geben müssen, als wenn er an einem fremden Finger oder anderen passenden Objecten saugt, geht daraus hervor, dass mein Kind noch Monate später an seinen Fingern zerrte, als wenn es dieselben ausreissen wollte, und mit der Hand prüfend gegen den eigenen Kopf schlug. Es stiess zu Ende des ersten Jahres mit Vorliebe harte Gegenstände gegen seine Zähne, spielte mit den Zähnen knirschend. Als es — am 409. Lebenstage — aufrecht in seinem Bette stand, mit den Händen sich an dessen Geländer haltend, biss es sich in den blossen Arm, und zwar in den Oberarm, so dass es unmittelbar darauf vor Schmerz aufschrie. Man sah die Spur der Schneidezähne noch lange nachher. Ein zweites Mal biss sich der Knabe nicht in den Arm.

sondern später nur in die Finger und — aus Versehen — in
die Zunge.

Dasselbe Kind, welches gern den Angehörigen, denen es wohl-
will, den Zwieback an den Mund hält, bot ihn seinem eigenen
Fuss an, indem es, auf dem Boden sitzend, das Gebäck wartend
an die Zehen hielt (im 23. Monat mehrmals). Dieses Kind ergötzte sich daran gerade wie ein anderes im elften Monat.

Also kann zu einer Zeit, in welcher die Aufmerksamkeit auf
die Umgebung bereits weit entwickelt ist, die eigene Person von
derselben nicht unterschieden werden.

Vierordt meint, eine Trennung der Gemeingefühle von den auf
die Aussenwelt bezüglichen Empfindungen sei vorhanden im dritten
Monat. Ich kann ihm nicht zustimmen. Denn wenn auch jene
Trennung so früh beginnen kann, so vollzieht sie sich doch erst viel
später. Im neunten Monat noch werden die Füsse mit den kleinen
Händen eifrig, allerdings nicht mehr so eifrig wie vorher, betastet
und die Zehen, wie neues Spielzeug, in den Mund geführt. Ja sogar
im 19. Monat ist noch nicht klar, was alles zum eigenen Körper
gehört. Das Kind hatte einen Schuh verloren. Ich sagte „Gieb
den Schuh!“ Es bückte sich, ergriff ihn und gab ihn mir. Als
ich dann dem auf dem Fussboden aufrecht stehenden Kinde sagte
„Gieb den Fuss!“ in der Meinung, es werde ihn hinhalten, ihn mir
entgegenstrecken, griff es mit beiden Händen nach dem Fuss und
bemühte sich lange mit Anstrengung, ihn zu erfassen und darzu-
reichen.

Wie wenig selbst nach Ablauf des ersten Lebensjahres die
Verschiedenheit eigener Körpertheile und fremder Objecte erkannt
ist, folgt ferner aus einigen sonderbaren Experimenten, welche das
Kind selbständig anstellte.

Es sitzt neben mir am Tisch und schlägt sehr oft und schnell
hintereinander mit den Händen auf den Tisch, zuerst schwach, dann
stark, dann mit der rechten Hand allein stark, hierauf plötzlich mit
derselben sich auf den Mund. Sodann hält es die Hand pausirend
an den Mund, schlägt wieder mit der rechten Hand den Tisch und
dann mit einem Mal den eigenen Kopf über dem Ohr. Das Ganze
machte den Eindruck, als wenn zum ersten Mal gemerkt würde, dass
es ein anderes ist sich selbst, den eigenen harten Kopf, ein anderes
einen fremden harten Gegenstand zu schlagen (41. Woche). Noch
im 13. Monat klopft sich das Kind oft mit der Hand prüfend den
Kopf, und scheint verwundert über die Härte desselben, im Vergleiche zur Weichheit des Rumpfes. Im 16. Monat pflegte es nicht
selten den linken Daumen gegen die linke und zugleich den rechten
gegen die rechte Kopfseite über dem Ohr mit sonst gespreizten
Fingern zu stemmen und zu stossen, und dazu wurde ein ver-
wundertes Gesicht mit weit offenen Augen gemacht. Diese Bewegung
ist nicht imitirt und nicht ererbt, sondern erfunden. Das Kind

macht ohne Zweifel mittelst derselben Erfahrungen über Kopf-
haltung, Kopfschütteln, Widerstand des eigenen Körpers, vielleicht
auch Kopfleitung, da bei jedem Anstossen mit dem Daumen gegen
das Schläfenbein ein dumpfer Schall und ein Klirren gehört wird.
Die Objectivität der Finger war durch unwillkürliches, schmerzhaftes
Beissen derselben nicht viel früher erkannt worden. Denn im 15.
Monat noch biss sich das Kind so in einen Finger, dass es vor
Schmerz aufschrie.

Der Schmerz ist der mächtigste Lehrmeister beim
Erlernen des Unterschiedes von Subjectiv und Ob-
jectiv.

Ein anderer wichtiger Factor ist die Wahrnehmung einer
durch eigene Thätigkeit bewirkten Veränderung an allerlei
fassbaren bekannten Gegenständen der Umgebung, und der psychogenetisch merkwürdigste, jedenfalls ein höchst bedeutungsvoller Tag
in dem Leben des Säuglings der, an dem er zuerst den Zusammenhang einer von ihm selbst ausgeführten Bewegung
mit einem auf dieselbe folgenden Sinneseindruck erfährt.
Das Geräusch, welches beim Zerreissen und Zerknittern von Papier
entsteht, war dem Kinde noch unbekannt. Es entdeckt (im fünften
Monat) die Thatsache, dass es beim Zerreissen des Papiers in
immer kleinere Stücke immer wieder die neue Schallempfindung
hat und wiederholt Tag für Tag das Experiment, sogar mit Anstrengung, bis dieser Zusammenhang den Reiz der Neuheit verloren hat. Jetzt ist zwar noch keine klare Einsicht in den Causal-
nexus vorhanden, aber die Erfahrung hat das Kind nun gemacht,
dass es selbst die Ursache einer combinirten Gesichts- und Schall-
Wahrnehmung sein kann, sofern regelmässig, wenn es Papier zer-
reisst, einerseits die Zerkleinerung, andererseits das Geräusch erscheint. Die Geduld, mit welcher diese Beschäftigung — in der
45. bis 55. Woche besonders — gern fortgesetzt wird, erklärt sich
durch die Befriedigung über das Ursache-sein, über die Wahrnehmung, dass eine so auffallende Verwandlung, wie die der Zeitung
in Schnitzel, durch die eigene Thätigkeit bewirkt wurde.

Andere derartige Beschäftigungen, welche mit einer dem Erwachsenen unbegreiflichen Consequenz immer wieder vorgenommen
werden, sind das Schütteln von Schlüsseln am Ringe, das Aufmachen
und Zumachen einer Dose oder Geldtasche (13. Monat), das Heraus-
ziehen und Leeren, dann wieder Anfüllen und Zurückschieben eines
Tischkastens, das Aufhäufen und Umherstreuen von Gartenerde und
Kies, das Blättern in Büchern (13. bis 19. Monat), das Wühlen und
Scharren im Sande, das Hin- und Hertragen von Fussbänken, in
Reihen-legen von Muscheln, Steinen, Knöpfen (21. Monat), das Aus-
und Ein-Giessen mit Flaschen, Bechern, Giesskannen (31. bis 33.
Monat), das Steine-in-Wasser-Werfen bei meinem Knaben.

Dabei ist der Eifer und Ernst, mit denen solche Bewegungen ausgeführt werden, bemerkenswerth. Die Befriedigung, welche sie gewähren, muss sehr gross sein und beruht wahrscheinlich auf dem durch die vom Kinde selbst hervorgebrachten Bewegungen erzeugten Gefühle eigener Kraft und auf dem Gefühle des Ursache-seins. Hier liegt kein blosses Spielen vor, wenn es auch so heisst, sondern Experimentiren. Das anfangs nur spielende, an der Farbe, Form und Bewegung sich ergötzende Kind ist zum Ursachwesen geworden. Damit tritt die Entwicklung des Ichgefühls in eine neue Phase. Sie ist aber noch nicht vollendet. Stolz und Eitelkeit und Ehrgeiz treten zur weiteren Ausbildung hinzu. Vor allem ist es die Aufmerksamkeit auf die von allen Gegenständen dem kindlichen Auge am nächsten liegenden eigenen Körpertheile und Kleidungsstücke, welche die begriffliche Trennung des kindlichen Körpers von allen anderen Gegenständen fördert.

Es wurde von mir daher namentlich die Richtung des Blickes auf den eigenen Körper beachtet und u. a. Folgendes bemerkt:

17. Woche: Bei den noch unvollkommenen Greifbewegungen wird theils der Gegenstand, theils die eigene Hand fixirt, besonders wenn dieselbe einmal richtig gegriffen hat.

18. Woche: Die aufmerksame Betrachtung der Finger beim Greifen ist täglich zu beobachten.

23. Woche: Wenn der Säugling, welcher oft directionslos mit den Händen in der Luft umherfährt, mit der einen Hand die andere zufällig erfasst, betrachtet er aufmerksam seine — oft zufällig gefalteten — Hände.

24. Woche: Ebenso fixirt das Kind während vieler Minuten einen Handschuh und die eigenen Finger, die ihn halten, abwechselnd.

32. Woche: Auf dem Rücken liegend, betrachtet das Kind sehr häufig die vertical emporgestreckten Beine, besonders die Füsse, als wenn sie etwas Fremdes wären.

35. Woche: In jeder Lage, in der es kann, sucht das Kind mit beiden Händen einen Fuss zu fassen und in den Mund zu führen, was ihm oft gelingt. Diese äffische Bewegung scheint ihm besonderes Vergnügen zu gewähren.

36. Woche: Die eigenen Hände und Füsse werden nicht mehr so häufig betrachtet. Andere neue Gegenstände fesseln den Blick und werden ergriffen.

39. Woche: Ebenso; im Bade betrachtet und betastet aber das Kind theils die eigene Haut an verschiedenen Stellen, sich offenbar darüber freuend, theils richtet es den Blick auf die Beine, welche ungemein lebhaft in mannigfaltigster Abwechslung gebeugt und gestreckt werden.

55. Woche: Lange betrachtet das aufmerksame Kind einen Essenden und verfolgt jede Bewegung mit dem Blick, greift nach

dem Gesicht desselben und fixirt, nachdem es sich dann selbst gegen den Kopf geschlagen, die eigenen Hände. Es spielt sehr gern mit den Fingern seiner Angehörigen und freut sich über deren Beugungen und Streckungen, sie mit denen der eigenen Finger vergleichend.

62. Woche: Spielen mit den anhaltend fixirten eigenen Fingern, als wenn sie ausgerissen werden sollten. Die eine Hand wird mit der anderen platt auf den Tisch bis zum Schmerzen zusammengedrückt, als wenn sie ein fremdes Spielzeug wäre, und noch zuweilen verwundert angeblickt.

Von da an liess das Betrachten der eigenen Körpertheile merklich nach. Das Kind kannte sie der Form nach und lernte sie nach und nach als zu ihm gehörige Theile von fremden Gegenständen unterscheiden. Doch kommt es dabei durchaus nicht zu der Überlegung „die Hand ist mein, das Ergriffene nicht" oder „das Bein gehört mir", sondern dadurch, dass die sämmtlichen sichtbaren Theile des kindlichen Körpers durch sehr häufig wiederholte Betrachtung das Sehcentrum nicht mehr so stark erregen und darum nicht mehr interessant erscheinen; dadurch dass die mit den Gesichtswahrnehmungen combinirten Betastungen immer in derselben Weise wiederkehren, hat sich das Kind nach und nach an dieselben gewöhnt, übersieht es sie bei Benutzung der Hände und Füsse. Es stellt sie sich nicht mehr besonders vor, wie früher, während fast jeder neue getastete, gesehene, gehörte Gegenstand ihm sehr interessant ist und besonders vorgestellt wird. So entsteht die definitive Scheidung des Objects und Subjects im kindlichen Intellect. Anfangs ist das Kind sich selbst, nämlich dem erst nach der Geburt zur Entwicklung gelangenden Vorstellungsapparat in der Grosshirnrinde noch neu, später, nachdem es sich kennen gelernt, nachdem es, nämlich sein Körper, für seine Vorstellungs-Centren im Gehirn, den Reiz der Neuheit verloren hat, ist ein dunkles Ichgefühl da. Nun kommt es durch weitere Abstractionen erst zur Bildung des Ich-Begriffs.

Die Fortschritte des Verstandes beim Betrachten des Spiegelbildes bestätigen diesen Schluss aus den obigen Beobachtungen.

Denn das Verhalten des Kindes seinem Spiegelbilde gegenüber zeigt unverkennbar das allmähliche Wachsen des Ich-Bewusstseins aus einem Zustande heraus, in welchem objective und subjective Veränderungen noch nicht unterschieden werden.

Darwin berichtet, dass einer seiner Söhne im fünften Monat seines Vaters und sein eigenes Spiegelbild wiederholt angelächelt und für körperlich gehalten habe. Doch war er überrascht, dass die Stimme des Vaters von hinten her tönte. „Wie alle kleinen Kinder

ergötzte es ihn sehr, sich so zu betrachten, und er begriff in weniger
als zwei Minuten vollkommen, dass er ein Bild vor sich hatte;
denn wenn ich ganz geräuschlos irgend eine wunderliche Grimasse
machte, drehte er sich plötzlich um, mich anzusehen. Doch machte
es ihn stutzig, als er, sieben Monate alt, von draussen mich hinter
einer grossen Spiegelscheibe sah. Er schien zu zweifeln, ob es ein
Bild sei oder nicht, was er wahrnahm. Ein anderes von meinen
Kindern, ein kleines Mädchen, war bei weitem nicht so leicht von
Begriff und schien ganz verwirrt durch das Bild von jemandem, der
hinter ihm dem Spiegel sich näherte. Die höheren Affen, welche
ich mit einem kleinen Spiegel prüfte, benahmen sich anders. Sie fuhren
mit den Händen hinter den Spiegel und zeigten dadurch, dass sie überlegten, aber weit entfernt, sich darüber zu freuen, dass sie sich selbst
sahen, wurden sie ärgerlich und wollten nicht mehr hinsehen." Das
ersterwähnte Kind verknüpfte, im Alter von noch nicht ganz neun
Monaten, seinen Namen mit seinem Spiegelbilde und drehte sich,
wenn man es beim Namen rief, nach dem Spiegel um, auch wenn
es sich in einem nicht geringen Abstand von ihm befand. Anfangs
sagte es beim Erkennen seines Spiegelbildes wie beim Wiedererkennen
anderer *ah!* exclamatorisch, wie Erwachsene es beim Erstaunen zu
thun pflegen. So Darwin.

Mein Knabe gab mir zu folgenden Beobachtungen Anlass:

In der 11. Woche sieht er sich nicht im Spiegel; klopfe ich
gegen das Spiegelglas, so wendet er den Kopf nach der Richtung
des Schalles hin. Sein Bild macht aber nicht den geringsten Eindruck auf ihn.

In der 14. und 15. Woche sieht er völlig theilnahmlos sein
Spiegelbild an. Der Blick wird ohne Äusserung des Behagens oder
der Unlust auf das Antlitz im Bilde gerichtet.

In der 16. Woche wird immer noch das Spiegelbild entweder
ignorirt oder theilnahmlos angeschaut. (Einem anderen Kinde erregt
es in der 15. Erstaunen.)

Im Anfang der 17. Woche (am 113. Tage) betrachtet das Kind
zum ersten Male sein Spiegelbild mit unverkennbarer Aufmerksamkeit und zwar mit demselben Ausdruck, mit welchem es ein ihm
fremdes Gesicht, das es zum ersten Male sieht, zu fixiren pflegt.
Der Eindruck scheint weder Unlust noch Lust zu erwecken, die
Wahrnehmung jetzt erst deutlich zu werden. Drei Tage später
lachte das Kind sein Spiegelbild zum ersten Male unzweifelhaft an.

Als ich in der 24. Woche das Kind wieder vor den Spiegel
hielt, sah es mein Bild, wurde sehr aufmerksam und drehte sich
plötzlich nach mir um, sich offenbar überzeugend, dass ich neben
ihm stand. (Ähnlich ein anderes Kind in der 18. Woche.)

In der 25. Woche streckte es zum ersten Male seine Hand nach
dem eigenen Spiegelbilde aus, hielt es also für greifbar.

In der 26. Woche freut sich das Kind, als es vor dem Spiegel
mich in demselben sieht, wendet sich nach mir um und **vergleicht**
sichtlich das Original mit dem Bilde.

In der 35. Woche greift das Kind mit Heiterkeit und Interesse nach seinem Spiegelbild und wundert sich, wenn die Hand an die harte glatte Fläche kommt. In der 41. bis 44. Woche ebenso. Das Spiegelbild wird regelmässig angelacht und danach gegriffen.

Alle diese Beobachtungen wurden vor einem sehr grossen, hellen, feststehenden Spiegel gemacht.

In der 57. Woche aber hielt ich dem Kinde einen kleinen Handspiegel dicht vor das Gesicht. Es sah sein Bild an und fuhr dann mit der Hand hinter den Spiegel, dieselbe suchend hin und her bewegend. Hierauf nahm es den Spiegel selbst und betrachtete und betastete ihn auf beiden Seiten. Als ich nach mehreren Minuten ihm den Spiegel wieder vorhielt, wiederholte sich genau dasselbe Manöver.

In der 58. Woche zeigte ich dem Kinde sein Photogramm in Cabinetformat unter Glas im Rahmen. Es wendete zuerst das Bild um wie den Handspiegel. Obgleich das photographische Bild viel kleiner als das gespiegelte war, schien es doch diesem gleichgeachtet zu werden. An demselben (402.) Tage hielt ich dem Knaben den Handspiegel noch einmal vor, ihm sein Spiegelbild zeigend, aber er wandte sich sogleich ab.

Hier war das Unbegreifliche — im buchstäblichen Sinne — beunruhigend. Aber sehr bald kam die Einsicht. Denn in der 60. Woche sah das Kind seine Mutter im Spiegel, und auf die Frage „Wo ist Mama?" zeigte es auf das Spiegelbild und drehte sich dann nach der Mutter lachend um. Da es auch sonst vor dieser Zeit sich schalkhaft gerirte, so ist nicht zu zweifeln, dass jetzt, im 14. Monat, Original und Bild als solche sicher unterschieden wurden, zumal auch das eigene Photogramm nicht mehr Befremden erregte.

Jedoch sucht noch in der 61. Woche das Kind sein Spiegelbild zu betasten und leckt den Spiegel, in dem es sich sieht, schlägt auch — in der 66. Woche — mit der Hand dagegen. In der folgenden Woche sah ich das Kind zum ersten Male vor dem Spiegel Grimassen machen. Es lachte darüber. Ich stand hinter ihm und rief es beim Namen. Sofort drehte es sich um, obgleich es mich deutlich im Spiegel sah. Es wusste offenbar, dass die Stimme nicht vom Bilde herkam.

In der 69. Woche werden Zeichen von Eitelkeit wahrgenommen. Das Kind betrachtet sich gern und oft im Spiegel. Wenn man ihm etwas auf den Kopf setzt und „schön" sagt, so verändert sich der Gesichtsausdruck, er wird eigenthümlich fremdartig befriedigt, die Brauen heben sich und die Augen werden weit geöffnet.

Im 21. Monat hängt sich das Kind eine Spitze oder ein gesticktes Tuch um, lässt es von den Schultern herabfallen, sieht sich nach der Schleppe um, vorgehend, stehen bleibend, eifrig neue Falten werfend. Hier mischt sich äffische Nachahmung mit Eitelkeit.

Da übrigens schon im 17. Monat das Kind mit Vorliebe sich

vor den Spiegel stellte und allerlei Fratzen machte, so wurden die
Spiegelversuche nicht weiter fortgesetzt.

Sie zeigen den Übergang vom ichlosen Zustande des Säuglings, der noch nicht deutlich sehen kann, zum Zustande des entwickelten Ich, das sich vom Spiegelbilde und von Anderen und
deren Spiegelbildern bewusst unterscheidet. Doch ist noch lange
nach diesem Schritt eine Unklarheit der Bezeichnung vorhanden.
Im 21. Monat lacht das Kind sein Spiegelbild an und zeigt darauf,
wenn man fragt „Wo ist Axel?" und auf mein Spiegelbild, wenn
man fragt „Wo ist Papa?" Aber eindringlich befragt, wendet sich
das Kind mit zweifelnder Miene nach mir um. Ich befestigte
einmal einen grossen Spiegel neben sein Bett am Abend, nachdem
es eingeschlafen war, so dass es sich gleich nach dem Erwachen
darin erblicken konnte. Es sah sein Bild unmittelbar nach dem
Aufwachen, schien darüber höchst verwundert zu sein, starrte es
an, und zeigte, bei der Frage „Wo ist Axel?" auf das Spiegelbild (620. Tag). Noch im 31. Monat gewährte das Betrachten
des Spiegelbildes grosses Vergnügen. Das Kind lachte darüber
anhaltend und ausgelassen.

Thiere verhalten sich bekanntlich in dieser Beziehung sehr
verschieden.

Ein Paar Türkischer Enten, die ich wochenlang einmal täglich
sah, hielt sich unter anderen Enten immer abgesondert. Als nun die
weibliche Ente gestorben war, begab sich der Enterich mit Vorliebe
an ein kleines, innen verdecktes, stark spiegelndes Kellerfenster und
blieb täglich stundenlang mit dem Kopfe dicht davor stehen. Man
sah sein Bild darin sehr deutlich. Er meinte vielleicht, es sei die
verlorene Gefährtin.

Eine junge Katze, welcher ich einen kleinen Spiegel vorhielt,
musste wohl das Bild für eine zweite lebende Katze halten, denn
bei passender Aufstellung des Spiegels ging sie hinter denselben
und um ihn herum.

Viele Hunde fürchten sich dagegen vor dem Spiegelbilde und
fliehen es.

Kleinen Kindern kann die Entdeckung des eigenen und eines
fremden Schattens gleichfalls Furcht verursachen. Mein Kind
äusserte das erste Mal Zeichen von Furcht über seinen Schatten;
später freute es sich aber darüber und antwortete auf die Frage
„Woher kommt der Schatten?" auffallender Weise „Von der Sonne"
(40. Monat).

Wichtiger für die Ausbildung des kindlichen Ich, als die Beobachtung des Spiegelbildes und des Schattens, ist das Sprechenlernen. Denn erst mit dem Gebrauche der Wörter werden die
höheren Begriffe von einander abgegrenzt, so auch der Begriff des

Ich. Jedoch ist die verbreitete Ansicht, dass mit dem beginnenden Gebrauche des Wortes „ich" auch das Ichgefühl zuerst auftrete, ganz unrichtig. Viele eigensinnige Kinder haben ein stark ausgeprägtes Ichgefühl, ohne sich anders als mit ihrem Namen zu bezeichnen, weil die Angehörigen, wenn sie mit ihnen sprechen, sich selbst auch nicht „ich", sondern „Papa, Mama, Onkel, Omama" usw. nennen, so dass die Gelegenheit früh die Wörter „ich" und „mein" zu hören und anzuwenden selten ist. Andere hören sie zwar oft, besonders von etwas älteren Kindern, und wenn die Angehörigen sich untereinander „Ich" nennen, brauchen sie auch, aber verstehen sie nicht und setzen ihren Eigennamen dazu. So pflegte ein 2½-jähriges Mädchen Namens Ilse zu sagen *Ilse mein Tuhl!* statt „mein Stuhl" [Bardeleben].

Dass aber die meisten Kinder sich anfangs nicht „ich", sondern mit ihrem Rufnamen bezeichnen, ist allein die Schuld der Angehörigen, welche es zuerst so nennen.

Mein 2¾-jähriger Knabe wiederholte manchmal das gehörte „ich" und bezeichnete damit „du", aber auch das gehörte „du", womit er sich selbst benannte. Im 29. Monat wurde zwar *mir*, aber nicht „ich" von ihm gesagt, er nannte sich indessen bald nicht mehr, wie noch im 23., ja noch im 28. Monat. ausschliesslich beim Vornamen; namentlich im 33. Monat kam *das will ich! das möcht ich!* oft vor. Die vier- oder fünffache Bezeichnung der eigenen Person im 32. Monat (S. 352), durch den Namen, durch *ich*, durch *er*, durch *du* und durch Fortlassung aller Fürwörter, war nur ein kurzes Übergangsstadium, desgleichen das Missverstehen des „dein", welches eine Zeitlang *(dein Bett)* „gross" bedeutete.

Ein anderes Kind brauchte die Wörter *mir, ich* und *du* schon im 24. und 25. Monat richtig, die jüngere Schwester desselben *ich* im 20., nachdem undeutliche Ansätze schon früher ohne nachweisbaren Sinn gehört worden waren. Nun aber sagte sie *Korb haben ich* und brauchte *ich* richtig, allerdings ohne correcte Beantwortung der Frage „Wer ist ich?" [F. W.]

Diese Beobachtungen zeigen deutlich, dass nicht erst durch die Worterlernung das Ichgefühl geweckt wird, denn dieses ist viel früher da. Aber durch das Sprechen wird die begriffliche Unterscheidung des Ich erst präcisirt, die Ausbildung — nicht Entstehung — des Ichgefühls nur begünstigt.

Wie unklar der Ichbegriff selbst nach Erlernung des Gebrauchs der persönlichen Fürwörter ist, zeigt die Äusserung der vierjährigen Tochter Lindner's, Namens Olga, *die hat mich nass gemacht,* wenn sie sich selbst meint, und *du sollst mir doch folgen Olga,* letzteres wohl nur nachgesprochen. Bemerkenswerth ist auch bei ihr die Verwechslung der Possessiven „sein" und „ihr": es wurde *dem Papa ihr Buch auf der Mama seinen Platz gelegt.* Und doch liegt in dieser Redeweise ein Fortschreiten im Differenziren der Begriffe.

Alle Kinder fangen bekanntlich erst spät an von sich selbst zu sprechen, von dem, was sie werden wollen, was sie besser können, als andere. Dann ist das Ich längst bewusst geworden.

Alle diese Fortschritte, im Einzelnen nur mit grosser Mühe zu verfolgen, bilden gleichsam convergirende Linien, die im vollkommenen Gefühle des Geschlossenseins der Persönlichkeit und ihres Abgegrenztseins von der Aussenwelt gipfeln.

Soviel kann die rein physiologische Betrachtung unbedenklich zugeben. Sie vermag aber nicht ausserdem noch eine Einheitlichkeit oder Ungetheiltheit oder ununterbrochene Permanenz des kindlichen Ich mit den hier zusammengestellten Thatsachen zu vereinigen.

Denn was bedeutet „dem Kinde erscheinen seine Füsse, Hände, Zähne wie fremdes Spielzeug"? und „das Kind biss sich in den eigenen Arm, wie es unbekannte Gegenstände zu beissen pflegte"? Welchem Theile erscheint? Was ist das Beissende in dem Kinde, wie in dem ganz jungen Hühnchen, welches die eigene Zehe mit dem Schnabel fasst und wie die des Nachbars oder wie ein Hirsekorn beisst? Offenbar ist das Subject im Kopf ein anderes als das im Rumpf. Das Rinden-Ich ist ein anderes, als das Rückenmark-Ich (die Pflüger'sche Rückenmarkseele). Jenes spricht, sieht, hört, schmeckt, riecht und fühlt, dieses fühlt nur, und beide sind anfangs, so lange Gehirn und Rückenmark organisch nur locker, functionell gar nicht miteinander verbunden sind, isolirt. Hirnlose Neugeborene, welche Stunden und Tage lang lebten, konnten, wie ich an einem exquisiten Fall wahrnahm, saugen, schreien, die Glieder bewegen und fühlen (da sie im Hungerzustand durch Einführen eines saugbaren Gegenstandes in den Mund zu schreien aufhörten und sogen). Könnte dagegen ein Mensch mit einem Gehirn und ohne Rückenmark geboren werden und leben, so würde er die Glieder nicht bewegen können. Spielt also ein normaler Säugling mit seinen Füssen, beisst sich das Kind in seinen Arm, wie in einen Zwieback, so liegt darin ein Beweis für die Unabhängigkeit des Gehirns mit seinem Wahrnehmungsapparat vom Rückenmark. Und in der Thatsache, dass hirnlose neugeborene Menschen und enthirnte Thierembryonen ihre Glieder geradeso bewegen, wie unversehrte, geradeso wie diese schreien, saugen und auf Reflexe antworten, liegt der Beweis für die anfängliche Unabhängigkeit der Functionen des Rückenmarks (einschliesslich der Sehhügel, der Vierhügel und des Halsmarks) von den Grosshirnhemisphären.

Nun hat aber unstreitig auch das hirnlose lebende Kind, welches saugt, schreit, Arme und Beine bewegt und Lust von Unlust unterscheidet, eine Individualität, ein Ich. Man muss also auch aus diesem Grunde zwei Ichs im Kinde, das ein Grosshirn und Rückenmark hat und sich seinen Arm oder Finger als schmackhaft, als beissbar vorstellt, annehmen. Wenn aber zwei, warum nicht mehrere? Anfangs, wenn die Seh-, Hör-, Riech- und Schmeck-Sphären im Gehirn noch unvollkommen entwickelt sind, percipirt jede für sich, da die Wahrnehmungen auf verschiedenen Sinnesgebieten noch garnicht miteinander verknüpft werden, ähnlich wie das Rückenmark anfangs das, was es fühlt, etwa die Wirkung eines Nadelstiches, dem Gehirn nicht mittheilt oder nur sehr unvollständig mittheilt, denn Neugeborene reagiren darauf meistens nicht. Erst durch sehr häufiges Zusammen-Vorkommen disparater Sinneseindrücke beim Schmecken-Berühren, beim Sehen-Tasten, Sehen-Hören, Sehen-Riechen, Schmecken-Riechen, Hören-Berühren, bilden sich die intercentralen Verbindungsfasern aus, und dann erst können die verschiedenen Vorstellungscentren, gleichsam Ichbildner, wie bei der gewöhnlichen Begriffbildung, zu der Bildung des einheitlichen Ich, welches ganz abstract ist, führen.

Dieser allein dem erwachsenen denkenden Menschen eigene abstracte Ich-Begriff existirt nur gerade wie andere Begriffe existiren, nämlich durch die Einzelvorstellungen, aus denen er resultirte, wie der Wald nur da ist, wenn die Bäume da sind. Die dem höchsten Rinden-Ich untergeordneten, den einzelnen Sinnesgebieten vorstehenden Ichs der Seh-, Hör-, Fühl-, Schmeck- und Riech-Rinde werden beim kleinen Kinde noch nicht verschmolzen, weil es ihm noch an den organischen Verbindungen, das heisst in das Psychologische übersetzt, an der nöthigen Abstractionskraft, physiologisch, an der Centralisirung seines Nervensystems, fehlt. Die Miterregungen der mit zu wenigen Erinnerungsbildern gestempelten sensorischen Centren können bei einer einzelnen Erregung wegen der noch zu spärlichen cerebralen Verbindungsfasern nicht zu Stande kommen.

Diese Miterregungen functionell verschiedener Hirntheile bei Erregung eines Hirntheils, welcher früher öfter mit jenen zugleich erregt gewesen ist, bilden die physiologische Grundlage des psychischen Vorganges der Begriffbildung überhaupt, so auch der Bildung des Ichbegriffs. Denn die speciellen Vorstellungen aller Sinnesgebiete haben bei allen Vollsinnigen, Viersinnigen, Dreisinnigen die gemeinsame Eigenschaft, dass sie nur in Zeit, Raum und Causalität zu Stande kommen. Dieses Gemeinsame setzt gleichartige Processe in jedem einzelnen Sinnescentrum höchster Ordnung im Gehirn voraus. Erregung eines dieser Centren bewirken leicht gleich-

artige Miterregungen häufig mit ihnen zusammen durch objective
Eindrücke erregt gewesener Centren, und diese über die Gehirn-
centren aller Sinnesnerven sich erstreckende gleichartige Miterregung
ist es, welche die Gesammtvorstellung des Ich hervorruft.

Das Ich kann nach dieser Auffassung also nicht einheitlich,
nicht untheilbar und nicht ununterbrochen da sein; es ist nur da,
wenn die einzelnen Sinnesgebiete mit ihren Ichs wach sind, aus
denen es abstrahirt wird, es verschwindet im traumlosen Schlafe.
Im Wachsein ist es stets nur da, wo die centro-sensorischen Erregungen gerade am stärksten hervortreten, das heisst wo die Aufmerksamkeit angespannt ist.

Das Ich ist aber noch weniger eine Summe. Denn diese setzt
die Vertauschbarkeit der Bestandtheile voraus. Das sehende Ich
kann aber ebensowenig durch ein anderes ersetzt werden, wie das
hörende oder schmeckende oder riechende oder fühlende. Die
Summe der einzelnen Blätter, Blüthen, Stengel, Wurzeln der
Pflanze macht noch lange nicht die Pflanze aus. Sie müssen in
besonderer Weise zusammengefügt sein. So auch genügt es nicht,
die den einzelnen sinnlichen Vorstellungen gemeinsamen Merkmale
zu addiren, um daraus das ordnende und controlirende Ich zu erhalten. Vielmehr resultirt aus der zunehmenden Anzahl und
Mannigfaltigkeit der Sinneseindrücke ein Immermehr-Wachsen der
grauen Substanz des kindlichen Grosshirns, eine rasche Zunahme
der intercentralen Verbindungsfasern und dadurch erleichterte Miterregung, sogenannte Association, welche das Empfinden und
Fühlen mit dem Wollen und dem Denken im Kinde vereinigt.

Diese Vereinigung, durch veränderliche Synthesen, ist das Ich,
das empfindende und fühlende, das begehrende und wollende, das
wahrnehmende und denkende Ich.

VIII. Die Entwicklung des Verstandes im Allgemeinen.

Von allen Thatsachen, welche von mir durch die Beobachtung des Kindes in den ersten Jahren festgestellt worden sind, steht die Begriffbildung ohne Sprache am meisten den überlieferten Lehren entgegen und gerade darauf lege ich das grösste Gewicht. — Es hat damit eine eigene Bewandtniss. Nachdem ich die wortlose Begriffbildung bewiesen hatte, erklärten Einige, ich hätte nur etwas Selbstverständliches behauptet und belegt, Andere aber, jener Beweis sei gar nicht erbracht. Wer genauer zusieht, wird finden, dass er allein schon durch das Verhalten taubstummer ununterrichteter Kinder erbracht ist, und dass es sich nicht um etwas Selbstverständliches handelt, lehrt schon die Existenz gegentheiliger Ansichten.

Nachgewiesenermaassen unterscheidet der Mensch schon am Anfang seines Lebens Lust und Unlust und kann er einzelne deutliche Empfindungen haben. Er verhält sich am ersten Tage anders, wenn die zugehörigen Sinneseindrücke da sind, als wenn sie fehlen. Die erste Wirkung dieser wenigen Empfindungen ist die Verknüpfung der durch sie wachgerufenen Gefühle und ihrer zurückgelassenen Spuren im centralen Nervensystem mit angeborenen Bewegungen. Jene Spuren oder centralen Eindrücke bilden das persönliche Gedächtniss nach und nach aus. Diese Bewegungen sind der Ausgangspunkt für die primitive Verstandesthätigkeit, welche die Empfindungen unterscheidet und sondert, und zwar zeitlich und räumlich. Ist die Anzahl der Erinnerungsbilder von den deutlichen Empfindungen einerseits, von den mit ihnen verbunden gewesenen Bewegungen andererseits — wie bei „süss" und „saugen" — grösser geworden, dann tritt eine festere Association von Empfindungs- und Bewegungs-Erinnerungen, von Erregungen sensorischer und motorischer Fasern mit ihren Ganglienzellen, ein, so dass einseitige Erregung der einen die anderen miterregt. Saugen erweckt die Erinnerung an den süssen Geschmack, der süsse Geschmack für sich bewirkt Saugen.

Dieses Nacheinander ist schon eine zeitliche Sonderung zweier Empfindungen (des Süssen und der Bewegungs-Empfindung beim Saugen). Die räumliche Sonderung erfordert die Erinnerung au zwei Empfindungen mit je einer Bewegung; das Saugen an der linken und rechten Brust wird nach einer Probe beiderseits unterschieden.

Hiermit ist die erste That des Verstandes gethan, die erste Wahrnehmung gemacht, nämlich eine Empfindung primitiv zeitlich und räumlich bestimmt. Die Bewegungs-Empfindung des Saugens ist, wie der süsse Geschmack, nach einer ähnlichen eingetreten, und sie ist unter zwei ungleichen räumlichen Verhältnissen eingetreten, welche unterschieden werden. Durch vervielfältigte Wahrnehmungen (zum Beispiel heller, zwar schlecht begrenzter, aber doch begrenzter Felder) und vervielfältigte Bewegungen mit Berührungs-Empfindungen erhält die Wahrnehmung nach längerer Zeit ein Object, das heisst der Verstand, welcher schon vorher nichts Helles unbegrenzt, somit nichts Helles unräumlich erscheinen liess (während anfangs das Helle, wie später noch der Schall, keine Begrenzung, keinen Abstand hatte), beginnt für das Wahrgenommene eine Ursache zu setzen.

Hierdurch erhebt sich die Wahrnehmung zur Vorstellung. Das oft empfundene localisirte, süsse, warme, weisse Nass, das mit dem Saugen associirt ist, bildet nun eine relativ klare Vorstellung und zwar eine der ersten, wenn nicht die erste. Entsteht diese Vorstellung oft, so verknüpfen sich die zu ihrer Bildung nothwendig gewesenen Einzelwahrnehmungen immer fester. Wenn dann eine von den letzteren für sich auftritt, müssen durch Miterregung der betreffenden corticalen Protoplasmafäden auch die Erinnerungsbilder der anderen auftreten, das heisst aber nichts anderes, als dass nun der Begriff da ist. Denn der Begriff entsteht durch Vereinigen von Merkmalen, d. h. gleichzeitige Erregung mehrerer Fasern. Merkmale werden wahrgenommen und in Erinnerungsbildern fest verbunden. Wenn dann nur eines wieder erscheint unter lauter neuen Eindrücken, schiesst zugleich der Begriff zwangsmässig empor, weil alle die anderen mitauftreten. Der von Georg Hirth (München 1892) nur für das plastische Sehen erfundene Ausdruck „Rindenzwang" eignet sich für diese meine Hypothese vorzüglich. Eine Sprache ist hiernach für die erste Begriffbildung ebensowenig erforderlich wie für das Sehenlernen. Das gesprochene, gedachte, gelesene, geschriebene Wort ist nur ein Zeichen, welches die Mittheilung des Begriffs ermöglicht. Bis hierher verhalten sich Taubgeborene genau wie vollsinnige Säuglinge und einige begriffbildende Thiere.

Die wenigen ersten Vorstellungen, nämlich die aus den ersten Wahrnehmungen entspringenden Special-Vorstellungen oder Anschauungen und die aus diesen entstehenden einfachen (niederen) generellen Vorstellungen oder Begriffe des noch sprachlosen Kindes, auch des Mikrocephalen, des Taubstummen und des höheren Thieres, haben nun das Eigenthümliche an sich, dass sie alle von den Eltern und deren Eltern und den Repräsentanten der nächstfolgenden Generationen schon geradeso gebildet worden sind (Nahrung, Brust). Sie sind nicht angeboren, aber sie sind erblich. Gerade wie die Zähne und die Barthaare beim Menschen nicht angeboren sind, sich aber wie die der Eltern verhalten und Stück für Stück im neugeborenen Kinde angelegt, also erblich sind, müssen die ersten Vorstellungen des Säuglings, müssen seine ersten Begriffe, welche unbewusst, ungewollt und nicht hemmbar zwangsmässig bei jedem in derselben Weise entstehen, erblich genannt werden. So verschieden die Zähne von den Zahnanlagen des Neugeborenen sind, so verschieden sind die durch Wörter scharf begrenzten, klaren Begriffe des Mannes von den schlecht abgegrenzten, unklaren Begriffen des alalischen Säuglings, welche völlig unabhängig von der Sprache entstehen.

Auf diese Weise kommt Klarheit in die alte Lehre von den „angeborenen Ideen". Ideen oder Gedanken sind Vorstellungen oder Verknüpfungen von Vorstellungen, setzen also Wahrnehmungen voraus, können somit wegen der Nothwendigkeit des Vorhergehens peripherer Eindrücke nicht angeboren sein, aber erblich können einige sein, diejenigen nämlich, welche zuerst vermöge der Ähnlichkeit des kindlichen und elterlichen Gehirns und der Ähnlichkeit der äusseren Verhältnisse des kindlichen und des elterlichen Lebensanfangs immer in derselben Weise entstehen.

Die Hauptsache bleibt die angeborene Anlage, wahrzunehmen und Vorstellungen zu bilden, das heisst der angeborene Verstand. Unter Anlage kann aber zur Zeit nichts anderes verstanden werden, als eine nach (sehr viele Generationen hindurch in gleicher Weise) wiederholter Verknüpfung von nervösen Erregungen den nervösen Centralorganen eingeprägte Reactionsweise, Anspruchsart oder Erregbarkeit. Das Gehirn kommt mit sehr vielen Stempeln versehen zur Welt. Einige davon sind ganz undeutlich, einige wenige deutlich. Jeder Vorfahr fügte den vorgefundenen seine eigenen hinzu. Unter diesen Einprägungen müssen schliesslich die unnützen und schädlichen durch vortheilhafte verwischt werden. Daher der Culturfortschritt und die Ausdehnung des Wissens im Verlaufe der Menschengeschichte. Tiefe Eindrücke werden gleichsam wie Verwundungen, länger haftende Narben hinterlassen, und sehr oft benutzte Verbindungsbahnen zwischen

verschiedenen Theilen des Gehirns und Rückenmarks und den
Sinnesorganen müssen schon bei der Geburt leichter ansprechen
(instinctive und reflectorische Processe).

Von allen höheren Gehirnfunctionen ist nun die unterscheidende,
sondernde, ordnende, welche die einfachen reinen Empfindungen,
das ursprünglich Erlittene, zunächst in eine Reihe bringt, nämlich
zeitlich ordnet, dann nebeneinander und übereinander, später erst
hintereinander stellt, nämlich räumlich ordnet, die älteste. Dieses
Unterscheiden und Ordnen der Sinnes-Eindrücke ist eine
Verstandesthätigkeit, welche nichts mit Sprechen zu thun
hat, und zwar die niedrigste. Sie heisst „Vergleichen". Das
Vermögen dazu ist, wie Immanuel Kant entdeckte, beim Menschen
vor der Thätigkeit der Sinne da. Es kann sich aber ohne diese
nicht geltend machen. Es ist eine in der Urzeit erworbene, durch
seine ausserordentliche Wichtigkeit als Orientirungsmittel im Da-
seinskampf erhaltene, durch unbewusste Selection vervollkommnete
und schliesslich fest vererbte Eigenschaft des Rinden-Protoplasma.

Ich behaupte nun, und stütze mich dabei auf die in diesem
Buche mitgetheilten Thatsachen, dass geradesowenig wie der Verstand des noch sprachlosen Kindes der Worte oder irgend welcher
Symbole bedarf, um diese Function zu bethätigen, also die Sinnes-
Empfindungen zeitlich und räumlich zu ordnen, er jene Mittel benöthigt, um Begriffe zu bilden und logisch zu operiren. Und ich
sehe in dieser fundamentalen Thatsache das Material zur Über-
brückung der einzigen grossen, Kind und Thier scheidenden Kluft.

Die beim erwachsenen sprechenden Menschen ohne eine Sprache
irgend welcher Art vor sich gehende logische Gehirnthätigkeit beginnt, wie ich durch viele Beobachtungen gezeigt habe, beim Neugeborenen sogleich mit der Sinnesthätigkeit. Die Wahrnehmung
in der dritten Raumdimension ist ein besonders deutliches Beispiel
für diese Art wortloser logischer Action, weil sie sich langsam
ausbildet. Ich sage „wortlos", weil der Ausdruck „unbewusst" unklar ist und „instinctiv", sowie „intuitiv" noch missverständlicher
sind. Wortlose Vorstellungen, wortlose Schlüsse können sich vererben so gut wie Athmen und Schlucken. Dahin gehören einige,
welche die Vorfahren zu Anfang ihres Lebens oft erlebten, welche
nicht nur ohne Betheiligung irgendwelcher sprachlicher Mittel zu
Stande kommen, sondern auch niemals gewollt (beabsichtigt, überlegt, willkürlich) sind und unter keinen Umständen durch Überlegung beseitigt oder abgeändert, sei es corrigirt, sei es gefälscht,
werden können. Man kann den Erbfehler nicht ablegen,
aber auch nicht den ererbten Verstand wegen der Festigkeit
des erblichen Mechanismus des in der Concurrenz aller Zeiten stets
sieghaften Grosshirnrindenzwangs. Beim Druck auf den äusseren

rechten Augenwinkel erscheint links ein Licht im geschlossenen Auge, nicht rechts, nicht an der berührten Stelle. Diese schon Newton bekannte optische Täuschung, dieser wortlose Inductionsschluss ist erblich und uncorrigirbar. Man kann aber auch den erblichen wortlosen Begriff der Nahrung weder am Entstehen verhindern, noch beseitigen, noch ihn anders bilden, als die Vorfahren ihn bildeten.

Angeboren ist also, um es noch einmal hervorzuheben, das Vermögen (die Fähigkeit, die Anlage, die potentielle Function) Begriffe zu bilden, und erblich sind einige von den ersten Begriffen. Neue, d. h. nicht erbliche Begriffe entstehen erst nach neuen Wahrnehmungen, also Erfahrungen, welche sich mit den primitiven verknüpfen und neue Verbindungsbahnen im grossen Gehirn erst bilden, und zwar beginnen sie vor dem Sprechenlernen, und werden oft sehr lange nach demselben erst benannt.

Ein eben aus dem Ei geschlüpftes Hühnchen besitzt das Vermögen, Eier zu legen, die dazu nothwendigen Organe, sogar alle künftigen Eier, die es jemals legen wird, sind ihm angeboren, aber erst nach einiger Zeit legt es Eier und diese sind ganz ähnlich den ersten Eiern seiner Mutter; es werden sogar die aus diesen Eiern ausschlüpfenden Hühnchen denen der Mutter selbst ähneln, die Eier haben also erbliche Eigenschaften. Neue Eier entstehen erst durch Kreuzung, durch allerlei äussere, also ErfahrungsEinflüsse.

So auch besitzt das neugeborene Kind das Vermögen, Begriffe zu bilden, die dazu nothwendigen Organe sind ihm angeboren, aber erst nach einiger Zeit bildet es Begriffe und diese sind bei allen Völkern aller Zeiten ganz ähnlich den ersten Begriffen, welche seine Mutter bildete; es werden sogar die an die ersten Begriffe sich knüpfenden Folgen denen, welche die Mutter in sich ausbildete, ähneln oder ihnen gleich sein, diese Begriffe haben also erbliche Eigenschaften. Neue, auch höchst abstracte, Begriffe entstehen erst durch Erfahrung. Sie entstehen in Menge bei jedem Kinde, welches sprechen lernt, und Neues zu sehen und zu hören bekommt. Wenn das neue Bild dem früher eingeprägten, also dem Erinnerungsbild, nicht entspricht, somit das alte Wort sich mit dem neuen Eindruck nicht deckt, dann macht sich der Zwang geltend, den Unterschied mit einem anderen Wort oder Zeichen zu bezeichnen. Dieser Unterschied ist allemal etwas Abstractes (Abgezogenes).

Wenn durch die Thatsache, dass des Sprechens völlig unkundige Kinder, auch taubgeborene, bereits vollkommen richtig logisch operiren, Affen sicher bis 5 zählen (Romanes), Krähen desgleichen sicher erkennen, ob 1, 2, 3, 4 oder 5 Jäger die Krähen hütte verlassen (Leroy), Maulthiere, ob sie 4 oder 5 Mal hintereinander denselben Weg zurücklegten (Hougeau), die Unabhängigkeit des Verstandes von der Sprache bewiesen ist, so zeigt doch die eingehende Beobachtung des Kindes, welches sprechen lernt, dass allein durch die Wörtersprache der Verstand seine primitiven, undeutlichen Begriffe präcisiren und sich weiter entwickeln kann, indem er die Vorstellungen den Verhältnissen, unter denen das Kind lebt, entsprechend verknüpft und zu immer höheren Abstractionen aufsteigt.

Fest steht aber, dass viele Vorstellungen schon gebildet sein müssen, um nur das Sprechenlernen zu ermöglichen. Das Vorhandensein von vielen Vorstellungen ist nothwendige Bedingung für das Sprechenlernen, und da vor diesem die meisten Vorstellungen viel zu umfangreich sind, so müssen sie immerzu durch die Erfahrung corrigirt, das heisst voneinander abgegrenzt und eingeengt werden. Die logische Generalisation vor dem Sprechenlernen wird mit demselben immer mehr gezügelt.

Der grösste intellectuelle Fortschritt besteht darin, dass vom sprachlosen Kinde die specifische Methode des Menschengeschlechts entdeckt wird, vorhandene Vorstellungen laut und articulirt auszudrücken, das heisst durch Ausathmungen bei verschiedenartigen Kehlkopf- und Mund-Stellungen und Zungenbewegungen mitzutheilen. Diese Methode erfindet kein Kind, sie ist überliefert, aber jedes einzelne Kind entdeckt, dass es mittelst der Reproduction gehörter Laute seine Vorstellungen kund thun und dadurch Lustgefühle herbeiführen, Unlust beseitigen kann. Darum befleissigt es sich dieses Verfahrens ohne künstlichen Unterricht durch Selbstunterricht, falls es unter sprechenden Menschen aufwächst. Aber auch wenn das dem Verkehr mit diesem dienende Gehör von der Geburt an fehlt, kann ein reiches Vorstellungsleben und eine hohe Intelligenz zur Entwicklung gelangen, falls an die Stelle der gehörten Laute die geschriebenen Lautzeichen treten. Diese jedoch können nur durch künstlichen Unterricht erlernt werden. Die Art, in welcher Schreiben gelernt wird, ist dieselbe wie die Art, in welcher das alalische Kind sprechen lernt. Beide beruhen auf Nachahmung; jenes mit, dieses ohne Unterricht.

Man darf aber aus der frühzeitigen Erwerbung der Sprache, aus sehr frühem Lesen- und Schreiben-können nicht auf grösseren Verstand schliessen. Das Wunderkind, welches mit zwei Jahren lesen konnte (und von dem L. Fürst in der Berliner klinischen Wochenschrift 1894 Nr. 36 berichtet), hat jedenfalls nur durch unsägliche Übung und an Dressur grenzende Begünstigung derselben es so früh dahingebracht, sein Sylben- und Wortcentrum weiter auszubilden, als gewöhnliche Kinder. Aber es folgt nicht aus der

einseitigen Differenzirung des Occipitallappens und der dritten Stirnwindung nebst den intercentralen Verbindungen beider miteinander
eine gesteigerte Intelligenz überhaupt. Gut sehen und gut articuliren kann auch der Papagei. Zum Denken gehört mehr.

Ich habe gezeigt, dass die erste feste Verknüpfung einer Vorstellung mit einer selbst ausgesprochenen Sylbe oder einem wortartigen Sylbencomplex ausschliesslich durch Nachahmung zu Stande
kommt. Ist aber nur einmal eine derartige Verbindung hergestellt,
dann erfindet das Kind neue Verbindungen, obzwar in viel einge-
schränkterem Maasse als gemeiniglich angenommen wird. Ein
solches Genie bringt Niemand mit auf die Welt, das im Stande
wäre, das articulirte Sprechen zu erfinden. Es ist schon schwer genug begreiflich, dass die spielende Nachahmung dem Kinde ausreicht, eine Sprache zu erlernen, deren Erfindung der Erfinder
selbst, das Menschengeschlecht, vergessen hat.

Welche organischen Bedingungen für die Lautnachahmung
und das Sprechenlernen erfordert werden, habe ich durch eine
systematische Zusammenfassung der an Erwachsenen beobachteten
Sprachstörungen zu ermitteln gesucht, und bin durch die tägliche
Beobachtung eines gesunden Kindes, von dem alle Dressur möglichst fern gehalten wurde, sowie die häufige Beobachtung anderer
Kinder zu dem wichtigen Resultate gelangt:

Dass eine jede bekannte Form der Sprachstörung
Erwachsener beim Kinde, welches sprechen lernt, ihr
vollkommenes Gegenbild findet.

Das Kind kann noch nicht richtig sprechen, weil seine impressiven, centralen und expressiven Sprachwerkzeuge noch nicht
vollständig entwickelt sind, der Kranke kann nicht mehr richtig
sprechen, weil jene Theile nicht mehr vollständig vorhanden oder
functionsfähig sind. Die Parallele ist von einer bis in die Einzel-
fälle reichenden Vollständigkeit, wenn man nur Kinder in verschiedenen Altersstufen bezüglich des Sprechenlernens sorgfältig
beobachtet. Es ergeben sich dann von allgemeineren Thatsachen
namentlich noch folgende drei:

1) Der gesunde Säugling versteht und erräth Gesprochenes viel früher, als er selbst die gehörten Laute,
Sylben und Wörter nachahmend hervorbringen kann,
hauptsächlich durch das Verständniss der begleitenden
Geberden und Mienen;

2) das gesunde Kind bildet aber ohne Unterricht, ehe
es anfängt zu sprechen oder richtig die Sprachlaute nachzuahmen, alle oder fast alle in seiner künftigen Sprache
vorkommenden Laute, und ausser diesen noch sehr viele
andere, und ergötzt sich daran;

3) die Reihenfolge, in welcher die Sprachlaute vom
Säugling hervorgebracht werden, ist individuell verschieden, nicht allgemein durch das Princip der geringsten Anstrengung bestimmt. Sie ist von mehreren Factoren abhängig (Gehirn, Zahnen, Zungengrösse, Hörschärfe. Motilität u. a.). Erst bei
den späteren absichtlichen Lautbildungen und Sprechversuchen
kommt jenes Princip wesentlich in Betracht.

Bei der Erlernung jeder complicirten Muskelbewegung, zum
Beispiel Tanzen, werden ebenso die schwierigen, eine angestrengtere
Willensthätigkeit und Abstraction erheischenden Combinationen
zuletzt erworben.

Die Erblichkeit spielt dabei, abgesehen von Eigenthümlichkeiten der Sprechweise, nur insofern eine Rolle, als der Nerv-
muskelmechanismus durch Übung vervollkommnet wird und seine
Vollkommenheit oder Unvollkommenheit vererbt werden kann. Aber
von Vererbung des Sprechens selbst oder der Sprache kann nicht
die Rede sein. Denn jedes Kind mit vollkommenen Sprechwerk-
zeugen lernt jede Sprache beherrschen, wenn es von der Geburt
an nur die zu erlernende zu hören bekommt, und wenn es keine zu
hören bekommt, so spricht es nicht. Die Plasticität der angeborenen Sprachwerkzeuge ist also in der ersten Kindheit zwar eine
sehr grosse, aber auf Nachahmung angewiesen.

Die ununterrichteten Taubstummen und die verwilderten Kinder
können sie daher nicht verwerthen. Bei ihnen verödet der frucht-
bare Boden, auf dem allein die höhere vernünftige Seelenthätigkeit
gedeiht. Deshalb ist aber ohne diese noch lange nicht eine oft
irrigerweise behauptete Immunität des Säuglings gegen Geistes-
krankheit vorhanden. Sehr gut hat A. Römer in seiner Schrift
„Über psychopathische Minderwerthigkeiten des Säuglingsalters"
(1892) dieses Vorurtheil widerlegt.

Ob für den Unterricht taubgeborener Kinder im articulatorischen Sprechen eine Sprache mehr als alle anderen geeignet sei, ist
fraglich. Deutsch und Holländisch scheinen besser dafür verwend-
bar zu sein, als Französisch und Englisch (nach van Asch 1865).

Der Wortschatz des anderthalbjährigen normalen Kindes erreicht zweihundert verstandene und zugleich selbst gebrauchte
Wörter — überwiegend Hauptwörter — nicht, der des zweijährigen
kann über vierhundert, sogar tausend betragen. Die abstracten
Bezeichnungen sind aber dann noch sehr spärlich im Vergleich
zu den concreten.

Hier bietet sich eine höchst merkwürdige Übereinstimmung
zwischen dem Werdegang der ältesten untersuchten Sprache, der
der Egypter, vielleicht aller uralten Sprachen, mit der allmählichen
Vervollkommnung der Kindersprache. Der Gedankenschatz eines

Urvolks ist, wie Karl Abel hervorhebt, „so eng, ist auf so wenige, so sinnliche, so leicht mimetisch angedeutete und so rasch aus der ganzen Situation der Sprechenden verstandene Dinge gerichtet, dass er nicht vieler Worte bedarf. Selbst die letzten Stadien des eigentlich Hieroglyphischen zeigen noch wenig entwickelte Abstractionen: Die Liebe ist noch Verlangen, das Wollen Befehl, die Ehre Furcht oder Lob." Je weiter zurück, desto sinnlicher die tägliche Rede, desto mehr durch Geberden vermittelt, durch Mienen erläutert, von drastischen Bewegungen begleitet. „Da genug von dieser Periode im Egyptischen erhalten ist, um uns zu überzeugen, dass zuerst fast jeder nationale Laut fast jedes Ding zu bezeichnen vermochte, so muss die Geberde, das bezeichnende Bild ursprünglich etwa ebenso wichtig gewesen sein, als das Wort." Halbverständliche Rede wurde durch verständliche Geberde verständlich. Wo die Geste nicht hinreichte und das Wort nicht fixirt war, wurde keine Verständigung erreicht.

Alles dieses gilt ohne irgend welchen Abzug auch für das Kind, wie meine Beobachtungen beweisen. Aber die Analogie geht noch viel weiter. Über den Gang der egyptischen Sprachentwicklung sagt derselbe Egyptologe: „Anfänglich Homonymie und Synonymie in erkenntnissarmer vieldeutiger Wirre. Danach, bei wachsender Vernunft, Scheidung der Begriffe und Lautgestalten und entsprechendes Zurücktreten der erklärenden Geste. Untergang der meisten Homonyme, oder Ersatz durch phonetische Differenzirung;. Untergang tausender von losen Synonymen und Verengung und Schärfung des Begriffs der überlebenden. Kurz, allmähliches Auftauchen aus vagem Ton und Sinn in geordneten Laut und präcisirte Bedeutung." Erhellung der Psyche und correspondirende Scheidung der Phonetik."

Genau so die Sprachentwicklung des Kindes. Für die anfängliche Homonymie habe ich Beispiele genug gegeben; für die Synonymie bedarf es solcher nicht, da schon die zahllosen Verwechslungen, welche nicht vermieden werden können, sie darthun. Aber man findet in meinen Aufzeichnungen auch manchen Fall einer sehr frühen kindlichen Synonymik. So bedeutete *atta, f-tu* und *tuff* gleichermaassen „fort"; ebendasselbe bezeichnen *ft, hätta* und *t-ta*, auch *hata*. Sich selbst nannte mein Kind nicht „Axel", sondern *Attall, Akkee, Akkes, Aje, Eja, Attsel, č, Axl, Atsel, Atsli.* Gerade aus den nur auf ein Kind bezüglichen Beobachtungen ergiebt sich das Material zur Begründung des Satzes: Sowie die älteste Sprache sich entwickelte, so entwickelt sich noch bei jedem Menschen, der hören und sehen kann, die gewöhnliche Sprache seiner Zeit. Und hierin liegt eine glänzende Bestätigung der von Ernst Haeckel dargethanen abgekürzten Wiederholung phylogenetischer Vorgänge in der Ontogenie auch für geistige Processe.

Die weitere Verfolgung des Einflusses, welchen die Benutzung der Sprache, als Verständigungsmittels, auf die articulatorische und intellectuelle Entwicklung hat, liegt ausserhalb der in diesem Buche behandelten Aufgabe. Es seien nur noch berührt die Würdigung der sehr früh nach den ersten Sprechversuchen hervortretenden Fragethätigkeit und die Entwicklung des Ich-Gefühles.

Das Fragen des Kindes wird als Bildungsmittel desselben allgemein unterschätzt. Die mit dem Sprechenlernen immer mächtiger sich entfaltende Causalitätsfunction, das für Eltern und Erzieher manchmal kaum zu ertragende Warum-Fragen hat seine volle Berechtigung und sollte nicht, wie es leider allzuoft geschieht, überhört, absichtlich nicht beantwortet, absichtlich falsch beantwortet werden. Ich habe vom Anfang an meinem Knaben nach bestem Wissen jedesmal eine ihm verständliche, nicht wahrheitswidrige Antwort auf seine Fragen gegeben und bemerkt, dass dadurch später die Fragen, weil die früheren Antworten behalten werden, immer intelligenter ausfallen. Antwortet man dagegen garnicht oder mit Scherzen und Märchen, so ist es nicht zu verwundern, wenn ein Kind selbst bei vorzüglicher Anlage alberne und thörichte Fragen thut und unlogisch denkt. Bei richtiger Beantwortung der Fragen und passender Zurechtweisung würde das im Volke übliche Grossziehen zum Aberglauben verhütet werden.

Bezüglich der Entwicklung des Ichgefühls gilt Folgendes: Nicht an dem Tage, an welchem das Kind zum ersten Male das Wort „ich" statt seines Eigennamens braucht, erwacht sein Ichgefühl — dieser Zeitpunkt variirt, je nachdem die Angehörigen länger oder kürzer sich selbst und das Kind beim Namen statt mit Fürwörtern nennen —, sondern das Ich wird nach einer langen Reihe von Erfahrungen, hauptsächlich schmerzhafter Art, vom Nicht-Ich getrennt durch die Gewöhnung an die eigenen Körpertheile. Die letzteren, anfangs fremde Objecte, wirken auf die Sinnesorgane des Kindes immer in derselben Weise ein und werden dadurch uninteressant, nachdem sie den Reiz des Neuen verloren haben. Nun ist der eigene Körper das, worauf die anziehenden objectiven Eindrücke, also die Welt, bezogen werden und mit dem Hervorbringen von neuen Eindrücken, dem Verändern (beim „Spielen" genannten Experimentiren), mit dem Ursache-sein, entwickelt sich immer mehr das Gefühl des Selbst beim Kinde. Damit erhebt es sich immer höher über die thierische Abhängigkeit, so dass schliesslich der vor der Geburt garnicht, nach derselben anfangs kaum erkennbare Unterschied zwischen Thier und Mensch eine für diesen gefährliche Grösse erreicht, vor allem durch die Sprache.

Ist es aber für das Kind nothwendig, dieses höchste Privi-

legium des Menschengeschlechts möglichst vollkommen sich anzueignen, und dadurch die Thiernatur seiner ersten Zeit zu überwinden, erfordert seine Entwicklung die Entfaltung des verantwortlichen Ich, so wird es dem denkenden Menschen auf der Höhe
seines Lebens eine heilsame Mahnung zur Bescheidenheit sein,
wenn er manchmal an seine erste Kindheit zurückdenkt. Denn
diese lehrt ihn, dass er einen natürlichen Ursprung hat und mit
der übrigen lebendigen Natur nicht allein innig verwandt, sondern
auch fest verwachsen ist. Soweit er sich ausbildet, so hohen
Idealen er nachgeht, ganz streift er niemals die Fehler der Kindheit ab und immer vergebens tastet er im Dunkeln nach einer
Thür in eine bessere Welt. Aber schon die Thatsache des Nach-
denkens über die Möglichkeit einer solchen und über die Nothwendigkeit einer Ursache dieser Welt, möge sie Gott oder anders
heissen, zeigt, wie weit der entwickelte Mensch seine sämmtlichen
Mitwesen überragt.

Den Schlüssel zum Verständniss des grossen Räthsels, wie
diese Extreme zusammenhängen, liefert die Entwicklungsgeschichte
der Seele des Kindes.

CHRONOLOGISCHES VERZEICHNISS

PSYCHOGENETISCHER BEOBACHTUNGEN

VOM 1. BIS 1000. LEBENSTAGE

NEBST DREI ZEITTAFELN

ZUR ALTERS-BESTIMMUNG.

Zeit-Tafel I,

welche für die ersten drei Jahre angiebt, mit dem wievielten Lebenstage jede Lebenswoche endigt und in den wievielten Lebensmonat, auch in welches Vierteljahr, der betreffende Tag fällt.

Wochen	Tage	Monate	Wochen	Tage	Monate	Wochen	Tage	Monate	Wochen	Tage	Monate
1	7		40	280		79	553		118	826	
2	14		41	287		80	560	} 19	119	833	} 28
3	21	} 1	42	294	} 10	81	567		120	840	
4	28		43	301		82	574		121	847	
5	35		44	308		83	581	19od.20	122	854	28od.29
6	42		45	315		84	588		123	861	
7	49	} 2	46	322	} 11	85	595	} 20	124	868	} 29
8	56		47	329		86	602		125	875	
9	63		48	336	11od.12	87	609	20od.21	126	882	29od.30
10	70		49	343		88	616		127	889	
11	77	} 3	50	350	} 12	89	623	} 21	128	896	} 30
12	84		51	357		90	630		129	903	
13	91	3 od. 4	52	364		91	637		130	910	
14	98		53	371		92	644		131	917	
15	105	} 4	54	378	} 13	93	651	} 22	132	924	} 31
16	112		55	385		94	658		133	931	
17	119		56	392		95	665		134	938	
18	126		57	399		96	672	22od.23	135	945	31od.32
19	133		58	406		97	679		136	952	
20	140	} 5	59	413	} 14	98	686	} 23	137	959	} 32
21	147		60	420		99	693		138	966	
22	154		61	427	14od.15	100	700	23od.24	139	973	32od.33
23	161		62	434		101	707		140	980	
24	168	} 6	63	441	} 15	102	714	} 24	141	987	} 33
25	175		64	448		103	721		142	994	
26	182	6 od. 7	65	455	15od.16	104	728		143	1001	
27	189		66	462		105	735		144	1008	
28	196	} 7	67	469	} 16	106	742	} 25	145	1015	} 34
29	203		68	476		107	749		146	1022	
30	210		69	483		108	756		147	1029	
31	217		70	490		109	763		148	1036	34od.35
32	224		71	497	} 17	110	770	} 26	149	1043	
33	231	} 8	72	504		111	777		150	1050	} 35
34	238		73	511		112	784		151	1057	
35	245	8 od. 9	74	518	17od.18	113	791	26od.27	152	1064	
36	252		75	525		114	798		153	1071	
37	259		76	532	} 18	115	805	} 27	154	1078	} 36
38	266	} 9	77	539		116	812		155	1085	
39	273		78	546		117	819		156	1092	
Wochen	Tage	Monate	Wochen	Tage	Monate	Wochen	Tage	Monate	Wochen	Tage	Monate

Jedes Viereck entspricht einem Vierteljahr.

Zeit-Tafel II

zur

Vergleichung des Alters in Jahren, Halbjahren, Vierteljahren, Monaten und Tagen innerhalb der ersten drei Lebensjahre.

Jahre.	Halbjahre.	Vierteljahre.	Monate.	Tage.		Tage.
1	1	1	1	28	bis	31
			2	59	„	62
			3	89	„	92
		2	4	120	„	123
			5	150	„	153
			6	181	„	184
	2	3	7	212	„	215
			8	242	„	245
			9	273	„	276
		4	10	303	„	306
			11	334	„	337
			12	365	„	366
2	3	5	13	393	„	397
			14	424	„	428
			15	454	„	458
		6	16	485	„	489
			17	515	„	519
			18	546	„	550
	4	7	19	577	„	581
			20	607	„	611
			21	638	„	642
		8	22	668	„	672
			23	699	„	703
			24	730	„	731
3	5	9	25	758	„	762
			26	789	„	793
			27	819	„	823
		10	28	850	„	854
			29	880	„	884
			30	911	„	915
	6	11	31	942	„	946
			32	972	„	976
			33	1003	„	1007
		12	34	1033	„	1037
			35	1064	„	1068
			36	1095	„	1096

Zeit-Tafel III

zur schnellen Bestimmung des Alters in Wochen für jeden Tag des Jahres.

Die Wochen werden vom Geburtstage ab in horizontaler Richtung nach rechts abgezählt, die überzähligen Tage vertical abwärts. Die Ziffern 1 bis 12 rechts vom Punkte bezeichnen die 12 Monate Januar bis December. Beim Schaltjahr ist vom 28. Februar ab 1 Tag dem gefundenen Alter zuzuzählen.

1. 1	8. 1	15. 1	22. 1	29. 1	5. 2	12 2	19. 2	26. 2	5. 3	12. 3	19. 3	26. 3
2. 1	9. 1	16. 1	23. 1	30. 1	6. 2	13. 2	20. 2	27. 2	6. 3	13. 3	20. 3	27. 3
3. 1	10. 1	17. 1	24 1	**31. 1**	7. 2	14. 2	21. 2	**28. 2**	7. 3	14. 3	21. 3	28. 3
4. 1	11. 1	18. 1	25. 1	1 2	8. 2	15. 2	22. 2	1. 3	8. 3	15. 3	22. 3	29. 3
5. 1	12. 1	19. 1	26. 1	2 2	9. 2	16. 2	23. 2	2. 3	9. 3	16. 3	23 3	30. 3
6. 1	13. 1	20. 1	27. 1	3. 2	10. 2	17. 2	24 2	3. 3	10. 3	17. 3	24. 3	**31. 3**
7. 1	14. 1	21. 1	28. 1	4. 2	11. 2	18. 2	25. 2	4 3	11 3	18 3	25 3	1. 4

2. 4	9. 4	16. 4	23. 4	**30. 4**	7. 5	14. 5	21. 5	28. 5	4. 6	11. 6	18. 6	25. 6
3. 4	10. 4	17. 4	24. 4	1. 5	8. 5	15. 5	22 5	29. 5	5 6	12 6	19. 6	26. 6
4. 4	11. 4	18. 4	25. 4	2. 5	9. 5	16. 5	23. 5	30. 5	6 6	13. 6	20 6	27 6
5. 4	12. 4	19. 4	26. 4	3. 5	10. 5	17. 5	24. 5	**31. 5**	7. 6	14. 6	21. 6	28. 6
6. 4	13. 4	20. 4	27. 4	4. 5	11. 5	18. 5	25. 5	1. 6	8. 6	15. 6	22 6	29. 6
7. 4	14. 4	21. 4	28 4	5. 5	12. 5	19 5	26. 5	2. 6	9. 6	16. 6	23 6	**30. 6**
8. 4	15. 4	22. 4	29. 4	6. 5	13. 5	20. 5	27. 5	3 6	10. 6	17. 6	24. 6	1. 7

2. 7	9. 7	16. 7	23. 7	30. 7	6. 8	13. 8	20. 8	27. 8	3. 9	10. 9	17. 9	24. 9
3. 7	10. 7	17. 7	24. 7	**31. 7**	7. 8	14 8	21. 8	28. 8	4. 9	11. 9	18. 9	25. 9
4. 7	11. 7	18. 7	25. 7	1. 8	8. 8	15 8	22. 8	29. 8	5. 9	12 9	19. 9	26. 9
5. 7	12. 7	19. 7	26. 7	2. 8	9. 8	16. 8	23. 8	30. 8	6. 9	13. 9	20. 9	27. 9
6. 7	13. 7	20. 7	27. 7	3. 8	10. 8	17. 8	24. 8	**31. 8**	7. 9	14. 9	21. 9	28. 9
7. 7	14. 7	21. 7	28. 7	4. 8	11. 8	18 8	25. 8	1. 9	8. 9	15. 9	22. 9	29. 9
8. 7	15 7	22. 7	29. 7	5. 8	12. 8	19. 8	26. 8	2. 9	9. 9	16. 9	23. 9	**30. 9**

1. 10	8. 10	15. 10	22. 10	29. 10	5. 11	12. 11	19. 11	26. 11	3. 12	10. 12	17. 12	24. 12
2. 10	9. 10	16. 10	23. 10	30. 10	6. 11	13. 11	20 11	27. 11	4. 12	11. 12	18. 12	25. 12
3. 10	10. 10	17. 10	24. 10	**31. 10**	7. 11	14. 11	21. 11	28. 11	5. 12	12. 12	19. 12	26. 12
4. 10	11. 10	18. 10	25. 10	1. 11	8. 11	15. 11	22. 11	29. 11	6. 12	13. 12	20. 12	27. 12
5. 10	12. 10	19. 10	26. 10	2. 11	9. 11	16 11	23. 11	**30. 11**	7. 12	14. 12	21. 12	28. 12
6. 10	13. 10	20. 10	27. 10	3. 11	10. 11	17. 11	24. 11	1. 12	8. 12	15. 12	22. 12	29. 12
7. 10	14. 10	21. 10	28. 10	4. 11	11. 11	18. 11	25. 11	2. 12	9. 12	16. 12	23. 12	30. 12

31. 12

Beispiel: Ein am 20. April (20. 4) geborenes Kind ist am 29. December (29. 12) desselben Jahres 36 Wochen und 1 Tag alt, ein am 29. December geborenes am 9. September des folgenden Jahres 36 Wochen und 2 Tage alt.

Im Folgenden beziehen sich die den einzelnen Beobachtungen beigefügten Zahlen auf die Seiten dieses Buches und die Buchstaben *a, m, e* auf den Anfang, die Mitte, das Ende der Seite.

Chronologische Übersicht.

1. Monat.

Erwachen durch Licht 4.

Pupillen bei Tageslicht sehr klein 5. 154m, erweitern sich schnell im Dunkeln 5. 6.

Augenleuchten und Weitsichtigkeit 37a.

Helle und dunkle Flächen werden unterschieden 4 fg. 37e. 41e. 116. 117a, nicht Formen 41m, nicht Abstände 42.

Abwendung des Kopfes vom sehr hellen Licht 4.

Drehen des Kopfes nach dem Licht 4. 26.

Schreien nach Abwendung von mässigem Licht 4, bei grellem Licht 5.

Unlust durch Beschattung 4.

Mässig Helles befriedigt 4. 6. 20m.

Richtung des Blickes nach dem Licht 27.

Starren in's Leere 6. 26, nach oben 27, auf ein Gesicht 27.

Farbe erfreut 6. Glanz befriedigt 4.

Die Augen kurzsichtig, weitsichtig, emmetropisch 37.

Accommodation auf sehr nahe Gegenstände 154.

Die gesehenen Dinge erscheinen flächenhaft 37. 42.

Gesichter werden fixirt 19m, Gegenstände activ angeblickt 28.

Der Blick folgt langsam bewegten Gegenständen 27. 28. 93m, mit Kopfdrehungen 28.

Augen mehr geschlossen als offen 14. 22e.

Augen offen im Zwielicht 4. 15, beim Benetzen 17e. 68m, beim Begehren 169e, beim Saugen 20. 65a, beim Baden 20, bei Lustgefühlen 95. 117, bei schneller Annäherung der Hand 16.

Einschlafen mit halb offenen Augen 23m.

Schliessen der Augen bei hellem Licht 4. 5. 16. 19. 21e, bei Berührung der Augen 67, beim Anblasen 67e.

Zukneifen der Augen 138, im Schlaf bei hellem Licht 5. 6, beim Schreien 20. 22, beim Stirnrunzeln 202e, bei Unlust 21, beim Bestreichen der Zunge 65m, der Nase 68e.

Langsamer Lidschluss bei Berührung des Auges 17. 21 m.
Öffnen und Schliessen der Augen asymmetrisch 15. 25.
Senken des Blickes 154, bei gehobenem Lide 15. 16.
Heben des Blickes 154, bei gesenktem Lide 16.
Lidschlag bei Überraschung 19, beim Erschrecken 51e.
Blinzeln bei Reizung der Nasenschleimhaut 66e.
Convergenz der Augen bei hellem Licht 5. 31. 154, ohne Pupillen-
    enge 24m. 32.
Zwecklose Augenbewegungen 22 fg.
Binoculares Sehen unvollkommen 41m.
Schielen 23. 24. 31.
Associative coordinirte Augenbewegungen 22 fg. 117c.
Ungeordnete Augenbewegungen 22 fg. 117e.
Kopfdrehungen und Augenbewegungen ungleichsinnig 23.

Die Taubheit Neugeborener 49. 52a. 53m. 54e. 119m. 273. 285.
Abnahme der Schwerhörigkeit 51. 53a.
Zusammenfahren im Schlaf bei Schalleindrücken 52a. 53a, Er-
    wachen durch dieselben 53, Zucken der Augenlider nach den-
    selben 53. 54e. 119m, Bewegungen des Kopfes desgl. 53, der
    Arme 113m.
Unruhe nach starken Schalleindrücken 53e. 116e, Schliessen der
    Augen dabei 53.
Schallreflexe langsam 53.
Drehen des Kopfes nach der Schallquelle hin ist nicht ein Richten
    desselben auf die letztere 52. 53e. 57e.
Die ersten Schallempfindungen 54a, wirken beruhigend 55a. 57c.
Öffnen der Augen bei neuen Schalleindrücken 64e.
Zunahme der Hörschärfe 52m.
Abstumpfung des Gehörs durch häufige Schallreize 53a.
Schwerhörigkeit im Schlaf 53a. 55m, beim Saugen 53a.
Die menschliche Stimme wird erkannt 51m.
Gesang beruhigt 286.

Berührungsempfindlichkeit gering 120m.
Starke Hautreize haben zur Folge Schreien 64m.
Die Zunge für Berührung empfindlich 65m, die Gesichtshaut
    desgl. 69e, die Lippen desgl. 66, die Nasenschleimhaut desgl. 66,
    Niesen nach Reizung derselben 66e, Kopfbewegungen nach Rei-
    zung ders. 66e.
Berührung der Fusssohle bewirkt Spreizen der Zehen 68e. 159e.
Die Hand schliesst sich bei Berührung der Fläche 68e. 148m. 159e,
    jedoch nicht im Schlafe 161a.
Unempfindlichkeit gegen Nadelstiche 69m.

Schmerzgefühl ohne Reflexe 159 *a*.
Schmerzempfindlichkeit gering 120 *e*.
Der erste Schmerz 65 *a*.
Schmerzäusserungen nicht intensiv 64. 97.
Die Schmerzreflexe langsam 69 *a*.
Unterempfindlichkeit für Temperaturen 120 *e*.
Wärme und Kälte unterschieden durch Contrast 74 *e*. 75.
Erste Tastwahrnehmungen beim Saugen 72 *m*.

Geschmack für Intensitätsunterschiede unterempfindlich 79 *e*.
Salziges, Bitteres, Saures bewirkt Reflexe der Unlust 66 *a*. 76.
Bevorzugung des Süssen 81, Lecken nach Süssem 78 *e*. 171 *e*, nach
    Milch 78 *e*.
Süsses bewirkt mimische Reflexe der Lust 65 *m*. 66 *a*.
Verabscheuung des Bitteren, Sauren, Salzigen 81, ohne Ekel 103 *e*.
Verfeinerung des Geschmacksinnes 80. 121 *a*.

Empfindlichkeit für Gerüche 116. 86.
Erste Geruchsunterscheidungen 121 *a*.
Abstumpfung des Geruchsinnes 87.
Üble Gerüche bewirken mimische Reflexe im Schlafe 86.

Reflexbewegungen 64, im Allgemeinen langsam 98 *a*.
Hebung der Nasenflügel und Mundwinkel beim Bestreichen der
    Zunge 65, Würgen dabei 65, bei übeln Gerüchen 86.
Mimische Reflexe nach Zungenberührung 65, nach Reizung der
    Nasenschleimhaut 66 *e*, beim Schmecken 78, 121 *a*, bei Über-
    raschung 78 *e*.
Zusammenfahren durch Licht 5, beim Erschrecken 51 *e*, nach Lippen-
    berührung 66 *m*.
Zucken bei Erschütterung 52 *a*.
Schreckhaftigkeit 148 *e*, Emporheben der Arme dabei 55 *m*.
Drehen des Kopfes beim Anlegen 169 *e*, nach der Mutter Antlitz
    52 *a*, beim Anhauchen 52 *a*, nach der Mutter Brust 26 *e*.
Geordnete Reflexbewegungen 144, Niesen 66 *e*. 142 *m*, Schnaufen
    und Schnarchen 142 *e*, Gähnen und Husten 143, Würgen 144,
    Singultus, Ructus und Schlucken 144.
Die Athmung noch unregelmässig 143 *e*.
Reflexe nach Kitzeln der Fusssohle 148 *m*.
Das erste Schreien 142. 285.
Schreien durch Licht bewirkt 5 *e*, beim Erschrecken 51 *e*, bei übeln
    Gerüchen 86 *m*, bei Ermüdung 310 *e*.
Schreien hört auf, wenn das Gesicht auf ein Kissen gelegt wird 150 *e*.
Die Augen zum ersten Male thränenfeucht 200 *e*.

Die ersten Thränen 200 e.
Die Augen glänzen bei Lustgefühlen 95.
Das erste Lachen 20 m. 195.
Grimassen 23 m. 77. 138 e.
Stirnrunzeln 4. 15. 138 e, nach Reizung der Nasenschleimhaut 66 e,
  beim Erschrecken 51 e, bei Schalleindrücken 53 a, impulsiv 201 e,
  anfangs häufiger als später 202, fehlt beim Heben des Blickes
  201 e, ist stark beim Gewecktwerden 202 a, vor dem Schreien 202 m.
Verticale Stirnfalten reflectorisch 202.
Die ersten Kopfbewegungen 203.
Wackeln des Kopfes beim Anlegen 88 e. 101. 172 m. 203 e.
Mundspitzen 138 e. 185 e. 197.
Mundöffnen vor dem Anlegen an die Brust 170 a.
Beim Anlegen wird die Mamille gesucht 203 m.
Das Saugen 168, in der Geburt 65 a, an Fremdkörpern 66, an den
  Fingern 72 e. 170 m, nach Kitzeln der Zunge 65 m, der Lippen
  66 m, erregt Lustgefühl 93, unterbleibt beim Sattsein 65 e. 100 m,
  bei Ermüdung 78 a, bei übeln Gerüchen 86.
Saugbewegungen nach beendigter Nahrungsaufnahme 169 e.
Saugen an der Lippe der Mutter beim Geküsstwerden 199 m.
Ermüdung durch Saugen 104 e, durch Sinnesthätigkeit 310 e.

Lebhaftes Strecken und Beugen der Glieder 93. 137 m.
Recken der Glieder beim Erwachen 137 e.
Drehungen des Rumpfes im Bade 138 a.
Die Hände fahren viel am Gesicht hin und her 159 a. 160 e.

Erste Lust- und Unlustgefühle 120 m.
Abwenden des Kopfes Unlustzeichen 98 m, ablehnend 204.
Gefühle nicht mannigfaltig 121 m.
Unlust durch Abwendung von der Mutter Brust 26 e.
Lust durch Badwärme 74. 93, beim Entkleidetwerden 93, beim
  Trocknen 93.

Die ersten begehrenden Bewegungen 221 m.
Thierische Gier nach Nahrung 101, nur zwei Stunden ohne
  solche 102.
Stimme beim Hungern anders als bei Lustgefühlen 95.
Unruhe Zeichen von Hunger 100.
Der Hunger kann noch keine willkürliche Bewegung bewirken 102 e.
Ausstossen der Mamille beim Sattsein 103.
Lächeln beim Sattsein 103 m.
Lächeln ein Zeichen der Befriedigung 195 a.

Die ersten Erfahrungen und logischen Processe 100e. 101a. 102e.
Unbeholfenheit in unbequemer Lage 174a.
Unbewusste Logik 170e.
Der Gesichtsausdruck befriedigt 65a, ernst 55a, intelligent 27e.

Von Lauten werden fast nur Vocale gebildet 286e, beim Schreien
ä und u 305. 310m.
Starkes anhaltendes missvergnügtes Schreien, beim Hungern 100e.
310, beim Frieren 285.
Wimmern bei leichtem Unwohlsein 310.
Lachen über bewegte helle Dinge 310.
Grunzlaute bei Empfindung von Nässe und nach beendigter Ver-
dauung 310.
Stimme sehr kräftig bei Unlustäusserungen 310e.

2. Monat.

Helles erfreut 5a. 28e.
Glanz erfreut 5a. 28e.
Farben erfreuen 5. 6, werden nur an der Lichtstärke unter-
schieden 117a.
Das Fixiren der Kerzenflamme 27. 31, der Mutterbrust 31, farbiger
Gegenstände 31m.
Bewegte farbige Gegenstände erfreuen 6. 28e, werden mit dem
Blick genau verfolgt 28e. 56m.
Das Antlitz der Mutter erfreut 29.
Senken des Blickes bei gehobenem Lide 15.
Heben des Blickes bei gesenktem Lide 15.
Augen halb offen im Schlafe 23m. 137e.
Erstes Augenzwinkern 17 fg.
Schielen selten 23e. 31.
Atypische Augenbewegungen selten 23e, im Schlafe 23.
Unterscheidung verschiedener Schallarten 119e.
Die menschliche Stimme wird gehört 51. 55e, localisirt 231e.
Erkennung der Schallrichtung 29e. 56m. 119e. 231e.
Zusammenfahren bei starken Schalleindrücken 54a. 55m. bei
schwachen 55m, im Schlafe 55.
Armbewegungen im Schlafe nach lautem Schall 55c.
Kopfdrehen bei leisen Geräuschen 55m.
Beruhigung durch Singen 55.
Erstaunen über Singstimmen 55e.
Lidschluss bei Berührung des Auges 17a, bei lautem Schall 17.
Zucken beim Erschrecken 57m.
Zusammenfahren nach Erschütterung im Schlaf 69e.

Berührung der Oberlippe bewirkt mimische Reflexe 66.

Die Haut des Gesichtes sehr empfindlich 70e.

Bitteres, Salziges, Saures bewirkt Unlust 81.

Geschmacks-Empfindlichkeit für Bitteres gering 79 (selten).

Die Anzahl der Athemzüge in der Minute nimmt ab 144a.

Niesen als Zeichen der Reflexerregbarkeit 142m.

Schnarchen 23e.

Erbrechen tritt sehr leicht ein 145a.

Wischbewegungen im Schlafe nach Berührung 145e

Lachen nach Kitzeln 197a, der Fusssohle 96a. 148.

Lachen über schwingende Gegenstände 29a, über Musik 56. 194e,
    beim Anblick der Mutter 196a.

Lächeln 194e.

Bewegungen der Arme und Beine Zeichen der Lust 95.

Herabziehen der Mundwinkel Unlustzeichen 98m.

Die ersten Thränen (bei einigen Kindern) 200e.

Die ersten deutlich articulirten Sylben 286m. 305. 357. 363m.
    360e. 364e.

Verdriesslichkeit nach anhaltender Sinnesthätigkeit 102m.

Ermüdung beim Saugen 104e, durch Sinnesthätigkeit 105a.

Schlafdauer kurz 105e, Schlafzeit lang 106.

Saugen an den eigenen Fingern 72e.

Wackelnde Kopfbewegungen beim Anlegen an die Brust 101m. 203e.

Ausstossen der Mamille beim Sattsein 103a.

Drehbewegungen des Körpers 137, des Kopfes 173e. 204a.

Versuche, den Kopf gerade zu halten, fehlen 173m.

Beim Anfassen eines fremden Fingers keine Entgegenstellung des
    Daumens 160e.

Die Aufmerksamkeit am Auge kenntlich 222e.

Mundspitzen bei gespannter Aufmerksamkeit 28e. 185a. 198a.

Die Mutter wird erkannt 231e.

Antworten auf Zureden 186. 191a.

Die Vocale a (bei Lustgefühlen 362e), ö, o deutlich; desgl. von
    Consonanten m, g, r, t, ausserdem h 305. 311.

Bei anhaltendem Schreien vornehmlich üä 310m. 362e.

Verschiedene Gefühle werden an der Stimme erkannt 310m.

Sehen und Hören ermüdet schnell und bewirkt Schreien 311a.

Die ersten „intellectuellen" Laute 359e.

3. Monat.

Heben des Blickes ohne Heben des Augenlides 15, ohne Stirnrunzeln 15.

Atypische Augenbewegungen sehr selten 23*e*.

Pendelschwingungen erfreuen 29.

Suchen mit den Augen 29*m*. 215.

Die langsam bewegte Hand genau mit dem Blick verfolgt 29*e*.

Accommodationsversuche 34*a*.

Lidschluss bei rascher Annäherung grosser Gegenstände 17. 117*m*,
bei plötzlichem Geräusch 56*e*, beim Benetzen 17*e*.

Aufmerksames Lauschen 57*a*. 223*a*. 353*e*.

Beruhigung durch Töne 57.

Emporheben der Arme bei plötzlichem Geräusch 56*m*.

Interesse an hohen Tönen 111*m*.

Erkennung der Schallrichtung 119*e*.

Lustgefühle noch nicht mannigfaltig 93*m*.

Reflectorische Kopfdrehung bei neuen Schalleindrücken 56. 204*a*.

Bewegungen der Arme als Lustäusserungen 29*a*.

Lächeln 195*a*, vor dem Spiegel 195.

Alleinsein erregt Unlust 97*m*.

Die Augen thränenfeucht 200*e*, beim Schreien 201*a*.

Verticale Stirnfalten ohne Schreiweinen 201*e*.

Der nächtliche Schlaf mehrmals durch Hunger unterbrochen 102.
105*e*.

Dauer des Wachseins noch kurz 105*m*. 106.

Saugen an Blumen 282*a*, an den Fingern 72*e*.

Kaubewegungen 171*a*.

Beim Anfassen eines fremden Fingers Opposition des Daumens 161*m*.

Der Kopf unvollkommen gerade gehalten 172. 215, wird gedreht
beim Nachblicken 29*e*.

Auf dem Schooss aufgerichtet und angelehnt fällt das Kind nicht
mehr sogleich um 176*e*.

Die Mutter wird noch nicht sicher erkannt 94*a*. 196*a*.

Die ersten willkürlichen Bewegungen 216*a*.

Beim Ansprechen werden Laute geäussert 186*a*.

Erste Lautnachbildung 215. 216*e*.

Unbewusste zweckmässige Erleichterung des Saugens 235*m*.

Von Consonanten nur *m* häufig 286*e*, dann *b*, *l*, *n* 305 und *r*
311*m*, die Sylbe *ma* deutlich 311*m*, desgleichen andere Sylben
311*m*. 362*e*.

Von Vocalen wird jetzt *i* deutlich 305, im missvergnügten Schreien
ŭä 310*m*, *ah* Freudenäusserung 360*e*.

Die Schreilust ist schon mitunter ein Zeichen von Wohlsein, Still-
sein vom Gegentheil 311*a*.

4. Monat.

Das Sehen erheblich vervollkommnet 38e.

Ungeordnete Augenbewegungen nicht mehr vorhanden 23e.

Pendelschwingungen mit dem Blick genauer verfolgt 30a.

Bewegte Gegenstände willkürlich mit dem Blick verfolgt 33e.

Neue Gegenstände werden anhaltend angeblickt 30a.

Erstaunen in neuer Umgebung 231.

Fremde werde sogleich als fremd erkannt 231e.

Ansehen des Spiegelbildes 195. 223a.

Die Hände werden besehen 113m.

Starke Kopfdrehungen beim Nachblicken 29e.

Bei schneller Annäherung grosser Gegenstände Lidschluss und Emporheben der Arme 17, desgl. bei plötzlichem Geräusch 56m.

Neue Geräusche werden aufmerksam beachtet 56e.

Der Kopf nach der Schallquelle gerichtet 56e. 60m.

Lachen 233a, über laute Musik 56m. 59a.

Anhaltende Kopfdrehungen bei Hautreizen 147m.

Lidschluss bei Benetzung des Auges jetzt regelmässig 68m.

Lebhafte Bewegungen als Lustäusserungen 132a.

Mundspitzen Zeichen der Befriedigung 132a.

Greifversuche mit Verlangen Gegenstände zu haben 167. 214e.

Greifen erfreut 94a. 94e. 162.

Ergriffene Gegenstände werden gegen die Augen bewegt 34. 162a.

Greifen nach viel zu weit entfernten Gegenständen 34.

Beim Aufwärtsblicken öfters Stirnrunzeln 15e. 202a.

Saugen an den Fingern 72e.

Mit den zahnlosen Kiefern wird der in den Mund gehaltene Finger gebissen 170e.

Anhaltendes Schreien ohne auffindbare Ursache 99e.

Nahrungspausen von 3 bis 4 Stunden 102a. 105e. 106.

Die Dauer des Wachseins nimmt zu 105.

Furcht vor Thieren 108m. 110m.

Verschluss des Gehörgangs beruhigt 70a.

Reflectorische Armbewegungen im Schlafe 70a.

Geordnete Reflexe im Schlafe 145e.

Drehungen des Körpers 173m.

Der Kopf fällt nur noch selten zur Seite 172e. 173m. 215.

Versuche sich mit dem Oberkörper zum Sitzen zu erheben 175m. 215.

Versuche zu sitzen 174m. 215.

Der oben gehaltene Säugling macht schon Gehbewegungen 179e.

Die ersten gewollten Bewegungen mit den Armen 219m.

Ausstrecken der Arme bedeutet Begehren 208a.

Nicken ohne bejahende Bedeutung 204.

Kopfschütteln ohne verneinende Bedeutung 204, überlegt 215.
Thränen fliessen über die Wangen 200e.
Lächeln beim Sattsein 195m.
Hohe Krählaute Zeichen der Freude 95m.
Nachahmungsversuche 185e. 186m. 215m. 216c.
Beim Spielen bethätigt sich die Causalitätsfunction 212a.
Erstes Verstehen gesprochener Wörter 288m.
Der Vocal e deutlich 305, im missvergnügten Schreien üä 310m,
im vergnügten ha 312m, nana ablehnend 311e.
Sehr deutlich articulirte Sylben ohne Sinn 305. 362e. 365a.
Es werden mehr Vocale als Consonanten geäussert 359.
Versuche allein zu singen 360e.
Beantwortung freundlichen Zusprechens 287.

5. Monat.

Anhaltendes Anblicken der Zimmerdecke 27. 30.
Fragender Blick wenn Angehörige das Zimmer verlassen 30.
Fremde werden sogleich als fremd erkannt 231e.
Die Abwesenheit der Angehörigen wird bemerkt 232a.
Neue Geräusche spannen die Aufmerksamkeit sehr stark an 57a.
Der Blick wird nach der Schallquelle gerichtet 60m.
Greifen nach allerlei Gegenständen erfreut 94a.
Greifen nach Gegenständen mit dem Verlangen sie zu haben
160m. 167e.
Bei den Greifbewegungen wird das Begehrte vorher fixirt 168a.
Der Greifact unvollkommen 34, vervollkommnet 162. 215, Mund-
spitzen dabei 162e.
Bei missglückten Greifversuchen werden die Finger betrachtet 162.
Beim Grusse werden die Arme verlangend ausgestreckt 162m.
Neue Geräusche und Bewegungen erwecken die Aufmerksamkeit
auch beim Saugen 101e.
Unterscheidung verschiedener Milcharten 82.
Zehn- bis elfstündiger Schlaf ohne Nahrungsaufnahme 102a.
Nahrungspausen dauern länger 105.
Beim Einschlafen fötale Haltung 138m.
Schreien im Schlaf ohne Erwachen 201m.
Herabziehen der Mundwinkel Unlustzeichen 98m.
Weinen beim Schreien 201.
Veränderungen der Kopfbedeckung der Mutter furchterregend 99a.
Hin- und Herzerren eines Handschuhs lusterregend 94m.
Spielen (Zerknittern von Papier) zeigt die Ausbildung der Causa-
litätsfunction 212, erheitert 57a. 94m.
Bewegungslosigkeit beim Erstaunen 113e. 114m.

Der Kopf wird gerade aufrecht gehalten 172 fg.
Selbständiges Aufrichten zum Sitzen 174.
Erste erfolgreiche Versuche zu sitzen 174*m*.
Stehen mit Unterstützung beginnt 176*m*.
Beinbewegungen wie beim Gehen mit Unterstützung 179.
Das Kriechen auf dem Boden beginnt 178.
Gewollte Bewegungen werden häufiger 219*e*.
Handgeben bisweilen schon erlernt 207*e*.
Überlegte Bewegungen 216.
Die Laute *ü*, *ö* und *k* deutlich 305. 312, im starken Schreien bei
     Unlust *üä* 310*m*.
Antworten auf Zureden articulirt und unarticulirt 287.
Vocale werden viel besser als Consonanten gehört 287.
Sehr deutliche Sylben werden gebildet 360*m*.
Gurgeln *grrr* ohne sonstige Consonanten 360*e*.
Versuche Laute nachzuahmen 362*m*. 371.
Alle Vocale werden beim Schreien gebildet 364*e*.

6. Monat.

Fragender Blick beim Anblasen 18*a*.
Augenzwinkern beim Anblasen 18*a*. 68*m*.
Aufwärtsblicken bei Kitzelgefühlen der Kopfhaut 24*a*.
Vergleichung des Spiegelbildes mit dem Original 38*m*.
Die Unterscheidung menschlicher Gesichter 231*m*.
Der Anblick Fremder bewirkt Erstaunen 113*e*. 231*e*.
Furcht vor fremden Gesichtern 112*a*, mit Schreiweinen 231*e*.
Lachen beim Zunicken der Angehörigen, nicht Fremder 38*m*.
Lachen beim Anlachen 95*e*.
Freude über Musik nimmt zu 59.
Armbewegungen als Zeichen der Heiterkeit 38*m*. 95. 196*a*.
Lustgefühle bei den Greifversuchen nehmen zu 94*a*.
Die eigenen Hände werden eifrig betrachtet 72*m*.
Im Ganzen überwiegen Unlustgefühle noch immer 97*a*.
Von nun an ist Herabziehen der Mundwinkel das sicherste Zeichen
     derselben 98.
Die Bewegung des Kratzens bei Hautreizen 147*m*.
Niesen beim Anblasen 142*e*.
Die Dauer des Schlafes zwischen zwei Mahlzeiten wachsend 105*e*.
Der Blick haftet beim Saugen fest auf der Saugflasche 101*m*.
Andere Nahrung als Milch wird gern genommen 82*e*.
Äquilibrirung des Kopfes 173*m*.
Aufrichten zum Sitzen 180, um Gesehenes zu ergreifen 162*e*.
Versuche mit dem ganzen Oberkörper aufrecht zu sitzen 162. 174. 215.

Kopfdrehung, wenn jemand das Zimmer verlässt 204a, nach Beendigung des Saugens mit ablehnenden Armbewegungen 204e.

Aufrecht-stellen auf dem Schooss erfreut 180.

Beim Halten an den Achseln Beinbewegungen wie beim Gehen 179.

Kriechen auf dem Boden 177.

Zorn bei Enttäuschungen 240a.

Vorlesen wird nachgeäfft 190m.

Gewollte Bewegungen werden immer häufiger 219.

Beim Spielen mit Papier bethätigt sich die Causalitätsfunction 212m.

Unbewusst logisches Verfahren beim Saugen 235.

Von Lauten j zum ersten Mal deutlich 305. 312m, im Schreien bei Unlust immer noch ᵘᵃ 310m.

Bei den vielen Lippen- und Zungenbewegungen Bildung neuer Laute in grosser Anzahl 305. 312m.

Vocale werden viel besser als Consonanten gehört 287.

Die Sylben mö und am bei allen Kindern 345e, da 362m.

Lautes Krähen vor Freude 312. 357e.

Lange ohne Unterbrechung fortgesetztes „Lallen" 277a. 312.

Verlangen wird durch articulirte Sylben geäussert 360m.

7. Monat.

Auf- und Zumachen der Augen beim Erstaunen 19e, bei plötzlichem Geräusch 57.

Dem fliegenden Vogel wird deutlich nachgeblickt 30m.

In der Hand gehaltenen Gegenständen, die herabfallen, wird nicht nachgeblickt 30.

Beim Sehen oder Hören fallender Gegenstände wird der Blick dahin gewendet, wo es geschehen 30.

Erstaunen über Fremde 34. 38m, über Seifenblasen 115m, über Töne 57, über neue Geschmacksempfindungen 82m.

Mund und Augen offen als Zeichen des Erstaunens 34. 57a. 113e.

Plötzliche Bewegungslosigkeit desgl. 34m.

Das Emporheben der Arme beim Erschrecken seltener 57m.

Furcht vor fremden Gesichtern 112a.

Die Beruhigung durch Verschluss des Ohres nicht mehr erzielbar 70m.

Kopf und Blick werden anhaltend im Hungerzustand der Saugflasche, die von allen Dingen am meisten fesselt, zugewendet 101m.

Betrachtung des eigenen Spiegelbildes lusterregend 94a.

Freude an der Musik 59m.

Sehr lautes Jauchzen über lusterregende Eindrücke 95.

Zukneifen der Augen bezeichnet Unlust 21.

Verticale Stirnfalten ohne Schreien desgl. 201e.

Abwenden des Kopfes desgl. 21*a*. 82*m*. 204.
Geschmacks-Eindrücke werden gut unterschieden 82.
Geschmacks-Idiosynkrasien vorhanden 83*a*.
Der Zucker wird noch wie am ersten Tage beleckt 171*e*.
Das Zurückziehen der Zunge beim Schreien vor Hunger deutlich
     101*a*.
Der Hunger stellt sich seltener ein 102.
Das Mundstück der Saugflasche wird beim Sattsein noch immer·
     energisch ausgestossen 103.
Die Greifbewegungen schneller als bisher 163*a*.
Die Nase wird ein wenig bewegt 138*e*.
Kräftiges Um-sich-schlagen mit den Armen ·138*m*.
Sich aufrichten auf dem Schoosse, mit Anlehnen, 180*m*.
Seufzen beim Aufrichten 143.
Versuche sich zu erheben 215.
Freies Sitzen 174.
Kopfbewegungen und Mundspitzen nachgeahmt 186*m*.
Lachen wird nachgeahmt 186*m*.
Zeigen mit dem Zeigefinger 231*e*.
Selbständige überlegte verwickelte zweckmässige Bewegungen 216.
Die Mitlauter *d* und *p* unter anderen deutlich 305. 313.
Schreien vor Schmerz anders als vor Hunger 313.
Lall-Monologe und Lall-Antworten 357. 313.
Die Worte „Händchen geben" werden bisweilen schon verstanden
     207*e*. 316*e*. (jedoch ohne Zweifel nur, wie im 6. Monat, wenn die
     Hand dargereicht wird).
Einzelne Befehle werden an den Vocalen schon verstanden 287.
Verknüpfung von Personen mit ihren Namen 362*m*.

8. Monat.

Beim Aufwärtsblicken wird die Stirn meistens gerunzelt 15.
Die Füsse werden aufmerksam betrachtet, die Zehen in den Mund
     geführt 163*m*.
Beim Erstaunen Mund und Augen offen 113, ohne Hebung der
     Brauen 19*e*. 113*e*.
Hunger und Sättigung bewirken noch die stärksten Lust- und
     Unlust-Zeichen 103*e*.
Bei neuen Eindrücken ein Lidschlag 19. 57.
Augen weit offen beim Begehren 20*a*.
Starres Fixiren verlangter Gegenstände 20*a*. 38*e*.
Der Mund wird vor dem Ergreifen begehrter Dinge geöffnet 164*m*.
Laute des Begehrens bei geschlossenen Lippen 20*a*.
Saugen an einem nassen Schwamm 170.

Stärkerer Augenglanz bei Freude und Überraschung 20.

Viereckige Mundform bei heftigem Schreien 98.

Zukneifen der Augen und Abwendung des Kopfes bezeichnet Antipathie 245m.

Langsam herabbewegte Gegenstände werden mit dem Blick genau verfolgt 30, mässig schnell schwingende weniger 31m, fallende kaum beachtet 30.

Freies Sitzen 174.

Die Freude an der Musik nimmt zu 59; aufmerksames Zuhören 59e.

Das Emporheben der Arme bei plötzlichen Geräuschen wird seltener 56m.

Augenzwinkern bei plötzlichen Schalleindrücken 56m, bei neuen 57.

Zusammenfahren beim Erschrecken 57.

Immer lauteres Jubeln über den Wohlgeschmack neuer Nahrung 83a.

Die Saugflasche erweckt das grösste Interesse 38. 101m.

Ein eigenthümliches Girren bezeichnet Verlangen nach Milch 102m.

Kräftige Bewegungen der Arme 138m, anhaltend 139. 140m.

Einige Kinder fangen an allein zu gehen 178.

Einige Kinder richten sich empor 180m.

Lautes Lachen vor Freude 196a.

Lecken der Lippen beim Geküsstwerden 199.

Ausstrecken der Hände mit offenem Munde bezeichnet Interesse 208m.

Versuche einen Gegenstand zu zeigen 215.

Die Lallmonologe mit sehr mannigfaltigen Zungenbewegungen länger 313.

Selbständige neue Lautcombinationen 305. 313.

Gehört werden Vocale besser als Consonanten 287.

Begriffbildung ohne Worte sehr deutlich 291.

Verständniss des Gesprochenen 360e.

Fast alle deutschen Sprachlaute werden schon (oft zufällig) rein gebildet 368.

9. Monat.

Zukneifen der Augen Unlust-Zeichen 21a. 98a.

Abwendung des Kopfes bezeichnet seit dem 1. Monat Unlust 21a. 98.

Starke Convergenz der Blicklinien tritt sehr leicht ein 24.

Das Knirschen mit zwei Zähnen erfreut 171.

Unbedeutende vorübergehende Atypie der Augenbewegungen 23e.

Erhebung der Hände als Ausdrucksbewegung 148a. 314.

Langsam bewegte Dinge werden mit höchstem Interesse fixirt 30e, zu Boden geworfenen wird nicht regelmässig nachgeblickt 30e, beim

Öffnen und Schliessen der Thür der Kopf dahin gewendet 38e.

Weit offene Augen und ausgestreckte Arme Zeichen des Begehrens 38e.

Neue erfasste Gegenstände werden sehr aufmerksam betrachtet 38e, schnell auf die Zunge gelegt 213m.

Die Freude an der Musik nimmt zu 59a. 314a.

Vorgesungene Töne werden nachgesungen 59e.

Plötzliche Geräusche bewirken Augenzwinkern 57m.

Freies Sitzen 174.

Zusammenfahren bei plötzlichen Schalleindrücken 57m.

Drehungen des Körpers 173e.

Bewegungen im Schlaf nach Schalleindrücken 57.

Kopfdrehung wenn es donnert 57e.

Erstaunen über neuen Geschmack 83.

Zusammenschlagen der Hände und Lachen vor Freude 95e.

Girren bezeichnet das Verlangen nach Nahrung 102m.

Die Saugflasche interessirt weit mehr als alles andere 101m.

Furcht über neues Geräusch 110a, vor Hunden 110m.

Mund und Augen beim Erstaunen noch weiter und länger offen als früher 113e.

Kräftige Bewegungen der Glieder 138m, beim Niesen 142e.

Handbewegungen entsprechend gesehenen Änderungen 140m.

Die Athmung während des Zahnfiebers beschleunigt 144a.

Versuche ohne Unterstützung zu stehen erfolgreich 175e. 176m.

Laufen kann bei einzelnen Kindern beginnen 178.

Alleingehen beginnt 178.

Lautes Lachen bei angenehmen neuen Eindrücken 196.

Der Kopf wird auf die Frage „Wo ist das Licht?" richtig gedreht 208m.

Versuche einen Gegenstand zu zeigen gelingen 215.

Zusammenhang von Klangerzeugung und eigenen Bewegungen erkannt 286m.

Modulation der Stimme bei Äusserung psychischer Zustände 313e.

Articulirte Laute des Vergnügens über Musik 314a.

Die Gutturalen vollkommen deutlich 305.

Vocale werden besser als Mitlauter gehört 287.

Sylbenbildung deutlich 361a. 365a.

Beim Vorsingen werden Vocale mitgesungen 361a.

Erste Nachahmungen gehörter Laute 363m.

Personen mit deren Namen verknüpft 371m.

10. Monat.

Licht erfreut 5.

Greifen nach der Lampe 5.

Convergenz der Blicklinien vorübergehend gestört 24.

Zu Boden geworfenen Gegenständen wird verwundert nach-'geblickt 30e.

Was mit der Nahrung zusammenhängt, wird am schnellsten richtig gedeutet 39a.

Zugespitzter Mund, offene glänzende Augen beim Erwachen 39a.

Kopfdrehung wenn es donnert 57e.

Die Nahrungsaufnahme nicht mehr ganz so hastig wie bisher 101e.

Furcht bei quiekendem Geräusch 110a.

Einzelne musikalische Töne werden erkannt 119e.

Unermüdlichkeit bei zwecklosen Bewegungen 139a.

Unruhe beim Verlangen nach Blasenentleerung 151m.

Reflexhemmung langsam gelöst 151m.

Die Nahrung wird mit den Händen richtig zum Munde geführt 165a.

Der Finger im Munde wird gebissen 170e und mit 4 Zähnen Brot zerbissen, gekaut und verschluckt ohne Unterricht 171a.

Drehungen des Körpers unbeholfen 173e.

Correcte Nachahmung von Bewegungen 186e.

Winken als nachgeahmte Bewegung beginnt 186e.

Beim Aufwärtssehen horizontale Stirnfalten von jetzt ab regelmässig 202a.

Wuthanfälle beim Versagen begehrter Dinge 205a.

Die Gesichtshaut röthet sich im Zorn 205a.

Begehrte vorher gezeigte Dinge werden noch regelmässig in den Mund gebracht 209a.

Im Zorn wird der Körper gerade gestreckt 210m. 211e.

Wiedererkennung des Vaters nach viertägiger Abwesenheit 232a.

Wiederholung sinnloser Sylben 363m.

Sich-aufrecht-halten ohne Stütze beginnt 175. 179.

Kriechen „auf allen Vieren" noch nicht abgewöhnt 178.

Allein-Gehen beginnt bei vielen Kindern 178. 179. 215.

Allein-Kriechen geschickter 179a.

Gehen mit Unterstützung 180e.

Vollständig freies Sitzen beginnt bei vielen Kindern 174.

Sitzen ohne Unterstützung von jetzt an bleibend 215.

Schreien im Schlaf 201, Bitten im Traum 207.

Selbständiger Gebrauch eines Wortes 361e.

Vergebliche Versuche nachzusprechen 308a. 314m.

Gegensinn der ersten verstandenen Wörter 293m.

Zunehmende Deutlichkeit einiger Sylben in den Lallmonologen
305. 314*m*.

Richtige Beantwortung von Wo?-Fragen mit Auge und Hand
358*a*. 359*e*. 361*e*.

Durchdringendes Kreischen Freudenäusserung 361*e*.

11. Monat.

Zu Boden geworfenen Gegenständen wird mit gespannter Aufmerksamkeit nachgesehen 30*e*.

Vorschieben der Lippen ein Zeichen der Aufmerksamkeit 31*a*. 34*m*. 198*a*.

Neue Gegenstände werden nur noch selten an die Augen und in den Mund geführt, aber betrachtet und betastet 34*m*.

Die willkürlichen Augen- und Kopfbewegungen nehmen zu 39*a*.

Gesichter werden leicht wiedererkannt 39*a*.

Singen beruhigt 58*a*.

Forschen nach der Ursache einer Schalldämpfung 58*a*.

Freude an der Musik 59.

In der Auswahl der Nahrung wählerisch 83*m*.

Erstaunen über fremde Gesichter 113*e*.

Die Verknüpfung von Tast- und Gesichtseindrücken langsam 119.

Anhaltende zwecklose Bewegungen ohne Ermüdung 139.

Spielen mit einem selbst gefundenen langen Haar 34. 165*e*.

Greifen nach der Lampenflamme 165.

Versuche durch eine Glasscheibe hindurch Dinge zu ergreifen 165*a*.

Greifen nach sehr kleinen Papierschnitzeln, die in den Mund gebracht werden 165*m*.

Eine Hand wird ergriffen und gebissen 170*e*, wie ein Zwieback 213.

Versuche massive Glasstücke zu zerbeissen 170*e*.

Schmatzen erfreut 171*a*.

Völlig freies Sitzen (bei schwächlichen Kindern erst jetzt) 174.

Richtige Nachahmungen häufig 187*m*, falsche desgl. 363.

Lachen mit etwas mehr Verständniss als bisher 196.

Doch wird noch lachend nach dem Spiegelbild gegriffen 196*m*.

Aus einem Glase trinken gelingt noch nicht 213.

Die Abwesenheit der Eltern wird übel vermerkt 232*a*.

Frei stehend wird mit dem Fusse gestampft 176*a*. 211*e*.

Sich allein erheben und frei stehen 176*m*. 215.

Alleingehen beginnt bei vielen Kindern 178.

Gehen mit Unterstützung 180*e*, Kriechen 365*e*.

Das Fortschieben von Stühlen nachgeahmt? 211*e*.

Experimentiren beim Spielen mit Überlegung 212*a*.

Der Unterschied von 8 und 9 wird erkannt 232*m*.
Eindringlich Vorgesprochenes wird nachgesprochen 314*e*.
Das Flüstern bei den Lallmonologen 315*a*.
Dreierlei *R*-Laute werden gebildet 315*a*. 361*a*.
Bildung des eigenen Namens aus der Erinnerung 315.
Maschinenmässige Wiederholung einer Sylbe 315. 361.
Accentuationen dabei selten 315*e*.
Die einzige sprachlich geäusserte Vorstellung ist die des Verschwindens (*atta*) 315*e*.
Viele alte und neue Sylben werden sinnlos rein articulirt 305. 315.
Vocale besser als Consonanten gehört 287.
Selbständige Laute bezeichnen die Stimmung 358*a*. 363*m*.
Fragen, welche mit „Wo" beginnen, werden verstanden 359*e*.
Gesprochenes wird verstanden 361.
Nachahmung von Geräuschen und Wörtern 361.
Verbindung eines Lautes mit einer bestimmten Vorstellung 361*a*.

12. Monat.

Deutliches Sehen weit entfernter bewegter Gegenstände 340.
Die ungleiche Entfernung des Gesehenen wird nicht erkannt 34.
Grün und Blau werden noch verwechselt 117.
Singen und „Sch" beruhigen 58*a*.
Suchen nach der Ursache und dem Ort eines Schalles 58*m*.
In der Auswahl der Nahrung bezüglich des Geschmacks sehr wählerisch 83*m*.
Ein eigenthümliches Grunzen als Lustäusserung tritt auf 95*m*.
Nachgeahmtes Lachen von nun an häufig 96*a*.
Krählaute Freuden-Äusserung 95*m*. 196.
Zukneifen der Augen Unlust-Zeichen 98*a*.
Noch immer wird, wie im 1. Monat, die Nahrung gierig verlangt 101.
Erstaunen über neue Klänge 113*e*.
Emporheben der Arme beim Saugen noch immer anhaltend 140*a*.
Eine in den Mund geführte fremde Hand wird kräftig gebissen 170*e*.
Völlig freies Sitzen (bei schwächlichen Kindern erst jetzt) 174.
Richtige Nachahmungen häufig 187*e*. 188*a*. 362*m*. 365.
Wiederholung nachgeahmter Bewegungen im Traum 188.
Das Lachen Erwachsener wird nachgeahmt 196.
Lachen im Schlafe 196.
Zeichen von Zuneigung 199.
Nachahmung des Küssens 199*e*, erste Versuche zu küssen 215.
Aus einem Glase trinken gelingt 213*e*.

Fragen werden durch Blicke und Zeigen mit dem Finger richtig
beantwortet 208.

Arme-ausstrecken ein Zeichen des Verlangens 209m.

Wiedererkennung der Amme nach 6 Tagen 232a.

Auch schwächlichere Kinder stehen ohne Stütze 176m. 178.

Allein-gehen beginnt bei vielen Kindern 178.

Mit dem Fuss stampfen 180e.

Fortschieben von Stühlen 181a.

Der Laut w deutlich 305.

Begehren wird durch *äna* ausgedrückt 316a.

Correctes Nachsprechen. sehr selten 316. 358. 363. 365.

Hohe Krählaute und Grunzlaute 316m.

Viele gut articulirte Sylben ohne Sinn 305. 316m.

Gehörte Wörter werden unterschieden 316.

Die Ss-Laute beruhigen 316e.

„Händchen-geben" wird verstanden 316e.

Begriftbildung ohne Wörter sehr deutlich 293.

Verständniss für Intonationen, Geberden, Wörter 287. 362.

13. Monat.

Umsehen beim Schlagen auf die Claviertasten, ob man zuhöre 58c.

Lautloses Horchen auf einen Canarienvogel 58e.

Lachen über den Donner 58e, über Musik 96a.

Nachsingen vorgesungener Melodien 59e.

Drängen und Pressen beim Ausathmen Lustäusserung 95m.

Von 24 Stunden 14 schlafend 106m.

Schreien vor Angst, wenn Möbel verrückt werden 108, bei
Hundegebell 110m.

Furcht vor Thieren 110.

Sehr häufig anhaltende überflüssige Bewegungen 139.

Verwickelte Bewegungen werden richtig nachgeahmt 187e.

Wechsel von Heiterkeit und Ernst 192e.

Abwendung beim Geküsst-werden 199e.

Verneinendes Kopfschütteln durch Dressur erlernt 205m.

Das Bitten mit den Händen desgl. 207.

Vor einem Vierteljahr erlernte, dann vergessene Gesten wieder
erlernt (häufig).

Das gezeigte begehrte, dann erfasste Ding wird noch in den
Mund geführt 209a.

Mit der Geberde des Begehrens werden Bittlaute verbunden 209.

Es wird eine zugeschlagene Thür geprüft, ob sie geschlossen 237e.

Durch Dressur erlernte Bewegungen mit Gesang werden behalten 236e.

Längeres Stehen nur beim Anlehnen des Rückens 176.
Alleingehen beginnt bei vielen Kindern 178.
Selbständiges Sprechen beginnt manchmal jetzt 178.
Kriechen und Rutschen auf dem Boden 181.
Die Vocale (o) werden besser verstanden als die Mitlauter 287m.
Das zischende ss deutlich 305. 317.
Bei Versuchen nachzusprechen ist die Aufmerksamkeit reger 317a.
Verlangen wird durch Sylben 317 und Girren 317m und durch
  Geberden ausgedrückt 361.
Bejahung und Verneinung wird am Ton der Stimme erkannt 317m.
Gesprochene Wörter werden besser verstanden 317. 361.
Gehörte Wörter werden verstanden 361 und (durch Dressur) mit
  bestimmten Bewegungen verknüpft 317e.
Die ersten Acte des Gehorsams 318.
Verwechslungen dabei häufig 318m.
Kein Wort mit erkennbarem Sinn wird gesprochen 360.
Nachahmung der Schwingungen eines Armes 188m.
Beobachtung des Mundes bei Lautnachahmungen 371.
Die Hand klopft prüfend den eigenen Kopf 382e.
Zerreissen von Papier gewährt grosse Befriedigung 383m.
Desgl. andere einförmige Beschäftigungen, durch welche das
  Kind sich als Ursache äusserer Veränderungen erkennt 383e.
Greifen nach dem Gesichte eines Essenden, dessen Bewegungen
  aufmerksam verfolgt werden 384e.

14. Monat.

Greifen nach einer Lampe an der Decke 34e.
Die Lampenflamme erregt grosses Vergnügen 34e.
Lachen über neue Geräusche 58e.
Sich-schütteln nach Kitzeln der Nase 67m.
Nachsingen der vorgesungenen Töne 59e.
Drängen und Grunzen beim starken Ausathmen Lustäusserung 95m.
Die Scheu allein zu stehen 111.
Furcht zu fallen 111m.
Erstaunen über neues Licht 113e.
Seufzen auch bei vergnügter Stimmung 143.
Kleine beim Zerbeissen von Papier in den Mund gelangte Papier-
  schnitzel werden geschickt wieder herausgeholt 196e.
Neue verlangte Nachahmungen geschehen langsamer 188m, als
  freiwillige 188e.
Küssen als Zeichen der Zuneigung 199.
Denken und Experimentiren über die Ursache eines Geräusches 212e.

Die Bewegung des bejahenden Nickens wird noch nicht nachgeahmt 205*m*.

Zeigen mit gespreizten Fingern 208.

Verwechslung der durch Dressur erlernten Gesten 209*m*.

Mit verlangendem Hände-ausstrecken werden Bittlaute verbunden
209.

Sanftes Handauflegen bedeutet Zuneigung 210*m*.

Sich-aufrichten an festen Gegenständen 178*m*. 179.

Selbständiges Sprechen beginnt bei einigen Kindern 178*e*.

Alleingehen beginnt bei vielen Kindern 178*e*.

Alleinstehen desgl. 179*m*. 181.

Kriechen und Rutschen auf Händen und Knieen 181*a*.

Der eigene Arm wird gebissen, als wenn er etwas Fremdes
wäre 381*e*.

Gegensinn neu erlernter Wörter 293.

Neue Lautcombinationen selbständig 305. 319. 361*m*.

Selbständige Wortverwerthung 303*m*. 361*m*.

Versuche nachzusprechen unvollkommen 319. 361*m*.

Feste Verknüpfung gehörter Wörter mit Gegenständen bewirkt
selbständige Handlungen 320. 361*m*.

Abkürzung langer Wörter 359.

Beim Betrachten des Spiegelbildes fährt das Kind mit der Hand
hinter den Spiegel 387.

Bei Wiederholung hartnäckige Abwendung vom Spiegel 387.

Beim Betrachten des photographischen Bildnisses wird dasselbe
wie ein Handspiegel umgewendet 387*m*.

15. Monat.

Zu Boden geworfenen Gegenständen wird meistens nachgeblickt 31*a*.

Zu-kurz-greifen 34*e*.

Versuch die Kerzenflamme zu ergreifen 39. 188*e*.

Lachen über neue Schalleindrücke 196*m*, über Gurgeln 58*e*, über
das Erlöschen einer Flamme 189*a*.

Gleichgültigkeit gegen neue Gerüche 89.

Manche Wohlgerüche erregen Heiterkeit 89.

Sehr verwickelte Bewegungen werden nachgeahmt 187*e*, auf Verlangen weniger genau als freiwillig 188*e*.

Eine Kerzenflamme wird richtig ausgeblasen 188*e*.

Betrachtung der Hand bei neuen Bewegungen 189*m*.

Küssen erlernt und behalten 199.

Annähern des Kopfes und Mundspitzen dabei 199*e*.

Stirnrunzeln bei angestrengten Nachahmungen 202*m*.

Deutliche abwehrende Armbewegungen 204*e*.

Nachahmung des Kopfschüttelns ohne verneinende Bedeutung 205.
Erste richtige Nachahmung des Nickens 205.
Achselzucken zum ersten Male 206.
Es bedeutet schon das Nicht-Können 206.
Das Zusammenlegen der Hände in bittender Stellung 207.
Freude über die Erfüllung einer stummen Bitte 207*m*.
Hände-ausstrecken mit Bitt-Lauten 209.
Die Finger verbrannt beim Versuch die Flamme zu ergreifen 240*m*.
Das Abtrocknen des Mundes von jetzt an ruhig ertragen 240*m*.
Zusammensuchen kleiner Dinge erfreut 238*e*.
Versuche sich selbständig aufzurichten 181*e*.
Erste Versuche frei zu stehen (bei vielen Kindern) 176fg.
Erste Versuche allein zu gehen (bei vielen Kindern) 178.
Sicheres Überschreiten einer Schwelle allein 179*a*.
Selbständiges Sprechen beginnt (bei manchen Kindern) 178.
361.
Der Laut Z deutlich 305. 327*m*. Englisches *th* desgl. 343*e*. 322*a*.
Neue selbständige Articulationen zahlreich 305. 363.
Bezeichnung von Begriffen durch Sylben beginnt 321. 359.
Nachsprechen vorgesagter Sylben besser 321*e*. 333. 358.
Sehr mannigfaltige Zungenbewegungen 322.
Das Niesen wird nachgeahmt (häufig).
Abkürzung erlernter Wörter (häufig).
Spiegelbild und Photogramm werden als Bilder vom Original
sicher unterschieden 387.
Jedoch wird der Spiegel noch betastet und beleckt, als wenn
das Bild körperlich wäre 387*m*.
Die eigenen Finger werden stark gebissen 383*a*.
Es wird an ihnen gezerrt, als wenn sie ausgerissen werden
sollten 385*a*.
Wortschatz 377.

16. Monat.

Das Fehlgreifen nach rechts-links, oben-unten, vorn (noch sehr
häufig).
Versuch dünne Wasserstrahlen mit der Hand zu fassen 39*m*.
Aufmerksames Horchen auf das Ticktack einer Taschenuhr 59*a*.
Sich-schütteln bei neuen Geschmacks-Eindrücken 78*e*.
Lachen bei angenehmen neuen Geruchs-Eindrücken 89*m*.
Furcht vor hohen Tönen 111*m*.
Athemzüge 22 bis 25 in der Minute im Schlafe 144*a*.
Fingerspreizen während des Trinkens 140*a*, des Zeigens 323*e*.
Geschickte Nachahmung complicirter Bewegungen 189*e*.

Die Lippen rüsselförmig vorgeschoben beim Aufmerken 197e.
Selbständige Handlungen mit Überlegung 212.
Verneinendes Kopfschütteln bedeutet Nicht-wissen 205e.
Achselzucken desgl. 206.
Nachgeahmte zuwartende Stellung und Haltung 206.
Gedächtniss, Überlegung, Geberdensprache ohne Worte 235.
Unbeholfenheit wegen Mangel an Erfahrung 236a.
Alleingehen beginnt bei vielen Kindern 178. 182. 215.
Selbständiges Sprechen bei vielen Kindern 178.
Alleinlaufen beginnt 178. 182.
Erste Versuche allein zu stehen bei vielen Kindern 178.
Überschreiten einer Schwelle nur mit Unterstützung 180a.
Mit Unterstützung rückwärts gehen und sich drehen 182a.
Beim Fallen nach vorn Ausstrecken der Arme 182m.
Der Laut f (v) deutlich 305.
Neue sinnlose Sylben 305. 323.
Merkliche Fortschritte im Nachsprechen 358. 323m.
Viele gehörte Wörter werden verstanden 358. 324e.
Verwechslungen kommen aber oft vor 324.
Prüfendes Betasten und Drücken, auch Stossen des eigenen Kopfes
    mit dem Daumen 383a.
Fratzen-machen vor dem Spiegel 387e.

17. Monat.

Versuch eine Rauchwolke mit der Hand zu erfassen 39m.
Eine Taschenuhr an das Ohr halten ist Lieblingsbeschäftigung 59a.
Grimassen beim Kosten neuer Speisen 78e.
Wohlriechende Blumen werden in den Mund geführt 89m. 236m.
Verwechslung von Geruch und Geschmack 89m.
Ununterbrochener zehnstündiger Schlaf Nachts 106m.
Furcht vor schwarzen Gestalten 112a.
Impulsive Bewegungen im Schlafe 135a.
Pupillen im Schlafe verengt 136a.
Gleichseitige Reflexe im Schlafe 146m.
Athemzüge im Schlafe 22 bis 25 in der Minute 144a.
Zuckende Bewegungen im Schlaf wie vor der Geburt 137.
Der Löffel geräth beim Essen oft neben den Mund 164.
Das verneinende Kopfschütteln bedeutet Nicht-wollen 205e.
Achselzucken bedeutet Ablehnung, Nicht-wissen, Nicht-können 206.
Händeklatschen im Schlaf 207.
Sich-auf-den-Boden-werfen und um-sich-schlagen vor Wuth 210a.
Der Sinn für Reinlichkeit ist stark entwickelt 240e.
Versteckspielen gewährt grosses Vergnügen 238e.

Selbständige überlegte Handlungen ohne Worte 235*m*.

Manche Kinder fangen jetzt an zu laufen 178.

Manche Kinder beginnen jetzt zu sprechen 178.

Erste Versuche frei zu stehen bei manchen Kindern 179*m*.

Überschreiten einer Schwelle nur mit Unterstützung 180*a*. 182*e*, ohne solche 215.

Allein aufstehen 182*e* 215.

Seit dem 1. Monat bezeichnen Grunzlaute die Beendigung der Verdauung 310*e*.

Neue Lautcombinationen ohne Sinn 305. 358*m*.

Articulirte Äusserungen der Freude und des Verlangens 325.

Klagende Laute bedeuten Nicht-verstehen, Nicht-wollen 325.

Das Geräusch beim Aufziehen der Uhr wird nachgeahmt 325.

Viele Gegenstände werden richtig gezeigt 325.

Folgsamkeit, Eigensinn, Schalkhaftigkeit entwickelt 325.

Gehörte Consonanten sicher unterschieden 325.

Kleine Sätze mit Zeitwörtern 361*m*.

Nein bedeutet Ja und Nein 372*m*.

Das Spiegelbild gewährt Vergnügen; Spuren von Eitelkeit wie im 16. Monat 387*e*.

18. Monat.

Das bisher beliebte Wegwerfen von Spielsachen selten 31.

Angst beim Anblick eines schwarz gekleideten Fremden 39.

Nach dessen Fortgang *atta* 39, geflüstert 326*a*.

Sehr gern wird das Ticktack einer Taschenuhr belauscht 59*a*.

Augen-schliessen beim Schmecken 78*e*.

Wohlriechende Gegenstände werden nicht mehr regelmässig in den Mund geführt 89*e*. 326*a*.

Lachen über Donner und Blitz 111.

Emporhalten des kleinen Fingers beim Essen 139*m*.

Im Schlafe schliesst sich die Hand bei blosser Berührung nicht 160*a*.

Nachahmung des Singens 187*e*.

Ein Jagdhorn wird richtig geblasen 189*e*.

Der gefüllte Löffel wird zum Munde geführt 213*e*.

Wüthendes Stossen mit dem Fuss beim Versagen begehrter Dinge 205*a*.

Achselzucken bedeutet Ablehnung, Nicht-wissen, Nicht-können 206.

Gedächtniss und Fragen ohne Worte sehr deutlich 232*m*.

Versteckspielen erfreut 238*e*.

Versuche mit beliebigen Schlüsseln etwas aufzuschliessen 237*e*.

Manche Kinder können jetzt allein gehen 178.

Selbständiges Sprechen vorhanden 178.
Überschreiten einer Schwelle ohne Stütze 179a. 182e, mit ders. 180a.
Einige Kinder beginnen jetzt erst frei zu stehen 179m.
Schnelles anhaltendes Laufen 182.
Selbständige Wortneubildungen 370e.
Bildung neuer Sylben ohne Sinn 305. 326.
Nachsprechen vorgesagter Sylben selten 326a.
Die Stimmung wird an der Stimme erkannt 326m.
Richtige Beantwortung von „Wo?"-Fragen mit Worten 361e.
Wortschatz 376fg.

19. Monat.

Das Ticken einer oben auf den Kopf gelegten Taschenuhr wird
gehört 59a.
Versuche beim Anhören von Musik taktmässige Bewegungen zu
machen 59.
Lied-Melodien werden ohne Text gesungen 60a.
Die Angst beim Anblick schwarz gekleideter Fremden 99.
Lachen über Donner und Blitz 111.
Die Hülse einer im Munde zerdrückten Frucht wird geschickt
ausgestossen 143m.
Nachahmung von Thieren 187e, des Schnalzens 327.
Nachahmung des Nähens 187e, des Vorlesens 326e.
Freiwilliges Nachahmen sehr verwickelter Bewegungen 190a.
Die Giesskanne ohne Wasser zum Begiessen benutzt 238a.
Fremden wird das Küssen verweigert 200a.
Zwischen dem Essen mit der linken und rechten Hand kein Unter-
schied 213e.
Stolz an lächerlicher Haltung und Miene kenntlich 210.
Das Gedächtniss ohne Wörter gut entwickelt (häufig).
Das Gedächtniss für einmal Gehörtes sehr gut 232. 237m. 328a.
Selbständige Überlegungen ohne Wörter 235e.
Zunehmende Geschicklichkeit im Articuliren 305. 327m.
Beim Fortwerfen von Gegenständen wird ihnen nachgeblickt und
atta gesagt 326.
Schon die Vorstellung eines kalten Bades bewirkt Schreien 327a.
Anhaltendes Schreien bezeichnet starkes Verlangen nach einem
Platzwechsel 327, *bits* (bitte) überhaupt Begehren 327m.
Vorgesprochene Sylben werden besser nachgesprochen 327.
Befehlen wird prompter Folge gegeben 327e.
Manche Kinder fangen jetzt an zu laufen 178.
Einige Kinder fangen jetzt erst an zu sprechen 178.

Allein herabspringen von einer Schwelle 179*a*.
Erste Versuche frei zu stehen bei einigen Kindern 179.
Schnelles Überschreiten einer Schwelle 182*e*.
Der Unterschied von 9 und 10 sogleich erkannt 232.
Der Vater nach mehrtägiger Abwesenheit sogleich erkannt 232*m*.
Sehr verwickelte selbständige überlegte Bewegungen 240*m*.
Einsicht in die Nutzlosigkeit des Schreiens 240.
Wortbildung aus Interjectionen 300.
Hauptwörter überwiegen im kleinen Wortschatz 303.
Einige Zahlwörter sind erlernt 361*e*.
Geberden werden dem Sprechen vorgezogen (häufig) 235.
Was alles zum eigenen Körper gehört, ist noch lange nicht erkannt 382*m*.
Immer noch gewähren sehr einförmige sich gleichmässig wiederholende Beschäftigungen das grösste Vergnügen 383.
Wortschatz 379.

20. Monat.

Der Schlaf bei Tage auf 2 Stunden herabgesetzt 106*m*.
Farbenunterscheidung nicht nachweisbar 6. 7.
Freude über grelle Farben 7*a*.
Sehr starke Convergenz der Blicklinien tritt leicht ein 24.
Freude über das Ticktack der Taschenuhr 59*a*.
Taktmässige Bewegungen beim Hören von Musik 59*a*.
Das Zucken der Glieder tritt im Schlaf ein ohne Erwachen 137*e*.
Geräusch bewirkt Beschleunigung der Athmung im Schlaf 144*a*.
Nachahmung des Tabakrauchens 187*e*, des Vorlesens 330*m*, des Lachens 329*a*.
Zunehmende Genauigkeit im Nachahmen 190*a*. *m*.
Unvollkommene Erwiderung des Küssens 200*a*.
Stirnrunzeln beim Erstaunen deutlich 202*m*.
Das Essen mit dem Löffel noch immer unvollkommen 213*e*.
Lebhafte Geberdensprache ohne Wörter 235*e*.
Lebhafte Phantasie beim Spielen 328*e*.
Manche Kinder können jetzt allein gehen 178fg.
Manche behende laufen 179*a*.
Einige fangen jetzt erst an frei zu stehen 179*m*.
Wortbildung aus Interjectionen 299*e*.
Neue fremdartige Lautcombinationen 329. 305*e*.
Geschicktes Nachbilden zweisylbiger Wörter 328, auch der Vogelstimmen 328*m*.
Viele einsylbige Wörter zu schwer zu articuliren 328*e*. 362*a*.
Die Echosprache stark ausgeprägt 329.

Das Verständniss gehörter Wörter hat zugenommen 329*m*.
Die Begriffe „fort" und „da" lautlich geäussert 329*e*.
Das Schreien im Übermuth sinnlos 330.
Der Laut „sch" und „tsch" wird nachgeahmt 336*a*.
Die Satzbildung ohne Zeitwörter beginnt 358*m*.
Die ersten gesprochenen Fragen (häufig) 364*m*.
Wortschatz 379.

21. Monat.

Der Schatten des Vaters heisst *Bild* 40*a*.
Das eigene Spiegelbild wird angelacht 388*a*.
Noch immer ist das Belauschen der Taschenuhr eine Lieblings-
  beschäftigung 59*a*.
Das Tanzen nach der Musik nicht im Takt 59. 183*a*.
Versuche mit den Armen den Takt zu schlagen 59.
Furcht vor dem Meere 111*e*.
Sich-fest-halten in der Angst 111*e*.
Verwickelte Bewegungen werden gut nachgeahmt 190.
Abwendung des Kopfes bezeichnet Antipathie 205.
Zeigen mit dem Zeigefinger bedeutet einen Wunsch 208*e*.
Der Vater nach 14 tägiger Abwesenheit sogleich erkannt 232*m*.
Deutliche Erinnerung an Begebenheiten vor 3 Monaten 233*e*.
Selbständige wohl überlegte Handlungen ohne Sprache 235*a*.
Manche Kinder können jetzt erst allein gehen 178. 179*m*.
Einige fangen jetzt erst an allein zu stehen 179*m*.
Fallen beim Laufen selten 182*e*.
Gleichartige Gegenstände werden sehr gern in Reihen gelegt 383*e*.
Neue gut articulirte Sylben 305*e*.
Ein einziges Wort bedeutet einen Satz 302*m*.
In den Monologen überwiegen Consonanten 330*m*.
Eigensinn beim Nachsprechen 330*e*, Sylbenverdoppelung dabei 330*e*.
Der Nahrungsbegriff wird sprachlich bezeichnet 331*a*, die Bedeutung
  des „ja" behalten 331, desgl. die des „Anderen" 331*m*.
Viele Gegenstände werden richtig gezeigt 331.
Interjectionen häufig 331*e*.
Der Ursachentrieb zeigt sich beim „Experimentiren" 353*e*.

22. Monat.

Neue Gegenstände, welche räthselhaft erscheinen, nehmen immer
  mehr die Aufmerksamkeit in Anspruch (häufig), von bekannten
  vorzugsweise eine Taschenuhr 59*a*.
Versuche zu zeichnen 40, zu singen 332*m*.

Seufzen auch bei vergnügter Stimmung 143*e*.
Puppen und abgebildete Menschen und Thiere werden gefüttert 188*a*.
Das Bitten mit den Händen wird noch fortgesetzt, wenn „bitte"
gesagt wird 207*m*.
Manche Kinder können erst jetzt allein gehen 178. 179.
Bildung und Bezeichnung umfassender Begriffe 299.
Neigung zur Satzbildung deutlich 303*e*.
Unter den neuen Lauten *sch* deutlich 305.
Ein einzelnes Wort bezeichnet einen Satz 302.
Verwechslungen gehörter Wörter seltener 332*a*.
Das Wortgedächtniss besser als bisher 332.
Dreisylbige Wörter werden richtig nachgesprochen 332*m*.
Gemüthsbewegungen werden durch verschiedenartiges Schreien,
Gesten und Mienen bestimmt geäussert 332*c*.
Gebrauch der Fragewörter 364*m*.
Beginn der Zählthätigkeit (fremde Beobachtungen).
Articulationsmängel häufig 371*e*.
Wortschatz 379*m*.

23. Monat.

Stirnrunzeln beim Aufwärtsblicken 15.
Versuche Gegenstände in den ersten Stock hinaufzureichen 34*e*.
Das Ticken der Taschenuhr wird immer noch sehr gern gehört 59*a*.
Die Distanzenschätzung sehr mangelhaft 118*m*.
Die Verknüpfung von Tast- und Gesichts-Eindrücken immer noch
langsam 118*m*.
Die trägen Bewegungen im Schlaf mit Spreizen der Finger sel-
tener 137.
Die Lebhaftigkeit beim Nachahmen erscheint wie Ehrgeiz 190*m*.
Aufgeworfene Lippen bei verdriesslicher Stimmung 198*m*.
Die Bedeutung des Kusses als Gunstbezeugung erkannt 200*a*.
Hände-zusammenschlagen Beifallsäusserung 207.
Wünsche werden durch verwickelte Bewegungen ohne Worte aus-
gedrückt 210*a*.
Spielsachen nach 11-wöchentlicher Trennung erkannt 232*m*.
Trinken aus leeren Tassen erfreut 238*a*.
Manche Kinder können jetzt erst allein gehen 178.
Das Q wird deutlich ausgesprochen 306, desgl. viele neue Laut-
verbindungen deutlich 306.
Ein Eigenschaftswort bezeichnet einen ganzen Satz 303.
Freiwillige Übungen im Articuliren 333.
Spielen mit Sylben 333*m*, Metathese 334*e*.
Gehorsam und Pünktlichkeit im Nachsprechen nehmen zu 333*e*.

Verdoppelung vorgesprochener Sylben (Echolalie) 334e.
Nachsprechen auf Befehl weniger genau als ohne solchen 335m.
Zwieback wird den eigenen Füssen förmlich angeboten 382a.
Sich selbst nennen manche Kinder noch ausschliesslich beim Vornamen 389m.
Wortschatz 379.

24. Monat.

Farbenunterscheidung 14m.
Kleine Thiere werden mit grosser Aufmerksamkeit betrachtet und zart behandelt 39e.
Phantastische Deutung einfacher Bilder 40.
Das Horchen auf das Ticken der Taschenuhr noch immer eine Lieblingsbeschäftigung 59a.
Versuche zu singen 59.
Das höchste Erstaunen tritt seltener ein 114a.
Nachahmung ceremonieller Bewegungen freiwillig 190e.
Schelmisches Lachen 196m.
Verständniss einfacher Taschenspielerei vorhanden 238e.
Manche Kinder können jetzt erst allein gehen 178.
Tanzen taktmässig 183a.
Selbständiger Gebrauch vorgesagter Wörter 372m.
Das Aufziehen der Uhr onomatopoëtisch nachgebildet 298e.
Neue Sylben werden sinnlos gebildet 306a.
Echolalie sehr ausgeprägt 335m.
Stottern beim Nachsprechen 335e.
Nicht-verstehen an der Physiognomie kenntlich 336a.
Die wenigen erlernten Wörter sind vieldeutig 336.
Vereinigung zweier Wörter zu einem Satz 336e.
Paraphasie und Apraxie 337a.
Gebrauch der Fragewörter 354a.
Der Raumsinn besser als der Zeitsinn entwickelt 354a.
Entstellungen erlernter Wörter wechselnd 363. 364m.
Die Aussprache einzelner Laute richtig, verbundener unrichtig 371e.
Der Wortschatz 372—380.

25. Monat.

Feine Verschiedenheiten menschlicher Physiognomien und kleiner Bilder werden sicher erkannt 35a. 42a.
Schwarzgekleidete Fremde erregen nicht mehr Angst 39e.
Die Berührungs-Empfindlichkeit nimmt ab 70a.
Erblassen im Bad 75e.

Zerreissen und Zusammenballen von Papier immer noch lust-
erregend 94m.
Die richtige Benennung von Tönen (c, d, e) nicht erlernt 119e.
Von nun an Hören psychogenetisch wichtiger als Sehen 120a.
Orientirung im Halbdunkel 13e.
Die Festigkeit des Schlafes nimmt zu 60a.
Weinen bezeichnet Traurigkeit 210a.
Manche Kinder fangen jetzt erst an zu laufen 178.
Immer noch mehr neue gut articulirte Verknüpfungen von Vocalen
mit Vocalen, Vocalen mit Consonanten und Consonanten mit
Consonanten 306.
Versuche zehn zusammen vorgesprochene Wörter nachzusprechen 337m.
Grössere Empfänglichkeit für Correcturen 337e.
Das Verstehen, Behalten und Articuliren der Wörter besser 337e.
Viele beiläufig erworbene Wörter werden richtig gebraucht 338.
Ein einziges Wort bedeutet vier verschiedene Sätze 338m.
Bildung von Sätzen aus mehreren Wörtern 339.
Das Missverstehen ähnlich klingender Befehle nicht unlogisch 338e.
Zählen mit Zahlwörtern noch nicht möglich 338e.
Unnütze aber nicht unlogische Anwendung erlernter Bewegungen 338e.
Vor 3 Monaten gehörte Reime werden hergesagt 360m.

26. Monat.

Farben-Benennung 8.
Farben-Verwechslungen 8.
Roth und Grün unterschieden 13.
Die Empfindlichkeit für Schall im Schlafe hat abgenommen 60a.
Bejahendes Kopfneigen bedeutet Zustimmung 260a.
Erste Versuche zu klettern 215.
Aufmerksamkeit, Gedächtniss und Intelligenz verbunden 234m.
Neue schwierige Consonantenverknüpfungen gut articulirt 306.
Viele neue Wörter werden richtig articulirt und gebraucht 339.
Viele bis zur Unverständlichkeit verstümmelt 339. 363a.
In Monologen wird mit Wörtern und Sylben gespielt 340e.
In Erzählungen die Zeitwörter nur im Infinitiv 340e.
Die Dressirbarkeit nimmt ab, der Verstand zu 341m.
Beginn des „Sich-schämens“, frühere künstlich beigebrachte Ge-
berden bei Scherzfragen auszuführen 341.
Die Vorstellung von Zahlen fehlt noch 341m.
Desgleichen der Sinn des Wortes „danke“ 341m.
Onomatopoëtik und Echolalie 341.
Das Mouilliren sehr unvollkommen 367a.

27. Monat.

Abbildungen von Hausgeräthen werden sehr sicher erkannt 35*a*.
Farben erkannt und benannt 9.
Lautes Geräusch bewirkt meist kein Erwachen 60*a*.
Mitleid mit zerschnittenen Papierfiguren 99*m*. 342*a*.
Sich fest anklammern in der Angst 110*e*.
Bejahendes Kopfneigen mit gesprochenem Ja 205.
Klettern gewährt viel Vergnügen 183*a*.
Springen beginnt 215.
Das X wird deutlich ausgesprochen 344*e*, das englische *th* ist
    vergessen 343*e*.
Die schwierigsten Articulationen gelingen schon oft 306. 344.
Selbständiges Beobachten und Vergleichen 341*e*.
Selbständige Äusserungen von Wünschen ohne Zeitwörter 342,
    mit solchen 343*m*.
Bildung neuer Zeitwörter 342*m*.
Eigenmächtige Anwendung erlernter Wörter 342*m*.
Echosprache stark ausgeprägt 343*m*.
Gedächtniss für vorgesagte Antworten schwach 344*a*.
Der Sinn der Zahlwörter nicht erkannt 344*a*.

28. Monat.

Farben-Benennung unsicher 10.
Schalleindrücke stören den Schlaf nicht mehr 60*a*.
Springen mit Überlegung 215, und Klettern 183*a*.
„Auf allen Vieren gehen" 183*a*.
Ehrgeizige Versuche allerlei ohne Hülfe vorzunehmen 345*a*.
Die Selbstbeherrschung beginnt sich sprachlich zu äussern 345*m*.
Beobachtungs- und Combinationsvermögen desgl. 345.
Die Kinderlogik in der Anwendung gehörter Wörter 345*m*.
Erste Anwendung des Artikels 346*a*.
Anwendung von Fragewörtern 346*a*.
Das Nachsprechen fremder Wörter sehr genau 346*m*.
Die Phantasie ausserordentlich rege 346.
Die Articulation macht Fortschritte 346*e*, aber das Mouilliren ge-
    lingt nicht 347*a*.
Mogenolo mit Singsang 347*a*.
Schreien im Schlaf (beim Träumen) 347.
Die Echolalie höchst ausgeprägt 367*a*.

29. Monat.

Roth und Gelb sicherer benannt als Grün und Blau 10.
Ballwerfen macht das grösste Vergnügen 31.
Der Schlaf wird nicht mehr leicht durch Lärm unterbrochen 60a.
Der erste Satz bei einzelnen Kindern 179m.
Anwendung des persönlichen Fürworts 347m.
Beim Verlangen werden Zeitwörter meistens im Infinitiv, selten im Imperativ gebraucht 347m.
Die Zählthätigkeit mit dem einen Zahlwort *eins* deutlich 348a.
Die Fragethätigkeit lebhafter 348.
Sprachliche Bezeichnung von Zeitbestimmungen 348m, und Quantitäten sehr ungenau 348.
Acte mit selbständiger Überlegung ohne Worte 348m.
Gedächtniss für vorgemachte Thierstimmen gut 348.
Die Articulation macht langsam Fortschritte 348e.
Der Gebrauch des persönlichen Fürworts unvollkommen 389.

30. Monat.

Farben-Verwechslungen 11.
Wunsch, dass Zeichnungen bekannter Gegenstände angefertigt werden 40m.
Entdeckung, dass der Schall bei Verschluss eines Ohres weniger laut wird 58a.
Wecken durch lautes Geräusch schwer 60a.
Kalte Waschungen erfreuen 75m.
Das Emporhalten des kleinen Fingers als Mitbewegung selten 139e.
Rasche Armbewegungen noch immer Zeichen der Freude 196a.
Abwendung des Kopfes bezeichnet Abneigung 205m.
Treppensteigen ohne alle Hülfe 183.
Die selbständige Denkthätigkeit äussert sich mehr in Worten 348e, ohne Worte zeigt sie sich auch sehr deutlich 349.
Bildung von Begriffen mit wenigen Merkmalen 349m.
Versteckspiel mit schelmischem Lachen 349e.
Das einzige selbständig gebrauchte Fragewort ist immer noch „Wo?" 349e.
Grosse Fortschritte in der richtigen Anwendung von Wörtern 350, auch des Wortes „Ich" 350a.
Der Unterschied von Links und Rechts 350e.

31. Monat.

Farben werden verwechselt 11.
Die Empfindlichkeit für Schalleindrücke im Schlafe äusserst gering 60a.

Grosse Suggestibilität vorhanden 223.
Die Übereinstimmung der Taschenuhr und Wanduhr erkannt 239*m*.
Onomatopoëtische Nachbildung des Locomotivpfiffs 298*e*.
Richtiger Gebrauch von Fragewörtern 351*a*.
Striche mit dem Bleistift ziehen ergötzt 351*a*.
Einzelne Wort-Neubildungen (*hocher* statt höher) 351*a*.
Die Beschäftigung wechselt sehr oft 351.
Selbständige Nachahmungen werden seltener 351.
Singen im Schlafe 351*e*.
Articulationsmängel häufig, besonders die Aussprache des „sch“ unvollkommen 351*e*.
Von jetzt an Gebrauch der Fragewörter (häufig).
Beim Gebrauch der Possessiven wird der eigene Name hinzugefügt 389*a*.
Gleichförmig wiederholte Bewegungen, wie Aus- und Eingiessen, befriedigen sehr 383*e*.
Das eigene Spiegelbild wird immer noch angelacht 388*m*.

32. Monat.

Farben-Verwechslungen 11.
Farben-Namen erlernt 11.
Der Schlaf wird durch lautes Geräusch nicht gestört 60*a*.
Erinnerungen aus der Zeit vor dem Gehenlernen 233*e*.
Der Einfluss des Dialekts wird merklich 343.
Unverstandene Wörter werden schnell vergessen 352*m*.
Gleichmässig wiederholte einförmige Bewegungen machen Vergnügen 383*e*.
Die eigene Person wird mit dem Vornamen, mit „ich“, mit „er“ und durch Fortlassung aller Fürwörter bezeichnet 352. 389*m*.

33. Monat.

Richtige Farben-Benennung 12.
Unterscheidung des Erlaubten und Verbotenen 240*e*.
Gedächtniss für gewisse Erfahrungen sehr gut 352*m*.
Längere selbständige Erzählungen 352*e*.
Thiere erregen besonders die Aufmerksamkeit 352*e*.
Maschinen werden aber wie Thiere angeredet 352*e*.
Das Ichgefühl tritt stark hervor 353*a*.
Der Gebrauch des Wortes „ich“ häufig 353.
„Zuviel“ und „zuwenig“ werden verwechselt 353*a*.

Die auffallendsten Sprachfehler sind die der Conjugation und Articulation 353.

Mit auffallender Consequenz werden einförmige Bewegungen wiederholt 383*e*.

34. Monat.

Durch einen Kuss wird Dankgefühl geäussert 200*m*.

Turnen, Werfen, Schleudern erfreut 183*m*.

Das Fragewort „Warum?" wird selbständig gebraucht 353*e*.

Die Fragethätigkeit ausserordentlich rege 353.

„Ich" bedeutet noch bei manchen Kindern „Du" 389*m*.

35. Monat.

Einschlafen in lärmender Umgebung häufig 60*a*.

Der Blitz erheitert und das Zickzack wird mit der Hand nachgeahmt 111.

Contralaterale Reflexe im Schlafe 146*a*.

Das Lachen nach Kitzeln anders als bewusstes Lachen 197*a*.

36. Monat.

Das Verkleinern der Lidspalte bei sehr grosser Helligkeit 5*a*.

Die Farben richtig benannt 14.

Die Grundfarben Roth, Gelb, Grün, Blau werden besser als Mischfarben unterschieden 117*m*.

Singen gewährt grosses Vergnügen 354.

Die richtige Benennung der Töne $(\bar{c}, \bar{d}, \bar{e})$ nicht erlernt 59*m*.

Unterscheidung von Tönen und Geräuschen sehr gut ausgebildet 59*m*. von Geschmäcken desgl. 83*m*.

Der Schlaf sehr fest 60*a*.

Herabziehen der Mundwinkel noch immer das sicherste Unlustzeichen 98*m*.

Viereckige Mundform beim heftigen Schreien 98*e*.

Distanzenschätzung und Augenmaass überhaupt auffallend mangelhaft 35*e*. 118*m*.

Das Fragewort wann? fehlt noch 354*a*.

Erinnerungen aus dem zweiten Lebensjahre noch frisch 233*m*.

Versuche zu zeichnen erfolglos 40.

Diejenigen, welche, an diese Zusammenstellung anknüpfend, selbst Beobachtungen anstellen wollen, finden in meinem 1893 erschienenen Büchlein „Die geistige Entwicklung in der ersten Kindheit" allgemeine und besondere Vorschriften darüber.   W. P.

Register.